國家社科基金重大項目《荊楚全書》編纂成果

荊楚文庫

周易引經通釋

〔清〕李鈞簡 著
陳開林 整理

荊楚文庫編纂出版委員會
華中師範大學出版社

荆楚文庫

周易引經通釋

ZHOUYI YINJING TONGSHI

圖書在版編目(CIP)數據

周易引經通釋 /（清）李鈞簡著；陳開林整理 .
—武漢：華中師範大學出版社，2024.2
（荆楚文庫）
ISBN 978-7-5769-0504-5
Ⅰ . ①周…
Ⅱ . ①李…　②陳…
Ⅲ . ①《周易》—注釋
Ⅳ . ① B221.2
中國國家版本館 CIP 數據核字（2024）第 064312 號

責任編輯：郭志剛
整體設計：范漢成　曾顯惠　思　蒙
責任校對：張懷東
責任印製：劉　敏
出版發行：華中師範大學出版社（湖北・武漢）
地址：湖北省武漢市洪山區珞喻路 152 號
電話：027-67863426（發行部）　郵政編碼：430079
録排：桂子工藝
印刷：湖北新華印務有限公司
開本：720mm × 1000mm　1/16
印張：32.75
字數：450 千字
版次：2025 年 2 月第 1 版　2025 年 2 月第 1 次印刷
定價：130.00 元

ISBN 978-7-5769-0504-5
9 787576 905045 >

出版説明

湖北乃九省通衢，北學南學交會融通之地，文明昌盛，歷代文獻豐厚。守望傳統，編纂荆楚文獻，湖北淵源有自。清同治年間設立官書局，以整理鄉邦文獻爲旨趣。光緒年間張之洞督鄂後，以崇文書局推進典籍集成，湖北鄉賢身體力行之，編纂《湖北文徵》，集元明清三代湖北先哲遺作，收兩千七百餘作者文八千餘篇，洋洋六百萬言。盧氏兄弟輯録湖北先賢之作而成《湖北先正遺書》。至當代，武漢多所大學、圖書館在鄉邦典籍整理方面亦多所用力。爲傳承和弘揚優秀傳統文化，湖北省委、省政府决定編纂大型歷史文獻叢書《荆楚文庫》。

《荆楚文庫》以“搶救、保護、整理、出版”湖北文獻爲宗旨，分三編集藏。

甲、文獻編。收録歷代鄂籍人士著述，長期寓居湖北人士著述，省外人士探究湖北著述。包括傳世文獻、出土文獻和民間文獻。

乙、方志編。收録歷代省志、府縣志等。

丙、研究編。收録今人研究評述荆楚人物、史地、風物的學術著作和工具書及圖册。

文獻編、方志編録籍以 1949 年爲下限。

研究編簡體横排，文獻編繁體横排，方志編影印或點校出版。

《荆楚文庫》編纂出版委員會

2015 年 11 月

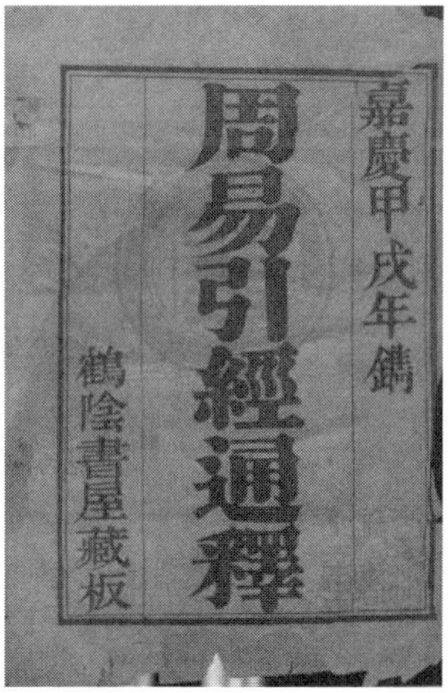

嘉慶甲戌年鐫

周易引經通釋

鶴陰書屋藏板

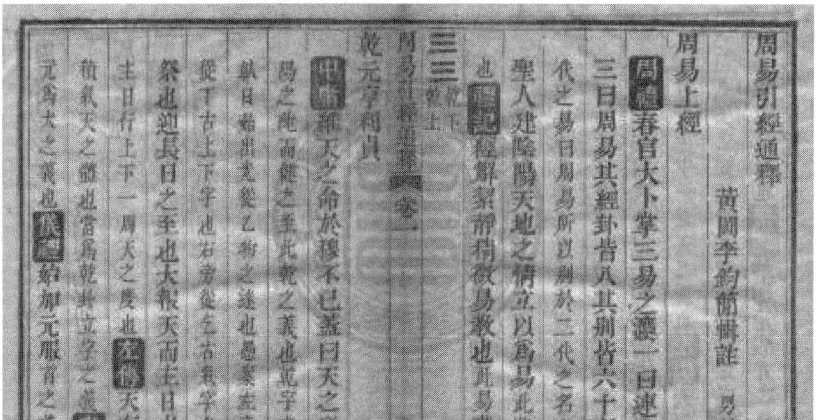

周易引經通釋

黃岡李鈞簡輯註　男榮鴻校字

周易上經

周禮 春官大卜掌三易之灋一曰連山二曰歸藏三曰周易其經卦皆八其別皆六十有四 此言三代之易曰周易所以別於二代之名也 禮記 昔者聖人建陰陽天地之情立以爲易 此作易之總義也 禮記 經解絜靜精微易教也 此易書之大旨也

☰☰ 乾下乾上

周易引經通釋 卷一　一　鶴陰書屋

乾元亨利貞

中庸 維天之命於穆不已蓋曰天之所以爲天也易之純而健之至此乾之義也 乾字之義說文从倝日始出光倝乙物之達也易纂左旁從日從从下古上下字也右旁從乞古氣字也 禮記 郊之祭也迎長日之至也大報天而主日也 天以日爲主日行上下一周天之度也 左傳 天有六氣天爲積氣天之德也嘗爲乾卦立字之義 書 曰作元命元爲大之義也 儀禮 始加元服首之義也 春秋 元

天津圖書館藏清嘉慶十九年（1814）鶴陰書屋刻本《周易引經通釋》封面與内頁

《續修四庫全書》收上海圖書館藏清嘉慶間鶴陰書屋刻光緒七年（1881）王家璧補修本《周易引經通釋》内頁

前　言

作爲群經之首的《周易》，在中國傳統文化中占有极其重要的地位。特别是其玄妙的體系，便於進行引申發揮，更是備受學人青睞。正如《四庫全書總目》所言："《易》道廣大，無所不包，旁及天文、地理、樂律、兵法、韻學、算術以逮方外之爐火，皆可援《易》以爲説，而好異者又援以入《易》，故《易》説愈繁。"職是之故，歷代學者投注了大量的精力，從事《周易》的相關研究，涉及到箋字、釋義、詮理等諸多方面，留下了豐碩的研究成果。

清代是經學發展的蓬勃期，易學亦是備受關注，湧現了一大批著名的易學家及易學著述，在易學史上影響頗大。其中一些易學著述流傳廣泛，如王夫之《船山易傳》、惠棟《周易述》、焦循《雕菰樓易學三書》等。但清代大部分的易學著述還未引起重視，李鈞簡的《周易引經通釋》即爲一例。

一

關於李鈞簡的生平，可供參考的文獻不多。其中，佚名撰《清國史》有《李鈞簡列傳》（民國嘉業堂鈔本），記載較爲詳細，迻録如下：

> 李鈞簡，湖北黄岡人。乾隆五十四年進士，改翰林院庶吉士；五十五年散館，授編修。嘉慶三年二月，遷右春坊右贊善，充日講起居注官。三月，大考二等，擢右庶子。五月，遷翰林院侍講學士。四年三月，充會試同考官。四月，轉侍讀學士。六月，遷詹事府少詹事。十月，擢内閣學士兼禮部侍郎銜。五年二月，充文淵閣直閣

> 事。六月，充江西鄉試正考官。六年四月，充殿試讀卷官。八月，提督江西學政。七年正月，授兵部右侍郎；尋轉左侍郎。七月，調吏部右侍郎；尋轉左侍郎：均留學政任。九年，差旋，充經筵講官。十月，聖駕東巡盛京，鈞簡纂一東全韻九言詩一章以獻；上命閱選廷臣頌册，賜蟒袍一件。十一年，調倉場侍郎。十二年九月，奏請開通張家灣正河，以利運道；並將康家溝支流堵築，以免水勢直下、流沙衝塞，爲正河經久之計。十月，復請疏導温榆河上游，使石壩水有來源，可免逐段停沙，於漕運起卸有裨：並從之。十二月，因倉儲役力賠累，奏請調劑。先是，鈞簡以本應運送京倉之米四十餘萬石，分儲通倉，奏請京官俸米改歸通倉支放，經軍機大臣議駁，嗣又未能迅速轉運京倉。至是，冰凍不能舟運，陸運又多折耗，不得不奏懇調劑。上以其辦理不善，下部議處，尋議降一級留任。十三年，丁憂回籍。十四年，倉場書吏高添鳳串通斗級花户舞弊，盜領倉米，盤查各廒，虧未至十數萬石。上命軍機大臣查明歷任倉場侍郎在任年月，分别懲處。尋諭曰：李鈞簡在任亦久，黑檔盜米之弊，起於伊任内，其咎較重。補著於服闋後降補五品翰林。十五年，服闋，來京，調翰林院侍讀。十六年，擢順天府府尹。十八年八月，兵部左侍郎成書奏兵部主事姚堃由京赴熱河，路經昌平州八仙莊，被盜劫掠。上以地方官緝捕廢弛，鈞簡未能整飭，不勝府尹之任，改授光禄寺卿。九月，賊匪林清等突入禁城謀亂，匪黨多順天府所屬人，上以鈞簡在府尹任内，平日漫無查察，養癰貽患，命降爲編修。尋復諭曰：現在直隸、河南、山東地方，皆有滋事逆匪，各該督撫失察之咎，概從寬免。惟首逆林清近在畿甸，潛蓄逆謀，該管咎大員漫無覺察，其咎尤重。是以將李鈞簡降爲編修。李鈞簡管理順天府地方，尤爲切近，不能再邀録用，著照所降品級休致。道光三年，卒。子澍滋，廣東黄岡同知。

其生年不詳。卒於“道光三年”（1823）。生平大略，於此可窺一斑。

此外，《光緒黄州府志》卷十九《人物志》（清光緒十年刊本）亦有其傳，稱：

李鈞簡，字秉和，號小松，長青子。乾隆丙午鄉試第一，己酉進士，賦端敏。三歲侍大母膳，置膝上，匙箸或参差，輒取正，大母奇之。五歲解賦詩，及釋褐，授編修。嘉慶己未分校禮闈，庚申典江西試，復視學江西，擢内閣學士。三執文衡，得人最盛，盧坤、鮑桂星、白鎔、花杰皆出其門。先是鈞簡入詞垣，有權要聞其才，欲羅致門下，鈞簡不與通，故蔽之。十載，其人敗，乃歷官工、兵、吏三部侍郎。十年，聖駕東巡，獻一東全韻九言詩，賞蟒袍一襲。十四年，出督倉場，請復通倉舊制，開温榆上流，皆得旨施行，至今稱便。會因事鐫級，補侍讀，起順天府尹，尋以編修致仕。鈞簡生有至性，事父母極孝，文詞雅健，晚更冲和。著有《周易引經通釋》《融齋日録》。

可以補充《清國史》之未備。

稿本《黄岡鄉土志》（不分卷）亦有其傳，稱：

李鈞簡，字秉和，號小松，知府長青子。乾隆己酉成進士。幼端敏，三歲侍祖母食，置膝上，椝起或参差，輙取正之，母奇其有成人禮。五歲解賦詩，父覽之，喜曰："是兒必爲偉器。"比長，隨侍蒲郡，俾衣食如寒素，曰："吾不欲損其福。"既釋褐，授編修。嘉慶四年，分校禮闈，累陞内閣學士，典試江西。六年，復督江西學。三執文衡，得人稱盛，如盧制軍坤、鮑侍郎桂星、白侍郎鎔、朱撫軍桂楨、花方伯杰、劉侍御史衡、羅侍御志謙、趙太守學轍、湯太守儲璠，其尤著者。先是，鈞簡入詞館，有權要聞其才，欲羅致門下，簡不與通，故蔽之。十載，權要敗，乃歷兵、吏、工三部侍郎，上特敬重之。按：簡本庶出，至孝過人，事慈母林如其母，平日燕處不去衣冠，又無人不敬。倡修湖廣會館，奬掖後進。著有《周易引經通釋》《融齋日録》。

所載與《光緒黄州府志》大略相同。

丁宿章輯《湖北詩徵傳略》卷十六（清光緒七年孝感丁氏涇北草堂刻本）載：

李鈞簡，字小松，號秉和。乾隆進士，官侍郎。有《融齋日録》。鈞簡幼端敏，三歲侍祖母食，盤匙或參差，輙取正之，祖母奇其有成人度。初入詞垣，有權要聞其才，欲私之，不與通，故蔽之。十年，聖駕東廵，獻弌東全韵九言詩，稱旨。立朝耻詭隨，喜奬掖後進，請業者無虚日。詩文雅健，晚更冲和。本傳。

小松先生屢主文衡，鮑覺生侍郎、吴蘭雪中翰皆出其門下。《寄彭秋潭大令》云：白雲西望鶴南飛，江漢題襟舊紵衣。每憶故人爲吏去，深知詞客似君稀。石顔峭處平開徑，花气和時静揜扉。漢代循良多輔相，莫教容易賦山薇。又：貢水源流能會合，匡山面目本分明。皆不同凡響。

《送趙修撰出使琉球》云：封襲恩流海國春，儒臣萬里捧絲綸。扶桑東望經三島，折柳南來傍七閩。紙到雞林原有價，槎回牛渚豈無津。琉球此日爭先覩，天子元年弟弌人。典裔堂皇，雅與題稱。

亦可備參考。

另外，李鈞簡的生平尚有一些細節可以稽考。如《光緒京山縣志》卷十二《懿行列傳》（清光緒八年刻本）載《聶善修傳》，稱“肄業江漢書院，與同院黄岡李鈞簡最相得”。據此，李鈞簡曾於江漢書院學習。

崑岡修、劉啟瑞纂《大清會典事例》卷一千四十六《翰林院》（清光緒石印本）載：

又諭：倉場侍郎李鈞簡任内有黑檔舞弊之事，著降爲五品翰林。○十七年。

諭：此次賊匪擅入紫禁城，據訊取現獲賊犯供詞，多係直隸固安縣及黄邨一帶籍貫。鄒炳泰、李鈞簡在順天府尹任内，平日漫無查察，以致養癰貽患。鄒炳泰著以中允、贊善降補，李鈞簡著降爲編修。○二十年。

卷一千五十四《翰林院》載：

欽命題賦一詩一疏一，一等二人，編修陳琪、修撰潘世恩，俱升侍讀，二等二十一人，……贊善李鈞簡升右庶子。……○八年閏二月。

這些都可以據以了解李鈞簡的生平。

《光緒黄岡縣志》卷二《地理志》載“封光禄大夫倉場總督李鈞簡墓，在孔家埠西二里孟義湖北岸。”則是其墓地的記載。

李鈞簡的著述，《光緒黄岡縣志》卷二十三《藝文志》著録《周易引經通釋》《融齋日録》《雕蟲集》，今僅存《周易引經通釋》一種。其詩文，除前舉《湖北詩徵傳略》所録三詩之外，《湖北文徵》輯録有《奏請挑修張家灣正河以復運道疏》《周易引經通釋自序》《重修孝感會馆碑記》《勸修安國寺塔及疏濬城河文》《程希川先生墓志銘》五文。

二

在歷代易學著述中，《周易引經通釋》是非常特殊的一部書。歷代學者在研治《周易》時，或校勘文本，或詁訓字義，或推演象數，或闡發義理，或比附史事。《周易引經通釋》推求易義則是另闢蹊徑。在《自序》中，李鈞簡指出：

> 鈞簡質性顓魯，不揣檮昧，謹遵斯旨，積思數十年，廣覽註家，博參經解，取各經之語合於《易》之彖、象、爻、傳者爲之，字釋其詁，句釋其義，節釋其旨，以疏通而證明之，遂得薈爲成書。間有取於《汲冢書》者，《周書》之逸也；《國語》者，《春秋》之外傳也；《大戴禮》者，《禮經》之遺也；《家語》者，《論語》之餘也；《山海經》者，《爾雅》之流也。引伸觸類，旁推交通。《易》理既明，而於群經之旨，亦有相爲貫通者焉。名之曰《周易引經通釋》，庶幾爲讀《易》者之一助云。

據此可知，李鈞簡著書的目的也是要尋繹易義，但其方法與衆不同，具體來説，即是“廣覽註家，博參經解，取各經之語合於《易》之彖、象、爻、傳者爲之，字釋其詁，句釋其義，節釋其旨，以疏通而證明之”。這裡所謂的經解，是一個廣義的説法，除了通行的十三經之外，還包括《汲冢書》《國語》《大戴禮》《家語》《山海經》。《自序》中解釋了爲何包括這些典籍的原因。

如《乾》卦“初九：潛龍勿用”，李鈞簡解曰：

> 《爾雅》：“初，始也。”爻之始，故曰初。《書》：“洪範九疇，初一曰五行。”九疇自初一至次九，以其數而序之也。六爻自初至上，以其位而序之也。《爾雅》：“潛，深也。潛、深，測也。”初故曰潛。《詩》：“潛雖伏矣，亦孔之昭。”即深潛而有著見之義。《左傳》：“龍，水物也。”龍象乎陽，變化乎水，而爲陽物之神靈不測者。潛則深藏之象，故占曰“勿用”也。《論語》：“用之則行，舍之則藏。”潛爲舍藏之時。藏卽藏其所以行者，非藏身之謂也。“勿用”之義蓋如此。《孟子》：“舜之居深山之中，與木石居，與鹿豕遊，其所以異於深山之野人者幾希。”此所謂“潛龍”也。

先引《爾雅》《書》釋“初”，引《爾雅》《詩》釋“乾”，引《論語》釋“用”，引《孟子》釋“潛龍”，並輔以己見，加以引申。在《讀易提要》中，潘雨廷指出：

> 如《乾》初引《爾雅》“初，始也”，又“潛，深也；潛，深測也”，引《詩》“潛雖伏矣，亦孔之昭”，引《論語》“用之則行，舍之則藏”，引《孟子》“舜之居深山之中，與木石居，與鹿豕遊，其所以異於深山之野人者幾希”，於文義自明。若又引《書·洪範》九疇“初一曰五行”以釋初九，注曰：“九疇自初一至次九，以其數而序之也；六爻自初至上，以其位而序之也。”則於義尤廣。

通過對經解的大量徵引，並加以闡發升華，從而達到“字釋其詁，句釋其義，節釋其旨”的目的，可謂有理有據，具有説服力。這也引起了潘雨廷對此書的高度評價：“蓋深得費氏以經解經之旨。數十年之功，使十三經皆會歸於《易》，殊有益於易道者也。”

自卷一至卷九，李鈞簡對《周易》經傳進行通釋。卷十爲《釋圖》，包括《釋河圖説》《釋洛書説》《釋河圖洛書通説》《釋河圖數十洛書數九説》《釋太極圖説》《釋兩儀説》《釋四象圖説》《釋對待八卦方位圖説》《釋流行八卦方位圖説》《釋八卦配五行説》《釋八卦方位通説》，針對易學的一些核心問題，李鈞簡亦是徵引經解，提出了自己的看法。尤其是在《釋八卦方位通説》篇中，李鈞簡明確指出“後學習傳其説，而未得其解，甚且有以爲無稽之言者，不知其義皆在本經之中”，“古今論八卦方位者紛如其説，而未有直舉本經之文以明之者”，除了經解之外，還特別注重以《易》解《易》。卷十《釋象》則認爲“是數亦統於象，象數皆本於理也。言理即言象數，未有無理而可言象數者”，顯示了其義理與象數並重的學術取向。

當然，我們在肯定《周易引經通釋》“廣覽註家，博參經解”以通釋易義且取得較高成就的同時，其弊端也不容諱言。潘雨廷《讀易提要》

曾舉例提出過批評。

三

《周易引經通釋》今有两种版本。初刻本爲清嘉慶十九年（1814）鶴陰書屋刻本，前有嘉慶辛未（1811）五月己酉自序，后有嘉慶甲戌（1814）受業蔣詩跋。光緒七年（1881），王家璧據此本加以補修，前有王家璧《修補〈周易引經通釋〉識語》，后有洪良品跋，均作于光緒七年。后本系前本之修补本，故版式一致，书中文本偶有修正。

此次整理，以王家璧補修本爲底本，以初刻本爲校本。書中徵引他書，有疑義處則檢原書加以校勘。形近之字，如己已巳等逕改回，不出校。避諱字亦逕改回，不出校。

本書是《周易引經通釋》的首個整理本，由於易學博大精深，限於個人學識，整理過程中難免有諸多不足之處，尚祈博雅君子指正！

二〇二四年六月二十日時值夏至，陳開林書於翡翠國際寓所

叙

《易》之爲書，始於伏羲之畫卦，繼以文王、周公之繫辭，孔子作《十翼》以終之，所以用之卜筮者也。古者，國之大事，謀及卜筮。唐虞之枚卜官占，成周之建都卜洛，至於冠婚軍祭，無不用之。盡人合天之學，莫備於《易》，實聖人傳道之書也。《論語·鄉黨》一篇記聖人之言動，而終之曰"時哉時哉"。孟子曰："孔子，聖之時者也。""與時偕行"，《易》之全義，聖人之全體大用矣。夫子以《易》繼往，亦以《易》開來，而與門弟子未嘗言《易》。子貢曰："夫子之言性與天道，不可得而聞也。"記者曰："子罕言利，與命與仁。"陰陽之道，性命之理，其旨精微而不欲輕言，非不言也。其言之見於《論語》者，曰"加我數年，五十以學《易》，可以無大過矣"；曰"不恒其德，或承之羞"。不占而已矣。"居則觀其象而玩其辭，動則觀其變而玩其占"，學《易》之道，此二章足以盡之。聖門得斯道之傳者，首推顔、曾。"顔子有不善，未嘗不知，知之未嘗復行。""其心三月不違仁。""克己復禮"之學本於《易》。"曾子曰：'吾日三省吾身。'""君子思不出其位。""守身""事親"之學本於《易》。善學夫子，皆善學《易》者也。漢儒傳《易》者，其授受皆本於商瞿。孔氏之門，孰非以《易》爲教哉？夫子未嘗言《易》學。《易》之次章記之曰"子所雅言，詩書執禮"，皆雅言也。"觀易象與《春秋》"者曰："周禮盡在魯矣。"則知"《詩》以道性情，《書》以道政事，《禮》以道威儀，《春秋》以道名分"，皆人事也。惟《易》以天道明人事，所以爲五經之原。夫子刪《詩》《書》，訂《禮》《樂》，修《春秋》，蓋有無往而非言《易》者。昔人謂孟子亦不言《易》而深於《易》。聖人復起，不易吾言矣。此即明不易之理也。禹、稷、顔子同道，易地則皆然。曾子、子思同道，易地則皆然。此即明變易之理也。後之言《易》

者，其亦以群經明之可矣，而豈俟他求乎？曾子之傳《大學》，引《詩》《書》而釋之。子思之傳《中庸》，引《詩》《書》而明之。《孝經》以及《坊記》《表記》，其言皆以《易》《詩》《書》明之。《爾雅》之釋名物，亦以《詩》《書》訓之。釋經而本於經，斯理無不明，而辭無不達矣。恭讀聖祖仁皇帝《御纂周易折中》案語，内如解《履》五“夬履，貞厲”曰“憂危若蹈虎尾”，引《書》；解《大畜》上九“何天之衢”曰“何天之龍，何天之休”，引《詩》；解《睽》二“遇主”曰“備禮曰會，不備禮曰遇”，解《震》五“有事”曰“凡祭祀曰有事”，引《春秋》；解《坎·象》設“險”曰“忠信以爲甲胄，禮義以爲干櫓”，引《禮》；解《无妄》二“不耕穫、不菑畬”曰“先事後得，先難後獲”，引《論語》；解《坤·文言》“正位居體”曰“立天下之正位”，引《孟子》；解《繫傳》“繼之者善”曰“身體髮膚，受之父母”，引《孝經》。此類疊見，隨義所及，以經證經，周情孔思，如指諸掌。恭讀高宗純皇帝《御纂周易述義》，如解《恒·彖》，引《書》“德無常師，主善爲師。善無常主，協於克一。終始惟一，時乃日新”；解《屯》初，引《詩》“載戢干戈，載櫜弓矢。我求懿德，肆于時夏，允王保之”；解《家人》四，引《禮記》“父子篤，兄弟睦，夫婦和，家之肥也”；解《繫傳》“舟楫之利”，引《周禮》“作車以行陸，作舟以行水”；解《師》三，引《春秋左傳》“子爲元帥，師不用命”；解《蒙》初，引《論語》“有教無類”；解《无妄》五，引《孟子》“必有事焉而勿正，心勿忘，勿助長也”。凡百十條，因義發揮，旁通經傳，聖作明述，廣大悉備。《易》書“絜静精微”之旨，聖學已括其全，所以昭示天下萬世，蓋日星之經於天矣。集説自程、朱《傳》《義》外，以及漢、唐註疏與諸説經之家，其引經以解《易》者，亦不一而足。鈞簡自束髮受學，經書成誦後，先君子以《易》學深微，手録御案暨先儒成説，口講指畫，使之明白易曉。鈞簡質性顓魯，不揣檮昧，謹遵斯旨，積思數十年，廣覽註家，博參經解，取各經之語合於《易》之彖、象、爻、傳者爲之，字釋其詁，句釋其義，節釋其旨，以疏通而證明之，遂得薈爲成書。間有取於《汲冢書》者，《周書》之逸也；

《國語》者，《春秋》之外傳也；《大戴禮》者，《禮經》之遺也；《家語》者，《論語》之餘也；《山海經》者，《爾雅》之流也。引伸觸類，旁推交通。易理既明，而於群經之旨，亦有相爲貫通者焉。名之曰《周易引經通釋》，庶幾爲讀《易》者之一助云。

嘉慶辛未五月己酉，黄岡李鈞簡序

修補《周易引經通釋》識語

黄岡李少宰小松先生《周易引經通釋》融會貫通，爲漢宋學易家所莫外，以《易》爲五經之原也。板存黄岡館，道光中，家璧嘗印刷散布之，移文奎齋。及咸豐癸丑，丁内艱歸，屬坊友王鼎賢還館，歷同治、光緒，凡三入三出，知仍在文奎齋。歲己卯，洪右臣太史欲□重印，查有曼漶殘缺者百數十幅，坊友之子王至聚認爲修補。庚辰，家璧適自奉天學政受代歸，以當十□五百緡助之。行笈有前印本一部，手爲重校，至辛巳八月，乃得蕆事。原書引經，書名用陰文，補刊者，書名用陽文以别之。家璧方纂《周易漢宋學》，通述先儒暨國朝名家精義，於是書亦多援引。補校畢，敬識數語。時太史已轉補江西道御史，同里在京者，盧栗甫吏部莫僩、萬佩璃户部錫珩、陶辛垣，吏部鋭曾、小階，刑部永齡、萬少村，刺史方田，因相與籌印布之。家璧子員外郎工部主事世騵、候選翰林院待詔世嶟，孫四品廕生，出選時，亦隨侍在京，與覆校之役焉。先生諱鈞簡，乾隆己亥副榜貢生，丙午鄉舉第一人，己酉進士，改庶吉士，授編修，官至吏部侍郎。光緒七年九月中浣，同里後學王家璧識。

目　録

周易引經通釋卷一

黄岡李鈞簡輯註　男澍滋[1]校字

周易上經

《周禮》："《春官》：'太卜掌三易之灋：一曰《連山》，二曰《歸藏》，三曰《周易》。其經卦皆八，其别皆六十有四。'"此言三代之《易》。曰《周易》，所以别於二代之名也。《禮記》："昔者聖人建陰陽天地之情，立以爲易。"此作《易》之總義也。《禮記》："《經解》：'絜静精微，易教也。'"此《易》書之大旨也。

䷀乾下乾上

乾：元，亨，利，貞。

《中庸》："維天之命，於穆不已。"蓋曰天之所以爲天也。陽之純而健之至，此乾之義也。乾字之義，《説文》從倝，日始出光；從乙，物之達也。愚案：左旁從日；從丄，從丅，古上下字也。右旁從乞，古氣字也。《禮記》："郊之祭也。迎長日之至也。大報天而主日也。"天以日爲主。日行上下，一周天之度也。《左傳》："天有六氣。"天爲積氣，天之體也，當爲乾卦立字之義。《書》："自作元命。"元爲大之義也。《儀禮》："始加元服。"首之義也。《春秋》："元年，公即位。"始之義也。《書》："其惟王位在德元。"長之義也。《禮記》："五官致貢曰享。"古享字皆與亨字通用。《周禮》："凡禋祀五帝，實水，納亨。"烹字亦與亨字通用。烹以調和，享以供獻，皆所以通之義。卦中《大有》"公用享于天子"，《隨》"王用享于西山"，《萃》"王假有廟，致孝享也"，《升》"王用享于岐山"，《鼎》"聖人烹以享上帝，大烹以養聖賢"，《涣》"先王以享于帝立廟"，卦德皆曰亨也。《損》"二簋可用享”，卦德“山澤通氣”也。《益》“王用享于帝”，《震》《巽》卦德皆亨也。以此證之，是亨之義爲通也。《孟子》：“故者以利爲本。”順其自然。利者，行而宜之之義也。《論語》：“君子貞而不諒。”不爲□信。貞者，正而固之義也。《禮記》：“天有四時，春夏秋冬。”此即“乾：元，亨，利，貞”之理也。《爾雅》：“春爲發生，夏爲長嬴，秋爲收成，冬爲安寧。四時和爲通正。”發生，元也。長嬴，亨也。收成，利也。安寧，貞也。通即亨之義，所謂“始而亨”。正即貞之義，所謂“利於正”也。《書》：“一人元良，萬邦以貞。”大善則天下得其正，所謂大通而利於正，人君法天之義也。

初九：潛龍勿用。

《爾雅》：“初，始也。”爻之始，故曰初。《書》：“洪範九疇，初一曰五行。”九疇自初一至次九，以其數而序之也。六爻自初至上，以其位而序之也。《爾雅》：“潛，深也。潛、深，測也。”初故曰潛。《詩》：“潛雖伏矣，亦孔之昭。”即深潛而有著見之義。《左傳》：“龍，水物也。”龍象乎陽，變化乎水，而爲陽物之神靈不測者。潛則深藏之象，故占曰“勿用”也。《論語》：“用之則行，舍之則藏。”潛爲舍藏之時。藏即藏其所以行者，非藏身之謂也。“勿用”之義蓋如此。《孟子》：“舜之居深山之中，與木石居，與鹿豕遊，其所以異於深山之野人者幾希。”此所謂“潛龍”也。

九二：見龍在田，利見大人。

《論語》：“天下有道則見。”出潛而離隱也。《孟子》：“舜發於畎畝之中。”“見龍在田”之象。《孟子》：“居仁由義，大人之事備矣。大人者，正己而物正者也。”未得位而德已著，此在下之大人也。《書》：“凡人未見聖，若不克見；既見聖，亦不克由聖。”此凡人之學聖而“利見”也。《論語》：“儀封人請見，曰：‘君子之至於斯也，吾未嘗不得見也。’從者見之，出曰：‘天下之無道也久矣，天將以夫子爲木鐸。’”此賢人之知聖而利見也。帝王之治在當時，夫子之教在萬世。此言利見在下之大人也，孔子足以當之。

九三：君子終日乾乾，夕惕若，厲无咎。

《孟子》：“鷄鳴而起，孳孳爲善者，舜之徒也。”《書》：“禹曰：‘予思日孜孜。’”“文王自朝至于日中昃，不遑暇食。”“武王曰：‘吉人爲善，惟日不足'"此皆君子"終日乾乾"者也。《書》:"怵惕惟厲,中夜以興,思免厥愆。"此"夕惕若,厲无咎"之義也。《大戴禮》:"王聞書之言,惕若恐懼。"若者,形容之辭,如"儼若思"是也。《國語》:"言敬必及天。"又:"象天能敬。"此乾惕之所以象乎天也。《論語》:"發憤忘食,樂以忘憂,不知老之將至云爾。"此爻即"君子以自强不息"之責。聖人安之,學者則當勉之也。

九四:或躍在淵,无咎。

《論語》:"公山弗擾以費畔,召,子欲往。""佛肸以中牟畔,召,子欲往。"栖栖於行,即躍之義。《論語》:"苟有用我者,朞月而已可也,三年有成。如有用我者,吾其爲東周乎!"《孟子》:"如欲平治天下,舍我其誰也!王如用予,則豈徒齊民安?天下之民舉安。"一"苟"字,三"如"字,即"或"字之義。聖賢自信之深,而審時度勢以處之者如此。《孟子》:"堯薦舜於天,舜避堯之子於南河之南。舜薦禹於天,禹避舜之子於陽城。"以位言之,皆"或躍在淵"之時也。《詩》:"魚潛在淵,魚躍于淵。"取象於龍,故潛、躍皆以淵言之。

九五:飛龍在天,利見大人。

《大戴禮》:"龍非風不舉。"飛之象也。《論語》:"天不可階而升。"飛之爲義,亦有天授,非人力之意。《大戴禮》:"鱗蟲三百六十,龍爲之長。""在天"所以有君象。《中庸》:"《詩》云:'鳶飛戾天,魚躍于淵。'言其上下察也。"道之無往不在,故上下以天淵飛躍言之。惟龍之變化不測,則兼其象也。《中庸》:"溥博如天,淵泉如淵。"亦惟大人廣淵静深,備其德也。《論語》:"大哉,堯之爲君也!"《孟子》:"大舜有大焉。"以聖人之德居聖人之位,此言在上之大人也。《周禮》:"春見曰朝,夏見曰宗,秋見曰覲,冬見曰遇,時見曰會,殷見曰同。"此尊爲天子而利見也。《孟子》:"由堯、舜至於湯,若禹、皋陶,則見而知之。由湯至於文王,若伊尹、萊朱,則見而知之。由文王至於孔子,若太公望、散宜生,則見而知之。"此德爲聖人而利見也。《孟子》:"伊尹曰:'吾豈若使是君爲堯舜之君?吾豈若於吾身親見之哉?'"可以知利見之義矣。此言利見在上之大人也,堯、舜足以當之。

上九:亢龍有悔。

《爾雅》："亢，鳥嚨。"喉骨剛而居高者，陽之在上象之也。鳥之高飛爲亢，故飛龍亦有亢之義。《左傳》："天爲剛德，猶不干時，況在人乎！"亢之當戒，謂一於剛而不能柔也。《孟子》："堯老而舜攝也。"《論語》："舜亦以命禹。"《書》："伊尹復，政厥辟；周公復，子明辟。"知進退存亡之大人，則不失其正而免於悔矣。《書》："弗慎厥德，雖悔可追。"知其有悔，此龍德之所以善於惕而不善於亢也。

用九：見群龍无首，吉。

《中庸》："用其中於民。"用之爲文，《説文》"從卜從中"，言十其中而用之。用其變，實用其中，此用九、用六之義也。明陰陽之義，故於乾坤純陽純陰之卦發之。《周禮》："司常掌九旗之物，名交龍爲旂。"升龍者，飛龍。降龍者，潛龍。一升一降，循環爲交，即"群龍无首"之象。《書》："群后四朝。"有群必有首。"无首"者，有而不居。知亢龍之悔，則知"群龍无首"之吉矣。"群龍"即《彖傳》所謂"六龍"。"无首"即《彖傳》所謂"時乘"也。《左傳》："龍見於郊。蔡墨曰：'《周易》有之，在《乾》之《姤》曰潛龍勿用，其《同人》曰見龍在田，其《大有》曰飛龍在天，其《夬》曰亢龍有悔，其《坤》曰見群龍無首，吉。《坤》之《剥》曰龍戰于野。若不朝夕見，誰能物之？'"觀此則易之取象，無不本乎仰觀俯察，非憑虚以寄，而亦非凝滯於物者。所以爲格物、致知、誠意、正心、修身、齊家、治國、平天下一以貫之之書也。

彖曰：大哉乾元！萬物資始，乃統天。

《爾雅》："元，始也。"乾坤，萬物所自始，故乾坤皆曰元，而乾又包乎坤也。《禮記》："萬物本乎天。""資始"之義也。《禮記》："樂著大始。"謂天爲生物之始也。《孟子》："居之安則資之深，資之深則取之左右逢其原。"資始、資生，本於天地，皆所謂逢原也。《公羊傳》："王正月，大一統也。"統之爲言，本也，始也。《書》："冢宰掌邦治，統百官。"《周禮》："天官以八統詔王，馭萬民。"百官萬民無不統，法天之義。天無所不統也。《書》："有扈氏威侮五行，怠棄三正。"大人在上者爲正統。夏正建寅，爲人統。商正建丑，爲地統。周正建子，爲天統是也。《孟子》："由堯、舜至於湯，由湯至於文王，由文王至於孔子。"堯、舜、禹、湯、文王、孔子，大人傳心者爲道統是也。天之道，無所不統。君之道，無所不統。聖人之道，亦無所不統。此皆乾元"統天"之義也。

雲行雨施，品物流形。

《禮記》：“天降時雨，山川出雲。”雲行而後雨施，此言氣之亨也。《禮記》：“風霆流形，庶物露生。”物因氣以成形，此言形之亨也。《中庸》：“小德川流。”即“流形”之謂。《書》：“惟金三品。”物有區别謂之品。萬物言其統，品物言其分。此言天之發育萬物者，亨之義也。

大明終始，六位時成，時乘六龍以御天。

《中庸》：“誠者，物之終始。”始即元，終即貞。不終則無以爲始，不始則無以成終，惟聖人能明之也。《中庸》：“誠則明矣，明則誠矣。”此大明終始之義也。《孟子》：“始條理者，知之事也。終條理者，聖之事也。孔子之謂集大成。”此聖人之“大明終始”也。《孟子》：“天子一位，公一位，侯一位，伯一位，子男同一位，凡五等。君一位，卿一位，大夫一位，上士一位，中士一位，下士一位，凡六等。”天下統於天子，國統於君。六爻之位，即君臣上下之位，隨時而迭處，故曰“六位時成”也。《中庸》：“君子素其位而行，素富貴行乎富貴，素貧賤行乎貧賤，素夷狄行乎夷狄，素患難行乎患難。君子無入而不自得焉。”位無定在，素位而行。此言位之義也。《中庸》：“君子而時中。”《孟子》：“可以仕則仕，可以止則止，可以久則久，可以速則速，孔子也。孔子，聖之時者也。”時無定期，隨時處中。此言時之義也。“六位時成”，於《乾》著之，而六十四卦三百八十四爻凡言時位之義，皆於此通之矣。《禮記》：“《月令》：‘春，天子乘鸞路，駕蒼龍。夏，天子乘朱路，駕赤騮。中央，天子乘大路，駕黄騮。秋，天子乘戎路，駕白駱。冬，天子乘玄路，駕鐵驪。’”以順時氣而布政令，即“乘龍御天”之義也。《左傳》：“古者，國有御龍氏。”此以六位爲六龍，因六陽之象而借言之，而其理亦不外是。《左傳》：“天子當陽。”其實即此義也。《左傳》：“大皞氏以龍紀，故爲龍師而龍名。”“乘龍御天”，伏羲作《易》之旨，蓋已寓於命官之義。《春秋緯》云：“伏羲作《易》名官，是其義爲一也。”

乾道變化，各正性命。保合太和，乃利貞。

《禮記》：“天不愛其道，地不愛其寶。”發育之理，即乾道之變化也。《禮記》：“田鼠化爲鴽，鷹化爲鳩，爵入大水爲蛤，雉入大水爲蜃。”此自然之變化者也。《周禮》："柞氏：夏日至，令刊陽木而火之；冬日至，令剥陰木而水之。若欲其化也，則春秋變其水火。""薙氏：掌殺草。若欲其化也，則以冰火變之。"此人爲之變化者也。《孟子》："生之謂性。"凡有知覺運動爲性。《禮記》："大凡生於天地之間者皆曰命。"凡有形氣體質爲命。性命兼人物而言也。《禮記》："無水旱昆蟲之災，民無凶饑妖孽之疾。"《書》："山川鬼神，亦莫不寧，暨鳥獸魚鼈咸若。"無一物不得其所，此"各正"之義也。《禮記》："合生氣之和。"生氣者，陰陽之氣。《禮記》："天地訢合，陰陽相得。"是也。《禮記》："動四氣之和。"四氣者，四時之氣。《左傳》："春無愆陽，夏無伏陰，秋無凄風，冬無苦雨。"是也。此所謂"保合大和"也。《孟子》："莫非命也，順受其正。"天命之正，言乾道之利貞也。

首出庶物，萬國咸寧。

《爾雅》："元、良，首也。"爲首即爲君之義。《書》："元首明哉。"此即出震嚮離，"首出"之義也。《孟子》："舜明於庶物。"明乎其理，所以出治之本也。《詩》："鳶飛戾天，魚躍于淵。豈弟君子，遐不作人。"此即聖人之"乾道變化"而"各正性命"者也。《書》："萬邦咸寧。"無一夫不獲之謂。《孝經》："天下和平，災害不生，禍亂不作。"此即聖人之"保合大和"也。言聖人之利貞也。《左傳》："履端於始，舉正於中，歸餘於終。"聖人大明乎天時之序，所以御天如乾之"統天"，首物如乾之"資始"也。

象曰：天行健，君子以自强不息。

《論語》："天何言哉！四時行焉。"時之行即天之行也。《孟子》："天無二日。""無二日"即無二天也。天一日而一周，即重乾之象。天不言重，不稱乾，稱健，以其用明之也。《論語》："子曰：'加我數年，五十以學《易》，可以無大過矣。'"六十四卦象之言"以"者，皆此"以"字之義。易自畫卦而有象，觀象而有理。惟夫子集三聖之大成，以天地萬物之象莫不切於日用行習之理，此實言象之宗。後儒或主言象，或主言理，是分而二之矣。其言《易》也，不亦遠哉？《書》："帝德廣運。"即天行之健也。《禮記》："君子莊敬日强。"人之勇於行，如天之健於行，所謂"自强"也。《中庸》："抑而强與。""自强"，言人之所當强者。《中庸》："至誠無息，不息則久。""自强不息"，君子以之法天者也。《禮記》："教然後知，困然後能自强也。”勉强亦可幾於自然也。

“潛龍勿用”，陽在下也。

《書》：“有鰥在下曰虞舜。”此言陽德之人在下，所謂揚側陋者。以下五節皆以人言之。

“见龍在田”，德施普也。

《左傳》：“德以施惠。”此“德施”之義也。《孟子》：“普天之下，莫非王土。”普以言其徧也。《左傳》：“家施不及國。”又：“勤施無私曰類。”德施之普，以其公也。此言大人之德所被者廣。《論語》：“如有博施於民而能濟衆，堯、舜其猶病諸。”正非馳騖之謂也。

“終日乾乾”，反復道也。

《中庸》：“道也者，不可須臾離也。”此道之本於天者也。《論語》：“君子無終食之間違仁，造次必於是，顛沛必於是。”此“反復”之義也。《論語》：“南容三復白圭。”義亦如是。《孟子》：“平旦之氣，好惡與人相近者幾希，旦晝之所爲，有牿亡之矣。牿之反復，則其夜氣不足以存。”理欲存亡，辨在幾希，慎在隱微，君子所以惕厲之深也。“終日乾乾”，實有戒於此矣。

“或躍在淵”，進无咎也。

《孟子》：“治則進，亂則退，伯夷也。治亦進，亂亦進，伊尹也。”“或”者，進退未定之辭。而曰“進无咎”，蓋義不可輕進，而志則惟在於進也。《書》：“伊尹曰：‘予弗克俾，厥后爲[2] 堯、舜，其心愧恥，若撻于市。一夫不獲，則曰時予之辜。’”任天下之重，非爲一己之私也，故曰“進无咎”。

“飛龍在天”，大人造也。

《爾雅》：“造，爲也。”是大人爲大有爲之君也。《書》：“用肇造我區夏。”《詩》：“我龍受之，蹻蹻王之造。”聖人在上，有與天下更始之義，如鈞陶而鎔鑄之，是大有造之謂，而非僅云作起也。

“亢龍有悔”，盈不可久也。

《左傳》：“鄧曼曰：‘盈而蕩，天之道也。’”又：“子胥曰：‘盈必毁，天之道也。’”觀此則知“不可久”之義矣。

用九，天德不可爲首也。

《書》：“惟克天德。”言善用天德者，不以陽剛爲首也。《書》：“帝庸作歌曰：‘股肱喜哉！元首起哉！’皋陶賡歌曰：‘元首明哉！股肱良哉！’”帝之作歌，股肱先於元首。皋陶之賡歌，元首先於股肱。以此見臣之必以君爲首，而君之不自以爲首，即“无首”之義也。《周禮》：“簭人[3]掌三易：一曰《連山》，二曰《歸藏》，三曰《周易》。”《連山》首艮，《歸藏》首坤，皆不以純乾爲首，亦有“天德不可爲首”之意。《周易》之義，《乾》之六爻皆變則爲坤卦，體變而用不變，是爲用九。此即以坤爲首，剛而能柔之義。《乾》之上九、九三二爻皆爲過剛，初、二、四、五四爻俱變，而三、上二爻不變，亦爲用九。其變爲艮。此即以艮爲首，時止時行之義。蓋《周易》實兼乎《連山》《歸藏》之用。於此有自然觀象而得之者，其旨微矣。

《文言》曰：元者，善之長也。亨者，嘉之會也。利者，義之和也。貞者，事之幹也。

《左傳》：“經緯天地曰文。”《乾》《坤》二卦繫以文言者，聖人參天地之義也。梁武帝以爲文王之言而孔子述之，故《左傳》穆姜所稱，已有此語。可備一説。《左傳》：“謂之八元。”《註》：“善也，有長善之義。”《禮記》：“仁者，義之本也，順之體也，得之者尊。”故曰“元者，善之長”。《爾雅》：“嘉，美也。甘雨時降，萬物以嘉。”物之亨暢，所以爲嘉。《書》：“四方民大和會。”無物不美，如相聚會也。《左傳》：“人各有争心，故利不可强，思義爲愈。義，利之本也。”“信載義而行之爲利。”各得其分，不相侵越，乃所以爲和。《孟子》：“爲人臣者，懷仁義以事其君。爲人子者，懷仁義以事其父。是君臣父子去利懷仁義以相接也，何必曰利？”此所謂“利者，義之和也”。《爾雅》：“楨、翰，幹也。”幹所以立事者。《左傳》：“禮，國之幹也。”又：“禮，人之幹也。”禮所以立，幹之爲義如此。《孟子》：“智之實，知斯二者弗去是也。”此即正固之義。《左傳》：“忠，德之正也。信，德之固也。”故貞爲正而固。

君子體仁，足以長人；嘉會，足以合禮；利物，足以和義；貞固，足以幹事。

《左傳》：“元者，體之長也。”以仁爲體，是即“體仁”之義。《孟子》：“輔世長民莫如德。”仁之謂也。《詩》：“克長克君。”《左傳》：“教誨不倦曰長。”《禮記》：“能爲師，然後能爲長。能爲長，然後能爲君。”能愛人則能“長人”也。《周禮》：“大宗伯以嘉禮親萬民，以飲食之禮親宗族兄弟，以冠婚之禮親成男女，以賓射之禮親故舊朋友，以飨燕之禮親四方之賓客，以脤膰之禮親兄弟之國，以賀慶之禮親異姓之國。”是即“嘉會”之義。《禮記》：“禮猶體也。體不備，君子謂之不成人。經禮三百，曲禮三千，其致一也。”是所謂“合禮”也。《禮記》：“割刀之用，而鸞刀之貴，貴其義也，聲和而後斷也。”利之文從刀。此可以見“和義”之意。《左傳》：“義以建利。”又：“義以生利。”利不專己而及於物，“和義”之謂也。《中庸》：“擇善而固執之。”正則能固。《書》：“尚寧幹止。”如板築之有楨幹，所以能立事也。《論語》：“夫仁者，已欲立而立人，已欲達而達人。”“體仁”之“長人”也。《論語》：“禮之用，和爲貴。先王之道，斯爲美。小大由之。”“嘉會”之“合禮”也。《大學》：“不以利爲利，以義爲利也。”“利物”之“和義”也。《書》：“有猷有爲有守。”“貞固”之“幹事”也。《禮記》：“心以體全，亦以體傷。國以民存，亦以民亡。”仁非徒惠也，故曰“體仁足以長人”。《左傳》：“是儀也，非禮也。”威儀文辭，非禮之本，故曰“嘉會足以合禮。”《孟子》：“王曰何以利吾國，大夫曰何以利吾家，士庶人曰何以利吾身，上下交征利而國危矣。未有仁而遺其親者也，未有義而後其君者也。”利己則私，利物則公，故曰“利物足以和義。”《孟子》：“人有不爲也，而後可以有爲。”材能非立事之本也，故曰“貞固足以幹事”。

君子行此四德者，故曰：“乾：元，亨，利，貞。”

《孟子》：“惻隱之心，仁之端也；羞惡之心，義之端也；辭讓之心，禮之端也；是非之心，智之端也。人之有是四端也，猶其有是四體也。”此所謂四德也。《孟子》：“仁義禮知，非由外鑠我也，我固有之也。”蓋乾之元亨利貞，在人爲仁義禮知。君子行此四德，乃合乎乾也。《公羊傳》：“《春秋》編年，四時具然後爲年。”四時具而成歲，即四德備而爲乾之義也。《中庸》：“《詩》云：‘於乎不顯，文王之德之純。’”此即行四德之君子也。

初九曰“潛龍勿用”。何謂也？子曰：“龍德而隱者也。不易乎世，不成乎名，遯世无悶，不見是而无悶。樂則行之，憂則違之，確乎其不可拔，潛龍也。”

《論語》：“隱者也。”曰“龍德而隱”，明非沮溺丈人之謂也。《中庸》：“國有道，不變塞焉。國無道，至死不變。”有以自守者也。《孟子》：“同乎流俗，合乎汙世。”所不爲也。《孟子》：“周于德者，邪世不能亂。”是“不易乎世”也。《論語》：“不患無位，患所以立。不患莫己知，求爲可知也。”有以自處者也。《論語》：“在邦必聞，在家必聞。”所不愿也。《論語》：“三以天下讓，民無得而稱焉。”是“不成乎名”也。《孟子》：“非其義也，非其道也，禄之以天下一弗顧也，繫马千駟弗視也。”人之所謂是，己之所謂非，故曰“不見是”也。《論語》：“人不知而不愠。”《中庸》：“遯世不見知而不悔。”皆“无悶”之義也。《孟子》：“古之人得志，澤加於民。”所謂“樂則行之”也。《孟子》：“不遇故去，豈予所欲哉？予不得已也。”所謂“憂則違之”也。《孟子》：“伊尹耕於有莘之野，而樂堯、舜之道焉。”樂亦有不行者，而行即其樂也。《孟子》：“聖人之憂民如此，而暇耕乎？”憂亦有不違者，而違即其憂也。《孟子》：“富貴不能淫，貧賤不能移，威武不能屈，此之謂大丈夫。”此“確乎不拔”之義也，是謂“潛龍”。

九二曰“見龍在田，利見大人”。何謂也？子曰：“龍德而正中者也。庸言之信，庸行之謹。閑邪存其誠，善世而不伐，德博而化。《易》曰：‘見龍在田，利見大人。’君德也。”

《禮記》：“王中心無爲也，以守至正。”在不潛未躍之時，曰“龍德而正中”，則不徒以其位言之矣。《論語》：“謹而信。”《中庸》：“庸德之行，庸言之謹。”謹與信者，修德之切務也。《詩》：“思無邪。”正之謂也。《書》：“雖收放心，閑之惟艱。”惟正故能“閑邪”也。《大學》：“誠於中。”中之謂也。《孟子》：“操則存。”惟中故能“存誠”也。《書》：“汝惟不伐，天下莫與汝争功。”《禮記》：“善則稱人，過則稱己，教不伐以尊賢也。”此皆“善世而不伐”之義也。《中庸》：“溥博如天，淵泉如淵，見而民莫不敬，言而民莫信，行而民莫不説。”此“德博而化”之義也。《書》：“皋陶邁種德。”又：“尹躬暨湯，咸有一德。”在下之大人亦有九五之君德。二非君位，故特言君德以明之也。《中庸》：“君子中庸。”《中庸》一書，自戒懼謹獨以至篤恭，而天下平。全篇之義皆本於此。

九三曰“君子終日乾乾，夕惕若，厲无咎”。何謂也？子曰：“君子

進德修業。忠信，所以進德也；修辭立其誠，所以居業也。知至至之，可與幾也。知終終之，可與存義也。是故居上位而不驕，在下位而不憂。乾乾因其時而惕，雖危无咎矣。”

《論語》：“主忠信，徙義，崇德也。”有諸己者無念不誠，故曰“所以進德。”《孟子》：“宰我、子貢善爲説辭，冉牛、閔子、顔淵善言德行。”修辭之誠，本於立德，故曰“所以居業”。《禮記》：“時教必有正業，退息必有居學。”措之於事爲業，習之於學亦爲業。明體而後達用，是君子之“所以居業也”。《大學》：“知止而後有定，定而後能静，静而後能安，安而後能慮，慮而後能得。”“知止”即“知至”。“能得”即“至之”。其所以至進德之事也。《書》：“慎厥終，惟其始。”慎始即所以知終，有終即所以終之，“居業”之事也。《書》：“無冒貢於非幾。”幾爲念慮之微。“可與幾”則見之明而有以至之矣。《書》：“以義制事。”義爲制事之本。“可與存義”則守之定而有以終之矣。《中庸》：“居上不驕，爲下不倍。”在上、在下，皆此乾惕之心也。《左傳》：“君子有四時：朝以聽政，晝以訪問，夕以脩令，夜以安身。”“因其時而惕”之義也。《國語》：“計過無憾，而後即安。”所謂“雖危无咎”，求此心之安也。《大學》：“大學之道，在明明德，在親民，在止於至善。物有本末，事有終始。知所先後，則近道矣。”自格致以至治平，天子、庶人皆以修身爲本。《大學》全篇之義皆本於此。

九四曰“或躍在淵，无咎”，何謂也？子曰：“上下无常，非爲邪也；進退无恒，非離群也。君子進德修業，欲及時也，故‘无咎’。”

《孟子》：“如枉道而從彼，何也？”枉道則爲邪矣。《論語》：“微生畝謂孔子曰：‘何爲是栖栖者與，無乃爲佞乎？’子曰：‘非敢爲佞也，疾固也。’”栖栖者“上下無常”，此即明“非爲邪”之義。《禮記》：“離群索居。”獨善則“離群”矣。《論語》：“桀溺曰：‘滔滔者天下皆是也，而誰以易之？’子曰：‘鳥獸不可與同群。吾非斯人之徒與而誰與？’”問津者“進退无恒”，此即明“非離群”之義也。《孟子》：“夫人幼而學之，壯而欲行之。”“欲及時”正所以申進无咎之義。

九五曰“飛龍在天，利見大人”，何謂也？子曰：“同聲相應，同氣相求。水流濕，火就燥，雲從龍，風從虎。聖人作而萬物覩。本乎天者

親上，本乎地者親下，則各從其類也。”

《禮記》：“感於物而動，故形於聲。聲相應，故生變。”同聲之應即取於雷風之相薄也。《周禮》：“大師掌六律六同，以合陰陽之聲。”是“同聲相應也”。《書》：“帝庸作歌，臯陶賡歌。”《詩》：“來遊來歌，以矢其音。”此君臣之“同聲相應”也。《禮記》：“地秉陰竅於山川。”同氣之求即取於山澤之通氣也。《周禮》：“夫燧取明火於日，鑒取明水於月。”是“同氣相求”也。《書》：“聿求元聖，與之戮力。”“亂臣十人，同心同德。”此君臣之“同氣相求”也。《爾雅》：“下者曰溼，下溼曰隰。”濕之謂也。《孟子》：“民之歸仁也，猶水之就下。”“水流濕”之義也。《爾雅》：“烘，燎也。煁，烓也。”燥之謂也。《書》：“若火之燎于原。”“火就燥”之義也，即取於水火之不相射也。《禮記》：“春月，其蟲鱗，始雨水。”龍爲鱗蟲之長。東方蒼龍七宿。春屬鱗而發生之氣應之，是雲所以從龍之義也。“秋月，其蟲毛，凍風至。”虎爲毛蟲之長。西方白虎七宿。秋屬毛而嚴霜之氣應之，是風所以從虎之義也。《書》：“星有好風，星有好雨。月之從星，則以風雨。”箕風畢雨，上之從下。雲龍風虎，臣之從君。感應之理一也。《大戴禮》：“其仁如天，其智如神，就之如日，望之如雲。”此“聖人作而萬物覩”也。《周禮》：“以天產作陰德，以地產作陽德。”《大戴禮》：“天之所生上首，地之所生下首。”“親上”“親下”之義。指動物、植物而言。《中庸》：“今夫天，日月星辰繫焉。今夫地，載華嶽而不重，振河海而不洩。”亦其義也。《中庸》：“天之所覆，地之所載，日月所照，霜露所隊。凡有血氣者，莫不尊親。”作覩者，莫不尊之謂；親上親下者，莫不親之謂也。《孟子》：“麒麟之於走獸，鳳凰之於飛鳥，類也。聖人之於民，亦類也。”聖人出於其類，故各從其類者，言人之歸往也。

上九曰“亢龍有悔”，何謂也？子曰：“貴而无位，高而无民，賢人在下位而无輔，是以動而有悔也。”

《詩》：“商之孫子，其麗不億。上帝既命，侯于周服。”“貴而无位”者也。《書》：“紂有億兆夷人，離心離德。”“高而无民”者也。《孟子》：“不仁而在高位，是播其惡於衆也。”恃貴與高者爲亢。无位、无民，則貴與高不足恃矣。《孟子》：“皆貴人也，相與輔相之，故久而後失之也。”是賢人宜爲輔也。《孟子》："弗與共天位也，弗與治天職也，弗與食天禄也。"是"賢人在下位"也。《書》："常厥德，保厥位。""无位"之戒也。《書》："后非民罔，以辟四方。""无民"之戒也。《書》："惟后非賢不乂。""无輔"之戒也。《書》："動罔不凶。"此"有悔"之謂矣。

"潛龍勿用"，下也。

《禮記》："天高地下。"田在地上，淵在地下，故曰"下"。《孟子》："位卑而言高，罪也。""勿用"，以其在下，以時言之。以下五節皆言乾之時。

"見龍在田"，時舍也。

《論語》："犁牛之子騂且角，雖欲勿用，山川其舍諸？"言雖爲時所舍，而其用之理自在，正與此同義，特時未可耳。益以見其德之備矣。

"終日乾乾"，行事也。

《孟子》："有大人之事。"君子所行在進修之時，皆治平之事。《中庸》："有弗行行之，弗篤弗措也。"此"終日乾乾"之行也。

"或躍在淵"，自試也。

《爾雅》："試，用也。"潛曰"勿用"，故躍曰"自試"。《書》："我其試哉！""試可乃已。"皆此"試"字之義。《書》："明試以功。"試在人者以行與事，試在己者亦有以驗其所學也。《孟子》："孔子有見行可之仕。"兆足以行。此隨時自試之義也。

"飛龍在天"，上治也。

《周禮》："《天官》：'太宰之職：一曰官屬，以舉邦治；二曰官職，以辨邦治；三曰官聯，以會邦治；四曰官常，以聽邦治；五曰官成，以經邦治；六曰官灋，以正邦治；七曰官刑，以糾邦治；八曰官計，以弊邦治。'"以上治下，皆奉天出治之事，故曰"上治"。

"亢龍有悔"，窮之災也。

《禮記》："日窮于次，月窮于紀。"乾行之終，所以謂之"窮"也。《左傳》："天反時爲災。"反時之災，由其亢而不自知也。《家語》："鳥窮則啄，獸窮則攫，人窮則詐，馬窮則佚。"龍之亢，所以爲窮之災。

乾元用九，天下治也。

《孟子》:“天下之生久矣,一治一亂。”亂極而治者,天道之循環。《禮記》:“張而不弛,文武弗能也。弛而不張,文武弗爲也。一張一弛,文武之道也。”剛而能柔者,君德之變化,此乾元之用也。

“潛龍勿用”,陽氣潛藏。

《左傳》:“天有六氣:陰、陽、風、雨、晦、明也。”陽氣,言純陽之氣也。《左傳》:“日過分而陽猶不克,克必甚,能無旱乎?陽不克,莫將積聚也。”陽氣莫然不動,“積聚”即潛藏之義也。以下皆言乾之義。

“見龍在田”,天下文明。

《左傳》:“火龍黼黻,昭其文也。三辰旂旗,昭其明也。”文明皆取象於天,其德足以昭乎天下也。《書》:“濬哲文明,温恭允塞,玄德升聞,乃命以位。”文明之德,未在位之前,已著於天下,如舜是也。

“終日乾乾”,與時偕行。

《論語》:“學而時習之。”又:“學如不及,猶恐失之。”君子乾乾之心,無時而不然也。

“或躍在淵”,乾道乃革。

《左傳》:“失則革之。”離下而上,當變革之時。潛之爲義,至四而革,亦去其舊之意。《論語》:“鑽燧改火。”閱時而變者,天道也。下乾既終,上乾更始,故曰“乾道乃革”。

“飛龍在天”,乃位乎天德。

《中庸》:“雖有其位,苟無其德,不敢作禮樂焉;雖有其德,苟無其位,亦不敢作禮樂焉。”“位乎天德”,是德位兼備者也。《中庸》:“德爲聖人,尊爲天子,故大德必得其位。”堯、舜、禹、湯、文、武是也。

“亢龍有悔”,與時偕極。

《左傳》:“先爲之極,又焉得立?”無餘地以自處也。《禮記》:“志不可滿,樂不可極。”往而不知反也。“偕行”者,時之中也。“偕極”者,時之過也。故《易》之道在知時。

乾元用九,乃見天則。

《論語》:“惟天爲大,惟堯則之。”此所謂“天則”也。《詩》:“不識不知，順帝之則。”又：“天生烝民，有物有則。”帝則、物則，皆“天則”也。

乾元者，始而亨者也。

《禮記》：“桃始華，萍始生。”物之資始，始則必亨，理之固然也。

利貞者，性情也。

《孟子》：“知其性，則知天矣。”人之性即天之性也。《孟子》：“今曰性善，乃若其情則可以爲善矣，乃所謂善也。”情則性之發見者也。《論語》：“苗而不秀者有矣夫，秀而不實者有矣夫。”《孟子》：“五穀者，種之美者也。苟爲不熟，不如荑稗。夫仁亦在乎熟之而已矣。”苗之秀，種之美，其性也。曰實，曰熟，其情也。即物以觀，可知利貞性情之義也。《中庸》：“至誠盡人物之性，以贊天地之化育。”其義固如是矣。

乾始，能以美利利天下，不言所利，大矣哉！

《論語》：“因民之所利而利之。”“以美利利天下”也。《論語》：“四時行焉，百物生焉，天何言哉！”“不言所利”也。《孟子》：“利之而不庸。”因其自然之運，所謂天不言而歲功成。此乾元資始之所以爲大也。

大哉乾乎！剛健中正，純粹精也。

《中庸》：“發強剛毅，足以有執也。齊莊中正，足以有敬也。”至聖之德本乎天，可以知乾之剛健中正也。《中庸》：“純亦不已。”天之於穆不已者，純也。《左傳》：“服其身則衣之純。”純者，色之全。《國語》：“一精二純。”精者，質之潔。三后純粹見《楚辭》。總言君德可知。日爲陽精，月爲陰精，星辰爲五行之精，此亦天之可見者也。

六爻發揮，旁通情也。

《論語》：“吾與回言，終日不違如愚。退而省其私，亦足以發。”“發”者，謂發明其理也。《爾雅》：“揮，竭也。”“揮”者，謂竭盡其義也。發揮貫始終而言之。《禮記》：“孚尹旁達。”旁，通如旁達之義，猶言曲盡也。《左傳》：“曲而盡。”《春秋》曲盡其事，《易》則曲盡其理也。

時乘六龍以御天也。雲行雨施，天下平也。

《大戴禮》：“古之御政，以治天下者。冢宰之官以成道，司徒之官以成德，宗伯之官以成仁，司馬之官以成聖，司寇之官以成義，司空之官以成禮。故御四馬，執六轡，御天下與人事者，亦有六政。”是“乘六龍以御天”，所以爲治天下之義也。《書》：“懔乎若朽索之馭六馬。爲人上者，奈何弗敬？”知此則乘龍御天之義得矣。《公羊傳》：“觸石而出，膚寸而合，不崇朝而徧，雨乎天下者，惟大山爾。”則“天下平”之義見矣。雲行雨施而天下平，見聖人澤物之功。《大學》：“家齊國治而天下平。”見聖人修身之效。

君子以成德爲行，日可見之行也。潛之爲言也，隱而未見，行而未成，是以君子弗用也。

《禮記》：“德成而上。”潛則雖有可行之德，而當勿用之時也。《論語》：“苟有用我者，朞月而已可也，三年有成。”“日可見之行”，猶言計日而待耳。《中庸》：“潛雖伏矣，亦孔之昭。故君子内省不疚，無惡於志。君子之所不可及者，其唯人之所不見乎！”潛之爲言，正以明君子闇修之實也。《論語》：“隱居以求其志，行義以達其道。”此隱與行之義也。未見未成者。《禮記》：“大道之行未逮也，而有志焉。”《孟子》：“雖大行不加焉，雖窮居不損焉。”“君子弗用”之義也。

君子學以聚之，問以辨之，寬以居之，仁以行之。《易》曰：“見龍在田，利見大人。”君德也。

《中庸》：“博學之，審問之，慎思之，明辨之，篤行之。”學聚問辨即格致之功、明德之始也。《論語》：“居之無倦，行之以忠。”寬居仁行即治平之理、新民之終也。此君子之成德也。《書》：“學於古訓乃有獲。”又：“好問則裕。”是君之學、問也。《書》：“克寬克仁，彰信兆民。”是君之寬、仁也。本乎乾行之德，故再言君德以明之。

九三重剛而不中，上不在天，下不在田。故乾乾因其時而惕，雖危无咎矣。

《書》：“彊弗友剛克，沈潛剛克。”處重剛之位，君子知所以自治矣。三、四，下乾之上，上乾之下，故皆曰“重剛”；二之上，五之下，故皆曰“不在天，不在田”；非二、五之位，故皆曰“不中”。

九四重剛而不中，上不在天，下不在田，中不在人，故或之。或之者，疑之也，故无咎。

“中不在人”指三爻。《論語》：“如或知爾，則何以哉?”蓋乾惕之思，不但時位之未至，猶恐人事之未備。《論語》：“子使漆雕開仕，曰：‘吾斯之未能信。’子說。”疑之而不輕進者，聖人之所深許也。无咎之義蓋如此。

夫大人者，與天地合其德，與日月合其明，與四時合其序，與鬼神合其吉凶。先天而天弗違，後天而奉天時。天且弗違，而況于人乎！況于鬼神乎！

《禮記》：“天子者，與天地參，故德配天地，兼利萬物，與日月並明，明照四海而不遺微小。”天子即利見之大人也。《禮記》：“天無私覆，地無私載，日月無私照。奉斯三者，以勞天下。”合德、合明之義也。《左傳》：“賞以春夏，刑以秋冬。”所謂“合其序”也。《書》：“福善禍淫。”所謂“合其吉凶”也。《禮記》：“故聖人作則，必以天地爲本，以陰陽爲端，以四時爲柄，以日星爲紀，月以爲量，鬼神以爲徒。”即此節之全義。《書》：“朕志先定，詢謀僉同。”所謂“先天而弗違”也。《書》：“奉若天道。”又：“惟聖時憲。”所謂“後天而奉時”也。《禮記》：“禮雖先王未之有，可以義起也。”凡聖人之制作，皆“先天弗違”之事也。《書》：“天叙有典，敕我五典五惇哉！天秩有禮，自我五禮有庸哉！”皆“後天奉時”之事也。《中庸》：“質諸鬼神而無疑，知天也；百世以俟聖人而不惑，知人也”。人與鬼神皆不外此禮也。

亢之爲言也，知進而不知退，知存而不知亡，知得而不知喪。其唯聖人乎？知進退存亡而不失其正者，其唯聖人乎！

《孟子》：“孔子進以禮，退以義，得之不得曰有命。”此知進而知退者也。若《大壯》之“不能退，不能遂，无攸利，艱則吉”者，是其義矣。《大學》：“《詩》云：‘殷之未喪師，克配上帝。儀監于殷，峻命不易。’道得衆則得國，失衆則失國。”此知存而知亡者也。若《否》之“其亡其亡，繫于苞桑”，是其義矣。《大學》：“財聚則民散，財散則民聚。貨悖而入者，亦悖而出。”此知得而知喪者也。若《震》之“億喪貝，躋于九陵，勿逐，七日得”，是其義矣。《孟子》：“可以速而速，可以久而久，可以處而處，可以仕而仕，孔子也。孔子，聖之時者也。”聖人一天而已矣。《論語》：“有始有卒者，其惟聖人乎!”《孟子》:“自生民以來,未有如夫子也。”“其惟聖人”者,惟孔子足以當之。

䷁坤下坤上

坤:元亨,利牝馬之貞。君子有攸往,先迷,後得主。利西南得朋,東北喪朋,安貞吉。

《禮記》:“社所以神,地之道也。”陰之純而順之至,此坤之義也。坤以土爲體。案:文從土從神省,卦義取此。《國語》:“晋公子過五鹿,乞食於野人,野人舉塊以與之。子犯曰:‘天賜也。十有二年,必獲此土。有此,其以戊申乎!所以申土也。’”《説文》:“坤,地也。《易》之卦也。從土從申。土位在申。”申土者,申廣土地之意,亦與卦義合。《爾雅》:“馬牡曰騭,牝曰騇。”乾爲馬,故坤曰牝馬。坤亦爲馬者,以其行地也。《易逸經》曰:“行天莫如龍,行地莫如馬”,是其義矣。《禮記》:“游牝别群,則縶騰駒,班馬政。”所以順陰陽之性,且欲其孳生之蕃。坤與乾同德,而言“牝馬之貞”者,資生故也。《詩》:“騋牝三千。”亦見孳生之多也。《禮記》:“男先於女,剛柔之義也。天先乎地,君先乎臣,其義一也。”坤之居先,所以爲迷。《爾雅》:“迷,惑也。”乾且不可爲首,坤更不可居先矣。此“先迷”之義也。《書》:“昏迷不恭。”不明於前,不遜於後,迷之所以失也。《左傳》:“人民之有謀主。”臣以君爲主,坤以乾爲主,此“得主”之義也。《書》:“惟天生民有欲,無主乃亂。”此“先迷後得主”之義也。《詩》:“三壽作朋,如岡如陵。”西南陰方,自居本位,所以云“得朋”也。《詩》:“碩大無朋。”東北陽方,不敢與比,所以云“喪朋”也。《禮記》:“東不盡東海,西不盡流沙,南不盡衡山,北不盡恒山。”乾之“元亨利貞”,以天之四時爲象也。坤之西南東北,以地之四方爲象也。《禮記》:“天地嚴凝之氣,始於西南,而盛於西北,此天地之尊嚴氣也,此天地之義氣也。天地温厚之氣始於東北,而盛於東南,此天地之盛德氣也,此天地之仁氣也。”西南爲陰,東北爲陽,此其義也。《爾雅》:“西南隅謂之奥,東北隅謂之宧。”西南隱奥,東北陽氣始起,此亦可以明陰陽之義。《書》:“奠高山大川地以静爲體,故曰“安貞吉”。《國語》:“陽伏而不能出,陰迫而不能烝,於是有地震。”陰陽得其序,地之所以“安貞吉”也。

彖曰：至哉坤元，萬物資生，乃順承天。

《論語》："中庸之爲德，其至矣乎！"至之爲言極也。《爾雅》："東至於泰遠，西至於邠國，南至於濮鉛，北至於祝栗，謂之四極。"大則無不至，至則有所極。坤之異於乾者，此也。《論語》："大哉堯之爲君也！唯天爲大，唯堯則之。"大爲君道之極健，故《乾》曰"大哉"。《論語》："泰伯其可謂至德也已。"又："周之德，其可謂至德也已。"至爲臣道之極順，故《坤》曰"至哉"。《大戴禮》："地政曰生。"又："化於陰陽象形而發謂之生。"故曰"資生"。《穀梁傳》："獨陰不生，獨陽不生。""資生"也者，地之所以配天，即地之所以承天，順之德也。《書》："文命敷于四海，祗承于帝。"又："予小子其承厥志。"皆承天之義也。《孟子》："君子創業垂統，爲可繼也。"《書》："統承先王，修其禮物。"統者創之，承者繼之，故《乾》曰"統天"，《坤》曰"承天"。

坤厚載物，德合无疆。含弘光大，品物咸亨。

《中庸》："博厚所以載物也。"此即言坤之德。《中庸》："博厚配地，高明配天，悠久無疆。"地之无疆即天之无疆，以其合德也。《爾雅》："弘，大也。"《書》："有容德乃大。""含弘"者，無不包容之大也。《中庸》："形則著，著則明。""光大"者，無不著見之大也。《中庸》："草木生之，禽獸居之，寶藏興焉，貨財殖焉。""品物"之"咸亨"也。乾主生氣而曰"品物流形"，坤主生質而曰"品物咸亨"，通言之也，此地道之"元亨"也。

牝馬地類，行地无疆。柔順利貞，君子攸行。

《家語》："八九七十二，偶以從[4]奇，奇主辰，辰爲月，月主馬，故馬十二月而生。"乾爲馬，以牝言者，"地類"也。《左傳》："古者，大事必乘其產，生其水土而知其人心，安其教訓而服習其道。唯所納之，無不如志。"此"行地"之所以"无疆"也。《詩》："思無疆思，馬斯臧。"無疆之思，即馬之所以臧也。《書》："牝鷄之晨，惟家之索。"以其陰陽反常也。此言"牝馬地類，行地无疆"，以其順而能健也。先迷後順之義可以是觀之矣。《書》："燮友柔克，高明柔克。"此君子之行，當如坤之柔順利貞也。

先迷失道，後順得常。西南得朋，乃與類行；東北喪朋，乃終有慶。

《書》："今失厥道，亂其紀綱。"無所遵循，是先迷而失其順之道也。《詩》："順彼長道，屈此群醜。"有爲主宰，是後順而得其理之常也。《書》："學古入官，議事以制，政乃不迷，其爾典常作之師。"此可以見迷之失道、順之得常矣。《書》："禹拜稽首，讓于稷、契暨皋陶。益拜稽首，讓于朱、虎、熊、羆。""得朋"之與"類行"者，即《豫》之所謂"朋盍簪"。得人共治，遇之盛也。《禮記》："趙文子所舉於晋國，管庫之士七十有餘家，生不交利，死不屬其子焉。""喪朋"之"終有慶"者，即《泰》之所謂"朋亡"也。絶類忘私，分當然也。

安貞之吉，應地无疆。

《詩》："樂只君子，邦家之基。樂只君子，邦家之光。樂只君子，萬壽無疆。"言君子有安貞之德，應乎地之無疆也。

象曰：地勢坤，君子以厚德載物。

《周禮》："凡天下之地埶，兩山之間必有川焉，大川之上必有涂焉。"此地勢之本然者也。《孟子》："爲高必因丘陵，爲下必因川澤。"此地勢之當然者也。勢皆地之積而成者，故重坤象之。《中庸》："載華嶽而不重，振河海而不洩。"坤德之所以厚也，天言"行"，所以爲"不息"；地言"勢"，所以爲"无疆"。《禮記》："地載萬物，天垂象，取財於地，取法於天，是以尊天而親地也。"君子法天以自强，象其行也；法地之厚載，象其勢也。

初六：履霜，堅冰至。

《左傳》："履后土而戴皇天。"上天下澤爲《履》。此言履者，以坤爲地象之也。《禮記》："季秋之月，霜始降。孟冬之月，水始冰。仲冬之月，冰益壯。季冬之月，冰方盛，水澤腹堅。"先王授時，已明陰盛之漸矣。《大戴禮》："霜，陰陽之氣也。陰氣勝則凝爲霜。"陰之始。《詩》："二之日鑿冰沖沖，三之日納于凌陰。"陰之終。霜、冰皆以坤之陰象之也。《禮記》："霜露既降，君子履之，必有悽愴之心。"君子之所以念其親也。《詩》："戰戰兢兢，如臨深淵，如履薄冰。"君子之所以守其身也。觀君子之所履，蓋無往而不慎矣。《禮記》："風雨霜露，無非教也。"其斯之謂與。

象曰：履霜堅冰，陰始凝也；馴致其道，至堅冰也。《魏志》作"初六履霜"，《本義》從之。

《周禮》："水有時以凝。""陰始凝"之義。亦指冰而言。口文，故連言之也。《禮記》："季秋之月，命有司曰寒氣總至。"始霜之時，不待堅冰，知其有必至之理也。《詩》："正月繁霜，我心憂傷。""堅冰至"者，天之道。而"馴致"者，人心之所以自警也。《左傳》："水懦弱，民狎而翫之。""馴"者，狎習之義，有忽而不覺之意。《書》："不見是圖。"禹之戒也。《詩》："予其懲而毖後患。"成王之儆也。杜漸防微，必如是而後得也。《詩》："白露爲霜。"又："如彼雨雪，先集維霰。"露之與霜，霰之與雪，在天本同其質，又因時而至者。若冰之與霜，既異其質，微霜，堅冰更逾其時。所以見聖人之深思遠慮也。

六二：直方大，不習无不利。

《詩》："周道如砥，其直如矢。"直者，地之體也。《周禮》："方者中矩。"方者，地之形也。《左傳》："山嶽則配天，物莫能兩大。"地以配天，而爲大地之德也。《禮記》："不習其謀。"《儀禮》："習公事不習私事。"事之簡易者不待習，是其義也。凡事必待重習而後利。地道之高下相因，皆天理自然之運，而無所增加造設於其間。《書》："禹敷土，隨山刊木，奠高山大川。"是"不習"而"无不利"也。

象曰：六二之動，直以方也。"不習无不利"，地道光也。

《書》："无反无側，王道正直。"遵道者，順乎地之直也。《孟子》："方里而井。"《禮記》："天子之地方千里，諸侯之地方百里。"分疆畫野者，順乎地之方也。地之形體本然如是，而以人力爲之者，則動之謂也。《中庸》："地道敏樹。"地之易生，亦見"不習无不利"之意。《穀梁傳》："德厚者流光。""地道光"之謂也。《詩》："照臨下土。"天之光也。地之承天以爲光，亦猶月之藉日以爲光也。

六三，含章可貞，或從王事，无成有終。

《中庸》："君子之道，闇然而日章。"不表著於外，正以自守也，故曰"含章可貞"。《詩》："倬彼雲漢，爲章于天。"坤爲文而在地，故有"含章"之象也。《詩》："王事靡盬，不遑啓處。""從王事"之謂也。《禮記》："量而後入。""或從"之義也。《乾》之四曰"或躍"，以陽居陰位。《坤》之三曰"或從"，以陰居陽位。皆審慎之辭，非游移之謂也。《書》："臣罔以寵利居成功。"忘己之功，"无成"之義也。《書》："自周有終，相亦惟終。"成君之事，"有終"之義也。

象曰：含章可貞，以時發也；或從王事，知光大也。

《論語》："子貢曰：'有美玉於斯，韞匵而藏諸？求善賈而沽諸？'子曰：'沽之哉！沽之哉！我待賈者也。'"以時發者，待時而發，非終於含藏者，臣道之正也。《書》："汝惟不矜，天下莫與汝争能。汝惟不伐，天下莫與汝争功。"此"知光大"之義也。《書》："爾有嘉謨嘉猷，則入告爾后於内，爾乃順之於外。曰：'斯謨斯猷，惟我后之德。'""知"之"光大"，即其"含章"者也。《論語》："管仲之器小哉！"福淺狹隘，豈能含章者哉？此可以知"光大"之義矣。

六四：括囊，无咎无譽。

《詩》："于橐于囊。"有底曰囊，所以盛物者。坤有載物之象也。《禮記》："袒括髮。"括爲結束之義。《論語》："君子哉，蘧伯玉！邦無道，則可卷而懷之。"是"括囊"之義也。《家語》："孔子觀周廟，有金人三緘其口。"謂事當謹慎而言，如"括囊"也。《孟子》："鄉鄰有鬬者，雖閉户可也。"謂時當退避而身如括囊也。《孟子》："有不虞之譽，有求全之毁。""无咎无譽"，則出乎疑忌之外矣。《書》："臣無有作福作威。"此"无咎无譽"之本也。《詩》："無非無儀。"亦即"无咎无譽"之義。妻道、臣道，其理一也。

象曰："括囊无咎"，慎不害也。

《論語》："言寡尤，行寡悔。"慎之至也。《詩》："既明且哲，以保其身。"所謂其默足以容者，斯遠害之道乎！

六五：黄裳，元吉。

《禮記》："中央土，天子衣黄衣，服黄玉。"黄者，象中央之色也。《禮記》："衣正色，裳閒色。"黄爲正色，裳居正體，皆以坤而言也。《詩》："緑衣黄裳。"此言"黄裳"，與《詩》異義。裳統於衣，坤統於乾，即所謂"垂衣裳而天下治，蓋取諸乾坤者也"，故其占爲"元吉"。《周禮》："内司服掌王后之六服。四曰鞠衣。"黄衣也。后之承君，亦猶坤之承乾也。《左傳》："南蒯將叛，筮之，遇坤之比。子服惠伯曰：'忠信之事則可，不然必敗。外强内温，忠也。和以率貞，信也。故曰黄裳元吉。黄，中之色也。裳，下之飾也。元，善之長也。中不忠，不得其色。下不共，不得其飾。事不善，不得其極。

外内倡和爲忠，率事以信爲共，供養三德爲善。非此三者弗當。且易不可以占險，將何事也，且可飾乎？中美能黄，上美爲元，下美則裳，参成可筮，猶有闕也。筮雖吉，未也。'”凡占辭之見於《左氏》者，皆附録之，以明其義。

象曰："黄裳元吉"，文在中也。

《左傳》："衣之偏衣。"申生之釁也。《左傳》："服之不衷。"子臧之災也。此在中之文，所以貴也。《左傳》："《詩》曰：'彼其之子，不稱其服。'《書》曰：'地平天成。'稱也。""黄裳元吉"，地之所以承天者，稱之謂乎！

上六：龍戰于野，其血玄黄。

《左傳》："龍鬭於洧淵。"此"龍戰"之象也。《左傳》："秋，王伐鄭，戰于繻葛。祝聃射王，中肩，王亦能軍。"以人事明之。以臣敵君，而有兩傷之象也。《書》："血流漂杵。"戰必有傷，所以言"血"。《詩》："我馬玄黄。"彼以其色之病言之，此以其傷之色言之。

象曰："龍戰于野"，其道窮也。

《孟子》："争地以戰，殺人盈野。争城以戰，殺人盈城。故善戰者服上刑。"凡戰皆窮，而況犯上作亂者乎！故曰"其道窮也"。《春秋》："王師敗績于茅戎。"不言陰與陽戰，而言"龍戰於野"，抑臣道，所以儆君道也。

用六：利永貞。

《詩》："永言孝思。"又："永言配命。"永則能固守其正矣。陰變爲陽，變而不失其常，即"安貞"之"吉"也。《周禮》："大祝掌六祝之辭，以事鬼神，示祈福祥，求永貞。""永貞"者，常而得正之理也。

象曰："用六永貞"，以大終也。

《詩》："高朗令终，令终有俶。"終之善由於始。初陰後陽，所以爲大終也。《書》："受終于文祖。"臣受君之終也。《書》："五福。五曰考終命。"人成，天之終也，皆"永貞"之義也。《乾》之用九曰"无首"，所以大其元；《坤》之用六曰"永貞"，所以大其終。終始循環，變化無方，天地之大用也。

《文言》曰：坤至柔而動也剛，至静而德方，

坤以柔與静爲體。"柔而動剛"，以"牝馬之貞"言也。《左傳》："亂氣狡憤，陰血周作，張脈僨興，外彊中乾。”是剛動於外而内失之柔者。牝馬之内健外順，則柔動而終成其剛矣。《大戴禮》：“地道曰方。”方本地之德，静則安乎其德，於貞之義見之。

後得主而有常，

《書》：“德無常師，主善爲師。善無常主，協于克一。”坤之得主，陰後於陽，是一定之常理也。

含萬物而化光。

《大戴禮》：“吐氣者施而含氣者化，是以陽施而陰化也。”此“化光”之義也。即三爻之所謂“含章可貞”者。

坤道其順乎！承天而時行。

《中庸》：“仲尼上律天時，下襲水土。”言時而天之道備，言水土而地之道備。坤道之順，可即水土以觀之。《孟子》：“水由地中行。”水之性順也。《書》：“土爰稼穡。”土之性順也。《孟子》：“原泉混混，不舍晝夜。”水之“時行”也。《書》：“春生夏長，秋收冬藏。”土之“時行”也。坤道之順如是，皆所以“承天”也。

積善之家，必有餘慶；積不善之家，必有餘殃。臣弑其君，子弑其父，非一朝一夕之故，其所由來者漸矣，由辨之不早辨也。《易》曰“履霜，堅冰至”，蓋言順也。

《書》：“作善降之百祥，作不善降之百殃。”殃慶之有餘，視其善不善之所積也。《左傳》：“無德而禄，殃也。殃將至矣。”不善之慶亦殃也。其垂戒深矣。《孟子》：“世衰道微，邪説暴行有作，臣弑其君者有之，子弑其父者有之。”衰微之漸，故曰“非一朝一夕之故”。《論語》：“其爲人也孝弟，而好犯上者，鮮矣。不好犯上而好作亂者，未之有也。”由來者漸，於此可以觀矣。《書》：“民興胥漸，泯泯棼棼。”《漸》之象曰“居德善俗”。善惡之轉移皆在於漸，不可不慎也。《孟子》：“孔子懼，作《春秋》。孔子成《春秋》，而亂臣賊子懼。”《左傳》：“晋趙盾不討賊，書曰‘弑君’。許世子不嘗藥，書曰‘弑父’。”皆聖人之早辨，爲後世慮者深遠也。《左傳》：“鄭伯享，蔡侯不敬。子産曰：‘蔡侯其不免乎！若不免，必繇其子。其爲君也，淫而不父。如是者恒有子禍。’”此亦早辨之一端也。《孟子》：“無父無君，是禽獸也。能言距楊墨者，聖人之徒也。”孟子之好辯，正所以早辨者。繼《春秋》之志在是矣，故曰“孟子深於《易》”。孝弟爲順，篡弑爲逆，逆而言順者。《論語》：“弑父與君，亦不從也。”知不可從之義，則蓋言順之意明矣。《書》：“習與性成，予弗狎于弗順。”亡其本性，則以不順爲順，“馴致”之義正如此。辨之宜早，乃慎之意也。

直其正也，方其義也。君子敬以直内，義以方外，敬義立而德不孤。“直方大，不習无不利”，則不疑其所行也。

《禮記·深衣》：“負繩抱方者，以直其政，方其義也。故《易》曰：‘六二之動，直以方也。’”衣有裁制之宜，取諸《坤》之直方也。《書》：“無反無側，王道正直。六、三德，一曰正直。”正則無邪，直則無曲，故曰“直其正也”。《禮記》：“其行本方立義。”義則有制，方則有向，故曰“方其義也”。《論語》：“脩己以敬。”《書》：“夙夜惟寅，直哉惟清。”故曰“敬以直内”。《大學》：“所惡於上，毋以使下。所惡於下，毋以事上。所惡於前，毋以先後。所惡於後，毋以從前。所惡於右，毋以交於左。所惡於左，毋以交於右。此之爲絜矩之道。”故曰“義以方外”。《大戴禮》：“丹書：‘敬勝怠者吉，怠勝敬者滅；義勝欲者從，欲勝義者凶。’”此“敬”“義”“立”之義也。《論語》：“德不孤，必有鄰。”坤之以類應者，乾也，故曰“不孤”。《穀梁傳》：“獨天不生，三合然後生。”德之不孤，以明配，天之所以爲大也。《左傳》：“先王卜征五年，歲習其祥，祥習則行。”不習而行無所疑，是無不利也。《孟子》：“禹之行水也，行其所無事也。如智者亦行其所無事，則智亦大矣。”“不疑所行”之謂也。《禮記》：“不疑在躬。”是所謂“不疑”者也。

陰雖有美，含之以從王事，弗敢成也。地道也，妻道也，臣道也。地道无成而代有終也。

《論語》：“如有周公之才之美，使驕且吝，其餘不足觀也已。”是“有美”貴乎“含之”者也。《書》：“惟汝含德。”不自宣布之義。《書》：“成允成功，不矜不伐。”“弗敢成”之義也。《論語》：“武王曰：‘予有亂臣十人。’孔子曰：‘有婦人焉。’”此妻道所以同於臣道也。《書》：“一日二日萬幾，無曠庶官，天工人其代之。”天子代天之事，人臣代君之事，故“有終”也。《書》：

“夢帝賚予良弼，其代予言。”代之出令，即代之成事也。《書》：“以旦代某之身。”常則代其事，變則代其身，皆“有終”之義也。《禮記》：“適子冠於阼，以著代也。”子之代父，亦猶臣之代君，其義無不通也。

天地變化，草木蕃；天地閉，賢人隱。《易》曰：“括囊，无咎无譽”。蓋言謹也。

《禮記》：“天地和同，草木萌動。天地不通，閉塞而成冬。”氣化之通塞爲之也。《書》：“庶草蕃廡。”所謂“草木蕃”也。《論語》：“賢者辟世。”所謂“賢人隱”也。《書》：“百穀用成，俊民用章。百穀用不成，俊民用微。”此可以知“草木蕃”與“賢人隱”之義。《中庸》：“邦無道，其默足以容。”“括囊”之所謂“謹”也。

君子黄中通理，

《禮記》：“黄者，中也。”坤之正色正位。《禮記》：“樂通倫理者也。”“通理”者，言中德之在内。《詩》：“瑟彼玉瓚，黄流在中。”君子取在中之德，義如是也。

正位居體。

《公羊傳》：“君子大居正。”尊位而居下體，以裳之義言之，即以坤之德言之也。《孟子》：“立天下之正位。”五，尊位，故曰正位。《詩》：“采葑采菲，無以下體。”裳，下服，故曰“居體”。

美在其中，而暢於四支，發於事業，美之至也。

《孟子》：“草木暢茂。”木生而達曰暢，故四支之暢如之。《禮記》：“四暢交於中而發作於外。”此美在中而暢發者也。《孟子》：“施於四體，四體不言而喻。”“暢於四支”之義也。《禮記》：“和順積中而英華發外。”“發於事業”之義也。《孟子》：“可欲之謂善，有諸己之謂信，充實之謂美。”所謂“美之至”者即“在其中”者也。

陰疑於陽必戰，爲其嫌於无陽也，故稱龍焉。猶未離其類也，故稱血焉。夫玄黄者，天地之雜也，天玄而地黄。

《禮記》：“使西河之人疑女於夫子。”此“疑”字之義也。《左傳》：“楚公子圍美矣，君哉！”“疑於陽”之謂也。《禮記》：“君不稱天，大夫不稱君，恐民之惑也。”惑者疑於僭上。《公羊傳》：“春秋敵者言戰。”陰變爲陽則相敵，此疑之所以必至於戰也。《左傳》：“有無君之心而後動於惡。”所謂“无陽”也。《禮記》：“君不與同姓同車，與異姓同車不同服，示民不嫌也。”陰同於陽，“嫌於无陽”之義，正以其“疑於陽”也。《禮記・燕禮》：“不以公卿爲賓，而以大夫爲賓，爲疑也。明嫌之義也。”此疑之所以爲嫌也。《穀梁傳》：“楚公子棄疾殺公子比，比不嫌也。棄疾主其事，故嫌也。”棄疾欲爲君，是“嫌於无陽”之謂也。無陽則不止“疑於陽”矣。《論語》：“居之不疑。”是已故稱龍者，仍舉乾之本象以明陽尊於陰之義。《左傳》：“以臣召君，不可以訓，故書曰‘天王狩於河陽’。”此其義也。陰雖變陽，而“猶未離其類”。《左傳》：“改玉改步。”未改則“未離其類”。“稱血”者，見陰之必傷，以爲陰不可敵陽之戒。《左傳》：“見無禮於其君者，誅之如鷹鸇之逐鳥雀也。”此其義也。《穀梁傳》：“尊者取尊稱焉，卑者取卑稱焉。”稱“龍”者，尊稱也。稱“血”者，卑稱也。《論語》：“必也正名乎！名不正則言不順。”稱龍、稱血，正名之義也。《禮記》：“與家僕雜居齊齒。”天地之雜者，上下無别，玄黄兩傷之意也，復言“天玄而地黄”者。《周禮》：“天謂之玄，地謂之黄。”天地之正色，明天地之定位也。《中庸》：“天地位焉。”是其義也。天地正其位，則陰陽定其分，與《乾》卦之以“知進退存亡而不失其正”爲結者同義也。

䷂震下坎上

屯：元、亨、利、貞。勿用有攸往，利建侯。

《書》：“厥草惟夭。”屯之爲文，從一從屮，象草之穿地，出而未申。雷在下而未起，雨在上而未降，勾萌之初，其義如此。《周禮》：“前後有屯。”屯亦有居止其所之義。乾坤開闢之後，人事肇興之始，繼之以屯，所以備四德與乾、坤同也。《書》：“慮善以動，動惟厥時。”震之體動，險則不可遽動，故曰“勿用有攸往”也。《爾雅》：“侯，君也。”義取諸震。《書》：“建侯樹屏”；“樹后王君公，惟以亂民。”此“建侯”之義也。《禮記》：“人道之行也，天下爲公，選賢與能。”古侯不世賢，所以云建，“利建侯”者。《書》：“天佑下民，作之君。”是也。《國語》：“晋公子筮曰：‘尚有晋國。’得貞屯、悔豫、皆八也。筮、史占之，皆曰：‘不吉。閉而不通，爻無爲也。’司空季子曰：‘吉。是在《易》，皆利建侯。不有晋國，以輔王室，安能建侯？我命筮曰尚有晋國，筮告我曰利建侯，得國之務也，吉孰大焉。震，車也。坎，水也。坤，土也。屯，厚也。豫，樂也。車班内外，順以訓之，泉厚以資之，土厚而樂其實。不有晋國，何以官之？震，雷也，車也。坎，勞也，水也。坤，衆也。主雷而尚水與衆。車有震，武也。衆而順，文也。文武具，厚之至也，故曰屯。其繇曰：元亨利貞，勿用有攸往，利建侯。主震雷，長也，故曰元。衆而順，嘉也，故曰亨。内有震雷，故利貞。車上水下，必伯。小事不濟，壅也，故曰勿用有攸往，一夫之行也。衆順而有武威，故曰利建侯。坤，母也。震，長男也。母老子强，故曰豫。其繇曰利建侯行師，是二者得國之卦也。'" 此兼解二卦"建侯"之義。

彖曰：屯，剛柔始交而難生。

震一索而得男，爲"剛柔始交"。《禮記》："天氣下降，地氣上騰。"剛柔之交始，則其氣未舒，故天地之交爲泰，而剛柔之始交爲難也。《孟子》："險阻既遠，然後人得平土而居之。"坎爲水爲險，"難生"之謂也。

動乎險中，大亨貞。

險中之不可動者，時也。險中之不得不動者，亦時也。《書》："弘濟于艱難。"是"動乎險中，大亨貞"也。

雷雨之動滿盈，天造草昧，宜建侯而不寧。

《左傳》："大雨霖以震。""雷雨滿盈"之象也。《禮記》："仲冬之月，陰陽争，諸生蕩，水泉動。"陰陽之争，剛柔之交也。諸生之蕩，物之萌芽也。水泉之動，雷雨之動也。雷雨之動在春，水泉之動在冬，屯所以蘊其氣也。《詩》："天作高山，大王荒之。""天造"即"天作"之謂。《書》："予造天役。"君之所造皆天之所使也。《左傳》："以啓山林。"草言地之未開。《書》："甲子昧爽。"昧言時之未明，此可以見"草昧"之義。《孟子》："當堯之時，洪水横流，氾濫於天下，草木暢茂，禽獸繁殖。"此"難生"之時，所謂"天造草昧"者也。"堯以不得舜爲己憂舜以不得禹、皋陶爲己憂。"所謂"宜建侯而不寧"也。

象曰：雲雷，屯。君子以經綸。

《詩》："曀曀其陰，虺虺其靁。"又："有渰萋萋，興雨祁祁。"水氣方升而雷聲尚隱，此“雲雷屯”之象也。《中庸》：“唯天下至誠，爲能經綸天下之大經。”經綸，治絲之事。經者，理其緒而分之，雲之分象之。綸者，比其類而合之，雷之合象之。君子大有爲之時也。《左傳》：“臣聞以德和民，不聞以亂。以亂猶治絲而棼之也。”君子有致治之德，而後有濟亂之才也。《左傳》：“昔者，黄帝氏以雲紀，故爲雲師而雲名。”“經綸”之象。夫雲者，亦此義也。

初九：磐桓，利居貞，利建侯。

《爾雅》：“盤，旋也。”《禮記》：“主人般還曰辟，賓般還曰辟。”即盤桓不進之意。震爲足，象之。《爾雅》：“九河鉤盤。”註：“水鉤流盤桓也。”《書》：“西傾因桓是來。”註：“桓”，隴阪名。其道盤旋，故名曰桓。此正盤桓之義。昔人以盤爲盤石，桓爲桓楹，亦取鎮静不動之義。觀象曰“雖盤桓”，不當作實字解，且即卦辭之“勿用有攸往”也。《論語》：“居則曰不吾知也。”“利居貞”者，守正以待之也。《詩》：“乃生男子，室家君王。”震爲長男，侯之象也。《書》：“民非后，罔克胥匡以生。”卦辭之“建侯”，以建侯者言，主通卦之義。《詩》：“建爾元子，俾侯于魯。”爻辭之“建侯”，以所建之侯言，主本爻之義。《論語》：“如知爲君之難也，不幾乎一言而興邦乎？”故曰“磐桓，利居貞”也。《左傳》：“畢萬筮仕於晋，遇《屯》之《比》，辛廖占之。曰：‘屯固比入，吉孰大焉。其必蕃昌。震爲土，車從馬，足居之，兄長之，母覆之，衆歸之，六體不易，合而能固，安而能殺，公侯之卦也。公侯之子孫，必復其始。’”又，“衛襄公嬖人婤姶生子，名之曰元。孔成子以周易筮之，曰：‘元尚享衛國，主其社稷。’遇《屯》。又曰：‘余尚主縶，尚克嘉之。’遇《屯》之《比》。以示史朝。史朝曰：‘元亨，又何疑焉？’成子曰：‘非長之謂乎？’對曰：‘康叔名之，可謂長矣。孟非人也，將不列於宗，不可謂長。且其繇曰利建侯，嗣吉，何建？建非嗣也。二卦皆云，子其建之。康叔命之，二卦告之。筮襲於夢，武王所用也，弗從何爲？弱足者居，侯主社稷，臨祭祀，奉民人，事鬼神，從會朝，又焉得居？各以所利，不亦可乎！’”此皆以明建侯之義。

象曰：雖磐桓，志行正也。以貴下賤，大得民也。

爻曰“居貞”而象曰“行正”者。《孟子》：“居天下之廣居，立天下之正位，行天下之大道。”其志在於有爲也。《書》：“民可近，不可下。”此“以貴下賤”之義也。《孟子》：“得天下有道。得其民，斯得天下矣。得其心，斯得民矣。”此“得民”之義也。《左傳》：“天子曰兆民，諸侯曰萬民。”以言乎“大得民”也。

六二：屯如邅如，乘馬班如。匪寇婚媾。女子貞不字，十年乃字。

《禮記》：“行不舉足，車輪曳踵。”“屯如邅如”之象也。《左傳》：“晋人使軘車逆之。”車從屯者，以其緩也。義正如此。《詩》：“乘乘馬。兩服上襄，兩驂雁行。”乘馬，四馬也。《左傳》：“有班馬之聲。”班者，别也。四馬具而後行，分則不進之象，所以爲屯。《書》：“寇賊姦宄。”羣行攻劫曰寇。《左傳》：“爲父子兄弟姑姊甥舅婚媾姻婭，以象天明。”妻父曰婚，重婚曰媾。《左傳》：“君之仇讎，而我之昏姻也。”《穀梁傳》：“仇讎之人，非所以接婚姻也。”是寇與婚媾之義相反也。曰“匪寇婚媾”，二五陰陽正應而有阻。《詩》：“不遂其媾。”是也。《左傳》：“楚子使令尹子蕩如晋逆女，晋侯送女於邢邱。韓宣子如楚送女，叔向爲介。楚子曰：‘晋，吾仇故也。苟得志焉，無恤其他。吾以韓起爲閽，羊舌肸爲司宫，足以辱晋，吾亦得志矣。’薳啓疆曰：‘既獲姻親，又欲恥之，以召寇仇，備之若何？’”是婚媾爲寇者也。《禮記》：“女子許嫁，笄而字。”“不字”者，守貞而不之許。謂二也。《禮記》：“女子十年不出姆教，婉娩聽從。十有五年而笄，二十而嫁，有故二十三年而嫁。”“十年乃字”，終得其正應而合之。謂五也。《左傳》：“王怒未怠，其十年乎？不十年，王弗召也。”凡言十年，蓋數窮理極之時也。《孟子》：“以其數則過矣，以其時考之則可矣。”女子之待時，義亦如此。《公羊傳》：“乃者何難也。”可以見其守正之義。

象曰：六二之難，乘剛也。“十年乃字”，反常也。

《禮記》：“男女非有行媒，不相知名；非受幣，不交不親。”乘剛之難，守禮之正也。《詩》：“雖速我獄，室家不足。雖速我訟，亦不女從。”此乘剛而能自守之義也。《詩》：“求我庶士，迨其吉兮。求我庶士，迨其今兮。求我庶士，迨其謂之。”摽梅之急，其變也。十年之遲，其常也。反之則復乎男女之正矣。

六三：即鹿无虞，惟入于林中；君子幾，不如舍。往吝。

《左傳》："鹿死不擇音，鋌而走險，急何能擇?"坎險在前，"即鹿"之義也。《爾雅》："野外謂之林。"險地也。《詩》："瞻彼中林，甡甡其鹿。"即鹿於林之謂也。《周禮》："林衡掌巡林麓之禁令，而平其守。若斬木材，則受灋於山虞，而掌其政令。""即鹿"而"入于林中"，其地相連也。《孟子》："招虞人以旌，不至。""无虞"之謂也。"即鹿无虞"，妄行以取困也。《左傳》："虞人之箴曰：民有寢廟，獸有茂草，各有攸處，德用不擾，在帝夷羿，冒于原獸，忘其國恤，而思其麀牡，武不可重，用不恢于夏家，獸臣司原，敢告僕夫。"此君子所爲見幾而舍者也。《大學》："其機如此。"所謂幾者動之微。君子有先見也。昔人或謂鹿當作麓，以爲從禽不止於鹿。《春秋》："沙鹿崩。"《穀梁傳》："林附於山曰鹿。"鹿亦與麓通也。《禮記》："羅氏致鹿與女，以戒諸侯曰：'好田好女者亡其國。'"觀此則"即鹿"可以統田獵之義矣。

象曰："即鹿无虞"，以從禽也；君子舍之，往吝窮也。

《書》："外作禽荒。"此"從禽"之謂也。《孟子》："從獸無厭謂之荒。"古者禽獸通稱，故"即鹿"亦曰"從禽"也。《周禮》："山虞掌山林之政令。若大田獵，則萊山田之野，及弊田，植虞旗于中，致禽而珥焉。"虞官主山以致禽者。有虞則爲講武之正，无虞則爲從禽之荒也。《孟子》："王曰舍之。"象言"舍之"，可以明舍禽，而非舍括之義。《書》："畋于有洛之表，十旬弗反。""往吝窮"之謂也。

六四：乘馬班如。求婚媾；往吉，无不利。

《詩》："窈窕淑女，寤寐求之。"此"求"之義也。《孟子》："往之女家，必敬必戒。"此"往"之義也。《詩》："習習谷風，以陰以雨。黽勉同心，不宜有怒。"濟屯者，所以取於婚媾之義也。《左傳》："惟我鄭國之有請謁焉，如舊婚媾。"四與初本爲正應，亦班如而不進者，慮二之妨己，俟求與好合，則"往吉"而"无不利"矣。

象曰：求而往，明也。

《禮記》："請君之玉女與寡人共有敝邑，此求助之本也。"凡言婚禮，必待求而往，是"明"之義也。《公羊傳》："自天子至庶人皆親迎，所以重昏禮也。”此“求而往”之“无不利”者，以其“明也”。《孟子》：“不由其道而往者，鑽穴隙之類也。”反此則明乎禮義之正矣。

九五：屯其膏，小貞吉，大貞凶。

《詩》：“芃芃黍苗，陰雨膏之。”坎爲雨，有“膏”之象也。《左傳》：“小國之仰大國，如百穀之仰膏雨也。若常膏之，其天下輯睦。”膏所以爲恩澤之義，謂之“屯”者。《孟子》：“諫則不行，言則不聽，膏澤不下於民。”此屯膏自上者也。《孟子》：“凶年饑歲，君之倉廩實，府庫充，有司莫以告。”此屯膏之中隔者也。《論語》：“出納之吝，謂之有司。”屯膏之小，正而猶吉者，有典守之責也。《禮記》：“慶賜遂行，無有不當。”屯膏之大，正而不免於凶者，無施濟之功也。屯膏與聚斂不同。《禮記》：“口惠而實不至。”皆屯也。五對二言。“大貞”即對“小貞”言。“小貞”，即二之“女子貞”也。《孟子》：“不見諸侯，宜若小然。”如此者，若無濟於世，是“小貞”之“吉”也。《書》：“若歲大旱，用汝作霖雨。”不能用賢以及民，是“大貞”之“凶”也。

象曰：屯其膏，施未光也。

《禮記》：“上有大澤，則惠必及下。非上積重，而下有凍餒之民。”所以曰“施未光”。《孟子》：“思天下之民匹夫匹婦有不與被堯、舜之澤者，若己，推而內之溝中。”施之未光，濟屯者引以爲責也。

上六：乘馬班如，泣血漣如。

《詩》：“鼠思泣血。”又：“泣涕漣漣。”處屯之終，憂傷之極也。二之“乘馬班如”，待正應也。四之“乘馬班如”，亦求正應也。上之“乘馬班如”，獨無所待，進無所往，以至於傷也。

象曰：“泣血漣如”，何可長也！

《詩》：“啜其泣矣，何嗟及矣。”故曰“何可長”。《論語》：“小人長戚戚。”此“何可長”之義也。

䷃坎下艮上

蒙：亨。匪我求童蒙，童蒙求我。初筮告，再三瀆，瀆則不告。利貞。

《爾雅》：“蒙，奄也。”蒙有掩覆之義。案文，蒙字從草從冢。草蔽其上，水出其下，是以爲蒙。《詩》："葛生蒙楚，蘞蔓于野。"是"蒙"之義也。"蒙：亨"，言有致亨之道。《詩》："茀厥豐草，種之黄茂。"此治蒙而亨之義也。《禮記》："禮聞來學，不聞往教。"此"求我"之義也。《禮記》："卜筮不過三，卜筮不相襲。"誠不專一則瀆神。求人者亦當致其精一而叩之，故取義於筮也。《禮記》："毋瀆神。"再三則數而爲瀆也。《公羊傳》："亟則黷，黷則不敬。"瀆之不告，亦以其不敬也。《詩》："我龜既厭，不我告猶。"此"瀆則不告"之義也。《孟子》："教者必以正。""利貞"之義也。《禮記》："幼子當視毋誑。"正教之一端也。《禮記》："子曰：'無辭不相接也，無禮不相見也，欲民之無相褻也。《易》曰：初筮告，再三瀆，瀆則不告。'"此明瀆則爲褻之義也。

彖曰：蒙，山下有險，險而止蒙。"蒙：亨"，以亨行時中也。"匪我求童蒙，童蒙求我"，志應也。"初筮告"，以剛中也。"再三瀆，瀆則不告"，瀆蒙也。蒙以養正，聖功也。

《孟子》："山徑之蹊閒，介然用之而成路。爲閒不用，則茅塞之矣。"山蹊者，所謂"山下有險"，蒙之地也。茅塞者，所謂"險而止蒙"之意也。《孟子》："予天民之先覺者也，予將以斯道覺斯民也。"以我之亨，"行時中"之教也。《禮記》："大學之法，當其可之謂時。發然後禁，則扞格而不勝。時過然後學，則勤苦而難成。"此"時中"之謂也。《論語》："不憤不啓，不悱不發。"教學相長，如陰陽相應，"志應"之謂也。《禮記》："不陵節而施之謂孫。""初筮"之所以"告"也。《論語》："有鄙夫問於我，空空如也，我叩其兩端而竭焉。"竭盡所知。《論語》："温故而知新，可以爲師矣。"其應不窮，皆所謂"以剛中"也。《論語》："舉一隅不以三隅反，則不復也。"再三不告之意。慮其瀆而愈蒙也。《孟子》："教亦多術矣，予不屑之教誨也者，是亦教誨之而已矣。"此"不告"，亦所以爲教也。《論語》："子曰：'吾十有五而志于學，七十而從心所欲不踰矩。'"養蒙爲作聖之功，夫子生知，亦好古敏求也。《論語》："弟子入則孝，出則弟，謹而信，汎愛衆而親仁，行有餘力，則以學文。"學者之養蒙，當如是也。《論語》："子游曰：'子夏之門人小子，當灑埽、應對，則可矣，抑末也，本之則無。'子夏曰：'君子之道，孰先傳焉？孰後倦焉？有始有卒者，其惟聖人乎？'""聖功"之始，灑埽、應對，皆

“養正”之具也。《書》：“曰蒙，恒風若。曰聖，時風若。”昧莫若蒙，明莫若聖。《書》：“惟狂克念作聖。”必於蒙而養之，則其功始基，亦以見聖人之可學而至也。蒙，養者。《書》：“天佑下民，作之師。”是也。《禮記》：“古之王者，建國君民，教學爲先。”《蒙》之所以繼《屯》也。

象曰：山下出泉，蒙。君子以果行育德。

《書》：“岷山導江，嶓冢導漾。”凡水皆出於山，“山下出泉”之象也。《爾雅》：“山夾水曰澗。”此山下之泉也。《爾雅》：“水原曰泉。”不曰水而曰泉。《孟子》：“原泉混混。有本者如是。”取此義也。《爾雅》：“濫泉正出。正出，涌出也。沃泉縣出。縣出，下出也。氿泉穴出。穴出，仄出也。”皆“出泉”之義也。《孟子》：“泉之始達，知皆擴而充之矣。”君子之所以觀象也。坎之剛中象果決。《中庸》：“果能此道矣，雖愚必明，雖柔必强。”是“果行”之義也。艮之静止象養育。《禮記》：“藏焉脩焉，息焉游焉。”是“育德”之義也。《孟子》：“行有不慊於心則餒矣。”此“果行”之實也。《孟子》：“是集義所生者，非義襲而取之也。”此“育德”之實也。《禮記》：“將爲善，思貽父母令名，必果。將爲不善，思貽父母羞辱，必不果。”是“果行”即所以“育德”也。

初六：發蒙，利用刑人，用説桎梏，以往吝。

《書》：“若生子，罔不在厥初生。”初之宜發蒙也。《禮記》：“昭然若發矇矣。”如徹其覆，“發蒙”之義也。《禮記》：“夏、楚二物，收其威也。”此“發蒙”之刑也。《書》：“扑作教刑。”故曰“利用”，刑之輕者。《禮記》：“去桎梏。”在足曰桎，在手曰梏。刑之重者。嚴之於始，正所以懲之於後。《詩》：“載色載笑，匪怒伊教。”説“桎梏”之義也。“刑人”者，“發蒙”之用。“説桎梏”者，又“刑人”之用。《書》：“刑期于無刑。”正此意也。《論語》：“齊之以刑，民免而無恥。”專於用刑，則一往而致吝矣。《書》：“敬敷五教在寬。”用刑之意雖以嚴，立教之意實以寬，可明此爻之義。

象曰：“利用刑人”，以正法也。

《禮記》：“大學之法，教之所由興也。”所謂“法”也。《書》：“制官刑儆于有位，具訓于蒙士。”是“正法”之義也。《禮記》：“凡學之道，嚴師爲難。師嚴然後道尊，道尊然後民知敬學。”故曰“以正法也”。

九二：包蒙，吉。納婦，吉；子克家。

九二陽剛，爲治蒙之主。《論語》：“君子尊賢而容衆，嘉善而矜不能。”剛而不過，是“包蒙”也。《孟子》：“夫子之設科也，往者不追，來者不拒。苟以是心至，斯受之而已矣。”日容日受，可以見包之義矣。《論語》：“有教無類。”所以“包蒙”。《論語》：“互鄉童子見”“闕黨童子將命。”皆所謂“包蒙”者也。以陽受陰，又爲“納婦”之象。《儀禮》：“昏禮：納采、問名、納吉、納徵、請期。”皆“納婦”之禮也。《論語》：“夫人自稱曰小童。”謙卑孫順之稱，取諸蒙也。《爾雅》：“克，能也。”又居下位，而任上事，爲“克家”之象。《左傳》：“保家之主也。”是爲“克家”。以陰陽言之，九，夫道；六，婦道。以尊卑言之，五，父道；二，子道。《禮記》：“夫言豈一端而已也。”《易》之類此者多矣。

象曰：“子克家”，剛柔接也。

《書》：“言以道接。”剛柔之接，以其道也。言二、五之應。《書》：伊尹相大甲曰嗣王、周公輔成王曰沖子。皆有治蒙之義，而實事君父之道，即克家之子也。

六三：勿用取女，見金夫，不有躬。无攸利。

《詩》：“士之耽兮，猶可説也。女之耽兮，不可説也。”言無行之女不可取也。澤爲止水，故《咸》之象曰“取女吉”。坎爲流水，故《蒙》之三曰“勿用取女”。《禮記》：“男女無媒不交，無幣不相見，恐男女之無别也。以此坊民，民猶有自獻其身。”六三陰柔，不中不正，爲女之説男者，“不有躬”之謂也。《詩》：“氓之蚩蚩，抱布貿絲。匪來貿絲，來即我謀。”此所謂“金夫”也。《左傳》：“鄭徐吾犯之妹美，公孫楚聘之矣，公孫黑又使强委禽焉。犯請使女擇焉。子皙盛飾入，布幣而出。子南戎服入，左右射，超乘而出。女自房觀之，曰：‘子皙信美矣，抑子南夫也。’”“盛飾”“布幣”，“金夫”也。此女知夫婦之正矣。《孟子》：“枉尺而直尋者，以利言也。如以利，則枉尋直尺而利亦可爲與？枉己者未有能直人者也。”此“无攸利”之義也。求而往者能守身，故《屯》之四曰“无不利”。見而不有者爲失身，故《蒙》之三曰“无攸利”。《禮記》："天子理陽道，后治陰德。"《蒙》以教爲卦義，而曰“納婦”“取女”，蓋以陰教言之也。

象曰："勿用取女"，行不順也。

《左傳》："夫夫婦婦，所謂順也。"反是則“勿用”矣。《孟子》："西子蒙不潔，則人皆掩鼻而過之。"不潔之狀，尚以爲汙，況不順之行乎！“勿取”之義曉然矣。

六四：困蒙，吝。

《穀梁傳》："羈貫成童。就師學問無方，心志不通，身之罪也。"是“困蒙”也。《論語》："困而學之，又其次也。困而不學，民斯爲下矣。"困猶可以通也。《禮記》："知困然後能自强也。"豈可終於吝乎？《孟子》："凡有四端於我者，知皆擴而充之矣。苟能充之，足以保四海。苟不充之，不足以事父母。"山水爲蒙，澤水爲困。出泉而不能充則爲无水之象矣。蒙之所以爲困也。

象曰："困蒙"之"吝"，獨遠實也。

《禮記》："獨學而無友，則孤陋而寡聞。"陰虚陽實。“遠實”者不能親師取友，故曰“獨”也。《論語》："非求益者也。"是“遠實也”。《論語》："就有道而正焉。"是不“遠實也”。《國語》："趙文子冠，見欒武子。武子曰：‘美哉！華則榮矣，實之不知。請務實乎！’"蒙貴務實，則與“遠實”者異矣。

六五：童蒙，吉。

《大戴禮》："成王年十有三而嗣立。明年，冠成王。周公命祝雍作頌曰：‘令月吉日，王始加元服。去王幼志，心是[5]衮職。欽若昊天，六合是式。’"五居尊位，此“童蒙”之“吉”也。《書》："帝曰：‘夔，命女典樂，教胄子，直而温，寬而栗，剛而無虐，簡而無傲。’"《禮記》："凡學，世子春夏學干戈，秋冬學羽籥。春誦夏弦，大師詔之；瞽宗秋學禮，執禮者詔之；冬讀書，典書者詔之。"皆“童蒙”之“吉”也。《孟子》："大人者，不失其赤子之心者也。"其心純一之謂。《書》："能自得師者王。"柔中居尊，下應九二，所以受益者也。《禮記》："當其爲師，則弗臣也。"虚己下賢，是以爲吉。

象曰："童蒙"之"吉"，順以巽也。

《書》："惟學遜志，務時敏，厥脩乃来。""順以巽"之義也。《孟子》："湯之於伊尹，學焉而後臣之。"好臣其所受教，是能"順以巽也"。

上九：擊蒙，不利爲寇，利禦寇。

《周禮》："毄兵同彊，舉圍欲細。""擊蒙"猶言伐蒙，如舉兵攻擊之意也。《書》："不率大戛。""戛"者，擊也，故曰"擊蒙"。《詩》："匪用爲教，覆用爲虐。"治蒙太過，是爲寇也。《禮記》："今之教者，使人不由其誠，教人不盡其材，其施之也悖，其求之也佛。夫然，故隱其學而疾其師，苦其難而不知其益也。"此"擊蒙""爲寇"之謂，故"不利"。《詩》："式遏寇虐，無俾作慝。"除外誘之私，是"禦寇"也。《國語》："禦，止也。"艮，止之義，故利。《中庸》："《詩》云：'伐柯伐柯，其則不遠。'執柯以伐柯，睨而視之，猶以爲遠，故君子以人治人，改而止。""伐柯"即"擊蒙"之義。"以人治人"，即"不利爲寇，利禦寇"之義也。

象曰：利用禦寇，上下順也。

《孟子》："子能順杞柳之性而以爲桮棬乎？如將戕賊杞柳而以爲桮棬，則亦將戕賊人以爲仁義與？"以上治下曰"擊蒙"。仁義之性，不待戕賊。教者順其性，學者亦順其性。"利用禦寇"所以爲"上下順也"。《孟子》："人之患在好爲人師。"此爲寇而不順者也。《孟子》："夫道若大路然，子歸而求之有餘師。"此禦寇而順者也。《詩》："其維哲人，告之話言，順德之行。"故曰"上下順"。《孝經》："長幼順，故上下治。"此即"擊蒙"之所以"上下順也"。《詩》："矯矯虎臣，在泮獻馘。淑問如皋陶，在泮獻囚。"初言"刑人"，上言"禦寇"，觀《詩》之"獻馘""獻囚"，皆在於學，可以知明刑弼教之義矣。

䷄乾下坎上

需：有孚，光亨，貞吉，利涉大川。

《孟子》："天油然作雲，沛然下雨。"雲在天上，欲雨未雨之象，所以爲需。需之爲文，從雨從古文天，是其義也。《周禮》："輈人行數千里，馬不契需。"又："弓人居角長者以次需。"此需之爲言待也。《孟子》："有諸己之謂信"，"有孚"之謂也。"充實而有光輝之謂大"。"有孚"之所以"光亨"也。此能需之本也。《論語》："有美玉於斯，求善賈而沽諸？子曰：'我待賈者也。'"以正爲吉者，此需之道也。《詩》："人涉卬否，卬須我友。"待時而濟，待人而濟，皆涉水而不輕進之象，故曰"利涉大川"，此需之效也。

彖曰：需，須也，險在前也，剛健而不陷，其義不困窮矣。

《左傳》："日云暮矣，寡君須矣。"須爲待之義也。《左傳》："師敗矣，子不少須，衆懼盡。""險在前"而須之義也。《論語》："君子可逝也不可陷也。"知險之在前而不至於困窮者，亦信其理而已，此剛健不陷之義也。《中庸》："君子居易以俟命。"得需之道者也。

"需：有孚，光亨，貞吉"，位乎天位，以正中也。"利涉大川"，往有功也。

《孟子》："天子一位。"是天位也，指五而言。《孟子》："立天下之正位。"有正中之德，故能需也。《詩》："儀刑文王，萬邦作孚。"此有孚之德著於天位者也。《論語》："欲速則不達。"涉而能需，往之所以有功也。

象曰：雲上于天，需。君子以飲食宴樂。

《詩》："薈兮蔚兮，南山朝隮。"此需上于天之象。《禮記》："天降時雨，山川出雲。"待其陰陽之利而後雨，有開必先者，需之義也。《禮記》："凡飲，養陽氣也。凡食，養陰氣也。"此君子所以養陰陽之和也。《詩》："以燕樂嘉賓之心。"飲食所以宴樂。而凡安身怡神者，宴樂又不專於飲食也。《詩》："且以喜樂，且以永日。"此亦宴樂之意。然在《唐風》，則急迫與需正相反矣。《論語》：孔子疏食飲水，樂在其中。顔子簞食瓢飲，不改其樂。此君子飲食宴樂之正也。

初九：需于郊，利用恒，无咎。

《爾雅》："邑外謂之郊。"曠遠之地，未近於險者也。《孟子》："臣始至於境，問國之大禁，然後敢入。"慮其有險，此"需於郊"之義也。《禮記》："毋拔來，毋報往。"此需之能恒也。《書》："必有忍，其乃有濟。"事有須臾之緩而享垂久之成者，所謂"利用恒"也，故"无咎"。雷風之《恒》，主於不易。此言"用恒"，需之有時而利也。

象曰："需于郊"，不犯難行也；"利用恒，无咎"，未失常也。

《禮記》："道塗不爭，險易之利。冬夏不爭，陰陽之和。愛其死，以有待。養其身，以有爲。"是爲"不犯難行也"。《孟子》："鄉鄰有鬭者，被髮纓冠而往救之，則惑也。"此知需之義矣。《左傳》："需者，事之下也。"又："需者，事之賊也。"需非可常之道，故曰"未失常也"。

九二：需于沙，小有言，終吉。

《爾雅》："潁爲沙。"水之溢出者。《詩》："鳧鷖在沙。"沙者，水旁之地。沙近於水，則近於險矣。《論語》："浸潤之譖。"如水之浸灌滋潤。"需于沙"而"小有言"之義也。《左傳》："禮義不愆，何恤乎人言？"言爲災之小者。剛中能需，是以"終吉"。《左傳》："小人之言僭而無徵，故怨咎及之。"小人有咎，故君子"終吉"。

象曰："需于沙"，衍在中也；雖"小有言"，以吉終也。

《詩》："伐木于陂，釃酒有衍。"又："及爾游衍。"衍之爲言寬也。寬以居中。《詩》："寬兮綽兮。"是也。《孟子》："'憂心悄悄，愠於群小'，孔子也。'肆不殄厥愠，亦不隕厥問'，文王也。"多口之無傷，"有言"之"終吉"也。《詩》："采苓采苓，首陽之顛。人之爲言，苟亦無信。舍旃舍旃，苟亦無然。人之爲言，胡得焉？""小有言"而不信則吉也。

九三：需于泥，致寇至。

《書》："厥土惟塗泥。"泥土在水中者。《周禮》："參分其輻之長而殺其一，則雖有深泥，亦弗之溓也。"泥之陷輻，所以宜需。《左傳》："退入於泥。"陷於險矣，是以有"致寇"之象。《左傳》："兵作於内爲亂，於外爲寇。"以在外之險言也。《左傳》："愎諫違卜，固敗是求。"過剛不中，"致寇"之義也。

象曰："需于泥"，災在外也；自我"致寇"，敬慎不敗也。

《禮記》："水潦爲敗。"泥之所以爲災也。《孟子》："有人於此，其待我以横逆，則君子必自反也；我必不仁也，必無禮也，此物奚宜至哉！""自反"則思"致寇"之由，是以不敗。《孟子》："曾子居武城，有越寇。或曰：'寇至，盍去諸？'寇退，曾子反。子思居於衛，有齊寇。或曰：'寇至，盍去諸？'子思曰：'如伋去，君誰與守？'"避寇者，以去爲需。禦寇者，以守爲需。曾子、子思皆得敬慎不敗之道也。

六四：需于血，出自穴。

《周禮》："傷人見血。"血者，殺傷之地。《爾雅》："氿泉穴出。"穴者，險陷之所。《孟子》："使浚井出。""出自穴"之謂也。《左傳》："后緡方娠，逃出自竇。"又："公如死鳥，析朱鉏宵從竇出，徒行從公。"需不進者，皆在傷地，而終得出之義也。《左傳》："郤克傷於矢，流血及屨，鼓音未絶，師從之，齊師敗績。"不以病敗君事，此亦"需于血，出自穴"之又一義也。

象曰："需于血"，順以聽也。

《孟子》："莫非命也，順受其正。"四之從五，"順以聽"之義也。《左傳》："敢不惟命是聽?"能聽而後能需也。

九五：需于酒食，貞吉。

陽剛中正，需於尊位，即《大象》"飲食宴樂"之君子也。《孟子》："無以飢渴之害爲心害。"其自養也。《左傳》："形民之力而無醉飽之心。"其臨民也。《詩·鹿鳴》之"嘉賓式燕，德音孔昭"；《天保》之"日用飲食，徧爲爾德"。上則君明臣良，下則飲和食德，皆"需于酒食"之義也。《孟子》："飲食若流，流連荒亡。先王無流連之樂，荒亡之行。"需非般樂怠敖之謂，所以曰"貞吉"也。

象曰："酒食貞吉"，以中正也。

《孟子》："既醉以酒，既飽以德，言飽乎仁義也。""仁義"，即"中正"之德也。《既醉》之詩"備五福"，所謂吉也。此可以知"中正"之義。"中正"，即彖之"位乎天位，以正中也"。

上六：入于穴，有不速之客三人來，敬之終吉。

《孟子》："上者爲營窟。"坎險在上，故有"入穴"之象。四言"出穴"，而上言"入穴"，四有需而上無需也。《爾雅》："速，徵也。徵，召也。"速則有需之義。《詩》："以速諸父""以速諸舅。"是也。《儀禮》："《公食大夫禮》：'戒不速。'"不速之客，非信信宿宿之客也。《左傳》："杞子、逢孫、楊孫戍鄭，鄭人使視客館，則束載、厲兵、秣馬矣。"三曰"寇至"，以坎在外卦言。上曰"客來"，以乾在内卦言。其實皆包藏禍心者也。《國語》："人三爲衆。"三陽並進，爲"三人來"之象。《左傳》："能敬無災。敬逆來者，天所福也。"非意之來，所以“敬之終吉”。

象曰：“不速之客來，敬之終吉”，雖不當位，未大失也。

《禮記》：“凡與客入者，每門讓於客，主人入門而右，客入門而左，主人就東階，客就西階。”是主客各有其位。不速之客，故曰“不當位”也。《詩》：“民之失德，乾餱以愆。”“敬之終吉”，故曰“未大失也”。《論語》：“君子敬而無失，與人恭而有禮。四海之内，皆兄弟也。”何有於不速之客？

☰坎下乾上

訟：有孚窒，惕中吉，終凶。利見大人，不利涉大川。

《禮記》：“大司寇以獄之成告於王，王命三公參聽之。”訟之爲文，從公從言，以其言之在公也。《左傳》：“凡有血氣者，皆有争心。”争者，訟之所由起也。《周禮》：“凡萬民之不服教而有獄訟者，聽而斷之。”此訟之義也。《爾雅》：“窒，塞也。”所以去其窒也。《論語》：“君子懷刑。”“惕中”也，皆所謂“吉”也。《周禮》：“以明刑恥之而不能改。”是“終凶”者也。《爾雅》：“訩，訟也。”“終凶”指上九。《書》：“惟時伯夷播刑之迪。”明刑之“大人”，是以“利見”也。指九五。《左傳》：“水懦，弱民狎而翫之，故多死焉。”陷於不知，“涉大川”之謂也，故戒之曰“不利”。《詩》：“漢之廣矣，不可泳思。江之永矣，不可方思。”此知“不利涉”之義者也。《周禮》：“《秋官・萍氏》：‘禁川游者。’”戒人之溺於險，所以屬之司寇也。

象曰：上[6] 剛下險，險而健，訟。

《書》：“今汝聒聒，起信險膚，予弗知乃所訟。”此險爲起訟之由也。《禮記》：“人藏其心，不可測度也。”如水之不測，故險。《書》：“古之人胥訓告，胥保惠，胥教誨，民無或胥譸張爲幻。”反是則“上剛”而“下險”矣。《書》：“彊弗友，剛克。”外健内險，剛惡也。《中庸》：“小人行險以徼幸。”訟之所以凶也。

“訟：有孚窒，惕中吉”，剛來而得中也。“終凶”，訟不可成也。“利見大人”，尚中正也。“不利涉大川”，入于淵也。

九二之剛自乾來。九二之中亦得乾之中，故“有孚”而懼其“窒”者。《左傳》：“信不由衷，質無益也。”所以曰“惕中吉”，“惕中”以爲“吉”者。《書》：“德威惟畏。”是也。所以曰“終凶”。《書》：“怙終賊刑。”終訟之凶也。《禮記》：“刑者一成而不可變。”畏刑之成，則知訟之不可成矣。《書》：“明啓刑書胥占，咸庶中正。”大人之尚中正者也。《詩》：“其何能淑，載胥及溺。”“入于淵”之象也。《禮記》：“口費而煩，易出難悔，易以溺人。”此訟之所以“入于淵”也。《書》：“慄慄危懼，若將隕于深淵。”“不利涉”之戒也。

象曰：天與水違行，訟。君子以作事謀始。

《書》：“洪水滔天。”天水相際之象也。《孟子》：“水逆行謂之洚水。洚水者，洪水也。”是“違行”之謂也。天本在上而汩於水，水不就下而稽於天，此“天與水違行”之象。“違行”即逆理之謂，所以爲訟。《左傳》“違天必有大咎”是也。天與水相連，是水之性違也。天與火相近，是火之性同也。觀兩“與”字，則其義益明。“違行”所以爲《訟》，“物與”所以爲《无妄》。卦名之上皆益二字，以著明其義，文意亦可推也。《孟子》：“民之歸仁也，猶水之就下。”又：“人無有不善，水無有不下。”天上水下，不得謂之違行。《書》：“江漢朝宗于海。”天西旋而水東註，亦不得謂之違行。且與訟之取象無義。象曰：“險而健，訟”，二之象曰“自下訟上”，皆主水之“違行”言。竊以逆行立論，似爲有合。《左傳》：“作不順而施不恕也。”作事貴於順也。《左傳》：“咨難爲謀。”謀難在於始也。《大學》：“‘聽訟，吾猶人也。必也使無訟乎！’無情者不得盡其辭，大畏民志，此謂知本。”上所以清訟之源，在“無訟”也。《論語》：“吾未見能見其過而内自訟者也。”下所以止訟之端，在“自訟”也。皆“作事謀始”之義。《穀梁傳》：“君子惡惡疾其始，善善樂其終。”訟之“終凶”，君子所以謀其始也。

初六：不永所事，小有言，終吉。

《論語》：“成事不説，遂事不諫。”事之在初，訟尚未成，不曰訟而曰事，可以不永。《書》：“茲用不犯于有司。”是其義也。《左傳》：“鄭息有違言。”“小有言”者也。《需》之“小有言”在人。《詩》：“畏人之多言。”是也。《訟》之“小有言”在己。《詩》：“薄言往愬。”是也。訟成則“終凶”。《書》：“慎終于始。”初而“不永所事”，故曰“終吉”。

象曰：“不永所事”，訟不可長也。雖“小有言”，其辯明也。

《詩》：“所可詳也，言之長也。”故曰“訟不可長”。《論語》：“片言可以折獄者，其由也。與子路無宿諾。”《彖傳》曰“訟不可成”，《爻象》曰“訟不可長”，長之爲害尤甚於成，所賴於忠信明决者在是。《詩》：“雖速我訟，亦不女從。”辨之明，則以吉終矣。《詩》：“亂之初生，譖始既涵。亂之又生，君子信讒。君子如怒，亂庶遄沮。君子如祉，亂庶遄已。”事不永而“有言，終吉”，在君子之辯明也。“作事謀始”之義，蓋於此爻發之。

九二：不克訟，歸而逋，其邑人三百户，无眚。

《詩》：“畏子不敢”“畏子不奔。”此“不克訟”之義，以勢言者也。《書》：“于伐殷逋播臣。”《左傳》：“趙宣子爲政，董逋逃。”逋者，竄逃。有罪之人，勢不克訟，故“歸而逋”也。《公羊傳》：“田多邑少稱田，邑多田少稱邑。”此邑以户稱之義也。《穀梁傳》：“十室之邑可以逃難，百室之邑可以隱死。”此歸逋其邑之義也。《禮記》：“諸侯下大夫食七十二人。”鄭《註》言其采地方一成，定税三百家，故曰“三百户”也。《周禮》：“凡卿大夫之獄訟，以邦灋斷之。”有采食邑，則卿大夫之訟也。《周禮》：“凡民訟，以地比正之；地訟，以圖正之。”曰“三百户”，則地訟之類也。“歸而逋”者，自處卑約，以免災患。《左傳》：“聊以固吾圉也。”是無眚之謂也。《左傳》：“晋邢侯與雍子争鄐田，久而无成。雍子自知其罪，而賂以買直。”是不能“歸逋竄”者，所以凶也。《論語》：“管仲奪伯氏駢邑三百，没齒無怨言。”奪之而不敢訟上，與不克訟而自守，亦可以參觀其循分之義。

象曰：“不克訟”，歸逋竄也。自下訟上，患至掇也。

《爾雅》：“竄，微也。”謂藏於隱微。《左傳》：“欒盈曰：‘盈將逃罪。罪重於郊甸，無所伏竄，敢布其死。’”逋之爲竄，明其有所歸也。《國語》：“不窋失官，自竄於戎狄之間。”此知逋竄之義者也。《穀梁傳》：“逃義曰逃。”是爲逋竄之義。《論語》：“臧武仲以防求爲後於魯。雖曰不要君，吾不信也。”不知逋竄之義，則爲訟上矣。《左傳》：“衛侯與元咺訟。”《穀梁傳》：“衛殺其大夫元咺。稱國以殺，罪累上也，以是爲訟君也。”此所謂“自下訟上”者。《左傳》：“晋郤至與周争邑，王命劉康公、單襄公訟諸晋。”亦上下之訟也。《國語》：“君臣皆獄，父子將獄，是無上下也。”此患之所以必至也。《詩》：“薄言掇之。”“掇”者，言其自取而立至。《孟子》：“是自求禍也。”

六三：食舊德，貞厲，終吉。或從王事，无成。

《左傳》："使鬭辛居鄖，以無忘舊勳。""食舊德"之謂也。《左傳》："齊子尾多受邑而稍致諸君，君以爲忠而甚寵之。其子弗能任，是以在此。忠爲令德，其子弗能任，罪猶及之，難不慎也？"此"食舊德"而"厲"者也。《左傳》："王叔、陳生與伯輿争政，王叔與伯輿訟焉，曰：'先王之盟，世世無失職。'"此皆舊德之家，不知守其分之當得者。若能守其正，則"危"而"終吉"矣。《禮記》："衛孔悝之鼎銘曰：'獻公乃命成叔，纂乃祖服。乃考文叔，興舊耆欲，作率慶士，躬恤衛國，其勤公家，夙夜不懈。'"此即能"食舊德"，從事无成之義。《左傳》："晋子員、子朱争行人。[7] 師旷曰：'臣不心竞而力争，不务德而争善。'"不知從事无成之義，所以争也。《書》："汝惟不矜，天下莫與汝争能。汝惟不伐，天下莫與汝争功。"知從事无成之義，所以無争也。

象曰："食舊德"，從上吉也。

《左傳》："晏子辭富曰：'吾邑不足欲也，益之以邶殿乃足欲。'""食舊德"者安在下之分，所以爲"從上"之"吉"也。《書》："斯謀斯猷，皆我后之德。""從上吉"者，即"從王事，无成"之謂。

九四：不克訟，復即命，渝，安貞，吉。

《大學》："無情者不得盡其辭，大畏民志。"此理之"不克訟"者也。《詩》："實命不同，實命不猶。""復即命"者，安於理之正也，自然無所争矣。《論語》："有恥且格。"所以能渝者也。《詩》："舍命不渝。"《詩》言守理之正而不變，此言守理之正而能變，其義一也。

象曰："復即命，渝，安貞"，不失也。

《孟子》："行有不得者，皆反求諸己。"順於理而不失也。

九五：訟，元吉。

《孟子》："訟獄者不之堯之子而之舜。"《詩》："虞芮質厥成，文王蹶厥生。"《舜典》"文王聽訟而得其中"者，即象之"利見大人"也，曰"元吉"者。《書》："好生之德，洽于民心。""元者，善之長"，所謂"體仁以長人"者也。《詩》："淑問如皋陶，在泮獻囚。"又："蔽芾甘棠，召伯所茇。"亦皆應元吉之占者也。《書》："告爾祥刑。"刑而曰祥，訟之所以吉也。

象曰："訟，元吉"，以中正也。

《書》："咸庶中正"；"刑期無刑，民協于中。惟兹臣庶，罔或于予正。""中正"者，聽訟之本也。《禮記》："凡聽五刑之訟，必原父子之親，立君臣之義以權之，意論輕重之序，慎測淺深之量以别之，悉其聰明，致其忠愛以盡之，察小大之比以成之。"此皆"中正"之道，故"吉"也。

上九：或錫之鞶帶，終朝三褫之。

《左傳》："鞶厉游纓，昭其數也。帶裳幅舄，昭其度也。"鞶帶所以爲錫予之具。《書》："車服以庸。"是也。《左傳》："莒僕奔魯。季文子曰：'若大盗，禮焉以君之姑姊與其大邑，其次皁牧輿馬，其小者衣裳劍帶，是賞盗也。'"訟而"錫之鞶帶"，亦"賞盗"之謂矣。《書》："爵罔及惡德。""鞶帶"之"錫"，可不慎與？《左傳》："衛太子與渾良夫盟，服冕乘軒，三死無與。大子食良夫，乘衷甸两牡，紫衣狐裘。至，袒裘，不釋劍而食。大子数之以三罪而杀之。"此即"終朝三褫之"謂也。《孟子》："趙孟之所貴，趙孟能賤之。令聞廣譽施於身，所以不願人之文繡也。"人知有貴於己者，則無争於世矣。

象曰：以訟受服，亦不足敬也。

《左傳》："公冶曰：'我死，必無以冕服斂，非德賞也。'"訟之受服，義亦如此。《論語》："孟氏使陽膚爲士師，問於曾子。曾子曰：'上失其道，民散久矣。如得其情，則哀矜而勿喜！'"知聽訟不足爲能，則知受服之不足敬矣。《詩》："彼其之子，不稱其服。""亦不足敬"，"不稱"之謂也。受已不足敬，而況褫之乎！所以深鄙之也。《書》："帝曰：'疇咨若時登庸？'放齊曰：'胤子朱啓明。'帝曰：'吁！嚚訟可乎？'"訟爲凶德，其不可以受服，明矣。

【校記】

〔1〕澍滋，初刻本作"榮鴻"。

〔2〕爲，《尚書·説命下》作"惟"。

〔3〕簭人，當作"太卜"。

〔4〕從，《孔子家語·執轡第二十五》作“承”。

〔5〕按：此引文非出《大戴禮記》，出《孔子家語·冠頌第三十三》。“心是”，《孔子家語》作“服”。

〔6〕通行本《周易》“上”前有“訟”字。

〔7〕按：此一句，《左傳·襄公二十六年》作：“春，秦伯之弟鍼如晋脩成，叔向命召行人子員。行人子朱曰：‘朱也當禦。’三云，叔向不應。子朱怒，曰：‘班爵同，何以黜朱於朝？’”

周易引經通釋卷二

黄岡李鈞簡輯註　男澍滋校字

周易上經

☷☵坎下坤上

師：貞，丈人吉，无咎。

《詩》："王旅嘽嘽，如江如漢。"案：師之文從𠂤，地之高也；從帀，倒古之字爲帀，水之行也。以地容水，如以將統軍，此《師》卦立義之意也。《周禮》："大司馬：凡制軍，萬有二千五百人爲軍，二千有五百人爲師，五百人爲旅。"師取用衆之義。《爾雅》："師，人也。"言師者，兼乎軍旅之稱。《大戴禮》："丈者，長也。"長則能率衆也。《論語》："遇丈人以杖荷蓧。"丈人，年長者之稱。《書》："雖無老成人，尚有典型。"是丈人之謂也。《子夏易傳》作"大人"。案：大人則屬君立卦之義，指將兵之臣。將帥用兵，必歷練而更事，故稱"丈人"。《詩》："維詩尚父，時維鷹揚。"又："方叔元老，克壯其猷。"皆取老成之義也。《左傳》："穆公謂蹇叔曰：'中壽，爾墓之木拱矣。'"《秦誓》之悔，即不用丈人之咎也。

彖曰：師，衆也；貞，正也。能以衆正，可以王矣。

《大學》："《詩》云：'殷之未喪師，克配上帝。儀監于殷，峻命不易。'道得衆則得國，失衆則失國。"故曰"師，衆也"。《孟子》："行一不義，殺一不辜，而得天下，不爲也。"故曰"貞，正也"。《左傳》："凡師能左右之曰以。"此"以之"之義也。《書》："爾尚一乃心力，其克有勳。""能以衆正"之謂也。《孟子》："征之爲言正也。""能以衆正"，王者之師也。《左傳》："以此衆戰，誰能禦之？"其力不足恃也。《孟子》："保民而王，莫之能禦也。"其德可以王矣。

剛中而應，行險而順，以此毒天下，而民從之，吉又何咎矣！

《詩》："有嚴有翼，共武之服。"本嚴敬以共武事，"剛中而應"者，將所以受任之道也。《書》："罔或無畏一德一心。"《禮記》："軍旅思險，隱情以虞。"行危道而順人心，"行險而順"者，將所以興師之義也。《左傳》："兵，凶器。戰，危事也。"故曰"毒"。《左傳》："兵，民之殘也，財用之蠹。"興師不無害於天下。"以此毒天下"，見王者不得已之用也。《書》："弗忍荼毒。"王者，救民之師，如藥之攻毒。《周禮》："凡療瘍，以五毒攻之。"安天下而曰毒，猶治亂而曰亂也。《孟子》："其君子實玄黄於篚，以迎其君子。其小人簞食壺漿，以迎其小人。"此"民從"之義也。《書》："朕夢協朕卜，襲于休祥，戎商必克。"戰之必勝者，所謂"能以衆正"也。故既曰"吉"矣，又曰"何咎"。

象曰：地中有水，師。君子以容民畜衆。

《孟子》："水由地中行。"此"地中有水"之象。安流順道，所以取義於師也。《左傳》："容之如地。""容民"之象，取諸地也。《周禮》："以瀦畜水。""畜衆"之象，取諸水也。《周禮》："大司徒：五家爲比，五比爲閭，四閭爲爲族，五族爲黨，五黨爲州，五州爲鄉。"此"容民"之制也。《周禮》："小司徒：五人爲伍，五伍爲兩，四兩爲卒，五卒爲旅，五旅爲師，五師爲軍。"此"畜衆"之制也。《穀梁傳》："古者天子封諸侯，其地足以容其民，其民足以滿其城以自守也。"此言所以"容民"之義。《周禮》："以軍旅同邦國，大師之禮，用衆也；大均之禮，恤衆也；大田之禮，簡衆也；大役之禮，任衆也；大封之禮，合衆也。"此言所以"畜衆"之義。古者寓兵於農，四邱出甲。"容民畜衆"，即井田之制也。

初六：師出以律，否臧，凶。

《爾雅》："律，法也。坎、律，銓也。"水平，故主法。律者，用兵之法也。《周禮》："大司馬以九伐之灋正邦國。"此師出有名之律。《禮記》："行前朱鳥而後玄武，左青龍而右白虎，招搖在上，急繕其怒。"此軍行有紀之律。《周禮》："中春，教振旅。以教坐作進退疾徐疏數之節。中夏，教茇舍。

中秋，教治兵。中冬，教大閲。”此蒐狩教閲之法。《書》：“不愆於六步七步，乃止，齊焉。不愆於四伐五伐六伐七伐，乃止，齊焉。”此戰陳擊刺之法，皆所謂律也。《周禮》：“大師執同律，以聽軍聲而詔吉凶。”亦“師出以律”之餘義也。《爾雅》：“臧，善也。”“臧”即“以律”之謂。《國語》：“夫師，郤子之師也，其事臧。”是師之善者也。《左傳》：“凡諸侯有命，告則書師，出臧否亦如之。”臧爲吉。“否臧”爲“凶”也。《左傳》：“吴子使其弟蹶由犒師。楚人執之，曰：‘女來卜吉乎？’對曰：‘國之守龜，其何事不卜？一臧一否，其誰能常之？’”出師之道，當謹其始，臧否爲吉凶所由，不可不慎也。《左傳》：“晋師救鄭，荀林父將中軍。及河，欲還。彘子以中軍佐濟。知莊子曰：‘此師殆哉！《周易》有之，在《師》之《臨》，曰：師出以律，否臧凶。執事順成爲臧，逆爲否，衆散爲弱，川壅爲澤，有律以如己也，故曰律。否臧，且律竭也。盈而以竭，夭且不整，所以凶也。不行謂之《臨》，有帥而不從，臨孰甚焉！此之謂矣。果遇，必敗，彘子尸之。雖免而歸，必有大咎。’韓獻子謂桓子曰：‘彘子以偏師陷，子罪大矣。子爲元帥，師不用命，誰之罪也？’”此正解初爻之義。“彘子以中軍佐濟”，有帥不從。“彘子尸之”，五爻之所謂“長子帥師，弟子輿尸”，其義益明矣。

象曰：“師出以律”，失律凶也。

《左傳》：“晋侯之弟揚干亂行於曲梁，魏絳戮其僕。”“亂行”即“失律”之謂也。《論語》：“以不教民戰，是謂棄之。”不教而戰，所以“失律”。《書》：“左不攻於左，女不恭命；右不攻於右，女不恭命；御非其馬之正，女不恭命。用命，賞於祖；弗用命，戮於社。予則孥戮汝。”“不恭命”而“孥戮”者，言“失律”之“凶”也。古之用師者，賞罰必嚴，此於初言失律之凶，上言有命之賞，仁至而義盡矣。

九二：在師中吉，无咎，王三錫命。

《詩》：“左旋右抽，中軍作好。”“在師中”之謂也。《詩》：“文武吉甫，萬邦爲憲。”又：“王命召虎，來旬來宣。”奮武之時，皆本耀德之意，是“在師中吉”者也。《爾雅》：“錫，賜也。”《左傳》：“王使宰周公錫齊侯命。”又：“王使内史過錫晋侯命。”此“錫命”之義也。《周禮》：“典命掌諸臣五等之命。”如車旗衣服之類。《詩》：“王命召虎：釐爾圭瓚，秬鬯一卣。告于文人，錫山土田。於周受命，自召祖命。”三章即“三錫命”之義也。

象曰：“在師中吉”，承天寵也；“王三錫命”，懷萬邦也。

《詩》：“何天之龍。”即“承天寵”之義。《書》：“惟其克相上帝，寵綏四方。”君寵即“天寵”。恭行天罰，以承天寵，體其仁愛，非僅邀其恩榮也。《書》：“大邦畏其力，小邦懷其德。”《中庸》：“懷諸侯則天下畏之。”統之曰“懷萬邦”，不以兵力雄天下也。

六三：師或輿尸，凶。

《左傳》：“知莊子射連尹襄老，獲之，遂載其尸。”是“輿尸”之謂也。敗則有“輿尸”之象，故“凶”。又，“輿尸”，程《傳》訓“衆主”。《左傳》：“聽輿人之誦。”是“輿”爲“衆”之義也。《詩》：“誰其尸之？”是“尸”爲“主”之義也。《周禮》：“《夏官》：‘輿司馬上士八人。’”《左傳》：“無令輿師，淹於君地。”“衆”之稱“輿”，在師尤有明文。以“彘子尸之”之文推之，其義尤合。

象曰：“師或輿尸”，大无功也。

《周禮》：“戰功曰多。”无功而曰大者。《左傳》：“大奔曰敗績。”此之謂也。裨將之喪師，即主帥之“无功”。《左傳》：“城濮之戰，左師、右師敗，子玉之中軍不敗。楚殺子玉。”敗師之罪，子玉當之是已。

六四：師左次，无咎。

《周禮》：“掌次師田則張幕。”言“次”之地也。《左傳》：“凡師一宿爲舍，再宿爲信，過宿爲次。”言“次”之時也。《穀梁傳》：“次，止也，有畏也。”言“次”之意也。《左傳》：“師次於郎”，“師次于召陵。”皆“次”之義也。《禮記》：“軍尚左，卒尚右。”左陽主生，右陰主殺。“左次”貴，不敗績也。《左傳》：“四月，諸侯伐鄭，門於東門。晋荀罃至於西郊，衛孫林父侵其北鄙。六月，諸侯會於北林。右還，次於瑣圍。鄭觀兵於南門。鄭人懼，乃行成。”次以右爲進，則左爲退也。

象曰：“左次”“无咎”，未失常也。

《左傳》：“《軍志》曰：‘允當則歸，知難而退，有德不可敵。’”又：“見可而進，知難而退，武之善經也。”志與經之語，皆常道也，故曰“未失常”。

六五：田有禽，利執言，无咎。長子帥師，弟子輿尸。貞凶。

《穀梁傳》："四時之田，皆爲宗廟之事也。春曰田，夏曰苗，秋曰蒐，冬曰狩。"取獸於田曰田。《周禮》："獸人掌罟田獸及弊田，令禽注于虞中。"故曰"田有禽，利執言"。《禮記》："迎貓，爲其食田鼠也。迎虎，爲其食田豕也。""田有禽"而害稼，亦"利執"之。《詩》："食我場苗。縶之維之。"此"有禽，利執"之義也。禽之害稼者，執之寇之。害民者，除之。《左傳》："失禮違命，宜其爲禽也。"軍中獲訊亦取義於禽者以此。《書》："奉辭伐罪。""執言"之義也。《書》："千夫長，百夫長。"千夫、百夫皆有長統全師者，所以爲長子也。《公羊傳》："將尊師，衆稱師。"尊之故曰"長子"。《左傳》："帥師者，受命於廟。""帥師"，師中之主也。《禮記》："軍旅什伍同爵則尚齒，而弟達於軍旅矣。"弟子必聽命於長子也。委任不專，若晋彘子之屬雖正，而有撓敗之凶也。

象曰："長子帥師"，以中行也；"弟子輿尸"，使不當也。

《左傳》："師直爲壯。"又："師克在和。""中行"之義如是。《禮記》："天子乃命將帥，選士厲兵，簡練桀俊。專任有功，以征不義。""使不當"者，任長子之不專而有弟子之敗也。《書》："番番良士，旅力既愆，我尚有之。仡仡勇夫，射御不違，我尚不欲。"觀《秦誓》之悔，不可見"使不當"之義哉！《左傳》："晋侯使大子申生伐東山皋落氏。"此亦"長子帥師"之謂。其後奚齊、卓子之立，弟子之凶害於而國矣，可不慎與？

上六：大君有命，開國承家，小人勿用。

《周禮》："大司馬：師若有功，愷樂獻於社。""大君有命"，論功行賞之時也。《左傳》："慶賞行威曰君。"故曰"大君有命"。"錫命"在行師之始，"有命"在行師之終。《書》："大告武成，列爵惟五，分士惟三。"此"開國承家"之義也。《書》："惇信明義，崇德報功。"必有德與功者，崇而報之，即"小人勿用"之義也。小人在用師之時，即宜以"使不當"爲戒，至師終而勿用者。《禮記》："用人之智去其詐，用人之勇去其怒，用人之仁去其貪。"棄短取長在一時，定功行賞在萬世。大君於此必慎之也。

象曰："大君有命"，以正功也。"小人勿用"，必亂邦也。

《書》："功懋懋賞。"賞所以酬功也。《周禮》："司勳掌六鄉賞地之灋，以等其功。凡賞無常，輕重視功。"此"正功"之義也。《書》："丕視功載。"記功之載籍，所謂"以正功"者。《周禮》："軍將皆命卿，師帥皆中大夫，旅帥皆下大夫。""開國"者，諸侯之封。"承家"者，大夫之采。因位賞功，錫命有加也。《左傳》："城濮之戰，振旅，愷以入于晋。獻俘授馘，飲至大賞，徵會討貳。殺舟之僑以狥于國。君子謂：'文公其能刑矣。《詩》云：惠此中國，以綏四方。不失賞刑之謂也。'"此雖霸者之師，振旅之時，賞刑並用，小人亂邦之義，可以觀矣。《左傳》："有大功而無貴仕，其人能靖者與有幾？"此即亂邦之小人也。知其必亂邦而勿用，大君之恩深慮遠，有進於此者矣。

䷇坤下坎上

比：吉。原筮，元永貞，无咎。不寧方來，後夫凶。

《書》："江漢朝宗于海。"《禮記》："四瀆視諸侯。"水歸地有覲君之象，所以爲比。《周禮》："比小事大，以和邦國。"比有親輔和合之義也。案文，二人爲从，反从爲比。从以正合，比以邪合。立卦之義，則有正有邪，在人之所從也。《書》："一人有慶，兆民賴之。"比之吉也。《爾雅》："原，再也。"《周禮》："禁原蠶者。"《禮記》："未有原。"皆再之義也。《論語》："君子之於天下也，無適也，無莫也，義之與比。"比之所以自筮者，其義如此。《公羊傳》："求吉之道三。"故《蒙》曰"初筮"，《比》曰"原筮"。《書》："謀及乃心，謀及卜筮，謀及卿士，謀及庶人。龜從，筮從，卿士從，庶民從，是之謂大同。身其康强，子孫其逢吉。"謀者，所以自審，"原筮"之義也。謀之大同，合乎天理人心之正，"元永貞"之義也。"康强""逢吉"，"无咎"之義也。《周禮》："毋或若女不寧侯。""不寧"，不相比者也。《詩》："幹不庭方。"即"不寧方"之謂。《書》："先王既勤用民德，懷爲夾庶邦丕享作，兄弟方來。"[1]此"方來"之義也。《詩》："昔有成湯，自彼氐羌。莫敢不來享，莫敢不來王。""不寧方來"，則四方無不來矣。《周禮》："大司馬建大常，比軍衆，誅後至者。""後夫"則外於比也。《國語》："禹致諸侯於會稽之山，防風氏後至，戮之，其骨專車。"此"後夫"之"凶"也。

彖曰：比，吉也；比，輔也。下順從也。

《爾雅》："弼、棐、輔、比，俌也。"此比爲帥之義也。《大學》："堯、舜率天下以仁，而民從之。桀紂帥天下以暴，而民從之。其所令反，其所好而民不從。"下之所以順從，在上之所以，"原筮"者可知矣。《詩》："王此大邦，克順克比。"親附其民，是"順從"之義也。《孟子》："多助之至，天下順之。"可以見比輔之效。《左傳》："天子有公，諸侯有卿，卿置側室，大夫有貳，宗士有朋友，庶人、工、商、皁、隸、牧、圉皆有親暱，以相輔佐也。善則賞之，過則匡之，患則救之，失則革之。"觀此則知比孚之吉，比匪之傷，故曰"比者，輔也"。

"原筮，元永貞，无咎"，以剛中也。"不寧方來"，上下應也。"後夫凶"，其道窮也。

"剛中"者，宅中圖治。《書》："其自時中乂。"九五在上之爲君是也。"上下應"者，人所歸往。《論語》："興滅國，繼絶世，舉逸民，天下之民歸心焉。""上下"，五陰之應是也，"道窮"者。《左傳》："去順效逆。"上六之爲"後夫"是也。《詩》："自貽伊阻。""道窮"之謂也。《孟子》："爲不順於父母，如窮人無所歸。"不得於君，其窮亦如是矣。

象曰：地上有水，比。先王以建萬國，親諸侯。

《孟子》："民之歸仁也，猶水之就下。"水比於地，是其象也。《周禮》："形方氏掌制邦國之地域而正其封疆，使小國事大國，大國比小國。""建國"之所以爲比也。《左傳》："天子建德，因生以賜姓，胙之土而命之氏。"此"親侯"之本於"建國"者也。《左傳》："禹會諸侯於塗山，執玉帛者萬國。""萬國"亦槩言之。《周禮》："凡四海之内，九州千七百七十三國。"此"建國"之義也。《禮記》："天子同姓，謂之伯父、叔父；異姓，謂之伯舅、叔舅。""親侯"之所以爲比也。《周禮》："大行人掌大賓之禮及大客之儀，以親諸侯。"又："大宗伯以脤膰之禮親兄弟之國，以賀慶之禮親異姓之國。"此皆"親諸侯"之義也。《書》："弼成五服，至於五千。州十有二師，外薄四海，咸建五長。"古者有分土，無分民，比之爲義，即封建之制也。《禮記》："必則古昔稱先王。"《易》凡言"先王"者，皆立法定制，萬世不易之事也。

初六：有孚比之，无咎。有孚盈缶，終來有他吉。

《詩》："一人有事於四方，若卜筮，罔不是孚。"卦曰："原筮，元永貞，无咎"，爻之初曰："有孚比之，无咎"，可以觀其順從之實矣。《爾雅》："盎謂之缶。"盆也。《周禮》："盆實二鬴。"瓦器淳質，有實而盈孚之義也。《穀梁傳》："來者接内也。"故曰"終來"。初不與五應，而誠信所感，終有他吉者。《詩》："他山之石，可以爲錯。他山之石，可以攻玉。"即"他吉"之義也。

象曰：比之初六，有他吉也。

《論語》："因不失其親，亦可宗也。"直舉初六，言比道當謹之於始，可要之於終也。《論語》："居是邦也，事其大夫之賢者，友其士之仁者。"是"有他吉"之義也。

六二：比之自内，貞吉。

《詩》："予曰有疏附，予曰有先後。"此臣之比於君者，所謂"比之自内"也。《左傳》："策名委贄，貳乃辟也。"故曰"貞吉"。《書》："立愛自親始，立敬自長始。"此比之以親爲自内也。《左傳》："擇善而從之曰比。"此比之以德爲自内也。

象曰："比之自内"，不自失也。

《孟子》："古之人未嘗不欲仕也，又惡不由其道。""不自失"之義也。《孟子》："御者且羞與射者比；比而得禽獸，雖若邱陵，弗爲也。"故曰"不自失"。

六三：比之匪人。

《論語》："君子周而不比，小人比而不周。"比之公者爲周，比之私者爲比小人，即"匪人"也。《禮記》："大臣不治而邇臣比矣。"所謂"匪人"也。《書》："凡厥庶民，無有淫朋，人無有比德，惟皇作極。"顯比之世，不能無比匪者，是戒人之比匪而欲人之從上也。二應於五，四近於五，皆以君臣之義言之。初之"比孚"，三之"比匪"，則亦各有取也。

象曰："比之匪人"，不亦傷乎？

《書》："昵比罪人。"又："比頑童。"如此者豈非比匪之傷乎？《禮記》："聖人作爲禮以教人，使人以有禮，知自别於禽獸。"禽獸則匪人矣。"比之匪人"，與"否之匪人"同辭。"傷"之爲言，戒之甚也。

六四：外比之，貞吉。

四舍初而近於五。《左傳》："出而圖吾君。"外比之義也。《國語》："叔向曰：'君子比而不别。比德以贊事，比也。引黨以封己，别也。利己而忘君，别也。'"比之爲正，别則非正，"外比之"所以貴"貞吉"也。

象曰：外比于賢，以從上也。

《孟子》："天下有道，小德役大德，小賢役大賢。"比五之賢，"從上"之義也。以德則曰賢，以位則曰上。《公羊傳》："其言從王伐鄭何？從王，正也。""從王"即"從上"之謂，所以明"貞吉"之義也。

九五：顯比，王用三驅，失前禽，邑人不誡，吉。

《書》："光于四方，顯于西土。""顯比"之義。《穀梁傳》："王者，民之所歸往也。"是所謂"顯比"者。《書》："罔違道以干百姓之譽，罔咈百姓以從己之欲。"我非私比，而比我者亦無私，是謂"顯比"。《書》："無偏無黨，王道蕩蕩。無黨無偏，王道平平。""顯比"而無私之義也。《禮記》："天子不合。"圍開一面者也，故曰"王用三驅"。《周禮》："虞人萊所田之野，爲表；百步則一，爲三表。田之日，中軍以鼙令鼓，司馬振鐸，群吏作旗。鼓行，鳴鐲，車徒皆行，及表乃止。三鼓，摝鐸，群吏弊旗，車徒皆坐。又三鼓，振鐸，作旗，車徒皆作；鼓進，鳴鐲，車驟徒趨，及表乃止，坐作如初。乃鼓，車馳徒走，及表乃止。乃鼓退，鳴鐃且卻，及表乃止，坐作如初。"三表之進，正"三驅"之義也。《左傳》："千乘三去，三去之餘，獲其雄狐。"三去與三驅同。獲其首惡，則失者多也。《穀梁傳》："過防弗逐，不從奔之道也。面傷不獻，不成禽不獻。禽雖多，天子取三十焉。"不多取者，"失前禽"之義也。《禮記》："君親誓社，以習軍旅。而流示之禽，而鹽諸利，以觀其不犯命也。求服其志，不貪其得，故以戰則克，以祭則受福。"此即"失禽""不誡"之義。《詩》："徒御不驚，大庖不盈。""邑人不誡"者，私屬之人不待告誡而皆喻上意，是其義也。《孟子》："歸市者不止，耕者不變。"亦可推"邑人不誡"之義矣。《左傳》："軍政不戒而備。"王者之師義正如是。

象曰："顯比"之吉，位正中也；舍逆取順，"失前禽"也。"邑人不誡"，上使中也。

《書》："皇建其有極，會其有極，歸其有極。""位"之"正中"，所以"顯比"。《周禮》："狩田既陳，乃設驅逆之車，有司表貉于陳前。"驅禽使驅田者，其去者亦聽之。即"舍逆取順"之意也。《詩》："相彼投兔，尚或先之。"禽之來投者，不逆而射之，此之謂"舍逆"也。《禮記》："前有摯獸，則載貔貅。"禽之背走者則順而搏之，此之謂"取順"也。取舍皆其所自取，亦"顯比"之義也。《孟子》："芻蕘者往焉，雉兔者往焉。""邑人不誡"，其象如此。觀感於上者深也。《詩》："不識不知，順帝之則。"《孟子》："王者之民，皞皞如也。""上使中"者，莫知其然而然，如或使之也。

上六：比之无首，凶。

《左傳》："無爲戎首。"戎則不宜爲首，比則不宜居後。《書》："衆非元后何戴？""无首"即後夫之凶也。陽爲陰首。《乾》之"无首"，陽變爲陰，剛而能柔也，故"吉"。《比》之"无首"，陰不從陽，坤之先迷也，故"凶"。

象曰："比之无首"，无所終也。

易第六爻在上則爲首，在後則爲終。陰柔在上，無所適從。《左傳》："畏首畏尾，身其餘幾。"故"无首"而又"无終"也。《穀梁傳》："朝服雖敝，必加於上。弁冕雖舊，必加於首。周室雖衰，必先諸侯。"比不可以"无首"，明尊君之義也。《孟子》："楊氏爲我，是無君也。墨氏兼愛，是無父也。"皆所謂"无首"之凶者。

☴乾下巽上

小畜：亨。密雲不雨，自我西郊。

《書》："厥土黑墳，厥田惟中下。"案：畜之文從玄從田，象水之汙下者。乾之色玄，在下爲田是也。《孟子》："制其田里，教之樹畜。"畜有養之義也。《周禮》："以瀦畜水。"畜有止之義也，皆取象於田。《孟子》："齊景公召大師曰：'爲我作君臣相説之樂。'其詩曰：'畜君何尤。'畜君者，好君也。"以陰畜陽，如以臣畜君，畜之義也。陰爲小而風主散，故畜之力小而畜之道亨。《穀梁傳》："春正月不雨者，勤雨也。夏四月不雨者，閔雨也。閔雨者，有志乎民者也。""不雨"之義，畜之未至者也。文王有志乎民者，故其自言如此。《禮記》："迎秋於西郊。"西郊，陰方，陰倡而陽不和，故以西郊爲象也。《詩》："朝隮于西，崇朝其兩。”虹氣自西而上升則爲雨徵，雲氣自西而東行則爲不雨之象，視乎陰陽之有應、有不應也。《書》：“乃穆考文王，肇国在西土。厥诰毖庶邦、庶士越少正御事。”文王之澤欲東被三州而不得。“密雲不雨，自我西郊”，亦有慨言之也。

彖曰：小畜，柔得位而上下應之，曰小畜。健而巽，剛中而志行，乃“亨”。

“柔得位”者，以陰居柔爲得位。四近君，亦爲得位。《孟子》：“位卑而言高，罪也。”柔之所以貴乎得位也。《論語》：“君子信而後勞其民，未信則以爲厲己也；信而後諫，未信，則以爲謗己也。”六四爲卦之主爻，上下所以應之者，以其有孚也。《詩》：“靖共爾位，正直是與。”“應之”之義以此。

“密雲不雨”，尚往也。“自我西郊”，施未行也。

《孟子》：“天油然作雲，沛然下雨。”“密雲”則宜有雨，而風之散者，雲不固，陽之所以“尚往”也。《詩》：“其雨其雨，杲杲日出。”陰盛所以止陽，“尚往”則陽氣上進，故“不雨”。《禮記》：“上不酌民言，則下不天上施。”[2] 施而未行，志之所以不得也。《乾・彖傳》曰：“雲行雨施，密雲不雨。”故曰“施未行”。《孟子》：“諫則不行，言則不聽，膏澤不下於民。”“施未行”者，亦“屯膏”之意也。

象曰：風行天上，小畜。君子以懿文德。

《左傳》：“夫舞，所以節八音而行八風。”風應八節，此“風行天上”之象也。畜有畜養、畜止二義。《詩》：“凱風自南，吹彼棘心。棘心夭夭，母氏劬勞。”如母之畜子而劬勞，此“風行天上”而能養物之義也。《左傳》：“六鷁退飛，過宋都，風也。”《國語》：“爰居止於魯東門之外，是歲海多大風。”如鳥之遇風而退避，此“風行天上”而能止物之義也。《爾雅》：“懿，善也。”畜德所以爲善。《詩》：“好是懿德。”即“文德”也。《詩》：“柔嘉維則，令儀令色。”亦德之有文者，威儀、文辭皆是也。所畜者小，故曰“以懿文德”。《姤》之“風行地上”曰“施命誥四方”，《小畜》之“風行天上”曰“懿文德”。《詩》：“矢其文德，洽此四國。”施而未行之義也。

初九：復自道，何其咎？吉。

一陽在下爲《復》。此則乾卦在下，故初、二皆曰“復”也。“復”，如《論語》

“復其位”之“復”。陽志上進，爲陰所畜，復於在下之位而不進也。《詩》：“爾不我畜，言歸思復。”所謂“復自道”也。《中庸》：“誠者自誠也，而道自道也。”自盡其道，謂之“自道”。《孟子》：“我竭力耕田，共爲子職而已矣。父母之不我愛，於我何哉？”循分而自責，是“復自道，何其咎”之義也，非“无咎”之謂。《詩》：“發言盈廷，誰敢執其咎？”曰“何其咎”，亦自任之義也，故“吉”。

象曰：“復自道”，其義吉也。

《禮記》：“善則歸君，過則歸己。”復而自任其咎，自盡之道，是事上之義也，故曰“其義吉”。《孟子》：“如知其非義，斯速已矣，何待來年？”“復自道”者，知所畜之正，亦“其義吉”之謂也。

九二：牽復，吉。

“牽”，如《左傳》“牽率老夫以至於此”之“牽”。與初九牽連而復者，亦吉道也。《禮記》：“君子之教喻也，道而勿牽。”牽逼之意，義亦相同。

象曰：“牽復”在中，亦不自失也。

《孟子》：“强而後可。”“牽復”之意也。《中庸》：“或勉强而行之。及其成功，一也。”復雖牽於人，而剛中之德在己，故初曰“義吉”，二曰“亦不自失”，承上爻而言也。

九三：輿説輻，夫妻反目。

《周禮》：“輻也者，以爲直指也。輪輻三十，以象日月。”象其運行也，故於乾取之。《詩》：“無棄爾輔，員于爾輻。”輔以益輻。“説輻”則甚於棄輔矣。《左傳》：“車説其輻，不利行師。”是其義也。《論語》：“大車無輗，小車無軏，其何以行之哉？”“説輻”則進不利於行矣。《詩》：“黽勉同心，不宜有怒。”“反目”則退，不安其室矣。《孟子》：“其妻歸，與其妾訕其良人，而相泣於中庭。”此“反目”之象也。初、二之復自止也，九三則妄行取困者矣。

象曰：“夫妻反目”，不能正室也。

《左傳》：“男有室，女有家。”不正室者。《孟子》“身不行道，不行於妻子”是也。

六四：有孚，血去惕出，无咎。

《孟子》："不信於友，弗獲於上矣。至誠而不動者，未之有也。"以陰畜陽，本有傷害憂懼之理、積誠之感，則可免而无咎，故曰"有孚，血去惕出"也。《大戴禮》："血者猶血。"憂色也。《詩》："予手拮据。予口卒瘏。予羽譙譙，予尾翛翛。"侮予之傷，漂摇之患，所謂"血"與"惕"也。《詩》："狼跋其胡，載疐其尾。公孫碩膚，赤舄几几。"至是則"血去惕出"矣。周公之歸相成王，正"有孚""无咎"之義也。

象曰："有孚""惕出"，上合志也。

《書》："亂爲四方新辟，作周恭先。予且[3] 以多子越御事篤前人成烈，答其師，作周孚先。""上合志"之謂也。

九五：有孚攣如，富以其鄰。

《爾雅》："衣裖[4] 謂之梲。"《註》："衣褸也。齊人謂之攣。"是袛之相聯者，"攣"之義也。《詩》："我心蘊結兮。""蘊結"即"攣如"之意。《書》："臣哉鄰哉！鄰哉臣哉！"君以臣爲鄰也。《書》："予違汝弼，汝無面從，退有後言，欽四鄰。"君有孚信，則其臣以類應，所謂"以其鄰"也。《書》："昔君文武丕平，富不務咎，底至齊信，用昭明於天下。則亦有熊羆之士，不二心之臣，保乂王家。"文武之道大而才德之臣爲之輔，此"富以其鄰"之義。《大學》："富潤屋，德潤身，心廣體胖，故君子必誠其意。"誠積於中，所以爲富。

象曰："有孚攣如"，不獨富也。

《論語》："德不孤，必有鄰。"孤則獨矣。"有孚攣如"者，能"以其鄰"，故曰"不獨富"。《書》："先王子惠困窮，民服厥命，罔有不説。並其有邦厥鄰。"德之及於民者亦可徵，"不獨富"之義。《左傳》："棄同即異，是謂離德。《詩》曰：'協比其鄰，婚姻孔云。'晋不鄰矣，其誰云之？"六四之"有孚"，積誠以感其上。九五之"有孚"，推誠以待其下。曰"上合志"，曰"不獨富"，同德爲鄰，"攣如"之實也。

上九：既雨既處，尚德載；婦貞厲，月幾望；君子征凶。

《詩》："習習谷風，以陰以雨。"陰陽和而後雨澤降，夫婦和而後家道成，"既雨"之義也。《詩》："乃如之人兮，逝不古處。""古處"謂同德齊意。夫婦得所，"既處"之義也。"既"者，皆言其畜極而通也。《左傳》："令名[5]，德之輿也。”所以曰“載”。《論語》：“尚德哉若人！”“尚德載”與“輿説輻”者異矣。《儀禮》：“夫婦一體。”“婦貞厲”與“夫妻反目”者異矣。《詩》：“婦有長舌，維厲之階。”不貞則厲。貞而猶厲者，戒辭也。《爾雅》：“幾，近也。”《儀禮》：“日幾中而禮成。”“月幾望”與“日幾中”同義。《禮記》：“讓之三也，象月之三日而成魄也。”既望之後，以生魄爲退。幾望之前，以生明爲進。知月之讓明，則知幾望之義矣。《禮記》：“三五而盈，三五而闕。”幾望則將盈之象，陰之盛也，畜極固爲可通之時，而陰盛亦有抗陽之警。《詩》：“周公東征，四國是皇。哀我人斯，亦孔之將。”處盛滿而恐懼，即“君子征凶”之義，亦“貞厲”之戒也。曰“既雨”矣，又曰“既望”；曰“既處”矣，又曰“貞厲”；曰“德載”矣，又曰“征凶”；妻道臣道，无成有終。小畜之義，固如是也。

象曰：“既雨既處”，德積載也；“君子征凶”，有所疑也。

《禮記》：“積焉而不苑。”蘊結之久而後通，德之積也。《大戴禮》：“天地積陰，温則爲雨，塞則爲雪。”積而後通，故曰“德積載也”。《禮記》：“尸在廟門外則疑於臣，君在廟門外則疑於君。”“有所疑”者，所處之地有疑，即“陰疑于陽”之謂也，亦惟終積其誠而已。

☰兑下乾上

履虎尾，不咥人，亨。

《禮記》：“王者袞冕以象天。”天在上，爲冠之象。則澤在下，爲履之象，承天而言也。《左傳》：“衣裳劍履。”案：履之文，上從尸，人字也；中從舟，象所以載也。此即天澤之義。左從彳，右從夊，行之象也。在服物爲履，是實字義。卦名則以履物爲義。《爾雅》：“履，禮也。”禮爲人之所當踐履，此正義也。《詩》：“履帝武敏歆。”躡其後而踐之，亦謂之履。《書》：“心之憂危，若蹈虎尾。”“履虎尾”之象也。“履”本安行之義，連“虎尾”言，而不單爲卦名者，以明其辭之危而義之險，履順易而履變難也。若《否》《同人》《艮》皆各有其義。《詩》：“不敢暴虎。”所謂和説以躡剛强之後，處危而不傷，“不咥人”之亨也。“咥人”者虎，“履尾”者人。人之不咥，所以重人事也。

彖曰：履，柔履剛也。

履剛與履柔不同。履柔則宜以剛制之。“履霜”之戒，防於未然。《論語》：“人無遠慮，必有近憂。”是其義也。履剛則宜以柔制之。“履虎”之戒，防於已然。

《孟子》："孔子遭宋桓司馬，將要而殺之，微服而過宋。"是其義也。

説而應乎乾，是以"履虎尾，不咥人，亨"。

《詩》："袒裼暴虎[6]。將叔無狃，戒其傷女。"《孟子》："晋人有馮婦者，善搏虎，卒爲善士。有衆逐虎。虎負嵎，莫之敢攖。望見馮婦，趨而迎之。馮婦攘臂下車。衆皆悦之，其爲士者笑之。"不習乎剛猛之素，而守以和説之常，則爲"悦而應乎乾"。共叔、馮婦皆不知此義者也。

剛正中，履帝位而不疚，光明也。

《孟子》："踐天子位焉。""履帝位"之義也。《左傳》："賜我先君履，東至於海，西至於河，南至於穆陵，北至於無棣。"以此推之，撫有之地皆謂之履。亦"履帝位"之義也。《論語》："内省不疚，無惡於志。"是"不疚"之義也。《書》："慎乃在位。"此所以"履而不疚"者也。《論語》："博施於民而能濟衆，堯、舜其猶病諸。""脩己以安百姓，堯、舜其猶病諸。""履帝位而不疚"之難也。《書》："允恭克讓，光被四表。"又："濬哲文明，温恭允塞。"堯、舜之履帝位，是有剛中正之德而能光明也。

象曰：上天下澤，履。君子以辨上下，定民志。

《左傳》："君履后土而戴皇天。""上天下澤"之象也。《左傳》："天威不違顔咫尺，敢不下拜？""上天下澤"之義也。《左傳》："臣之有君，如衣服之有冠冕。"冠冕之分，所以爲上下之辨也。《左傳》："人有十等：王臣公，公臣大夫，大夫臣士，士臣皁，皁臣輿，輿臣隸，隸臣僚，僚臣僕，僕臣臺。""辨上下"者，謂其等級分明。《左傳》："其卿讓於善，其大夫不失守，其士競於教，其庶人力於農穡。工商皁隸，不知遷業。""定民志"者，謂其各有常分。《禮記》："禮達而分定。"是履之大義也。《禮記》："君臣、上下、父子、兄弟，非禮不定。"此"辨上下，定民志"之謂也。《左傳》："世之治也，君子尚能而讓其下，小人農力以事其[7]上，是以上下有禮而讒慝黜遠，由不争也，謂之懿德。及其亂也，君子稱其功以加小人，小人伐其技以馮君子，是以上下無禮，亂虐並生，由争善也，謂之昏德。"此"辨上下，定民志"之所以取諸履也。

初九：素履，往无咎。

《論語》："繪事後素。"履之在初，有素之義。禮後之義，即本於履也。《中庸》："素富貴行乎富貴，素貧賤行乎貧賤，"素履"之義也。君子無入而不自得焉。""往无咎"之義也。

象曰："素履"之"往"，獨行願也。

《中庸》："君子素其位而行，不願乎其外。""素履往"者，即素位而行。"獨行願"者，即不願乎外。《禮記》："不願於大家。"亦不苟慕寓貴之意。《大學》："此之謂自謙，故君子必慎其獨也。""行"者，履之正。"願"者，意之誠。獨行之願，非謂踽踽涼涼、絶世爲高者也。

九二：履道坦坦，幽人貞吉。

《詩》："周道如砥，君子所履。""履道坦坦"之義也。《論語》："君子坦蕩蕩。"君子之心，即君子之行也。《論語》："子游曰：'有澹臺滅明者，行不由徑，非公事，未嘗至於偃之室也。'"所謂"幽人"之"貞吉"也。《禮記》："幽居而不淫。"言隱處而自修整，亦非遯世之稱。

象曰："幽人貞吉"，中不自亂也。

《論語》："富與贵，不以其道得之，不處也；貧與賤，不以其道得之，不去也。"其中有主，故不自亂。《論語》："逸民：伯夷、叔齊、虞仲、夷逸、朱張、柳下惠、少連。不降其志，不辱其身，伯夷、叔齊與？謂柳下惠、少連：'言中倫，行中慮。'謂虞仲、夷逸：'身中清，廢中權。'"此皆"中不自亂"之幽人也。

六三：眇能視，跛能履，履虎尾，咥人，凶，武人爲于大君。

《穀梁傳》："晋郤克眇，衛孫良夫跛，同時而聘于齊。齊使眇者御眇者，跛者御跛者。"此眇視跛履者也。六三不中不正，視履之不全者，故有此象。《禮記》："孔子過泰山側，有婦人哭於墓者而哀。問之，曰：'昔者吾舅死於虎，吾夫又死焉，今吾子又死焉。'"此"咥人之凶"也。《禮記》："賞軍帥武人於朝。"武人有勇力者。《詩》："進厥虎臣，闞如哮虎。"虎之咥人，所以比於武人。順則爲干城腹心，逆則爲犯上作亂也。《論語》："羿善射，奡蕩舟，俱不得其死然。"此所謂"武人爲于大君"者。《孟子》："象不得有爲於其國。"爲于文法正相似。

象曰："眇能視"，不足以有明也。"跛能履"，不足以與行也。"咥人"之"凶"，位不當也。"武人爲于大君"，志剛也。

《孟子》："明足以察秋毫之末，而不見輿薪，爲不用明焉。"眇本偏於明，故曰"不足以有明"。《論語》："力不足者，中道而廢，今女畫。"跛本偏於行，故曰"不足以與行"。《孟子》："小固不可以敵大，弱固不可以敵强。"六三一陰，才小力弱。以全卦而言，曰"不咥人，亨"。以本爻而言，曰"咥人凶"，其所處之"位不當"故也。《左傳》："不度德，不量力。"此"位不當"之義矣。《論語》："好剛不好學，其蔽也狂。"壹於剛而無制。《孟子》："無伊尹之志則篡也。"志剛而至於篡，亦可見"履霜，堅冰"之漸矣。

九四：履虎尾，愬愬終吉。

《公羊傳》："靈公望見趙盾，愬而再拜。""愬愬"，蓋亦警懼之意。《論語》："子曰：'暴虎馮河，死而無悔者，吾不與也。必也，臨事而懼，好謀而成者也。'""愬愬終吉"之義，與"武人爲於大君"者異矣。

象曰："愬愬終吉"，志行也。

《論語》："子畏於匡，曰：'天之未喪斯文也，匡人其如予何！'"又："天生德於予，桓魋其如予何！"此"愬愬"之"終吉"也。以天自信，即其志之行也。《孟子》："北宫黝之養勇也，不膚撓，不目逃，思以一毫挫於人，若撻之於市朝。孟施舍之養勇也，曰：'舍豈能爲必勝哉？能無懼而已矣。'"黝、舍亦似行其志者而無以善其後。"持其志，無暴其氣。"此可知志行與志剛之分矣。

九五：夬履，貞厲。

《書》："惟克果斷，乃罔後艱。""夬履"者，人君之宜於剛決也。《孟子》："大人者，行不必果，惟義所在。""貞厲"者，人君之慎於措施也。有中正之德而常存危厲之心，是履帝位而不疚者，可以決於履矣。澤天爲夬，故天澤亦取夬之義。

象曰："夬履，貞厲"，位正當也。

《大學》："見賢而不能舉，舉而不能先命也。見不善而不能退，退而不能遠過也。"是不能操有位之權，不當乎"夬履"之義也。"此謂唯仁人爲能愛人，能惡人。"知之明，處之決，故曰"位正當也"。《論語》："予無樂乎爲君，惟其言而莫予違也，如其善而莫之違也，不亦善乎？如不善而莫之違也，不幾乎一言而喪邦乎？”上剛下説，恐君驕而臣諂，能不以位爲樂，此所謂正當也。

上九：視履考祥，其旋元吉。

《書》：“若跣弗視地，厥足用傷。”履必資於視，視則慎其所履。至於“考祥”，則與眇、跛者相去遠矣。《爾雅》：“祥，善也。”《書》：“作善降之百祥。”“考祥”者，考其所行也。《孟子》：“所以考其善不善者，於己取之而已矣。”此“考祥”之義也。《禮記》：“趨以采齊，行以肆夏，周旋中規，折旋中矩。”視履之吉者也。《孟子》：“動容周旋中禮者，盛德之至也。”是謂“其旋元吉”。《左傳》：“單襄公曰：‘君子目以定體，足以從之，是以觀容而知其心矣。目以處事，足以步目，目體不相從，何以能久？’”此即視履相因之義。

象曰：“元吉”在上，大有慶也。

《詩》：“靡不有初，鮮克有終。”“素履”視其初始也，“考祥”視其成終也。《詩》：“率履不越。”“‘元吉’在上”，是有終也。《詩》：“福履綏之。福履將之。福履成之。”“大有慶”之謂也。《爾雅》：“履，福也，禄也。”故曰慶。

䷊乾下坤上

泰：小往大來，吉，亨。

《孟子》：“水由地中行。”案：泰之文從大從水從卩從彐。坎爲通泰之義也。《禮記》：“燔柴於泰壇，祭天也。瘞埋於泰折，祭地也。埋少牢於泰昭，祭時也。”祭所以達天地四時之氣、天地之交，是以爲泰。於義爲通也。《禮記》：“大道之行也，天下爲公。選賢與能，講信修睦，是謂大同。”此世之大同，泰之義也。《禮記》：“夫禮必本於大一。”於文，一大爲天。天，一之所以爲大也。《周禮》：“大宗伯之職，掌建邦之天神人鬼地示之禮。”於文，二小爲示。地，二之所以爲小也。《禮記》：“天氣下降，地氣上騰。”“小往大來”之義也。“吉，亨”所以爲“泰”。

象曰：“泰：小往大來，吉，亨”，則是天地交而萬物通也，上下交而其志同也。内陽而外陰，内健而外順，内君子而外小人。君子道長，小人道消也。

《周禮》："天地之所合也，四時之所交也，風雨之所會也，陰陽之所和也。然則百物阜安，乃建王國焉。"是"天地交而萬物通"之義也。《書》："朕志先定，詢謀僉同。"又："爾惟訓于朕志。爾交脩予，罔予棄。"是"上下交而其志同"之義也。"内陽外陰"以氣言。《禮記》："陽而不散，陰而不密。"《左傳》："冬無愆陽，夏無伏陰。"是也。"内健外順"以德言。《論語》："君子泰而不驕。"是也。《禮記》："秀士升之司徒曰選士，選士升之學曰俊士，造士升諸司馬曰進士。"以漸而進，"内君子"之義也。"不帥教者移之郊，移之遂，屏之遠方，終身不齒。"以漸而出，"外小人"之義也。《論語》："舜有天下，舉皋陶，不仁者遠矣。湯有天下，舉伊尹，不仁者遠矣。""君子道長"所以"小人道消"也。《公羊傳》："不使小人加乎君子。"消長之權有操之者也。

象曰：天地交，泰。后以財成天地之道，輔相天地之宜，以左右民。

《國語》："董因迎公子於河，公子曰：'吾其濟乎?'對曰：'臣筮之，得《泰》之八，曰：是謂天地配，亨，小往大來。今及之矣，何不濟之有?'"配即交之謂也。《書》："絶地天通。"所以别幽明之混淆。此言天地交泰，所以明陰陽之合德。《爾雅》："后，君也。"《説文》以爲繼體之君。又案：《禮記》："天子理陽道，后治陰德。天子聽外治，后聽内職。教順成俗，外和内順，家理國治。"卦象惟《泰》與《姤》稱后。《泰・象》曰"天地交"，《姤・象》曰"天地相遇"，事非后所得專，義則與后同也。《孟子》："有成德者，有達財者。"皆所以裁之。是"財成"之義也。《孟子》："輔之翼之。"《詩》："有相之道。"皆所以助之，是"輔相"之義也。《中庸》："萬物並育而不相害，道並行而不相悖。"是所謂"天地之道"，"財成"者節宣其自然之氣也。《禮記》："立春，命相布德和令。立夏，命樂師習合禮樂。"若此類者，四時之令，春夏秋冬各有所宜。《周禮》："大司徒：山林其動物宜毛物，其植物宜阜物。川澤其動物宜鱗物，其植物宜膏物。""職方氏：青州其穀宜稻麥，雍州其穀宜黍稷。"若此類者，九州之産，南北東西各有所宜，是所謂"天地之宜"，"輔相"者佐助其當然之事也。《孟子》："夫君子，所過者化，所存者神，上下與天地同流，豈曰小補之哉?"此所以"裁成""輔相"之義也。《爾雅》："詔亮，左右相導也。詔相導，左右助勴也。”是“左右”之義也。《書》：“予欲左右有民女翼。”“以左右民”之義。

初九：拔茅茹，以其彙，征吉。

《論語》：“舉直錯諸枉，則民服。”《泰》之“拔茅”，舉直也。《爾雅》：“蓫，牡茅。”茹則其根荄也。《爾雅》：“彙，毛刺。”叢生之類如之。三陽在下，有賢者連類而進之象。如拔茅之同根而升。《書》：“野無遺賢。”泰交之世有此象也。《孟子》：“尊賢使能，俊傑在位，則天下之士皆悦而願立於其朝矣。”“以其彙”之義也。《書》：“荊州厥貢包匭菁茅。”此供祭祀之用。茅之善者喻賢人也。於泰之象取之。在下卦即“内君子”之謂也，故曰“征吉”。《孟子》：“孔子有見行可之仕。”“征吉”之義也。

象曰：“拔茅”“征吉”，志在外也。

《孟子》：“古之人得志，澤加於民。”君子以天下爲任，“志在外”之義也。《禮記》：“天地四方者，男子之所有事也，故必先有志於其所有事，然後敢用穀也。”此可以知在外之志矣。

九二：包荒，用馮河。不遐遺，朋亡。得尚于中行。

《孟子》：“土地荒蕪。”“包荒”者，包容荒穢。《左傳》：“山藪藏疾，川澤納汙。”是其義也。《爾雅》：“憑河，徒涉也。”“用馮河”者，果決剛斷。《孟子》：“若決江河，沛然莫之能禦也。”是其義也。《孟子》：“不忘遠。”“不遐遺”者，庶事之必周也。《書》：“官不及私暱。”“朋亡”者，相與之無私也。“包荒，用馮河”者。《詩》：“不剛不柔，敷政優優。”是也。“不遐遺，朋亡”者。《書》：“無偏無黨，遵王之道。”是也。此謂“得尚於中行”也。《論語》：“不得中行而與之。”“中行”謂“中道”也。《論語》：“好仁者無以尚之。”“中行”故曰“得尚”也。

象曰：“包荒”，“得尚于中行”，以光大也。

《論語》：“寬則得衆，信則人任焉，敏則有功，公則說。”四者皆中道，九二之德備之，特舉“包荒”者。《左傳》：“如天之無不幬，如地之無不載。”聖賢之量，所以體天地之心，寬尤居上之本。此爻之主義也。《中庸》：“舜其大知也與！舜好問而好察邇言，隱惡而揚善，執其兩端，用其中於民。”“大知”所以爲“光大”也。

九三：无平不陂，无往不復。艱貞，无咎。勿恤其孚，于食有福。

《爾雅》：“大野曰平，高平曰原，廣平曰陸，陂者曰阪。”地勢有平有陂也。《詩》：“昔我往矣，楊柳依依。今我來思，雨雪霏霏。”天時有往有復也。平陂往復，勢之必至而理之固然也。《書》：“后克艱厥后，臣克艱厥臣。”艱者，君道臣道之正也，故“无咎”。《書》：“無疆惟休，亦無疆惟恤。”泰之將否，休之有恤也。《書》：“上下勤恤，其曰我受天命，丕若有夏歷年，式勿替有殷歷年，欲王以小民受天永命。”又：“我有周即受，我不敢知曰：厥基永孚于休。若天棐忱，我亦不敢知曰：其終出于不祥。”理勢之驗皆曰孚，“勿恤其孚”之義也。《書》：“制治於未亂，保邦於未危。”事之在人者當盡，則運之在天者可轉矣。故曰“无恤其孚”。《書》：“惟辟作福，惟辟作威，惟辟玉食。”“于食有福”之謂也。《詩》：“既醉以酒，既飽以德。天子萬年，介爾景福。”“于食有福”者，保泰之義也。

象曰：“无往不復”，天地際也。

《孟子》：“五百年必有王者興，其間必有名世者。”時數之交其間，即所謂“際”也。天地相遇之際，泰否反復之機。自古及今，凡際則有變易。《論語》：“孔子曰：‘才難，不其然乎？唐、虞之際，於斯爲盛。’”所以獨爲泰交之隆，天地不可多得之際，孔子之歎有以也。

六四：翩翩不富以其鄰，不戒以孚。

《詩》：“翩翩者鵻，載飛載下。”三陰下復之象，有似於鳥之翩翩而下也。《詩》：“彼有旨酒，又有嘉殽。洽比其鄰，昏姻孔云”；“瑣瑣姻婭，則無膴仕。”酒食依附而無真誠以固結，“不富以其鄰”者也。《詩》：“既夷既懌，如相醻矣。”不待期約而歡然相與，“不戒以孚”者也。此皆小人之交，泰之所以致否者也。《論語》：“不戒視成謂之暴。”“不戒”者，未嘗豫期之謂也。

象曰：“翩翩不富”，皆失實也。“不戒以孚”，中心願也。

《詩》：“緝緝翩翩，謀欲譖人。慎爾言也，謂爾不信。”又：“彼譖人者，誰適與謀？”“翩翩”者，小人輕儇之象，故曰“不富”。无信則失實，誰與謀？即“不戒以孚”，可見小人之情狀矣。小人害正而曰“中心願”者。《大學》：“人之彦聖而違之俾不通，寔不能容。”是也。自下而進者，取象於草木。《詩》：“枝葉未有害，本實先撥。”茅茹則本實之固也。自上而下者，取象於禽鳥。《詩》：“瞻烏爰止，止于誰之屋。”烏猶有擇，翩翩者則處堂之燕雀而已。

六五：帝乙歸妹，以祉元吉。

《書》：“自成湯至于帝乙。”紂父爲帝乙也。虞翻之説本此。荀爽以爲湯號，《本義》從之。《左傳》：“宋公伐鄭，晋趙鞅卜救鄭，陽虎以《周易》筮之，遇《泰》之《需》，曰：‘宋方吉，不可與也。微子啓，帝乙之元子也。宋、鄭，甥舅也，祉禄也。若帝乙之元子歸妹而有吉禄，我安得吉？’乃止。”案：此則前説爲是。《詩》：“東宫之妹。”又：“大邦有子，俔天之妹。”曰歸妹者，皆言其所出之貴也。《爾雅》：“祉，福也。”六五柔中虚己，降尊從陽，受福之本也。《詩》：“曷不肅雝，王姬之車。”不挾貴以驕其夫家，義如是，則元吉也。雷澤歸妹，此卦中四爻互體象之。《孟子》：“舜尚見帝，帝館甥于貳室，亦饗舜，迭爲賓主，是天子而友匹夫也。”二爲臣位，“舜尚見帝”者，“得尚于中行”也。五爲君位，“帝館甥”者，“帝乙”之“歸妹”也。地天之交泰取於歸妹者，觀堯、舜之事，可以見泰交之至也。

象曰：“以祉元吉”，中以行願也。

《孟子》：“丈夫生而願爲之有室，女子生而願爲之有家。”德全福備若此者，尤男女之大願也。曰“中以行願”者。《詩》：“琴瑟友之，鐘鼓樂之。”所謂性情之正而非宴好之私也。

上六：城復于隍，勿用師，自邑告命，貞吝。

《詩》：“實墉實壑。”城隍之謂也。《爾雅》：“隍，壑也，虚也。”隍謂城池之無水者。《詩》：“高岸爲谷，深谷爲陵。”泰極而否，“城復于隍”之義也。《詩》：“懷德維寧，宗子維城。無俾城壞，無獨斯畏。”城之復即城之壞也。《左傳》：“王使富辛與石張如晋，請城成周，天子曰：‘昔成王合諸侯，城成周，以爲東都，崇文德焉。今我欲徼福假靈於成王，修成周之城，俾戍人無勤，諸侯用寧，蝥賊遠屏，晋之力也。’”此所謂“城復于隍，勿用師，自邑告命”者也。處將否之時，號令不行，戒以勿用師，所以全其威也。《書》：“王曰：‘父義和！其歸視爾師，寧爾邦。’”文侯固修扞我艱者。平王之命，亦勿用師之義。《詩》："商邑翼翼。"《書》："其作大邑。"人主所居謂之邑。《左傳》："天王以王子帶之難來告。"告命之謂也。君臣之義正而天地之運乖，是以謂之"貞吝"。

象曰："城復于隍"，其命亂也。

《論語》："天下有道，則禮樂征伐自天子出。天下無道，則禮樂征伐自諸侯出。蓋十世希不失矣。自大夫出，五世希不失矣。陪臣執國命，三世希不失矣。""城復于隍"，由漸而頽；"命亂"之象，由漸而降。《詩》："訏謨定命，遠猷辰告。"命不及遠，即亂之源也。《詩》："我聞有命，不敢以告人。"不敢告者，命之亂也。告命者，命之正也。命亂故復否，告命亦撥亂反正之機也。

䷋坤下乾上

否之匪人，不利君子貞，大往小來。

《書》："民否則厥心違，怨否則厥口詛祝。"案文，否從口從不。口之所不然也，轉爲否塞之否。《詩》："邦國若否，仲山甫明之。"否則其象爲逆爲暗，是爲閉塞之義。《孟子》："無惻隱之心，非人也。無羞惡之心，非人也。無辭讓之心，非人也。無是非之心，非人也。"無人心則非人道，世之所以否也。連言"否之匪人"者。《詩》："下民之孽，匪降自天。噂沓背憎，職競由人。"否閉之世，不能諉之天地之氣數，皆由人之無良也。《禮記》："人者，天地之德、陰陽之交、鬼神之會、五行之秀氣也。人者，天地之心也，五行之端也，食味、别聲、被色而生者也。"人曰"天地之德""天地之心"，無人以治之則天地不通矣，所以曰"否之匪人"。《詩》："不懲其心，覆怨其正。"是"不利君子貞"也。《大戴禮》："陽窮反陰，陰窮反陽。"是"大往小來"之義也。

象曰："否之匪人，不利君子貞，大往小來"，則是天地不交而萬物不通也，上下不交而天下无邦也。内陰而外陽，内柔而外剛，内小人而外君子。小人道長，君子道消也。

《禮記》："天地不交，萬物不生。"是"不通也"。《孟子》："上下交征利而國危矣。"是"上下不交"也。《孟子》："不信仁賢則國空虚。"此其所以"无邦也"。《孟子》："君子之戹於陳、蔡之間，無上下之交也。""不利君子貞"，是以無上下之交，此亦"天下无邦"之義。《國語》："天地之氣，不失其序。若過其序，陽伏而不能出，陰迫而不能蒸，於是有地震。今三川震，是陽失其所而鎮陰也。”内陰外陽，失其所也。《論語》：“色厲而内荏。”内柔外剛，失其道也。《書》：“君子在野，小人在位。”“内小人，外君子”，失其職也。《左傳》：“惡直醜正，實繁有徒。”“小人道長”，所以“君子道消”也。《詩》：“彼候人兮，何戈與祋。彼其之子，三百赤芾。”此亦自爲倒置者矣。

象曰：天地不交，否。君子以儉德辟難，不可榮以禄。

《爾雅》：“天氣下，地不應曰雺。地氣發，天不應曰霧。霧謂之晦。”此“天地不交”之象也。《禮記》：“天氣上騰，地氣下降，天地不通，閉塞而成冬。”此“天地不交”之所以爲否也。《書》：“慎乃儉德，惟懷永圖。”儉約之德，敬慎自斂之意。《禮記》：“君子慎以辟難。”蓋謂此也。《論語》：“邦無道，穀，恥也。”以爲恥則不以爲榮矣。《左傳》：“驕奢淫逸，所自邪也。四者之來，寵禄過也。”否之時如此，君子是以鑒之。《左傳》：“介之推不言禄，禄亦弗及。其母曰：‘亦使知之若何？’曰：‘身將隱，焉用文之？’”此亦不可榮以禄者也。即所謂“天地閉，賢人隱”者是也。

初六：拔茅茹，以其彙，貞吉，亨。

小人連茹，亦以“茅茹”言者。《論語》：“舉枉錯諸直，則民不服。”《否》之“拔茅”，舉枉也。《孟子》：“山徑之蹊閒，介然用之而成路，爲閒不用則茅塞之矣。”“小人道長”，所謂茅塞也。曰“貞吉”者。《詩》：“采葑采菲，無以下體。”取其有用之材。初之惡猶未形，尚望改於其德也。説者謂《否》之“拔茅”亦屬君子。如屬小人，豈有“貞吉”之理？此不然也。《書》：“庶頑讒説，若不在時，侯以明之，撻以記之；書用識哉，欲並生哉！工以納言，時而颺之；格則承之庸之，否則威之。”“庶頑”者，茅之彙也。侯明、撻記、書識、工納者，“以其彙”之義也。“欲並生”者，望其貞吉也。“承之庸之”，豈不與《泰》之“征吉”同哉？《左傳》：“雖有絲麻，無棄菅蒯。凡百君子，莫不代匱。”天地之數有否運，聖人之心無棄材。可明“貞吉，亨”之義矣。《詩》：“英英白雲，露彼菅茅。”此言茅之亂。菅是茅之惡者，喻小人也。於《否》之象取之。在下卦，即“内小人”之謂也。

象曰：“拔茅”“貞吉”，志在君也。

《左傳》："臣竭股肱之力，加之以忠貞。"乃所謂"志在君"者。《孟子》："仕則慕君。"又："事是君則爲容悦者也。"徒"志在君"，則失其事君之正矣。

六二：包承。小人吉，大人否，亨。

小人之欲容順君子。《論語》："王孫賈曰：'寧媚於竈。'"又："陽貨欲見孔子，饋孔子豚。"或引以爲援，或藉以自重。其所謂"吉"，正"大人"之"否"也，故大人自安於否。《論語》："予所否者，天厭之，天厭之。"古註以爲否塞之義，是"大人"之"否"也。《孟子》："彌子謂子路曰：'孔子主我，衛卿可得也。'孔子曰：'有命。'"又："魯平公將出嬖人，臧倉者沮君。孟子曰：'吾之不遇魯侯，天也。'"不爲小人所容順者，亨之道也。《論語》："子曰：'知我者，其天乎？'"《孟子》："孟子曰：'吾何爲不豫哉？'"時之否不害其道之亨也。

象曰："大人否，亨"，不亂群也。

《詩》："憂心悄悄，愠于群小。"小人成群，誠足愠也。不亂群者，守道之正也。《論語》："子曰：'不曰堅乎？磨而不磷。不曰白乎？涅而不緇。'"不亂羣之義如是而後至也。《孟子》："雖袒裼裸裎於我側，爾焉能浼我哉？"亦有其所以不亂者矣。

六三：包羞。

《左傳》："包藏禍心。"包之爲義如此，欲傷善而未能者也。《孟子》："羞惡之心，人皆有之。"其良心必有不能盡没者，故曰"包羞"。《國語》："成公之歸也，晋之筮也，過《乾》之《否》，曰：'配而不終，君三出焉。'一既往矣，後之不知，其次必此。其卦曰：'必三取君於周。'其德又可以君國，三襲焉。"此下卦三爻變否之占。君之三出而三變，陰陽易位，蓋卦辭"大往小來"之義也。

象曰："包羞"，位不當也。

《論語》："臧文仲，其竊位者與？知柳下惠之賢而不與立也。"此"位不當"之義。知而蔽賢，其"包羞"之謂矣。《論語》："邦無道，富且貴焉，恥也。""包羞"所以爲"位不當"。

泰顛，有若南宫适。後暨武王誕將天威，咸劉厥敵。若遊大川，予往暨汝奭其濟。”文、武之世，可以知《同人》之“利涉大川，利君子貞”矣。

彖曰：同人，柔得位得中而應乎乾，曰同人。

《左傳》：“君所謂可而有否焉，臣獻其否以成其可。君所謂否而有可焉，臣獻其可以去其否。若以水濟水，誰能食之？若琴瑟之專壹，誰能聽之？同之不可也如是。”“柔得位”者，臣也。“得中而應乎乾”，能獻可否於君者也。同乎君非同，而同乎理爲同，是同人之正義也。“曰同人”者，即《乾》卦之“同聲相應，同氣相求”，九五之《文言》也。

同人曰：“同人于野，亨，利涉大川”，乾行也，文明以健，中正而應，君子正也。惟君子爲能同天下之志。

《禮記》：“天無私覆。”于野、涉川者，無私之義，人之所爲皆天之所爲，故以“乾行”明之也。《書》：“濬哲文明，温恭允塞。”此“文明以健”之德也。《書》：“無偏無黨，無反無側。”“中正而應”之理也。“文明”即《乾·象》之“天下文明”，“中正”即《乾·文言》之“龍德正中”。此主離之中爻言，所謂“應乎乾”之義也。《孟子》：“聖人先得我心之所同然耳。心之所同然者，謂理也，義也。”理義之同則無私，君子之正道也。《禮記》：“五方之民，達其志，通其欲。”所謂“通天下之志”也。《禮記》：“推而放諸東海而準，推而放諸西海而準。”理之同於人者同也。《孟子》：“王如好貨，與百姓同之，於王何有？王如好色，與百姓同之，於王何有？”欲之同於人者亦同也，皆正也。《論語》：“子路曰：‘願聞子之志。’子曰：‘老者安之，朋友信之，少者懷之。’”此盡乎同人之義矣。故曰：“惟君子爲能通天下之志。”

象曰：天與火同人。君子以類族辨物。

《爾雅》：“祭天曰燔柴。”取炎上之性同於天也。《左傳》：“炎帝氏以火紀官，故爲火師而火名。”以火德王者，天也。紀官者，火同其德也。天火同人，不曰天在火上，不曰火在天下，此可明“與”字之義。《書》：“以親九族。”《周禮》：“小宗伯掌三族之别，以辨親疏。”此皆謂同姓之族也。《周禮》：“大司徒，四閭爲族。”此謂異姓之族也。《左傳》：“天子建德，因生以賜姓，胙之土而命之氏。諸侯以字爲謚，因以爲族。官有世功，則有官族。”此“類族”之義。“類族”者，比其類而合之，就人而言之也。《周禮》：“大司徒以土會之法辨五地之物，生山林曰毛物、皁物，川澤曰鱗物、膏物，邱陵曰羽物、覈物，墳衍曰介物、莢物，原隰曰贏物、叢物。”此飛潛動植有生之物也。《孟子》：“夫物之不齊，物之情也。或相倍蓰，或相什伯，或相千萬，比而同之，是亂天下也。”此輕重多寡利用之物也。《禮記》：“比物醜類。”此“辨物”之義。“辨物”者，别其類而分之，就物而言之也。《國語》：“胥臣曰：‘異姓則異德，異德則異類，異類雖近，男女相及，以生民也。同姓則同德，同德則同心，同心則同志，同志雖遠，男女不相及，畏黩敬也。’”“類族”之所以“辨物”，相反而别之之義也。《孟子》：“親親而仁民，仁民而愛物。”“類族”之所以“辨物”，相因而及之之義也。物亦取象於同人者，民胞物與之理也。《孟子》：“堯、舜之知而不徧物，急先務也。堯、舜之仁不徧愛人，急親賢也。”族曰類，物曰辨，仁知之用也。

初六：同人于門，无咎。

同人之門有二義。《論語》：“得其門者或寡矣。”《孟子》：“遊於聖人之門者難爲言。”自人之來同者而言，則以入門爲義。《書》：“賓于四門，四門穆穆。”自同於人者而言，則以出門爲義，此爻之義是也。《禮記》：“儒有合志同方，營道同術。”此“同人于門”之義也。無所私主，故“无咎”。

象曰：出門同人，又誰咎也！

《論語》：“出門如見大賓。”人之所以“无咎”，此其義也。《論語》：“孝哉閔子騫！人不閒於其父母昆弟之言。”出門而同，則爲人心之大同。人之無閒，“又誰咎”之義也。《論語》：“出則弟。”又：“出則事公卿。”皆“出門同人”也。

九二：同人于宗，吝。

《禮記》：“别子爲祖，繼别爲宗，繼禰者爲小宗。”又：“同姓從宗合族屬。”宗本同人之宜，而恐其或係於私，故以爲“吝”。《禮記》：“大道之行也，天下爲公，故人不獨親其親，不獨子其子，是謂大同。今大道既隱，天下爲家，各親其親，各子其子，是謂小康。”“于宗”者，可以明公私之辨矣。

象曰：“同人于宗”，吝道也。

《國語》："黄帝之子二十五人，其同姓者二人而已。唯青陽與夷鼓皆爲己姓。青陽，方雷氏之甥也。夷鼓，彤魚氏之甥也。其同生而異姓，四姓[8]之子别爲十二姓。凡黄帝之子，二十五宗，其得姓者十四人，唯青陽與蒼林氏同於黄帝，故皆爲姬姓。同德之難也如是。""同人于宗"，其義狹而不廣，故曰"吝道"。《論語》："如有周公之才之美，使驕且吝，其餘不足觀也已。"周公之不牽私黨，可以知吝道之害也。

九三：伏戎于莽，升其高陵，三歲不興。

《左傳》："匪以玉帛相見，而以興戎。"同人所以有"伏戎"之象也。《左傳》："暴骨如莽。"莽者，隱密之地，所以"伏戎"也。《左傳》："鄭伯使曼伯子元潛軍軍其後。"此"伏戎"而侵害之義也。曰"伏戎于莽"者，欲人之不見。《論語》："匿怨而友其人。"是其義也。《左傳》："齊侯登巫山，以望晋軍。"此升高以觀望之義也。曰"升其高陵"者，恐己之不勝。《左傳》："無禮而好陵人。"是其義也。《詩》："一日不見，如三歲兮。"三歲言時之久不興者。《左傳》："不敢逞志"之謂也。剛而不中，不能同人。小人之情狀如是。

象曰："伏戎于莽"，敵剛也。"三歲不興"，安行也。

《爾雅》："敵，當也。"與上相應，以剛敵剛。《左傳》："並后匹嫡，大都耦國，亂之本也。"凡勢之相敵，未有不起戎心者，所以難同也。《詩》："王于興師，修我甲兵，與子偕行。""不興"，故曰"安行"。《詩》："爾之安行，亦不遑舍。爾之亟行，遑脂爾車。"觀蘇公、暴公同人相傷，其安行之不足信，亦可以明其義矣。

九四：乘其墉，弗克攻，吉。

《詩》："臨衝閑閑，崇墉言言。臨衝茀茀，崇墉仡仡。"攻人者必"乘其墉"，是其象也。《論語》："攻其惡，無攻人之惡。""弗克"者有自反之道，是以"吉"也。

象曰："乘其墉"，義"弗克"也。其"吉"，則困而反則也。

《左傳》："齊侯曰：'以此攻城，何城不克？'屈完對曰：'君若以德綏諸侯，誰敢不服？'"不曰力弗克而曰"義弗克"，此之謂也。《公羊傳》："晋郤缺帥師，納接菑于邾婁。邾婁人曰：'貜且也長。'郤缺曰：'非吾力不能納也，義實不爾克也。’引師而去之，故君子大其弗克納也。”“義”之“弗克”，是“反其則”也。《孟子》：“愛人不親，反其仁。治人不治，反其智。禮人不答，反其敬。”“困而反則”之謂也。《公羊傳》：“楚莊王圍宋，司馬子反乘堙而窺宋城，宋華元亦乘堙而出見之。子反曰：‘子之國何如？’華元曰：‘憊矣。易子而食之，析骸而炊之。’子反曰：‘吾軍亦有七日之糧爾。’莊王怒曰：‘子曷爲告之？’司馬子反曰：‘以區區之宋，猶有不欺人之臣，可以楚而無乎？是以告之也。’引師而去之。”此正“乘墉弗克”“困而反則”之義。子反、華元以信相與，尤有合於同人之旨。

九五：同人先號咷而後笑，大師克相遇。

《詩》：“不見復關，泣涕漣漣。既見復關，載笑載言。”先離後合，是“先號後笑”之義也。《左傳》：“用大師焉曰滅。”“大師”，大衆，言用力之難且重也。《禮記》：“我戰則克。”義足以勝之也。卦以同人爲義，而言“大師”者，地水爲師，同人之伏象也。三之“伏戎”，四之“乘墉”，必克之而後與二相合也。《國語》：“昔少典取於有蟜氏，生黄帝、炎帝。黄帝以姬水成，炎帝以姜水成，成而異德，故黄帝爲姬，炎帝爲姜，二帝用師以相濟也，異德之故也。”凡天下之同，必有異者以爲之梗。《書》：“舜流共工於幽州，放驩兜於崇山，竄三苗於三危，殛鯀於羽山，四罪而天下咸服。”《詩》：“既破我斧，又缺我斨。周公東征，四國是皇。”是皆大師之克而後大同乎天下之人者，此義理之同終不得而閒之者也。

象曰：同人之先，以中直也。“大師相遇”，言相克也。

《孟子》：“不直則道不見。”中直者以直相與，其應在後笑之時，而實自矢於號咷之先，所以終能大同也。《中庸》：“所求乎朋友，先施之未能也。”朋友之信即所謂同人之先也。《論語》：“一日克己復禮，天下歸仁焉。”己之私必克而後人同之。《大學》：“唯仁人放流之。此謂唯仁人爲能愛人，能惡人。”《中庸》：“去讒遠色賤貨而貴德，所以勸賢也。”人之私亦必克，而後人同之。相遇之由於相克，此其義也。

上九：同人于郊，无悔。

《詩》：“十畝之閒兮，行與子旋[9] 兮。十畝之外兮，行與子逝兮。”

郊外場圃之地。《論語》：“長沮、桀溺耦而耕。”此皆“同人于郊”者也。《中庸》：“遯世不見知而不悔。”處無位之地，此“无悔”之義也。

象曰：“同人于郊”，志未得也。

“于野”“于郊”不同。《詩》：“孑孑[10]干旄，在浚之郊。”野則無遠之弗届，郊則有地之可名。《家語》：“楚昭王出遊，亡烏號之弓，左右請求之。王曰：‘楚人亡弓，楚人得之，又何求焉？’孔子聞之，曰：‘惜乎！其志不大也。不曰人亡弓，人得之，何必楚也？’”“志”之“未得”，未能大同乎天下也。《論語》：“子曰：‘鳥獸不可與同羣，吾非斯人之徒與而誰與？’”“同人于郊”，不能通天下之志矣。聖人之志所以異於隱逸之士與？

☲乾下離上

大有：元亨。

《爾雅》：“幠、厖，大也。幠、厖，有也。”大與有同義，可以釋本卦之名。無所不有之謂大。《禮記》：“大明生於東，月生於西。”案文，有從月從ㄋ，即右字，象月之生明於西而爲有也。日在天上，是以爲大有。《穀梁傳》：“五穀大熟，爲大有年。”大有之稱，是其象也。《詩》：“九有有截。”《書》：“以有九有之師。”所有之大，是大有之義也。《大學》：“有德此有人，有人此有土，有土此有財，有財此有用。”其德足以有之，故曰“元亨”。《比》以九居五而應之者五陰，臣庶之象也；《大有》以六居五而應之者五陽，賢才之象也。《論語》：“舜有臣五人而天下治。武王曰予有亂臣十人。”有莫大於此矣。

象曰：大有，柔得尊位，大中而上下應之，曰大有。

《中庸》：“寬裕温柔，足以有容也。”仁爲善之長，“柔得尊位”之義也。《中庸》：“德爲聖人，尊爲天子，富有四海之内，宗廟饗之，子孫保之。”有大中之德而上下應之，此其義也。曰大有者，即乾卦《文言》“聖人作而萬物覩”也。《書》：“光被四表，格於上下。”所謂“上下應之”者也。

其德剛健而文明，應乎天而時行，是以元亨。

《書》：“帝德廣運。”剛健以行之，乾之運也。《書》：“欽明文思，濬哲文明。”文明以察之，離之照也。《詩》：“明明在下，赫赫在上。”天人相與之際，其理昭著，“應天而時行”也。

象曰：火在天上，大有。君子以遏惡揚善，順天休命。

《書》："日永星火，以正仲夏。"火在天上之象，此其尤著者也。《詩》："照臨下土。"《孟子》："容光必照焉。"無所不照，謂之大有。《書》："光天之下，萬邦黎獻，共惟帝臣，惟帝時舉。"是火在天上，大有之義也。《爾雅》："遏，止也。"《書》："遏絶苗民，無世在下。"絶惡之極也。《書》："明明揚側陋。"舉善於衆也。《詩》："如火烈烈，則莫我敢遏。"又："燎之方揚，寧或威之。"遏與揚皆象火之義。《中庸》："隱惡而揚善。"此皆明照之用也。《書》："天命有德，五服五章哉！天討有罪，五刑五用哉！""遏惡揚善"，皆天命也。《書》："天惟時求民主，乃大降顯休命于成湯。"又："萬億年敬天之休。"天命有善而無惡，所以爲"順天休命"也。

初九：无交害，匪咎，艱則无咎。

《書》："位不期驕，禄不期侈。"有之大者，鮮不爲害。"无交害"者，以其在初也，曰"匪咎"者。《左傳》："匹夫無罪，懷璧其罪。吾焉用此，其以賈害也？"語意正相似，言富有本非其咎，而貪則爲害也。《書》："非知之艱，行之惟艱。"曰艱則无咎，乃所以戒之也。

象曰：大有初九，"无交害"也。

《論語》："始有曰苟合矣，少有曰苟完矣，富有曰苟美矣。"富有之初本於始有，知其有而自足，即"大有初九"之義。居室之善可通於天下也。

九二：大車以載，有攸往，无咎。

《周禮》："大車平地既節軒輊之任。"大車，言任載之車也。《周禮》："凡察車之道，必自載於地者始也。""以載"者，言其任之實也。《周禮》："一器而工聚焉者，車爲多。"大車之兼衆材，大臣之集衆思，廣衆益，皆"以載"之義也。《論語》："任重而道遠。"大車攸往之義也。《孟子》："伊尹，聖之任者也，其自任以天下之重如此。""大車以載"，是足當之。

象曰："大車以載"，積中不敗也。

《周禮》："竑其輻廣以爲之弱，則雖有重任，轂不折。""積中不敗"之義也。

九三：公用亨于天子，小人弗克。

《公羊傳》：“天子三公稱公，王者之後稱公。”公之爲稱，以三、四皆近君之位也。《左傳》：“王饗有體薦，燕有折俎，公當饗，卿當燕。”是以用亨曰公也。《左傳》：“穆叔如晋，金奏《肆夏》之三，不拜，曰：‘三夏，天子所以享元侯也。’”此可以明“小人弗克”之義。位之不當則辭，況德之弗堪乎！《左傳》：“晋侯勤王，使卜偃卜之，曰：‘吉。遇黄帝戰于阪泉之兆。’公曰：‘吾不堪也。’筮之，過《大有》之《睽》，曰：‘公用亨于天子，戰克而王饗，吉孰大焉？且是卦也，天爲澤，以當日，天子降心以逆公，不亦可乎？《大有》去《睽》而復，亦其所也。’”此即明“用亨”之義。“小人弗克”與《師》上“小人勿用”之義同。《書》：“汝其敬識百辟享，亦識其有不享。”“不享”即“小人”之“弗克”者也。

象曰：“公用亨于天子”，小人害也。

《書》：“惟辟作福，惟辟作威，惟辟玉食。臣無有作福、作威、玉食。臣之有作福、作威、玉食，其害于而家，凶于而國。”臣之上僭，“小人害”之義也。《論語》：“邦君爲兩君之好有反坫，管氏亦有反坫。”此器小易盈之害，不能當大有之任者也。

九四：匪其彭，无咎。

《詩》：“行人彭彭。”又：“駟騵彭彭。”皆以爲盛多之貌。以剛處柔，有不極其盛之象，故曰“匪其彭，无咎”。《書》：“居寵思危，罔不惟畏。”此“匪其彭”之義也。《書》：“臣罔以寵利居成功。”戒盛滿也。《左傳》：“富而能臣，必免於難。”所以“无咎”者也。

象曰：“匪其彭，无咎”，明辨晳也。

《中庸》：“辨之弗明弗措也。”辨理必明所以處己。《詩》：“明星晣晣。”晳則辨之至明者矣。《左傳》：“寵而不驕，驕而能降。”明於盈虚之理則思其危。《左傳》：“敢隕越於下，以貽天子羞。”辨於君臣之分，則盡其敬，“无咎”之義在是。

六五：厥孚交如，威如，吉。

《詩》：“儀型文王，萬邦作孚。”人君以信接下，人臣以信事上，所謂“厥孚交如”者也。《左傳》：“有威而可畏謂之威。”是謂“威如之吉”。《大學》：“赫兮喧兮者，威儀也。”“如”者，形容其德容之盛也。《書》：“德威惟畏，德明惟明。”此爻爲一卦之主，“火在天上”，是其義也。《左傳》：“成季之將生也，桓公使卜。楚邱之父卜之，曰：‘男也，其名曰友，在公之右，閒於兩社，爲公室輔。’又筮之，遇《大有》之《乾》，曰：‘同復於父，敬如君所。’”乾爲君爲父，五又爲君父之位。其曰“爲公室輔”，亦可見“厥孚交如”之義。

象曰：“厥孚交如”，信以發志也。“威如”之“吉”，易而无備也。

《大學》：“與國人交，止於信。”此言交之以信也。《論語》：“上好信則民莫敢不用情。”“用情”即“發志”之謂也。《論語》：“君子正其衣冠，尊其瞻視，儼然人望而畏之，斯不亦威而不猛乎？”“威如”之所以“吉”也。《禮記》：“外貌斯須不莊不敬，而慢易之心入之矣。”言不可易也。《論語》：“君子所貴乎道者三：動容貌，斯遠暴慢矣；正顏色，斯近信矣；出辭氣，期遠鄙倍矣。”易而無備，此其戒也。《左傳》：“臧文仲曰：‘國無小，不可易也。無備雖衆，不可恃也。’”“易”與“無備”之解如此。《左傳》：“去備薄威。”是備所以爲威，無備不可以言威也。《公羊傳》：“靈公使勇士某者往殺趙盾。勇士曰：‘吾入子之大門，則無人焉。入子之閨，則無人焉。上子之堂，則無人焉。是子之易也。’”言簡易無備而人自畏之，此又一解。然不忘恭敬，則亦非故示懈弛也。

上九：自天祐之，吉无不利。

《詩》：“假樂君子，顯顯令德。宜民宜人，受禄于天。保佑命之，自天申之。”六五尚賢，獲天之祐，故於上九著其吉也。《詩》：“天保定爾，亦孔之固。俾爾單厚，何福不除。天保定爾，俾爾戩穀。罄無不宜，受天百禄。”此“无不利”之謂也。

象曰：大有上吉，自天祐也。

《書》：“成湯既受命，時則有若伊尹，格于皇天。在太甲，時則有若保衡。在太戊，時則有若伊陟、臣扈，格于上帝；巫咸，乂王家。在祖乙，時則有若巫賢。在武丁，時則有若甘盤。惟文王尚克修和我有夏，亦惟有若虢叔，有若閎夭，有若散宜生，有若泰顛，有若南宫括。”得人爲受命之本，故曰“大有上吉”，尚賢之義也。《中庸》：“故大德必得其位，必得其禄，必得其名，必得其壽。”自天之祐，若固有之，是以爲大有也。

䷎艮下坤上

謙：亨，君子有終。

案文，謙從言從兼，歉之省也。凡不滿者皆曰歉。《穀梁傳》：“一穀不升謂之嗛。”見於言者，尤其著也。《中庸》：“郊社之禮，所以祀上帝也。”地卑而配天則尊。《禮記》：“五嶽視三公。”山高而屬地則卑。山無卑於地之象，有卑於地之理，即其象也，所以爲謙。《論語》：“巍巍乎舜、禹之有天下也而不與焉。”何有於山之高而居之乎？《書》：“匹夫匹婦，一能勝予。”何有於地之卑而忽之乎？謙之所以亨也。《論語》：“有一言而可以終身行之者，其恕乎？”謙亦可以終身行之者也，故曰“君子有終”。

彖曰：謙，亨，天道下濟而光明，地道卑而上行。

《中庸》：“高也，明也。”天之明本以其高，曰“下濟而光明”者。《詩》：“無曰高高在上，陟降厥士，日監在茲。”天體本高，日月運行，所以“下濟”，謙之義也。《詩》：“有扁斯石，履之卑兮。”地體本卑，順承乎天，所以“上行”，亦謙之義也。《禮記》：“地氣上齊，天氣下降。”下濟、上行之義，與地天之泰、澤山之咸同。而泰則相交，咸則相感，謙則言其自處也。

天道虧盈而益謙，地道變盈而流謙，鬼神害盈而福謙，人道惡盈而好謙。謙尊而光，卑而不可踰，君子之終也。

《詩》：“彼月而微，此日而微。”微之爲言虧也。日中則昃，月盈則缺，天道之“虧盈”也。《禮記》：“月者三日則成魄，三月則成時，是以禮有三讓。”讓象月，天道之“益謙”也。《詩》：“百川沸騰，山冢崒崩。高岸爲谷，深谷爲陵。”滿則必溢，高不可恃，地道之“變盈”也。《孟子》：“人無有不善，水無有不下。”又：“流水之爲物也，不盈科不行。”其性善下，其義不盈，地道之“流謙”也。《禮記》：“孝子之祭也，退立而不受命，敖也。如是而祭，失之矣。賢者之祭也，必受其福。福者，備也，百順之名也。”此“鬼神害盈而福謙”也。《左傳》：“神福仁而禍盈。”即此義矣。《書》：“殖有禮，覆昏暴。德日新，萬邦惟懷。志自滿，九族乃離。”此“人道惡盈而好謙”也。《孟子》：“湯之於伊尹，學焉而後臣之，故不勞而王。桓公之於管仲，學焉而後臣之，故不勞而霸。”尊謂尊人，此所謂“謙尊而光”也。《禮記》：“君子不自大其事，不自尚其功，以求處情；過行弗率，以求處厚；彰人之善而美人之功，以求下賢。是故君子雖自卑，而民敬尊之。”卑謂自卑，此所謂“卑而不可踰”也。《孟子》：“訑訑之聲音顔色，距人於千里之外。”此“尊而不光”者。《左傳》：“叔孫昭子聘於宋。桐門右師見之，語卑宋大夫，而賤司城氏。昭子告人曰：‘右師卑大夫而賤其宗，是賤其身也，能有禮乎？’”此卑而可踰者，皆昧於謙之道也。《論語》：“曾晳曰：‘夫子何哂由也？’子曰：‘其言不讓，是故哂之。’‘惟赤則非邦也與？’子曰：‘赤也爲之小，孰能爲之大？’”觀聖人之言，“謙尊而光，卑而不可踰”之義見矣。《孟子》：“好名之人能讓千乘之國。苟非其人，簞食豆羹見於色。”謙之爲德，非出於誠則不能久。曰“君子之終”，可以明謙之義矣。

象曰：地中有山，謙。君子以裒多益寡，稱物平施。

《中庸》：“今夫地載華嶽而不重。今夫山草木生之禽獸居之，寶藏興焉。”山之所有，皆地之所有。地既忘其有，山亦不自有其有。此“地中有山”之象所以爲謙也。《詩》：“謂山蓋卑，爲岡爲陵。”此訛言也。虚象而以爲實境，君子自修之道矣。《詩》：“原隰裒矣。”裒者，山之象也。《爾雅》：“裒，多也。”裒其多，所以益其寡也。《孟子》：“分人以財謂之惠，教人以善謂之忠。”皆“裒多益寡”之義也。《論語》：“君子周急不繼富。”此“稱物平施”之義也。《孟子》：“樂歲，粒米狼戾，多取之而不爲虐，則寡取之；凶年，糞其田而不足，則必取盈焉，又稱貸而益之。”此與“稱物平施”相反矣。《孟子》：“權然後知輕重，度然後知長短，物皆然，心爲甚，王請度之。”“稱物”之謂也。《論語》：“己所不欲，勿施於人。”“平施”之謂也。《禮記》：“禮，時爲大，順次之，體次之，宜次之，稱次之。先王之制禮也，不可多也，不可寡也，唯其稱也。”增卑損高以趨於平，君子有取於此。此謙爲制禮之本也。

初六：謙謙君子，用涉大川，吉。

“謙”，《子夏易傳》作“嗛”。《漢書·藝文志》亦曰：“易之嗛嗛。”《國語》：“嗛嗛之德，不足就也，不可以矜而祇取憂也。”小小之義，蓋謙而又謙之謂也。卦德爲謙，初又在下，故曰“謙謙”。《論語》：“有若無，實若虚。”謙之在己者也。《禮記》："貴人而賤己，先人而後己。"謙之與人者也，皆謙之至也。《家語》："耕者讓畔，行者讓路。"謙之用也，處常爲善，涉險尤宜，故吉。《左傳》："晋師鼓於軍中，先濟者有賞，中軍、下軍争舟，舟中之指可掬也。"争而濟者凶，則謙而涉者吉矣。

象曰："謙謙君子"，卑以自牧也。

《禮記》："禮者自卑而尊人。"《左傳》："卑讓，禮之宗也。"故曰"卑以自牧。"《詩》："自牧歸荑。"此説本之程《傳》。荑爲柔順之物，亦可見謙卑之義。《左傳》："馬曰圉，牛曰牧。"養馬牛之人也，自養謂之自牧者，謙卑孫順，亦有取於馴伏之義也。《禮記》："卑毋諂。"自牧之義，非諂之謂矣。

六二：鳴謙，貞吉。

《大學》："人之彦聖，其心好之，不啻若自其口出。"謙之不能自已者，誠不可揜，象亦如此。《詩》："嚶其鳴矣，求其友聲。"鳴而求友，即"鳴謙"之義也。"貞吉"者，《禮記》："惟禮不可以爲僞。"正則吉也。

象曰："鳴謙貞吉"，中心得也。

《孟子》："恭儉豈可以聲音笑貌爲哉？"出於中心之誠也。《論語》："慮以下人。"所謂"中心得也"。

九三：勞謙君子，有終吉。

《書》："成允成功，惟女賢。不自滿假，惟女賢。"有功勞而能謙也。《書》："推賢讓能。"謙者，君子之本志。勞而不忘其謙，是以"有終"之"吉"。與卦辭同。《書》："自周有終，相亦惟終。"無成代終，此即臣道之謙。《坤》之六三同義。

象曰："勞謙君子"，萬民服也。

《周禮》："民功曰勞。"功之及於民者也。《禮記》："有庇民之大德，有事君之小心。"萬民之所以服也。《孟子》："以德服人，然後能服天下。"萬民之服，不僅服其勞之功，而尤服其謙之德也。

六四：无不利，撝謙。

《禮記》："飲玉爵者弗揮。"撝與揮同。《公羊傳》："莊王親自手旌，左右撝軍。"撝之爲義，從手意之所使也。《禮記》："諸侯有善，歸之天子。卿大夫有善，薦於諸侯。”“撝謙”者，讓善之意也。四居上體，上承五位。《左傳》：“管仲讓不忘其上。”所以謙奉上也。《左傳》：“范宣子讓，其下皆讓。”是以謙率下也。此“无不利，撝謙”之謂也。《禮記》：“使耳目口鼻心知百體皆由順正以行其義。”“撝謙”之義如此。蓋言謙之爲德，无不著見於施爲動作之閒也。

象曰：“无不利，撝謙”，不違則也。

《詩》：“令儀令色，柔嘉維則。”此“撝謙”之不違則也。《禮記》：“天子搢珽，方正於天下也；諸侯荼，前詘後直，讓於天子也；大夫前詘後詘，無所不讓也。”即一器而皆見讓之義，“撝謙”之意明矣。《禮記》：“讓所以示順也。”故曰“不違則”。《禮記》：“善則稱人，過則稱己，則民不争。善則稱人，過則稱己，則民作讓。善則稱君，過則稱己，則民作忠。善則稱親，過則稱己，則民作孝。”“撝謙”之“不違則”，於此可見。

六五：不富以其鄰，利用侵伐，无不利。

《孟子》：“齊宣王問曰：‘交鄰國有道乎？’孟子曰：‘有。惟仁者爲能以大事小，是故湯事葛，文王事昆夷。’”以大事小，此“不富以其鄰”之義也。《孟子》：“湯居亳，與葛爲鄰。葛伯放而不祀。湯使遺之牛羊。亳衆往爲之耕。有童子以黍肉餉，殺而奪之。爲其殺是童子而征之，皆曰：‘非富天下也，爲匹夫匹婦復讎也。’”“利用侵伐”，即“不富以其鄰”之實，於此可見也。《孟子》：“東面而征西夷怨，南面而征北狄怨，曰：‘奚爲後我？’”故又言“无不利”。《詩》：“肆不殄厥，愠亦不隕厥問。柞棫拔矣，行道兑矣。昆夷駾矣，維其喙矣。”文王之義與湯同之。湯、文之事葛、事昆夷，“不富以其鄰”者，謙也。湯、文之征葛、伐昆夷，“利用侵伐”也。惟謙而後能服人，故象以“征不服”明之。《禮記》：“觴酒豆肉，讓而受惡，民猶犯齒。衽席之上，讓而坐下，民猶犯貴。朝廷之位，讓而就賤，民猶犯君。”“利用侵伐”，仍以禮治之之義也。《左傳》：“凡師有鐘鼓曰伐，無曰侵。”侵隱而伐顯也。《公羊傳》：“觕者曰侵，精者曰伐。”侵略而伐深也。《穀梁傳》：“苞人民、毆牛馬曰侵，斬樹木、壞宫室曰伐。”侵輕而伐重也。《書》：“有苗弗率，禹徂征。苗民逆命，益贊于禹曰：‘惟德動天，無遠弗届。滿招損，謙受益，時乃天道。’帝乃誕敷文德，舞干羽于兩階。七旬，有苗格。”

以謙爲用師之本，始於唐、虞。此爻之義見矣。

象曰："利用侵伐"，征不服也。

《孟子》："征者，上伐下也。敵國不相征也。"此征之義也。《國語》："甸服者祭，侯服者祀，賓服者享，要服者貢，荒服者王。序成而有不至於是，有刑罰之辟，有攻伐之兵，有征討之備。"所謂"征不服也"。《論語》："故遠人不服，則修文德以來之。""文德"即謙德也。

上六：鳴謙，利用行師，征邑國。

《詩》："予羽譙譙，予尾翛翛。予維音嘵嘵。"懼而自警，亦"鳴謙"之義也。《詩》："公孫碩膚，德音不瑕。"是公之謙而共著也。《詩》："既破我斧，又缺我斨。周公東征，四國是皇。"周公之行師征邑，可以知其"鳴謙"之誠矣。五曰"侵伐"，上曰"邑國"，義有廣狹君臣之分也。《左傳》："楚莊王圍鄭，鄭伯肉袒牽羊以逆，曰其君能下人，必能信用其民矣。""征邑國"者，言能自用其衆也。

象曰："鳴謙"，志未得也。可用行師，征邑國也。

《書》："周公曰：'我之弗辟，無以告我先王。'""志未得"之義如此。六二之"鳴謙"曰"中心得"者，以其在中而虚受也。上六之"鳴謙"曰"志未得"者，以其在上而思危也。《左傳》："《軍志》曰：'見可而進。'"行師之利，以其可也。謙至五、上二爻而曰"侵伐""行師"。《論語》："君子無所争，必也，射乎？揖讓而升，下而飲，其争也君子。"蓋讓之義必於是而後盡也。

䷏坤下震上

豫：利建侯行師。

易者，象也。案文，豫從象從予。豫即象之大者，其性至馴，所以取象於順動也。《禮記》："人生而静，天之性也。感於物而動，性之欲也。"坤在下，静也；震在上，動也。由静而動，所以爲豫。《詩》："逸豫無期。"和樂之義。《書》："無時豫怠。"般樂之義。《爾雅》："豫，安也，樂也。"卦辭則專取其善者言之也。《書》："明王奉若天道，建邦設都，樹后王君公，承以大夫師長，不惟逸豫，惟以亂民。"《左傳》："周之封建，其懷柔天下也。"豫之利於建侯，此其義也。《左傳》："師克在和，不在衆。"豫之利於行師，此其義也。《禮記》："夔始制樂，以賞諸侯。"《周禮》："太師吹同律，以聽軍聲。"此"建侯行師”之所以皆取諸豫也。《國語》：“秦伯納公子重耳於楚，公子筮之，曰：‘尚有晋國，得貞屯、悔豫，皆八也。’司空季子曰：‘吉。我命曰尚有晋國，告我曰利建侯，得國之務也。震，車也。坎，水也。坤，土也。屯，厚也。豫，樂也。車班内外，順以訓之，泉貨以資之，土厚而樂其實。不有晋國，何以當之？坤，母也。震，長男也。母老子彊，故曰豫，其繇曰利建侯行師。居樂出威之謂也。’”《屯》與《豫》皆言“建侯”，坤爲土，得國之義，爲衆行師之義也。

彖曰：豫，剛應而志行，順以動，豫。

《詩》：“藹藹王多吉士，惟君子使，媚于天子。藹藹王多吉人，惟君子命，媚于庶人。”一剛在四而上下應之，其志得行，所謂衆賢和於本朝，豫之象也。《禮記》：“正聲感人而順氣應之，順氣成象而和樂興焉。”“順以動”者，所謂履中蹈和，豫之德也。《中庸》：“凡事豫則立，不豫則廢。言前定則不跲，事前定則不困，行前定則不疚，道前定則不窮。”此即“剛應志行”而後“順以動”者，豫之理也。

豫順以動，故天地如之，而況建侯行師乎！

《禮記》：“樂則天，天則神。”順動可以格天地，故曰“天地如之”。《中庸》：“致中和，天地位焉。”此“如之”之義也。《左傳》：“季札觀樂，見舞韶箾者，曰：‘德至矣哉！大矣，如天之無不幬也，如地之無不載也。’”所謂“豫順以動，天地如之”者也。《孟子》：“瞽瞍底豫而天下化。”父子之順也。《孟子》：“一遊一豫，爲諸侯度。”君臣之順也。《孟子》：“如欲平治天下，當今之世，舍我其誰也？吾何爲不豫哉？”天人之順也。言豫之義通乎天地，則建侯行師不難也。《論語》：“子路曰：‘衛君待子而爲政，子將奚先？’子曰：‘必也正名乎！名不正則言不順，言不順則事不成。’”是建侯之宜“順以動”者。《孟子》：“寡助之至，親戚畔之。多助之至，天下順之。以天下之所順，攻親戚之所畔，有不戰，戰必勝矣是行師之宜順以動者也。

天地以順動，故日月不過而四時不忒。聖人以順動，則刑罰清而民服。豫之時義大矣哉！

《禮記》：“天地順而四時當。”是“天地以順動”也。《詩》：“日月告凶，不用其行。”“用其行”則“不過”也。《禮記》：“宿離不貸。”“不忒”者，不僭差也。《中庸》：“四時之錯行，目月之代明。”皆天地順動之故也。《論語》：“禮樂不興則刑罰不中，刑罰不中則民無所措手足。”此聖人順動之故也。《書》：“惟動丕應徯志。”是聖人以順動也。《孟子》：“省刑罰。”省所以清之也。《論語》：“舉直錯諸枉則民服。”是其義也。《禮記》：“父子篤，兄弟睦，夫婦和，家之肥也。大臣法，小臣廉，官職相序，君臣相正，國之肥也。天子以德爲車，以樂爲御，諸侯以禮相與，大夫以法相序，士以信相考，百姓以睦相守，天下之肥也。是謂大順。”豫之時義是以大也。

象曰：雷出地奮，豫。先王以作樂崇德，殷薦之上帝，以配祖考。

《禮記》：“仲春之月，雷乃發聲。”“雷出地奮”之象也。《左傳》：“藏冰以時，則雷出不震。”所以爲豫。《禮記》：“樂由陽來。”雷之始奮，陽之動也。《禮記》：“發以聲音，而文以琴瑟，從以簫管，奮至德之光，動四氣之和。”先王象之，以作樂者也。《周禮》：“靁鼓靁鼗。”雷之象樂，亦取其聲也。《禮記》：“大章章之也，《咸池》備矣。韶，繼也。夏，大也。”其名皆所以崇德也。《書》：“王肇稱殷禮。”殷薦之爲盛禮也。《周禮》：“大旅上帝。”上帝之爲祭天也。《周禮》：“大司樂以圜鍾爲宫，孤竹之管，雲和之琴瑟，雲門之舞，於地上之圜丘奏之。”此祭上帝之樂也。《禮記》：“萬物本乎天，人本乎祖，此所以配上帝也。”此明“配”之爲義也。《左傳》：“少康祀夏配天，不失舊物。”此夏祖考配天之祭也。《書》：“在昔成湯，在大甲，在大戊，在祖乙，在武丁，殷禮陟配天，多歷年所。”此殷祖考配天之祭也。《孝經》：“郊祀后稷，以配天宗。祀文王於明堂，以配上帝。”此周祖考配天之祭也。《孟子》：“禮之實，節文斯二者是也。《謙》之“稱物平施”也。樂之實，樂斯二者是也。”《豫》之“作樂崇德”也。《孟子》：“見其禮而知其政，聞其樂而知其德。”於《謙》《豫》二卦可以知禮樂之本矣。

初六：鳴豫，凶。

鳴如《左傳》“平陰之役，先二子鳴”之鳴。豫至於鳴，志得意滿者也。《禮記》：“志不可滿，樂不可極。”“鳴豫”之所以“凶”也。

象曰：初六“鳴豫”，志窮凶也。

在初而以爲“志窮”者，《左傳》“先爲之極”，是其義也。《論語》：“‘不忮不求，何用不臧？’子路終身誦之。子曰：‘是道也，何足以臧？’”“誦之”亦鳴之意。吉德尚不可以自鳴，況凶德乎！身之未終而知其志之先窮矣。

六二：介于石，不終日，貞吉。

《詩》：“我心匪石，不可轉也。”石尚可轉，自守不移者所以曰“介于石”也。《孟子》：“柳下惠，聖之和者也。”又：“不以三公易其介。”和而能介，豫之義是以取之。《孟子》：“孔子去齊，接淅而行。”又：“去魯，不説冕而行。”“不終日”之義也。正而能固，所以爲吉。

象曰：“不終日，貞吉”，以中正也。

《孟子》：“可以速而速。”得乎中而行其正也。《中庸》：“和而不流，强哉矯！中立而不倚，强哉矯！”“中正”之義也。《禮記》：“君子樂得其道，小人樂得其欲。”二與初之分在是矣。

六三：盱豫悔，遲有悔。

《禮記》：“諸侯綏視，大夫衡視，士視五步。”盱爲上視，非視之正。《禮記》：“毋淫視。”盱豫，蓋容悦之流也。《詩》：“壹者之來，云何其盱。”盱亦望視之意。猶豫望伺，皆陰邪也，是以曰“有悔”。《詩》：“無然泄泄。”猶可爲戒之辭。怠緩悦從，則遲而有悔矣。《書》：“鬱陶乎予心，顔厚有忸怩。弗慎厥德，雖悔可追？”警悔者之遲也。

象曰：“盱豫”“有悔”，位不當也。

《中庸》：“在下位不援上。”“盱豫”即“援上”者也，故曰“位不當”。《爾雅》：“籧篨，口柔也。戚施，面柔也。夸毗，體柔也。”陰柔處位，是其所以不當之義。

九四：由豫，大有得。勿疑，朋盍簪。

《論語》：“一日克己復禮，天下歸仁焉。爲仁由己，而由人乎哉？”天下之歸由於己，故曰“由豫”。《論語》：“有朋自遠方來，不亦樂乎？”衆陰來從乎一陽，是“由豫，大有得”之義也。《書》：“任賢勿貳，去邪勿疑。”“勿疑”即“勿貳”也。《爾雅》：“盍，合也。”朋友以人合者。《儀禮》：“簪裳于衣。”註：“連也。”是有連聚之義也。《穀梁傳》：“同者，有同也，同尊周也。衣裳之會十有一，未嘗有歃血之盟也，信厚也。兵車之會四，未嘗有大戰也，愛民也。”所謂“勿疑，朋盍簪”者，建侯行師皆可以“大有得”也。

象曰：“由豫，大有得”，志大行也。

《孟子》：“夏諺曰：‘吾王不遊，吾何以休？吾王不豫，吾何以助？’”此“志大行”之義也。

六五：貞疾，恒不死。

《左傳》：“宴安耽毒，不可懷也。”疾之生於豫也。《書》：“若藥弗瞑眩，厥疾弗瘳。”疾之所以恒也。《書》：“曰咎徵；曰豫，恒燠若。”恒豫之爲疾，義如是也。《孟子》：“今之欲王者，猶七年之病求三年之艾也。苟爲不畜，終身不得。”恒疾之所以不死也。《孟子》：“齊宣王曰：‘寡人有疾，寡人好貨。寡人有疾，寡人好色。’孟子曰：‘與百姓同之，於王何有？’”是疾之生於豫而可勉以貞也。《孟子》：“人之有德慧術知者，恒存乎疢疾。”此“貞疾，恒不死”之義也。猶能貞者。《孟子》：“入則無法家拂士，出則無敵國外患者，國恒亡。然後知生於憂患而死於安樂也。”“不死”之義益明矣。

象曰：六五“貞疾”，乘剛也。“恒不死”，中未亡也。

《孝经》：“昔者天子有諍臣七人，雖無道，不失其天下。諸侯有諍臣五人，雖無道，不失其國。”諍臣猶足以正之，“乘剛”之義，所以爲“貞”。《左傳》：“哀樂而樂哀，皆喪心也。心之精爽，是謂魂魄。魂魄去之，何以能久？”心喪則不能久，“恒不死”故曰“中未亡”。

上六：冥豫，成有渝，无咎。

《詩》：“維塵冥冥。”昏晦之象也。《書》：“内作色荒，外作禽荒。甘酒嗜音，峻宇雕牆。”皆其冥然而罔覺者也。《左傳》：“鄭人來渝平，更成也。”此所謂“成有渝”者。在盟則爲墮成，在豫則爲悔過。“成有渝”者，豫之終而望其一變也。《書》：“惟狂克念作聖。”能變者也。《左傳》：“不能自克，以及於難。”足以鑒矣。《書》：“王未克變。王徂桐宫居憂，克終允德。”“曰：‘欲敗度，縱敗禮。既往背師保之訓，弗克于厥初，尚賴匡救之德，圖維厥終。’伊尹拜手稽首曰：‘王懋乃德，視乃烈祖，無時豫怠。’”“成有渝”而“无咎”，大甲是也。

象曰："冥豫"在上，何可長也。

《詩》："無已大康，職思其憂。好樂無荒，良士休休。"初之"志窮"者，至在上而極矣，故曰"何可長"。《書》："大康尸位以逸豫，滅厥德，畋于有洛之表，十旬弗反。有窮后羿因民弗忍，距于河。""冥豫，何可長"之謂矣。《論語》："不仁者不可以長處樂。"是"何可長"之義也。

䷐震下兑上

隨：元亨利貞，无咎。

《禮記》："仲秋之月，雷乃收聲。"雷在澤中，象八月之藏於澤，收聲之時，所以取隨時之義。案文，隨從阜從辵，從左從月。《書》："隨山刊木。"隨之爲義，順乎道之自然，故文從阜。《禮記》："父之齒隨行。"從乎道之當然，故文從辵。古者尚右，左則先人後己之義。月象人體，足動而趾隨，皆其義也。《書》："舍己從人。"此以隨人爲義者也。《書》："罔咈百姓，以從己之欲。"此以人之隨爲義者也。皆隨之所以大通也，故曰"元亨"。《詩》："無縱詭隨。"故又必利於正乃"无咎"也。

彖曰：隨，剛來而下柔，動而説，隨。

《孟子》："用上敬下謂之尊賢。"此"剛來下柔"之義也。《中庸》："行而民莫不説。""動而説"之義也。剛來下柔而柔隨之。《孟子》："欲有謀焉則就之，學焉而後臣之。"是主先而臣隨者也。震男動乎内而兑女説乎外。《詩》："寤寐求之""琴瑟友之。"是夫倡而婦隨者也。皆可以明隨之義焉。故曰隨。

大亨貞，无咎，而天下隨時。

《書》："惟天聰明，惟聖時憲，惟臣欽若，惟民從乂。"天下之隨，不曰隨君，而曰隨時，君隨乎天之時，天下隨乎君之時，是爲"大亨貞"而"无咎"者也。《禮記》："五帝不相襲禮，三王不相沿樂。"此聖人在上而"天下隨時"之義也。

隨時之義大矣哉!

《大戴禮》："隨天之時。"時本乎天也。《中庸》："君子而時中。"從宜適變，皆隨時以處中也。《禮記》："昔者聖帝明王諸侯，辨貴賤、長幼、遠近、男女、外内，莫敢相踰越者，皆由此塗出也。"故曰"隨時之義大"。《論語》："色斯舉矣，翔而後集。曰：'山梁雌雉，時哉時哉！'"烏本飛也，而集曰時。雷本動也，而息曰時。此隨時之義，故於雷澤著之也。《左傳》："穆姜薨於東宫，始往而筮之，遇《艮》之八，史曰：'是謂《艮》之《隨》。其出也，君必速出。'姜曰：'亡。是於《周易》曰：《隨》，元亨利貞，无咎。元，體之長也。亨，嘉之會也。利，義之和也。貞，事之幹也。體仁足以長人，嘉德足以合禮，利物足以合義，貞固足以幹事。我婦人而與於亂，固在下位，而有不仁，不可謂元；不靖國家，不可謂亨；作而害身，不可謂利；棄位而姣，不可謂貞。有四德者，隨而无咎。我皆無之，豈隨也哉？我則取惡，能无咎乎！'"隨之以正爲義，於此可見。

象曰：澤中有雷，隨。君子以嚮晦入宴息。

《書》："雷夏既澤。"因其神名之曰雷夏。《山海經》："澤中有雷神，龍身而人頰，鼓其腹則雷。"此"澤中有雷"之象。雷在澤中，伏藏而未震動之時。君子之"嚮晦入宴息"，亦於此象之也。《詩》："夜如何，其夜嚮晨。"夜之嚮晨爲曉，晝之嚮晦則爲息也。《爾雅》："宴宴居息也。"《詩》："或燕燕居息。"安身之謂也。《國語》："明而動，晦而休，無日以怠。"是"隨時"之義也。《禮記》："夫晝居於内，問其疾可也；夜居於外，弔之可也。是故君子非有大故，不宿於外；非致齊也，非疾也，不晝夜居於内。"此可以明嚮晦宴息之義。

初九：官有渝，貞吉。出門交有功，无咎。

《孟子》："耳目之官不思而蔽於物，物交物則引之。心之官則思，思則得之。"心之有主與官之有職同。初九陽爻，而下於陰，是"官有渝"者也。《大學》："心有所忿懥則不得其正，有所恐懼則不得其正，有所好樂則不得其正，有所憂患則不得其正。"有渝者必從乎正，是以曰"貞吉"。《論語》："出則弟。"又："出則事公卿。"出門之交，不私其隨，是以"有功"而"无咎"。

象曰："官有渝"，從正吉也。"出門交有功"，不失也。

《孟子》："從其大體爲大人，從其小體爲小人。"故曰"從正吉"。《論語》："因不失其親，亦可宗也。""不失"之義也。

六二：係小子，失丈夫。

《爾雅》："係，繼也。"猶聯屬之意。《書》："遠耆德，比頑童。""係小子"而"失丈夫"也。《孟子》："樂正子從於子敖之齊，見孟子。孟子曰：

‘子亦來見我乎？子之從於子赦來，徒餔啜也。’”此即“係小子，失丈夫”之謂。蓋隨人者不可不慎也。

象曰：“係小子”，弗兼與也。

《禮記》：“從長者而上邱陵，則必鄉長者所視。從於先生，不越路而與人言。”兼與則所隨者不專，故戒之也，況非其所與者乎！

六三：係丈夫，失小子。隨有求得，利居貞。

《禮記》：“五年以長則肩隨之。”丈夫之宜係也。《詩》：“老夫灌灌，小子蹻蹻。”小子之宜失也。《孟子》：“徐行後長者謂之弟，疾行先長者謂之不弟。”隨與不隨之得失可見矣。《論語》：“可與言而不與之言，失人。不可與言而與之言，失言。知者不失人，亦不失言。”不失人則丈夫係矣。不失言則小子失矣。此亦見隨之正也。《孟子》：“求則得之，舍則失之，是求有益於得也，求在我者也。求之有道，得之有命，是求無益於得也，求在外者也。”“隨有求得”以明隨之爲義，求在我而非求在外也。《穀梁傳》：“求者，得不得，未可知之辭也。”求之所以利於正也。《中庸》：“正己而不求於人。”“利居貞”之謂也。

象曰：“係丈夫”，志舍下也。

《論語》：“毋友不如己者。”“志舍下”之義也。《孟子》：“狂者進取。”二“弗兼與”，無所兼以明其專。三“志舍下”，有所舍以尊所取。足以盡隨之義矣。《孟子》：“子夏、子游、子張皆有聖人之一體，冉牛、閔子、顏淵則具體而微，敢問所安？”孟子曰：‘姑舍是。乃所願，則學孔子也。’”志乎聖者，賢猶舍之。志乎正者，邪更不可以不舍矣。

九四：隨有獲，貞凶。有孚，在道，以明，何咎？

《禮記》：“下之事上也，雖有庇民之大德，不敢有君民之心。是故君子恭儉以求役仁，信讓以求役禮，不自尚其事，不自尊其身，儉於位而寡於欲，讓於賢，卑己而尊人，小心而畏義，求以事君，得之自是，不得自是，以聽天命。其舜、禹、文王、周公之謂與？有君民之大德，有事君之小心。”四與五同德，是臣與君一德而能得衆者，“隨有獲”之義，所謂君民之大德也。恭儉、信讓、事君、聽天，即“有孚，在道，以明”之義，所謂事君之小心也。貞亦曰凶，人臣自警之義。《左傳》：“舅犯曰：‘臣負羈絏從君，臣之罪甚多矣。臣猶知之，而況君乎！’”“以明，何咎”，此亦其義。

象曰：隨有獲，其義凶也。有孚在道，明功也。

《孟子》：“未有義而後其君者也。”公爾忘私則正，後義先利則凶，故以“其義”明之。《左傳》：“陳氏以家量貸，而以公量收之，其愛之如父母，而歸之如流水，欲无獲，民將焉辟之？”“隨有獲”而非其道者，此即義之凶也。《詩》：“既明且哲，以保其身。”明之爲功如是。

九五：孚于嘉，吉。

《論語》：“擇其善者而從之。”隨以隨善爲吉。《詩》：“我有嘉賓，中心貺之。”所謂“孚于嘉”也。《書》：“嘉言罔攸伏。”是聽言之“孚于嘉”也。《書》：“予懋乃德，嘉乃丕績。”是用人之“孚于嘉”也，故皆“吉”。

象曰：“孚于嘉，吉”，位正中也。

《左傳》：“有嘉德而無違心。”“正中”者其德，而兹以位言者。《孟子》：“古之賢王好善而忘勢。”正所以明“孚于嘉”之義也。《書》：“爾有嘉謀嘉猷，則入告爾后于内，爾乃順之于外，曰：‘惟我后之德。’”四曰“有孚在道”，五曰“孚于嘉”，君臣之交孚，所以明隨之義。臣隨於君，君隨於善也。

上六：拘係之，乃從維之。王用亨于西山。

《國語》：“親，民之結也。民無結不可以固。”“拘係”之義也。《詩》：“紼纚維之。”比王之維持諸侯。《詩》：“爲下國綴旒。”比王之繫屬小國。《周禮》：“小大相維。”皆“從維”之義也。《孟子》：“大王居邠，狄人侵之，邑於岐山之下居焉。邠人曰：‘仁人也，不可失也。’從之者如歸市。”非得民之深者，豈能使己窮而更隨之，至於不可解乎？人心固結，周之王業蓋興于此，是“亨于西山”之謂也。《禮記》：“因名山升中于天。”是“用亨”之義也。《左傳》：“聖王先成民而後致力於神。”是維係民心，用亨之本也。《禮記》：“哀公問曰：‘有虞氏未施信於民而民信之，夏后氏未施敬於民而民敬之，何施而得斯於民也？’周豐對曰：‘墟墓之間，未施哀於民而民哀；社稷宗廟之中，未施敬於民而民敬。殷人作誓而民始畔，周人作會而民始疑。苟無禮義忠信誠慤之心以涖之，雖固結之，民其不解乎？’”維係之義通於用亨，觀於此而可如矣。

象曰："拘係之"，上窮也。

《論語》："子曰：'從我於陳、蔡者，皆不及門也。'"窮而相隨，夫子所以思其相從於患難之中也。"上窮"之義，蓋取諸此。《孟子》："如七十子之服孔子也。《詩》云：'自西自東，自南自北，無思不服。'"隨之義必如是而後極焉。

☶☴巽下艮上

蠱：元，亨，利涉大川。先甲三日，後甲三日。

《左傳》："晋侯有疾。醫和對趙孟曰：'蠱，淫溺惑亂之所生也。於文，皿蟲爲蠱，穀之飛亦爲蠱；在《周易》，女惑男，風落山，謂之蠱。皆同物也。'"案：文從蟲從皿，即皿蟲爲蠱是也。《家語》："風爲蟲。"凡蟲皆生於風，是以山風爲蠱。《禮記》："其蟲鱗"，"其蟲羽"，"其蟲倮"，"其蟲毛"，"其蟲介。"凡有血氣，皆謂之蟲，有生之類盡矣，象蟲在皿中者。凡物之害，自外至者易防，自内生者不覺。取義於山下之風，亦以其隱而難見也。《詩》："蝃蝀在東，莫之敢指。"陰陽之淫氣即生於天也。《詩》："去其螟螣，及其蟊賊。"禾稼之殘害即生於地也。《周禮》："蟈氏主除鼃黽"，"赤犮氏掌除牆屋"，"壺涿氏掌除水蟲。"皆生其中而自爲害者也。壞而有事，蠱之名義精矣。《孟子》："生於其心，害於其政，發於其政，害於其事。"以人事推之，不可知幹蠱之道乎？《周禮·秋官》："庶氏掌除毒蠱，以攻説禬之嘉草攻之。"毒物害人，蠱人之義也。《爾雅》："康謂之蠱。"米皮自壞，自蠱之義也。皆謂之蠱。《周禮》："翦氏掌除毒物，凡庶蠱之事。"蠱之宜除，壞極而有事之義也。《左傳》："秦伯伐晋，卜，徒父筮之，曰：'乃大吉也。三敗必獲晋君。其卦遇《蠱》，千乘三去。三去之餘，獲其雄狐。夫狐蠱，必其君也。蠱之貞，風也；其悔，山也。歲云秋矣，我落其實而取其材，所以克也。實落材亡，不敗何待？'"此亦解《蠱》卦之義，蠱而元亨者。《禮記》："爲人臣下者，怠則張而相之，廢則埽而更之，謂之社稷之役。"極弊則將復興也。《書》："若涉大水，其無津涯。"壞極之象，利有以濟之也。《禮記》："孟春之月，其日甲乙。"甲者，日之始，事之首。《禮記》："日用甲，用日之始也。"是其義矣。《穀梁傳》："六月上甲始庀牲，十月上甲始繫牲。"皆用甲之義也。《周禮》："正月之吉始和，縣治象之灋於象魏，使萬民觀治象，挾日而斂之。"言從甲至甲，是甲爲布□之始也。《禮記》：“立春。立夏。立秋。立冬。先三日，大史謁之曰：‘某日立春，立夏，立秋，立冬。’天子乃齊。”此“先三日”之義。《大學》：“湯之盤銘曰：‘苟日新，日日新，又日新。’”此“後三日”之義。古人事在仁義，故以甲庚爲用。先甲、先庚，皆直取本義爲正。甲爲十幹之首，即爻義幹蠱之所由取也。又，“先甲三日”爲辛，有自新之義。《禮記》：“元日祈穀於上帝。”是日之用辛者。《左傳》：“原田每每，舍其舊而新是謀。”前事之終以自振，蠱之有事宜如此也。“後甲三日”爲丁，有丁寧之義。《禮記》：“上丁命樂正入學習舞。”是日之用丁者。《詩》：“誨之諄諄。”後事之始以爲戒，蠱之有事宜如此也。舊說如此，亦究以本義之甲爲主也。

象曰：蠱，剛上而柔下，巽而止，蠱。

《國語》：“有縱君而無諫臣，有冒上而無忠下。”君驕臣諂，是“剛上柔下”也。《論語》：“譬如爲山，未成一簣，止，吾止也。”始勤終怠，是“巽而止”也。皆所以致蠱之由也。

“蠱：元，亨”，而天下治也。“利涉大川”，往有事也。“先甲三日，後甲三日”，終則有始，天行也。

《書》：“永清四海”“垂拱而天下治。”極弊之後，撥亂反正，故曰“元，亨，而天下治也”。《書》：“若涉淵水，予惟往求朕攸濟。”“有事”之謂也。《禮記》：“日窮于次，月窮于紀，星回于天，數將幾終，歲且更始。”窮而必變，終始天行之義也。《穀梁傳》：“即位，授受之道也。先君無正終，則後君無正始也。先君有正終，則後君有正始也。”終則有始，即爻所謂“幹蠱”之義也。盡人事者，未可徒歸之天道矣。

象曰：山下有風，蠱。君子以振民育德。

《詩》：“大風有隧，有空大谷。”山下之風，敗物之象，所以爲蠱。《詩》：“習習谷風，維山崔嵬。無草不死，無木不萎。”此山風之蠱也。《書》：“作新民。”“振民”之謂也。《孟子》：“匡之直之，輔之翼之，使自得之，又從而振德之。”“育德”之謂也。《書》：“舊染污俗，咸與維新。”皆所以治蠱之義也。

初六：幹父之蠱，有子，考无咎。厲，終吉。

《禮記》：“子也者，親之枝也，敢不敬與？不能敬其身，是傷其親。

傷其親，是傷其本。傷其本，枝從而亡。”枝附幹而立，子代父而行，《文言》所謂“貞固足以幹事”者也。故曰“幹父之蠱”。《穀梁傳》：“孝子揚父之美，不揚父之惡。”是幹蠱之義也。《禮記》：“國人稱願，然曰：‘幸哉有子。’”“百姓歸之名，謂之君子之子。是使其親爲君子也，是爲成其親之名也已矣。”“有子，考无咎”之義如此。《爾雅》：“父爲考，母爲妣。”《禮記》：“生曰父，死曰考。”考本通稱，承父言之，則有死生之異也。《國語》：“《詩》有之：‘天之所支，不可壞也。其所壞，亦不可支也。’昔武王克殷而作此詩也。以爲飫歌，名之曰《支》，以遺後之人，使永監焉。”支壞，所謂幹蠱也。《書·蔡仲之命》：“曰：惟爾率德改行，往即乃封！爾尚蓋前人之愆，無若爾考之違王命。慎厥初，惟厥終，終以不困，不惟厥終，終以困窮。”此“厲，終吉”之謂。幹蠱之在初者，所以戒其終，義如是也。

象曰：“幹父之蠱”，意承考也。

象亦分言父、考者。《論語》：“父在，觀其志；父没，觀其行；三年無改於父之道，可謂孝矣。”是兼存没而言之也，意承考者。《禮記》：“曾子曰：‘君子之所謂孝，先意承志，諭父母於道。’”是其義也。《中庸》：“夫孝者，善繼人之志，善述人之事者也。”善承其意，即極之達，孝亦不外是也。

九二：幹母之蠱，不可貞。

《孟子》：“《凱風》，親之過小者也。親之過小而怨，是不可磯也。不可磯，亦不孝也。”《凱風》不怨不安其室，猶可喻之於道，是“幹母之蠱”者也。知不可磯之不孝，即知“不可貞”之義矣。《禮記》：“門内之治恩揜義。”故曰“不可貞”。

象曰：“幹母之蠱”，得中道也。

《詩》：“有子七人，莫慰母心。母氏聖善，我無令人。”言之婉而善入，是“得中道”者也。《左傳》：“鄭莊公以共叔段之故，遂置姜氏於城潁，而誓之曰：‘不及黄泉，無相見也。’既而悔之。”其去道也，不已遠乎？

九三：幹父之蠱，小有悔，无大咎。

《論語》：“事父母幾諫，見志不從，又敬不違，勞而不怨。”有悔者小，无咎者大，孝子之志也。《禮記》：“父母有過，下氣怡色，柔聲以諫。父母怒，不説而撻之流血，起敬起孝。説則復諫。”過剛則小有悔，巽而得正，故“无大咎”。

象曰：“幹父之蠱”，終无咎也。

《孝經》：“父有争子，則身不陷於不義。”故曰“終无咎”。

六四：裕父之蠱，往見吝。

《孟子》：“我無官守，我無言責也，則吾進退豈不綽綽然有餘裕哉？”無事者可以言裕，有幹蠱之責者不可以言裕。《書》：“若考作室，既底法，厥子乃弗肯堂，矧肯構？厥父菑，厥子乃弗肯播，矧肯穫？厥考翼其肯曰：‘予有後，弗棄基？’”未成之緒尚不可裕，况事之蠱可裕乎？《書》：“垂裕後昆。”裕者，貽謀之善。以蠱爲裕，故吝。《書》：“改過不吝。”裕則不能改矣，故曰“往見吝”。

象曰：“裕父之蠱”，往未得也。

《孟子》：“《詩》云：‘天之方蹶，無然泄泄。’泄泄，猶沓沓也。”怠緩悦從，此即所謂裕蠱之義也。“往未得”異於“往有事”者矣。《論語》：“力不足者，中道而廢。”“往未得”者，其才柔也。象之“巽而止”者正謂此。《論語》：“譬如平地，雖覆一簣，進，吾往也。”以斯而往，豈有見吝者哉？亦在人之自勉而已。

六五：幹父之蠱，用譽。

卦凡三言“幹父之蠱”，初曰“厲”，三曰“悔”，此言“用譽”，推舜、禹足以當之。《書》：“舜父頑母嚚象傲，克諧以孝，烝烝乂，不格奸。”舜之幹蠱用譽也。《書》：“鯀則殛死，禹乃嗣興，天乃錫禹洪範九疇，彝倫攸叙。”禹之幹蠱用譽也。《禮記》：“父母雖殁，將爲善，思貽父母令名，必果。”是“用譽”之義也。

象曰：幹父“用譽”，承以德也。

《孟子》：“舜盡事親之道而瞽瞍底豫，瞽瞍底豫而天下化。”《禮記》：“鯀障鴻水而殛死，禹能修鯀之功。”日承以德，忘其爲幹蠱者矣。《禮記》：“善則歸親。”“承以德”之義，不止於意承考也。《孝經》：“身體髮膚，受之父母，不敢毁傷。立身行道，揚名於後世。”身不敢毁，德不敢敗，皆幹蠱也。幹蠱之義不盡以處變言，故曰“承以德”。

上九：不事王侯，高尚其事。

《禮記》："儒有上不臣天子，下不事諸侯。"是"不事王侯"者也。《孟子》："士何事？曰尚志。居仁由義，大人之事備矣。"志即其事，故曰"高尚其事"。《左傳》："民生於三，事之如一。"君父之事一也。《論語》："長幼之節，不可廢也。君臣之義，如之何其廢之？"舊説有謂父母之責不能辭、國家之事可以謝者，義未盡善。君父一體，未有可以置身事外者。《論語》："不在其位，不謀其政。"上九之時未可爲耳。《論語》："子曰：'沽之哉！沽之哉！我待賈者也。'"《孟子》："不見諸侯，何義也？孟子曰：'古者不爲臣不見。'"此所謂"高尚其事"者。若屬之石隱之流，則與全卦之義不貫矣。

象曰："不事王侯"，志可則也。

《論語》："隱居以求其志，行義以達其道。"道在則志在也。《孟子》："伯夷非其君不事，居北海之濱，以待天下之清也。故聞伯夷之風者，懦夫有立志。"故曰"志可則"。《禮記》："事君，軍旅不避難，朝廷不辭賤。處其位而不履其事，則亂也。故君使其臣，得志則慎慮而從之，否則孰慮而從之。終事而退，臣之厚也。《易》曰：'不事王侯，高尚其事。'"觀此則《蠱》之上爻，非言高蹈之義益明矣。

【校記】

〔1〕"先王"句，援引有誤。《尚書·梓材》："先王既勤用明德，懷爲夾，庶邦享作，兄弟方來；亦既用明德，后式典集，庶邦丕享。"

〔2〕按：援引有誤。《禮記·坊記》："子云：'上酌民言，則下天上施；上不酌民言，則犯也；下不天上施，則亂也。'"

〔3〕且，《尚書·洛誥》作"旦"。

〔4〕褫，《爾雅·釋器》作"䘿"。

〔5〕令名，底本誤作"敬"，據《左傳·襄公二十四年》改。

〔6〕袒裼暴虎，出《詩經·鄭風·大叔於田》，此句下原有"獻於公所"。

〔7〕其，底本誤作"共"。據《左傳·襄公十三年》鶴陰書屋刻本改。

〔8〕姓，《國語·晋語四》作"母"。

〔9〕旋，《魏風·十畝之間》作"還"。

〔10〕孑孑，底本誤作"子子"，據《鄘風·干旄》、鶴陰書屋刻本改。

周易引經通釋卷三

黄岡李鈞簡輯註　澍滋校字

周易上經

䷒兑下坤上

臨：元，亨，利，貞，至于八月有凶。

《爾雅》："監，瞻，臨，涖，視也。"監，涖，瞻，視，於義爲臨。案：文從監省，從品。《國語》："千品萬官。"一人監於品物之上，臨之義也。《穀梁傳》："春秋有臨天下之言焉，有臨一國之言焉，有臨一家之言焉。"以上臨下，撫有之也。齊家、治國、平天下，皆臨之義也。《中庸》："唯天下至聖，爲能聰明睿智，足以有臨也；寬裕温柔，足以有容也；發强剛毅，足以有執也；齊莊中正，足以有敬也；文理密察，足以有别也。"仁義禮知即元亨利貞之德。知臨之君，所以臨天下者也。自本卦二陽之月至《遯》卦二陰之月，爲"八月"。《孟子》："七八月之間旱。"夏正之六月，即周正之八月。陰長陽消，爲"有凶"也。陽之方長，即慮陰之將來。《孟子》："一日暴之，十日寒之，未有能生者也。吾見亦罕矣。吾退而寒之者至矣。""至於八月有凶"，先爲垂戒之義也。《書》："予臨兆民，懔乎若朽索之馭六馬。爲人上者，奈何不敬！"臨民者之所以自戒也。《禮記》："不臨深。"臨之爲義，與登高同，於臨民之義有取焉。天之於澤至遠，不曰臨而曰履，以其分定也。地之於澤至近，不曰履而曰臨，以其勢逼也。卦義精切如是。

彖曰：臨，剛浸而長，

《禮記》："春作夏長，仁也。"《復》一陽，爲陽生。《臨》二陽，爲陽長，故曰剛長。《周禮》："揚州，其浸五湖。荆州，其浸潁湛。"水之漸長者爲浸。"剛浸而長"，取諸地澤之義也。

説而順，剛中而應。

《禮記》："内和而外順，則民瞻其顔色而弗與争也，望其容貌而民不生易慢焉。故德動於内，而民莫不承聽；理發諸外，而民莫不承順。"此所謂"説而順，剛中而應"也。其德爲"説而順"。《書》："臨下以簡，御衆以寬。"上有易良之德，則下有歡附之心。其體爲"剛中而應"。《論語》："居敬而行簡，以臨其民。"中有主而自治嚴，則事不煩而民不擾，此皆所以臨民之本也。

大亨以正，天之道也。

《詩》："皇矣上帝，臨下有赫。監觀四方，求民之莫。"四德合乎乾。乾之道是天之道。《詩》："上帝臨女，無貳爾心。"牧野之師，即所謂"大亨以正"者。上合天道，下應人心。天臨君臨，其義一也。

"至于八月有凶"，消不久也。

《孟子》："苟得其養，無物不長。苟失其養，無物不消。"浸而長即曰消。"不久"者，消長之機至速，可不戒哉？《孟子》："原泉混混，不舍晝夜。盈科而後進，放乎四海。有本者如是。苟爲無本，七八月之間雨集，溝澮皆盈，其涸也，可立而待也。"有本即陽之浸而長者，無本即陽之消不久者。其理如是，可以見地澤之義。

象曰：澤上有地，臨。君子以教思无窮，容保民无疆。

《爾雅》："望厓洒而高岸。"言視水之厓，其下水深，其厓高峻曰岸。此"澤上有地"之象也，所以爲臨。《孟子》："君子之所以教者五：有如時雨化之者，有成德者，有達財者，有答問者，有私淑艾者。"此言"教思无窮"也。《詩》："無思不服。"故曰"教思"。《書》："用康保民，用康乂民。"此言"容保民无疆"也。《書》："有容德乃大。"故曰"容保民"。《大學》："君子賢其賢而親其親，小人樂其樂而利其利，此以没世不忘也。""无窮""无疆"之義蓋如是。

初九：咸臨，貞吉。

《周禮》："《大咸》。"堯樂。《禮記》："《咸池》備矣。"言其德無所不施。

此“咸臨”之義。澤山爲咸，地澤亦取其相感也。《書》：“用咸和萬民。”“咸臨”之謂也。《論語》：“臨之以莊則敬，不莊以涖之則民不敬。”“咸臨，貞吉”之謂也。

象曰：“咸臨，貞吉”，志行正也。

《論語》：“政者，正也。子帥以正，孰敢不正？”志之行正，臨民之道也。《孟子》：“行一不義，殺一不辜而得天下，不爲也。”咸臨而必行正者，此其義也。在初，故曰“志”。

九二：咸臨，吉，无不利。

初、二皆言“咸臨”者，以陽臨陰，又與二陰相應，二陽又取均遍之義。《孟子》：“諫行言聽，膏澤下於民。”剛中有應，是以能感中順之君。《左傳》：“仁人之言，其利溥哉！”是以“咸臨”而曰“吉，无不利”。

象曰：“咸臨，吉，无不利”，未順命也。

《禮記》：“君命順則臣有順命，君命逆則臣有逆命。”順乎道，不順乎命，是以謂之“未順命”。《書》：“予違汝弼，汝無面從，退有後言。”是能感君心者，非徒順君命矣。

六三：甘臨，无攸利；既憂之，无咎。

《左傳》：“幣重而言甘，誘我也。”甘之爲義如此。以甘臨之私恩，小惠之術也。《禮記》：“君子之接如水，小人之接如醴。君子淡以成，小人甘以壞。盗言孔甘，亂是用餤。君子不以口譽人，口惠而實不至。君子不以色親人，情疏而貌親。”此“甘臨”之“无攸利”也。《孟子》：“王者之民，皡皡如也。霸者之民，驩虞如也。”“咸臨”曰“无不利”，“甘臨”曰“无攸利”，大小公私之辨在是矣。《論語》：“人無遠慮，必有近憂。”剛之浸長，自此爻終。八月之凶，自此爻始。所以可憂之故也。《左傳》：“知懼如是，斯不亡矣。”既憂則能改，所以“无咎”。

象曰：“甘臨”，位不當也；“既憂之”，咎不長也。

《書》：“罔違道以干百姓之譽。”甘臨非在上之宜，故不當位。自三至上又取上臨下之象，故三、四皆曰位。《孟子》：“君子有終身之憂，無一朝之患。”咎之不長，用此道也。《論語》：“既往不咎。”象曰“消不久”，欲人之知戒。象曰“咎不長”，望人之能改。其義一也。

六四：至臨，无咎。

地澤相近，四與初應，又爲相臨之至。《禮記》："民之父母，必致五至而行三無。志之所至，詩亦至焉；詩之所至，禮亦至焉；禮之所至，樂亦至焉；樂之所至，哀亦至焉。"至者，至於民也。吾志所至，使民各達其情，各安其分，各樂其樂，各哀其哀，而天下平矣。"至臨"之義，亦以其相感而言也，故"无咎"。

象曰："至臨，无咎"，位當也。

《左傳》："照臨敝邑。"親至其地謂之臨。德之所臨，本無不至。位之所臨，則其至尤切也，故曰"位當"。《左傳》："君子在位可畏，施舍可愛，進退可度，周旋可則，容止可觀，作事可法，德行可象，聲氣可樂，動作有文，言語有章，以臨其下，謂之有威儀也。"此"至臨"爲"位當"之義，"甘臨"曰"位不當"者。《詩》："無已太康，職思其憂。"不知其憂，則不盡其職也。"至臨"曰"位當"者。《詩》："不解于位，民之攸塈。"能勤其職，則能臨其民也。

六五：知臨，大君之宜，吉。

《孟子》："知者無不知也，當務之爲急。堯、舜之知而不徧物，急先務也。"是謂"知臨"。《書》："明四目，達四聰。"不自用其聰明，而無不明，無不達，此"知臨"之本也。《左傳》："君人者，將昭德塞違，以臨照百官。"故曰"大君之宜"。《中庸》："成己，仁也。成物，知也。故時措之宜也。""知臨"之所以"宜"也。《詩》："宜民宜人，受禄于天。""大君之宜"所以"吉"也。

象曰："大君之宜"，行中之謂也。

《中庸》："舜其大知也與！執其兩端，用其中於民，其斯以爲舜乎！""行中之謂也"。《書》："惟精惟一，允執厥中。"又："王懋昭大德，建中于民，以義制事，以禮制心。""行中"者，古今君道之極則也。

上六：敦臨，吉，无咎。

《孝經》："君親臨之，厚莫重焉。""敦臨"之義也。《中庸》："大德敦化。""敦臨"之本也。《中庸》："敦厚以崇禮。""敦臨"之用也。《書》："在知人，在安民。知人則哲，能官人。安民則惠，黎民懷之。""知人"蓋言乎"知臨"，"安民"蓋言乎"敦臨"也。《書》："帝光天之下，至于海隅蒼生，萬邦黎獻，共惟帝臣。”“知臨”言其可大也。《書》：“地平天成，六府三事，允治。萬世永賴。”“敦臨”言其可久也。

象曰：“敦臨”之“吉”，志在内也。

《論語》：“慎終追遠，民德歸厚矣。”志在内者不馳騖於外也。《書》：“堯曰：‘朕在位七十載，汝能庸命巽朕位。’”“舜曰：‘朕宅帝位三十有三載，耄期倦于勤。汝惟不怠，總朕師。’”“志在内”即志之行正者，與《泰》之“志在外”對言。臣道之始志在國，君道之久志在民，觀古帝之敦臨可知矣。

䷓坤下巽上

觀：盥而不薦，有孚顒若。

《爾雅》：“觀謂之闕。”宫門雙闕，舊章縣焉，使民觀之，故謂之觀，此觀之所由名也。《爾雅》：“觀，示也。”有以示人而爲人所仰，是觀示之義也。案文：從雚從見。《詩》：“亦既見止，亦既覯止，我心則説。”相見而歡，是又觀瞻之義也。《周禮》：“以槱燎祀，飌師、雨師。”風之文亦從雚，風地之所以爲觀也。《周禮·春官·鬱人》：“凡祼事沃盥。”《夏官·小臣》：“大祭祀，沃王盥。”將祭而潔手也。《爾雅》：“薦，陳也。”既祭而陳享也。《禮記》：“籩豆之薦，四海九州之美味，四時之和氣也。”盥在將祭之初，薦在既灌之後。盥而未薦，可以觀，誠敬專一之時也。《論語》：“子曰：‘居上不寬，爲禮不敬，吾何以觀之哉？’子曰：‘禘自既灌而往者，吾不欲觀之矣。’”下之觀瞻必自上之觀示。祭，其大焉者也。《詩》：“顒顒卬卬，如圭如璋，令聞令望。”《爾雅》：“顒顒卬卬，君之德也。”德容之外見者也。《禮記》：“有所竭情盡慎、致其敬而誠若，有美有文而誠若。”誠意之自中出者也。

象曰：大觀在上，順而巽，中正以觀天下。

《左傳》：“有威而可畏謂之威，有儀而可象謂之儀。”是“大觀在上”之義也。《書》：“允恭克讓。”“順而巽”之德也。《書》：“無偏無黨，王道蕩蕩。無黨無偏，王道平平。無反無側，王道正直。會其有極，歸其有極。”“中正以觀天下”也。《周禮》：“時文思索，允臻其極。嘉量既成，以觀四國。”即一器而凡典章文物之觀天下者可知也。《左傳》：“古者明王伐不敬，取其鯨鯢而封之，以爲大戮，於是乎有京觀。”勸善者示之觀，懲惡者亦示之觀也。中正之義於是乎備。

“觀：盥而不薦，有孚顒若”，下觀而化也。

《禮記》：“七日戒，三日齋，以教敬也。故堂上觀乎室，堂下觀乎上。”此“下觀”之義也。《中庸》：“奏假無言，時靡有争，是故君子不賞而民勸，不怒而民威於鈇鉞。”此下觀而自化之義也。

觀天之神道而四時不忒，聖人以神道設教而天下服矣！

《詩》：“上天之載，無聲無臭。”《禮記》：“天有四時，春夏秋冬，風雨霜露，無非教也。”四時不忒，天之神道設教也。《孟子》：“所過者化，所存者神。”聖人之神道也。《禮記》：“天地之道，寒暑不時則疾，風兩不節則饑。教者，民之寒暑也。教不時則傷世。事者，民之風雨也。事不節則無功。”神道設教，聖人之四時不忒也。《禮記》：“天道至教，聖人至德。”聖人之神道即本乎天也。《家語》：“民賴其利百年，没而民畏其神百年，用其教百年，故曰黄帝三百年。”“聖人以神道設教而天下服”，此之謂也。後世託於鬼神者誣矣。

象曰：風行地上，觀。先王以省方觀民設教。

《論語》：“君子之德風，小人之德草，草上之風必偃。”此“風行地上”之象也。《書》：“彰善癉惡，樹之風聲，弗率訓典，殊厥井疆。”此觀之義所以取乎風也。《穀梁傳》：“常事曰視，非常曰觀。”觀之爲義，政之大者也。《孟子》：“齊景公曰：‘吾何脩而可以比於先王觀也？’晏子曰：‘天子適諸侯曰巡狩，諸侯朝於天子曰述職。春省耕而補不足，秋省斂而助不給，無非事者。’”先王之觀，此其義也。《書》：“歲二月，東巡狩，至于岱宗。五月，南巡狩，至于南岳。八月，西巡狩，至于西岳。十有一月朔，巡狩至于北岳。”“省方”之謂也。《禮記》：“命大師陳詩，以觀民風。命市納賈，以觀民之所好惡。”“觀民”之謂也。《禮記》：“國奢則示之以儉，國儉則示之以禮。”“設教”之謂也。

初六：童觀，小人无咎，君子吝。

卦以觀示爲義，爻以觀瞻爲義，皆觀乎九五者，亦聖人作覩之義也。《穀梁傳》：“望遠者察其貌而不察其形。”初與五遠，故曰“童觀”。《禮記》：“童子曰聽事。”童者，未冠之稱。“童觀”，言不能見遠也。《詩》：“不識不知，順帝之則。”小人之所以无咎也。《孟子》：“行之而不著焉，習矣而不察焉。”君子則有吝矣。《左傳》：“昭公生十九年矣，猶有童心。”此君子之童觀者也，故以爲戒。

象曰：初六“童觀”，小人道也。

《周禮·大宰》：“正月之吉，縣治象之法於象魏，使萬民觀治象。”“初六童觀”，亦猶發蒙之意，啓導之於先也。《論語》：“民可使由之，不可使知之。”小人由其道，君子則宜知其道矣。

六二：闚觀，利女貞。

《左傳》：“婦人送迎不出門，見兄弟不踰閾。”在門以内曰闚。《公羊傳》：“踊于棓而闚客。”是“闚觀”之義也。《詩》：“女曰觀乎？士曰既且。且往觀乎？洧之外，洵訏且樂。維士與女，伊其相謔。”游觀非女之正也，故曰“闚觀，利女貞”。《禮記》：“季春，禁婦女毋觀。”是即利貞之義也。

象曰：“闚觀，女貞”，亦可醜也。

《孟子》：“鑽穴隙相窺，踰牆相從，父母國人皆賤之。仕不由其道者，鑽穴隙之類也。”女子之闚失其貞，男子之闚更失之矣。《詩》：“中冓之言，言之醜也。”闚尚爲女觀之貞，男則貞而亦醜矣，猶初之“小人无咎，君子吝”，《恒》之“婦人貞吉，夫子凶”也。君子知童觀之不能見遠。《儀禮》：“去爾幼志，順爾成德。”可以明成人之道也。君子知女觀之所見者小。《孟子》：“以順爲正者，妾婦之道也。”可以見丈夫所羞也。《禮記》：“幼子常視毋誑。”此得童觀之正矣。《書》：“觀厥刑于二女。”此得女觀之正矣。

六三：觀我生，進退。

《論語》：“君子求諸己。”“觀我生”之義也。《禮記》：“君子三揖而進，一辭而退。”交際之進退所當觀者也。《孟子》：“治則進，亂則退。”出處之進退所當觀者也。《禮記》：“事君者量而后入，不入而后量。”“觀我生，進退”以自審也。

象曰：“觀我生，進退”，未失道也。

《孟子》：“進以禮，退以義，得之不得曰有命。”進退之道未失也。《孟子》：“得志與民由之，不得志獨行其道。”志在行道，故曰“未失”。

六四：觀國之光，利用賓于王。

《書》："是訓是行，以近天子之光。""觀國之光"者也。《書》："賓于四門，四門穆穆。"諸侯之來朝者曰賓也。《書》："修其禮物，作賓于王家。"先代之後曰賓也。《詩》："我有嘉賓，鼓瑟吹笙。"昭德音而示周行。《周禮》："大司徒以鄉三物教萬民而賓興之。"獻賢能而詔禄位，皆所謂"利用賓于王"也。《左傳》："吴季札聘魯，請觀於周樂。""晋韓宣子聘魯，觀書於大史氏。"凡爲賓，皆有觀之禮也。《左傳》："陳敬仲奔齊，陳侯使筮之，遇《觀》之《否》。曰：'是謂觀國之光，利用賓于王。此其代陳有國乎？不在此，其在異國；非此其身，在其子孫。光遠而自他有耀者也。坤，土也。巽，風也。乾，天也。風爲天於土上，山也。有山之材而照之以天光，於是乎居土上。故曰觀國之光，利用賓于王。庭實旅百，奉之以玉帛，天地之美具焉，故曰利用賓于王。猶有觀焉，故曰其在後乎。風行而著於土，故曰其在異國乎。若在異國，必姜姓也。山嶽則配天，物莫能兩大。陳衰，此其昌乎！'"此亦釋爻象之義。凡爲占者皆可以引伸觸類矣。

象曰："觀國之光"，尚賓也。

《孟子》："舜尚見帝，帝館甥于貳室，亦饗舜，迭爲賓主，是天子而友匹夫也。"臣而賓之，尚德之義也。《禮記》："有虞氏貴德而尚齒，夏后氏貴爵而尚齒，殷人貴富而尚齒，周人貴親而尚齒。"尚之爲義，明其所貴，風示天下之意也。

九五：觀我生，君子无咎。

陽剛中正以居尊位，天下所觀者也，而曰"觀我生"者。《中庸》："君子之道，本諸身，徵諸庶民，考諸三王而不繆，建諸天地而不悖，質諸鬼神而無疑，百世以俟聖人而不惑。"天地、鬼神、三王、百世，即"徵諸庶民"之實。其"本諸身"者，先天下而觀我也。《中庸》："王天下有三重焉，其寡過矣乎！""无咎"之謂也。謂之生者。《孟子》："生於其心，害於其政。發於其政，害於其事。"政事之本皆出於心，生之義也。謂之我者。《孟子》："萬物皆備於我矣。反身而誠，樂莫大焉。"家國之本皆在於身，我之義也。《論語》："不患無位，患所以立。不患莫己知，求爲可知也。"九三之"觀我生"也。《孟子》：

“禹思天下有溺者，由己溺之也。稷思天下有飢者，由己飢之也。”九五之“觀我生”也。

象曰：“觀我生”，觀民也。

《書》：“古人有言曰：人無於水監，當於民監。”“觀民”之義也。《書》：“天聰明自我民聰明，天明畏自我民明威，天視自我民視，天聽自我民聽。”觀我在於觀民，觀民所以觀我也。

上九：觀其生，君子无咎。

《論語》：“觀其所由，察其所安。”“觀其生”之義也。變文而言“其”者，自人之觀者言之也。《中庸》：“遠之則有望，近之則不厭。《詩》云：‘在彼無惡，在此無射。庶幾夙夜，以永終譽。’君子未有不如此而蚤有譽於天下者也。”此“君子无咎”之義也。

象曰：“觀其生”，志未平也。

《書》：“七世之廟可以觀德，萬夫之長可以觀政。”“觀其生”之志如此。《左傳》：“先王之濟五味，和五聲也，以平其心，成其政也。”政成而心始平。“觀其生”，故曰“志未平”。《書》：“厥或告曰：‘小人怨汝詈汝，則皇自敬德。’”不敢謂已治已安，此“志未平”之義也。《書》：“伊尹曰：‘予弗克俾厥后惟堯舜，其心愧恥，若撻于市。’一夫不獲，則曰時予之辜。”此“觀其生”而“志未平”者也。

䷔震下離上

噬嗑：亨，利用獄。

《孟子》：“口之於味也，有同耆焉。”噬嗑皆從口，卦從《頤》而象之也。《書》：“其審克之獄，成而孚，輸而孚。”案文：噬從筮，與“原筮”之筮同。嗑從盍，與“盍簪”之盍同。審者，噬之義也。孚者，嗑之義也。飲食之象取諸《頤》，烹飪之象取諸《鼎》，故《噬嗑》别取象焉，曰“利用獄”者。《禮記》：“濡肉齒決。”齧而合之，所謂噬嗑也。齧之而合則亨矣。《論語》：“片言可以折獄者，其由也與？”以齒決肉，則物之梗者化。以言決獄，則人之梗者化。是以噬嗑之義“利用獄”。《書》：“鞭作官刑，扑作教刑，金作贖刑，眚災肆赦，怙終賊刑。”小懲大誡，六爻所陳皆是也，故曰“利用”。

象曰：頤中有物曰噬嗑。

《禮記》:“食在口。”是“頤中有物”之象也。《周禮》:“膳夫掌王之食飲膳羞。鼎十有二物。”頤中之物即鼎實也。

噬嗑而亨。剛柔分,動而明,雷電合而章。柔得中而上行,雖不當位,“利用獄”也。

《詩》:“中心如噎。”《疏》:“噎者,咽喉蔽塞。”噎則噬者不合而有滯隔之患,故特言“噬嗑而亨”,以明其義。上下二剛爲頤。頤中之物,有剛有柔。《詩》:“人亦有言,柔則茹之,剛則吐之。惟仲山甫,柔亦不茹,剛亦不吐。不侮矜寡,不畏彊禦。”此“剛柔分”之義。茹、吐之宜,即噬嗑之亨也。《書》:“臯陶方祗厥叙,方施象刑,惟明。”“動而明”之義也。《禮記》:“仲春之月,雷乃發聲,始電。”是月陽升,奮氣爲雷,激氣爲電。《左傳》:“大雷電。”雷電並言者,電與雷同氣,雷以電爲光,故曰“雷電合而章”。《詩》:“倬彼雲漢,爲章于天。”雷電在天,亦曰章也。六五以柔得中,柔道上行,雖不當位,而用獄則利。《禮記》:“史以獄成告於正,正聽之。正以獄成告於大司寇,大司寇聽之棘木之下。大司寇以獄之成告於王,王命三公參聽之。三公以獄之成告於王,王三又,然後制刑。”此“柔得中而上行”之義也。聽訟非王者之事,故曰“不當位”。《書》:“與其殺不辜,寧失不經。好生之德洽于民心,茲用不犯于有司。”“寧失不經”正所謂“柔得中”者。獄之利用,其義蓋如此矣。

象曰:雷電噬嗑,先王以明罰勑法。

《詩》:“爗爗震電,不寧不令。”雷電所以示警,先王象之以示威也。《左傳》:“爲刑罰威獄,使民畏忌,以類其震曜殺戮。”雷震電曜,天之威也。聖人作刑罰以類之,取其象也。《書》:“德威惟畏,德明惟明。”威以象震,明以象離,噬嗑之義也。《書》:“墨罰之屬千,劓罰之屬千,剕罰之屬五百,宫罰之屬三百,大辟之罰其屬二百。”此所以“明罰”也。《周禮·大司寇》:“縣刑象之灋于象魏。”《小司寇》:“令以木鐸,曰:‘不用灋者,國有常刑。’令羣士,乃宣布於四方,憲刑禁。”《士師》:“掌國之五禁之灋,以左右刑罰。”《司刑》:“掌五刑之灋,以麗萬民之罪。”《司刺》:“掌三刺三宥三赦之灋,以贊司寇聽獄訟。”此所以“勑法”也。《左傳》:“士文伯曰:‘火未出而作火以鑄刑器。火如象之,不火何爲?’”火有刑象,故《賁》《豐》

《旅》皆言刑獄，以火象也。

初九：屨校，滅趾，无咎。

《周禮·掌囚》："凡囚者，上罪梏拲而桎，中罪桎梏，下罪桎。"在手曰梏。兩手共曰拲。在足曰桎。桎即屨校也。《左傳》："齊景公繁刑，踊貴屨賤。"踊對屨言，謂其重刑多而輕刑少也。《書》："剕辟疑赦。"滅趾即剕辟刖足之刑也。《周禮》："凡圜土之刑人也，不虧體。"屨校尚不虧體。曰"屨校滅趾"，則屨校之設正所以爲滅足之戒，故望其无咎也。"滅鼻""滅耳"，皆同此解。

象曰："屨校，滅趾"，不行也。

《左傳》："鮑莊子之知不如葵，葵猶能衛其足。"又："君子謂强鉏不能衛其足。"曰衛足者，皆言慎行之義，所以爲不行之戒也。

六二：噬膚，滅鼻，无咎。

《儀禮》："雍人倫膚九實於一鼎。"膚謂肉之柔脆者，噬之易者也。《書》："劓辟疑赦。"滅鼻即劓辟，割鼻之刑也。"滅趾""滅耳"，皆以受刑者取象爲戒，此獨以聽獄者取象爲戒，二爻已當噬之用也。三、四、五曰腊肉、乾胏、乾肉，肉陳喻難斷之獄。膚爲腥肉，喻獄之易斷也。曰"噬膚滅鼻"者，魚餒肉敗，一嗅可知。《論語》："臭惡不食。"正其義也。是"噬膚"之義亦所以爲"滅鼻"之戒。"无咎"之占與"滅趾"同矣。

象曰："噬膚，滅鼻"，乘剛也。

《大學》："所謂誠其意者，毋自欺也，如惡惡臭。"惡惡之正，乘剛之義也。

六三：噬腊肉，遇毒，小吝，无咎。

《周禮》："腊人掌凡田獸之脯腊。"此腊肉之義也。《國語》："厚味實腊毒。"又："毒之酋腊者，其殺人也滋速。"肉之久者有毒，獄之久者生變。《左傳》："天子歸胙于公，公田姬寘諸宫六日。公至，毒而獻之。"獄之幻也不測，毒之來也無方，此皆噬腊遇毒之義也。《左傳》："蠭蠆有毒，而況國乎！"知以遇毒自警者，雖"小吝"而"无咎"。

象曰："遇毒"，位不當也。

《禮記》："君子好其正，小人毒其正。"位不得其正而反遇小人之毒，治獄者在慎所自處也。

九四：噬乾胏，得金矢，利艱貞，吉。

《禮記》："左殽右胾。"胏與胾通。《儀禮》："胾四豆，設于左。"肉之帶骨，噬而愈堅者，獄之難折者也。《周禮·秋官·司寇》："以兩造禁民訟，入束矢於朝，然後聽之。以兩劑禁民獄，入鈞金，三日乃致於朝，然後聽之。"入矢取其直，入金取其堅。"得金矢"則難折之獄皆得其情矣。《論語》："如得其情，則哀矜而勿喜。"是所謂艱貞之吉也。

象曰："利艱貞，吉"，未光也。

《左傳》："小大之獄，雖不能察，必以情。"恐其有不察，即"未光"之義，不敢自謂明斷也。

六五：噬乾肉，得黄金，貞厲，无咎。

《周禮》："腊人掌乾肉。"乾異於腊，無骨異於胏。《禮記》："乾肉不齒決。"決乾肉難於膚而易於腊胏，是獄之已成者。前言金矢而此言黄金，金矢入於獄前，黄金入於獄後。《周禮·秋官·職金》："掌受士之金罰、貨罰，入於司兵。"故祗言黄金。《書》："金作贖刑。"註以爲黄金是也。"得黄金"則受罰者皆服其罪矣，猶曰"貞厲，无咎"者。《書》："欽哉欽哉！惟刑之恤哉！"聖王慎刑之心蓋如此。

象曰："貞厲，无咎"，得當也。

《書》："四罪而天下咸服。"刑當其罪，此之謂也。九四臣位，曰"得金矢"，未成之獄，是聽獄者。《禮記》："悉其聰明，致其忠愛以盡之。"故艱而後貞，知其難而後得其正，執法之義也。六五君位，曰"得黄金"，已成之獄，是定獄者。《孟子》："文王視民如傷。"故貞而猶厲，正其法而愈不忍於心，愛民之仁也。

上九：何校，滅耳，凶。

《左傳》："子蕩以弓梏華弱於朝。"梏爲貫頸之義。何校之刑在首者也。《左傳》："楚子玉治兵，貫三人耳。"亦刑耳之象。《書》："劓刵人。"滅耳即截耳之刑也。初、二皆言"无咎"，上言"凶"者，觀《繫傳》"小過无傷"，則"何校"之戒亦與"屨校"同義，在初、二猶有肆赦之望，在上則有怙終之防，故罪大惡極之戒於上著之，凶與无咎以初、上之象分，豈得以滅趾、滅鼻與滅耳分輕重哉？

象曰："何校，滅耳"，聰不明也。

《左傳》："耳不聽五聲之和爲聾。"聰而曰不明者，不明乎聰之道。《詩》：

“褎如充耳。”又：“聽我藐藐。”皆不明之故也。“噬膚”“噬腊”“噬胏”“噬肉”，自爲一類，指折獄者言。“滅趾”“滅鼻”“滅耳”，自爲一類，指受刑者言。“噬膚滅鼻”兼言之者，以其近初，獨以乘剛明之，且其義亦可互見也。昔人以滅作没解，皆以屬作一句讀，則疑其刑之太重，故爲是説，而於義未安。至滅鼻又解作噬膚者之自滅其鼻，文義亦與前後參差。竊以小懲大誡之義推之。曰“屨校”，戒其“滅趾”也；“噬膚”，戒其“滅鼻”也；“荷校”，戒其“滅耳”也。初、二戒之於始，曰“无咎”。上九戒之於終，曰“凶”。皆作戒辭解。斷句讀之自明。《孝經》：“身體髮膚，受之父母，不敢毁傷。”不可滅者也。君子觀於“屨校”之戒“滅趾”。《禮記》：“一舉足而不敢忘父母。”則無滅趾之患矣。君子觀於噬膚之戒滅鼻。《書》：“無起穢以自臭，恐人倚乃身，迂乃心。”則無滅鼻之患矣。君子觀於荷校之戒滅耳。《書》：“聰聽祖考之彝訓。”則無滅耳之患矣。《論語》：“君子懷刑。”君子守身之義莫切於是。《書》：“刑期于無刑。”王者刑措之風，不亦可以觀其成哉？

䷕離下艮上

賁：亨，小利，有攸往。

《詩》：“山有嘉卉，侯栗侯梅。”草木之文也。《詩》：“萋兮斐兮，成是貝錦。”麟介之文也。卉貝之字合而成賁。《中庸》：“今夫山草木生之寶藏興焉。”山下之火，文采著見，是以爲賁。《書》：“賁若草木。”正其義也。《書》：“用宏茲賁。”象之焕然而新者，賁之亨也。《禮記》：“無本不立，無文不行。”有質而後有文，賁之所以“亨”者，本之立也。文不可以太過，“小利，有攸往”者，文之行也。

彖曰：“賁：亨”，柔來而文剛，故“亨”。分剛上而文柔，故“小利，有攸往”，天文也。

乾體在下本剛，而柔來文之，質爲主而濟以文。坤體在上本柔，而分剛上以文之，文不可過而濟以質。《禮記》：“禮減而進，以進爲文。樂盈而反，以反爲文。”樂之以反爲文者，得柔之來而爲文也。禮之以進爲文者，柔之分剛上而爲文也。先儒謂“天文也”上當有“剛柔交錯”四字。《論語》：“質勝文則野，文勝質則史。文質彬彬，然後君子。”此所謂剛柔交錯者也。《左傳》：“經天緯地謂之文。”自然之運，是天文也。《禮記》：“以日星爲紀。”日有次度，星有列宿。《禮記》：“孟春之月，日在營室，昏參中，旦尾中。孟夏之月，日在畢，昏翼中，旦婺女中。”日星所以授時，天文之顯著者也。《書》：“日中星鳥，日永星火。”義亦同之。《詩》：“日出有曜。”離爲日。《春秋》：“隕石于宋五。”艮爲石。石之精爲星，見於天。火之精爲日，照於地。賁之取義於天文者，是其象也。

文明以止，人文也。

《大學》：“穆穆文王，於緝熙敬止。“文明以止”之謂也。爲人君止於仁，爲人臣止於敬，爲人子止於孝，爲人父止於慈，與國人交止於信。”燦然有禮，以相接截，然有分以相守，是人文也。

觀乎天文，以察時變；觀乎人文，以化成天下。

《書》：“在璿璣玉衡，以齊七政。”是“觀乎天文”也。《左傳》：“登觀臺以望，凡分至啓閉，必書雲物爲備故也。”是“以察時變”之義也。《孟子》：“使契爲司徒，教以人倫，父子有親，君臣有義，夫婦有别，長幼有序，朋友有信。”是“觀乎人文”也。《論語》：“周監於二代，郁郁乎文哉！”是“以化成天下”之義也。

象曰：山下有火，賁。君子以明庶政，无敢折獄。

《孟子》：“舜使益掌火。益烈山澤而焚之，禽獸逃匿。”此“山下有火”之象，可以燭幽隱，驅凶頑，故義取於賁也。《家語》：“孔子嘗自筮其卦，得賁焉，愀然有不平之狀。子張進曰：‘師聞卜者得賁卦，吉也。而夫子之色有不平，何也？’孔子對曰：‘以其離耶！在《周易》，山下有火謂之賁，非正色之卦也。夫質也，白宜正白，黑宜正黑。今得賁，非吾兆也。吾聞丹漆不文，白玉不雕，何也？質有餘不受飾故也。’”此解賁卦之義。《禮記》：“八政：飲食、衣服、事爲、異别、度量、數制。”此“庶政”之謂也。《書》：“庶績咸熙。”政治之具所當文飾者，“明”之義也。《書》：“要囚，服念五六日，至于旬時，丕蔽要囚。”是所謂“无敢折獄”者。審慎之思，非寡斷之謂也。《書》：“非佞折獄，惟良折獄。”折獄以實，不以文。深文文致皆明之過者。曰“无敢”，止之義也。《書》：“文王罔攸兼于庶言，庶獄庶慎。庶獄庶慎，文王罔敢知于兹。”言文王不侵下職，明於求才，謹於任賢。此亦内離明而外艮止之義。

初九：賁其趾，舍車而徒。

《禮記》:“足容重。”足容即足之文,所謂賁也。《禮記》:“堂上接武,堂下布武,趨中采齊,行中肆夏。”皆“賁其趾”之義也。《左傳》:“服美不稱,必以惡終,美車何爲?”此“舍車”之義也。《禮記》:“君子耆老不徒行。”“舍車而徒”者,富貴不處,君子“賁其趾”也。

象曰:“舍車而徒”,義弗乘也。

《孟子》:“非其義也,非其道也,繫馬千駟,弗視也。”此“弗乘”之義也。《論語》:“不義而富且貴,於我如浮雲。”可以知“舍車而徒”之義矣。

六二:賁其須。

《詩》:“其人美且偲。”頤下曰須,文之見於面者。此舊説也。《左傳》:“至於靈王,生而有須。”此須之異者。須於面最後出,故亦有待義。細繹此爻之義,須者,需也,且以“歸妹以須”類之,皆不當作實字解。《禮記》:“陰之與陽,相須而後成也。”剛柔相須,“賁其須”之正義。《中庸》:“洋洋乎發育萬物,峻極于天,優優大哉!禮儀三百,威儀三千,待其人而後行。”天地之文亦待人而行,“賁其須”之義也。

象曰:“賁其須”,與上興也。

《孟子》:“待文王而後興者,凡民也。”“興”字之義如此。蓋此爻爲柔來文剛者,上爻爲剛上文柔者。“與上興也”,正言相須之義。《爾雅》:“獸曰釁,人曰撟,魚曰須,鳥曰臭[1]。”題曰須,屬氣體之所須也。獸之奮迅者,釁也。魚之鼓動者,須也。鳥之張摇兩翅者,臭也。以此推之,人之夭撟亦與物之有所須同也,可以明“與上興”之義。

九三:賁如濡如,永貞吉。

《詩》:“羔裘如濡。”“濡如”者,言其潤澤之美也。《論語》:“東里子産潤色之。”文辭之賁。《孟子》:“若夫潤澤之。”政事之賁,皆“賁如濡如”之義也。《書》:“敷賁敷前人受命。”增飾其典章法度,所謂“濡如”者也。文飾之過則失正。《禮記》:“管仲鏤簋朱紘,山節藻棁,君子以爲濫矣。”故曰“永貞吉”。

象曰:“永貞”之“吉”,終莫之陵也。

《書》:“服美于人,驕淫矜夸。世禄之家,鮮克由禮,以蕩陵德。”自陵其德,則陵之者至矣。《家語》:“相陵者生於長幼無序而遺敬讓。”賁得其正，故曰“終莫之陵”。

六四：賁如皤如，白馬翰如，匪寇婚媾。

《書》：“番番良士。”《左傳》：“皤其腹。”一言鬢之白，一言腹之白，“賁如皤如”之義也。《論語》：“子夏曰：‘《詩》云：巧笑倩兮，美目盼兮，素以爲絢兮。何謂也？’子曰：‘繪事後素。’”此“皤如”之所以爲“賁如”也。《禮記》：“商人尚白，戎事乘翰。”白馬謂之翰。《孟子》：“白馬之白無以異於白人之白也。”觀其所乘，可以知其所尚。四與初應，在己有“皤如”之德。初之“翰如”，而來者“匪寇”也，乃己之“婚媾”也。《禮記》：“昏禮者，將合二姓之好。”是婚媾之義也。《詩》：“皎皎白駒，賁然來思。”賢者之來，光采之貌，是“賁如皤如，白馬翰如”之謂也。《詩》：“皎皎白駒，食我場藿。縶之維之，以永今夕。所謂伊人，於焉嘉客。”始欲縶維，終爲嘉客，是“匪寇婚媾”之謂也。

象曰：六四，當位疑也。“匪寇婚媾”，終无尤也。

四應於初爲“當位”，而曰“疑”者，即賁不苟合之意。《禮記》：“七介以相見也，不然則已慤；三辭三讓而至，不然則已蹙。”此“疑”字之解也。《詩》：“式相好矣，無相尤矣。”“終无尤”之義也。“婚媾”故曰“當位”。以爲寇，故曰“疑”。終“匪寇”，故曰“无尤”。純白之心，物無能間者如此。

六五：賁于丘園，束帛戔戔，吝，終吉。

《詩》：“孑孑干旄，在浚之郊。素絲紕之，良馬四之。”是“賁于邱園”者也。《孟子》：“伊尹耕於有莘之野，湯使人以幣聘之。”野即丘園，幣即束帛之謂也。《儀禮》：“納帛一束，束五兩。”所以爲聘者。《禮記》：“束帛加璧，尊德也。”專言“束帛”，所以謂之“戔戔”。《周書》：“戔戔巧言。”瑣屑之辭可以明淺小之義。《論語》：“與其奢也寧儉。”“吝”而“終吉”之義也。

象曰：六五之吉，有喜也。

《詩》：“既見君子，云胡不喜。”“有喜”之謂也。《孟子》：“恭敬者，幣之未將者也。恭敬而無實，君子不可虛拘。”得賢之喜在於將幣之誠，不徒以外飾之文也。

上九：白賁，无咎。

《禮記》：“甘受和，白受采，忠信之人可以學禮。”白者，賁之本也。

《論語》："不曰白乎？涅而不緇。"是"白賁，无咎"之義也。《禮記》："酒醴之美，玄酒明水之尚，貴五味之本也。黼黻文繡之美，疏布之尚，反女功之始也。莞簟之安，而蒲越稾鞂之尚，明之也。大羹不和，貴其質也。丹漆雕幾之美，素車之乘，尊其樸也。"皆賁之復其始者，故曰"白賁，无咎"。

象曰："白賁，无咎"，上得志也。

《禮記》："反本脩古，不忘其初。"在上之位，得初之志者也。《中庸》："《詩》曰：'衣錦尚絅。'惡其文之著也。故君子之道闇然而日章，小人之道的然而日亡。"惡文之著，君子之志得矣。三四象傳曰"終莫之陵"、曰"終无尤"，謹其終，皆欲人反其始也。通觀六爻之義，剛柔文錯爲賁，而總以剛爲本。《禮記》："禮有以多爲貴者，有以少爲貴者；有以大爲貴者，有以小爲貴者；有以高爲貴者，有以下爲貴者；有以文爲貴者，有以素爲貴者。禮之以多爲貴者，以其外心者也。德發揚，詡萬物，大理物博。如此故君子樂其發也。禮之以少爲貴者，以其内心者也，德産之致也精微，觀天下之物，無可以稱其德者。故君子慎其獨也。""發揚"者，所謂"柔來文剛"，故"亨"也。"精微"者，所謂"剛上文柔"，故"小利，有攸往"也。"舍車而徒"，是以下爲貴也。"賁如濡如"曰"永貞"，"賁如皤如"曰"匪寇"，"白賁"曰"无咎"，是以素爲貴也。"束帛戔戔"，是以小且少爲貴也。而其不豐不殺，蓋言稱也之義，於"賁其須"一爻括之，此可以明賁之義矣。

䷖坤下艮上

剥：不利有攸往。

《周禮》："冬日至，令剥陰木而水之。"斫木曰剥。《詩》："或剥或亨。"殺牲曰剥。案文，從刀從录，以刀录刻剥之義也。五陰方盛，一陽將終，土崩於下，山頹於上，皆有剥象。《詩》："我瞻四方，蹙蹙靡所騁。""不利有攸往"之義也。《論語》："危邦不入，亂邦不居。"知其剥也。

象曰：剥，剥也，柔變剛也。

《孟子》："於斯時也，天下殆哉岌岌乎！"危而不安，是剥者之象。《左傳》："今王室亂，單旗、劉狄剥亂天下。"壞而必覆，是剥之者之象，故曰"利，剥也"。《詩》："萋兮斐兮，成是貝錦。彼譖人者，亦已大甚。"又："營營青蠅，止于樊。豈弟君子，無信讒言。"小人之害君子，在於變亂是非，

"柔變剛"者，言剛爲柔所變也。

"不利有攸往"，小人長也。順而止之，觀象也。君子尚消息盈虛，天行也。

《詩》："尹氏大師，維周之氐。"又："皇父孔聖，作都于向。"陰之盛而得位，故不曰道長，而直曰"小人長也"。《大學》："長國家而務財用者，必自小人矣。小人之使爲國家，菑害並至，雖有善者，亦無如之何矣。"往之不利，非爲一身計，亦知其勢之不可爲也。《論語》："陳力就列，不能者止。"順而止之之謂也。《論語》："季子然問：'仲由、冉求可謂大臣與?'子曰：'所謂大臣者，以道事君，不可則止。'曰：'然則從之者與?'子曰：'弑父與君，亦不從也。'"此所謂"順而止之"者。聖人之辭嚴矣。《詩》："北風其涼，雨雪其雱。惠而好我，攜手同行。"觀象者陰盛之象也。《論語》："道之將行也，與命也。道之將廢也，與命也。"《孟子》："行或使之，止或尼之。行止非人所能也，天也。"盈虛消息，莫非天行。《論語》："君子哉若人，尚德哉若人。"君子所尚有以知天道之本然矣。

象曰：山附於地，剥。上以厚下安宅。

《左傳》："山有朽壤而崩。"山附於地之象也，是以爲剥。《詩》："予曰有疏附。"以下親上曰附。"山附於地"，則以上親下象，故曰"厚下"。《書》："爲上爲德，爲下爲民。"六十四卦惟此象辭稱上，蓋以上九一爻而言。《書》："正德利用厚生。"養民所以"厚下"。《書》："公既定宅。公其以予萬億年敬天之休。"基命所以"安宅"。《孟子》："仁天之尊，爵人之安宅也。"厚下安宅，以仁爲本。《書》："民可近，不可下。民惟邦本，本固邦寧。"高以下爲基，君以民爲本。"厚下安宅"，所以防剥之道也。

初六：剥牀以足，蔑貞凶。

《詩》："下莞上簟，乃安斯寢。"牀所以安身，足又所以安牀者。《詩》："式遏寇虐，無俾正敗。"小人之剥君子，必先敗其正而使之不安。《公羊傳》："寢而不寐。"此"剥牀以足"之"蔑貞凶"者，即正敗之謂也。

象曰："剥牀以足"，以滅下也。

《禮記》："以足蹙路馬芻，有誅。"滅下爲犯上之漸，蹙芻之誅與剥牀之戒同其義矣。《坤》之“履霜”者即此。

六二：剥牀以辨，蔑貞凶。

《爾雅》：“蓐謂之兹，竿謂之箷，簀謂之笫，革中絶謂之辨，革中辨謂之韏。”辨者，中分之處。連牀制言之，則斷革即牀之薦也。《左傳》：“辨等威。”牀有上下之分，猶位有尊卑之辨。《詩》：“式遏寇虐，無俾正反。”小人之剥君子，必漸反其正而使之上下無辨。《左傳》：“遠間親，新間舊，小加大，淫破義。”此“剥牀以辨”之“蔑貞凶”者，即正反之謂也。

象曰：“剥牀以辨”，未有與也。

《書》：“剥喪元良，賊虐諫輔。”與正爲讎，“未有與”之義也。《論語》：“鄙夫可與事君也與哉？其未得之也，患得之；既得之，患失之。苟患失之，無所不至矣。”小人不可爲緣。“未有與”者，聖人所以絶之也。《孟子》：“不仁者可與言哉？安其危而利其菑，樂其所以亡者。不仁而可與言，則何亡國敗家之有？”陰柔無應，是以無與。曰“未有與”者，不忍陰邪之害正，猶冀其可與，又聖人之不輕絶人也。

六三：剥之，无咎。

《左傳》：“晉范氏之臣王生惡張柳朔，言諸昭子，使爲柏人。昭子曰：‘夫非爾讎乎？’對曰：‘私讎不及公，好不廢過，惡不去善，義之經也。臣敢違之？’”三獨應上之陽，不同乎群小以害正，“剥之，无咎”者也。

象曰：“剥之，无咎”，失上下也。

《孟子》：“在王所者，長幼卑尊，皆非薛居州也。”上下群陰皆小人也。《左傳》：“惡正醜正，實繁有徒。”“失上下”者，不同乎四陰也。

六四：剥牀以膚，凶。

《論語》：“膚受之愬。”切身之害，其象爲膚。《左傳》：“殺孟陽於牀，不類。見公之足於户下，弒之。”剥牀至膚，則有弒逆之患矣，故曰“凶”。

象曰：“剥牀以膚”，切近災也。

《大學》：“好人之所惡，惡人之所好，是謂拂人之性，菑必逮夫身。”切近之災，剥於陰之患也，可不戒哉！

六五：貫魚以宫人寵，无不利。

《周禮》："連行小蟲之屬。"《註》："魚屬。"是"貫魚"也。《爾雅》："鱊鮬，鱖婦。"《註》："小魚也。俗呼爲魚婢，江東呼爲妾魚。"婢妾之稱，貫魚所以爲宫人之象也。《禮記》："天子立六宫，三大人，九嬪，二十七世婦，八十一御妻，以聽天下之内治，以明章婦順。"五居尊位，率群陰以承一陽，是"以宫人寵"之象也。《左傳》："齊侯多内寵，如夫人者六人。""以宫人寵"，則嫡庶之分明矣，非私寵也。《周禮·天官·内宰》："以陰禮教六宫，以陰禮教九嬪，以婦職之灋教九御，使各有屬，以作二事；正其服，禁其奇衺，展其功緒。"《九嬪》："掌婦學之灋，以教九御婦德、婦言、婦容、婦功，各帥其屬而以時御敘于王所。"若此者，使之分職於内而附屬於外，所以奉法謹而考功勤，"无不利"之義也。《詩》："南有樛木，葛藟纍之。樂只君子，福履綏之。"又："螽斯羽，詵詵兮。宜爾子孫，振振兮！"皆言后妃能逮下而無嫉妒之心，是以履福禄而宜子孫。"以宫人寵，无不利"，其惟《關雎》之化乎！

象曰："以宫人寵"，終无尤也。

《詩》："我思古人，俾無訧兮。"秩然有分，"无尤"之謂。莊姜之所以思古者，此之謂也。《左傳》："夫有尤物，足以移人。"女之尤者，匹嫡亂政，其害至大。《左傳》："女德無極，婦怨無終。"曰"終无尤"，則占寵之利者亦終防剥之患。此爻雖不言剥，聖人之旨亦微矣。

上九：碩果不食，君子得輿，小人剥廬。

《爾雅》："果不熟曰荒。"果與穀菜皆所以資食者。《詩》："摽有梅，其實七兮。摽有梅，其實三兮。"以漸而落，僅有存者，曰碩果。碩果是當剥之時而有不剥也。《論語》："吾豈匏瓜也哉？焉能繫而不食？""不食"之象如此。霜寒不侵，朽蠹不蝕，碩果之不食，有能自存者在矣。《爾雅》："桃李醜核。"《註》："核中有人，亦謂之仁。"核在可以復生，即生理也。剥之終有復之機，於碩果見之矣。下之載上者輿。《左傳》："衛文公元年，革車三十乘，季年乃三百乘。"萬乘之國爲天子，千乘之國爲諸侯。"得輿"即得衆之謂也。《左傳》："夏少康有田一成，有衆一旅，祀夏配天，不失舊物。"此君子之得輿，剥而必復也。上之覆下者廬。《左傳》："吾儕小人，皆有闔廬以避燥溼寒暑。"聚而託處，小人之所仰也。《詩》："受爵不讓，至於已斯亡。"此小人之剥廬，終亦自剥也，豈知身之所庇哉？

象曰："君子得輿"，民所載也；"小人剥廬"，終不可用也。

《詩》："匪風發兮，匪車偈兮。顧瞻周道，中心怛兮。"民所載者，戴舊之義也。《孟子》："爲巨室，則必使工師求大木。工師得大木，則王喜，以爲能勝其任也。匠人斲而小之，則王怒，以爲不勝其任矣。"況剥廬之小人乎！故曰"終不可用"。《書》："予臨兆民，懍乎若朽索之馭六馬，爲人上者奈何不敬？"必得輿而後爲民所載。《詩》："風雨攸除，鳥鼠攸去，君子攸芋。"必去其剥廬者而後自安，終明"厚下安宅"之義也。

䷗震下坤上

復：亨。出入无疾，朋來无咎。反復其道，七日來復。利有攸往。

《詩》："言歸思復。"復者，復還之義。《書》："卒乃復。"終而復始，天道不可一日無陽，復之所以亨也。案文，復從人從日從彳從夂。日者，陽也。彳者，行也。夂者，止也。《説文》曰："往，來也。"是人之行止象日之往來，曰"反復其道"。"七日來復，天行也"，其義已見於卦名矣。《禮記》："天地之道，寒暑不時則疾。"復則陽之來入也。陽之生出也，皆得其正，是以"无疾"。《爾雅》："十月爲陽。"十月純陰之月，謂之陽月者，陽無終盡之理，陽之復生已基於此。《詩》："歲亦陽止。"十一月而一陽生，歲且更始，所以曰"復：亨"也。天道之復自陽始，人道之復自心始。《孟子》："孔子曰：'操則存，舍則亡，出入無時，莫知其鄉，惟心之謂與？'孟子曰：'學問之道無他，求其放心而已矣。'"存而不放，是"復：亨"而"出入无疾"之義也。《坤》卦"西南得朋"，"朋"蓋指五陰隨陽言。《論語》："德不孤，必有鄰。"一陽既復，必以類應。陰雖朋來，正其所以喪朋也，故曰"无咎"。來復之後，則陽之長者爲往矣。《中庸》："道並行而不相悖。"陰往陽來，是"反復其道"也。卦位内爻三，外爻三，先甲後甲，先庚後庚，先後皆曰三日，象乎内外也。卦之六爻，周而復始，此之"七日來復"是也。《禮記》："三日齊，七日戒。散齊七日，致齊三日。"齊一之心，亦以三日七日爲節，是其義也。《禮記》："仲夏之月，日在東井，昏亢中，旦危中。仲冬之月，日在斗，昏辟中，旦軫中。"自仲夏一陰之月至仲冬一陽之月而復，是七月也。曰"七日"者，月建之移皆以日爲驗，且尊陽也。《孟子》："伯夷、大公辟紂，聞文王作興，曰：'盍歸乎來？'"一陽初生，亂極復治之象。知《剥》之"不利有攸往"，則知《復》之"利有攸往”矣。“來復”者，天運之自然。“攸往”者，人事之當然也。

彖曰：“復：亨”，剛反。

《爾雅》：“復，反也。”復之亨由於剛之反。《詩》：“福禄來反。”反之爲言還也。《孟子》：“湯、武反之也。”修爲以復其性，“剛反”之義也。

動而以順行，是以“出入无疾，朋來无咎”。

《左傳》：“天有六氣：陰陽風雨晦明。分爲四時，淫則生疾。”陽動而復，是以“出入无疾”。《論語》：“一日克己復禮，天下歸仁焉。爲仁由己，而由人乎哉?”復則陰皆順從乎陽，是以“朋來无咎”。動者静中之動，以順行者。《中庸》：“戒慎乎其所不睹，恐懼乎其所不聞。”養其静之體正所以養其動之根也。

“反復其道，七日來復”，天行也。

《周書》：“惟一月，既南至，日短極，基漸長，微陽動于黄泉，陰慘于萬物。日月俱起于牽牛之初，右回而行月，周天起一次，而與日合宿。日行月一次，周天歷舍于十有二辰，終則復始，是謂日月權輿。”天之行於復之時而見也。《孟子》：“天之高也，星辰之遠也。苟求其故，千歲之日至可坐而致也。”已往之跡，其運有常，天行之自然也。五月天行至午，陽伏而陰升。十一月天行至子，陰伏而陽升。凡歷七月。曰“七日”者，《詩》：“一之日觱發，二之日栗烈。”日月亦可互言。《左傳》：“天以七紀。”故曰“天行”。《乾》三之象曰“反復道也”。天行之健，正於其復見之。

“利有攸往”，剛長也。

《禮記》：“春作夏長，仁也。”由生而長，“剛長”之義如此。剛反在方復之初，剛長在既復之後，《復》之長即可進於《乾》。《左傳》：“同復于父。”可以知復之義矣。

復其見天地之心乎！

《中庸》：“仁者，人也。”《禮記》：“人者，天地之心也。”天地以生物爲心。一陽之生，故曰“復其見天地之心也”。凡果實之心，皆曰仁，亦曰人。天地之心無時不在，無物不有，於《復》而見之者，《孟子》：“惻隱之心，仁之端也。羞惡之心，義之端也。辭讓之心，禮之端也。是非之心，智之端也。”善端甚微，所以勉人之擴充者，復之義也。《書》：“人心惟危，道心惟微。惟精惟一，允執厥中。”剥則危，復則微，一心之存亡、千古之治亂關焉，必精以察之，一以守之。中也者，聖賢之心於是傳，天地之心於是見。

象曰：雷在地中，復。先王以至日閉關，商旅不行，后不省方。

《禮記》：“仲秋之月，雷始收聲。”是“雷在地中”之象也。至仲冬之月，一陽初生，動於地中，是復之義也。《禮記》：“郊之祭也，迎長日之至也。”日之始長，陽之初反，象諸復也。《禮記》：“仲冬之月，日短至，陰陽争，諸生蕩。君子齋戒，處必掩身。身欲寧，去聲色，禁耆欲，安形性，事欲静，以待陰陽之所定。塗闕廷門閭，此以助天地之閉藏也。”是“至日閉關”之義也。《周禮》：“通四方之珍異以資之，謂之商旅。”農已收藏，工已效功，商旅故特言之。《禮記》：“仲夏之月，關市毋索。仲秋之月，易關市，來商旅，納貨賄，以便民事。凡舉大事，毋逆大數，必順其時。”境上之門亦謂之關。“商旅不行”，亦順時之義也。《書》：“歲二月，東巡狩。肆覲東后。十有一月朔，巡狩。五載一巡狩，羣后四朝。”十有一月即一陽之月。舜始受禪而巡狩。歲徧，故有十一月省方之典。至五載四朝，必順其時，所以言“后不省方”。既言先王，又言后，則后遵先王之道者。《説文》解后爲繼體之君，其是之謂與？

初九：不遠復，无祇悔，元吉。

《論語》：“不遷怒，不貳過。”不□而復之義也。《中庸》：“回之爲人也，擇乎中庸，得一善，則拳拳服膺而弗失之矣。”一陽之初即一善之謂也。《論語》：“言寡尤，行寡悔。”无至於悔之義也。《論語》：“克己復禮爲仁。”善之長也，故曰“元吉”。

象曰：“不遠”之“復”，以脩身也。

《大學》：“自天子以至於庶人，壹是皆以脩身爲本。欲修其身者，先正其心。如琢如磨者，自脩也。”故曰不遠之復，所以脩身。

六二：休復，吉。

《爾雅》：“休，美也。”復善爲美。《書》：“作德，心逸日休。”是自全其美者。《大學》：“其心休休焉，其如有容焉。人之彦聖，其心好之。”是容人之美者。《論語》：“里仁爲美。擇不處仁，焉得知？”二近初而能親仁，是以曰“休復，吉”。

象曰：“休復”之“吉”，以下仁也。

《論語》:“好仁者無以尚之。”仁者能好,故曰“以下仁”。《論語》:“慮以下人。”初復於仁,二能下之。“下人”即“下仁”之謂也。《論語》:“君子以文會友,以友輔仁。”“輔仁”即“下仁”之謂也。《論語》:“曾子曰:‘以能問於不能,以多問於寡。有若無,實若虛,犯而不校。昔者吾友嘗從事於斯矣。’”若曾子之於顔子,可謂下仁者也。

六三:頻復,厲,无咎。

《論語》:“子曰:‘回也其心三月不違仁,其餘則日月至焉而已矣。’”若由、求、赤、憲之徒,皆“頻復”者也。《孟子》:“存乎人者,豈無仁義之心哉?日夜之所息,平旦之氣,其好惡與人相近也者幾希,其旦晝之所爲,有梏亡之矣。梏之反復,則其夜氣不足以存。”常人“頻復之厲”者以此。《孟子》:“人恒過,然後能改。”是以“无咎”。

象曰:“頻復”之“厲”,義无咎也。

《書》:“一人三失。”頻復之所以厲也。《論語》:“過則勿憚改。”勿憚爲頻復者言之也。《論語》:“聞義不能徙,不善不能改,是吾憂也。”曰“義无咎”,聖人重改過也。

六四:中行獨復。

《論語》:“不得中行而與之。”“中行”,中道而行也。《禮記》:“其特立獨行有如此者。”是“獨復”之義也。《中庸》:“莫見乎隱,莫顯乎微,故君子慎其獨也。”謹之於心,是以能見之於行也。

象曰:“中行獨復”,以從道也。

《孟子》:“陳良,楚産也,悦周公、仲尼之道,北學於中國,北方之學者未能或之先也,彼所謂豪傑之士也。”群陰之中,獨應於陽,是從道也。自卦主一陽而言。《論語》:“有朋自遠方來,不亦樂乎!”道之願同乎人也,故曰朋來。自爻之從陽而言。《書》:“能自得師者王。”道之獨切乎己也,故曰“獨復”。

六五:敦復,无悔。

《爾雅》:“敦,勉也。”由勉以至於安,是爲“敦復”。《左傳》:“《詩》曰:‘比于文王,其德靡悔。’心能制義曰度,德正應和曰莫,照臨四方曰明,勤施無私曰類,教誨不倦曰長,賞慶刑威曰君,慈和徧服曰順,擇善而從之曰比，經緯天地曰文。九德不愆，作事無悔。”“敦復，无悔”，文王以之。《論語》：“仁者安仁，五之“敦復”是也。知者利仁。”二之“休復”是也。

象曰：“敦復，无悔”，中以自考也。

《禮記》：“中心安仁者，天下一人而已矣。”五居尊位，足以當之。《左傳》：“君子之行，思其終也，思其復也。”“中以自考”之義也。《禮記》：“考道以爲無失。”“自考”乃“无悔”之實也。《左傳》：“民受天地之中以生，所謂命也。”三之“中行”，五之“中以自考”，皆所謂“見天地之心”者。

上六：迷復，凶，有災眚，用行師，終有大敗，以其國君凶。至于十年，不克征。

《書》：“殷王受之迷亂，酗于酒德。”迷而不復者，不知復也，故曰“迷復”。《詩》：“不思其反。反是不思，亦已焉哉！”“迷復”之所以“凶”也。《左傳》：“子大叔告子展曰：‘楚子不修其政德，而貪昧於諸侯，以逞其願，欲久，得乎？《周易》有之，在《復》之《頤》，曰：迷復，凶。其楚子之謂乎？欲復其願，而棄其本，復歸無所，是謂迷復。’”此正釋“迷復”之義。“有災眚”者，《左傳》：“天火曰災。”又：“非日月之眚不鼓。”此譴見於天象者也。“用行師，終有大敗”者，《左傳》：“見師之出而不見其入。”《穀梁傳》：“匹馬隻輪無反者。”敗師之象也。《左傳》：“鄢陵之戰，晋筮之。史曰：‘吉。其卦遇《復》，曰：南國蹙射其元，王中厥目。國蹙王傷，不敗何待？’”是“以其國君凶”也。《左傳》：“子産曰：‘陳亡不過十年矣。’”又：“子産曰：‘吾不患楚矣。汰而愎諫，不過十年。’”是“至於十年，不克征”也。《國語》：“不過十年，數之紀也。天之所棄，不過其紀。”《左傳》：“劉康公曰：‘不及十年，原叔必有大咎，天奪其魄矣。’”或過或不及，凡言十年，皆極其數言之也。此禍見於人事者也。《左傳》：“敬始而思終，終無不復。”曰終有大敗，至於十年不克征，聖人戒迷復之終，猶未絶其望也。

象曰：“迷復”之“凶”，反君道也。

《孟子》：“欲爲君盡君道。”反之者不盡乎君道也。《孟子》：“道二，仁與不仁而已矣。”“迷復”之戒如是。《書》：“昏迷不恭，反道敗德。”迷者必反道也。

☰☳震下乾上

无妄：元，亨，利，貞。其匪正有眚。不利有攸往。

案文，妄從亡從女。《孟子》："操則存，舍則亡。"心之馳者必至於云亡。《禮記》："男女，人之大欲存焉。"欲之易者，莫先於好女。動以人則妄，動以天則无妄，卦之所以立名也。《中庸》："誠者，天之道也。誠之者，人之道也。"實理自然，此无妄之義也。《書》："惟尹躬暨湯咸有一德。"臣德同於君。《中庸》："周公成文、武之德。"子德同於父。震與乾同德，故亦曰"元，亨，利，貞"。《孟子》："大人者，言不必信，行不必果，惟義所在。"誠必出於正，故既曰"无妄"，又曰"其匪正有眚"也。誠亦有不正者，如《論語》："子路使門人爲臣。"敬師之誠也而失於詐。《左傳》："鬻拳强諫，楚子臨之以兵。"愛君之誠也而近於逆。《論語》："言忠信，行篤敬，雖蠻貊之邦，行矣。言不忠信，行不篤敬，雖州里，行乎哉？""不利有攸往"之義也。

彖曰：无妄，剛自外來，而爲主于内，動而健，剛中而應，大亨以正，天之命也。"其匪正有眚，不利有攸往"，无妄之往，何之矣？天命不祐，行矣哉？

《書》："惟皇上帝，降衷于下民，若有恒性。"是"剛自外來，而爲主於内"之義。《孟子》："行吾敬，故謂之内也。"又："是集義所生者，非義襲而取之也。我故曰告子未嘗知義，以其外之也。"内外之義，孟子之説明矣。《論語》："主忠信。"爲主於内，誠之立也，下言其所以行者。《孟子》："今人乍見孺子將入於井，皆有怵惕惻隱之心。""動而健"者无妄也。《中庸》："喜怒哀樂之未發謂之中，發而皆中節謂之和。""剛中而應"者无妄也。《中庸》："天命之謂性。"四德皆原於性，道之大原出於天，故曰"天之命也"。《孟子》："莫非命也，順受其正。知命者不立乎巖牆之下。""受其正"者，知"其匪正有眚"也。"不立巖牆"者，所以"不利有攸往"也。《大學》："人之其所親愛而辟焉，之其所賤惡而辟焉，之其所畏敬而辟焉，之其所哀矜而辟焉，之其所敖惰而辟焉。"之者有所偏，无妄之往則正矣，故曰"何之"。《孟子》："存其心，養其性，所以事天也。殀壽不貳，脩身以俟之，所以立命也。"故曰"天命不祐行矣哉"。

象曰：天下雷行，物與无妄。先王以茂對時，育萬物。

《禮記》："仲春之月，雷乃發聲，蟄蟲咸動，啓户始出。季春之月，句者畢出，萌者盡達。"雷之發聲，衆物皆應，此"天下雷行，物與无妄"之象也。《中庸》："不誠無物。"是物皆與以无妄也。《詩》："時邁其邦，昊天其子之。薄言震之，莫不震疊。敷天之下，裒時之對。"先王法之，以對時者也。《左傳》："爲温慈惠和，以效天之生殖長育。"先王法之以育物者也。《孟子》："不違農時，穀不可勝食也。斧斤以時入山林，材木不可勝用也。"《禮記》："樹木以時伐焉，禽獸以時殺焉。"皆對時而育物之義也。《中庸》："惟天下至誠，爲能盡其性；能盡其性，則能盡人之性；能盡人之性，則能盡物之性；能盡物之性，則可以贊天地之化育；可以贊天地之化育，則可以與天地參矣。"无妄之義，此章足以盡之。

初九：无妄，往吉。

此爻爲誠之主，即彖所謂"无妄之往"者。《書》："德惟一，動罔不吉。""无妄之往"，所以吉也。

象曰：无妄之往，得志也。

《孟子》："至誠而不動者，未之有也。"故曰"得志"。《大學》："所謂誠其意者，毋自欺也，如惡惡臭，如好好色，此之謂自謙。"自慊即"得志"之謂也。

六二：不耕穫，不菑畬，則利有攸往。

《禮記》："耕而弗種，種而弗耨，耨而弗穫。"是由耕而穫之序也。《爾雅》："一歲曰菑，二歲曰新田，三歲曰畬。"是由菑而畬之序也。《書》："若農服田力穡，乃亦有秋。"耕而後穫。《周禮》："一易之地，再易之地，不易之地。"菑而後畬，是事之必然者也。《詩》："不稼不穡，胡取禾三百廛兮。不稼不穡，胡取禾三百囷兮。"不耕而望穫，不菑而望畬，是理之必不然者也。《孟子》："必有事焉而勿正，心勿忘，勿助長也。"是盡其所當爲而無預期意外之望者也。《詩》："三之日于耜，四之日舉趾。"則"利有攸往"之謂也。《禮記》："修禮以耕之，陳義以種之，講學以耨之。"攸往之利豈僅爲百畝之不易者言之哉！

象曰："不耕穫"，未富也。

富如《孟子》"非富天下也"之富，言非計其利而爲之。《論語》："仁者先難而後獲。""未富"之義也。《禮記》："禮之先幣帛也，欲民之先事而後禄也。先財而後禮，則民利；無辭而行情，則民争。故君子於有饋者，弗能見則不視其饋。《易》曰：'不耕穫，不菑畬，凶。'以此坊民，民猶貴禄而賤行。"今經文無"凶"字，此足以明"未富"之義矣。

六三：无妄之災，或繫之牛，行人之得，邑人之災。

《書》："天作孽，猶可違。自作孽，不可逭。""匪正有眚"，自作之孽。"无妄之災"，天作之孽也。《禮記》："牛則執紖。"所謂繫之牛也。《書》："馬牛其風，無敢越逐。祗復之。乃越逐不復，汝則有常刑。"竊牛馬者有刑，行人逸其罰，邑人受其災矣。《詩》："有兔爰爰，雉離于羅。"非意之災，君子惟修身以俟之。

象曰：行人得牛，邑人災也。

《左傳》："牽牛以蹊人之田而奪之牛，牽牛以蹊者信有罪矣，而奪之牛，罰已重矣。"蹊田之罰猶有以自致之，邑人則所謂无妄之災也。《論語》："子謂公冶長雖在縲紲之中，非其罪也。"其邑人之謂乎？

九四：可貞，无咎

《大學》："意誠而後心正，心正而後身脩。""可貞"即戒其"匪正"也。"无咎"則不至"有眚"矣。

象曰："可貞，无咎"，固有之也。

《大學》："心有所忿懥則不得其正，有所恐懼則不得其正。""不得其正"者，非固有也。《孟子》："仁義禮智，非由外鑠我也，我固有之也。"此即无妄之義。《中庸》："誠之者，擇善而固執之者也。"固有者在天，葆其固有者亦由乎人也。

九五：无妄之疾，勿藥有喜。

《左傳》："天有六氣，淫生六疾，陰淫寒疾，陽淫熱疾，風淫末疾，雨淫腹疾，晦淫惑疾，明淫心疾。"《周禮》："四時皆有癘疾，春時有痟首疾，夏時有痒疥疾，秋時有瘧寒疾，冬時有嗽上氣疾。"凡疾皆由於人。

曰“无妄”者，《論語》：“子疾病，子路請禱。子曰：‘丘之禱久矣。’”非自致也。《周禮》：“凡藥以酸養骨，以辛養筋，以鹹養脉，以苦養氣，以甘養肉，以滑養竅。”有藥所以治疾，曰“勿藥”者。《論語》：“子之所慎：齊、戰、疾。”慎之於未疾之先，即“勿藥”之“喜”也。《孟子》：“有人於此，其待我以横逆，則君子必自反也；我必不仁也，必無禮也。此物奚宜至哉？其自反而仁矣，自反而有禮矣，其横逆由是也，君子必自反也；我必不忠。自反而忠矣，其横逆由是也。君子曰：‘此亦妄人也已矣，又何難焉？’”妄人之來，无妄之疾也。終以无妄待之，“勿藥有喜”之義也。“无妄之疾”與“无妄之災”同，九五中正以處尊位也。《書》：“苗民逆命，帝乃誕敷文德，七旬有苗格。”此虞帝之“勿藥有喜”也。《書·多方》：“爾乃屢迪不静，我惟時其教告之。”此周王之“勿藥有喜”也。

象曰：无妄之藥，不可試也。

《書》：“若藥弗瞑眩，厥疾弗瘳。”此藥之可試者也。《論語》：“康子饋藥，孔子曰：‘丘未達，不敢嘗。’”此藥之不可試者也。《左傳》：“許悼公瘧。飲大子止之藥，卒。書曰‘弒其君’。君子曰：‘盡心力以事君，舍藥物可也。’”“勿藥”之義，所關不綦重哉？

上九：无妄，行有眚，无攸利。

《左傳》：“天災流行，何國蔑有？”“行有眚”之義也，故不曰“匪正”。《孟子》：“又極之於其所往。”處上而无可之也，故祇曰“无攸利”。

象曰：无妄之行，窮之災也。

《家語》：“匪兕匪虎，率彼曠野。”是“无妄之行”也。《論語》：“衛靈公問陳於孔子。明日遂行。在陳絶糧，子路愠，見曰：‘君子亦有窮乎？’子曰：‘君子固窮，小人窮斯濫矣。’”知道之窮者，則亦不以爲災矣。

☶乾下艮上

大畜：利貞，不家食，吉。利涉大川。

畜名義解見《小畜》。《詩》：“薈兮蔚兮，南山朝隮。”山之所畜皆天之氣，故曰大畜。《禮記》：“孝也者，畜也。順於道，不逆於倫，是之謂畜。”畜止、畜養二義皆見於此。忠孝一原，畜君之義固同之也。風主散，故其畜者小而亨；山主止，故其畜者大而利貞。《論語》：“崇德修慝辨惑。”遏欲以存理，“利貞”之義也。“不家食，吉”者，《孟子》“與食天禄”是也。“利涉大川”者，《書》“弘濟于艱難”是也。皆明健之德也。《禮記》：“事君大言入則望大利，小言入則望小利，故君子不以小言受大禄，不以大言受小禄。《易》曰：‘不家食，吉。’”此可以知事君之義。

象曰：大畜剛健，篤實輝光，日新其德。

《孟子》：“可欲之謂善，有諸己之謂信，充實之謂美，充實而有光輝之謂大。”此所謂大畜之德也。剛健爲乾體，篤實爲艮體。曰“輝光”者，《中庸》：“君子之道闇然而日章。”剛健、篤實之所畜而發也。《大學》：“湯之盤銘曰：苟日新，日日新，又日新。”是謂“日新其德”。《書》：“德日新，萬邦惟懷。”畜德之大必有以及於人也。

剛上而尚賢。能止健，大正也。

《孟子》：“惟大人爲能格君心之非，君仁莫不仁，君義莫不義，君正莫不正，一正君而國定矣。”“剛上而尚賢”者，大人也。仁義之君能尚賢，以天在山下言。能格君心之非者，“止健”也。賢者以仁義格君，以山在天上言。正君而國定，“利貞”之謂也，是以曰“大正”。大畜之義，此章足以盡之。

“不家食，吉”，養賢也。

《詩》：“適子之館兮，還予授子之粲兮。”“不家食”所以爲“養賢”。《書》：“惟后非賢，不乂惟賢，非后不食。”故尚賢必有以養賢也。

“利涉大川”，應乎天也。

《書》：“夢帝賚予良弼。若濟巨川，用汝作舟楫。”有大德者有大任，“應乎天”之義也。

象曰：天在山中，大畜。君子以多識前言往行，以畜其德。

《爾雅》：“山有穴爲岫。”天光所入，後世謂之洞天，即“天在山中”之象。《大戴禮》：“土積成山，風雨興焉。”形之成者高則氣之積者厚，所以爲大畜。《論語》：“多聞闕疑，慎言其餘。多見闕殆，慎行其餘。”“多識前言往行”也。《書》：“學于古訓，乃有獲。事不師古，以克永世，匪説攸聞。”前言往行之所以畜德也。《大戴禮》：“山爲積德。”所以畜德取象於山也。《禮記》：

“博聞强識而讓，敦善行而不怠，謂之君子。”是畜德之義也。

初九：有厲利已。

《論語》：“已而已而，今之從政者殆而。”見危殆而當止，所謂“有厲利已”也。《孟子》：“於不可已而已者，無所不已也。”可已而不已，則亦即於危矣。

象曰：“有厲利已”，不犯災也。

《中庸》：“人皆曰予知，驅而納諸罟、擭陷阱之中，而莫之知辟也。”是犯災也，不知止者也。《論語》：“邦無道，免於刑戮。”是“不犯災也”，知止者也。

九二：輿説輹。

《周禮》：“加軫與轐焉。”轐者，伏兔，車軸縛輹之謂也。《左傳》：“陽虎盡借邑人之車，鍥其軸，麻約而歸之。”使之車不能行，是其象也。“説輹”者，自止不進之象。

象曰：“輿説輹”，中无尤也。

《孟子》：“可以仕則仕，可以止則止。”止而得中，故曰“无尤”。《論語》：“言寡尤，行寡悔。”檢身之“无尤”。《論語》：“不怨天，不尤人。”知命之“无尤”，惟畜德者能之也。

九三：良馬逐，利艱貞。曰閑輿衛，利有攸往。

《周禮》：“校人辨六馬之屬，種馬一物，戎馬一物，齊馬一物，道馬一物，田馬一物，駑馬一物。凡頒良馬而養乘之。駑馬三良馬之數。”駑馬以上皆良馬也。《論語》：“驥不稱其力，稱其德也。”驥爲良馬。逐者，馬之力。貞者，馬之德也。《周禮》：“天子十二閑，邦國六閑，家四閑。”馬之有閑，所以防止之義也。《爾雅》：“閑，習也。”《詩》：“比物四驪，閑之維則。”亦所以閑習之義也。《詩》：“戎車既安，如輊如軒。四牡既佶，既佶且閑。”是“曰閑輿衛”者也。《左傳》：“僕臣輿，輿臣臺。”輿者，同車之僕也。《左傳》：“行則備一夕之衛。”又：“秦康公送晋公子，多與之徒衛。”衛者，從車之徒也。閑於輿衛，則馬閑習者也。《左傳》：“古者大事必乘其産，生其水土而知其人心，安其教訓而服習其道，惟所納之，無不如志。”此

"閑輿衛"者之"利有攸往"也。《詩》:"君子之馬,既閑且馳。"逐則利乎艱貞,閑則利乎攸往,能行而後能止,能止而後能行也。《詩》:"秉心塞淵,騋牝三千。"又:"思無疆思,馬斯臧。"馬之碩大蕃滋,由於人之剛健篤實。此良馬之"利有攸往"本於畜德之義也。

象曰:"利有攸往",上合志也。

《周禮》:"進則與馬謀,退則與人謀。""合志"之謂也。"上"謂上九。天衢在上,可以利往。《孟子》:"吾爲之範我馳驅,終日不獲一,爲之詭遇,一朝而獲十。《詩》云:'不失其馳,舍矢如破。'我不貫與小人乘,請辭!"是"上合志"之義可於此明之矣。

六四:童牛之牿,元吉。

《爾雅》:"犝牛。"《註》:"無角牛即童牛也。"《書》:"今惟淫舍牿牛馬。"牿所以禁牛馬者,不可舍也。《周禮》:"封人飾其牛牲,設其楅衡。"施於牛角,以止觸者,牿之謂也。《詩》:"彼童而角,實虹小子。"童牛則未有角也,無角而先止之。《禮記》:"禁於未發謂之豫。"是其義也,是以"元吉"。

象曰:六四元吉,有喜也。

《詩》:"爾牛來思,其耳濕濕。"盡物之性,故"有喜"。《孟子》:"仁民而愛物。"仁心爲質,"元吉"之喜也。

六五:豶豕之牙,吉。

《爾雅》:"豕,子豬。䝏,豶,幺,幼。"皆少者之名,小豬也。《左傳》:"樂正后夔生伯封,實有豕心,貪惏無饜,忿纇無期,謂之封豕。"封豕,豕之大者。《左傳》:"既定爾婁豬,盍歸吾艾豭?"艾豭,豕之雄者。豕之有牙,長則難制。幼小之時防之,與牿同意。童牛曰牿,指其物。豶豕曰牙,明其義。卦義主畜,故吉。凡物之爲害者,惟角與牙,以其剛也。《詩》:"誰謂雀無角?何以穿我屋?誰謂鼠無牙?何以穿我墉?"雀有喙而無角,鼠有齒而無牙。無角無牙者,尚防其害,況有角有牙者乎!及其角與牙之未成而畜之,此可以明牿牛豶豕之義矣。

象曰:六五之吉,有慶也。

《孟子》:"如追放豚,既入其苙。"物得所歸,故"有慶"。《禮記》:"人喜則斯陶,陶斯咏,咏斯猶。""有喜"自其身言之。《書》:"一人有慶,兆民賴之。”“有慶”自其廣被者言之也。《禮記》：“聖人作則，必以天地爲本，以陰陽爲端，以四時爲柄，以日星爲紀，月以爲量，鬼神以爲徒，五行以爲質，禮義以爲器，人情以爲田，四靈以爲畜。龍以爲畜，故魚鮪不淰；鳳以爲畜，故鳥不獝；麟以爲畜，故獸不狘；龜以爲畜，故人情不失。”自天地鬼神之事而終之以四靈爲畜，以明咸若之象。《大畜》之取象於牛馬豕者，即其義也。《書》：“百獸率舞，鳳凰來儀。”大同大順之世也，有喜有慶，其以是哉！

上九：何天之衢，亨。

《爾雅》：“四達謂之衢。”大道也。謂之天衢者，《書》“王道蕩蕩”“王道平平”是也。曰“何天之衢”者，《詩》“何天之休”“何天之龍”是也。所以爲亨之義也。畜極而通，其象如此。因四之良馬攸往而言，任重致遠，以利天下者也。《孟子》：“有不被堯、舜之澤者，若已推而内之溝中，其自任以天下之重如此。”是“何天之衢”者也。

象曰：“何天之衢”，道大行也。

《孟子》：“行天下之大道。”此其義也。《孟子》：“雖大行不加焉。”道之大行，非爲身也。

䷚震下艮上

頤：貞吉。觀頤，自求口實。

《爾雅》：“東北隅謂之宧。”取陽氣頤養之義。伏羲八卦，震在東北。文王八卦，艮在東北。皆陽方也，所以山雷爲《頤》。《禮記》：“頤霤垂拱。”頭臨前，垂頤如屋霤，霤爲屋簷，故頤象之。案文，從頁從𦣝，頁象首，𦣝象頷，此象之“近取諸身”者。《左傳》：“穀也食子，難也收子，穀也豐下，必有後於魯國。”頷下爲頤，頤能食物，養之義也。《禮記》：“百年曰期頤。”人之終身皆賴於養，於百年著其義者，養之克終，“貞吉”之謂也。《論語》：“割不正不食。”養以正爲吉，即小可以觀大也。“觀頤”者，統觀養之爲義。《孟子》：“由是觀之，則君子之所養可知矣。”是其旨也。《詩》：“克岐克嶷，以就口食。”“自求口實”，頤之正義也。《書》：“予恐來世以台爲口實。”言以事爲實，食以物爲實，故亦曰“口實”也。

象曰：“頤，貞吉”，養正則吉也。“觀頤”，觀其所養也；“自求口

實"，觀其自養也。

《孟子》："養其大者爲大人，養其小者爲小人，所以考其善不善者，於己取之而已矣。"是"養正則吉"之義也。《孟子》："我善養吾浩然之氣。"又："養心莫善於寡欲。"皆養德也。是"觀其所養也"。《禮記》："飲以養陽，食以養陰。"皆養生也。是"觀其自養也"。《詩》："不稼不穡，胡取禾三百億兮？不狩不獵，胡瞻爾庭有縣特兮？彼君子兮，不素食兮。"此"'自求口實'，觀其自養"之義。《孟子》："公孫丑曰：'君子之不耕而食，何也？'孟子曰：'其君用之則安富尊榮，其子弟從之則孝弟忠信，不素餐兮，孰大於是？'"是不虛食之義。所以不曰"口食"而曰"口實"，君子之厲志如此，而養德之義在其中矣。《禮記》："君者，所養也，非養人者也。"此但言君之大體。通觀卦義，養德者求養於上下，是取以爲助也則吉；養生者求養於上下，是失其固有也則凶。知此，則卦内觀、由、顛、拂之義皆曉然矣。

天地養萬物，聖人養賢以及萬民，頤之時義大矣哉！

《禮記》："天有生，地有養。"是"天地養萬物"也。《孟子》："堯之於舜也，百官牛羊倉廩備，以養舜於畎畝之中。"是"聖人養賢"也。《禮記》："養三老五更於大學，執醬而饋，執爵而酳。"亦"養賢"之義也。《禮記》："老有所終，幼有所長，矜寡孤獨廢疾者皆有所養也。"是"養萬民"也。《孟子》："勞心者治人，勞力者治於人。治於人者食人，治人者食於人。"是"養賢以及萬民"之義也。《禮記》："春食麥與羊，夏食菽與鷄，秋食麻與犬，冬食黍與彘。食齊視春時，羹齊視夏時，醬齊視秋時，飲齊視冬時。"此類皆養生之隨乎時也。《禮記》："春饗孤子，秋食耆老。"《孟子》："不違農時，穀不可勝食。數罟不入洿池，魚鱉不可勝食。"此類皆養人之隨乎時也。《禮記》："日長至，止聲色，毋或進，薄滋味，毋致和，節耆欲，定心氣。日短至，去聲色，禁耆欲，安形性。"皆養德之隨乎時也。頤之道無所不在，故曰"頤之時大"。

象曰：山下有雷，頤。君子以慎言語，節飲食。

《詩》："殷其靁，在南山之下。"此"山下有雷"之象。山藴育於上，雷發動於下，即頤之義也。以象言之，山止於上，雷動於下，上下二陽，中含四陰。《左傳》：

“輔車相依，脣亡齒寒。”艮止爲輔，震動爲車，上下二陽爲脣，中之四陰爲齒，可以見頤之象也。《詩》：“好言自口，莠言自口。”言語自口出，是以貴慎。《書》：“惟口出好興戎。”慎之義也。《孟子》：“飢者甘食，渴者甘飲，飢渴害之也。”飲食自口入，是以貴節。《左傳》：“以小人之腹爲君子之心，屬厭而已。”節之義也。《論語·鄉黨》一篇記孔子“食不厭精，膾不厭細”，皆曰“不多食”。又曰：“食不語，寢不言。”飲食言語，聖人得頤之道，其義莫備於此。

初九：舍爾靈龜，觀我朶頤，凶。

《禮記》：“麟鳳龜龍，謂之四靈。”故曰“靈龜”。《大戴禮》：“食氣者神明而壽。”龜，食氣之物。“舍爾靈龜”，昧乎養之正也。朶頤如華朶之下垂。《左傳》：“子公之食指動，染指於鼎，嘗之而出。”有欲炙之色，所謂“觀我朶頤”者也。《孟子》：“夫人幼而學之，壯而欲行之，王曰姑舍女所學而從我。”舍爾觀我，是舍理從欲之謂也。《左傳》：“縉雲氏有不才子，食于飲食，冒于貨賄，天下之民以比三凶，謂之饕餮。”“朶頤”之所以爲“凶”也。《孟子》：“理義之悦我心，猶芻豢之悦我口。”又：“言飽乎仁義也，所以不願人之膏粱之味也。”“理義”“仁義”者，“靈龜”之謂也。“芻豢”“膏粱”者，“朶頤”之謂也。君子其知所取舍哉！

象曰：“觀我朶頤”，亦不足貴也。

《孟子》：“飲食之人，則人賤之矣。”故“不足貴”。《孟子》：“齊人有一妻一妾而處室者，良人出，則必饜酒肉而後反。卒之東郭墦間，之祭者，乞其餘；不足，又顧而之他。此其爲饜足之道也。”朶頤之賤必至於是。觀頤之義在初爻，爲深切著明者。《孟子》：“嘑爾而與之，行道之人弗受。蹴爾而與之，乞人不屑也。”《禮記》：“黔敖爲食於路。餓者蒙袂輯屨。曰：‘嗟！來食！’曰：‘予惟不食嗟來之食，以至於斯也。’終不食而死。”是賤者且以朶頤爲恥，而人可不思自有之良貴哉？

六二：顛頤，拂經于丘頤，征凶。

《詩》：“顛之倒之。”“顛頤”謂求養於初也。《周禮》：“經涂九軌。”經爲道之常者。《孟子》：“經德不回，非以干禄也。”求養則爲“拂經”。《爾雅》：

“途出其前戴丘。”丘爲道之迂者。“拂經于丘頤”，謂求養於上也。六二以陰求二陽之養而皆非其應。求養於下而不以道，《左傳》“浚我以生”是也。求養於上而不以道，《孟子》“紾兄之臂而奪之食”是也。是皆行之有凶者，何以爲頤？

象曰：六二“征凶”，行失類也。

失類即無應之謂。統曰“六二‘征凶’”，蓋兼“顛頤”“于丘頤”而言之。《孟子》：“今之諸侯取之於民也，猶禦也。”是“顛頤”者。又：“孟子謂樂正子曰：‘子之從於子敖來，徒餔啜也。’”是丘頤者。若此，豈非“失類”之行乎？

六三：拂頤，貞凶，十年勿用，无攸利。

此爻與上有正應，故不曰拂經而曰“拂頤”。《孟子》：“陳仲子與之齊國而弗受，是舍簞食豆羹之義也。人莫大焉亡親戚君臣上下。”言拂乎頤之理正而亦凶也。《左傳》：“一薰一蕕，十年尚猶有臭。”與正相反，極其數以言之，不能變也，故曰“十年勿用”。《孟子》：“充仲子之操，則蚓而後可也。”不中不正之行，於己勿用，於人亦無所利也。

象曰：“十年勿用”，道大悖也。

三本有應於上，故曰貞。陰柔而不中正，行之反乎常者，故曰拂。《孟子》：“以母則不食，以妻則食之，以兄之室則弗居，以於陵則居之。”是拂人之性者也，故曰“道大悖”。《大學》：“言悖而出者亦悖而入，貨悖而入者亦悖而出。”悖之爲義如是。知其道者，其惟慎言語、節飲食之君子乎！《禮記》：“飲食男女，人之大欲存焉。”《屯》二之象曰“‘十年乃字’，反常也”，此之象曰“‘十年勿用’，道大悖也”，事之不近人情者必爲奸慝，對觀而明其義矣。

六四：顛頤，吉。虎視眈眈，其欲逐逐，无咎。

《詩》：“于嗟乎騶虞。”《毛傳》：“騶虞，白虎，黑文，不食生物者也。”龜之靈者，以不食爲養。虎之仁者，亦以不食爲養。以象同德而求其養。《禮記》：“仲冬之月，虎始交。”虎不再交，能節欲也。《孟子》：“虎負嵎。”虎不回顧眈眈。《説文》：“視近志遠也。”《書》：“禹曰：‘皋陶邁種德，德乃降，黎民懷之。帝念哉！念茲在茲，釋茲在茲，名言茲在茲，允出茲在茲，惟帝念功。’”禹與皋陶同德，“念茲”“釋茲”，即“眈眈”“逐逐”之義。帝念民懷，所謂“聖人養賢以及萬民”，其義具於此爻矣。《中庸》：“兄弟既翕，和樂且耽。”“視眈眈”言視之專。《左傳》：“諸侯逐進，狎主齊盟。”“欲逐逐”言欲之繼。《大學》：“顧諟天之明命。”眈眈之視，常目在之也。《論語》：“欲仁而得仁，又焉貪？”逐逐之欲，欲而不貪也。懷德如此，是以“无咎”。

象曰：“顛頤”之“吉”，上施光也。

《禮記》：“上酌民言，則下天上施。”下應於初，以廣其施，此即“養賢以及民”者，“上施”之所以“光也”。《左傳》：“陳氏厚施於民。”又：“欒氏好施，民多懷之。”此則施之不光者矣。

六五：拂經，居貞吉，不可涉大川。

《書》：“德惟善政，政在養民。”“養民”者，政之經也。不能養人曰拂經。《國語》：“王者居九畡之田，收經入以食兆民。”取民以養，亦謂之經，故曰“居貞吉”。《孟子》：“許行曰：‘滕君則誠賢君也，未聞道也。賢者與民並耕而食，饔飧而治。今也滕有倉廩府庫，則是厲民而以自養也，惡得賢？許行之所謂“厲民”，是“拂經”也。堯以不得舜爲己憂，舜以不得禹、皋陶爲己憂。夫以百畝之不易爲己憂者，農夫也。’”孟子之言，所謂“能養賢以及民”者，是“居貞吉”也。《孟子》：“子産聽鄭國之政，以其乘輿濟人於溱洧。孟子曰：‘惠而不知爲政。君子平其政，行辟人可也，焉得人人而濟之？’”爲政之體，不尚私恩小惠，況居尊乎！此足以明“不可涉大川”之義。《書》：“自用則小。”故五之涉川不可用，而用上以涉川則利也。

象曰：“居貞”之“吉”，順以從上也。

《左傳》：“以欲從人則可，以人從欲鮮濟。”順以從上，得養賢及民之正也。二、五皆曰“拂經”，二之凶觀自養，五之吉觀所養也。二在動體之中，故“征凶”。五在止體之中，故“居吉”。

上九：由頤，厲吉，利涉大川。

《爾雅》：“由，自也。”“由頤”，養之自我也。《書》：“若顛木之有由蘖。”木末曰顛，木本曰由。逆之曰“顛頤”，倒求於下也。順之曰“由頤”，正而從上也。《孟子》：“禹思天下有溺者，由己溺之也。稷思天下有飢者，由己飢之也。”又：“伊尹思天下之民匹夫匹婦有不與被堯、舜之澤者，若己推而内之溝中。”“由頤”之“厲”，其義如此。聖人思飢、溺之由，而天下皆被其澤，“厲”之所以“吉”也。《書》：“若濟巨川，用汝作舟楫。”“由頤”之“吉”，即所以“利涉大川”之義也。

象曰：“由頤，厲吉”，大有慶也。

《孟子》：“后稷教民稼穡，樹藝五穀，五穀熟而民人育。”上九得六五之任以養民，慶之所以大也。《詩》：“黍稷稻粱，農夫之慶。”得其所養，故“大有慶”。《孟子》：“以善養人，然後能服天下。”“由頤”之“慶”蓋如是。

☱巽下兑上

大過：棟橈，利有攸往，亨。

《詩》：“揚之水，不流束楚。”水之緩者則不及。澤之滅木，所以爲大過。案：過之文從辵從咼，行之近於禍者。大過者，陽之過也。小過者，陰之過也。《論語》：“加年學《易》，可以無大過矣。”是以大過爲有失者也。《孟子》：“古之人所以大過人者，無他焉，善推其所爲而已矣。”是以大過爲有爲者也。卦象兼此二義。《爾雅》：“棟謂之桴。”屋脊也。《周禮》：“已敝則橈。”橈之言曲也。《禮記》：“梁木其壞乎？”“棟橈”之象，是大過之有敗也。《孟子》：“故將大有爲之君必有所不召之臣，其尊德樂道，不如是不足與有爲也。”“利有攸往”之義，是大過之有爲也，故“亨”。

象曰：大過，大者過也。

《中庸》：“賢者過之，不肖者不及也。知者過之，愚者不及也。”賢、知之過皆近於陽，是“大者過”之義也。

“棟橈”，本末弱也。

《大學》：“物有本末。”案文，木之一陽在下爲本，一陽在上爲末。初、上皆陰，故曰“本末弱也”。《左傳》：“夫能固位者，必度於本末而後立衷焉。不知其本不謀，知本之不支弗强。”又：“國家之立也，本大而末小，是以能固。天子建國，諸侯立家，卿置側室，大夫有貳宗，士有隸，子弟庶人工商各有分，親皆有等衰，是以民服事其上而下無覬覦。今晋甸侯也而建國，本既弱矣。”末之弱者，常也。本之弱者，變也。木末皆弱，此棟之所以橈也。《書》：“六極。六曰弱。”極而曰弱，即大過之義也。本末弱則中亦不支。《國語》："天之所廢，不可支也。"此"棟橈"之謂也。

剛過而中，巽而説行，"利有攸往"，乃亨。

過而得中，必以和順之道行之。《詩》："不剛不柔，敷政優優。"是其義也。《左傳》："慢則糾之以猛，殘則施之以寬。"所以損過就中也。《書》："若作室家，既勤垣墉，惟其塗塈茨。若作梓材，既勤樸斲，惟其塗丹雘。"既曰"棟橈"，又曰"利有攸往"，不可聽其壞而不支也。《論語》："危而不持，顛而不扶，則將焉用彼相矣？"故曰"'利有攸往'，乃亨"也。

大過之時大矣哉！

《孟子》："五百年必有王者興，其間必有名世者。由周而來七百有餘歲，以其數則過矣，以其時考之則可矣。"大過之時必有大過之材以濟之。大哉之義惟孟子足以知之，惟孟子足以當之。

象曰：澤滅木，大過。君子以獨立不懼，遯世无悶。

《書》："洪水滔天，浩浩懷山襄陵。予乘四載，隨山刊木。"澤過於山，"滅木"之象，其過非常，是爲大過。《孟子》："水，搏而躍之，可使過顙；激而行之，可使在山。"過亦有由於人力者，君子觀象而知戒也。《中庸》："中立而不倚，强哉矯！"獨立之義也。《論語》："勇者不懼。"所以"獨立"也。《中庸》："君子依乎中庸，遯世不見知而不悔。""无悶"之義也。《禮記·儒行》："其特立獨行有如此者。"皆大過人之德也。

初六：藉用白茅，无咎。

《儀禮·士虞禮》："饌黍稷二敦于階間西上，藉用葦。"《註》："藉猶薦也。"藉之爲義，承乎下也。《禮記》："縮酌用茅。"故曰"藉用"。《左傳》："包茅不入，王祭不共，無以縮酒。"祭祀之用，有誠敬純潔之意，故"无咎"。

象曰："藉用白茅"，柔在下也。

《禮記》："有以下爲貴者，至敬不壇，掃地而祭。"敬慎以將事，此"柔在下"之義也。

九二：枯楊生稊，老夫得其女妻，无不利。

《詩》："隰有楊。"下濕所生。《爾雅》："楊，蒲柳。"澤中之木也。澤以潤木，始過而澤則爲滅，終過而不澤則爲枯，故曰"枯楊"。猶有澤焉，故曰"生稊""生華”也。“稊”，王弼謂之秀。虞翻曰稚，其説爲近。程《傳》謂稊爲根，朱子從之。《大戴禮·夏小正》：“正月柳稊。”稊即旁根之再發者。《左傳》：“絶其根本，勿使能殖。”有根則其生不絶。老夫女妻，猶可生育，故取根之義爲正。《詩》：“苞有三蘖。”所謂“稊”也。《孟子》：“萌蘖之生。”所謂“生”也。《書》：“若顛木之有由蘖。”枯而生稊之義也。《禮記》：“宗子雖七十，無無主婦。”七十猶娶，是“老夫得女妻”之義也。《國語》：“句踐命壯者無取老婦，老者無取壯妻。”皆取廣育之義。曰“无不利”者，以其生理未絶也。

象曰：老夫女妻，過以相與也。

《家語》：“哀公問曰：‘禮：男必三十而有室，女必二十而有夫也，不已晚哉？’孔子曰：‘夫禮言其極，不是過也。’”老夫女妻，故曰“過以相與”，非正應者爲過。九二之與上六曰女妻，兑之體，少女也。九五之與初六曰老婦，巽之體，長女也。老夫老婦，是以皆象諸大過。

九三：棟橈，凶。

《左傳》：“子産謂子皮曰：‘子於鄭國，棟也。棟折榱崩，僑將厭焉。’”棟喻大臣之任。過剛則橈，所以凶也。《左傳》：“末大必折。”三在上卦之末，重剛不中，故有“橈”象。

象曰：“棟橈”之“凶”，不可以有輔也。

《爾雅》：“宲廇謂之梁，其楹謂之棁，閞謂之槉，栭謂之楶，桷謂之榱，直而遂謂之閱，直不受檐謂之交，檐謂之樀。”皆所以輔棟者。剛而獨任則不可以有輔。處棟梁之任者，其可無羣材之助哉？《國語》：“直不輔曲。”棟之橈也，是以無輔。《論語》：“朽木不可雕也。”“‘棟橈’之‘凶’”，其質先不足輔矣。

九四：棟隆，吉；有它吝。

《國語》：“不厚其棟，不能任重。重莫如國，棟莫如德。”棟之所以貴乎隆也。《爾雅·釋山》：“宛中隆。”山之中起者爲隆。棟之在中而起，亦有隆象。《孟子》：“爲巨室則必使工師求大木，工師得大木則王喜，以爲能勝其任也。是“‘棟隆’之‘吉’”也。匠人斲而小之則王怒，以爲不勝其任矣。”是“有它”之“吝”也。《詩》：“如彼築室于道謀，是用不潰于成。”戒“有它”之“吝”而專其任也。

象曰：“棟隆”之“吉”，不橈乎下也。

《詩》："如竹苞矣，如松茂矣。"言下之固而上之密也。不橈乎下則棟愈隆而吉矣。橈即指下卦三爻而言。不橈正其可以有輔之義，與之相反。《大學》："人之有技，若己有之。人之有技，媢嫉以惡之。""棟隆""棟橈"之分，其以此也哉！《禮記》："中屋履危。"《註》："危，棟上也。"棟則凶，隆則吉，其義所以危矣。

九五：枯楊生華，老婦得其士夫，无咎无譽。

《爾雅》："木謂之華。"華以喻其貌也。《左傳》："華而不實。"故有"老婦士夫"之象。《禮記》："男子三十而娶，女子二十而嫁。"夫長於婦，其常也。婦長於夫，其變也。況過時之甚乎！《國語》："人皆集於菀，己獨集於枯。"女妻、士夫皆集枯者也，是以象諸"枯楊"。《詩》："桑之未落，其葉沃若。桑之落矣，其黄而隕。士之耽兮，猶可說也。女之耽兮，不可說也。"桑之黄隕，即"老婦""枯楊"之謂。"无咎"，"猶可説"之謂。"无譽"，"不可説"之謂矣。

象曰："枯楊生華"，何可久也？老婦士夫，亦可醜也。

《詩》："有女同車，顏如舜華。"朝生暮落，華不可恃，"何可久"之義也。《左傳》："晋公子謂季隗曰：'待我二十五年，不來而後嫁。'對曰：'我二十五年矣，又如是而嫁，則就木焉。'"不久之謂也。《詩》："彼狡童兮，不與我言兮。"又："子不我思，豈無他士？狂童之狂也且。"有以知"可醜"之義矣。大過之象皆取乎木。《詩》："方斲是虔，松桷有梴，旅楹有閑。"棟待斧斤而成。以兑金乘巽木，三、四所以爲棟也。《詩》："其檉其椐。其菑其翳。"河柳近澤而毙則枯，以兑澤過乎巽木，二、五所以爲枯楊也。

上六：過涉滅頂，凶，无咎。

《爾雅》："顛，頂也。"在上曰頂。《詩》："匏有苦葉，濟有深涉。深則厲，淺則揭。"不量深淺，此"過涉"之象也。《孟子》："墨子兼愛，摩頂放踵利天下，爲之。"爲人忘己，此"滅頂"之象也。"過涉滅頂"之"凶"皆有咎，故又以"无咎"明之。《孟子》："志士不忘在溝壑，勇士不忘喪其元。"此"過涉滅頂"之義也。《論語》："志士仁人無求生以害仁，有殺身以成仁。"盡此道者，"凶"而"无咎"。

象曰："過涉"之"凶"，不可咎也。

《左傳》："狼瞫曰：'勇則害上，不登於明堂。'馳秦師死焉。君子謂狼瞫於是乎君子。"此"過涉"之不可咎也。《論語》："比干諫而死。子曰：'殷有三仁焉。'"《公羊傳》："孔父可謂義形於色矣。"仁義之行有不得不過者，故曰"不可咎"。初、上二爻爲本末之弱者。初曰"藉用白茅"，《詩》："不矜細行，終累大德。"謹小以爲任重之基，此能慎其弱也。上曰"過涉滅頂"，《論語》："三軍可奪帥也，匹夫不可奪志也。"自反而無退避之義，此能忘其弱也，皆以弱爲强也，雖柔必强，其義如此。

䷜坎下坎上

習坎有孚，維心亨，行有尚。

《禮記》："祭月於坎。"象水之義也。案：坎之爲文，從土從欠。土欠其中，則水入之，是陷之義也。《爾雅》："小罍謂之坎。"亦取其中容水之意。謂之習者，水之流行不休。《論語》："子在川上曰：'逝者如斯夫，不舍晝夜。'"此"習坎"之義也。習之文從羽。《禮記》："鷹乃學習。"鳥之數飛爲習，水之數流亦爲習也。坎德中陷，而坎象中實。《孟子》："人無有不善，水無有不下。""有孚"之義也。一陽在中爲心。《書》："啓乃心，沃朕心。""心亨"之義也。《詩》："汎汎楊舟，紼纚維之。"心之所以亨，亦有維持之義。《禮記》："拱而尚右，拱而尚左。"行之所向爲尚。《書》："決九川，距四海，濬畎澮距川。"水之行有尚也。《論語》："知者樂水。知者動。知者樂。"水者，坎之體。樂者，"心亨"。動者，"行有尚"也。

彖曰：習坎，重險也。

《孟子》："如水益深。"重險之謂也。彖之言習者，本然之體。象之言習者，當然之功。《書》："帝曰：'湯湯洪水方割，有能俾乂？'僉曰：'於鯀哉！'岳曰：'試可乃已。'"大難之治，必須更試，即"習坎"之義。《坤》之"不習"以其順，《坎》之"習"以其險也。

水流而不盈，行險而不失其信。

《孟子》："原泉混混，不舍晝夜，盈科而後進，放乎四海。"盈而後進，所以流而不盈也。必放乎海，所以行險而不失其信也。《孟子》："流水之爲物也，不盈科不行。君子之志於道也，不成章不達。"觀水之術，學聖之道也。

“維心亨”，乃以剛中也。“行有尚”，往有功也。

《書》：“人心惟危，道心惟微。惟精惟一，允執厥中。”陽陷於陰，則危而微。一陽在中，“剛中”之謂也，所謂“精一”者是已。《孟子》：“禹之行水，行其所無事也。”順其自然，所以“有功”。《書》：“聲教訖于四海，告厥成功。”此“往有功”之義也。

天險，不可升也；地險，山川丘陵也。王公設險以守其國，險之時用大矣哉！

《論語》：“猶天之不可階而升也。”無形之險也。《書》：“封十有二山，濬川。”《爾雅》：“一成爲敦丘，再成爲陶丘，再成鋭上爲融丘，三成爲崑崙丘。東陵阠，南陵息慎，西陵威夷，中陵朱滕，北陵西隃、雁門。”有形之險也。天險、地險，皆自然之險也。《周禮·夏官》：“司險掌九州之圖，以周知其山林川澤之阻，而達其道路。設國之五溝五涂，而樹之林以爲阻固，皆有守禁，而達其道路。國有故，則藩塞阻路而止行者，以其屬守之。掌固掌脩城郭溝池樹渠之固，頒其士庶子及其衆庶之守。凡國都之竟有溝樹之固，郊亦如之。若有山川，則因之。”是王公設阻以守其國，因自然之險以成人爲之險者也。《左傳》：“四嶽三塗，陽城大室，荆山中南，九州之險。是不一姓。恃險不可以爲固也。”此自然之險不足恃也。《孟子》：“域民不以封疆之界，固國不以山谿之險。”此人爲之險不足恃也。《詩》：“謂天蓋高，不敢不局。謂地蓋厚，不敢不蹐。”險有時而用，而用又有在險之外者，故曰“險之時用大”。

象曰：水洊至，習坎，君子以常德行，習教事。

《詩》：“如川之方至，以莫不增。”“水洊至”之象也。《爾雅》：“仍饑爲荐。”再也。洊與荐同義。《禮記》：“所習必有業。”所以“常德行”也。《周禮》：“六德：知仁聖義忠和。六行：孝友睦婣任恤。”《師氏》：“至德，以爲道本。敏德，以爲行本。孝德，以知逆惡。孝行，以親父母。友行，以尊賢良。順行，以事師長。”皆德行之有常者，習之於己者也。《禮記》：“命入學習舞。入學習吹”；“習射上功，習鄉上齒。”皆所以習教事也。《書》：“百姓不親，五品不遜。敬敷五教，在寬。”教事之宜習者，習之於人者也。

初六：習坎，入于坎窞，凶。

《論語》："性相近也，習相遠也。"習亦有不善者。卦德之習曰"心亨"，習於善也。爻辭之習曰"入坎"，習於惡也。《孟子》："非天之降材爾殊也，其所以陷溺其心者然也。"是"入于坎窞"也，故"凶"。《左傳》："王遂出及坎欿。"地名亦象其窪下也。《禮記》："小人溺於水，君子溺於口，大人溺於民，皆在其所褻也。夫水近於人而溺人，德易狎而難親也，易以溺人。口費而煩，易出難悔，易以溺人。夫民閉於人而有鄙心，可敬不可慢，易以溺人。故君子不可以不慎也。"褻而易溺，不止於水，皆"習坎入坎"之戒也。《論語》："君子上達，小人下達。""心亨，行有尚"，則"上達"矣。"習坎，入坎窞"則"下達"矣。皆在慎習之始，故於初爻著之。

象曰：習坎入坎，失道凶也。

《書》："伊尹曰：'茲乃不義，習與性成。予弗狎於弗順。'大甲曰：'欲敗度，縱敗禮，以速戾于厥躬。'"是失道之凶由於習也。《左傳》："子服昭伯曰：'晋公室其將遂卑矣。君幼弱，六卿彊，而奢傲將因是以習，習實爲常，能無卑乎？'"道之常者可習，失道則不可常者也，故凶。

九二：坎有險，求小得。

《詩》："戰戰兢兢，如臨深淵，如履薄冰。"此所謂"坎有險"者，在險之中也。《詩》："如彼泉流，無淪胥以敗。"《書》："若涉淵水，予惟往求朕攸濟。"皆在險中而求得之義也。曰"小得"者，《家語》："涓涓不息，流爲江河。"矜細行也。

象曰："求小得"，未出中也。

《詩》："泉之竭矣，不云自中。""未出"者，二居坎體下卦之中，君子不爲險困。《詩》："觱沸檻泉，維其深矣。心之憂矣，寧自今矣。""未出中"而"求小得"，即"有孚""心亨"之義。

六三：來之坎坎，險且枕，入于坎窞，勿用。

《爾雅》："之，往也。"下坎往而上坎來，故曰"來之坎坎"。《詩》："坎坎伐檀兮。"用力之聲，亦取勞卦之義，此其象也。來往皆險則難避。《詩》："進退維谷。""來之坎坎"之謂也。前後皆險則不安。《詩》："輾轉伏枕。""險且枕"之謂也。如是則入險而已。《左傳》：“有淖於前”“陷於淖。”“入于坎窞”之謂也。初曰“習坎，入于坎窞”。《中庸》：“小人行險以徼幸。”重險之下迷而不復。《孟子》：“從流下而忘反謂之流，從流上而忘反謂之連。”是其人也。故直斷之曰“凶”。三曰“險且枕，入于坎窞”，《詩》：“逢此百憂，尚寐無覺。”重險之中，不能自遣。《論語》：“君子可逝也，不可陷也。”是其義也。故猶戒之曰“勿用”。

象曰：“來之坎坎”，終无功也。

《詩》：“其何能淑？載胥及溺。”“終无功”之謂也。

六四：樽酒簋貳用缶，納約自牖，終无咎。

《儀禮》：“司宮尊兩甒於房户之間。”樽所以盛酒者。《周禮》：“旊人爲簋實一觳。”簋所以盛食者。《周禮》：“大祭三貳，中祭再貳，小祭一貳。”貳所以益之也。《禮記》：“五獻之尊，門外缶，門内壺。君尊瓦甒。此以小爲貴也。”蓋取簡約之義。《周禮》“朝踐用兩獻尊，兩大尊。再獻用兩象尊，兩山尊。饋獻用兩壺尊。尊皆有罍。”此即“貳用缶”之義。缶用陶器，亦尚質之意。《周禮》：“司約掌邦國及萬民之約劑，治神之約爲上，治民之約次之，治器之約次之，治摯之約次之。凡大約劑，書於宗彝；小約劑，書於丹圖。”神人之交皆有約。書之於器，以通誠結信，此納約之義也。《詩》：“于以奠之，宗室牖下。”此“自牖”之義也。《左傳》：“苟有明信，澗谿沼沚之毛，蘋蘩薀藻之菜，筐筥錡釜之器，潢汙行潦之水，可薦於鬼神，可羞於王公。”禮雖薄而誠則通，亦處險而無阻者也，故曰“无咎”。《禮記》：“約信曰誓。”又：“君子約言。”約者，言之簡而有信者。《爾雅》：“牖户之閒謂之扆。”《註》：“東曰牖，西曰户牖，所以受明之處。”《詩》：“天之牖民。”又：“牖民孔易。”自其所明以通之，故曰牖也。兩坎相通，幾不在大，可以見，“納約自牖”之義，故於此爻發之。

象曰：“樽酒簋貳”，剛柔際也。

《孟子》：“其交也以道，其接也以禮”，“苟善其禮際矣。”此際之義也。“剛柔”謂四五之交也。

九五：坎不盈，祇既平，无咎。

《禮記》："志不可滿。""不盈"之義也。《家語》："孔子觀於周廟，有攲器焉，虚則攲，中則正，滿則覆。明君以爲至戒，故常置之坐側。是"坎不盈，祗既平"之義也。子路曰：'敢問持滿有道乎？'子曰：'聰明睿知，守之以愚。功蓋天下，守之以讓。勇力振世，守之以怯。富有四海，守之以謙。'"持滿者，"无咎"之道也。

象曰："坎不盈"，中未大也。

五居坎體上卦之中。《孟子》："附之以韓魏之家，如其自視欿然，則過人遠矣。""中未大"者，不自滿假之義也。《孟子》："君子所性雖大，行不加焉，雖窮居不損焉，分定故也。"坎不盈而既平，不加之義也。坎有險而求得，不損之義也。在二則曰"未出中"，在五則曰"中未大"，性分之定即"剛中""心亨"之理也。

上六：係用徽纆，寘于叢棘，三歲不得，凶。

《論語》："雖在縲紲之中。"獄中以黑索拘攣罪人，所謂"係用徽纆"者也。《爾雅》："徽，止也。"《説文》："徽，三糾繩也。"《玉篇》："大索也。""係用徽纆"，有止之義。《周禮・秋官》："朝士建邦外朝之灋。左九棘，孤、卿、大夫位焉。右九棘，公、侯、伯、子、男位焉。"故曰"叢棘"。《禮記》："獄成，大司寇聽之棘木之下。"是"寘于叢棘"之義也。《周禮》："司圜收教罷民。能改者，上罪三年而舍，中罪二年而舍，下罪一年而舍。其不能改而出圜土者，殺。雖出，三年不齒。""三歲不得，凶"，此之謂也。

象曰：上六失道，凶三歲也。

《孟子》："盡其道而死者，正命也。桎梏死者，非正命也。"是以謂之"失道"。《論語》："孟氏使陽膚爲士師。曾子曰：'上失其道，民散久矣。如得其情，則哀矜而勿喜。'"初曰"失道凶"，下之失道由於上之失道，故明之曰"上六失道，凶三歲也"，可以知仁人君子之用心矣。《左傳》："邾子無道，吴子囚諸樓臺，栫之以棘。"此亦失道之徵也。《左傳》："京師殺尹氏固。尹固之復也，有婦人遇之周郊，尤之曰：'處則勸人爲禍，行則數日而反。是夫也，其過三歲乎？'"此亦"凶三歲"之驗也。

䷝離下離上

離：利，貞，亨。畜牝牛，吉。

《詩》："不離于裏。"離者，附著之義，所以爲麗。《禮記》："離坐離立，毋往參焉。離立者不出中間。"兩相麗謂之離。卦畫之象形亦如此。案文：離從隹，鳥屬；從离，鳥之文也。《詩》："瑣兮尾兮，流離之子。"《疏》以爲鶹鷅是也。舊説有以爲南方朱鳥者，象離之位。《書》"日中星鳥"是也。《爾雅》："大琴謂之離。"變聲之流離，亦取諸鳥也。《左傳》："純離爲牛。"乾爲馬，震、坎亦爲馬。坤爲牛，離亦爲牛。各從其類也。《禮記》："合累牛勝馬遊牝于牧。"牝牛取其柔順也。《周禮》："牛人掌養國之公牛，以待國之政令。"養者，畜之義也。《禮記》："犧牲毋用牝。"祭則取其純潔之體，畜則取其中順之性也。《坤》以全體配乾而行，順而健者也，故利牝馬之行。《離》以二五得坤之體，順而又順者也，故利牡牛之畜。《中庸》："自誠明謂之性，自明誠謂之教。誠則明矣，明則誠矣。"《坎》之中實而"心亨"，"自誠明"之謂也。《離》之中虚而"利貞亨"，"自明誠"之謂也。

彖曰：離，麗也。日月麗乎天，百穀草木麗乎土，重明以麗乎正，乃化成天下。

《禮記》："郵罰麗於事。"附也。《書》："不克開于民之麗。"依也。依附皆麗之義也。《禮記》："祭之日，君牽牲，既入廟門，麗于碑。"畜牝牛者亦取麗之義也。《禮記》："日在營室。"《詩》："月離于畢。"《禮記》："司天日月星辰之行，宿離不貸。"有所次舍，以著其光，"日月麗天"之義也。《中庸》："日月星辰繫焉。"麗天之象如是。《書》："播時百穀。"《詩》："播厥百穀。"《爾雅翼》曰："粱者，黍稷之總名。稻者，溉種之總名。菽者，衆豆之總名。三穀各二十種，蔬果之屬、助穀各二十種，凡百穀是也。"《爾雅》："草謂之榮，木謂之華。"有所附著以發其秀，"百穀草木麗土"之義也。《詩》："彼黍離離。"又："其桐其椅，其實離離。""麗土"之象如是。《禮記》："日月無私照。""重明以麗乎正"也。《孟子》："所過者化。"《中庸》："無爲而成。""乃化成天下"也。《賁》之象亦曰"觀天文以察時變，觀人文以化成天下"，皆離之德也。

柔麗乎中正，故"亨"。是以"畜牝牛，吉"也。

《詩》："柔嘉維則。"所謂"柔麗乎中正"也。重明麗正，以全卦之體立義。此以二、五取義，故又曰“中正”也。《書》：“沈潛剛克，高明柔克。彊弗友剛克，燮友柔克。”《坎》曰“剛中”，即“剛克”之義，“沈潛”以水言也。設險之守，所謂“彊弗友”也。《離》曰“柔中”，即“柔克”之義，“高明”以火言也。畜牝牛之吉，所謂“燮友”也。

象曰：明兩作，離。大人以繼明照于四方。

《左傳》：“天無二日。”重離，故以“兩作”象之。《書》：“寅賓出日。寅餞納日。”日有出入，“明兩作”之義也。《中庸》：“如日月之代明。”月以繼日，“兩作”之義亦取乎此。《書》：“亶聰明，作元后。元后作民父母。”作者，起也。所謂“聖人作而萬物覩”也。《左傳》：“照臨四方曰明。”離之象也。《詩》：“學有緝熙于光明。”“繼明照”之謂也。《書》：“惟我文考，若日月之照臨，光于四方。”照四方之謂也。《乾・文言》：“大人者，與天地合其德，日月合其明。”卦象惟此稱大人，蓋本《乾》之二、五而言。《書》：“曰若稽古，帝堯曰放勳”；“曰若稽古，帝舜曰重華，協于帝。”又：“昔君文武宣重光。”臣之繼君，子之繼父，大人之繼明照，皆重明之象也。水曰“洊至”，行地之不息莫如水也。明曰“兩作”，行天之不息莫如日也。《論語》：“學而時習之。”習坎之義，《論語》首舉之。象水之洊至曰“以常德行，習教事。”《孟子》“孔子曰：‘我學不厭而教不倦’”是也。《大學》：“大學之道，在明明德。”重明之義，《大學》首舉之。象明之兩作，曰“以繼明照于四方”，《大學》“古之欲明明德於天下者”是也。此皆乾之健行不息也，聖學之始終以之，《坎》《離》所以爲上經之終與？

初九：履錯然，敬之无咎。

《大戴禮》：“屨之銘曰：慎之勞，勞則富。”履在下而勞，錯然之所以宜敬也。錯然有以火之始然爲義者。《左傳》：“秦穆夫人登臺而履薪焉。”此所謂火未及然，因謂之安者，亦危而宜慎者也。《公羊傳》：“諸侯雜然侵之。”“雜然”即“錯然”之謂也。《詩》：“爲賓爲客，獻酬交錯。禮儀卒度，笑語卒獲。”賓客交錯，履之錯然者也。卒度卒獲，“敬之”所以“无咎”也。

象曰：履錯之敬，以辟咎也。

《禮記》：“行肩而不併，不錯則隨。”《註》：“雁行也。”不敢先人，是謂“履錯之敬”。《禮記》：“户外有二屨，言聞則入，言不聞則不入。”君子隨在必敬，即此可以觀“辟咎”之義。二屨尚爲引嫌，況履錯之地乎！

六二：黃離，元吉。

《左傳》："黄，中之色也。"離與坤同德。《坤》曰"黄裳，元吉"，《離》曰"黄離，元吉"。《書》："雍州厥土惟黄壤，厥田惟上上。"五行莫貴於土，五色莫盛於黄，坤之正色離於二陽之中也，所以爲"元吉"。《禮記》："中央土，天子駕黄騮，載黄旂，衣黄衣，服黄玉。"四時土寄旺於火，故同其德也。

象曰："黃離，元吉"，得中道也。

白賁在外，取反本之義。黄離在中，取得中之義。《論語》："堯曰：'咨！爾舜，允執其中。'"是"得中道也"。《書》："欽明文思，濬哲文明。""得中道"者由於文明之主相繼也。

九三：日昃之離，不鼓缶而歌，則大耋之嗟，凶。

《書》："自朝至于日中昃。"《離》初爻爲朝，二爻爲日中，三爻爲昃。《論語》："日月逝矣，歲不我與。"所謂"日昃之離"也。《詩》："坎其擊缶。"瓦缶可以節樂者。《詩》："子有鐘鼓，弗鼓弗考。宛其死矣，他人是保。"又："既見君子，並坐鼓瑟。今者不樂，逝者其耋。""不鼓缶而歌，則大耋之嗟"，此其義也。《左傳》："曹大子聞樂而歎。君子曰：'非歎所也。'"不歌則嗟，亦有失常之義。《書》："五福：一曰壽六極，一曰凶短折。""大耋之嗟"所以爲"凶"。《孟子》："殀壽不貳，脩身以俟之，所以立命也。"立命則不至於凶矣。《論語》："發憤忘食，樂以忘憂，不知老之將至。"此則聖賢之道也，何計夫"日昃之離"，何有於"大耋之嗟"哉！

象曰："日昃之離"，何可久也？

《左傳》："趙孟視蔭，曰：'朝夕不相及，誰能待五？'又："曰：'老夫罪戾是懼，焉能恤遠？吾儕偷食，朝不謀夕，何其長也？'""何可久"者，其志已衰矣。

九四：突如其來如，焚如，死如，棄如。

《爾雅》："植謂之傳，傳謂之突。"《註》："户持鎮植也。竈户直上以通烟者亦謂之突。"突如"者，始不及防，終不可遏。《詩》："突而弁兮。"字義如此也。《周禮·掌戮》："凡殺其死者焚之。"此"焚如"之刑也。《禮記》："君子曰終，小人曰死。""死如"之義也。《禮記》："刑人於市，與衆棄之。""棄如"

之義也。《左傳》："惡之易也，若火之燎於原。""突如"之象可見。

象曰："突如其來如"，无所容也。

《孟子》："率土地而食人肉，罪不容於死。"又："殃民者不容於堯、舜之世。"不順之至者，焚、死、棄皆無所容也。

六五：出涕沱若，戚嗟若，吉。

《詩》："涕泗滂沱。"憂甚之象也。《孟子》："顔色之戚，哭泣之哀，弔者大悦。"五爲君位，得中繼明之時，此宅憂諒闇之禮，故但言其哀戚之象如此，是以爲吉。《書》："王徂桐宫居憂，克終允德。"《詩》："閔予小子，遭家不造。嬛嬛在疚，於乎皇王，序思不忘。"皆"出涕""戚嗟"之"吉"者也。《左傳》："在戚而有嘉容。"豈能自振者哉?

象曰：六五之吉，離王公也。

《周禮》："坐而論道，謂之王公。"王爲天子，公爲諸侯。特舉"六五之吉"，以其位明之也。《論語》："君薨，百官總己以聽於冢宰三年。"《書》："高宗夢賚良弼。"又："乃同召大保畢公、芮伯、彤伯、衛侯、毛公。"王之寄命於公者，皆"離王公"之謂也。《書》："拜手稽首，旅王若公。""離王公"者，王與公相依，即五之與上也。

上九：王用出征，有嘉折首，獲匪其醜，无咎。

《書》："嘉乃丕績。"故曰"有嘉"。《詩》："執訊獲醜，薄言旋歸。"《詩》："鋪敦淮濆，仍執醜虜。"訊謂魁首也。醜謂徒衆也。《書》："胤后承王命徂征。曰：'今予以爾有衆，奉將天罰。火炎崐岡，玉石俱焚。天吏逸德，烈于猛火。殲厥渠魁，脅從罔治。'""承王命"者，"王用出征"也。"殲魁"者，"折首"之義也。"罔治"者，"匪醜"之義也。象火之明，而又戒火之暴，"无咎"之道也。《公羊傳》："其言滅獲，何别君臣也?君死於位曰滅，大夫生死皆曰獲。"此"獲"之義也。

象曰："王用出征"，以正邦也。

《孟子》："征者，上伐下也。敵國不相征也。"故曰"正邦"。《書》："大邦畏其力，小邦懷其德。""正邦"之義也。《坎》之上爻言刑，《離》之上爻言兵。《孟子》："有恒產者有恒心，無恒產者無恒心。苟無恒心，放辟邪侈，無不爲己。及陷乎罪，然後從而刑之，是罔民也。焉有仁人在位，罔民而可爲也?”無恒者蔽於習也。“叢棘”“徽纆”，陷於罪也。“三歲不得”而後“凶”，君子之不罔民也。觀坎之義，知用刑之道矣。《左傳》：“夫兵猶火也，弗戢，將自焚也。”“焚如，棄如”，爲惡之逆者，象諸火也。《詩》：“如火烈烈，則莫我敢遏。苞有三蘖，莫遂莫達。”“折首”“獲醜”，除暴之猛且速，象亦取諸火也。觀離之義，知用兵之正矣。坎離爲乾坤之大用，兵刑爲帝王之大用，上經以此終篇，下經亦以《既濟》《未濟》終篇，其旨遠矣。

【校記】

〔1〕臭，底本、續四庫本均作“臭”，據《爾雅·釋獸第十八》改。下一“臭”字同。

周易引經通釋卷四

黄岡李鈞簡輯註　男澍滋校字

周易下經

☶艮下兑上

咸：亨，利，貞，取女吉。

《爾雅》："咸，皆也。"人有同然，其義爲咸。《孟子》："惻隱之心，人皆有之。羞惡之心，人皆有之。恭敬之心，人皆有之。是非之心，人皆有之。"皆有其心，所以能感。《孟子》："今人乍見孺子將入於井，皆有怵惕惻隱之心。"此又感之所以速也。案：咸之文從戌從口。《爾雅》："大歲在戌曰閹茂。"又："戌，遏也。"兑爲口，艮以止之，象其義而爲咸。守口之義，慎所感也。觀上六爻辭可知。《周禮》："大卜掌三夢之灋：一曰致夢，二曰觭夢，三曰咸陟。"謂精神之相感也。感則必通，所以爲亨。《書》："咸有一德。"《詩》："克咸厥功。"同心同力，皆亨之義也。"咸"，《歸藏》作"諴"。《書》："至諴感神。"感必以正，故曰"利貞"。《咸》《恒》皆言"亨利貞"而不言"元"者，"乾元""坤元"冠乎上經之首。《咸》《恒》爲男女夫婦之義，所以"資始""資生"者，元在其中矣。《中庸》："天地之無不持載，無不覆幬。是之謂咸。博厚配地，高明配天，悠久無疆。"是之謂恒。《乾》曰"咸寧"，《坤》曰"咸亨"；《乾》曰"恒易"，《坤》曰"恒簡"。《咸》《恒》彖傳皆曰"天地萬物之情"，可見《序卦傳》上下經首皆曰"有天地"，《咸》《恒》之首下經，即《乾》《坤》首上經之義矣。《詩》："窈窕淑女，君子好逑。"感莫先於男女。二少相感，故曰"取女吉"。《禮記》："昏禮者，將以合二姓之好，敬慎重正，而後親之。禮之大體，所以成男女之别而立夫婦之義也。”此取女之亨，必利貞而後吉也。《公羊傳》：“娶者大吉也，非常吉也。其爲吉者主於已。”此“取女吉”之義也。

彖曰：咸，感也。

《禮記》：“人生而静，天之性也。感於物而動，性之欲也。”艮止爲静，兑説而動，此咸爲感之義也。《孟子》：“人少則慕父母，知好色則慕少艾。”男女之感莫如少者，故二少爲咸，婚姻之始也。

柔上而剛下，二氣感應以相與，止而説，男下女，是以“亨利貞，取女吉”也。

《禮记》：“男先於女，剛柔之義也。”剛先於柔，是“柔上剛下”之義也。《周禮》：“揚州山鎮會稽，澤藪具區，其民二男五女。荆州山镇衡山，澤藪雲夢，其民一男二女。豫州山鎮華山，澤藪圃田，其民二男三女。青州山鎮沂山，澤藪望諸，其民二男二女。兖州山鎮岱山，澤藪大野，其民二男三女。雍州山鎮嶽山，澤藪弦蒲，其民三男二女。幽州山鎮醫無閭，澤藪貕養，其民一男三女。冀州山鎮霍山，澤藪揚紆，其民五男三女。并州山鎮恒山，澤藪昭餘祁，其民二男三女。”《註》：“山氣多男，澤氣多女，是二氣之感應以相與者。”山澤男女，其理一也。《論語》：“《關雎》樂而不淫，哀而不傷。”“發乎情，止乎禮義”，此“止而説”之義也。《左傳》：“將有所求，必先下之。”此“男下女”之義也。《論語》：“少之時，血氣未定，戒之在色。”此“利貞”之義也。

天地感而萬物化生，聖人感人心而天下和平。觀其所感，而天地萬物之情可見矣。

《禮記》：“天地訢合，陰陽相得，煦嫗覆育萬物，然後草木茂，區萌達，羽翼奮，角觡生，蟄蟲昭蘇，羽者嫗伏，毛者孕鬻，胎生者不殰，而卵生者不殈。”此“天地感而萬物化生”之謂也。《詩》：“厥初生民，時維姜嫄，履帝武敏歆。攸介攸止，載震載夙，載生載育。”周公明周人所由以生之始，同於天地開闢生民之初。張子曰：“天地之始，固未嘗先有人也，則人固有化而生者，蓋天地之氣生也。”咸言氣生之始。此實“天地感而萬物化生”之正義。《禮記》：“民有血氣心知之性，而無喜怒哀樂之常，應感起物而動，然後心術形焉。”此聖人之感人心也。《禮記》：“樂也者，音之所由生也。其[1]本在人心之感於物也。是故其哀心感者，其聲噍以殺；其樂心感者，其聲嘽以緩；其喜心感者，其聲發以散；其怒心感者，其聲粗以厲；其敬心感者，其聲直以廉；其愛心感者，其聲和以柔。六者非性也，感於物而後動。是故先王慎所以感之者。”此“聖人感人心而天下和平”也。《國語》：“樂從和，和從平。聲應相保曰和，細大不踰曰平。”此言聲之和平。人心之和平，即樂之實也。《周禮·春官》：“大咸。”《註》：“堯樂即以德之無不感而名之也。”《書》：“格于上下。”《周禮》：“凡樂，冬日至，於地上之圜丘奏之，若樂六變，則天神皆降，可得而禮矣；夏日至，於澤中之方丘奏之，若樂八變，則地示皆出，可得而禮矣。”是感通乎天地也。《詩》：“燕燕于飛，差池其羽。之子于歸，遠送于野。瞻望弗及，泣涕如雨。”又：“喓喓草蟲，趯趯阜螽。未見君子，憂心忡忡。亦既見止，我心則降。”是感通乎萬物也，故曰“觀其所感，而天地萬物之情可見”。

象曰：山上有澤，咸。君子以虛受人。

《爾雅》：“山上有水，埒。”《註》謂停泉。此“山上有澤”之象。山體實而曰“以虛受人”者，《論語》：“實若虛。”君子之取象也。《禮記》：“虛中以治之。”《儀禮》：“温恭自虛，所受是極。”皆“虛受”之義也。水之虛受，體本下而善下。山之虛受，體在上而能下，與謙受益者同德，君子尤有取焉。《孟子》：“子路，人告之以有過則喜。禹聞善言則拜。大舜有大焉，舍己從人，樂取於人以爲善。”“以虛受人”，聖賢之量如是。《孟子》：“友也者，友其德也，不可以有挾也。”挾長挾貴，皆不能以虛受矣。

初六：咸其拇。

《爾雅》：“敏，拇也。”足大指。《詩》：“履帝武敏歆。”《註》：“見大人跡而履其拇。”此“咸其拇”之義，感之動於天者也。《詩》：“東方之日兮，彼姝者子。在我室兮，履我即兮。東方之月兮，彼姝者子。在我闥兮，履我發兮。”此亦“咸其拇”之義，感之動於人者也。感之在初，猶可自持，故不言凶悔吝。

象曰：“咸其拇”，志在外也。

初與四應，曰“志在外”。《孟子》：“一心以爲有鴻鵠將至，思援弓繳而射之。”足雖未動而志已動也。《孟子》：“夫志，氣之帥也。氣，體之充也。今夫蹶者趨者，是氣也，而反動其心。”“志在外”，志在隨，人皆不能持其志者也。若志末之無私感，蓋志能帥氣矣。

六二：咸其腓，凶，居吉。

《詩》：“四牡騤騤，君子所依，小人所腓。”腓，足肚，隨足而動者。妄動則凶也。《詩》：“牛羊腓字之。”物亦有感於腓者，故腓有感象。曰“凶”又曰“居吉”者，《書》：“用静吉，用作凶。”宜静而不宜動，是其義也。

象曰：雖“凶，居吉”，順不害也。

《書》：“德惟一動，罔不吉。德二三動，罔不凶。惟吉凶不僭在人，惟天降災祥在德。”順其道則不害也。“咸其拇”，未動者。“咸其腓”，已動者。“雖‘凶，居吉’”者，《孟子》：“王速出令，反其旄倪，止其重器，則猶可及止也。”止於既動之後，“順不害”之義也。

九三：咸其股，執其隨，往吝。

《詩》：“赤芾在股，邪幅在下。”脛本曰股足，膝曰下股。與下相連，亦隨足而動者，不能自守，有“咸其股，執其隨”之象。澤雷爲隨。艮者，震之綜。澤山故亦曰執隨。《詩》：“無縱詭隨，以謹無良。”不正之隨，非所隨也。《孟子》：“君子不亮惡乎執。”不正之執，亦非所執也。《孟子》：“不由其道而往者，鑽穴隙之類也。”不正之隨，故往見羞吝。往之吝，則知居之吉矣。

象曰：“咸其股”，亦不處也；志在隨人，所執下也。

《詩》：“逝不古處，胡能有定？”“古處”者，以道自處。“不處”者，失其道也。《詩》：“嗟爾君子，無恒安處。靖共爾位，正直是與。”“不處”則妄隨。初、二皆“不處”者，故曰“亦不處也”。《論語》：“富而可求也，雖執鞭之士，吾亦爲之。如不可求，從吾所好。”隨人志下，聖人蓋爲此輩言之矣。《論語》：“居處恭，執事敬，與人忠，雖之夷狄，不可棄也。”曰居曰處，曰執曰隨，人無所往而不慎，何吝之有？

九四：貞吉，悔亡，憧憧往來，朋從爾思。

《大學》：“欲脩其身者，先正其心。”“貞吉”之義也。《論語》：“《詩三百》，一言以蔽之，曰：思無邪。”“悔亡”之義也。《孟子》：“操則存，舍則亡，出入無時，莫知其鄉，惟心之謂與?”“憧憧往來”之謂也。《孟子》：“耳目之官不思而蔽於物，物交物則引之而已矣。心之官則思。思則得之，不思則不得也。”“朋從爾思”之謂也。《論語》：“季文子三思而後行。子聞之，曰：‘再，斯可矣。’”“憧憧”者，皆私意也。《書》：“有言逆于汝心，必求諸道；有言遜于汝志，必求諸非道。”“朋從”者，非道心也。《書》：“孺子其朋，孺子其朋。”“朋從”之不可不戒也。《復》卦曰“出入无疾”，則無“憧憧往來”之私；“朋來无咎”，則無“朋從爾思”之患。

象曰：“貞吉，悔亡”，未感害也。“憧憧往來”，未光大也。

《孟子》：“人能無以飢渴之害爲心害。”“未感害”之義也。《孟子》：“可欲之謂善，有諸己之謂信，充實之謂美，充實而有光輝之謂大。”光大者，善信之充實者也。浮動之思，是以曰[2]“未光大”。《大學》：“人之彥聖，其心好之。”無蔽則光。《詩》：“人之好我，示我周行。”有容則大。此即“以虚受人”之本。

九五：咸其脢，无悔。

《禮記》：“擣珍：取牛羊麋鹿麕之肉必脄。”《註》：“側脊肉也。”脄，脢。《同人》之“脢”亦同此。《左傳》：“沐則心覆，心覆則圖反。”背與心反。“咸其脢”即“艮其背”之意。無私感，故“无悔”也。《詩》：“其德靡悔，既受帝祉。”至誠之感則无悔，此其義也。《咸》卦六爻皆宜静而不宜動者，懼其感於私也。拇、腓、股皆屬足，動於下者。輔、頰、舌皆屬首，動於上者。心之動於中者，尤甚，故皆有戒辭。惟脢之體本静，所以得感之正。

象曰：“咸其脢”，志末也。

舊説以“志末”爲“淺末”，“末”字義無所屬，亦非“无悔”之義。《左傳》：“風淫末疾。”末謂四肢。以心爲本，則以四肢爲末。《孟子》：“君子所性，仁義禮智根於心，睟然見於面，盎於背，施於四體。四體不言而喻。”咸至於五，遍體皆感。根心喻體，無所不通。此一章足爲咸脢志末之實證。《中庸》：“《詩》云：‘不大聲以色。’子曰：‘聲色之於以化民，末也。’”無私感者，猶有感之迹，故曰“志末”。

上六：咸其輔頰舌。

《左傳》：“輔車相依。”輔者，口之輔。《左傳》：“射子鉏中頰。”頰者，口之頬。皆在口外。《詩》："莫捫朕舌。"舌在口中，皆言語之具。《論語》："巧言令色，鮮矣仁。"不直言口而曰"輔頬舌"，聲音笑貌皆在其中，感之不誠有如是也。此爻亦不言凶悔吝，正五之所謂"志末"者。《書》："大哉王言。"君之言也。《書》："敷奏以言。"臣之言也。君臣之感，在於正志，故咸之義以此終焉。

象曰："咸其輔頬舌"，滕口説也。

《爾雅》："滕，虚也。""滕口説"者，虚而無實。《論語》："惜乎！夫子之説君子也，駟不及舌。""滕口説"之戒也。《書》："帝曰：'龍，命汝作納言，夙夜出納朕命，惟允！'"《詩》："出納王命，王之喉舌。"相感以誠則善矣。輔頬之任，不綦重哉！

䷟巽下震上

恒：亨，无咎，利貞。利有攸往。

《爾雅》："恒，常也。"案《説文》，恒從心從舟，在二之間。朱子云：象船兩頭靠岸，徹頭徹尾。古文又從月。《詩》"如月之恒"是也。朱子曰："心始終如一日。"亦此義。雷風之動無常，心之動亦無常，故文從心而義取諸恒。《書》："惟皇上帝，降衷於下民，若有恒性。"天之常理，恒之義也。《孟子》："無恒産而有恒心者，惟士爲能。"人之常性稟乎天也，故曰"亨，无咎"。咸以感爲義而文無心，恒以久爲義而文有心。《孟子》："是亦不可以已乎，此之謂失其本心。"咸易流於私，久則欲其無失也。《禮記》："禮也者，理之不可易者也。""利貞"是不易之恒也。《中庸》："不息則久，久則徵，徵則悠遠。""利有攸往"，是不已之恒也。

彖曰：恒，久也。剛上而柔下，雷風相與，巽而動，剛柔皆應，恒。

《咸》之"柔上剛下"者，《禮記》："父醮子而命之迎，男先於女也。"以剛下柔，親迎之始也。《恒》之"剛上柔下"者，《孟子》："男女居室，人之大倫也。"以柔下剛，宜家之終也。《詩》："君子偕老。"二長相守，故恒爲夫婦之終。《禮記》："毋雷同。"言雷之聲同也。《書》："咸仰朕德，時乃風。"言風之聲同也。以其勢言曰"相薄"，以其[3]情言曰"相與"。《禮記》："姆教婉娩聽從。"巽而動者，恒之道也。《詩》："籜兮籜兮，風其吹女。叔兮伯兮，倡予和女。""剛柔皆應"之謂也。《咸》亦剛柔皆應而於《恒》著之者，《乾·文言》曰"同聲相應”，以雷風言可常之應，乃爲無私之感也。

“恒：亨，无咎，利貞”，久於其道也。天地之道，恒久而不已也。

《中庸》：“純亦不已。”久于其道者也。《中庸》：“天地之道，博也，厚也，高也，明也，悠也，久也。”故曰“恒久”。《禮記》：“貴其不已，如日月東西相從而不已也，是天道也。不閉其久，是天道也。”“恒久不已”之義也。

“利有攸往”，終則有始也。

《詩》：“靡不有初，鮮克有終。”終則有始，恒之道也。

日月得天而能久照，四時變化而能久成，聖人久於其道而天下化成。觀其所恒，而天地萬物之情可見矣！

《詩》：“如月之恒，如日之升。”日月得天之久照也。《公羊傳》：“恒星，列星也。”即星之有恒而日月可知矣。《禮記》：“春之爲言蠢也，産萬物者聖也。夏之爲言假也，養之，長之，假之，仁也。秋之爲言愁也，愁之以時察，守義者也。冬之爲言中也，中者藏也。”四時變化之久成也。《中庸》：“博厚配地，高明配天，悠久無疆。”聖人之久於其道也。《中庸》：“博厚所以載物也，高明所以覆物也，悠久所以成物也。”天下之所以化成也。《詩》：“周王壽考，遐不作人。”久道化成之效也。《書》：“堯在位七十載”；“舜三十在位，五十載，陟方乃死”；“殷中宗之享國，七十有五年。高宗之享國，五十有九年。祖甲之享國，三十有三年。文王享國五十年。”皆聖人之久道化成者也。《左傳》：“民有好惡喜怒哀樂，生於六氣，是故審則宜類，以制六志，哀有哭泣，樂有歌舞，喜有施舍，怒有戰鬥，喜生於好，怒生於惡，是故審行信令，禍福賞罰，以制死生。生，好物也。死，惡物也。好物，樂也。惡物，哀也。哀樂不失，乃能協於天地之性，是以長久。”情之所本爲志，性之所發爲情。《恒》次於《咸》，感之有常、情之可久者也，故又曰“觀其所恒，而天地萬物之情可見”。

象曰：雷風，恒。君子以立不易方。

《書》：“烈風雷雨弗迷。”《論語》：“迅雷風烈必變。”雷風，天之變而不失其常者也，聖人象之。“弗迷”者，聖人聰明睿知之常也。“必變”者，聖人恐懼修省之常也。《書》："曰咎徵：曰狂，恒雨若；曰僭，恒暘若；曰豫，恒燠若；曰急，恒寒若；曰蒙，恒風若。"雨燠風寒，恒則爲咎，是知雷風以不恒爲恒。此取象之義也。《詩》："殷其靁，在南山之陽。殷其靁，在南山之下。殷其靁，在南山之側。"是雷無方者也。《爾雅》："東風謂之谷風，南風謂之凱風，西風謂之泰風，北風謂之涼風。"是風無方者也。《禮記》："君子之居恒當户，寢恒東首。若有疾風迅雷甚雨，則必變，雖夜必興，衣服冠而坐。"雷風無方，而君子不易其方，是之謂恒。天尊地卑，日東月西，山高澤下，皆不易方者，其恒易見。聖人獨取象於雷風，雷之起也必出而在外，風之來也必入而在内，亦不易方也。其恒難如此，聖人取象之精也。《孟子》："冬日則飲湯，夏日則飲水。"又："可以仕則仕，可以止則止。"無常者，正君子之有常也。一定則不能常。觀於雷風，尤見君子之有恒矣。變易、不易，易之爲書，直指全體，此象足以發之。《禮記》："儒有戴仁而行，抱義而處，雖有暴政，不更其所，其自立有如此者。"此"君子立不易方"之行也。《禮記》："立必正方。"幼學已然，守之以恒，則"立不易方"之基也。《左傳》："官不易方，其卿讓於善，其大夫不失守，其士競於教，其庶人力於農穡，商工皁隸，不知遷業。""不易方"者，恒之爲道，人之所以自立皆如是也。

初六：浚恒，貞凶，无攸利。

《詩》："莫浚匪泉。"泉之本體爲浚。《春秋》："冬浚洙。"《公羊傳》："洙者何？水也。浚之者何？深之也。"用功以治亦曰浚。浚之爲義，當以恒而不以速也。《論語》："欲速則不達。"所謂"浚恒"者，其事雖正，而其義則凶，故曰"无攸利"。《論語》："君子信而後勞，其民未信，則以爲厲己也。信而後諫，未信則以爲謗己也。"事雖"貞"而不免於"凶"，且"无攸利"者，不以漸則不能恒也。

象曰："浚恒"之"凶"，始求深也。

《孟子》："君子深造之以道，欲其自得之也。自得之則居之安，居之安則資之深，資之深則取之左右逢其原。"此豈始求者所能得哉？觀深造之道，可以知"浚恒之凶"矣。

九二：悔亡。

凡事之不可恒者必悔。《詩·賓筵》五章，衛武公之悔過也。《書·秦誓》

一篇，秦穆公之悔過也。直言“悔亡”，有恒之義也。

象曰：九二“悔亡”，能久中也。

《中庸》：“人皆曰予知，擇乎中庸，而不能期月守也。回之爲人也，擇乎中庸，得一善，則拳拳服膺而弗失之矣。”中之貴能久也。《中庸》：“天下國家可均也，爵禄可辭也，白刃可蹈也，中庸不可能也。”不中未有能久者也。

九三：不恒其德，或承之羞，貞吝。

《論語》：“無而爲有，虚而爲盈，約而爲泰，難乎有恒矣。”是“不恒其德”者也。《孟子》：“爲機變之巧者，無所用耻焉。”“不恒”之所以可“羞”也。《孟子》：“由君子觀之，人之所以求富貴利達者，其妻妾不羞也，而不相泣者幾希矣。”妻妾且羞，而況於人乎！“或承之”者，實有以自致之也。《論語》：“君子貞而不諒。”貞失其恒則吝矣。

象曰：“不恒其德”，无所容也。

《國語》：“士之子恒爲士，農之子恒爲農，工之子恒爲工，商之子恒爲商。少而習焉，其心安焉，不見異物而遷焉。”有恒業者各居其所。《論語》：“人而無恒，不可以作巫醫。”立心不專，即託業無所，故曰“无所容也”。《詩》：“及爾偕老，老使我怨。淇則有岸，隰則有泮。”“或承之羞”在下卦者，亦言婦德之不恒也，是謂“无所容”。

九四：田无禽。

《左傳》：“譬如田獵，射御貫則能獲禽。若未嘗登車射御，則敗績覆壓是懼，何暇思獲。”田之无禽由於射之不貫，此不恒之戒也。

象曰：久非其位，安得禽也。

《左傳》：“子思曰：‘《詩》曰：不解于位，民之攸塈。不守其位而能久者，鮮矣。’”久非其位，則解于位者也。《孟子》：“趙簡子使王良與嬖奚乘。王良曰：‘吾爲之範我馳驅，終日不獲一；爲之詭遇，一朝而獲十。我不貫與小人乘，請辭。’”“久非其位”，如嬖奚之類是已。《詩》：“女曰鷄鳴，士曰昧旦。將翱將翔，弋鳧與雁。”“田无禽”在上卦者，亦言夫德之不恒也，是謂“非其位”。

六五：恒其德，貞，婦人吉，夫子凶。

《禮記》："婦順者，順於舅姑，和於室人，而後當於夫，以成絲麻布帛之事，以審守委積蓋藏，是故婦順備而後内和理，内和理，而後家可長久也。"此婦人之所以"恒其德"也。《穀梁傳》："婦人以貞爲行者也。"貞所以爲婦人之吉也。《孟子》："必敬必戒，無違夫子以順爲正者，妾婦之道也，是焉得爲大丈夫乎？""婦人吉"而"夫子凶"，此其義也。《書》："觀厥刑于二女。"《詩》："刑于寡妻。"夫爲妻綱，豈可以柔德爲恒哉？《禮記》："子曰：'南人有言曰：人而無恒，不可以爲卜筮。古之遺言與？龜筮猶不能知也，而況於人乎！《詩》云：我龜既厭，不我告猶。《兑命》曰：爵無及惡德，民立而正事。純而祭祀，是爲不敬；事煩則亂，事神則難。《易》曰：不恒其德，或承之羞。恒其德偵，婦人吉，夫子凶。'"此兼明三爻、五爻之義。

象曰：婦人貞吉，從一而終也。夫子制義，從婦凶也。

《詩》："髧彼兩髦，實維我儀。之死矢靡它。"《禮記》："一與之齊，終身不改。""從一而終"之謂也。《左傳》："夫義婦順。"剛柔之義，故曰"制義"。《書》："惟婦言是用。""從婦"之"凶"也。《穀梁傳》："禮：婦人從人者也，婦人在家制於父，既嫁制於夫，夫死從長子。婦人不專行，必有從也。"此制義在夫而從婦凶之謂也。

上六：振恒，凶。

《周禮》："九攈。四曰振動。"震上動之極，故曰"振恒"。《公羊傳》："齊桓公震而矜之，叛者九國。震之者何？猶曰振振然。矜之者何？猶曰莫我若也。"振之爲義如此，變其常也。《公羊傳》："上變古易常，應是而有火災。"此所謂"振恒"之"凶"也。

象曰：振恒在上，大无功也。

《孟子》："不愆不忘，率由舊章。遵先王之法而過者，未之有也。"无功則必有過。《書》："無作聰明，亂舊章。"好事喜功者必至於无功。曰"大无功"，所以深戒之也。《孟子》："其進鋭者，其退速。""求深"者，始之不恒也。《書》："爲山九仞，功虧一簣。""无功"者，終之不恒也。始終皆有恒，而後謂之恒。

☶☰艮下乾上

遯：亨，小利貞。

《爾雅》："遜，遯也。"退避之義。《詩》："昊天上帝，寧俾我遯。"時之不遇，是以爲遯。《禮記》："圈豚行不舉足。"案文，從豚從辵。豚行爲遯，遲回不決，亦可見遯非君子之本志也。《論語》："天下有道則見，無道則隱。"見幾之作，是以爲亨。小謂二陰也。小人何以利於貞？《論語》："王孫賈曰：'與其媚於奧，寧媚於竈。'子曰：'獲罪於天，無所禱也。'""陽貨曰：'懷其寶而迷其邦，可謂仁乎？好從事而亟失時，可謂知乎？'子曰：'吾將仕矣。'"此皆小人方長、君子當遯之時。曰"小利貞"者，非小人之能正也，明其理之正，以爲小人之防，使小人不敢害正，亦即小人反正之機也。蓋小人猶知有君子，是所謂"小利貞"者。若三陰之進，"否之匪人"則直曰"不利君子貞"矣。

彖曰："遯：亨"，遯而亨也。剛當位而應，與時行也。

《論語》："君子居之，何陋之有？"遯本有亨之義。《中庸》："君子素其位而行，無入而不自得焉。"是以曰"遯而亨也"。《孟子》："辭尊居卑，辭富居貧，惡乎宜乎？抱關擊柝。孔子嘗爲委吏矣，曰：會計當而已矣。嘗爲乘田矣，曰：牛羊茁壯長而已矣。"此所謂"剛當位而應，與時行"者，仍一遯之義也。

"小利貞"，浸而長也。

《孟子》："彌子曰：'孔子主我，衛卿可得也。'""右師曰：'諸君子皆與驩言，孟子獨不與驩言，是簡驩也。'"小人道長，未有不引君子以自重者。《書》："簡賢附勢，實繁有徒。"小人之得志，在"浸而長"。《左傳》："遠間親，新間舊，小加大，淫破義。"君子之見幾，亦在"浸而長"。《詩》："冽彼下泉，浸彼苞稂。愾我寤歎，念彼周京。"陰之浸長，君子寧不歎息痛恨於其時哉？

遯之時義大矣哉！

《論語》："賢者辟世，其次辟地，其次辟色，其次辟言。"見之明而引之決，故曰"遯之時義大"也。《乾》初曰"潛龍勿用"，《文言》曰"遯世无悶"。《詩》："遵養時晦。"遯之義無所不在，不徒謂隱逸也，所以爲大。

象曰：天下有山，遯。君子以遠小人，不惡而嚴。

《左傳》："山嶽則配天，物莫能兩大。"天下有山，防其兩大之漸，恐陰之逼陽也。《詩》："節彼南山，維石巖巖。赫赫師尹，民具爾瞻。"浸長者象山之形。《詩》："薈兮蔚兮，南山朝隮。婉兮孌兮，季女斯飢。"浸長者象山之氣。皆小人方盛之義也。《詩》："慎爾優游，勉爾遁思。"君子之所以遯也。《論語》："人而不仁，疾之已甚，亂也。"此言君子遠小人之道。《論語》："陽貨欲見孔子，孔子不見，時其亡也而往拜之。"《孟子》："孟子爲卿於齊，出弔於滕，王使蓋大夫王驩爲輔行。王驩朝暮見，反齊滕之路，未嘗與之言行事也。"君子之於小人，其跡非必遠也，而小人自不敢近，所謂不惡而嚴者如此。《大學》："小人閒居爲不善，見君子而後厭然。人之視己，如見其肺肝然。曾子曰：'十目所視，十手所指，其嚴乎！'"是不惡而嚴。君子之待小人者，亦因其自然之理也。

初六：遯尾，厲，勿用有攸往。

《論語》："色斯舉矣，翔而後集。"舉貴乎先時也，故曰"遯尾，厲"。集貴乎知止也，故曰"勿用有攸往"。《孟子》："言弗行也則去之。禮貌衰則去之。其下，朝不食，夕不食，飢餓不能出門户。周之亦可受也，免死而已矣。"不能早去，所謂"'遯尾'之'厲'"也。《論語》："鳳兮鳳兮，何德之衰！往者不可諫，來者猶可追。已而已而，今之從政者殆而。"接輿之歌，所謂"勿用有攸往"也。

象曰："遯尾"之"厲"，不往何災也？

《孟子》："往役，義也。往見，不義也。"此"不往"之義也。"災"即指"'遯尾'之'厲'"言。"不往何災"，慎之於先之義也。《論語》："佛肸以中牟畔，召，子欲往。公山弗擾以費畔，召，子欲往。"夫子自言東周之志耳，究之何嘗往哉？"不註何災"之義，於此觀之益明。

六二：執之用黄牛之革，莫之勝説。

《孟子》："所惡執一者，爲其舉一而廢百也。"偏於執者，即執一之謂也，故曰"執之"。《詩》："九十其犉。"黄牛黑脣，中之色也。《詩》："爾牛來思，其耳濕濕。"順之德也。《周禮》："掌皮冬斂革。"獸皮之堅者。《左傳》："宋人請南宫萬於陳，以犀革裹。及宋，手足皆見。"束物之固莫如革。執之莫説，其象如此。《論語》："邦無道，危行言孫。"遯者有中順之德，又有堅固之操，故曰"用黄牛之革"。

象曰：執用黄牛，固志也。

《論語》："三軍可奪帥也，匹夫不可奪志也。"莫之説者，"固志"之謂也。《論語》："荷蕢曰：'莫己知也，斯己而已矣！'子曰：'果哉！莫之難矣！'""微生畝謂孔子曰：'何爲是栖栖者與？無乃爲佞乎？'子曰：'非敢爲佞也，疾固也。'"必遯之志本非聖人之道，以"固志"明之，其義見矣。

九三：係遯有疾厲，畜臣妾吉。

逼近於陰而欲遯者，三之位。密逼於陰而未能遽遯者，亦三之位。是以謂之"係遯"。《書》："微子曰：'我其發出狂？吾家耄遜于荒？'父師曰：'我不顧行遯。'""遜于荒"者，欲遯之義。"不顧行遯"者，未能遯之義。"係遯"之時，憂危之甚，此其義也。《左傳》："男爲人臣，女爲人妾。"臣妾，人之所畜也。《論語》："唯女子與小人爲難養也。近之則不孫，遠之則怨。"養之之道，在莊以涖之，慈以畜之，即不惡而嚴之義。言以陽係陰者，惟施之畜臣妾則吉也。

象曰："係遯"之"厲"，有疾憊也；"畜臣妾吉"，不可大事也。

《論語》："齊人歸女樂，三日不朝，孔子行。"《孟子》："孔子去魯，曰：'遲遲吾行也，去父母國之道也。'""係遯"非係戀之私，亦君子所不得已也。《詩》："惠而好我，攜手同行。其虚其邪，既亟只且。"知有疾憊之義。速而不徐，究無所係也。《左傳》："齊寺人貂始漏師於多魚。"《詩》："亂匪降自天，生自婦人。"臣妾之足以敗事也。《穀梁傳》："毋使婦人與國事。""不可大事"之戒，爲畜臣妾者言之，以明其不可忽也。

九四：好遯，君子吉，小人否。

"好遯"謂從容以遯。《孟子》："言歸于好。"遯而不失其好。《孟子》："孔子爲魯司寇，不用，從而祭，燔肉不至，不税冕而行。孔子以微罪行，不欲爲苟去。君子之所爲，衆人固不識也。""孟子去齊。三宿而後出晝，曰：'予豈若是小丈夫然哉？諫於其君而不用，則怒，悻悻然見於其面，去則窮日之力而後宿哉！'"是時孔子見行可之仕，孟子有繼見之願，不爲虚文所縻，而亦不爲激烈之行，此"好遯"之義也，故曰"君子吉"。若衆人小丈夫者，即小人之否者也。

象曰：君子好遯，“小人否”也。

《論語》：“君子哉蘧伯玉！邦有道則仕，邦無道則可卷而懷之。”“好遯”所以謂之“君子”。《否》之二曰“小人吉，大人否”，此曰“君子吉，小人否”，文意正同。《左傳》：“善人，國之紀也。”《詩》：“人之云亡，邦國殄瘁。”君子之遯，以保其身。小人之否，其禍亦不旋踵耳。

九五：嘉遯，貞吉。

亨者，嘉之會也。此爻即卦辭之所謂“遯而亨”者，故曰“嘉遯”。《孟子》：“舜避堯之子於南河之南，禹避舜之子於陽城。”皆遯之嘉者也，是以“貞吉”。君位亦有言遯者。《書》：“王曰：‘台，小子舊學于甘盤，既乃遯于荒野。’”此言高宗之遯，猶所謂潛龍也。

象曰：“嘉遯，貞吉”，以正志也。

《論語》：“舜、禹之有天下也而不與焉。”不以位爲樂，即“嘉遯”之志也。臣位之尊者亦有“嘉遯”之義，《書》：“伊尹曰：‘臣罔以寵利居成功。’”《詩》：“公孫碩膚，德音不瑕。”皆所以“正志”也。

上九：肥遯，无不利。

《孟子》：“四體既正，膚革充盈，身之肥也。”遯而曰肥者，心體之安舒。《詩》：“考槃在澗，碩人之寬。獨寐寤言，永矢弗諼。”此“肥遯”之“无不利”也。

象曰：“肥遯，无不利”，无所疑也。

《詩》：“衡門之下，可以棲遲。泌之洋洋，可以樂飢。”明於出處之義，故曰“无所疑也”。《論語》：“季氏使閔子騫爲費宰，曰：‘善爲我辭焉。如有復我者，則吾必在汶上矣。’”自信其志，豈待再計決哉？

䷡乾下震上

大壯：利貞。

《爾雅》：“疾，齊，壯也。壯，大也。”大謂陽，壯言盛也。案：文從爿，殳也；從士，男也。《詩》：“伯也執殳，爲王前驅。”男子持爿，是壯之義也。《禮記》：“仲春之月，養幼少。仲夏之月，養壯佼。”春生夏長，順乎陽之盛也。《禮記》：“人生三十曰壯。”男子爲陽，至三十而陽氣方盛，大壯之義。人道本於天道也。大過、大畜即有小過、小畜，惟大有不曰小有者，畜尚可小，有則不可小也，

“同人于宗”之義以此；大壯不曰小壯者，大尚可壯，小則必不可壯也，“勿用取女”之義。女壯之戒，於《姤》言之也。《論語》：“仁者必有勇，勇者不必有仁。”故壯必利於貞也。《左傳》：“趙簡子問於史墨曰：‘季氏出其君，而民服焉，諸侯與之。’對曰：‘君臣無常位，自古以然。在《易》卦，雷乘乾曰《大壯》，天之道也。’”此言乾爲君，震爲臣，君臣易位，是大臣强壯也。史墨曲爲之説，悖於正道，不知利貞之義。

彖曰：大壯，大者壯也。剛以動，故壯。

《爾雅》：“八月爲壯。”二月大壯，四陽浸長之月。八月遯卦，二陰浸長之月，亦名爲壯。《禮記》：“仲冬之月，冰益壯。”寒之盛亦曰壯。觀此則陰之盛亦爲壯。而陽之壯爲正，故明之曰“大者壯也”。又繼之曰“大者正也”，聖人扶陽之意深矣。《詩》：“旅力方剛，經營四方。”“剛以動”之謂也。《孟子》：“壯者以暇日修其孝弟忠信。”此“剛以動”之善者也。《論語》：“及其壯也，血氣方剛，戒之在鬬。”此“剛以動”之惡者也。“剛以動，故壯”，壯必審其所動也，所以繼之曰“大壯：利貞”。

“大壯：利貞”，大者正也。正大而天地之情可見矣！

《孟子》：“何謂浩然之氣？其爲氣也，至大至剛，以直養而無害，則塞于天地之間。”浩然正大之謂也。氣也而理寓矣。塞天地者，正大之體，即乾之利貞者。性情也，故曰“天地之情見。”《孟子》：“王請無好小勇。匹夫之勇，敵一人者也。文王之勇，一怒而安天下之民。武王之勇，亦一怒而安天下之民。”大勇即大壯也，是“正大”之義也。

象曰：雷在天上，大壯。君子以非禮弗履。

《詩》：“殷其靁，在南山之下。殷其靁，在南山之側。”雷無所不在，必在天上，而其聲始壯。《公羊傳》：“震，霆也。”是爲大壯之象。《禮記》：“仲春之月，雷乃發聲。”大壯四陽，正當仲春之令，取象之義以此。《詩》：“薄言震之，莫不震疊。”在天所以爲大壯也。《論語》：“非禮勿動。”克己復禮之行也。《詩》：“率履不越。”聖敬日躋之行也，是以爲大壯。《禮記》：“先雷三日，奮木鐸以令兆民，曰：雷將發聲，有不戒其容止者，生子不備，必有凶災。”非禮之戒，惕之於先。《詩》：“無曰高高在上，日監在兹。”弗履之懔，凜之於近。君子之大壯者如是。

初九：壯于趾，征凶，有孚。

《左傳》："莫敖舉趾高，心不固矣。"其後縊於荒谷。又："儋括視躁而足高，心在他矣。"其後見殺。震足在上，過高之象，其凶必矣，故曰"征凶，有孚"。《詩》："謂天蓋高，不敢不局。"有以也夫。

象曰："壯于趾"，其孚窮也。

《左傳》："不義而彊，其斃必速。""其孚窮"之義也。《論語》："羿善射，奡蕩舟，俱不得其死然。"曰"孚窮"者，所以爲"壯趾"之戒。

九二：貞吉。

《孟子》："夫人幼而學之，壯而欲行之。"行其學者，正也。《詩》："方叔元老，克壯其猶。"奏其功者，正也。此皆大壯之正者。直曰"貞吉"，與卦德同也。

象曰：九二"貞吉"，以中也。

《中庸》："子路問强。子曰：'南方之强與？北方之强與？抑而强與？寬柔以教，不報無道，南方之强也。衽金革，死而不厭，北方之强也。君子中立而不倚，强哉矯！'""衽金革"即初之"壯趾"者也。"不報無道"即三之"用罔，貞厲"者也。君子之强，故曰"以中"。

九三：小人用壯，君子用罔，貞厲。羝羊觸藩，羸其角。

《論語》："好勇不好學，其蔽也亂。好剛不好學，其蔽也狂。"此小人之用壯也。《孟子》："北宫黝之養勇也，不膚撓，不目逃。思以一毫挫於人，若撻之於市朝。孟施舍之養勇也，曰：'量力而後進，慮勝而後會，是畏三軍者也。舍豈能爲必勝哉？能無懼而已矣。'"黝、舍之養勇，猶失之於用壯者。《爾雅》："罔，無也。"《論語》："有若無，實若虚，犯而不校。""君子用罔"之義蓋如此。《禮記》："衣服在躬而不知其名爲罔。""用罔"者，亦大勇若怯、大智若愚之意。《論語》："君子有勇而無義爲亂，小人有勇而無義爲盗。"徒以勇爲正則危，所以有"貞厲"之戒也。《詩》："取羝以軷。"《註》："牡羊也。"《爾雅》："羊牡羒，牡羭，絶有力奮。"壯之有象於羝羊也。《爾雅》："樊，藩也。"《註》："籬也。"羝羊以抵爲義，故有"觸藩"之象。《詩》："爾羊來思，其角濈濈。"羊以不觸爲和，善觸則爲患，所以"羸其角"。《詩》：

“牂羊墳首。”言其羸也。觸藩至於羸角，即“小人用壯”之象。

象曰：“小人用壯”，君子罔也。

《論語》：“子不語怪力亂神。”力之不語，戒用壯也。《論語》：“君子哉若人！尚德哉若人!”德之是尚，明用罔也。用壯、用罔之義，正以對觀而決之矣。《禮記》：“勇敢强有力而不用之於禮義、戰勝，而用之於争鬬，則謂之亂人。”此君子小人之分，其可不審所用與?

九四：貞吉悔亡，藩決不羸，壯于大輿之輹。

《論語》：“子曰：‘暴虎馮河，死而無悔者，吾不與也。必也臨事而懼，好謀而成者也。’”“臨事”“好謀”，壯之進以正者，“貞吉”也。“暴虎馮河”，壯之不可與者，“悔亡”也。《詩》：“折柳樊圃，狂夫瞿瞿。”藩所以爲禦者，決而不羸，承羊言之，可以用壯之時也。《周禮》：“六尺有六寸之輪，軹崇三尺有三寸也。加軫與轐焉，四尺也。”轐爲伏兔，即輹之謂也。《周禮》：“行澤者欲短轂，行山者欲長轂，短轂則利，長轂則安。”輹加於轂，是大輿之輹在平地尤宜壯者也，可以用壯之具也。《左傳》：“狄虒彌建大車之輪而蒙之以甲以爲櫓，左執之，右拔戟，以成一隊。孟獻子曰：‘《詩》所謂有力如虎者也。’”此亦“壯於大輿之輹”者。

象曰：“藩決不羸”，尚往也。

《孟子》：“曾子謂子襄曰：‘吾嘗聞大勇於夫子矣。自反而不縮，雖褐寬博，吾不惴焉；自反而縮，雖千萬人，吾往矣。’”“尚往”即君子之用罔者。三曰“貞厲，觸藩，羸角”，四曰“貞吉，藩決不羸”，其義明矣。此“尚往”之義也。

六五：喪羊于易，无悔。

《爾雅》：“弛，易也。夷，平易也。”地之平者曰易，不難之義。《詩》：“爾羊來思，矜矜兢兢，不騫不崩。”羊之性狠，失其壯即“喪羊”之謂也，與“觸藩，羸角”者異矣。《左傳》：“愎諫違卜，固敗是求。”剛不自用則“无悔”。喪羊之無悔，豈暴虎之無悔所可同日語乎?《論語》：“克伐怨欲不行焉，可以爲難矣。”强制其心，是以爲難。若自然而去其好勝之心，故曰“喪羊于易”也。易亦與場通。《詩》：“疆埸翼翼。”田畔曰易。九三曰“藩”，九四曰“藩決”，六五則無藩矣，故取象於“易”。羊至此而不觸，是以曰“喪羊”，是以曰“喪羊於易”，非有二解也，且與上之“艱則吉”對。專作揚字解者失之。

象曰：“喪羊于易”，位不當也。

以柔中居之，曰“位不當”。《論語》：“如知爲君之難也，不幾乎一言而興邦乎？如不善而莫之違也，不幾乎一言而喪邦乎？”知難即不當之義。喪羊之易，位之所以不喪也。《孟子》：“人有鷄犬放，則知求之。有放心而不知求。”固有之良不可失。鷄犬之放，喻心之不可不求也，好剛之心不可逞。“喪羊于易”，喻己之不可不克也。

上六：羝羊觸藩，不能退，不能遂，无攸利，艱則吉。

上六前無所阻，而亦言“觸藩”者，處一卦之窮也。《詩》：“戎成不退，饑成不遂。”退不能改過，進不能遷善，此“不能退，不能遂”之義也。《孟子》：“既不能令，又不受命，是絶物也。”“觸藩”之象蓋如此，故“无攸利”。《書》：“思其艱以圖其易。”“艱則吉”者，以其處柔。終爲用壯者戒也。《書》：“惟克果斷，乃罔後艱。”進退不決，則爲游移之象。進退自審，則有果斷之義。此之謂“艱則吉”。

象曰：“不能退，不能遂。”不詳也；“艱則吉”，咎不長也。

《左傳》：“見可而進，知難而退，度德而處之，量力而行之。”此詳審之義也。不詳者昧於此矣。《書》：“其難其慎。”咎之所以不長也。

䷢坤下離上

晋：康侯用錫馬蕃庶，晝日三接。

《禮記》：“仲夏之月日長至，仲冬之月日短至。”案：晋之文本作晋從日從二至。日出地上，其極長極短之度必於二至驗之，此晋之義也。《書》：“曰暘谷，寅賓出日。”日出地則升，所以爲晋。觀“寅賓”之義，可以見康侯晝接之所取象矣。《周禮》：“惟若寧侯。”言有安國之功者，即康侯之謂。《國語》：“金奏《肆夏》《樊》《遏》《渠》，天子之所以享元侯也。”此即晝接康侯之禮。《禮記》：“周公旦有大勳勞於天下，賜之以重祭。康周公，故以賜魯也。”康侯作褒大之義亦通。《詩》：“君子來朝，何錫予之？路車乘馬。”“錫馬”之謂也。《詩》：“君子之車，既庶且多。君子之馬，既閑且馳。”“蕃庶”之謂也。《周禮·校人》：“天子十有二閑，馬六種。凡朝覲會同，毛馬而頒之。”此待錫馬之用也。《周禮》："大行人掌大賓之禮及大客之儀。諸公三享三問三勞，諸侯三享再問再勞，子男三享一問一勞。""三饗"即"三接"之禮也。《禮記》："朝不廢朝，暮不廢夕。"古者朝見曰朝，暮見曰夕。舉"晝日"則兼朝夕言之，是以謂之"晝日三接"，蓋極言寵遇之隆，以明晋之爲義也。

彖曰：晋，進也。

《詩》："如日之升。"進之義也。晋之爲進，與漸之爲進不同。《詩》："旭日始旦。"有明將極其盛之象。

明出地上，順而麗乎大明，柔進而上行。是以"康侯用錫馬蕃庶，晝日三接"也。

《詩》："出自東方，照臨下土。""下土"者，坤之象也。"照臨"者，離之象也。坤之德順，離之德明，故曰"順而麗乎大明"。《禮記》："大明生於東。"日爲大明也。《乾·彖》曰："大明終始。"日出地上，乃見其終而復始，故於《晋》獨曰"大明"。《左傳》："天有十日，人有十等，王臣公，公臣大夫。"以離之體言，"火在天上"曰《大有》，君道也，故曰"柔得尊位"。以離之用言，"明出地上"曰《晋》，臣道也，故曰"柔進而上行"。《左傳》："天子當陽，諸侯用命。"康侯晝接，所以取"明出地上"也。

象曰：明出地上，晋。君子以自昭明德。

《爾雅》："東至日所出爲太平。"日出者，"明出地上"，晋之象也。《書》："王懋昭大德。""自昭明德"之謂也。《大學》："《康誥》曰'克明德'，《大甲》曰'顧諟天之明命'，《帝典》曰'克明峻德'，皆自明也。"引書皆以君德言。此卦之義皆以臣德言。《大學》："古之欲明明德於天下者，自天子以至於庶人，壹是皆以脩身爲本。"是君臣之德同也。

初六：晋如摧如，貞吉。罔孚，裕无咎。

《詩》："室人交徧摧我。"摧之爲言沮也。《孟子》："嬖人有臧倉者沮君。"進而見沮之謂也。《孟子》："孔子得之不得曰有命。孟子曰：'吾之不遇魯侯，天也。'"此"貞吉"之義也。《孟子》："君子戹於陳、蔡之間，無上下之交也。夫子在三卿之中，名實未加於上下而去之。"是所謂"罔孚"者也。《孟子》："人知之亦囂囂，人不知亦囂囂。尊德樂義，則可以囂囂

象曰："維用伐邑"，道未光也。

《左傳》："無瑕者可以戮人。""未光"者，恐其明之有所蔽，正所以克治其私之義也。《孟子》："我武惟揚，侵于之疆，則取于殘，殺伐用張，于湯有光。"伐暴之正，其道有光。伐邑之私，其道則未光也。

䷣離下坤上

明夷：利艱貞。

《周禮·春官》："眡祲掌十煇之法，以觀妖祥，辨吉凶。五曰闇，六曰瞢。"日之不明，明而見傷之象，是爲明夷。案文，明從日月，夷從大，從弓。《周禮》："庭氏掌射國中之夭鳥。若不見，則以救日之弓與救月之矢射之。若神也，則以太陰之弓與枉矢射之。"《註》："日月之食，陰陽相勝之變，日食則射太陰，月食則射太陽。"案：此言射其陰陽不正之氣，非射日月，所以救日月之傷也。《明夷》立卦各義實取諸此。《左傳》："察夷傷。"夷者，傷也。《爾雅》："阻，艱，難也。"時之過難也。《左傳》："險阻艱難，備嘗之矣。"人之處艱也。《中庸》："素患難，行乎患難。""利艱貞"之義也。故《彖傳》以文王、箕子明之。

彖曰：明入地中，明夷。

《穀梁傳》："日有食之，何也？吐者外壤，食者内。"《註》："闕然不見其壤，有食之者。"傷之也，故曰明夷。

内文明而外柔順，以蒙大難，文王以之。

《中庸》："《詩》曰：'於乎不顯，文王之德之純。'蓋曰文王之所以爲文也。"此文王文明之德存諸内者也。《論語》："三分天下有其二，以服事殷周之德，其可謂至德也已。"此文王柔順之德著於外者也。《孟子》："'肆不殄厥愠，亦不隕厥問'，文王也。""以蒙大難"之謂也。《論語》："子畏於匡。子曰：'文王既没，文不在兹乎？天之將喪斯文也，後死者不得與於斯文也。天之未喪斯文也，匡人其如予何？'"曰"文王以之"，見夫子之蒙難，亦此義也。《孟子》："古之人有行之者，文王是也。"此即"文王以之"之義。

"利艱貞"，晦其明也。内難而能正其志，箕子以之。

《左傳》："陳不違晦。"《註》："月終爲晦。"《公羊傳》："晦者何？冥也。”“晦其明”者，言不用其明如晦也。箕子之佯狂，即“晦其明”之謂。《書》：“父師若曰：‘天毒降災荒殷邦。商今其有災，我興受其敗。此“内難”之謂也。自靖！人自獻於先王。’”此“正其志”之謂也。《論語》：“微子去之，箕子爲之奴，比干諫而死。孔子曰：‘殷有三仁焉。’”“齊人歸女樂，三日不朝，孔子行。”曰“箕子以之”，見夫子之正志，亦此義也。

象曰：明入地中，明夷。君子以莅衆，用晦而明。

《爾雅》：“西至日所入，爲大蒙。”此“明入地中”之象。日之入地與水之出山皆爲草所蔽，有蒙之象。文王蒙難即此意。《書》：“宅西曰昧谷，寅餞納日。”日之入於西而出於東，即其象之“用晦而明”者。《論語》：“君子之過也，如日月之食焉。過也，人皆見之。及其更也，人皆仰之。”此亦“用晦而明”之象，可以知“君子涖衆”之義矣。《論語》：“莊以涖之。”“涖衆”之義如是。《詩》：“於鑠王師，遵養時晦。時純熙矣，是用大介。”若武王之“用晦而明”，其斯爲“涖衆”之大者與？

初九：明夷于飛，垂其翼。君子于行，三日不食。有攸往，主人有言。

《左傳》：“楚有雲，如衆赤烏夾日以飛。”此“明夷于飛”之象也。《詩》：“鴛鴦在梁，戢其左翼。”此“垂其冀”之象也。宿而戢其翼者安，飛而垂其翼者危。《左傳》：“朝吴在蔡，蔡必速飛，去吴，所以剪其翼也。”垂翼之傷，此其義矣。《論語》：“衛靈公問陳於孔子。孔子曰：‘軍旅之事，未之學也。’明日遂行。在陳絶糧，從者病，莫能興。”此“君子于行，三日不食”之義也。《左傳》：“若舍鄭以爲東道主，行李之往來，供其乏困。”是“有攸往”之主人也。《孟子》：“孔子於衛主顔讎由，於陳主司城貞子。”主得其人，則以道合，非是則有言矣。《孟子》：“孟子之滕，館於上宫。有業屨於牖上，館人求之弗得。曰：‘若是乎從者之廋也？’”“主人有言”，若此之類，皆明之見夷者也。《左傳》：“叔孫穆子之生，莊叔以周易筮之，遇《明夷》之《謙》，以示卜楚丘曰：‘是將行，而歸爲子祀。以讒人入，其名曰牛，卒以餒死。明夷，日也。日之數十，故有十時，亦當十位。自王以下，其二爲公，其三爲卿。日上其中，食日爲二，旦日爲三。《明夷》之《謙》，明而未融，其當旦乎？故曰爲子祀。日之謙，當鳥，故曰明夷于飛。明而未融，故曰垂其翼。象日之動，故曰君子于行。當三在旦，故曰三日不食。離，火也；艮，山也。離爲火，火焚山，山敗。於人爲言，敗言爲讒，故曰有攸往，主人有言，言必讒也。純離爲牛，世亂讒勝，勝將適離，故曰其名曰牛。謙不足，飛不翔，垂不峻，翼不廣，故曰其爲子後乎。吾子，亞卿也，抑少不終。'" 叔孫之筮與此爻辭适合，其義則各有取也。

象曰："君子于行"，義不食也。

《論語》："伯夷、叔齊餓於首陽之下。" 此之謂"義不食"。

六二：明夷夷于左股，用拯馬壯，吉。

《書》："股肱惟人，良臣惟聖。" 六二，明之中爻，股肱之臣也。當夷之時，故曰"夷于左股"。《左傳》："體有左右，各有妃耦。" 此曰"左股"，《豐》曰"右肱"，足之行，股以左爲先；手之勤，肱以右爲便也。《左傳》："目於眢井而拯之。" "用拯"欲其能救也。《爾雅》："馬絶有力，駥。" "馬壯"所以"用拯"也。《詩》："我馬瘏矣，我僕痡矣，云何吁矣。" 故言"馬壯"則"吉"也。《左傳》："臣竭其股肱之力，加之以忠貞。" 此不自恤其夷而用拯也。六二之義，以明輔闇者，其象如此。

象曰：六二之吉，順以則也。

《書》："尚賴匡救之德，圖惟厥終。" 順時而不違，則拯之誠也。文王之事足以當之，如獻地免炮烙之刑是已。《左傳》："惟則定國。《詩》曰：'不識不知，順帝之則。'文王之謂也。" 文明柔順者，是"順以則"之義。《孟子》："永言孝思，孝思維則。" 舜之底豫，文王之服事，忠孝之則一也。

九三：明夷于南狩，得其大首，不可疾貞。

《爾雅》："火田爲狩。" 曰"南狩"者，以離象之，亦順時除害之名也。《書》："殲厥渠魁，脅從罔治。"《孟子》："則取於殘，殺伐用張。" "得其大首"之義也。《書》："以爾友邦冢君，觀政于商。" 此伐暴之不可速也。《書》："惟殷之廸諸臣百工，乃湎于酒，勿庸殺之，姑惟教之。" 此革俗之不可速也。《書》："毖殷頑民，既歷三紀，世變風移。" 故曰"不可疾貞"，此不得已而征誅也。九三之義，以明除闇者，其象如此。

象曰：南狩之志，乃大得也。

《書》："王曰：我文考文王，誕膺天命，以撫方夏。惟九年，大統未集。予小子其承厥志。""惟其克相上帝，寵綏四方。有罪無罪，予曷敢有越厥志？"此所謂志之大得也。武王之事，足以當之。

六四：入于左腹，獲明夷之心，于出門庭。

《左傳》："以小人之腹爲君子之心。"入腹獲心之謂也。二曰"夷于左股"，言其力之竭也。四曰"入于左腹"，言所遇之艱也。《詩》："我思古人，實獲我心。"即所以處明夷之道也。《詩》："行邁靡靡，中心摇摇。知我者謂我心憂，不知我者謂我何求。"此"于出門庭"之義也。《書》："父師曰：'王子！我舊云刻子。王子弗出，我乃顛隮。'"明夷之時，披心見誠，以相告語。若微子之去，所謂入腹獲心，于出門庭者也。

象曰："入于左腹"，獲心意也。

《論語》："求仁而得仁，又何怨？""獲心意"之謂也。《孟子》："君之視臣如手足，則臣視君如腹心。"微子之視君如腹心，此親臣之誼也。

六五：箕子之明夷，利貞。

《書》："商其淪喪，我罔爲臣僕。"此箕子之明夷也。《孟子》："齊宣王問卿，孟子曰：'有貴戚之卿。'"箕子所謂"貴戚之卿"，故於五爻著之。"利貞"者，即正其志之謂也。

象曰：箕子之貞，明不可息也。

《書》："惟十有三祀，王訪于箕子。箕子乃言曰：'天錫禹洪範九疇，彝倫攸叙。'"箕子不臣於武王而爲之陳洪範者，一時之明可傷，則正其志以明之；萬世之明不可息，則明其道以傳之。文王之演易，箕子之陳疇，所以明圖書之旨皆在明夷之時，是天之未喪斯文也，故曰"明不可息"。

上六：不明晦，初登于天，後入于地。

《孟子》："今以其昏昏，使人昭昭。""不明晦"者，下五爻之明皆爲其所夷也。《書》："王曰：嗚呼！我生不有命在天。"享國之時，初登于天也。《孟子》："《書》曰：'時日曷喪，予及女偕亡。'"亡國之時，"後入于地"也。《詩》："文王曰咨，咨女殷商。既愆爾止，靡明靡晦。式號式呼，俾晝作夜。不明爾德，時無背無側。爾德不明，以無陪無卿。”此爻爲闇之主，反乎陰陽晝夜之道。所謂“不明晦”者，正言紂之事也。

象曰：“初登于天”，照四國也。“後入于地”，失則也。

《左傳》：“以臨照百官而不敢易紀律。”初明後晦，故曰“失則”。《書》：“有典有則，貽厥子孫。荒墜厥緒，覆宗絶祀。”此“失則”之謂也。二曰“順則”，上曰“失則”。《孟子》：“道二：仁與不仁而已矣。”“失則”所以爲紂，“順則”所以爲文王。則者，不可易之理也。

䷤離下巽上

家人：利女貞。

《爾雅》：“牖户之間謂之扆。其内謂之家。”家，在内之義也。《爾雅》：“長婦爲嫡婦，衆婦爲庶婦。長婦謂稚婦爲娣婦，娣婦謂長婦爲姒婦。”巽，長女。離，中女。成家道者，故曰家人。案文，宀爲宫室，屋象；豕爲三人，衆象。是其義也。《詩》：“桃之夭夭，灼灼其華。之子于歸，宜其室家。桃之夭夭，有蕡其實。之子于歸，宜其家室。桃之夭夭，其葉蓁蓁。之子于歸，宜其家人。”男以女爲室，女以男爲家。室家、家室，專指夫婦。至成家而人漸衆。以一統衆，家人之義也。《左傳》：“禮：男有室，女有家，無相瀆也。”故曰“利女貞”。《書》：“觀厥刑于二女，釐降二女于嬀汭。”女貞爲家道之本也。

象曰：家人，女正位乎内，男正位乎外。男女正，天地之大義也。

《禮記》：“男子居外，女子居内，外言不入於梱，内言不出於梱。”此男女内外之義也。《左傳》：“爲夫婦外内，以經二物。”此“正位”之義也。《中庸》：“君子之道，造端乎夫婦。及其至也，察乎天地。”故曰“男女正，天地之大義也”。

家人有嚴君焉，父母之謂也。

《孝經》：“親生之膝下，以養父母日嚴，聖人因嚴以教敬，因親以教愛，聖人之教不肅而成，不嚴而治，其所因者本也。父子之道，天性也，君臣之義也。”故曰“家人有嚴君”。《孝經》：“資於事父以事母而愛同，資於事父以事君而敬同。母取其愛而君取其敬，兼之者父也。”父母皆謂之嚴君，此其義也。《書》：“天子作民父母，以爲天下王。”君以父母稱者，君之嚴者其分，仁則大君之德也。《爾雅》：“婦稱夫之父曰舅，稱夫之母曰姑。姑舅在則曰君舅君姑。”父母以君稱者，父母之愛者其心，嚴則家人之法也。

父父子子，兄兄弟弟，夫夫婦婦，而家道正，正家而天下定矣！

《大學》：“爲人子止於孝，爲人父止於慈。”“父父子子”也。《書》：“弟念天顯，兄念鞠子。”“兄兄弟弟”也。《詩》：“女曰鷄鳴，士曰昧旦。”“夫夫婦婦”也。《論語》：“齊景公問政。子曰：‘君君，臣臣，父父，子子。’”各盡其道也。《論語》：“惟孝友于兄弟，是亦爲政。”一家之政，故曰“家道正”也。《大學》：“身脩而後家齊，家齊而後國治，國治而後天下平。”治、平必本於脩、齊，正家之謂也。《孟子》：“人人親其親，長其長，而天下平。”“正家而天下定”之義也。《孟子》：“瞽瞍厎豫而天下化，瞽瞍厎豫而天下之爲父子者定。”“天下定”者，天下之家無不正也。《論語》：“子謂伯魚曰：‘女爲《周南》《召南》矣乎？人而不爲《周南》《召南》，其猶正牆面而立也與？’”《二南》，正始之道，王化之基，義蓋如此。《禮記》：“聖人耐以天下爲一家，中國爲一人。”家人之義如是而後盡也。

象曰：風自火出，家人。君子以言有物而行有恒。

《爾雅》：“風與火爲庉。”《註》：“熾盛之貌。”“風自火出”之象也。《左傳》：“夏五月，火始昏見。丙子，風。梓慎曰：‘是謂融風，火之始也。七日其火作乎？’戊寅，風甚。壬午，火甚。”“風自火出”，木本生火，火又生風，亦以五行之理言之。《中庸》：“不誠無物。”物者，事也。《禮記》：“仁人不過乎物，孝子不過乎物。”“有物”者，言皆有實也。《禮記》：“所游必有常，所習必有業。”“有恒”者，行之有常也。《禮記》：“子曰：‘言有物而行有格也，是以生則不可奪志，死則不可奪名。’”此推言行之極也。《論語》：“弟子入則孝，出則弟，謹而信。”弟子之教，家人之始，此立言行之基也。

初九：閑有家，悔亡。

《論語》：“大德不踰閑。”《左傳》：“閑之以義。”閑者，有禮義以範之也。《左傳》：“赦其不閑於教訓。”家之有教，所以閑而習之也。《禮記》：“禮始於謹夫婦，爲宫室，辨外内。”此“閑有家”之義也。《禮記》：“外内不共井，不共湢浴，不通寢席，不通乞假，男女不通衣裳。”“閑有家”者，無所不謹其微也。《左傳》：“婦人送迎不出門。”閑者，門之防。可以明閑之義。《左傳》：

“臣聞愛子教之以義方，弗納於邪。將立州吁，乃定之矣。若猶未也，階之爲禍。”閑之於初，則無悔於後。

象曰：“閑有家”，志未變也。

《穀梁傳》：“女嫁，父戒之曰：‘謹慎從爾舅之言。’母戒之曰：‘謹慎從爾姑之言。’諸母施鞶紳，戒之曰：‘謹慎從爾父母之言。’”此所謂“志未變”之時也。《禮記》：“大學始教，禁於未發之謂豫。”有家之教亦如此。《書》：“若生子罔不在厥初生。”語云：“教兒嬰孩，教婦初來。”“志未變”之義也。

六二：无攸遂，在中饋，貞吉。

《禮記》：“婦將有事，大小必請於舅姑。子婦無私貨，無私畜，無私器，不敢私假，不敢私與。”此“无攸遂”之義也。《公羊傳》：“遂者何？生事也。大夫無遂事。”專事之辭，故曰“无攸遂”。《論語》：“遂事不諫。”事未成而志已行。曰“无攸遂”，亦所以謹其微也。《儀禮·少牢饋食禮》。饋謂薦也。《詩》：“于以湘之，維錡及釜。于以奠之，宗室牖下。”此奉先之饋也。《禮記》：“事父母，饘酏、酒醴、芼羹、菽麥、蕡稻、黍粱、秫惟所欲，棗、栗、飴、蜜以甘之，堇、荁、枌、榆免薧滫瀡以滑之，脂膏以膏之。”此事親之饋也，皆主之于中者，曰中饋。《詩》：“無非無儀，唯酒食是議，無父母貽罹。”此婦德之貞吉也。

象曰：六二之吉，順以巽也。

《禮記》：“舅姑入室，婦以特豚饋，明婦順也。”“順以巽”之義如此。

九三：家人嗃嗃，悔厲吉。婦子嘻嘻，終吝。

《詩》：“多將熇熇，不可救藥。”“熇”與“嗃”通，如火之熾盛，嚴酷之貌也。《詩》：“有洸有潰。”夫之怒也。《孟子》：“責善則離。”父之夷也。此皆過於嚴厲，是“家人”之“嗃嗃”者，故“悔”而後“吉”。《詩》：“不我以，其後也悔。”此“悔厲”之“吉”也。《左傳》：“或叫於宋大廟曰：‘譆譆，出出！’鳥鳴於亳社，如曰：‘譆譆！’”“譆”與“嘻”通，如火之連延慢易之狀也。《詩》：“妻子好合，如鼓瑟琴。兄弟既翕，和樂且湛。宜爾室家，樂爾妻孥。”婦子宜於和樂。嘻嘻則流於狎玩而非歡悦之正。《詩》：“謔浪笑敖，中心是悼。”此婦子之嘻嘻者也，故終至於吝。

象曰：“家人嗃嗃”，未失也。“婦子嘻嘻”，失家節也。

《左傳》：“晋郤缺耨，其妻饁之敬，相待如賓。”夫婦之當嚴者。《論語》：“愛之能勿勞乎？”父子之當嚴者，嗃嗃雖過於嚴，故猶曰“未失”。《論語》：“知和而和，不以禮節之，亦不可行也。”嘻嘻則過於和，故曰“失家節也”。《禮記》：“門外之治，義斷恩。門内之治，恩揜義。”故家不可以無節。

六四：富家大吉。

《禮記》：“婦順者順於舅姑，和於室人，而後當於夫，以成絲麻布帛之事，以審守委積蓋藏。”此所謂“富家”也。《禮記》：“父子篤，兄弟睦，夫婦和，家之肥也。”《禮》之所謂“肥”即《易》之所謂“富”也，故曰“大吉”。

象曰：“富家大吉”，順在位也。

《禮記》：“天子脩男教，父道也。后脩女順，母道也。”五爲君道，則四爲臣道、妻道，后之職也。是以曰“順在位”。《詩》：“于以采蘩，于沼于沚。于以用之，公侯之事。”諸侯之妻也。《詩》：“于以采蘋，南澗之濱。誰其尸之？有齊季女。”大夫之妻也。《詩》：“琴瑟在御，莫不静好。”士之妻也。皆所謂“順在位”者。《禮記》：“婦人無爵，從夫之爵。”“順在位”之義，承六二之“女正位乎内”言之也。

九五：王假有家，勿恤，吉。

“有家”如《論語》“有國有家”之義。“假”如《詩》“奏假無言”之假。言其德感格於家也。《詩》：“刑于寡妻，至于兄弟，以御于家邦。”“王假有家”之義也。《詩》：“我躬不閲，遑恤我後。”能脩身以齊家，是以“勿恤”。《禮記》：“古者后聽天下之内治，以明章婦順，故内和而家理。天子聽天下之外治，以明章天下之男教，故外和而國治。”此“王假有家”所以曰“勿恤，吉”。“男正位乎外”，莫大乎是。《詩》：“大任有身，生此文王。纘女維莘，篤生武王。”《中庸》：“無憂者其惟文王乎？以王季爲父，以武王爲子，父作之，子述之，武王、周公其達孝矣乎！”父子、兄弟、夫婦，家道之正莫如周。“勿恤”其即無憂之謂矣。

象曰：“王假有家”，交相愛也。

《禮記》："天子之與后，猶日之與月，陰之與陽，相須而后成者也。""相須"即相交之義。《詩》："琴瑟友之，鍾鼓樂之。"是"交相愛"之義也。《詩》："思媚其婦，有依其士。""交相愛"至是而齊家之化見矣。

上九：有孚威如，終吉。

《大學》："《康誥》曰：'如保赤子。'心誠求之，雖不中，不遠矣。"此"有孚"之義也。《左傳》："有威而可畏謂之威。"此"威如"之義也。《大學》："不出家而成教於國。"家道之成，是家之終吉也。

象曰："威如"之"吉，"反身之謂也。

《大學》："欲齊其家者先修其身。"此"反身"之義也。《孟子》："天下之本在國，國之本在家，家之本在身。"故必反求諸身。《論語》："其身正，不令而行。其身不正，雖令不從。"不可以見"威如之吉"哉！

䷥兑下離上

睽：小事吉。

《孟子》："離則不祥。"和氣致祥，乖氣致異。《説文》以目不相視爲睽，所以爲乖異之義也。《國語》："國人莫敢言，道路以目。"不欲正視，即睽之義。睽，一作暌。案文，離爲日，爲目，癸爲水，火澤之象取諸此。《左傳》："怨不在大。"又："雖有小忿，不廢懿親。"睽常由於小事，故於小事慎之，處睽之道也。《書》："龜從筮逆，作内吉，作外凶。"逆而有以善處之，小事之吉也。

象曰：睽，火動而上，澤動而下，二女同居，其志不同行。

《左傳》："昔高辛氏有二子，伯曰閼伯，季曰實沈，居于曠林，不相能也。后帝不臧，遷閼伯于商邱，主辰；遷實沈于大夏，主參。"辰爲火宿，参爲水宿，火上澤下，性不相得，此其義也。《孟子》："彌子之妻與子路之妻兄弟也。"二女有善惡之分。《左傳》："狄人伐廧咎如，獲其二女叔隗、季隗。公子取季隗，以叔隗妻趙衰。"二女有君臣之分。《詩》："女子有行，遠父母兄弟。"同居而不同行者，二女之志各有所向，睽之義也。《禮記》："舅姑使冢婦，毋怠，不敢無禮於介婦。舅姑若使介婦，毋敢敵耦於冢婦，不敢並行，不敢並命，不敢並坐。"巽，長女。離，中女。有分以統之，則無凌辱敵耦之虞，所以爲家人。《左傳》："齊桓公多内嬖，如夫人者六人。"離，中女。

兑，少女。無分以統之，則多妒忌猜嫌之患，所以爲睽。

説而麗乎明，柔進而上行，得中而應乎剛，是以小事吉。

《論語》："巽與之言，能無説乎？"由其所明以通之，是"説而麗乎明"也。《禮記》："父母有過，下氣怡色，柔聲以諫。"睽隔之時，柔進而上行之義也。《孟子》："務引其君以當道，志於仁而已矣。"得中而應乎剛，亦以柔道行之也。此皆從容委婉以通其睽者。小事之吉，以柔爲事，非不可大事之謂矣。

天地睽而其事同也，男女睽而其志通也，萬物睽而其事類也。睽之時用大矣哉！

《禮記》："天高地下。"其體睽也。《禮記》："天時有生也，地理有宜也。"其化育之事同也。《禮記》："男子由右，女子由左。"其位睽也。《禮記》："男率女，女從男。"其感應之志通也。《禮記》："萬物散殊。"其質睽也。《中庸》："萬物並育而不相害。"其形氣之事類也。睽之時用如此。《禮記》："祭不欲疏，祭不欲數。"又："山者不使居川，不使渚者居中原。"皆用睽之道也。"各正性命"而曰"保合大和"，睽之時用即總天地、男女、萬物而言之。處睽之事則曰小，用睽之時則曰大。

象曰：上火下澤，睽。君子以同而異。

《禮記》："火尊而不親，水親而不尊。"上火下澤，所以爲睽之象也。《禮記·儒行》："同弗與，異弗非也。"不以己之同異爲同異。以同而異，君子之道也。《禮記》："樂者爲同，禮者爲異。同則相親，異則相敬。樂勝則流，禮勝則離。"同異之不可偏勝，即所謂"睽之時用"也。《禮記》："凡居民材，必因天地寒暖燥溼，廣谷大川異制。民生其間者異俗：剛柔輕重遲速異齊，五味異和，器械異制，衣服異宜。"以同而異，所以取象於上火下澤也。《孟子》："禹、稷、顔子同道，易地則皆然。曾子、子思同道，易地則皆然。"又："君子亦仁而已矣，何必同？"又："聖人之行不同也，歸潔其身而已矣。"同者其理，異者其時與事，以同而異，實以異而同也。

初九：悔亡，喪馬，勿逐自復。見惡人，无咎。

《禮記》："子夏曰：'吾過矣，吾過矣，吾離羣而索居，亦已久矣。'"是睽則必有悔。初九無應，本相睽者，故曰"悔亡"。《詩》："爰居爰處，爰喪其馬。于以求之，于林之下。”“勿逐自復”異於失伍離次而待求者矣。《周禮·朝士》：“凡得獲貨賄人民六畜者，委于朝，告于士。”此“勿逐自復”之事，睽而不睽也。《論語》：“子見南子，子路不説。夫子矢之曰：‘予所否者，天厭之，天厭之。’”此“見惡人，无咎”之義，不睽之睽也。《孟子》：“爾爲爾，我爲我，雖袒裼裸裎于我側，爾焉能浼我哉！故由由然與之偕而不自失焉。”見惡人之无咎，君子有以自處也。《孟子》：“往者不追，來者不拒。”即“喪馬勿逐，見惡无咎”之義。《墨子》：“今之與楊、墨辨者，如追放豚，既入其苙，又從而招之。”是歸斯受之者，即“見惡无咎”之義，亦“勿逐自復”之義矣。

象曰："見惡人"，以辟咎也。

《論語》：“伯夷、叔齊不念舊惡，怨是用希。”此“見惡人”之睽而不睽者，“以辟咎”之義也。《孟子》：“段干木踰垣而辟之，泄柳閉門而不納，是皆已甚。迫，斯可以見矣。陽貨瞯孔子之亡也，而饋孔子蒸豚。孔子亦瞯其亡也而往拜之。當是時，陽貨先，豈得不見?”此“見惡人”之不睽而睽者，亦“以辟咎”之義也。《離》之初亦曰“辟咎”。《離》猶取其相麗，《睽》則慎其相違矣。

九二：遇主于巷，无咎。

《穀梁傳》：“不期而會曰遇。遇者，志相得也。”禮不備曰遇。《詩》：“巷無居人。”里中道謂之巷。《爾雅》：“宫中之衖謂之壼。”《註》：“巷閤間道，委曲之塗也。居睽之時而求合，禮有不備而情有可通，其義如此。”《論語》：“枉道而事。”人“遇主”，非枉道也。《論語》：“行不由徑。”“于巷”，非由徑也。《禮記》：“爲人臣，于其身以善其君，周公優爲之。”此“遇主于巷”之義也，故“无咎”。

象曰："遇主于巷"，未失道也。

《孟子》：“古之人未嘗不欲仕也，又惡不由其道。”道之未失，可以明遇主者之志矣。《孟子》：“齊宣王曰：‘寡人好貨。’孟子曰：‘昔者公劉好貨。王如好貨，與百姓同之，於王何有?’王曰：‘寡人好色。’孟子曰：‘昔者大王好色。王如好色，與百姓同之，於王何有?’”引以當道，此所謂“遇主于巷”也。《孟子》：“我非堯、舜之道，不敢以陳于王前，故齊人莫如我敬王也。”必以正對此，所謂“未失道”也。委曲求合，恐人不知睽之時用，故以“未失道”明之。

六三：見輿曳，其牛掣，其人天且劓，无初有終。

《禮記》：“行不舉足，車輪曳踵。”二之牽於後，“見輿曳”之象也。《爾雅》：“牛角一俯一仰，觭。皆踊、觢。”鄭康成本“掣”作“觢”。今豎角牛也。四之阻於前，“其牛掣”之象也。《周禮》：“共其兵車之牛，與其牽徬。”居前曰牽，居旁曰徬。所以掣、曳者，《周禮》：“大車平地既節軒摯之任。及其登阤，不伏其轅，必縊其牛。及其下阤，不援其邸，必緧其牛後。”此輿曳牛掣之象，進退皆阻者也。《爾雅》：“甹夆，掣曳也。”《註》：“謂牽挽。”是蓋當睽之時，求合而不能之義。《周禮》：“髡者使守積，劓者使守關。”《易傳》：“髡其首爲天，割其鼻爲劓。”曰“天且劓”，刑之先輕而後重也。“其人”，即掣曳之人。《論語》：“子服景伯曰：‘夫子固有惑志於公伯寮，吾力猶能肆諸市朝。’”“天且劓”者，深惡而痛絶之辭也。《詩》：“之子歸，不我與。不我與，其後也處。”始睽者有終合之理，故曰“无初有終”。

象曰：“見輿曳”，位不當也。“无初有終”，遇剛也。

《左傳》：“或輓之，或推之。”掣曳之義，與此正相反，所處之地然也，故曰“位不當”。《孟子》：“魯平公將出，嬖人臧倉者請曰：‘今乘輿已駕矣，君何爲輕身以先於匹夫者？’孟子曰：‘行或使之，止或尼之，行止非人之所能爲也。吾之不遇魯侯，天也。臧氏之子，焉能使予不遇哉？’”嬖人之沮，正所謂曳輿者。孟子以天自信，遇剛亦言其理之有必合而已。

九四：睽孤，遇元夫；交孚，厲无咎。

《書》：“少師、少傅、少保曰三孤。”分之殊絶，不立黨援，與三公之不私同義。四居大臣之位，故以“睽孤”爲正。《詩》：“有杕之杜，生於道周。彼君子兮，噬肯來游。”此“睽孤”而求賢以自助之義也。《孟子》：“一國之善士斯友一國之善士，天下之善士斯友天下之善士。”友善士者，“遇元夫”之謂。與初同德，故曰“交孚”。《論語》“德不孤，必有鄰”是也。《孟子》：“獨孤臣孽子，其操心也危，其慮患也深，故達。”人臣孤立之勢有如此，故必“厲”而

“无咎”。《書·金縢》一篇，周公之處睽孤，養正如是。

象曰：“交孚，无咎”，志行也。

《中庸》：“獲乎上有道，不信乎朋友，不獲乎上矣。”“交孚”之志，所以行也。《周書》：“危身奉上曰忠。”“睽孤”之志也。

六五：悔亡，厥宗噬膚，往何咎？

《左傳》：“吾不能早用子，今急而求子，是寡人之過也。”先睽後合，則有悔。居中得應，故曰“悔亡”。《禮記》：“别子爲祖，繼别爲宗。”“厥宗”之義，即謂二之應也。《禮記》：“雖有嘉肴，弗食，不知其旨也。”相得有合，“噬膚”之義也。《詩》：“縱我不往，子甯不來？”我往則下交之義，故曰“何咎”。《同人》之“于宗”爲私應，故“吝”；《睽》之“厥宗”爲正應，故无咎。《噬嗑》之噬膚以獄言，喻理之易決者也；《睽》之噬膚以交言，喻情之易通者也。《禮記》：“君有合族之道，族人不得以其戚戚君，位也。”在五以宗道合族，在二則以主道奉上，亦明乎睽之義者。

象曰：“厥宗噬膚”，往有慶也。

《禮記》：“禮尚往來，往而不來非禮也，來而不往亦非禮也。”不往不來則睽矣，故曰“往有慶”。《詩》：“君之宗之。”二以五爲主，五以二爲宗。君親其臣，臣尊其君，可以治天下之睽矣。“有慶”之義也。

上九：睽孤，見豕負塗，載鬼一車。先張之弧，後説之弧，匪寇婚媾，往遇雨則吉。

上九之“睽孤”與九四之“睽孤”不同。《孟子》：“行何爲踽踽涼涼？”孤立無黨，四之義也。《左傳》：“愎諫違卜，固敗是求。”猜狠乖離，上之義也。《詩》：“有豕白蹢，烝涉渡矣。”又：“無教猱升木，如塗塗附。”所謂“豕”之“負塗”者，言其污也。《詩》：“爲鬼爲蜮。”所謂“載鬼”者，言其幻也。《禮記》：“大夫葬用輴，士葬用國車。”即“載鬼”之“車”也。《左傳》：“狐突適下國，遇大子。大子使登僕。”此即“載鬼”之象。《左傳》：“齊侯田于貝邱，見大豕，從者曰公子彭生也。公怒曰：‘彭生敢見？’射之。豕人立而啼。公懼，隊于車。”此即“見豕”“載鬼”之象，皆言睽疑之甚也。《左傳》：“夏父弗忌且明見，曰：‘吾見新鬼大，故鬼小。’”見皆疑之所生，以睽爲義也。《周禮》："冥氏掌設弧張，以攻猛獸。庭氏掌射國中之夭鳥。若不見其鳥獸，則以救日之弓與救月之矢射之。若神也，則以大陰之弓與枉矢射之。"此"見豕""載鬼"所以有張弧之義。"先張之弧"者，《孟子》："越人關弓而射之。"始疑惡而欲射也。"後説之弧"者，《孟子》："抽矢扣輪，去其金。"終釋而弗欲射也。《禮記》："張弓尚筋，弛弓尚角。"又："張而不弛，文、武弗能也。弛而不張，文、武弗爲也。一張一弛，文、武之道也。"弧矢之利，以威天下，蓋取諸《睽》。先張後説，一張一弛之義，固如是矣。《孟子》："寇讐何服之有？"睽之甚者爲寇。《詩》："婚姻之故，言就爾居。"合之重者爲婚媾，先張後説則不睽而合矣，故曰"匪寇婚媾"。《大戴禮》："天地之氣和即雨。"遇雨則吉者，和之至，則合之深矣。

象曰："遇雨"之"吉"，群疑亡也。

《禮記》："殷人作誓而民始畔，周人作會而民始疑。"羣疑由於自疑，必推誠以遇之。《書》："蓄疑敗謀。""群疑"之"亡"，先睽後合之大旨也。《書》："汝則有大疑，謀及乃心，謀及卿士，謀及庶人，謀及卜筮。汝則從，龜從，筮從，卿士從，庶民從，是之謂大同。"故必"群疑亡"而後無睽孤之患也。

䷦艮下坎上

蹇：利西南，不利東北。利見大人，貞吉。

《穀梁傳》："有天疾者，兩足不能相過。齊謂之綦，楚謂之踙，衛謂之輒。"足不能行，蹇之義也。《左傳》："彼皆偃蹇，將棄子之命。"《公羊傳》："爲其驕蹇。"足之難行，與傲相似，故曰蹇。案文，蹇從足。《説文》："從寒省。"愚意蹇從足，當從塞省。坎爲通，逆行則爲塞。艮爲止，足不行則止。《左傳》："跋履山川，踰越險阻。"《禮記》："開通道路，無有障塞。"塞而不行，蹇之義，取諸此也。西南爲坤，爲平地。《爾雅》："大野曰平，廣平曰原。"無險者也。水宜行地，故曰"利西南"。東北爲艮，爲山。《詩》："漸漸之石，維其高矣。漸漸之石，維其卒矣。"山之險也，水不宜在山，故曰"不利東北"。《孟子》："伊尹曰：'吾豈若使是君爲堯、舜之君哉？吾豈若使是民爲堯、舜之民哉？吾豈若於吾身親見之哉？思天下之民匹夫匹婦有不與被堯、舜之澤者，若已推而内之溝中。'" 當蹇難之時，必思濟難之人，故曰"利見大人"也。《公羊傳》："治内難以正，禦外難以正，君子避内難而不避外難。" 濟難者又必正其所守，故曰"貞吉"。

彖曰：蹇，難也，險在前也。見險而能止，知矣哉！

《詩》："天之方難，無然憲憲。" 此蹇爲難之義也。《左傳》："險阻艱難，備嘗之矣。" 屯、蹇之義皆爲難。屯動乎險中，濟難者也。蹇止乎險中，涉難者也。《左傳》："難將作矣。" 此"險在前"之義也。《中庸》："人皆曰：予知驅而納諸罟擭陷阱之中而莫之知辟也。" 此見險能止之所以爲知也。《論語》："仁者雖告之曰井有仁焉，其從之也。""子曰：'君子可逝也，不可陷也；可欺也，不可罔也。'" 能止者有見險之識，乃有濟險之才，是以謂之知也。

"蹇：利西南"，往得中也；"不利東北"，其道窮也。"利見大人"，往有功也。當位"貞吉"，以正邦也。蹇之時用大矣哉！

《孟子》："水由地中行。" 西南爲坤，利往則得中。《書》："濰淄其道。" 東北爲艮，非其道則窮。以人事推之，《詩》："彼徂矣岐，有夷之行。" 去險而就平，所謂"往得中也"。《詩》："匪兕匪虎，率彼曠野。" 蹩躠而靡騁，所謂其道窮也。《孟子》："險阻既遠，然後人得平土而居之。" 除其險而厎其績，大人之"往有功"者也。《書》："禹平水土，稷播百穀，契爲司徒，皋陶作士，益作朕虞。" 皆盡其濟難之職者，是處常之當位而正邦也。《左傳》："臨患不忘國，忠也。思難不越官，信也。圖國忘死，貞也。" 是處變之當位而正邦也。《禮記》："臨難毋苟免。" 是以不避難爲義者。《論語》："危邦不入，亂邦不居。" 是以不與難爲義者。《中庸》："素患難行乎患難。" 處蹇之時，其用不同，故曰大。《左傳》："或多難以固其國，啓其疆土；或無難以喪其國，失其守宇。齊有仲孫之難，而獲桓公，至今賴之。晋有里、平之難，而獲文公，是以爲盟主。衛、邢無難，狄亦喪之。" 蹇之時用亦於此可識也。

象曰：山上有水，蹇。君子以反身脩德。

《書》："湯湯洪水方割，浩浩懷山襄陵。" 是"山上有水"所以爲蹇之象。《書》："洚水儆予。" 此即堯、舜之所以反身脩德也。《春秋》："桓公元年秋，大水。"《左傳》："凡平原出水爲大水。"《穀梁傳》："高下有水災曰大水。”高亦有水，此“山上有水”之象也。《左傳》：“宋大水，公使弔焉。對曰：‘孤實不敬，天降之災。’臧文仲曰：‘宋其興乎！禹、湯罪己，其興也悖焉。’”此皆能“反身脩德”者也。《左傳》：“吴子伐徐，防山以水之。”人爲之水，亦蹇象也。《孟子》：“行有不得者，皆反求諸己。”是蹇而反身也。《書》：“天既孚命，正厥德。”是蹇而脩德也。皆遇災而懼之義也。《孟子》：“愛人不親反其仁，治人不治反其智，禮人不答反其敬。”是“反身脩德”之事也。

初六：往蹇，來譽。

上進則爲往，不進則爲來。此即“見險而能止”之爲知者。《詩》：“既明且哲，以保其身。”保身知“往蹇”之義，明哲有“來譽”之美也。二五不言往來，濟蹇之在君臣之正位也。

象曰：“往蹇，來譽”，宜待也。

《孟子》：“伯夷當紂之時，居北海之濱，以待天下之清。”此“宜待”之義也。《禮記》：“儒有席上之珍以待聘，夙夜强學以待問，懷忠信以待舉，力行以待取，其自立有如此者。”不輕往者，知“宜待”之義矣。《孟子》：“令聞廣譽施於身，所以不愿人之文繡也。”此可知“宜待”之義。《左傳》：“言，身之文也。身將隱，焉用文之？”所謂譽者，亦不求而自得也。

六二：王臣蹇蹇，匪躬之故。

《詩》：“王之藎臣。”“王臣”之謂也。《詩》：“王事多難，維其棘矣。”君之譽皆臣之譽，此“王臣蹇蹇”之義也。《論語》：“事君能致其身。”不有其身，是曰“匪躬”之故。《詩》：“式微式微，胡不歸？微君之故，胡爲乎中露？微君之躬，胡爲乎泥中？”曰“匪躬之故”，是以君爲念，國爾忘家，公爾忘私也。《孟子》：“子思居於衛。有齊寇。或曰：‘寇至，盍去諸？’子思曰：‘如伋去，君誰與守？’孟子曰：‘子思，臣也。’”此知臣之爲義矣。《公羊傳》：“孔父正色而立於朝，則人莫敢過而致難於其君者，孔父可謂義形於色矣。”此知“匪躬”之爲義矣。

象曰：“王臣蹇蹇”，終无尤也。

《中庸》：“上不怨天，下不尤人。”所謂“鞠躬盡瘁，死而後已。成敗利鈍，非所逆覩”者，是“終无尤”之義也。《論語》：“甯武子邦有道則知，邦無道則愚。其知可及也，其愚不可及也。”曰“終无尤”以見知巧之深避，亦無以善其後。聖人教忠之意深矣。

九三：往蹇，來反。

“來反”如《詩》“福禄來反”之反，言復反於下也。《春秋》：“襄公二十有九年夏五月，公至自楚。”《穀梁傳》：“喜之也。致君者，殆其往而喜其反，此致君之意義也。”殆其往而喜其反，正“往蹇，來反”之義。

象曰：“往蹇，來反”，内喜之也。

《詩》：“我有嘉賓，中心喜之。”有功諸侯，濟蹇之臣也，故曰“内喜之”。《左傳》：“公及齊侯盟于落姑，請復季友也。‘季子來歸’，嘉之也。”《公羊傳》：“‘季子來歸’，其稱季子何？賢之也。其言來歸，何喜之也！”《穀梁傳》：“其曰季子，貴之也。其曰來歸，喜之也。”季友辟難而出奔，國人思得季友以安社稷，故三傳皆言喜之。九三一陽居二陰之上，内之所恃。“内喜”之義如此。

六四：往蹇，來連。

連如《孟子》“連諸侯者”之連。《禮記》：“十國爲連，連有帥。”連即羣策羣力之謂也。有以連之，則可竭力以奉上。《詩》：“王于興師，與子同仇。”合以濟難，是“往蹇，來連”之義也。

象曰：“往蹇，來連”，當位實也。

《孟子》：“仁之實，事親是也。義之實，從兄是也。”“來連”者，合力以濟國家之難。當位之實，事君是也。《大學》：“《秦誓》曰：‘若有一个臣，斷斷兮無他技，其心休休焉，其如有容焉。人之有技，若己有之；人之彦聖，其心好之，不啻若自其口出。實能容之，以能保我子孫黎民，尚亦有利哉！’”此正當“往蹇，來連”之任者，即當位之實也。

九五：大蹇，朋來。

“大蹇”者，非常之蹇。《書》：“遺大投艱于朕身。”天下之蹇皆君之蹇，此“大蹇”之義也。《書》：“武王曰：‘予有亂臣十人，同心同德。’”此“大蹇，朋來”之義也。所謂“朋來”，即下之“來連”者。《詩》：“三壽作朋。”是以臣爲朋之義也。《左傳》：“簡書同惡相恤之謂也。”此朋來以濟蹇者。《否》之“大往小來”，變爲《泰》之“小往大來”，即《復》之“朋來无咎”也，是以曰“大蹇，朋來”。

象曰："大蹇，朋來"，以中節也。

《中庸》："喜怒哀樂發而皆中節謂之和。和也者，天下之達道也。"九五得位履中，以濟天下之蹇，刑賞進退，處置得宜，"以中節"之義也。澤爲止水，水澤所以爲節。山之止在下，故亦有節之義。

上六：往蹇，來碩，吉。利見大人。

《詩》："狼疐其尾，載跋其胡。公孫碩膚，德音不瑕。"此"往蹇，來碩"之義也，所以爲吉。《書》："周公居東二年，乃爲詩以貽王。天大雷電以風。王啓金縢之書。曰：'昔公勤勞王家，惟予沖人弗及知。今天動威，以彰周公之德。惟朕小子其新逆。'王出郊，天乃雨。"此"往蹇，來碩"之所以"利見大人"也。周公之相成王，其義足以當之。

象曰："往蹇，來碩"，志在内也。"利見大人"，以從貴也。

《書》："今爾身在外，乃心罔不在王室。""志在内"之謂也。《左傳》："求諸侯莫如勤王。""以從貴"之謂也。《詩》："考盤在澗，碩人之寬。"此亦處蹇而碩者。然獨寐寤言，則與"志在内"而"從貴"者異矣。

䷧坎下震上

解：利西南，无所往，其來復吉。有攸往，夙吉。

《禮記》："仲夏之月，鹿角解。仲冬之月，麋角解。"案文，解從角從刀從牛。《説文》以爲"刀判牛角"，解散之義。鹿爲陽獸，得陰氣而解；麋爲陰獸，得陽氣而解。雷雨者，陰陽之氣和，卦名是以取諸解也。《孟子》："王者之不作，未有疏於此時者也。民之憔悴於虐政，未有甚於此時者也。當今之時，萬乘之國行仁政，民之悦之，猶解倒懸也。"解者，難之散也，其義如此。《孟子》："七八月之間旱，則苗槁矣。天油然作雲，沛然下雨，則苗浡然興之矣。"雲雷所以爲屯，雷雨所以爲解。《孟子》："民之歸仁也，猶水之就下，獸之走壙也。"此利西南之謂也。《蹇》之"利西南"，避險之義也。《解》之"利西南"，出險之義也。故不言"不利東北"。《書》："王歸自克夏，至于亳，誕告萬方，曰：'凡我造邦，無從匪彝，無即慆淫，各守爾典，以承天休。'""王歸"者，"無所往"也。"守爾典"者，"其來復"也。湯之事也。《書》："王來自商，至于豐，乃偃武修文，歸馬于華山之陽，放牛于桃林之野，示天下弗服。""王來"者，"無所往"也。"歸馬""放牛"者，"其來復"也。武之事也。雷在地中爲復，雷雨既解則復於地，所以曰“其來復”。《書》：“先王昧爽丕顯，坐以待旦。旁求俊彥，啓迪後人，無越厥命以自覆。”“旁求”者，“有攸往”也。“待旦”者，“夙”之義也。湯之事也。《書》：“夙夜罔或不勤，不矜細行，終累大德。爲山九仞，功虧一簣。”“勤”者，“有攸往”也。“夙夜”者，“夙”之義也。武之事也。難解之時，不可多事以滋擾，以復爲吉。解難之後，亦不可無事以致怠，以夙爲吉。《詩》：“徐方繹騷，徐方震驚。徐方來庭，王曰旋歸。”“無所往，其來復吉”，懼其擾之義也。《孟子》：“東面而征西夷怨，南面而征北狄怨，曰：‘奚爲後我？’民之望之，若大旱之望雨也。”“有攸往，夙吉”，懼其緩之義也。雷之威過而不留，則以無事爲吉。雨之澤速而有濟，則以有事爲吉。觀象而得解之義矣。

彖曰：解，險以動，動而免乎險，解。

《詩》：“殷商之旅，其會如林。矢于牧野，維予侯興。”此“險以動”之義也。《蹇》之“見險”爲知止，《解》之“動乎險”爲有爲也。《左傳》：“衛人伐邢，師興而雨。”此“動而免乎險”之義也。《屯》之“動乎險中”猶在艱屯之初，《解》之“動免乎險”已在解散之後也。

“解：利西南”，往得衆也。“其來復吉”，乃得中也。“有攸往，夙吉”，往有功也。

《論語》：“寬則得衆。”平易之地，故西南曰“得衆”。《大學》：“得衆則得國。”是以利也。《詩》：“適彼樂土，爰得我所。”亦衆之利也。《書》：“布昭聖武，代虐以寬。”又：“乃反商政，政由舊。”復得中之義也。《蹇》五得中，故曰“往得中”；《解》二得中，故“來復”曰“乃得中也”。《書》：“攸徂之民，室家相慶。”“往有功”之義也。

天地解而雷雨作，雷雨作而百果草木皆甲坼。解之時大矣哉！

《禮記》：“孟春之月，東風解凍，蟄蟲始振。仲春之月，始雨水，雷乃發聲，蟄蟲咸動，啓户始出。季春之月，生氣方盛，陽氣發泄，句者畢出，萌者盡達。”是所謂“天地解而雷雨作，雷雨作而百果草木皆甲坼”也。《禮記》：“其日甲乙。”言萬物皆解孚甲抽軋而出，象春時也。《詩》：“不坼不副。”草木之生與人之生皆坼而出，此“甲坼”之義也。《禮記》：“區萌達，角觡生。”屯象草之穿地而未申，解象獸之得氣而欲脱，所以《屯》言“雷雨動”而曰“草昧”，

《解》言“雷雨作”而曰“甲坼”，此其義也。《孟子》：“若大旱之望雲霓也。”此屯之時也。《禮記》：“季春之月，時雨將降。季夏之月，大雨時行。”此解之時也。曰“解之時大”而義與用在其中矣。

象曰：雷雨作，解。君子以赦過宥罪。

《書》：“今天動威。”雷者，天之威也。《孟子》：“若時雨降。”雨者，天之澤也。解取象於赦宥者，威中之澤也。《書》：“惟辟作福，惟辟作威。”威福之作，象雷雨之作也。《周禮》：“司刺掌三宥三赦之灋。壹宥曰不識，再宥曰過失，三宥曰遺忘。壹赦曰幼弱，再赦曰老耄，三赦曰惷愚。”此“赦過宥罪”之義也。《書》：“眚災肆赦，流宥五刑。五刑之疑有赦，五罰之疑有赦。”赦過宥罪，所以體天地發育解散之意，先王法外之仁也。

初六：无咎。

《詩》：“君子如怒，亂庶遄沮。君子如祉，亂庶遄已。”難之方解，直曰“无咎”，即卦義所謂“无所往，其來復吉”也。

象曰：剛柔之際，義无咎也。

柔居解初而與剛應。《書》：“不剛不柔，厥德允修。”自處之得宜也。《詩》：“不剛不柔，敷政優優。”處物之無擾也，是謂剛柔之際。“剛柔始交而難生”，在屯之初，則有相敵之勢。剛柔之際而難解，在解之初，則有相濟之義也。

九二：田獲三狐，得黄矢，貞吉。

《詩》：“莫赤匪狐。”狐者，邪媚之獸。《爾雅》：“獸三爲群。”“三狐”，群小相結之象。《周禮》：“服不氏掌養猛獸。射則贊張侯，以旌居乏而待獲。”此田有獲之義也。《左傳》：“千乘三去。三去之餘，獲其雄狐。夫狐蠱，必其君也。”“田獲三狐”，是去群邪之義也。《周禮·夏官·司弓矢》：“殺矢、鍭矢，用諸近射田獵。”黄矢所以射狐者。《詩》：“公曰左之，舍拔則獲。”獲者，用力之辭。《旅》之射雉曰矢亡，《解》之獲狐曰得矢。《左傳》：“得慶氏之木百車於莊。”“得”字之義如此。既言“獲狐”，又言“得矢”，以明其自守之正，所謂得中直之道也。《論語》：“直哉史魚！邦有道如矢，邦無道如矢。”是能退不肖者，貞吉之義也。曰“貞吉”者，以正勝邪之道也。

象曰：九二“貞吉”，得中道也。

《論語》："舉直錯諸枉，能使枉者直。"去邪媚之群，所以得中直之道。《書》："惟干戈省厥躬。"中道之得，有以反諸身也。

六三：負且乘，致寇至，貞吝。

《左傳》："齊侯使陳敬仲爲卿。辭曰：'羈旅之臣而免於罪戾，弛於負擔，君之惠也。所獲多矣，敢辱高位，以速官謗？《詩》云：翹翹車乘，招我以弓。豈不欲往，畏我友朋。'"是"負且乘"而辭之之義也。居非其位，則致寇矣。《詩》："彼候人兮，何戈與祋。彼其之子，三百赤芾。"何戈宜乘而負者，赤芾宜負而乘者。《左傳》："晋侯伐曹，數之以其不用僖負羈，而乘軒者三百人也。"此即"負且乘"而"致寇"之義也。《大學》："外本内末，争民施奪。""致寇"即"施奪"之謂也。《左傳》："唯器與名，不可以假人。"以正得之猶吝，"貞吝"之謂也。《詩》："受爵不讓，至於已斯亡。"所以深戒之也。

象曰："負且乘"，亦可醜也。自我致戎，又誰咎也？

《詩》："維鵜在梁，不濡其翼。彼其之子，不稱其服。"此"負且乘"之可醜也。《孟子》："不仁而在高位，是播其惡於衆也。"此"可醜"之義也。《孟子》："夫人必自侮，然後人侮之；家必自毁，而後人毁之；國必自伐，而後人伐之。"此"自我致戎"之義也。《孟子》："禍福無不自己求之者。"故曰"又誰咎也"。

九四：解而拇，朋至斯孚。

《國語》："至於手拇毛脈。"《咸》之拇言足，此以手言。"咸其拇者，初之應四。"解而拇"者，四之應初。《公羊傳》："子以其指，則接菑也四，貜且也六。"拇與指相連。解者，去其固結之私也。《孟子》："夫苟好善，則四海之内皆將輕千里而來告之以善。"朋自遠而至斯孚者，得其信從之益也。《禮記》："及其久也，相説以解。"朋之孚也。

象曰："解而拇"，未當位也。

《詩》："瑣瑣姻婭，則無膴仕。""解而拇"之謂也。《詩》："三壽作朋，如岡如陵。""朋至斯孚"之謂也。知其位之未當，則知賢能之在位矣。《左傳》："薳子馮爲令尹，有寵於子馮者八人，皆無禄而多馬。申叔時曰：'昔觀起有寵於子南，子南得罪，觀起車裂，何故不懼?’子馮辭八人者，而後王安之。”能去其私，亦有以安其位也。

六五：君子維有解，吉，有孚于小人。

《書》：“任賢勿貳，去邪勿疑。”“有解”之“吉”，“去邪”之謂也。《詩》：“無縱詭隨，以謹繾綣。”曰“維有解”，亦去其維係之私也。《論語》：“舜有天下，選於衆，舉皋陶，不仁者遠矣。湯有天下，選於衆，舉伊尹，不仁者遠矣。”“不仁者遠”，是“有孚于小人”也。小人且孚，而況於朋至之君子乎！

象曰：“君子有解”，小人退也。

《大學》：“唯仁人放流之，迸諸四夷，不與同中國。此謂惟仁人爲能愛人，能惡人。”“有解”者，君子之能惡。而“小人”之“退”，實君子之能愛矣。

上六：公用射隼于高墉之上，獲之无不利。

《詩》：“鴥彼飛隼，載飛載揚。”“隼”者，陰鷙之鳥。“飛揚”者，其憑高之勢也。《周禮》：“翨氏掌攻猛鳥。庭氏掌射國中妖鳥。”“射隼”之義也。《左傳》：“除君之惡，惟力是視。”狐曰“田獲”，猶可以衆力去之。隼曰“公用”，必以獨斷除之也。《詩》：“鴟鴞鴟鴞，既取我子，無毁我室。”《書》：“公乃爲詩以貽王，名之曰《鴟鴞》。”周公之事可以明“公用射隼”之義矣。《詩》：“崇墉言言，執訊連連，攸馘安安。”射于高墉之上，亦以喻怙惡怙險之意。《家語》：“孔子在陳時，有隼集於陳侯之庭而死，楛矢貫之，石砮，其長尺有咫。惠公使人如孔子問焉。孔子曰：‘隼之來遠矣，此肅慎之矢也。昔武王克商，肅慎氏貢楛矢，以分大姬，配胡公而封諸陳。求諸故府，其可得也。’公使人求，得之。”隼爲難射之物，故以獲之爲利。《左傳》：“雖及胡耇，獲則取之。”曰“獲之无不利”，以明不可姑息。

象曰：“公用射隼”，以解悖也。

《左傳》：“見無禮於其君者，誅之，如鷹鸇之逐鳥雀也。”是“解悖”之義也。《書》：“慎簡，乃僚無以巧言令色，便辟側媚。”狐爲媚獸，喻在内之奸。《中庸》：“去讒遠色，賤貨而貴德。”獲狐之所以得中，是其義也。《書》：“無依勢作威，無倚法以削。”隼爲鷙鳥，喻在外之逆。《詩》：“今女下民，或敢侮予。”獲隼之所以解悖，是其義也。

䷨兑下艮上

損：有孚，元吉，无咎，可貞，利有攸往。

《詩》："百川沸騰，山冢崒崩。高岸爲谷，深谷爲陵。"山高澤深，始焉取深以增高，終必降高而墜下，山澤皆歸於損泰之上。而城復于隍，剥之極；而山附于地，同此義也。案文，從員從手。《詩》："幅隕既長。"又："景員維河。"員即山澤之周環者。《孟子》："掊克在位。"以手取下，所以義取於損。損之義爲貶爲傷，不宜損者也，卦名取之。損之義亦爲約爲省，宜損者也，卦義取之。《論語》："必不得已而去，曰去兵，曰去食。自古皆有死，民無信不立。"此損所當損之義，故曰"有孚，元吉。"《論語》："以約失之者鮮矣。"故曰"无咎"。《書》："厥賦貞。"取下者以少爲正，"可貞"之義也。《禮記》："歲凶，年穀不登，君膳不祭肺，馬不食穀，馳道不除，祭事不縣。"凶年之殺禮，即損之得其正也。《論語》："與其奢也寧儉。"以損而行，損之"利有攸往"也。

曷之用？二簋可用享。

《詩》："陳饋八簋。"又："每食四簋。"二簋則其至薄者。《左傳》："苟有明信，澗谿沼沚之毛，筐筥錡釜之器，可薦於鬼神，可羞於王公。"二簋之可享，有孚之用也。《孟子》："《書》曰：'享多儀，儀不及物曰不享。惟不役志于享。'爲其不成享也。"多儀之不成享，可以知一簋之可用享矣。《禮記》："薦不美多品。"知損之爲用也。

彖曰：損，損下益上，其道上行。

《大學》："長國家而務財用者，必自小人矣。""損下益上"也。《書》："以庶邦惟正之供。"亦"損下益上"也。在準之以道耳。《公羊傳》："財盡則怨，力盡則懟，君子危之，故謹而志之也。"此"損下益上"之所當謹者，其道失也。《孟子》："勞心者治人，勞力者治於人。治於人者食人，治人者食於人。"此"損下益上"之有定分者，其道得也。《論語》："百姓足，君孰與不足？百姓不足，君孰與足？"益在下則上亦益，損在下則上亦損。所謂益者，君民之情洽，如山澤之氣通，此其道上行之義也。

損而"有孚，元吉，无咎，可貞，利有攸往。曷之用？二簋可用享"。二簋應有時，損剛益柔有時，損益盈虛，與時偕行。

《禮記》:“禮，時爲大，順次之，體次之，宜次之，稱次之。”故曰“二簋應有時”也。《論語》:“殷因於夏禮，所損益可知也。周因於殷禮，所損益可知也。其或繼周者，雖百世可知也。”所謂“損剛益柔有時”也。《論語》:“子華使於齊，冉子爲其母請粟，曰：‘與之釜。’請益，曰：‘與之庾。’子曰：‘君子周急不繼富。’原思爲之宰，與之粟九百，辭。子曰：‘毋以與爾鄰里鄉黨乎！’”此亦聖人損益因時之用也。《孟子》:“治地莫善於助，莫不善於貢。貢者校數歲之中以爲常。樂歲粒米狼戾，多取之而不爲虐，則寡取之；凶年糞其田而不足，則必取盈焉。”不知“損益盈虚”者也。《周禮·大司徒》:“大荒大札，則令邦國移民通財，舍禁弛力。薄征緩刑。”此可以知“損益盈虚，與時偕行”之義矣。《書·禹貢》:“既修大原，至于岳陽。”山之虚者益之。《國語》:“川壅而潰，傷人必多。”澤之盈者損之。觀象之義如是。

象曰：山下有澤，損。君子以懲忿窒欲。

《孟子》:“爲高必因邱陵，爲下必因川澤。”損澤之下以益山之高，故有損之象焉。《論語》:“一朝之忿忘其身，以及其親。”忿易逞，故宜懲。《論語》:“棖也欲，焉得剛?”欲難防，故宜窒。《詩》:“荆舒是懲。”懲者所以防其漸也。《詩》:“穹窒熏鼠。”窒者所以杜其源也。《論語》:“忿思難，見得思義。”此所以“懲忿窒欲”之道也。《孟子》:“省刑罰，薄税斂。”此即“懲忿窒欲”之義，有鑒於損下而益上也。

初九：已事遄往，无咎，酌損之。

《國語》:“有司已於事而竣。”“已事”之謂也。《爾雅》:“遄，疾也，速也。”“遄往”者，急於奉上也。《孟子》:“公事畢，然後敢治私事。”私不先公，此“已事遄往”之義也，故“无咎”。《書》:“我后不恤我衆，舍我穡事，而割正夏。”此則未知其義矣。《左傳》:“子爲大政，將酌於民者也。”故上必酌損之。《孟子》:“取於民有制。”酌損其財也。《禮記》:“用民之力，歲不過三日。”酌損其力也。《左傳》:“築郎囿，季平子欲其速成。叔孫昭子曰：‘焉用速成？其以勦民也。’”下之“遄往”者，分也。上之“酌損”者，情也。各盡其道而已。《禮記》:“上酌民言則下天上施，上不酌民言則犯也，下不天上施則亂也。”下損己以奉上，上必酌其所以損之者，指四之應初而言，非謂下之自酌也。

象曰：“已事遄往”，尚合志也。

《孟子》：“《詩》云：‘經始靈臺，經之營之。庶民攻之，不日成之。經始勿亟，庶民子來。’文王以民力爲臺爲沼，而民歡樂之。”“不日”者，下之“遄往”。“勿亟”者，上之“酌損”。“歡樂”者，“尚合志”之謂也。

九二：利貞，征凶，弗損益之。

《孟子》：“陳代曰：‘不見諸侯，宜若小然。枉尺而直尋，宜若可爲也。’孟子曰：‘枉己者未有能直人者也。’”“不見諸侯”，守正而不行，即“利貞，征凶”之義，懼有損也。枉己不能直人，弗損己者，乃所以益人也。《孟子》：“庶人召之役則往役，召之則不往見之。往役，義也。往見，不義也。”“已事遄往”，是往役之義也。“利貞，征凶”，是往見之不義也。

象曰：九二“利貞”，中以爲志也。

《論語》：“不降其志，不辱其身。”立志而後能守身，所以無損者也。

六三：三人行則損一人，一人行則得其友。

《論語》：“三人行，必有我師焉，擇其善者而從之，其不善者而改之。”三人同行，如三陽並立。一陽之損而上忘乎我者，“損一人”之義也。從善，改不善，皆爲我師。自我擇之，“一人行則得其友”之義也。《論語》：“損者三友：友便辟，友善柔，友便佞，損矣。”無三者之損，是“得其友”者也。

象曰：一人行，三則疑也。

《禮記》：“離坐離立，毋往參焉。”一陰一陽，相交之正，參之則疑，此其義也。《左傳》：“一國三公，吾誰適從?”以一爲主，三則鈞適，此亦其義也。《書》：“七、稽疑。立時人作卜筮，三人占則從二人之言。”從衆者，從善之義也。《書》：“善無常主，協于克一。”從善者，從一之義也。明乎此而決疑之道得矣。

六四：損其疾，使遄有喜，无咎。

《左傳》：“去疾莫如盡。”“損其疾”之義也。《論語》：“損者三樂：樂驕樂，樂佚遊，樂宴樂，損矣。”此皆疾也。知其爲損，即“損其疾”之謂也。《孟子》:“子路人告之以有過則喜。”“損其疾”之“有喜”,則過復於無過矣,故“无咎”。《孟子》:“今有人日攘其鄰之鷄者。或告之曰:‘是非君子之道。’曰:‘請損之,以待來年,然後已。’如知其非義,斯速已矣,何待來年?”“損其疾”者,所以貴“遄有喜”也。此言損己之疾者也。《孟子》:“今王鼓樂於此,舉疾首蹙頞而相告曰:‘吾王之好鼓樂,夫何使我至於此極也?’此無他,不與民同樂也。今王鼓樂於此,舉欣欣然有喜色而相告曰:‘吾王庶幾無疾病與?何以能鼓樂也?’此無他,與民同樂也。”“損其疾”而“有喜”,此言損民之疾者也。下曰“遄往”,上曰“使遄有喜”,感應之機捷矣。

象曰:“損其疾”,亦可喜也。

《孟子》:“齊宣王曰:‘寡人有疾,寡人好勇,寡人好貨好色。’孟子曰:‘王請無好小勇。王如好貨好色,與百姓同之,於王何有?’”“損其疾”則不爲疾而爲喜矣,故曰“亦可喜”。此即象之所謂“懲忿窒欲”者與?

六五:或益之十朋之龜,弗克違,元吉。

《詩》:“既見君子,錫我百朋。”五貝爲朋,受益之義也。《左傳》:“史蘇是占,勿從何益?”益在於弗違也。《爾雅》:“一曰神龜,二曰靈龜,三曰攝龜,四曰寶龜,五曰文龜,六曰筮龜,七曰山龜,八曰澤龜,九曰水龜,十曰火龜。”此所謂十朋之龜也。《詩》:“謀之其臧,則具是違。謀之不臧,則具是依。我龜既厭,不我告猶。”人謀之不臧,雖龜筮亦不能益之矣。《周禮》:“以邦事作龜之八命。”又:“卜師掌開龜之四兆。”此所謂“或益之”而“弗克違”者。六五虚中受益,無不昭徹,其義如此。《書》:“汝則從,龜從,筮從,卿士從,庶民從,是之謂大同。身其康彊,子孫其逢吉。”龜筮不違於人,益之衆者,人君之大吉也。

象曰:六五“元吉”,自上祐也。

《書》:“惟天佑于一德。”所謂“天且弗違,而況于人,況于鬼神”者,此“自上祐”之義也。

上九:弗損益之,无咎,貞吉,利有攸往,得臣无家。

《論語》:“因民之所利而利之,斯不亦惠而不費乎?”此不損己而有以益人,“弗損益之”之義也。《穀梁傳》:“古之君人者必時視民之所勤。民勤於力則功築罕，民勤於財則貢賦少，民勤於食則百事廢矣。”皆所謂弗損以益之也。《穀梁傳》：“民衆城小則益城。益城無極，凡城之志皆譏也。”知益之反爲損，則知弗損之即爲益矣。“无咎，貞吉，利有攸往”，與卦辭略同。卦以當損爲義，爻以弗損爲義也。《詩》：“率土之濱，莫非王臣。”“得臣”之謂也。《禮記》：“以天下爲一家。”“无家”之義也。此極“弗損益之”之量而言之。王者無私之至也。

象曰：“弗損益之”，大得志也。

《孟子》：“古之人得志，澤加於民。”志在益下，所以爲得志。《孟子》：“未有仁而遺其親者也，未有義而後其君者也。”益下正所以益上。弗損之益，莫大於是也。

䷩震下巽上

益：利有攸往，利涉大川。

《家語》：“宥坐之器，試註水焉，中則正，滿則覆。”案文，水在皿上，益之象也。《孟子》：“歲十一月，徒杠成；十二月，輿梁成。民未病涉也。”此攸往之所以利涉，益民者也。《左傳》：“秦於是乎輸粟於晋，自雍及絳，相繼命之，曰汎舟之役。”此利涉之爲益者也。《論語》：“‘既庶矣，又何加焉？’曰：‘富之。’‘既富矣，又何加焉？’曰：‘教之。’”當去而去者，損之宜；當加而加者，益之宜。故《損》《益》皆曰“利有攸往”。

象曰：益，損上益下，民説无疆。自上下下，其道大光。

《論語》：“卑宫室而盡力乎溝洫。”“損上益下”之事如此。《左傳》：“施取其厚，事舉其中，斂從其薄。”皆所以“損上益下”者也。《左傳》：“國無滯積，亦無困人。公無禁利，亦無貪民。”是“益下”而“民説”也。《書》：“散鹿臺之財，發鉅橋之粟，大賚於四海，而萬姓悦服。”是“民説”之“无疆”也。《孟子》：“用下敬上謂之貴貴，用上敬下謂之尊賢。貴貴尊賢，其義一也。”敬上者，益上之義，地道卑而上行也，《損》故曰“其道上行”。敬下者，自上下之義，天道下濟而光明也，《益》故曰“其道大光”。

“利有攸往”，中正有慶。“利涉大川”，木道乃行。

《詩》：“日就月將，學有緝熙于光明。”“利有攸往”，君德之益也。《詩》：“我日斯邁，而月斯征。夙興夜寐，無忝爾所生。”“利有攸往”，臣德之益也。

五以中正居尊位，二以中正應之。《書》："爾身克正，罔敢弗正。民心罔中，惟爾之中。"是以中正之道益天下，而天下受其慶也。《詩》："造舟爲梁。"造舟皆以木。《詩》："檜楫松舟。"震巽皆木，刳木剡木，舟楫之利，故曰"木道乃行"。

益動而巽，日進无疆。天施地生，其益无方。凡益之道，與時偕行。

《書》："惟學遜志，務時敏，厥脩乃來。"此"益動而巽，日進无疆"之義也。《禮記》："天不愛其道，地不愛其寶。"所謂"天施地生"也。風行乎天，故曰"天施"。雷動乎地，故曰"地生"。《詩》："上天同雲，雨雪雰雰，益之以霢霂。既優既渥，既霑既足。"此施生无方之益也。《禮記》："春作夏長。"出震齊巽之時，是"與時偕行"也。《詩》："如川之方至，以莫不增。"无方之益皆時之自然者。曰凡益之道，其義無所不在矣。

象曰：風雷，益。君子以見善則遷，有過則改。

《書》："大雷電以風。"雷雨加之以風，此益之象也。《左傳》："風不越而殺，雷不發而震，雹之爲災，誰能禦之？"風雷相激則爲災，相助則爲益也。《論語》："無友不如己者。過則勿憚改。"又："聞善不能徙，不善不能改，是吾憂也。"遷善改過，象風雷者，貴其速也。《論語》："益者三友：友直，友諒，友多聞，益矣。益者三樂：樂節禮樂，樂道人之善，樂多賢友，益矣。"遷善改過之益，莫備於此。

初九：利用爲大作，元吉，无咎。

《穀梁傳》："作，爲也，有加其度也。""大作"之義。《書》："厥既命殷庶，庶殷丕作。""丕作"即"大作"之謂。《書》："不作無益害有益。""大作"者，大有益之事也，故曰"元吉"。《禮記》："凡舉大事，必順天時。""大作"者，大有爲之時也，故曰"无咎"。《書》："平秩東作。"利民者莫大於東作之事，耒耨之所以取諸《益》也。

象曰："元吉，无咎"，下不厚事也。

《詩》："王事適我，政事一埤益我。""厚事"之謂也。《國語》："國之大事在農。"事無大於此者。《禮記》："毋作大事，以妨農之事。"此"下不厚事"之義也。《周禮》："凡任民，任農以耕事，任圃以樹事，任工以飭材事，任商以市事，任牧以畜事，任嬪以女事，任衡以山事，任虞以澤事。”各有其任，故曰“下不厚事”。《左傳》：“施取其厚，事取其中，斂取其薄。”是“不厚事”之謂也。“不厚事”者，上之所以益下也。“已事遄往”，民之趨事赴功也。“下不厚事”，上不違農時也。曰“酌損”，惟恐民之損也。損以遠害，於損初著之。曰“利用”，惟欲民之益也。益以興利，於益初著之。聖人之心乎民者，其義深哉！

六二：或益之十朋之龜，弗克違，永貞吉。王用享于帝，吉。

《書》：“昆命于元龜，朕志先定。詢謀僉同，鬼神其依。龜筮協從，卜不習吉。”爻辭與《損》六五同，而曰“永貞吉”者，此在二爻，言臣道之吉也。《書》：“眷求一德，克享天心。”又：“籲俊尊上帝。”享帝之義也。《論語》：“敢昭告于皇皇后帝，帝臣不蔽，簡在帝心。”王用之可以享帝獲吉者，此其義也。

象曰：“或益之”，自外來也。

《詩》：“俾爾多益，以莫不庶。”“自外來”者，言其益之衆也，亦不求而自至之辭。《損》之六五，自上祐者，天益之也。《益》之六二，自外來者，君益之也。

六三：益之用凶事，无咎。有孚中行，告公用圭。

《書》：“用降我凶德，嘉績于朕邦。”“益用凶事”之義也。《孟子》：“天將降大任於是人也，必先苦其心志，勞其筋骨，餓其體膚，空乏其身，行拂亂其所爲，所以動心忍性，曾益其所不能。”“用凶事，无咎”者，天之所以益之也。《周禮》：“以凶禮哀邦國之憂，以喪禮哀死亡，以荒禮哀凶札，以弔禮哀禍烖，以禬禮哀圍敗，以恤禮哀寇亂。”凶事亦謂喪荒之事。《左傳》“豫凶事”是也。《穀梁傳》：“乘馬曰賵，衣衾曰襚，貝玉曰含，錢財曰賻。”凶事之受益者。此類皆是用凶事。“无咎”者，人之所以益之也。《書》：“周公植璧秉珪，乃告大王、王季、文王。”此凶事之“告公用圭”，以誠信表見於天也。《周禮》：“珍圭以徵守，以卹凶荒。”《國語》：“臧文仲以鬯圭玉磬如齊告糴。”此皆凶事之“告公用圭”，以誠信通達於人也。《周禮》：“公用桓圭，侯用信圭，伯用躬圭。”朝見執以爲信，“有孚中行”之通義也。

象曰：益用凶事，固有之也。

《孟子》：“雖大行不加焉，雖窮居不損焉，分定故也。”是“固有”之義也。《孟子》：“舜之飯糗茹草也，若將終身焉。被袗衣，鼓琴，二女果，若固有之。”是所謂“益用凶事”者。窮達一致，處之裕如，可以知其義矣。

六四：中行告公從，利用爲依遷國。

《中庸》：“用其中於民。”三四皆曰“中行”，以爻位言之。《禮記》：“大者不可損，小者不可益。”即損益之中也。《書》：“爾有嘉謀嘉猷則入告。爾后于内，爾乃順之于外，曰：斯謀斯猷，惟我后之德。”“中行告公從”之義。德即五之所謂“惠我德”也。《孟子》：“有司莫以告，是上慢而殘下也。”以益下爲心者，必不壅於上聞矣。《書》：“盤庚作，惟涉河以民遷。曰：‘厥攸作，視民利用遷。’盤庚既遷，奠厥攸居，乃正厥位，綏爰有衆。”“利用”之義，以益下也。《周禮·春官·大史》：“大遷國，抱灋以前。”此蓋遷國而以營國之法告公者也。《左傳》：“周之東遷，晋鄭焉依？”故曰“利用爲依遷國”。《左傳》：“晋從韓獻子之言，遷於新田。”無事而遷者也。《左傳》：“楚從子西之言，遷於鄀。”有事而遷者也。《孟子》：“邠人曰：‘仁人也，下可失也。’從之者如歸市。”“利用爲依遷國”，以其能損上益下也。

象曰：“告公從”，以益志也。

《孟子》：“諫行言聽，膏澤下於民。”又：“古之人得志，澤加於民。”告公之志，以益民也。

九五：有孚惠心，勿問元吉，有孚惠我德。

《孟子》：“分人以財謂之惠。”惠心則愛人之實也，故曰“有孚”。《左傳》：“齊師伐我，公將戰。曹劌入見，問：‘何以戰？’公曰：‘衣食所安，弗敢專也，必以分人。’對曰：‘小惠未徧，民弗從也。’”上之惠民之心，自然有孚，則“勿問元吉”也。《孟子》：“梁惠王曰：‘河内凶，移其民於河東，移其粟於河内。河東凶亦然。察鄰國之政，無如寡人之用心者，鄰國之民不加少，寡人之民不加多，何也？’”施惠而有計功之心，則不誠矣。此“有孚”者所以貴乎“勿問”也。《詩》：“媚兹一人，應侯順德。”惠心在己，“惠我德”則見及人之實也。《禮記》：“上有大澤，則民夫人待于下流，知惠之必將至也。”下之惠我德，亦自然有孚也。

象曰：“有孚惠心”，勿問之矣；“惠我德”，大得志也。

《書》：“懷保小民，惠鮮鰥寡，不遑暇食。”“勿問”之義也。《書》：“罔違道以干百姓之譽。”罔則有邀譽之心，無施惠之實矣。《論語》：“子路曰：‘願聞子之志。’子曰：‘老者安之，朋友信之，少者懷之。’”無一夫不得其所，“大得志”之謂也。

上九：莫益之，或擊之。立心勿恒，凶。

《書》：“滿招損，謙受益。”損之終而得益，即“謙受益”之義也。益之終而或擊，即“滿招損”之義也。《論語》：“放於利而行，多怨。”《孟子》：“苟爲後義而先利，不奪不饜。”故曰“莫益之，或擊之”也。《左傳》：“虞叔有玉，虞公求旃。獻之。又求其寶劍。叔曰：‘是無厭也。無厭，將及我。’遂伐虞公。”又：“楚文王謂申侯曰：‘女專利而不厭，予取予求，不女疵瑕也。後之人將求多於女，女必不免。’”“莫益，或擊”，虞公、申侯其事足以明之。《論語》：“子路問政。子曰：‘先之勞之。’請益。曰：‘無倦。’”立心有恒，益之道也。《論語》：“闕黨童子將命，子曰：‘吾見其居於位也，見其與先生並行也，非求益者也，欲速成者也。’”勿恒則無益，故凶。《孟子》：“無恒産而有恒心者，惟士爲能。若民則無恒産，因無恒心。苟無恒心，放辟邪侈，無不爲已。及陷於罪，然後從而刑之。”是“立心勿恒”之“凶”也。《左傳》：“齊襄公立無常，鮑叔牙曰：‘君使民慢，亂將作矣。’”此“莫益，或擊”，所以爲“立心勿恒”者戒也。

象曰：“莫益之”，偏辭也；“或擊之”，自外來也。

《孟子》：“助之長者，揠苗者也，非徒無益，而又害之。”“莫益”猶爲偏辭，言其不止於無益也。《孟子》：“夫人必自侮，然後人侮之。”自外來者，實自己致之也。《孟子》：“禍福無不自己求之者。”“或益”“或擊”，皆曰“自外來”，固非意外之來矣。

【校記】

〔1〕其，《續四庫》本誤作“共”。

〔2〕曰，《續四庫》本誤作“目”。

〔3〕其，《續四庫》本誤作“共”。

周易引經通釋卷五

黄岡李鈞簡輯註　男澍滋校字

周易下經

䷪乾下兑上

夬：揚于王庭，孚號有厲，告自邑，不利即戎，利有攸往。

《論語》："吾猶及史之闕文也。"案《説文》："夬從史字之缺。"闕疑以待決，夬之義也。書契之取諸夬，意正如此。《詩》："宛在水中央。"愚案：央、史異文，當從央字之缺水，缺其中則決也。《左傳》："晋侯使大子申生帥師，佩之金玦。"又："衛侯與石祁子玦。"玦之文亦從夬，皆決斷之意，故《夬》卦之辭亦言征伐之事也。《左傳》："王子虎盟諸侯於王庭，要言曰：'皆獎王室，無相害也。'"以陽決陰，如君子之去小人。"揚于王庭"，聲罪致討之義也。《書》："惟周王撫萬邦，巡侯甸，四征弗庭，綏厥兆民。""弗庭"者征之，所以曰"揚于王庭"。《爾雅》："號，謼也。""孚號"者，同心力也。《詩》："有嚴有翼，共武之服。""有厲"者，戒懼之意也。《詩》："商邑翼翼，四方之極。赫赫厥聲，濯濯厥靈。"人主所居謂之邑。"告自邑"者，自内及外也。《書》："禹征有苗，誓于師曰：'濟濟有衆，咸聽朕命。肆予以爾衆士，奉辭伐罪，爾尚一乃心力，其克有勳。'"又："羲和廢厥職，胤后承王命徂征。曰：'今予以爾有衆，奉將天罰。爾衆士同力王室。其爾衆士，懋戒哉！'"此皆"揚于王庭，孚號，利往"之義。《孟子》："威天下不以兵革之利。"不恃即戎之利，王師之仁也。《孟子》："非富天下也，爲匹夫匹婦復讎也。"不貪即戎之利，王師之正也。既曰"不利即戎"，又曰"利有攸往"者。《孟子》："彼陷溺其民，王往而征之，夫誰與王敵？故曰仁者無敵。王請勿疑。”所以明決之義也。

彖曰：夬，決也；剛決柔也，健而説，決而和。

《書》：“予決九川。”《孟子》：“若決江河。”決之義取諸澤。《詩》：“決拾既佽。”鈎弦開體，以“剛決柔”之義。《禮記》：“分争辨訟，非禮不決。”所謂以“剛決柔”者。《書》：“威克厥愛，允濟；愛克厥威，允罔功。”此“剛決柔”之義也。《孟子》：“若時雨降，民大悦。”仁者之勇，故曰“健而説”。《禮記》：“發號出令而民説，謂之和。”怒而中節，故曰“決而和”。

“揚于王庭”，柔乘五剛也。“孚號有厲”，其危乃光也。“告自邑，不利即戎”，所尚乃窮也。“利有攸往”，剛長乃終也。

《左傳》：“斷之以剛。”柔之乘剛，在於以剛決之。《論語》：“舉枉錯諸直，則民不服。”枉在諸直之上，即柔乘五剛之謂也。《公羊傳》：“晋趙鞅取晋陽之甲，以逐荀寅與士吉射。此逐君側之惡人，曷爲以叛言之？無君命也。”一陰近乘於五，又爲君側之惡，故必“揚于王庭”而去之。《左傳》：“心所謂危，亦以告也。”知其危而孚號以去之，“其危乃光”之義也。《左傳》：“屈完對齊桓公曰：‘君若以德綏諸侯，誰敢不服？君若以力，楚國方城以爲城，漢水以爲池，雖衆，無所用之。’”不尚德而尚力，則致窮之道也。《書》：“除惡務本。”《左傳》：“除惡莫如盡。”一陰之存如一私之未除，一惡之未盡皆不可以自止。《國語》：“伐木不自其本必復生，塞水不自其源必復流。”“剛長乃終”之義，如是而後至也。《書》：“爲山九仞，功虧一簣。”《臨》剛浸而長，《夬》五猶有一陽未復也。

象曰：澤上於天，夬。君子以施禄及下，居德則忌。

《禮記》：“天時雨澤，君子達亹亹焉。”此澤上於天，夬之象也。《禮記》：“積而能散。”象其施也。《周禮》：“禄以馭其富。”施禄及下，象天之澤以爲法也。《禮記》：“天子命相，布德和令，行慶施惠，下及兆民。”曰慶曰惠，即所謂禄也。《論語》：“居之不疑。”《中庸》：“小人而無忌憚也。”居德則忌，象澤之決，以爲戒也。《書》：“敬忌罔有擇言在身。”常存畏忌，此君子之居德矣。

初九：壯于前趾，往不勝爲咎。

《大壯》之初曰“壯于趾”，《夬》則又進一陽矣，故曰“壯于前趾”。《禮記》：

“上於東階則先右足，上於西階則先左足。”足之先者，“前趾”之象也。《左傳》：“一鼓作氣，再而衰，三而竭。”壯于前則衰于後矣，故曰“往不勝爲咎”。

象曰：不勝而往，咎也。

《孟子》：“孟施舍之養勇也，曰視不勝猶勝也，舍豈能爲必勝哉？能無懼而已矣。”不勝而往，壯趾之象如此。《左傳》：“家臣而欲張公室，罪莫大焉。”決小人者，無其位不能，況又無其德乎！此可以明咎之爲義。

九二：惕號，莫夜有戎，勿恤。

《禮記》：“申嚴號令。”“惕號”之義也。《周禮·鼓人》：“凡軍旅，夜鼓鼜，軍動則鼓其衆。田役亦如之。”《掌固》：“凡守者，晝三巡之，夜亦如之。夜三鼜以號戒。”《司寤氏》：“掌夜時，以星分夜，以詔夜士夜禁，禦晨行者，禁宵行者、夜遊者。”此惕號於莫夜之義也。《左傳》：“楚君之戎，分爲二廣。右廣初駕，數及日中；左則受之，以至于昏。内官序當其夜，以待不虞，不可謂無備。”是“莫夜有戎”之所以“勿恤”也。《左傳》：“簡書同惡相恤之謂。”有戎宜恤，曰“勿恤”者，《書》“有備無患”是也。決去小人，在防其漸，故於《夬》二著之。

象曰：有戎勿恤，得中道也。

《左傳》：“知難而有備，乃可以逞。”不輕於即戎，是爲得中之道。初之壯趾，三之壯頄，皆非中道也。

九三：壯于頄，有凶。君子夬夬，獨行遇雨，若濡有愠，无咎。

頄爲顴骨見於面者。《公羊傳》：“華督將弑殤公。孔父生而存，則殤公不可得而弑也。於是先攻孔父之家。孔父可謂義形於色矣。”是“壯於頄”而“有凶”者也。《左傳》：“除君之惡，惟力是視。”“君子夬夬”之謂也。《論語》：“人而不仁，疾之已甚，亂也。”決小人者亦以“有凶”爲戒也。《詩》：“獨行踽踽。獨行睘睘。嗟行之人，胡不比焉？”九三居四陽之中，曰“獨行”者，以其與上相應，似與上合而不同於四陽也。《詩》：“厭浥行露，豈不夙夜？謂行多露。”貞女之行，懼有强暴之汙。賢臣之行，恐爲奸邪所染。即“獨行遇雨”之義也。《孟子》：“孟子去齊。尹士語人曰：‘千里而見王，不遇故去。三宿而後出晝，是何濡滯也？士則茲不悦。’孟子曰：‘予豈若是小丈夫然哉？

諫於其君而不受，則怒，悻悻然見於其面。去則窮日之力而後宿哉？'”夬夬者宜決之速，而獨行之迹似遲，爲人所疑，此即“若濡有愠”之謂也。若悻悻者，其“壯於頄”之凶乎？《論語》：“佛肸以中牟畔，召子，欲往。子路曰：‘昔者由也聞諸夫子曰：親於其身爲不善者，君子不入也。’子曰：‘不曰堅乎？磨而不磷。不曰白乎？涅而不緇。’”子之往，是獨行也。堅之磨，白之涅，是遇雨之若濡。子路之言，是有愠也。不磷不緇，是无咎也。君於之決小人，在其心而不在其跡，始不必絶之，甚而終有以除之，此所謂決而和者，明於夬夬之義矣。

象曰：“君子夬夬”，終无咎也。

《左傳》：“州吁未能和其民，厚問定君于石子。石子曰：‘王覲爲可。陳、衛方睦，朝陳使請，必可得也。’厚從州吁如陳。石碏使告于陳曰：‘此二人者，實弑寡君，敢即圖之。’陳人執之，而請涖于衛。”以此觀之，君子之去小人，夬夬而无咎者，必要其終而言之，而君子之心始明也。

九四：臀无膚，其行次且。牽羊悔亡，聞言不信。

《國語》：“晋成公之生也，其母夢神規其臀以墨，故名之曰黑臀。”《註》：尻也。《禮記》：“膚革充盈。”《註》：皮膚也。臀无膚者，體之傷而不能安也。《禮記》：“圈豚行不舉足，車輪曳踵。”“其行次且”者，足之辟而不能進也。如是以行，則有悔矣。蓋有夬之志而力不足者。《禮記》：“效馬效羊者右牽之。”必自制其剛壯，能從諸陽以進，如牽羊之效，順而後悔亡也。《左傳》：“楚子入鄭，鄭伯肉袒牽羊以逆。”牽羊者是亦取降心相從之義也。《論語》：“暴虎馮河，死而無悔者，吾不與也。”暴虎之無悔不若牽羊之悔亡，不自恃其剛也。然而九四不中不正，不能出此。《詩》：“我雖異事，及爾同僚。我即爾謀，聽我囂囂。”同類雖有告之者，亦不見聽，是“聞言不信”之謂也。

象曰：“其行次且”，位不當也。“聞言不信”，聰不明也。

九四以陽居陰，失其剛決。《論語》：“見義不爲，無勇也。”所處未正，故曰“位不當”。《論語》：“聞義不能徙，是吾憂也。”聽之不聞，故曰“聰不明”。《書》：“聽德惟聰。”“聰不明”者，聰之德不明也。

九五：莧陸夬夬，中行无咎。

《爾雅》：“蕢，赤莧。”《註》：“今莧菜之赤根者。”是馬齒莧也。《爾雅》：

“蓫薚，馬尾。”《註》：“《廣雅》曰：‘馬尾，商陸也。’”《朱子語類》：“莧、陸是兩物。莧者，馬齒莧。陸者，商陸。”感陰氣之多柔而易決者也。《左傳》：“爲國家者，見惡如農夫之務去草焉，絶其本根，勿使能殖。”是“莧陸夬夬”之謂也。三應於上，恐其終不決也，故曰“夬夬”。五當決陰之任，而近比於上，又恐其易決而不決也，故亦曰“夬夬”。《大學》：“唯仁人放流之，此謂唯仁人能愛人，能惡人。”所以“中行无咎”。《左傳》：“無使滋蔓，蔓難圖也。蔓草猶不可除，況君之寵弟乎！”決之在近者，其義如此。

象曰：“中行无咎”，中未光也。

象曰“其危乃光”，九五合羣剛以決一陰，而曰“中未光”者，《書》：“知人則哲。惟帝其難之。能哲而惠，何憂乎驩兜？何畏乎巧言令色孔壬？”陽近於陰，恐其有蔽帝廷之警，即此義也。

上六：无號，終有凶。

《左傳》：“翦焉傾覆，無所控告。”是“无號”之謂也。《左傳》：“力盡而敝之，是以無拯。”“无號”之“終有凶”也。《左傳》：“戮力同心，以匡王室。”象曰“孚號”，爻亦曰“惕號”，五陽之盛象之。《詩》：“混夷駾矣，維其喙矣。”此爻正當陰位，所以曰“无號”。一陰之孤象之。

象曰：“无號”之“凶”，終不可長也。

《孟子》：“子以爲有王者作，其教之不改而後誅之乎？”若“无號”之“凶”，則亦曰不待教而誅者終不可長，凶之速也。《剥》之上曰“碩果”，《孟子》：“又有微子、微仲、王子比干、箕子、膠鬲，皆賢人也，相與輔相之。”幸君子之存也。《夬》之上曰“无號”。《孟子》：“驅飛廉於海隅而戮之。”快小人之去也。《詩》：“啜其泣矣，何嗟及矣。”故曰“不可長”。卦辭曰“剛長乃終”，扶陽也。爻辭曰“終不可長”，抑陰也。

☴巽下乾上

姤：女壯，勿用取女。

《禮記》：“天子聽男教，后聽女順。天子理陽道，后治陰德。天子聽外治，后聽内職。”案文，姤從女從后，后爲女之長，從巽取義。《剥》之五陰方長，則曰“以宫人寵”；《姤》之一陰方長，則曰“勿用取女”。蓋皆爲陰教立之防也。《禮記》："男子三十曰壯，有室。"又："姆教婉娩聽從。"震爲長子，雷天曰大壯；巽爲長女，天風曰女壯。女壯則非男之宜矣，故曰"勿用取女"。《詩》："有美一人，清揚婉兮。邂逅相遇，適我願兮。"陰陽如男女之相遇，姤之義也。邂逅非遇之正者，故有"取女"之戒。《國語》："晋伐驪戎，克之。獲驪姬以歸，有寵，立爲夫人。史蘇曰：'夫有男戎，必有女戎。昔夏桀伐有施，有施人以妹喜女之，於是乎亡夏。殷辛伐有蘇，有蘇氏以妲己女焉，於是乎亡殷。周幽王伐有褒，有褒氏以褒姒女焉，周於是乎亡。"'女壯"者，即女戎之義。《左傳》："楚之討陳夏氏也，莊王欲納夏姬，申公巫臣曰不可，王乃止。子反欲取之，巫臣曰：'是夭子蠻，殺御叔，弑靈侯，戮夏南，出孔儀，喪陳國。天下多美婦人，何必是?'"一陰而遇五陽，正"勿用取女"之義。

彖曰：姤，遇也，柔遇剛也。

《穀梁傳》："不期而會曰遇。遇者，志相得也。"以情言之。《禮記》："諸侯未及期相見曰遇。"非相見之正禮。《春秋》："公及宋公遇于清"，"宋公、衛侯遇于垂。"亦私相約會之意也。《詩》："吁嗟女兮，無與士耽。士之耽兮，猶可説也。女之耽兮，不可説也。"《咸》以男下女，感之正者，所以"取女吉"。《姤》以柔遇剛，遇之不正者，所以"勿用取女"。

"勿用取女"，不可與長也。

《禮記》："内和理而後家可長久也。"女壯則其德不貞，故不可長。《左傳》："女德無極，婦怨無終。"是"不可與長"之義也。

天地相遇，品物咸章也。

《復》爲十一月之卦，日長至也。《姤》爲五月之卦，日短至也。復者，一陽之來復。《家語》："群生閉藏乎陰，而爲化育之始。"終而復始，故曰"見天地之心"。姤者，一陰之始生。《禮記》："以定晏陰之所成。"合而有助，故曰"天地相遇"。《禮記》："是月也，可以居高明，可以遠眺望。""品物咸章"之義也。

剛遇中正，天下大行也。

君遇剛中之臣，臣遇中正之君。《孟子》："中天下而立，定四海之民，雖大行不加焉"是也。陰之始生，則慮其漸。盛陽之居尊，則喜其大行。遇有正、有不正也。

姤之時義大矣哉！

《孟子》："丈夫生而願爲之有室，女子生而願爲之有家。父母之心，人皆有之。不待父母之命、媒妁之言，父母國人皆賤之。"男女之遇本陰陽之正，而必謹其始。《周禮·地官》："掌萬民之判，令男三十而娶，女二十而嫁。中春之月，令會男女。"如《桃夭》美及時，《摽梅》懼不及時，皆明姤之時也。《禮記》："夫禮，坊民所淫，章民之别，使民無嫌，以爲民紀者也。故男女無媒不交，無幣不相見，恐男女之無别也。"皆明姤之義也。推之天地之遇爲泰交，而陰不可以干陽；君臣之遇爲利見，而仕不可以枉道。故曰"姤之時義大"。

象曰：天下有風，姤。后以施命誥四方。

《爾雅》："東風謂之谷風，南風謂之凱風，西風謂之泰風，北風謂之涼風。"天下有風，無所不周，無物不遇，"誥四方"之象也。《書》："王言惟作命。""施命"之謂也。《書》："王歸自克夏，至于亳，誕告萬方。""誥四方"之謂也。《禮記》："天地不合，萬物不生，大昏萬世之嗣也。内以治宗廟之禮，足以配天地之神明；出以治直言之禮，足以立上下之敬。"言后與《泰》象同。泰，天地交。姤，天地遇。所謂奉神靈之統，理萬物之宜，以后德言之，實以君德言之也。《觀》之"風行地上"，自近而遠。《詩·周南》《召南》《邶》《鄘》《衛》以至《曹》《檜》是也，故觀省之象取之。《姤》之"天下有風"，自上而下。《書·召誥》《洛誥》《康誥》《大誥》諸篇是也，故命令之象取之。

初六：繫于金柅，貞吉。有攸往見凶，羸豕孚蹢躅。

《孟子》："止或尼之。"柅從尼，止車之物。金則尤堅也。《周禮》："轂也者，以爲利轉也。"繫之則車不得轉，所以爲制動之主也。陰之方長，貞則吉，而往則凶。《書》："用静吉，用作凶。"是其義也。凶而曰見者，《中庸》："莫見乎隱，莫見乎微，故君子慎其獨也。"防微陰於始著，遏私欲於將萌，其理一也。《左傳》："既定爾婁豬，盍歸吾艾豭？"豭强豬弱，故羸豕爲牝。"豕孚蹢躅"者，心之躁動，即婁豬之未定者也。

象曰："繫于金柅"，柔道牽也。

《禮記》："效馬效羊者，右牽之。效犬者，左牽之。"牽者，牽制之義，止之使不得進也。《周禮》："凡師不功，助牽主車。"牽車者，欲其速行。兹則欲其速止也。

九二：包有魚，无咎，不利賓。

舊説魚爲陰物。二與初遇，爲"包有魚"之象。在己制之則无咎，使遇於衆則爲害。是仍就"羸豕"取義。愚案：二與四同辭。四曰"无魚"，二曰"有魚"，顯然相對。陽爲君，陰爲民，皆指民説，其義自貫。《詩》："魴魚赬尾，王室如燬。雖則如燬，父母孔邇。"如文王之在臣位而民歸之，即所謂"包有魚"也。以臣得民，宜有咎矣。《禮記》："有君民之大德，有事君之小心。"故曰"无咎"。《國語》："侯服者祀，賓服者享。"商民服周，故謂之賓。"不利賓"者，不利其有也。《爾雅》："賓，服也。"服者爲賓，是有魚也。

象曰："包有魚"，義不及賓也。

《書》："今朕作大邑于兹洛，予惟四方罔攸賓。亦惟爾多士攸服，奔走臣我，多遜。"周公營洛之時，商民多遷洛者，尚以四方爲賓，而諄諄誥戒之。有衆之初，所以曰"不及賓"也。《論語》："三分天下有其二，以服事殷周之德，其可謂至德也已矣。""不及賓"而曰"義"者，文王之守臣節，君臣之義也。"有魚"曰"義不及賓"，非富天下臣節之所當凛也。"无魚"曰"遠民"，非民罔使，君道之所當警也。《彖傳》："剛遇中正，天下大行。"遇之爲義，豈僅男女之際哉？

九三：臀无膚，其行次且厲，无大咎。

辭與《夬》九四同，卦之綜也。剛之去柔，行欲其速者，以決爲義，故"次且"則"有悔"。剛之際柔，行亦欲其緩者，以遇爲義，故"次且"雖"厲"而"无大咎"。《孟子》："千里而見王，是予所欲也。不遇故去，豈予所欲哉？予不得已也。王如用予，則豈徒齊民安，天下之民舉安。"又："吾之不遇魯侯，天也，臧氏之子焉能使予不遇哉？"《姤》初一陰在下，爲柔之遇剛者。柔能遇剛，正剛之所以不遇也。孟子之遇王驩、臧倉，可以明"其行次且厲，无大咎"之故矣。

象曰："其行次且"，行未牽也。

《論語》："陽貨欲見孔子。孔子時其亡也，而往拜之，遇諸塗。""行未牽"之義。不爲陰所牽者，陽剛之本志也。

九四：包无魚，起凶。

《孟子》："以若所爲，求若所欲，猶緣木而求魚也。"失民之象，此"包无魚”之義也。《公羊傳》：“其言梁亡何？自亡也。其自亡奈何？魚爛而亡也。”《注》：“百姓相率俱去，若魚爛從內發。”“无魚，起凶”之義也。《書》：“惟口起羞，惟甲冑起戎。”起字之義如是。

象曰：“无魚”之“凶”，遠民也。

《孟子》：“爲淵敺魚者，獺也。爲湯、武敺民者，桀與紂也。”无魚之所以爲“遠民”，此其義也。《書》：“民可近，不可下。”有下之之心，即有遠之之勢也。《書》：“爾無忿疾于頑。”有疾之之心，即無包之之道也。《左傳》：“無民而能逞其志者，未之有也。”又：“無囿猶可，無民其可乎？”皆所謂“无魚之凶”也。

九五：以杞包瓜，含章，有隕自天。

《詩》：“南山有杞。”陽木之堅剛者也。《左傳》：“緜緜生之瓜。”陰類之在下者也。《詩》：“南有樛木，甘瓠纍之。”又：“有敦瓜苦，烝在栗薪。”皆“以杞包瓜”之象，陽之能繫陰者也。《詩》：“不大聲以色，不長夏以革。”不動聲色，不待變革，而自消患於未萌者，“含章”之義，即所謂“以杞包瓜”也。《春秋》：“夜中星隕如雨。”《穀梁傳》：“著於下不見於上謂之隕。”此“有隕自天”之象也。《詩》：“桑之落矣，其黄而隕。”天時既至，而瓜自隕，義如是也。《爾雅》：“隕，落也。隕，墜也。”君子道長，則小人自消，是其義也。《剥》之一陽在上，象果之碩；《姤》之一陰在下，象瓜之隕。果之不落者，天理之不容泯滅。瓜之自隕者，亦人事之有以挽回也。《夬》之一陰在上，則莧陸之夬象之，在近者必爲非種之鋤；《姤》之一陰在下，則杞之包瓜象之，在遠者猶聽其不義之斃也。

象曰：九五“含章”，中正也。“有隕自天”，志不舍命也。

《坤》六三之“含章”，《論語》：“斐然成章。”以臣言之，含章於下者也。《姤》九五之“含章”。《詩》：“爲章于天。”以君言之，含章於上者也。此爻即《彖傳》“天地相遇，品物咸章，剛遇中正，天下大行”之義。《中庸》：“《詩》曰：‘不顯惟德，百辟其刑之。’是故君子篤恭而天下平。”故曰“含章，中正”也。《左傳》：“楚伐隨，獲其戎車與其戎右少師。鬬伯比曰：‘天去其疾矣，隨未可克也。’”“隕自天”者，天之命也。《中庸》：“故天之生物，必因其材而篤焉，故栽者培之，傾者覆之。”傾覆皆天之命。命即天之理也，故曰“志不舍命”。

上九：姤其角，吝，无咎。

《孟子》："若崩厥角稽首。"乾爲首，在上，故曰角。《左傳》："專爲右角，參爲左角。"角以相觝，有所遇輒窮之義。

象曰："姤其角"，上窮吝也。

《論語》："末之也已，何必公山氏之之也。"夫子固"姤其角"者，而終不敢自吝。《論語》："子曰：'道不行，乘桴浮於海。'""晋其角"者，知進而不知退。"姤其角"者，窮而不能自已。義正不同也。《論語》："桀溺曰：'滔滔者天下皆是也，而誰以易之？且而與其從辟人之士也，豈若從辟世之士哉？'"辟世亦"姤其角"者。無陰邪之傷，亦無陽剛之用，其斯爲"上窮吝"乎？

䷬坤下兑下

萃：亨。王假有廟，利見大人，亨，利貞。用大牲吉，利有攸往。

《孟子》："出於其類，拔乎其萃。"萃之爲言聚也。《説文》以爲草貌。案文從艸從卒。《周禮·地官·小司徒》："乃會萬民之卒伍而用之，五人爲伍，五伍爲兩，四兩爲卒。"澤之在地，草之所生。草之叢，象人之衆也，是以爲萃。《爾雅》："室有東西厢曰廟。"《穀梁傳》："天子至於士皆有廟，德厚者流光，德薄者流卑，是以貴始。"此有廟之制也。《詩》："昭假烈祖。"聚己之精神以聚祖考之精神，"王假有廟"之義也。《論語》："既庶矣，曰：'富之。'既富矣，曰：'教之。'"聚則必有以統治之，所以"利見大人"而"亨"也。《國語》："士群萃而州處，其心安焉，不見異物而遷焉。"此聚之所以利於正也。《左傳》："牛卜日曰牲。"重其名也。《禮記》："宗廟之禮，牛曰一元大武，豕曰剛鬣，羊曰柔毛。"皆大牲之謂也。《左傳》："小事不用大牲。"禮之大也。《禮記》："君召牛納而視之，擇其毛而卜之，吉然後養之。"此"用大牲吉"之義。《禮記》："羔豚而祭，百官皆足。大牢而祭，不必有餘。此之謂稱也。"《損》之"二簋用享"，《萃》之"用大牲吉"，義各有所稱也。此承上"王假有廟"而言。《禮記》："聚衆而誓之。"聚則可以有爲，"利有攸往"之義也。此承上"利見大人"而言。

象曰：萃，聚也；順以説，剛中而應，故聚也。

《禮記》："聚國族於斯。"萃爲聚之義也。《論語》："寬則得衆，公則説。”“順以説”之義也。《論語》:“上好禮則民莫敢不敬,上好義則民莫敢不服,上好信則民莫敢不用情。夫如是,則四方之民襁負其子而至矣。”此“剛中而應”之義也。可以知聚之故矣。

“王假有廟”,致孝享也。“利見大人,亨”,聚以正也。“利貞。用大牲吉,利有攸往”,順天命也。

《禮記》:“孝子爲能享親。”孝爲享之本也。《論語》:“菲飲食而致孝乎鬼神。”祭之豐者,孝之極也。《禮記·祭統》:“官備則具備。水草之菹,陸産之醢,小物備矣;三牲之俎,八簋之實,美物備矣;昆蟲之異,草木之實,陰陽之物備矣。凡天之所生,地之所長,莫不咸在,示盡物也。”“孝享”之義亦取諸物之萃也。《孝經》:“郊祀后稷以配天,宗祀文王於明堂以配上帝,得萬國之懽心以祀其先王。四海之内,各以其職來祭。”“孝享”之義所以取諸人之萃也。惟天子之享爲備禮,是以曰“王假有廟”。《書》:“衆非元后,何戴?后非衆,罔與守邦。”此“聚以正”之義也。《大學》:“財聚則民散,財散則民聚。”有人之“聚以正”也。《孟子》:“所欲與之聚之。”爲政之“聚以正”也。《禮記》:“天道至教,聖人至德,大廟之内敬矣。君親牽牲,君親割牲。”此致享之“順天命”也。《孟子》:“天與之,人與之。”此利見之“順天命”也。

觀其所聚,而天地萬物之情可見矣!

《周禮》:“天地之所合也,四時之所交也,風雨之所會也,陰陽之所和也。”是天地之所聚也。《周禮·大司徒》:“以本俗六安萬民:一曰媺宫室,二曰族墳墓,三曰聯兄弟,四曰聯師儒,五曰聯朋友,六曰同衣服,令五家爲比,使之相保;五比爲閭,使之相受;四閭爲族,使之相葬;五族爲黨,使之相救;五黨爲州,使之相賙;五州爲鄉,使之相賓。”是人之所聚也。《周禮》:“以土會之法,辨五地之物生,以阜人民,以蕃鳥獸,以毓草木。”是物之所聚也。《禮記》:“大高地下,萬物散殊。”故曰“觀其所聚而天地萬物之情可見”。

象曰:澤上於地,萃。君子以除戎器,戒不虞。

《國語》:“澤,水之鍾也。”澤上于地,有萃之象。《孟子》:“民之歸仁也，猶水之就下。”萃之取義蓋如此。《書》：“九澤既陂。”水之上於地者，必有隄以防之。君子象之，以爲戒也。《萃》與《比》相類。《書》：“江漢朝宗于海。”坎爲行水，故《比》以親侯象之。《書》：“東滙澤爲彭蠡。”澤爲止水，故《萃》以防患象之。《書》：“善敹乃甲胄，敽乃干，無敢不弔。備乃弓矢，鍛乃戈矛，礪乃鋒刃，無敢不善。”“除戎器”之義也。謂之“除”者，去其破缺，則增其繕完也。《左傳》：“慎守其一而備其不虞。”又：“不備不虞，不可以師。”防意外之變也。《詩》：“用戒不虞。”戒亦不恃衆之意。《左傳》：“既而萃於王，卒可以集事。”萃聚之時，防有争奪之事，而集事者又不可離心離德也。

初六：有孚不終，乃亂乃萃。若號，一握爲笑，勿恤，往无咎。

《論語》：“信近於義，言可復也。因不失其親，亦可宗也。”孚之不終由於始之不慎，所以曰“乃亂乃萃”。句法與《書》“而康而色”同，亂其所萃之謂也。四與初應而隔二陰，故有“不終，乃亂”之義。《詩》：“終其永懷，又窘陰雨。其車既載，乃棄爾輔。載輸爾載，將伯助予。”永懷之窘，即孚之不終。爾輔之棄，即乃萃之亂。將伯之助，即所謂“若號”也。萃之不得其正，若號實轉移之機矣，故曰“一握爲笑。”《詩》：“遵大路兮，掺執子之袪兮。無我惡兮，不疌故也。”《小序》以爲思望君子。此即“若號，一握爲笑”之義也。《詩》：“死生契闊，與子成説。執子之手，與子偕老。”“成説”即正應之求。“執手”即一握之歡。“偕老”則萃不亂而孚有終矣。《詩》：“期逝不至，而多爲恤。”得其所萃，故曰“勿恤”。《詩》：“縱我不往，子寧不嗣音?”求萃在己，故曰“往无咎”。“若號，爲笑”即《同人》先號後笑之義。同聲同氣，或恐有間隔之者。《論語》：“久要不忘平生之言。”則無有孚不終之咎也。

象曰：“乃亂乃萃”，其志亂也。

《左傳》：“敬，德之聚也。”萃之亂也，不在人之離，而在志之攜。以敬相聚，則志不亂矣。《論語》：“晏平仲善與人交，久而敬之。”此志之不亂也。《隨》之“官有渝”曰“從正吉”，《中孚》之“初九虞吉”曰“志未變”，可以互明其義。

六二：引吉无咎，孚乃利用禴。

《禮記》：“其舉賢援能有如此者。”《註》：“援，引也。”待上之引而後聚，此萃之正也，故曰“吉无咎”。《詩》：“禴祠烝嘗。”《禮記》：“春曰礿，夏曰禘，秋曰嘗，冬曰烝。”《爾雅》：“春祭曰祠，夏祭曰礿，秋祭曰嘗，冬祭曰烝。”殷制以禴爲春祭，周制以禴爲夏祭。春品物未成，夏新菜可汋，皆言祭之薄者。聚精會神，以應乎上，如祭之誠，不貴乎物，此“孚乃利用禴”之義也。卦辭曰“用大牲吉”，《左傳》：“奉牲以告曰：‘博碩肥腯，謂民力之普存也，謂其畜之碩大蕃滋也，謂其不疾瘯蠡也，謂其備腯咸有也。’”君則取乎備禮也。爻辭曰“利用禴”，《左傳》：“苟有明信，澗溪沼沚之毛，蘋蘩藴藻之菜，可薦於鬼神，可羞於王公。”臣則取乎通誠也。

象曰：“引吉无咎”，志未變也。

《中庸》：“國有道，不變塞焉。”不變所守，故“引吉”而“无咎”。《孟子》：“達不離道，故民不失望焉。”此“志未變”之義也。二曰“志亂”，三曰“志未變”，處萃之時，貴於立志。

六三：萃如嗟如，无攸利，往无咎，小吝。

《中庸》：“在下位不援上，正己而不求於人，則無怨。”“萃如嗟如”，援上不得而有怨，非萃以正者也。此與“晋如愁如”正相反。《書》：“居寵思危，罔不惟畏。”是“愁如”之義也。《孟子》：“仕則慕君，不得於君則熱中。”是“嗟如”之義也，故“无攸利”。《論語》：“小人難事而易説也。説之雖不以道，説也。”上之説不可恃也。《孟子》：“往役，義也。往見，不義也。”下之往不可輕也。以順而説，往雖“无咎”，終有“小吝”，非萃之正故也。

象曰：“往无咎”，上巽也。

《論語》：“巽與之言，能無説乎？”上爲兑體，其象爲説。綜即爲巽，故有巽義，即彖之“順以説”者也。

九四：大吉，无咎。

四、五二陽，皆爲萃主。而四居臣位，近於君位，故必“大吉”而“无咎”。《左傳》：“子産從政一年，輿人誦之曰：‘取我衣冠而褚之，取我田疇而伍之。孰殺子産，吾其與之。’三年又誦之曰：‘我有子弟，子産誨之。我有田疇，子産殖之。子産而死，誰其嗣之？’”輿人之誦，是《萃》之“大吉”者也。《左傳》：“鄭共叔厚將得衆”，“齊陳氏厚施於民。”若此者，豈所以爲萃之義乎？

象曰：“大吉，无咎”，位不當也。

吉而曰不當位者，以九五"萃有位"之義觀之，蓋對君而言也。《論語》："三分天下有其二，以服事殷。"萃而无咎，義蓋如此。《禮記》："雖有庇民之大德，不敢有君民之心。"大臣以不當萃主之位而不敢自居，是"大吉，无咎"之義也。

九五：萃有位，无咎，匪孚，元永貞，悔亡。

《孟子》："得乎丘民而爲天子。""萃有位"之義也。九五爲萃之主，《書》："爲天下逋逃主萃淵藪。"則萃不徒以有位爲可恃矣。《書》："慎乃在位。"曰"无咎"者，戒之也。《論語》："故遠人不服，則脩文德以來之。"匪孚者不服之謂。"脩德"者，"元永貞"之道也，故曰"悔亡"。《比》之"原筮，元永貞"與此同義。《書》："三旬，苗民逆命，帝乃誕敷文德，舞干羽于兩階。七旬，有苗格。"《左傳》："文王聞崇德亂而伐之，軍三旬而不降，退修教而復伐之，因壘而降。"此皆"元永貞"之義也。

象曰："萃有位"，志未光也。

《孟子》："天下大悦而將歸己。視天下悦而歸己，猶草芥也，惟舜爲然。"此不以"萃有位"爲樂者。《論語》："如有博施於民而能濟衆，堯、舜其猶病諸。"此以"萃有位"爲憂者。皆"志未光"之義也。《大學》："道得衆則得國，失衆則失國。""未光"之義，即慮其匪孚有位之萃，聖人所爲兢兢也。

上六：齎咨涕洟，无咎。

《書》："小民惟曰怨咨。"齎咨，嗟嘆之聲。《禮記》："主人練冠垂涕洟。"自目曰涕，自鼻曰洟。悲傷之狀。《孟子》："獨孤臣孽子，其操心也危，其慮患也深，故達。"當萃之時而失所聚，"齎咨涕洟"之"无咎"義如是也。

象曰："齎咨涕洟"，未安上也。

上猶外也，未能萃者，不敢自安。《孟子》："號泣于旻天，于父母。"舜之爲子而未安也。《詩》："予羽譙譙，予尾翛翛。予維音嘵嘵。"周公之爲臣而未安也。皆必求萃於君父而後安者，故曰"未安上"也。《論語》："食夫稻，衣夫錦，於女安乎？"有必"齎咨涕洟"而始安者，人子之至性，可以知"未安"之義矣。

䷭巽下坤上

升：元亨。用見大人，勿恤。南征吉。

《周禮》："勺一升，爵一升，觚三升。"《注》："十龠爲合，十合爲升。"《禮記》："朝服十五升。"《注》："八十縷爲升。"案《文》：從十從人，取盈數也。數生於一，成於十，皆積而成，故曰升。《詩》："椒聊之實，蕃衍盈升。"地中之木由生而成，故象之。《公羊傳》："躋者何？升也。"自下而上之義。《詩》："如日之升。"升者，上進之象，元亨之義也。《書》："若升高必自下。"生木者，自下而高，天事也。升階者，自下而高，人事也。其義同也。《孟子》："堯以不得舜爲已憂，舜以不得禹、皋陶爲已憂。"升者加諸上位，知"用見大人，勿恤"之義矣。《左傳》："又與之遇，七遇皆北。"軍敗則北，南征則進。於勝也，故吉。《詩》："取彼譖人，投畀有北。"惡則投之北，賢則進之南，陰陽之義也。坤西南，巽東南，故曰"南征吉"。《書》："東面而征西夷怨，南面而征北狄怨，曰奚獨後予。攸徂之民，室家相慶。"此大人南征之吉者，可以知"勿恤"之義矣。

象曰：柔以時升，

《論語》："揖讓而升。"巽順之義，"柔以時升"之謂也。

巽而順，剛中而應，是以大亨。

《周書》："慈和徧服曰順。""巽而順"之義也。《孟子》："尊賢使能，俊傑在位，則天下之士皆悦而願立於其朝矣。"賢能俊傑，所謂剛中之德，而尊使則上應之也，是升之所以大亨也。

"用見大人，勿恤"，有慶也。"南征吉"，志行也。

《禮記》："命鄉論秀士，升之司徒，曰選士。司徒論選士之秀者而升之學，曰俊士。升於司徒者，不征於鄉。升於學者，不征於司徒，曰造士。大樂正論造士之秀者以告於王，而升諸司馬，曰進士。"皆"用見大人"者也。《孟子》："入其疆，土地辟，田野治，則有慶。"進賢之慶，其義亦如此也。《左傳》："賞士伯以瓜衍之縣。"進賢之賞爲"有慶"。《孟子》："魯欲使樂正子爲政，孟子曰：'吾聞之喜而不寐。'"用賢之喜，亦爲"有慶"也。《禮記》："昔者舜作五絃之琴，以歌南風。"《家語》："南風之薰兮，可以解吾民之愠兮。南風之時兮，可以阜吾民之財兮。"南風長養萬物，猶人君長養萬民。南征之吉，所以象於地風之升也。養民之道得，故大人之志行。

象曰：地中生木，升。君子以順德，積小以高大。

《禮記》："某日立春，盛德在木。"《爾雅》："春爲發生。"地中生木，所以爲升之象也。《禮記》："孝，順德也。"故曰"順德"。"順德"，朱子《本義》作"慎德"。順即有慎之義也。《論語》："君子務本，本立而道生。孝弟也者，其爲仁之本與?"此積小高大之義。德之進，木之長，皆由積累而至也。《家語》："周自后稷積行累功，以有爵土。公劉重之以仁，及至大王亶父，敦以德讓，其樹根置本，備豫遠矣。"此"君子順德，積小以高大"之謂也。《孟子》："拱把之桐，梓人苟欲生之，皆知所以養之者，豈愛身不若桐梓哉?"此養德之義同於養木也。《禮記》："孟夏之月，繼長增高。季夏之月，樹木方盛。乃命虞人入山行木，毋有斬伐。"故曰"積小以高大"，順木德，亦順地德也。

初六：允升，大吉。

《爾雅》："允，信也。"《論語》："子使漆雕開仕。對曰：'吾斯之未能信。'"必先自信而後升也。《孟子》："不信於友，弗獲於上矣。"信於人而後升也。"允升"之義與《晋》之"衆允"同。由"摧如愁如"言之，曰"悔亡"；承貞吉升階言之，曰"大吉"。《書》："允升于大猷。"此其所以"大吉"者也。

象曰："允升，大吉"，上合志也。

《論語》："公叔文子之臣大夫僎，與文子同升諸公。"二以剛中應於君，當升之任者。初之同升，故曰"上合志也"。

九二：孚乃利用禴，无咎。

《禮記》："賢者之祭也，致其誠信，與其忠敬。"《左傳》："《風》有《采蘩》《采蘋》，《雅》有《行葦》《泂酌》，昭忠信也。"此"孚乃利用禴"之義也。爻辭與《萃》二同。《萃》六二以虚中爲義，先聚其誠而後祭。《禮記》："孝子將祭，慮事不可以不豫，虚中以治之"是也，故"无咎"在上。《升》九二以中實爲義，祭而後達其誠。《中庸》："齊明盛服，以承祭祀。如在其上，如在其左右"是也，故"无咎"在下。

象曰：九二之孚，有喜也。

《詩》："成王之孚，下土之式。媚兹一人，應侯順德。"九二之孚於九五，君臣交孚而有喜也。《書》："股肱喜哉，元首起哉。"君臣之孚，非獨喜其位之進，實喜其道之行也。

九三：升虚邑。

《左傳》："宋，大辰之虚也。陳，大皞之虚也。鄭，祝融之虚也。衛，顓頊之虚也。"此"虚邑"之謂也。《詩》："升彼虚矣，以望楚矣。"此"升虚邑"之象也。《禮記》："可以升山陵，可以處臺榭。"登高自卑，進而愈上，此"升虚邑"之義也。《左傳》："晋侯登有莘之虚以觀師。"以陽剛當升之時，無所疑畏，其義如此。

象曰："升虚邑"，无所疑也。

《爾雅》："登，陞也。"《國語》："從善如登。"進乎善，故"无疑"。《禮記》："執虚如執盈，入虚如有人。"自信者中有其實，"無所疑"之義也。

六四：王用亨于岐山，吉，无咎。

《國語》："周之興也，鸑鷟鳴於岐山。"岐山者，周家王迹之所興也。《禮記》："因名山升中於天，因吉土享帝於郊。"坤之在上，象地氣上升。"王用享于岐山"，此其義也。《儀禮》："祭山丘陵升。"祭之名升，即取其義。《詩》："其香始升，上帝居歆。"享於神明，故曰"吉"而"无咎"。

象曰："王用亨于岐山"，順事也。

《孟子》："大王居邠，狄人侵之，事之以皮幣，事之以玉帛，事之以犬馬，不得免焉。去邠，邑於岐山之下居焉。邠人曰：'仁人也，不可失也。'從之者如歸市。"大王之"順事"，所以享于岐山者也。《詩》："昭事上帝，厥德不回，以受方國。"文王之順事，所以享于岐山者也。《詩》："天作高山，大王荒之。彼作矣，文王康之。彼徂矣，岐有夷之行。"周之王業由於岐山，即所謂"積小以高大"者，故象曰"順德"，爻曰"順事"。

六五：貞吉，升階。

《左傳》："歷階而升。""升階"之象也。《禮記》："君適其臣，升自阼階，不敢有其室也。"五爲主位，"升階"之義也。《書》："玄德升聞，乃命以位。"舜之升階之義也。《書》："昭升于上，敷聞在下，惟時上帝，集厥命于文王。"文王之升階之義也。"升階"而曰"貞吉"者，《禮記》："三揖而後至階，三讓而後升，所以致尊讓也。"登進之時，猶有辭遜之意，"柔以時升"之義如此。

象曰："貞吉，升階"，大得志也。

《論語》："夫子之不可及也，猶天之不可階而升也。夫子之得邦家者，所謂立之斯立，道之斯行，綏之斯來，動之斯和。"不可及者，以夫子之德言之。得位行道，正"升階"之"大得志"也。《孟子》："舜，東夷之人也。文王，西夷之人也。得志行乎中國，若合符節。"升階之吉，莫大乎是。

上六：冥升，利于不息之貞。

《左傳》："貴而知懼，懼而思降，乃得其階下人而已。且夫既登而求降階者，知人也。""冥升"者，知升而不知降者也。《禮記》："學然後知不足。"惟以之進德則可，故曰"利于不息之貞"。《論語》："由也升堂矣，未入於室也。"升之無止境者，如《乾》之"自强不息"則善矣。

象曰：冥升在上，消不富也。

《家語》："滿則覆。"《左傳》："厚將崩。""消不富"之義也，故爲"冥升在上"者之戒。《孟子》："苟失其義，無物不消。"山木之美，即可爲鑒。《詩》："彼昏不知，壹醉日富。"冥升者不知不富之義。《詩》："天何以刺，何神不富？"不富固自取也。

䷮坎下兑上

困：亨，貞，大人吉，无咎。有言不信。

《爾雅·釋草》："困，衱袶。"注皆未詳其義。案文從木從囗，象木在囗中，不得中也，此即草木之自毙者，故曰困。初爻曰"困于株木"，三爻曰"據于蒺藜"，上爻曰"困于葛藟"，皆以草木言之，其義可見。《爾雅》："窮瀆，汜。"窮困不通之水，此澤水所以爲困之義也。《書》："不廢困窮。"困之爲言窮也。《論語》："困而學之。"《中庸》："困而知之。"《孟子》："困於心，衡於慮，而後作。"困則有亨之道也。《論語》："天之未喪斯文也，匡人其如予何？天生德於予，桓魋其如予何？"處困之時，惟守正之大人能吉而无咎也。"有言不信"者，《中庸》："國有道，其言足以興。國無道，其默足以容。"興則言之信，默則言之不信也。信字平聲讀。"有言不信"，以困爲義，己之言也，故象曰"尚口乃窮"。《夬》之"聞言不信"，信字去聲讀，以夬爲義，人之言也，故象曰"聰不明"。《孟子》："不信仁賢，則國空虚"是也。

彖曰：困，剛揜也。

《論語》："直道而事人，焉往而不三黜？"直而見黜，是"剛揜"之義也。《禮記》："篤以不揜。"言篤厚於善，不使揜逼而被困迫，則剛自有不揜之道也。

險以説，困而不失其所亨，其唯君子乎？"貞，大人吉"，以剛中也。"有言不信"，尚口乃窮也。

《論語》："子曰：'從我於陳、蔡者，皆不及門也。'"《孟子》："君子之阨於陳、蔡之間，無上下之交也。"以及桓魋之要，匡人之圍，所謂"險以説"者，皆處困而亨也。《孟子》："柳下惠不羞汙君，不卑小官，遺佚而不怨，阨窮而不憫。"此言"困而不失其所亨"也。《論語》："在陳絶糧，從者病，莫能興。子路愠，見曰：'君子亦有窮乎？'子曰：'君子固窮，小人窮斯濫矣。'"故曰"其惟君子也"。《禮記》："劫之以衆，沮之以兵，見死不更其守。""剛中"之義也。《禮記》："君子不失口於人。"口之不可尚也。《左傳》："去之夫，其口衆我寡。"尚口之所以窮也。《論語》："邦無道，危行言孫。"危者守剛中之道，孫者知尚口之窮也。

象曰：澤无水，困。君子以致命遂志。

《爾雅》："水醮曰厬。"《注》："謂水醮盡。"竭涸之名，此"澤无水"之象也。《詩》："池之竭矣，不云自頻。"勢之日蹙，所以爲困。《國語》："王廢輕而作重，民失其資，能無匱乎？民若匱，王將用有所乏，乏將厚取於民，民不給，將有遠志，是離民也。且絶民用以實王府，猶塞川原而爲潢汙也。"坎爲行水，澤爲止水。澤在水下則爲《節》，澤在水上則爲《困》。《論語》："道之將廢也與？命也。"此困而"致命"之謂。《論語》："如不可求，從吾所好。"此困而"遂志"之謂。《論語》："士見危致命。"又："志士仁人無求生以害仁。"困之極者，必如是而不悔也。

初六：臀困于株木，入于幽谷，三歲不覿。

《禮記》："將坐請席何鄉，將衽請席何趾。"立以趾爲下，坐以臀爲下。曰"臀困"者，坐困之義也。《詩》："出自幽谷，遷于喬木。"《孟子》："吾聞'出於幽谷，遷于喬木'者，未聞下喬木而入於幽谷者。"初居下爻，困之甚者，故曰"臀困于株木"。出谷遷喬者，升之象。下喬入谷者，困之象也。《公羊傳》："覿者何？見也。"《詩》："亦既見止，亦既覯止，我心則説。"不覿是以爲困。《詩》："一日不見，如三歲兮。""三歲不覿"，則困之甚者矣。

象曰："入于幽谷"，幽不明也。

《禮記》："譬如終夜，有求於幽室之中，非燭何見？""幽不明"者，其困如此。

九二：困于酒食，朱紱方來，利用享祀，征凶，无咎。

《孟子》："既醉以酒，既飽以德，言飽乎仁義也，所以不願人之膏粱之味也。令聞廣譽施於身，所以不願人之文繡也。"小人以身窮爲困，君子以道窮爲困。三陽爻皆君子之困，膏粱文繡有所不願，酒食朱紱之反爲困者，此也。《詩》："朱芾斯皇，室家君王。"朱紱，王者之服，指五言。二以剛中之德在下，而九五剛中之君應之，其榮寵方來也。《書》："伻來毖殷，乃命寧，予以秬鬯二卣。予不敢宿，則禋于文王武王。"周公之酒食不敢自受，而以通神明，所謂"利用享祀"也。既曰"利用享祀"，又曰"征凶，无咎"者，《禮記》："所以交於神明者，不可同於所安樂之義也。"言當積誠以通之，而不宜妄進以取咎也。

象曰："困于酒食"，中有慶也。

《論語》："不爲酒困。"酒食不以共口腹而以奉享祀，是"中有慶"之義也。《詩》："以享以祀，以妥以侑，以介景福。"有中德以致福慶也。

六三：困于石，據于蒺藜，入于其宮，不見其妻，凶。

《周禮·大司寇》："凡萬民之有罪過而未麗於瀍而害於州里者，桎梏而坐諸嘉石。"此"困于石"之謂也。《詩》："牆有茨，不可掃也。中冓之言，不可道也。"《注》："茨，蒺藜也。"喻人之有醜行者。"據于蒺藜"，亦與《坎》之"寘于叢棘"同義。《國語》："罷士無伍，罷民無家。"古法：凡坐嘉石、入圜土之罷民，則離異其夫妻而不使有室家，故曰"入于其宮，不見其妻，凶"也。《左傳》："崔武子取棠，姜筮之，遇《困》之《大過》，史皆曰吉。示陳文子曰：'夫從風，風隕妻，不可娶也。且其繇曰：困于石，據于蒺藜，入于其宮，不見其妻，凶。困于石，往不濟也。據于蒺藜，所恃傷也。入于其宮，不見其妻，凶，無所歸也。'"此所以明妄行取困之義。

象曰："據于蒺藜"，乘剛也。"入于其宮，不見其妻"，不祥也。

困以剛揜爲義，乘剛即揜剛者。《左傳》："惡直醜正。"此類之小人是也。

《詩》："楚楚者茨，言抽其棘。自昔何爲，我藝黍稷。""據蒺藜"者，嘉禾之害，故曰"乘剛"。《孟子》："言無實不祥。不祥之實，蔽賢者當之。"乘剛即蔽賢之人，其不善之徵可知矣。《左傳》："莊王欲納夏姬，申公巫臣曰：'不可。'子反欲取之，巫臣曰：'是不祥人也。'"此可以明"不祥"之義。

九四：來徐徐，困于金車，吝有終。

《孟子》："子謂之姑徐徐云爾。""徐徐"，緩辭也。《詩》："彼留子嗟，將其來施施。"毛《注》："施施，難進之意。"賢者之不輕進，即所謂"來徐徐"也。《周禮》："金輅鉤樊纓九就，建大旂以賓，同姓以封。"金車，貴者之乘。不以進爲榮者，是以曰"困于金車"。《左傳》："翹翹車乘，招我以弓。豈不欲往？畏我友朋。"徐徐之來，知困之義者也。《詩》："其舒其邪，既亟只且。"退則欲速，進則欲徐。否則吝也。《書》："慎厥初，惟厥終，終以不困。""有終"者，困必亨也。

象曰："來徐徐"，志在下也。雖不當位，有與也。

《孟子》："徐行後長者謂之弟。"四位在上而志在下，徐徐之來，退讓之義也。《論語》："陳力就列，不能者止。危而不持，顛而不扶，則將焉用彼相矣？""不當位"者，困而不欲進之意。九四與五剛中同德，舒徐以濟困終，"有與"之義也。

九五：劓刖困于赤紱，乃徐有説，利用祭祀。

"劓刖"之義，上下皆揜於陰，與《睽》之"天劓"同義，皆言其見傷之象也。《論語》："萬方有罪，罪在朕躬。"《書》："劓刖人，無或劓刖人。"凡民之困，君皆引以爲罪，即"劓刖"之義也。《禮記》："再命赤韍幽衡，三命赤韍葱衡。"赤紱者，人臣之服。二言"朱紱方來"，對五言，知君志之有以逮下也。五言"赤紱"，對二言，恐臣志之未能上通也。《孟子》："召大師曰：'爲我作君臣相説之樂。'其詩曰：畜君何尤。畜君者，好君也。"始違終合，君臣道洽，"困于赤紱，乃徐有説"之義也。《周禮・大宗伯》："以禋祀祀昊天上帝，以實柴祀日月星辰，以槱燎祀司中司命飌師雨師，以血祭祭社稷五祀五嶽，以貍沈祭山林川澤，以疈辜祭四方百物。"《禮記》："燔柴於泰壇，祭天也；瘞埋於泰折，祭地也；用騂犢。埋少牢於泰昭，祭時也；相近於坎壇，祭寒暑也。王宫，祭日也；夜明，祭月也；幽宗，祭星也；雩宗，祭水旱也；四坎壇，祭四方也。王爲羣姓立七祀：曰司命，曰中霤，曰國門，曰國行，曰泰厲，曰户，曰竈。”此祭祀享祀之義。泛言之則可通。分言之，祭天神，祀地示，享人鬼。五，君位，言祭祀。二在下，言享祀。各有其當用也。《孟子》：“使之主祭而百神享之。”故曰祭祀者君道。《書》：“惟恭奉幣，用供王能祈天永命。”故曰享祀者臣道。《詩》：“至誠感神，矧茲有苗。”益之贊禹，君臣皆以誠通，“利用”之義，有同德矣。

象曰：“劓刖”，志未得也。“乃徐有説”，以中直也。“利用祭祀”，受福也。

《孟子》：“文王視民如傷。”民雖無罪，劓刖之未得志，君自警其困也。《詩》：“四海困窮，天禄永終。”又：“先王子惠困窮。”此皆治安之時，帝王之以困自警者，豈非“志未得”之謂哉？《孟子》：“不直則道不見，我且直之。”“中直”則道合，所以“有説”也。《禮記》：“祭則受福。”祐其誠也。

上六：困于葛藟，于臲卼，曰動悔，有悔，征吉。

《詩》：“南有樛木，葛藟縈之。”又：“莫莫葛藟，施于條枚。”上之處亨則附麗之吉，上之處困則爲糾纏之凶也。《書》：“邦之杌梍。”《注》：“不安也。”即“臲卼”之義。“動悔”者，《書》“動罔不凶”是也。“有悔”者，《孟子》“自怨自艾”是也。悔則不困，故曰“征吉”。

象曰：“困于葛藟”，未當也。“動悔，有悔”，吉行也。

《左傳》：“葛藟猶能庇其本根。”困則未得其道，故曰“未當”。《論語》：“行寡悔。”行之吉也。《左傳》：“姜氏謂晋公子曰：‘行也。懷與安，實敗名。’”行則不安於困。處困而能自奮，此行之義也。

䷯巽下坎上

井：改邑不改井，无喪无得，往來井井。汔至，亦未繘井，羸其瓶，凶。

《周書》：“黄帝作井。”穿地得水，以瓶汲引。案文，井字之形，四方而中空，井之象也。《周禮》：“匠人爲溝洫，九夫爲井，井間廣四尺，深四尺，謂之溝。方十里爲成，成間廣八尺，深八尺，謂之洫。方百里爲同，同間廣二尋，深二仞，謂之澮，達於川。”井之爲象，溝、澮、洫皆取其形。井字縱横皆十，《詩》“衡從其畝”是也。《詩》：“相其陰陽，觀其流泉。”古之建國，必卜其井泉而居之，此邑之以井爲義也。《穀梁傳》：“古者三百步爲里，名曰井田。井田者九百畝，公田居一。公田爲居，井竈葱韭盡取焉。”井即在井田中，所謂“不改井”也。《左傳》：“井堙木刊。”又：“塞井夷竈而爲行也。”軍行之變，則有改井，故以不改井爲常也。“改邑不改井”者，此言井之體也。畫井之義，即畫卦之義。《爾雅》：“井一有水。一無水爲瀱汋。”有水，得也；無水，喪也。此言井之異者。凡井終日汲引不爲損，終日流注不爲益，是“无喪无得”也。此言井之德也。《孟子》：“君子所性雖大，行不加焉；雖窮，居不損焉。分定故也。”得喪之義，可以於此觀德矣。《公羊傳》：“喪之書，得之書。”有喪則有得，無喪則無得。知得而不知喪，此又進一義矣。《孟子》：“在國曰市井之臣。”《註》：“交易之處曰市。”出汲之所曰井。因井成市，故名市井，是“往來井井”之義也。此言井之用也。《爾雅》：“譏，汔也。”“汔至”者，幾及之義。《孟子》：“有爲者辟若掘井，掘井九軔而不及泉，猶爲棄井也。”幾成而敗，不能用濟。“汔至”“羸瓶”，與此同其義也。《儀禮》：“管人汲，不説繘，屈之。”繘，汲水綆也。繘長必屈而持之，“繘井”之謂也。《儀禮》：“新盆槃瓶。”瓶者，汲水之器。《左傳》：“具綆缶。”綆即繘也。缶即瓶也。《左傳》：“衛孫蒯田於曹，隧飲馬於重邱，毁其瓶。”“羸瓶”者，失其汲之用矣。

彖曰：巽乎水而上水，井。井養而不窮也。

《孟子》：“今夫水，搏而躍之，可使過顙；激而行之，可使在山。”逆乎水而上水，拂水之性也；巽乎水而上水，順水之性也。故於井取義焉。《禮記》：“冬祀行。”《淮南子·時則訓》：“作冬祀井。”井，竈人所資以養者。夏屬火，故祀竈；冬屬水，故祀井。其義是也。《禮記》：“仲冬，命有司祈祀四海大川名源淵澤井泉。”此可以證冬祀井之義。《周禮·野廬氏》：“掌野之道路，宿息井樹。”井之爲養，無地可缺。人之所資，莫急於水。《孟子》：“七八月之間雨集，溝澮皆盈。”天時之不常則養有窮。《公羊傳》：“河海潤於千里。”地利之不及，則養亦有窮。惟井之水在地中，無往不有，故曰“井養而不窮也”。

“改邑不改井”，乃以剛中也。“汔至，亦未繘井”，未有功也。“羸其

瓶”，是以凶也。

《禮記》：“脩其教，不易其俗。齊其政，不易其宜。”即“改邑不改井”之義。《孟子》：“鑿斯池也，築斯城也，與民守之，效死而民弗去。”“不改井”者，所以取於剛中之義也。《中庸》：“半塗而廢。”是以無功。《書》：“政在養民，九功惟叙。”“未有功”者，未有養民之功也。《左傳》：“挈瓶之知，守不假器。”“羸瓶”者，無功而敗其器者也。《詩》：“缾之罄矣，維罍之恥。”知缾罄之恥，則家有供職之子。知缾羸之凶，則國有盡職之臣。

象曰：木上有水，井。君子以勞民勸相。

《詩》：“湛湛露斯，在彼杞棘。”木被膏澤，則津潤上行，此“木上有水”之象。君子觀象於此，知水以潤下爲性，井以上出爲功也。《禮記》：“奉席如橋衡。”《注》：“井上桔槔也。”此亦以木上水之象。以此取象，其説尚偏。《孟子》：“勞之來之。”此勞民之謂也。《孟子》：“鄉田同井，出入相友，守望相助，疾病相扶持，則百姓親睦。”此“勸相”之謂也。君子養民之道，法井之養而不窮也。《禮記》：“命野虞出行田原，爲天子勞農勸民，毋或失時。”勞勸之義如是。

初六：井泥不食，舊井无禽。

《爾雅》：“水潦所止，泥邱。”井泥是井之停汙者。《詩》：“泉之竭矣，不云自中。”泉竭則泥淤，故“不食”。《左傳》：“目於智井而拯之。”井之無水者，是“舊井”之謂也。《爾雅》：“鼁䗇，蟾諸；在水者黽。”所謂埳井之蛙。此即井中之禽也。无水，故“无禽”。《孟子》：“陳仲子居於陵，三日不食。井上有李，螬食實者過半矣。匍匍往將食之。”井泥則廢，人所不食、禽所不食之象。碩果之不食，留其生之機也，故《剥》之上象之。井泥之不食，塞其養之源也，故《井》之初象之。

象曰：“井泥不食”，下也。“舊井无禽”，時舍也。

《詩》：“莫浚匪泉。”泉之在下者屬陽。初以陰在下，故曰“井泥不食，下也”。《乾》之“勿用”曰“下”，陽在下也。《井》之“不食”曰“下”，陰在下也。《孟子》：“園囿污池沛澤多而禽獸至。”有水則能養禽。“无禽”，故曰“時舍”。《孟子》：“夫天未欲平治天下也。如欲平治天下，當今之世，舍我其誰也？”“見龍”之“時舍”，時爲之也。《孟子》：“滄浪之水清兮，可以濯我纓。滄浪之水濁兮，可以濯我足。孔子曰：‘清斯濯纓，濁斯濯足矣。’”“无禽”之“時舍”，自取之也。《禮記》：“以舊坊爲無用而去之者，必有水患。”言舊之不可舍也。《左傳》：“原田每每舍其舊而新是謀。”言舍舊之當新也。修井之義，與此正相應。

九二：井谷射鮒，甕敝漏。

《爾雅》：“水注谿曰谷。”井谷蓋井水之旁出者也。《孟子》：“使浚井出。”《史記》以爲匿空旁出，此即井有旁出之穴，所謂“井谷”是矣。《爾雅》：“氿泉穴出。穴出，仄出也。”井不上行而仄出，則不足以濟人，而僅足以射鮒。《儀禮》：“魚有鮒。”是魚之類，水族之微者。《禮記》：“蓬户甕牖。”甕可爲牖，是甕之敝者。敝則不能汲水，以其漏也。

象曰：“井谷射鮒”，无與也。

《周禮》：“爲其井匽。”《注》：“云漏井。”是井之無益於物者，“无與”之義也。二之射鮒則有禽矣，而曰“无與”，則人棄井也。《孟子》：“自棄者不可與有爲也。”是其義矣。

九三：井渫不食，爲我心惻，可用汲。王明並受其福。

《詩·泂》：“酌彼行潦，挹彼注兹，可以餴饎。豈弟君子，民之父母。”此爻之義與《詩》言正相發。行潦可挹，井渫之不食，所以心惻也。“豈弟君子”，王之明者也。“民之父母”者，“並受其福”也。《書》：“皇建其有極。斂時五福，用敷錫厥庶民。王明則好德而錫福，故曰“並受其福”。

象曰：“井渫不食”，行惻也。求王明，受福也。

《孟子》：“今人乍見孺子將入於井，皆有怵惕惻隱之心。”見險而不知避，見賢而不能用，其爲之心惻一也。《禮記》：“行道之人皆弗忍也。”己弗忍於行道，與行道之弗忍於己，有同心也，故曰“行惻”。《禮記》：“子曰：‘明王不興，而天下其孰能宗予？’”此求“王明者”之義也。《孟子》：“王如用予，則豈徒齊民安，天下之民舉安。”“求王明”而“受福”，孟子之志與孔子同。此真聖賢之心哉！

六四：井甃，无咎。

《爾雅》：“瓴甋謂之甓。”《注》：“塼也。”以塼壘井謂之甃。自治而尚未及物，故祗曰“无咎”。

象曰：“井甃，无咎”，修井也。

《禮記》：“修利隄防。”《周禮·掌固》：“修溝池樹渠之固。”皆修井之義也。《論語》：“德之不修，是吾憂也。”修其在己，故“无咎”。其用則聽之人矣。《穀梁傳》：“新延廄者何？修舊也。”初曰舊，四曰修，相應之義也。

九五：井冽，寒泉食。

《詩》：“有洌氿泉。”寒泉也。《詩》：“爰有寒泉，在浚之下。”有所滋益，故曰“寒泉食”。

象曰：寒泉之食，中正也。

《中庸》：“溥博淵泉而時出之，見而民莫不敬，言而民莫不信，行而民莫不説。”此“中正”之謂也。《爾雅》：“甘雨時降，萬物以嘉，謂之醴泉。”《禮記》：“地不愛其寶，故地出醴泉。”泉降於天而出於地，所謂天生而地成者。九五中正，坎之主爻。井養不窮，其義取諸此也。鑿井而飲，耕田而食，孰不仰帝德之中正哉？

上六：井收，勿幕，有孚，元吉。

《禮記》：“肆束及帶，勤者有事則收之。”井繘之收象帶之收，所以上水。井至上而用成，故曰“收”也。《爾雅》：“幕，莫也。”暮夜所張，取蔽覆之義。《左傳》：“以幕蒙之。”井收而勿幕者，不私其所有也。《禮記》：“户開亦開，户闔亦闔。有後入者，闔而勿遂。”門之有後入者，勿闔；井之有後汲者，勿幕。因時之宜，利人之用，其義如此。《孟子》：“民非水火不生活，昏暮叩人之門户求水火，無弗與者，至足矣。聖人治天下，使有菽粟如水火，而民焉有不仁者乎？”取之不禁，用之無竭，養而不窮者，於此共信之也，故曰“有孚，元吉”。

象曰：元吉在上，大成也。

《禮記·學記》：“七年謂之小成，九年謂之大成。”《爾雅》：“秋爲收成。”凡功卒業就，皆謂之成。四曰“修井”，上曰“大成”，井以上出爲用，“元吉在上”，井之爲功於是而大成也。二之無與“甕敝”，即羸瓶之凶。上之大成、井收，即繘井之功。

䷰離下兑上

革：己日乃孚，元亨利貞，悔亡。

《詩》："羔羊之革。"案文，從羊從臼。羊體羸，去皮則肋見，故曰革也。《書》："鳥獸希革。"此自然而變易者也。卦内黄牛、虎豹之義取之。《書》："金曰從革。"此人爲之變化者也。兑屬金，離屬火，卦内革命之義取之，皆更改之義也。《書·泰誓》："惟十有三年春，大會于孟津。惟戊午，王次于河朔，群后以師畢會，王乃徇師而誓。時厥明，王乃大巡六師，明誓衆士。"《牧誓》："時甲子昧爽，王朝至于商郊牧野，乃誓。"民情可與樂成，難與慮始。革命之初，人未信服，自戊午至甲子，即日不孚，已日乃孚，此其義也。《儀禮》："日用丁己。"《禮記》："其日戊己。" 己日則過中而宜更變，亦革之義也。作"己日"解亦通。其實"己日"之義足以包之。《書》："天乃錫王勇智，表正萬邦。"湯之德也。《書》："亶聰明作元后，元后作民父母。"武之德也。革命者必備乾之四德，君德也，故曰"元亨利貞，悔亡"。

象曰：水火[1] 相息。二女同居，其志不相得，曰革。

《孟子》："仁之勝不仁也，猶水勝火。"《左傳》："衆怒如水火焉，不可爲謀。"是水火之性相反也。《左傳》："火所未至，備水器，蓄水潦，令燧正奔火。"火滅而氣冷，此水之能息火也。《禮記》："修火之利，范金合土，以炮以燔，以烹以炙。"水熱而成湯，此火之能息水也，故曰"水火相息"。《爾雅》："女子同出，謂先生爲姒，後生爲娣；長婦謂稚婦爲娣婦，娣婦謂長婦爲姒婦。"是"二女同居"之謂也。《左傳》："圭嬀之班，亞宋子而相親也。"是同居之相得者也。《左傳》："公衍、公爲之生也，其母偕出。公衍先生，公爲之母曰：'相與偕出，請相與偕告。'三日，公爲生，其母先以告。"是同居之不相得者也。《禮記》："介婦毋敢敵耦於冢婦，不敢並行，不敢並命，不敢並坐。"家有嫡長，則有所統而分定。二女皆非長女，是以同居而志不相得。

"己日乃孚"，革而信之。文明以説，大亨以正，革而當，其悔乃亡。

《孟子》："四海之内皆曰非富天下也，爲匹夫匹婦復讎也。"是"革而信之"也。《書》："舊染污俗，咸與惟新。"所謂"文明以説"也。《書》："乃反商政，政由舊。"所謂"大亨以正"也。《禮記》："聖人南面而治天下，立權度量，考文章，改正朔，易服色，殊徽號，異器械，别衣服，此其所得，與民變革者也。其不可得變革者則有矣。親親也，尊尊也，長長也，男女有别，此其不可得與民變革者也。”“革而當”者，即其革而信之者也。《書》：“成湯放桀于南巢，惟有慚德，曰：‘予恐來世以台爲口實。’”此有悔也。《書》：“纘禹舊服，兹率厥典，奉若天命。”革以道，則其悔亡。

天地革而四時成。湯武革命，順乎天而應乎人，革之時義大矣哉！

《書》：“以殷仲春，平秩東作。以正仲夏，平秩南訛。以殷仲秋，平秩西成。以正仲冬，平在朔易。”《禮記》：“天地則已易矣，四時則已變矣。其在天地之中者，莫不更始焉。”“天地革而四時成”之義也。《書》：“天乃佑命成湯，降黜夏命。”湯之革命也。《書》：“天既改[2]大邦殷之命。”武之革命也。《禮記》：“殷人尚白，周人尚赤。”兑金色白，離火色赤。澤火之義所以象湯武之革命也。《書》：“非天私我有商，惟天佑于一德。非商求于下民，惟民歸于一德。”湯之“順乎天而應乎人”也。《書》：“天命誅之，予弗順天，厥罪惟鈞。天矜于民，民之所欲，天必從之。”武之“順乎天而應乎人”也。《禮記》：“五帝殊時，不相沿樂。三王異世，不相襲禮。”革之因乎時也。《孟子》：“殺之而不怨，利之而不庸，民日遷善而不知爲之者。夫君子所過者化，所存者神，上下與天地同流，豈曰小補之哉？”與之更始者，非止補偏救弊，故曰“革之時大”也。

象曰：澤中有火，革。君子以治歷明時。

《孟子》：“益烈山澤而焚之。”此澤中有火之象也。物皆更變，義取乎革。《書·堯典》：“乃命羲和，欽若昊天，歷象日月星辰，敬授人時。”又：“舜典協時月正日。”此“治歷明時”之義也。《書》：“四五紀：一曰歲，二曰月，三曰日，四曰星辰，五曰歷數。”歲月日星辰，時也，故曰“明”。歷，數歷也，故曰“治”。古之帝王以治歷爲政之先。《禮記》：“帝嚳能序星辰以著衆。”《家語》：“黄帝治五氣。高辛歷日月之生朔而迎送之。”此明時之在上古者。《周禮·大史》：“正歲年以序事，頒之于官府及都鄙。”《左傳》：“天子有日官，諸侯有日御。日官居卿以底日，禮也。日御不失日，以授百官于朝。”此明時之在成周者。《論語》：“顔淵問爲邦，子曰：‘行夏之時。’”聖人之言即明時之義也。

初九：鞏用黄牛之革。

《爾雅》："鞏，固也。"以韋東物曰鞏，故其文從革。《詩》："藐藐皇天，無不克鞏。"鞏固者，天道之自然，故《革》之初取其義。《周禮》："天官掌皮，秋斂皮，冬斂革。"黄牛之革，革之堅韌者。更改之義取於革，以其變也。堅韌之義取於革，又以其不變也。《周禮》："凡察革之道，眡其鑽空，欲其窓也。眡其鑽空而窓，則革堅也。"革之堅喻守之固，故曰"鞏用"。《禮記》："儒有忠信以爲甲胄，禮義以爲干櫓。雖有暴政，不更其守。其自立有如此者。"此所謂"鞏用黄牛之革"也。

象曰："鞏用黄牛"，不可以有爲也。

《孟子》："人有不爲也，而後可以有爲。"革初未可以動，故曰"不可以有爲"。《書》："有猷有爲有守。"有守即有爲之本也。《詩》："於鑠王師，遵養時晦。時純熙矣，是用大介。"革初之不可有爲，其義如此。

六二：已日乃革之，征吉，无咎。

爻辭與卦辭同。乃孚者先事，乃革者既事也。此爻爲臣道，文明爲革之主者也。《書》："惟尹躬暨湯，咸有一德，克享天心，受天明命，以有九有之師，爰革夏正。"此能與君同德而革天下者也。《孟子》："十一征而無敵於天下。"故曰"征吉，无咎"。

象曰："已日革之"，行有嘉也。

《孟子》："東面而征西夷怨，南面而征北狄怨。"《書》："攸徂之民，室家相慶。""行有嘉"者，所以明征之吉也。《孟子》："東征綏厥士女，匪厥玄黄。"此行之所以有嘉也。

九三：征凶，貞厲。革言三就，有孚。

《孟子》："取之而燕民悦則取之。古之人有行之者，武王是也。取之而燕民不悦則勿取。古之人有行之者，文王是也。"處未可革之位，則以征之凶爲戒，如文王之義。然當可革之時，則以貞之厲爲戒，如武王之義。故必審慎而後革也。《孟子》："所就三。"言意之有孚則就也。《孟子》："伊尹耕於有莘之野，而樂堯、舜之道焉。湯使人以幣聘之。伊尹曰：'我何以湯之聘幣爲哉？'湯三使往聘之。既而幡然改曰：'吾豈若使是君爲堯、舜之君哉？使是民爲堯、舜之民哉？'"始慮征之困，既知貞之厲。五就湯，是其事也。此可以見革言有孚之義。《書》："惟十有三年春，大會于孟津。王次于河朔，群后以師畢會。"《孟子》："王曰：'無畏！寧爾也。'若崩厥角稽首。"自群侯以至百姓，即三就之孚也。

象曰："革言三就"，又何之矣！

《孟子》："二老者，天下之大老也。而歸之，是天下之父歸之也。天下之父歸之，其子焉往？"人心天理之孚皆無異辭，"又何之"之義也。

九四：悔亡。有孚改命，吉。

凡事之改爲者，易於有悔。此言"悔亡"，即《彖傳》之"革而當"者也。《書·湯誥》："嗟爾萬方有衆，明聽予一人誥。"《牧誓》："嗟！我友邦冢君，及庸、蜀、羌、髳、微、盧、彭、濮人，予其誓。"此改命之有孚而吉者也。

象曰："改命"之"吉"，信志也。

《孟子》："王曰：'無畏！寧爾也，非敵百姓也。'若崩厥角稽首。"此"信志"之謂也。

九五：大人虎變，未占有孚。

《爾雅》："虎竊毛謂之虦貓。"毛之淺者，"虎變"之象。《家語》："三九二十七，七主星，星主虎。虎七月生。"虎者陽物，大人所以取象。《乾》九五《文言》"風從虎"與"雲從龍"並言，"聖人作而萬物覩"，即其義也。《論語》："君子有三變：望之儼然，即之也温，聽其言也厲。"容之變者，由乎德之充也。《書》："黎民於變時雍。"下之變者由乎上之感也。大人之變蓋兼修己安人之義。《書》："官占惟先蔽志。""未占有孚"之義也。《書》："朕夢協朕卜，襲于休祥，戎商必克。"天視天聽則有孚于未占之先者矣。

象曰："大人虎變"，其文炳也。

《論語》："文猶質也，質猶文也，虎豹之鞟猶犬羊之鞟。"虎變、豹變所以貴乎其文。《乾》曰"飛龍在天，大人造也"，堯、舜之揖讓也。此曰"大人虎變，其文炳也"，湯、武之征誅也。《禮記》："其日丙丁。"丙之爲言炳也，五應離二之象。《論語》："焕乎其有文章。"大人之文。

上六：君子豹變，小人革面，征凶，居貞吉。

《詩》："羔裘豹飾，孔武有力。彼其之子，邦之司直。"《注》："豹甚武而有力。”服其所飾之裘者如之。君子所以取豹變之象。《禮記》：“虎豹之皮，示服猛也。”小人之所以革面也。《左傳》：“人心之不同，如其面焉。”面之不同，如君子小人之分，是以貴革。《孟子》：“有攸不爲臣，東征。其君子實玄黄於匪，以迎其君子；其小人簞食壺漿，以迎其小人。”此即“君子豹變，小人革面”之義。既革之後，所以“征凶居吉”。《禮記》：“倒載干戈，包之以虎皮，名之曰建櫜。”“征凶”者，明不復用兵之義也。“居貞吉”者，《書》“垂拱而天下治”是也。革道之終，即武成之義也。

象曰：“君子豹變”，其文蔚也。“小人革面”，順以從君也。

《周禮·司裘》：“王大射則共虎侯、熊侯、豹侯，諸侯則共熊侯、豹侯。”虎變、豹變，大人君子之所以分。此亦可明其義也。《革》之五、上皆曰“其文”者，《書》：“偃武修文。”是其義也。《爾雅》：“東北之美，有斥山之文皮焉。”此“其文”之義也。《詩》：“薈兮蔚兮，南山朝隮。”豹之文象草木文蔚者，居兑上體，取詣澤也。《論語》：“周監於二代，郁郁乎文哉！”君子之文象之。《周禮·撢人》：“掌誦王志，道國之政事，使萬民和説而正王面。”“王面”者，民心鄉王，順以從君之義也。《詩》：“有靦面目。”《國語》：“雖靦然人面，實禽獸也。”人之異於禽獸者，豈惟面哉？革面則人心正矣。

䷱巽下離上

鼎：元吉，亨。

《禮記》：“量鼎得其象。”六十四卦取制器尚象之義者，惟鼎。《説文》：“鼎，三足兩耳。下象鼎析木以炊。”案文，從目從爿。離爲目象，中虚之義也。巽爲股象，下斷之義也。卦中五爻，三爻曰耳，四曰足，初曰趾，可以觀其象矣。《爾雅》：“鼎絶大謂之鼐，圜弇上謂之鼒。”和五味之彝器也。《禮記》：“崇鼎貫鼎，天子之器也。”器之貴重而華美者，是以曰“元吉，亨”。

彖曰：鼎，象也。以木巽火，亨飪也。聖人亨以享上帝，而大亨以養聖賢。

《左傳》：“取郜大鼎于宋，臧哀伯諫曰：‘滅德立違，而寘其賂器於大廟，以明示百官，百官象之，其又何誅焉？’”鼎之爲象以明德，亦以垂戒也。《左傳》：“水火醯醢鹽梅，以烹魚肉，燀之以薪。”“以木巽火”之義也。

《禮記》：“昔者先王未有火化，食草木之實，鳥獸之肉，飲其血，茹其毛。”“以木巽火”，而鼎之功大矣。《周禮·亨人》：“掌共鼎鑊，以給水火之齊。”“亨飪”之義也。《論語》：“失飪不食。”言亨調之節也。《周禮·秋官·小司寇》：“凡禋祀五帝，實鑊水納亨。”《禮記》：“唯聖人爲能饗帝。郊血，大饗腥，三獻爓，一獻熟。”此“聖人亨以享上帝”之義也。《左傳》：“國君文足昭也，武可畏也，則有備物之享，以象其德。薦五味，羞嘉穀，鹽虎形，以獻其功。”此“大亨以養”之義也。《孟子》：“孔子於衛孝公公養之仕也。”又：“繆公之於子思也，亟問，亟餽鼎肉。子思不悦。於卒也，摽使者出諸大門之外，曰：‘國君欲養君子，如何斯可謂養矣？’曰：‘以君命將之，再拜稽首而受。其後廩人繼粟，庖人繼肉，不以君命將之。’”觀此可以知養聖賢之義矣。

巽而耳目聰明，柔進而上行，得中而應乎剛，是以元亨。

《書》：“明四目，達四聰。”又：“臣作朕股肱耳目。”是“巽而耳目聰明”之義也。君德象乎鼎之虚中能受也。《書》：“若作和羹，爾惟鹽梅。”是“柔進上行，得中應剛”之義也。鼎德象乎君之屈己下賢也，“是以元亨”。《左傳》：“晋荀盈卒，晋侯飲酒，樂。膳宰屠蒯趨入，請佐公使尊，許之。遂以飲工，曰：‘女爲君耳，將司聰也。辰在子卯，謂之疾日。女弗聞而樂，是不聰也。’又飲外嬖嬖叔，曰：‘女爲君目，將司明也。今君之容，非其物也。而女不見，是不明也。’亦自飲也，曰：‘味以行氣，氣以實志，志以定言，言以出令。臣實司味，二御失官，而君弗命，臣之罪也。’公説，徹酒。”“耳目聰明”之義於鼎著之，此可以知其説矣。《左傳》：“屏王之耳目，使不聰明。不然，平王之温惠共儉，所以不獲諸侯，邇無極也。”此以見柔巽者得中而應乎剛之難矣。

象曰：木上有火，鼎。君子以正位凝命。

《詩》：“瑟彼柞棫，民所燎矣。”又：“樵彼桑薪，卬烘于煁。”木上之火有炮燔烹炙之用，所以象於鼎也。《左傳》：“楚子觀兵於周疆，定王使王孫滿勞，楚子問鼎之大小輕重焉。對曰：‘在德不在鼎。昔夏方有德，遠方圖物，貢金九牧，鑄鼎象物，百物而爲之備，使民知神奸。故民入川澤山林，螭魅罔兩，莫能逢之。桀有昏德，鼎遷于商，載祀六百。商紂暴虐，鼎遷于周。成王定鼎于郟鄏，卜世三十，卜年七百，天所命也。周德雖衰，天命未改。鼎之輕重，未可問也。'”以德爲本，此“正位凝命”之義也。《書》：“玄德升聞，乃命以位。”所謂“正位”者也。《書》：“撫于五辰，庶績其凝。”所謂“凝命”者也。《孟子》：“立天下之正位。”亦“正位”之義。《中庸》：“苟不至德，至道不凝焉。”亦“凝命”之義。蓋君子之道無往而不在也。

初六：鼎顛趾，利出否，得妾以其子，无咎。

《爾雅》：“款足者謂之鬲。”趾以承鼎，顛則倒也。《左傳》：“自下射之顛。”顛之爲義，自上反下也。《詩》：“誰能亨魚，溉之釜鬵。”溉以去其穢濁，“出否”之謂也。《禮記》：“聘則爲妻，奔則爲妾。”初在下位，“得妾”之義也。《禮記》：“買妾不知其姓則卜之。”同姓之生不蕃，此“以其子”之義也。《禮記》：“妾將生子，夫使人日一問之。子生三月之末，漱澣夙齊，見於内寢，禮之如始入室。”是得妾之重乎其以子也。趾之顛而可以出否。《論語》：“及其使人也，器之。”義可推也。妾之卑而可以得子。《大學》：“惡而知其美者。”義可推也。

象曰：“鼎顛趾”，未悖也。“利出否”，以從貴也。

《大學》：“貨悖而入者，亦悖而出。”鼎之顛趾，其形雖悖，而其義有取，故曰“未悖”。《公羊傳》：“子以母貴，母以子貴。”“以從貴”之義也。“出否”者，舍舊而取新。“得妾”者，由賤而從貴。其義可包舉也。

九二：鼎有實，我仇有疾，不我能即，吉。

《周禮》：“王日一舉鼎，十有二物皆有俎。王舉則陳其鼎俎，以牲體實之。”此“鼎有實”之謂也。鼎之有實，所謂剛中之德也。《禮記》：“毋以嬖御人疾莊后，毋以嬖御士疾莊士大夫。”正之見疾於邪，是“我仇”也。《書》：“朋家作仇，脅權相滅。”仇之爲疾，其義如此。《詩》：“執我仇仇，亦不我力。”“我仇有疾”之謂也。《詩》：“在我室兮，履我即兮。”“不我能即”者，雖有見疾之心，而無可乘之隙也，故吉。

象曰：“鼎有實”，慎所之也。“我仇有疾”，終无尤也。

《論語》："末之也已，何必公山氏之之也？"此言"慎所之"之義也。《論語》："懷其寶而迷其邦，可謂仁乎？子曰：'不可。'""鼎有實"而"慎所之"，此其義也。《詩》："我思古人，終無訧兮。"已無尤之可指也。《論語》："不尤人。"忘其尤人之念也。《論語》："公伯寮愬子路於季孫。子曰：'公伯寮其如命何！'"《孟子》："嬖人臧倉者沮君。孟子曰：'臧氏之子焉能使予不遇哉？'"我仇之疾不足計，是以曰"終无尤也"。

九三：鼎耳革，其行塞。雉膏不食，方雨虧悔，終吉。

《爾雅》："附耳外謂之釴。"六五爲鼎耳，二三陽爻象鼎實，皆爲四之所蔽。《書》："四岳曰：'有鰥在下，曰虞舜。'帝曰：'俞！予聞，如何？'"鼎耳之革，有壅於上聞者也。"我仇有疾"者，《大學》："人之有技，媢嫉以惡之"是也。"其行塞"者，"人之彦聖，而違之俾不通"是也。《周禮》："庖人掌共六禽。"《注》："鴈、鶉、鷃、雉、鳩、鴿也。"雉所以爲鼎實，《禮記》："宗廟之祭，雉曰疏趾。"疏趾則雉肥，是雉膏爲鼎實之美者。《左傳》："鳥獸之肉不登于俎，則君不射。"雉膏則其所貴矣。《禮記》："雖有佳殽，弗食，不知其旨也。"雉膏之不食，亦如井渫之不食，喻賢而不見用也。《書》："若歲大旱，用汝作霖雨。"陰陽之和而後雨，喻君之終賴其用。《穀梁傳》："春正月不雨者，勤雨也。夏四月不雨者，閔雨也。六月雨者，喜雨也。"有喜則無悔，故曰"方雨虧悔，終吉"也。以實爲疾者，即雉膏之不食。《左傳》："秦伯違蹇叔"是也。以疾爲悔者，即方雨之虧悔。"秦伯猶用孟明"是也，故曰"終吉"。《孟子》："民非水火不生活。"二者生人之大用，故《井》《鼎》之卦象之。《孟子》："許行曰：'賢者與民並耕而食，饔飧而治。'"此不知養賢以及民之義，故井渫不食而行惻，雉膏不食而虧悔。

象曰："鼎耳革"，失其義也。

《書·高宗肜日》："越有雊雉。"序以爲雉升鼎耳，而雊爲耳不聰之異，鼎耳有革而無應之象，則鼎腹亦有塞而不食之象。《禮記》："煎諸膏，膏必滅之，鉅鑊湯，以小鼎薌脯於其中，使其湯毋滅鼎，三日三夜毋絶火，而后調之以醯醢。"鼎耳之革，變其烹調之常，則失其虛中受物之義也。

九四：鼎折足，覆公餗，其形渥，凶。一作"刑剭"。

《論語》：“今之從政者何如？子曰：‘斗筲之人，何足算也！’”器小任重，此所謂“鼎折足，覆公餗”者也。《左傳》：“正考父佐戴、武、宣。其鼎銘云：‘一命而僂，再命而傴，三命而俯。循牆而走，亦莫余敢侮。饘於是，鬻於是，以餬余口。’其共也如是。”又：“叔向語晏嬰曰：‘讒鼎之銘曰：昧旦丕顯，後世猶怠。況日不悛，其能久乎？’”觀鼎銘之辭，可以知折足之戒矣。“餗”一作“蔌”。《爾雅》：“菜謂之蔌。”《詩》：“其蔌維何？”鄭《注》以蔌爲八珍所用，言鼎實也。初未有鼎實，故顛趾而有出否之利。四已有鼎實，故折足而有覆餗之凶。《周禮》：“三公坐而論道。”鼎有三足，象之。《書》：“若作和羹，爾惟鹽梅。”折足不勝其任，故曰“覆公餗”也。“形渥”如《詩》：“赫如渥赭，顔如渥丹”之渥而異其義。《詩》“顔之厚矣”。愧之見於形貌者也。《左傳》：“敢隕越於下，以遺天子羞。”此“折足，形渥”之義也。《書》：“伊尹曰：‘予弗克俾厥后爲堯、舜，其心愧恥，若撻于市。’”況“覆其餗”者乎！《孟子》：“蓋上世嘗有不葬其親者，他日過之，其顙有泚，非爲人泚，中心達於面目。”忠孝皆本性生。“其形渥”者，愧甚汗生，正此義也。《書》：“臣下不匡其刑墨。”作其刑剭者與此同義。《周禮》：“邦若屋誅。”剭之刑也。此又一解。

象曰：“覆公餗”，信如何也。

《孟子》：“達不離道，故民不失望焉。”覆公餗者，失其平日之所信。《孟子》：“仲子不義，與之齊國而弗受，人皆信之，是舍簞食豆羹之義也。以其小者信其大者，奚可哉？”虚名無實，故曰“信如何也”。

六五：鼎黄耳，金鉉，利貞。

《禮記》：“鬱尊用黄目。黄者，中也。目者，氣之清明者也。”鼎之用在乎耳，而以中德居之，與尊之黄目其義一也。《儀禮·士冠禮》：“實于鼎設扃。”《註》：“扃，今文作鉉。貫耳以舉鼎，用金玉爲之。”明其貴也。六五爲耳，上九爲鉉，文明之主，柔順之位，以耳之虚納鉉之實，故象諸此。《書》：“朝夕納誨，以輔合德。”此“利貞”之義也。

象曰：“鼎黄耳”，中以爲實也。

《大學》：“人之有技，若己有之。人之彦聖，其心好之，寔能容之。”

是中以爲實者也。《論語》："君子不可小知而可大受也。"能容可受者，相臣之量，而君之容之受之，此"中以爲實"之義也。《詩》："中心貺之，一朝饗之。"發於中心之誠，九五之德也。

上九：鼎玉鉉，大吉，无不利。

《中庸》："其人存則其政舉。"鼎以鉉舉，猶政以人舉也。自六五而用之，謂之金鉉；自上九而自言，謂之玉鉉。"大吉，无不利"與《大有》上九同，皆取上賢之義，即彖之所謂"大亨以養聖賢"者是也。《左傳》："式如玉，式如金。"金鉉、玉鉉皆取象，以比其德也。

象曰：玉鉉在上，剛柔節也。

《詩》："金玉其相。"金之堅剛，玉之温潤，故曰"剛柔節"。《書》："柔而立，剛而塞。""剛柔節"之義也。《禮記》："食上必在視寒煖之節。"剛柔之節亦兼鼎實而言也。

䷲震下震上

震，亨。震來虩虩，笑言啞啞，震驚百里，不喪匕鬯。

《國語》："陰陽分布，震雷出滯。"案：震之爲文，從雨從辰。雷動則雨三月。建辰，雷發聲之時，震之所以亨也。《説文》："霹靂振物者。从雨辰聲。"亦取振動之義。《詩》："敬天之怒，無敢戲豫。""震來虩虩"之義也。《説文》引《易》"履虎尾虩虩"，今無此文。從虎者，恐懼之貌也。《詩》："載笑載言。""笑言啞啞"之義也。"啞啞"，笑語之聲。《周禮》："凡冒鼓必以啓蟄之日。"鼓之警衆，取象於雷之遠聞，"震驚百里"之義也。《詩》："有捄棘匕。"匕所以載鼎實者。《書》："秬鬯一卣。"鬯，香酒，所以灌地降神者。尚牲薦酒，人主之所親也。《詩》："不震不動，不戁不竦。"此"震驚""不喪"之義也。《大戴禮》："隱約者觀其不懾懼也。"《文選注》引作《易辭》，今無其文，固可以明其義。《禮記》："公侯田方百里。"《疏》："公侯皆千乘。"象"震驚百里"，是□□於雷，此"百里"之義也。

象曰："震，亨。震來虩虩"，恐致福也。"笑言啞啞"，後有則也。"震驚百里"，驚遠而懼邇也。不喪匕鬯。**出可以守宗廟社稷，以爲祭主也。**

《禮記》："孔子曰：'我戰則克，祭則受福。'"此恐懼所以爲致福之本也。《論語》："時然後言，人不厭其言；樂然後笑，人不厭其笑。"此笑言之所以有則也。《爾雅》："震驚，懼也。"此即"驚遠懼邇"之義。《書》："震驚朕師。”驚遠者由於邇也。《書》：“邇可遠在兹。”懼邇者由於遠也。《禮記》：“毋雷同。”雷聲所震，遠邇同之，故曰“驚遠懼邇”。《孟子》：“武王不泄邇，不忘遠。”遠邇不忽，此兢業之心也。《禮記》：“王立七廟，諸侯立五廟。”言宗廟也。《禮記》：“共工氏之霸九州也，其子曰后土，能平九州，故祀以爲社。厲山氏之有天下也，其子曰農，能殖百穀。夏之衰也，周棄繼之，故祀以爲稷。”言社稷也。《書》：“納于大麓，烈風雷雨弗迷。肆類于上帝，禋于六宗，望于山川，徧于群神。”此“震驚，不喪匕鬯”者可以爲祭主之義也。《孟子》：“使之主祭而百神享之。”祭主之謂也。《孝經》：“富貴不離其身，然後能保其社稷，而和其民人。非先王之法服不敢服，非先王之法言不敢道，非先王之德行不敢行。三者備矣，然後能守其宗廟。忠順不失，以事其上，然後能保其禄位，而守其祭祀。”此明恐懼致福之本也。《左傳》：“大子奉冢祀、社稷之粢盛，以朝夕視君膳者也，故曰冢子。君行則守，有守則從。從曰撫軍，守曰監國，古之制也。”震爲長子之義，君出則守，故曰出可以爲祭主也。

象曰：洊雷，震。君子以恐懼脩省。

《詩》：“有震且業。”震而又震，“洊雷”之象。《詩》：“兢兢業業，如霆如雷。”恐懼之所以象諸雷也。《禮記》：“君子若有疾風迅雷甚雨，則必變。雖夜，必興衣服冠而坐。”是“恐懼脩省”之義也。《中庸》：“恐懼乎其所不聞。”有聞更宜恐懼矣。《大學》：“‘如琢如磨’者，自脩也。”脩言其功。《論語》：“曾子曰：‘吾日三省吾身。’”省言其心，皆戰兢惕厲之意也。

初九：震來虩虩，後笑言啞啞，吉。

《左傳》：“春王正月，癸酉，大雨霖以震，書始也。”初爲震主，與卦同辭，此言震之始也。《禮記》：“君子必謹其始而慮其所終。”曰“後笑言啞啞”者，在震之初，謹始之義也。《孟子》：“人恒過，然後能改；困於心，衡於慮，而後作；徵於色，發於聲，而後喻。然後知生於憂患，而死於安樂也。”“虩虩”即“憂患”之謂。“笑言”即“安樂”之謂。安樂之時，又不可以憂患既過而生玩也。爻曰“後笑”，言“啞啞”，象曰“後有”，則“後”之一字警人深矣。

象曰：“震來虩虩”，恐致福也。“笑言啞啞”，後有則也。

象傳亦與彖傳同辭。卦辭通明震之義，爻辭則專主成卦之體者。《詩》："永言配命，自求多福。"文王知天命之靡常，念爾祖而修厥德，此所謂"恐致福也"。《詩》："永言孝思，孝思維則。"舜之以天下養，始號泣而終底豫，此所謂"後有則也"。《左傳》："民受天地之中以生，所謂命也，是以有動作禮義威儀之則，以定命也。能者養之以福，不能者敗以取禍。"曰"致福"，曰"有則"，其相關之義如是。

六二：震來厲，億喪貝，躋于九陵，勿逐，七日得。

《爾雅》："疾雷爲霆霓。""震來"之"厲"者也。《論語》："賜不受命而貨殖焉，億則屢中。"億者，度也。《書》："茲予有亂政同位，具乃貝玉。乃祖乃父丕乃告我高后曰：'作丕刑于朕孫！'"貝者，水蟲，古人取其甲以爲貨，如今之用錢然。念貝玉者，言其貪。貪而不忠，則有罰，此"震來厲，億喪貝"之義也。"億喪貝"者，恐懼之時，自度而喪其所有也。《國語》："十萬曰億。"亦有作此解者。然億度之義較長。《左傳》："生於亂世，貴而能貧，民無求焉，可以後亡。敬共事君，與二三子。生在敬戒，不在貴也。"此"喪貝"之義也。《爾雅》："大阜曰陵。陵莫大於加陵。"九陵，陵之最高者。《爾雅》："躋，陞也。""喪貝"而曰"躋于九陵"者，《左傳》："晏子辭邶殿。"《國語》："子文逃富卹民。"是其義也。《春秋》："定公八年，盜竊寶玉大弓。九年，得寶玉大弓。"《公羊傳》："國寶也，喪之書，得之書。"此即喪有自得之義。《孟子》："昔者大王居邠，狄人侵之，事之以皮幣，不得免焉；事之以犬馬，不得免焉；事之以珠玉，不得免焉。乃屬其耆老而告之曰：'我將去之。'去邠，踰梁山，邑于岐山之下居焉。邠人曰：'仁人也，不可失也。'從之者如歸市。"此爻之義，大王之不能禦狄，"震來""喪貝"也。去邠邑岐，"躋于九陵"也。邠人從之，勿逐自得也。足以當之。

象曰："震來厲"，乘剛也。

《公羊傳》："急，霖；震，霆也。"震體在初，所以二有乘剛之義也。

六三：震蘇蘇，震行无眚。

《左傳》："晋人獲秦諜，殺諸絳市，七日而蘇。"《孟子》："后來其蘇。"皆言絶而復蘇之義。下震之終，上震將起，未能遽動，故曰"蘇蘇"。《詩》：

“天之方蹶，無然泄泄。”怠緩悦從之貌。“蘇蘇”，緩散之狀，亦猶是也。《左傳》：“不以一眚掩大德。”眚者，行之有失者也。《詩》：“我不敢傚，我友自逸。”行則警於蘇蘇之失矣，故曰“无眚”。

象曰：“震蘇蘇”，位不當也。

《詩》：“噎噎其陰，虺虺其雷。”以陰居陽，是雷之不振其聲，如人之不舉其職者，故曰“位不當也”。《詩》：“不解于位，民之攸墍。”懈于其位，即所謂“蘇蘇”者，“不當”之義也。

九四：震遂泥。

《左傳》：“藏冰以時，則雷出不震。棄冰不用，則雷不發而震。”上卦震體，以此爻爲主。而一陽陷於四陰之中，雷之震而未發，“遂泥”之謂也。

象曰：“震遂泥”，未光也。

《論語》：“致遠恐泥，是以君子不爲也。”雷本驚遠，陷於重陰，不能自震，“未光”之義蓋如是。

六五：震往來厲，億无喪，有事。

《國語》：“陽伏而不能出，陰迫而不能烝，于是有地震。”此即往來皆厲之象也。《禮記》：“齊人將有事於泰山，必先有事於配林。晋人將有事於河，必先有事於惡池。”“有事”，言祭祀之事也。二五皆有中德，而能度事理者，故皆曰“億”也。《禮記》：“南宫敬叔反，必載寶而朝。子曰：‘喪不如速貧之愈也。’”二居臣位，“喪貝”之義蓋如此也。《左傳》：“國之大事，在祀與戎。”五居君位，即“不喪匕鬯”，而主祭者事之无喪，不失其所守也。

象曰：“震往來厲”，危行也。其事在中，大无喪也。

《書》：“居寵思危。”無事曰居，有事曰行。行而思危，尤可懼也。《論語》：“内省不疚，夫何憂何懼？”此在中之无喪者也。《書》：“予惟曰庶有事。”古人於祭祀，皆曰有事，以事莫大於此也，故曰“大无喪”。

上六：震索索，視矍矍，征凶。震不于其躬，于其鄰，无咎，婚媾有言。

《孟子》：“其爲氣也，配義與道，無是餒也。行有不慊於心，則餒矣。”氣之餒者，震之索索者也。《禮記》：“視容瞿瞿。”驚顧不安，所謂“視矍矍”

也，故曰“征凶”。《詩》：“如雷如霆，徐方震驚。”未及徐方而震驚鄰之謂也。《孟子》：“鄉鄰有鬭者，雖閉户可也。”不與其難，故曰“无咎”。《左傳》：“南宫極震。萇弘謂劉文公曰：‘周之亡也，其三川震。今西王之大臣亦震，天棄之矣！東王必大克。’”所謂震不于其躬，于其鄰，足以爲戒者也。《詩》：“婚姻之故，言就爾居。爾不我畜，復我邦家。”所謂“婚媾有言”者。凡此皆欲人之知懼也。《詩》：“瑣瑣姻亞，則無膴仕。”婚媾之言，亦以自警，故象通曰“畏鄰戒”。《禮記》：“仲春之月，先雷三日，奮木鐸以令兆民，曰：雷將發聲，有不戒其容止者，生子不備，必有凶災。”君子之戒，尤嚴於情欲，宴私婚媾之言，於此有以正其本矣。

象曰：“震索索”，中未得也；雖凶无咎，畏鄰戒也。

《大學》：“心有所恐懼，則不得其正。”“中未得”之義也。《左傳》：“楚人滅江，秦穆公爲之降服，出次，不舉，過數。曰：‘吾自懼也！’《詩》云：‘惟彼二國，其政不獲。惟此四國，爰究爰度。’其秦穆公之謂乎？”此“畏鄰戒”之義也。《左傳》：“晋以屈産之乘與垂棘之璧，假道於虞以伐虢。宫之奇諫，不聽。晋會虞師，伐虢，滅下陽。先書虞，賄也。”“晋侯復假道於虞以伐虢。宫之奇諫曰：‘虢，虞之表也。將虢是滅，何愛於虞？’晋滅虢。師還，館于虞，遂襲虞，滅之。”此不知喪貝之義，而又昧畏鄰之戒者，能無亡乎？

䷳艮下艮上

艮其背，不獲其身；行其庭，不見其人，无咎。

《國語》：“夫目之察度也，不過步武尺寸之間。其察色也，不過墨丈尋尺之間。”案：艮之爲文，從目從匕。《説文》：“猶目相比，不相下也。”目反而向内之象。離爲目，南則向明，北則背明。人之官，體静則爲止。目静而象至動。目之能止爲剛而自克者，是艮之義也。《爾雅》：“山東曰朝陽，山西曰夕陽。”山北爲陰，所以有“艮其背”之象。山南爲陽，所以有“行其庭”之象。《詩》：“焉得諼草，言樹之背。”背爲北堂，嚮北之義，無所見也，故曰“不獲其身”。《詩》：“殖殖其庭，有覺其楹。”宫之前爲庭，嚮明之地，有所見如無見也，故曰“不見其人”。《論語》：“子絶四：毋意，毋必，毋固，毋我。”此“不獲其身”，聖人之自然也。

《禮記》:“姦聲亂色，不留聰明。淫樂慝禮，不接心術。惰慢邪辟之氣不設於身體。”此亦“不獲其身”，君子之當然也。蓋止而止者，不繫於在己之私，内不見己也。《孟子》:“説大人則藐之，勿視其巍巍然。”所謂“行其庭，不見其人”也。蓋行而止者，不繫於在人之私，外不見人也。故皆曰“无咎”。

彖曰：艮，止也。時止則止，時行則行，動静不失其時，其道光明。

《孟子》:“可以仕則仕，可以止則止，可以久則久，可以速則速，孔子也。”此時止時行之義。《書》:“安汝止。”時止之止也。《書》:“欽厥止。”時行之止也。皆所以爲止之義也。《詩》:“高山仰止，景行行止。”此亦可以明時止時行之義。《中庸》:“君子之中庸也，君子而時中。”中則時措之宜矣。《書》:“慮善以動，動惟厥時。”故曰“不失其時”。《大學》:“在明明德，在親民，在止於至善。”明新之止，即所謂“其道光明”也。

艮其止，止其所也。上下敵應，不相與也，是以“不獲其身。行其庭，不見其人，无咎”也。

《大學》:“於止知其所止。”“止其所”之義也。《大學》:“爲人君止於仁，爲人臣止於敬，爲人子止於孝，爲人父止於慈，與國人交止於信。”此皆止之所也。八純之卦，上下敵應皆不相與，獨於艮言之者，《中庸》:“在上位不陵下，在下位不援上，正己而不求於人則無怨。”於止之義更切也。《論語》:“克伐怨欲不行焉，子曰：‘可以爲難矣，仁則吾不知也。’”“顔淵問仁。子曰：‘克己復禮爲仁。’”“不獲其身”之“无咎”，能“止其所”者也。《孟子》:“古之賢王好善而忘勢，古之賢士樂其道而忘人之勢。”“行庭，不見其人”之“无咎”，能敵應而不相與者也。

象曰：兼山，艮。君子以思不出其位。

《爾雅·釋山》:“屬者嶧。”言山形相連。“重甗隒。”言山形如累兩甗。此皆兼山之象，各有其位，重艮所以取之也。《論語》:“不在其位，不謀其政。”思之不出，於是象之。《書》:“思曰睿，睿作聖。”《論語》:“從心所欲不踰矩。”曾子之學聖，所以明乎此象也。《中庸》:“君子素其位而行，不願乎其外。”皆“思不出其位”之義也。

初六：艮其趾，无咎，利永貞。

《禮記》:“足容重。”止於動之初,“艮其趾”之義也。《論語》:“曾子曰:‘啓予足,啓予手,而今而後,吾知免夫。’”守身之義,死而後已,此“无咎”之所以“利永貞”也。《坤》用六“利永貞”,《艮》初亦曰“利永貞”,坤之體也。

象曰:“艮其趾”,未失正也。

《禮記》:“君子不失足於人。”“未失正”之義也。《禮記》:“樂正子春下堂而傷其足,數月不出,猶有憂色。曰:‘吾聞諸曾子,曾子聞諸夫子曰:父母全而生之,子全而歸之,可謂孝矣。不虧其體,不辱其身,可謂全矣。故君子頃步而弗敢忘孝也。’”此所以爲“未失正也”。止之於初,而即曰“利永貞”,全歸之義,已要厚終而言之矣。

六二:艮其腓,不拯其隨,其心不快。

“腓”之取義與《咸》二爻同,“隨”之取義與《咸》三爻同。《咸》之戒其動,即艮之貴乎止也。《左傳》:“以欲從人則可,以人從欲鮮濟。”二能自止而不能拯其隨之動者,心之所以不快也。《論語》:“季氏旅於泰山。子謂冉有曰:‘女弗能救與?’對曰:‘不能。’子曰:‘嗚呼!曾謂泰山不如林放乎?’”“季氏將伐顓臾。子曰:‘求,無乃爾是過與?’冉有曰:‘夫子欲之,吾二臣者皆不欲也。’”若冉有所謂,“不拯其隨”而未知不快之義矣。《孟子》:“興兵構怨,然後快於心與?”此快之不得其正,貴於止者也。《大學》:“如惡惡臭,如好好色,此之謂自謙。”此快之得其正,無所隨者也。

象曰:“不拯其隨”,未退聽也。

《孟子》:“諫則不行,言則不聽。”三未能退聽乎二,是所以不拯之故。《論語》:“危而不持,顛而不扶,則將焉用彼相矣?”“未退聽”者,所以明不拯者之責也。

九三:艮其限,列其夤,厲熏心。

限,要也,帶之所限。《禮記》:“視不下於帶。”即限之義也。夤,膂也。《周禮》:“凡爲甲,必先爲容。權其上旅,與其下旅。”腰以上爲上旅,腰以下爲下旅,所謂限也。上下隔絶之義。《爾雅》:“柣謂之閾。”《注》:“門限。”艮爲門闕,人身之限象之。《左傳》:“節宣其氣,勿使有所壅閉湫底。”惟知止之爲止,而不知所以止,閉塞之象,是以“厲熏心”也。《詩》:“憂心如熏。”危之甚也。

《孟子》："不得於言，勿求於心。不得於心，勿求於氣。"冥然罔覺，悍然不顧，告子之不動心，其弊蓋如此。孟子之不動心，曰："我善養吾浩然之氣，至大至剛，以直養而無害。"豈有熏心之害哉？

象曰："艮其限"，危熏心也。

《書》："鬱陶乎予心，顔厚有忸怩。""危熏心"者，是閉塞之義也。《書》："人心惟危。"又："從欲惟危。"危之爲義如是。

六四：艮其身，无咎。

《論語》："其身正，不令而行。其身不正，雖令不從。"止之所以正其身也。《孟子》："口之於味也，目之於色也，耳之於聲也，鼻之於臭也，四肢之於安佚也，性也，有命焉，君子不謂性也。"耳目口鼻四肢之欲皆有限制，此"艮其身"之義也。《孟子》："守孰爲大？守身爲大。孰不爲守？守身，守之本也。"故曰"无咎"。

象曰："艮其身"，止諸躬也。

《論語》："非禮勿視，非禮勿聽，非禮勿言，非禮勿動。"勿者，禁止之辭，"止諸躬"之義也。《書》："允懷于茲，道積于厥躬。"彖之"艮其背，不獲其身"，安也。爻之"艮其身"，勉也，所以曰"止諸躬"。

六五：艮其輔，言有序，悔亡。

《禮記》："口容止。""艮其輔"之義也。《禮記》："王言如絲，其出如綸。王言如綸，其出如綍。"言之不可輕出也。《論語》："言不順則事不成。"《詩》："出言有章。"言所以貴有序也。《書》："惟口出好興戎，朕言不再。"戒其悔也。《中庸》："言前定則不跲。"故曰"悔亡"。

象曰："艮其輔"，以中正也。

《論語》："有德者必有言。"又："夫人不言，言必有中。"言不妄發，發必當理，惟有德者能之，"以中正"之謂也。《禮記》："言必先信，行必中正。""以中正"者，言即其見於行者也。

上九：敦艮，吉。

《爾雅》："丘一成爲敦丘。"艮土所以有敦之象也。《中庸》："大德敦化，敦厚以崇禮。"皆"敦艮之吉"也。

象曰："敦艮"之"吉"，以厚終也。

《論語》："仁者樂山。仁者静。仁者壽。"此"敦艮"之義，所以爲"厚終"也。《詩》："如山如阜，如岡如陵。如南山之壽，不騫不崩。"山之象乎厚也。《禮記》："敦善行而不怠。"是"厚終"之謂也。《論語》："慎終追遠，民德歸厚矣。"本行之敦義，亦備乎此矣。

䷴艮下巽上

漸，女歸吉，利貞。

《詩》："淇水湯湯，漸車帷裳。"案文，漸從車從水從斤。斤者，澤厓。車近水濱，漸以漸漬爲義，如水之浸潤，故有進之義，而又有緩之義也。《詩》："之子于歸，宜其室家。"女歸之吉也。《孟子》："女子之嫁也，母命之曰：'往之女家，必敬必戒，無違夫子。'""利貞"之義也。《咸》"取女吉"，《漸》"女歸吉"，皆曰"利貞"者，以艮止爲義也。《禮記》："女子衣行以燭，無燭則止。"不輕進者，雖暫時之義，而終身之義皆取諸此。

彖曰：漸之進也，女歸吉也。

《孟子》："國君進賢，如不得已。"言《漸》之進所以別於《晋》之進、《升》之進也。《禮記》："聘則爲妻，奔則爲妾。"進不以漸者，女之羞也。《禮記》："進人若將加諸膝，退人若將墜諸淵。"進不以漸者，臣之辱也。《儀禮》："昏禮：納采、問名、納吉、納徵、請期，皆主人筵几於廟而拜送於門外。"《穀梁傳》："禮有納采，有問名，有納徵，有告期，四者備而後娶，禮也。"必待禮備而後成昏，故《漸》之進曰"女歸吉也"。《禮記》："事君者，量而後入。"凡天下之進，如女歸之漸，亦無不吉也。《詩》："求我庶士，迨其吉兮。求我庶士，迨其今兮。求我庶士，迨其謂之。"懼失時者漸而急，守常禮者漸而緩，其以"利貞"爲義則一也。

進得位，往有功也。進以正，可以正邦也。止而巽，動不窮也。

《禮記》："厥明，舅姑共饗婦以一獻之禮，奠酬。舅姑先降自西階，婦降自阼階，以著代也。"此女歸者"進得位"之義也。《禮記》："婦順者，順於舅姑，和於室人，而後當於夫，以成絲麻布帛之事，以審守委，積蓋藏。"此女歸者"往有功"之義也。《大學》："宜其家人，而後可以教國人。"

此“進以正，可以正邦”之義也。

其位剛得中也，

“剛得中”者，《禮記》：“天子修男教。”言陽事之得者也，即所謂“男正位乎外”也。

止而巽，動不窮也。

“止而巽，動不窮”者，《禮記》：“后脩女順。”言陰事之得者也。《詩》：“琴瑟在御，莫不静好。知子之來之，雜佩以贈之。”即所謂“女正位乎内”者也。“剛得中”以五爻言，此以卦德言，皆所以申“女歸，利貞”之義，言妻道而臣道可知矣。

象曰：山上有木，漸。君子以居賢德善俗。

《書》：“厥土赤埴墳，草木漸包。”此“山上有木”以漸而長之象也。《詩》：“南山有桑，北山有楊。樂只君子，邦家之光。南山有杞，北山有李。樂只君子，德音不已。”山上之木，日新月盛，此居德善俗之所以取象也。《禮記》：“大學之教不陵節而施之謂孫。”“居賢德”之以漸也。《禮記》：“移風易俗，天下皆寧。”“善俗”之以漸也。《書》：“東漸于海，西被于流沙，朔南暨，聲教讫于四海。”“居德”“善俗”，觀此可以知漸之義矣。《孟子》：“牛山之木嘗美矣，以其郊於大國也，斧斤伐之，可以爲美乎？雖存乎人者，豈無仁義之心哉？其所以放其良心者，亦猶斧斤之於木也。”觀山木之養以漸，可以得“居德”“善俗”之義。《坤·文言》“不善之積，由來者漸”，亦可反觀而明其故矣。

初六：鴻漸于干，小子厲，有言无咎。

《書》：“彭蠡既豬，陽鳥攸居。”隨陽之象，漸而進也。《禮記》：“孟春之月，鴻雁來。仲秋之月，鴻雁來。季秋之月，鴻雁來賓。季冬之月，雁北鄉。”鄉北者，其歸止於險也。來南者，其進隨乎陽也。往來有時，先後有序，漸之所以取於鴻也。《易》之全卦以一物取象者，《乾》之龍，其外惟《漸》之鴻。《儀禮》：“昏禮，納采用雁，納吉用雁，請期用雁，親迎奠雁。”六爻皆以鴻象，取女歸吉之義也。《禮記》：“兄之齒雁行。”所以明其讓。《周禮》：“六摯，大夫雁。”所以昭其敬，於漸之進皆有取也。《詩》：“寘之河之干兮。”水涯也。進之未遠於水，漸之義也。《孟子》：“淳于髡曰：‘夫子在三卿之中，名實未加於上下而去之，仁者固如此乎？’”“尹士語人曰：‘千里而見王，不遇故去，三宿而後出晝，是何濡滯也！’”始進而未得所安，孟子所處即鴻漸于干者。淳于、尹士皆所謂“小子有言”也。“厲”而“无咎”者，孟子曰：“君子之所爲，衆人固不識也。”尹士語人曰：“士誠小人也。”聖賢之出處，終必有以明其義，豈恤乎人言哉？

象曰：“小子”之“厲”，義无咎也。

《孟子》：“君子進以禮，退以義。”君子守禮義之正，故曰“義无咎”。

六二：鴻漸于磐，飲食衎衎，吉。

《詩》：“揚之水，白石鑿鑿。”磐者，水中之石可安者也。《詩》：“鴻飛遵渚，公歸無所，於女信處。”渚爲小洲。“遵渚”即與“漸磐”同義。鴻順時而動，公隨寓而安，即可知“飲食衎衎”之義。《爾雅》：“衎，樂也。”衎衎所以爲吉。《詩》：“嘉賓式燕以衎。”《禮記》：“居處言語，飲食衎爾。”此“飲食衎衎”之義也。需險在前，漸進得位，飲食宴樂，亦各有義。

象曰：“飲食衎衎”，不素飽也。

《詩》：“彼君子兮，不素餐兮。”“不素飽”之義也。《中庸》：“邦有道，不變塞焉。”二進于磐，近爲時用矣，而“不素飽”之義不變，未達之所守也。《詩》：“退食自公，委蛇委蛇。”從容自得，“衎衎”之意。不急於求進者，亦可以明“不素飽”之義。《論語》：“君子食無求飽。”《孟子》：“既飽以德，言飽乎仁義也。”“不素飽”者，恥其進不以正，志不在飽也。

九三：鴻漸于陸，夫征不復，婦孕不育，凶。利禦寇。

《爾雅》：“高平曰陸。”漸進于高矣。《詩》：“鴻飛遵陸，公歸不復，於女信宿。”陸非鴻所直止。公之在東，亦有“不復”之象。《詩》：“女心傷止，征夫遑止。女心悲止，征夫歸止。期誓不至，而多爲恤。”“夫征不復”之謂也。《左傳》：“梁嬴孕過期。”“婦孕不育”之謂也。《山海經》：“陸終氏娶于鬼方之妹，謂之女隤氏，産六子，孕而不粥。三年，啓其左脅，六人出焉。”不育，事之異者，亦其象之所有也。鴻之漸陸，非其所安，故其凶如上所云。夫婦之義，本卦辭“女歸吉”而言也。《左傳》：“鄭皇耳帥師侵衛。孫文子卜追之，獻兆於定姜。繇曰：‘兆如山陵，有夫出征，而喪其雄。’姜氏曰：

‘征者喪雄，禦寇之利也。’”以剛居剛，不利於進，而利於禦寇。爻之取義，蓋如是矣。

象曰：“夫征不復”，離群醜也。“婦孕不育”，失其道也。利用禦寇，順相保也。

《禮記》：“離群而索居。”又：“在醜夷不争。”“群醜”，言其類也。《詩》：“升彼大阜，從其群醜。”人類亦然。失其耦曰“離群醜”。三與上不相應，所以爲夫之“離群醜”也。《家語》：“奇耦相配，然後道合。”婦孕之育，以其相配。《左傳》：“男女同姓，其生不蕃。”三與上皆陽，所以爲婦孕之不育也。《左傳》：“是不爲夫婦，非禮也，何以能育？”其義逆也。《詩》：“黽勉同心，不宜有怒。”此所以曰“順相保”。《詩》：“鴟鴞鴟鴞，既取我子，無毁我室。恩斯勤斯，鬻子之閔斯。徹彼桑土，綢繆牖户。今女下民，或敢侮予。”君子之仕，上雖不交，而己必盡其道，必使君臣相安而禍亂不作，其“順相保”之謂乎？

六四：鴻漸于木，或得其桷，无咎。

《詩》：“集于灌木，遷于喬木。”皆“漸于木”之義也。鴻爲水鳥，則非所安。《詩》：“松桷有梴。”桷如堂高之桷，木之平柯也。《詩》：“依彼平林，有集維鷮。辰彼碩女，令德來教。”四亦無應，上承九五，以陰承陽，合於女歸之義，故“无咎”。曰“或得”者，《乾》之四曰“或躍在淵”，《漸》之四曰“或得其桷”，“或”之者，疑之也，皆有不遽進之義。

象曰：“或得其桷”，順以巽也。

《詩》：“有鶖在梁，有鶴在林。維彼碩人，實勞我心。”鴻以水鳥而木棲，亦如鶴之在林，進非所安，而處以順巽，“或得其桷”之義也。《左傳》：“孔文子之將攻太叔也，訪於仲尼。仲尼退，命駕而行，曰：‘鳥則擇木，木豈能擇鳥？’”得桷即擇木之義，是以曰“順以巽”。

九五：鴻漸于陵，婦三歲不孕，終莫之勝，吉。

《詩》：“鴥彼飛隼，率彼中陵。”漸陵則愈進于高矣，居高有應而反其類。《左傳》：“衛莊公娶於齊東宫得臣之妹，曰莊姜，美而無子，衛人所爲賦《碩人》也。”此“婦三歲不孕”之謂也。《詩》：“采采芣苢，薄言采之。”芣苢宜懷孕，婦人樂有子，不孕所以爲不和也。《詩》：“三歲爲婦，靡室勞矣。夙興夜寐，靡有朝矣。言既遂矣，至於暴矣。”“三歲不孕”，言不相和合之甚，承“婦孕不育”而言也。《左傳》：“賤妨貴，少陵長，遠間親，新間舊，小加大，淫破義，所謂六逆也。”二五爲正應，不能和合者，寇勝之也。曰“終莫之勝”者，《孟子》：“仁之勝不仁也，猶水勝火。今之爲仁者，猶以一杯水救一車薪之火也，不熄則謂之水不勝火，亦終必亡而已矣。”邪終不能勝正，此定理也。所謂吉凶貞勝者，義正如此。“終莫之勝，吉”承“禦寇”而言也。

象曰：“終莫之勝，吉”，得所願也。

《詩》：“緑衣黄裏。緑衣黄裳。正色易位，間色勝之也。我思古人，實獲我心。”此“莫之勝”爲“得所願”之義也。

上九：鴻漸于陸，其羽可用爲儀，吉。

《本義》：“陸當作逵。”從胡氏、程氏説。《爾雅》：“九達謂之逵。”雲路之達，亦如之也。《詩》：“鴻雁于飛，肅肅其羽。”言其羽整肅，群飛而有序也。《左傳》：“有儀而可象謂之儀。”故曰“可用爲儀”。《書》：“鳳凰來儀。”即羽儀之謂也。孔穎達曰：“上與三皆處卦上，故並稱陸。”案：此則進之極而復于陸。《左傳》：“六鷁退飛，過宋都，風也。”巽爲風，爲高。上爻與《中孚》“翰音登於天”同象。若陸則退而非進矣。“于干”“于磐”“于陸”“于木”“于陵”“于逵”，《漸》之序如此。

象曰：“其羽可用爲儀，吉”，不可亂也。

《詩》：“鳲鳩在桑，其子在棘。淑人君子，其儀不忒。人之爲儀，亦象於鳥也。其儀一兮，心如結兮。”是“不可亂”之謂也。

䷵兑下震上

歸妹：征凶，无攸利。

《爾雅》：“男子謂女子先生爲姊，後生爲妹。”案文，從女從未，少者未嫁之稱。震爲長子，兑爲少女，是以謂之妹也。《穀梁傳》：“婦人謂嫁曰歸。”是以謂之歸妹也。案文，歸從阜從止從帚。《詩》：“淇則有岸，隰則有畔。”自之止，得所歸爲義也。《禮記》：“納女於大夫曰備掃灑。”婦以執箕帚爲義也。《左傳》：“凡公女嫁於敵国，姊妹則上卿送之，以禮於先君。”此歸妹之義也。《周禮・地官》：“中春，令會男女，奔者不禁。”不備禮而自歸，非男女之正者，故曰“征凶，无攸利”。《詩》：“爲韓姞相攸，莫如韓樂。”此則“有攸利”者矣。

彖曰：歸妹，天地之大義也。天地不交而萬物不興，歸妹，人之終始也。

《家語》：“男子者，任天道而長萬物者也。女子者，順男子之教而長其理者也。”故曰“天地之大義也”。《禮記》：“天地合而後萬物興焉。昏禮，萬世之始也。”故曰“天地不交而萬物不興”也。《禮記》：“婦執笲、棗、栗、段脩以見，贊醴婦，成婦禮也。”歸妹爲婚禮之成，故曰“人之終”。《禮記》：“夫婦之義，由此始也。”婦妹有生育之義，故又曰“人之始”。

説以動，所歸妹也。

《禮記》：“感於物而動，性之欲也。”“説以動”之謂也。《詩》：“乃如之人也，懷婚姻也，大無信也，不知命也。”此所謂“説而動”者，是指所歸妹而言也。上言天地人之大義，以明歸妹之正。此特別言所歸妹，以見“説以動”之非正也。《左傳》：“叔向娶於甲公巫臣氏，其母曰：‘吾聞之，甚美必有甚惡。是鄭穆之少妃姚子之子，子貉之妹也。天鍾美於是，將必以是大敗也。’”“止而説”則爲取女之吉，自取者言也。“説以動”則爲歸妹之凶，自歸者言也。叔向之母知歸妹之非正者，有先見之明矣。

“征凶”，位不當也。“无攸利”，柔乘剛也。

《詩》：“蝃蝀在東，莫之敢指。女子有行，遠父母兄弟。”淫邪之行，是爲“征凶”。《禮記》：“男子居外，女子居内。”剛柔之正位也。二至五皆不得正，二體皆柔在上，故曰“位不當”，又曰“柔乘剛也”。《孟子》：“大丈夫生而願爲之有室，女子生而願爲之有家。父母之心，人皆有之。不待父母之命、媒妁之言，鑽穴隙相窺，踰牆相從，則父母國人皆賤之。古之人未嘗不欲仕也，又惡不由其道。不由其道而往者，與鑽穴隙之類也。”有室有家，所謂天地之大義，人之終始。若不待父母媒妁，則自歸之謂也。鑽穴踰牆，是“説以動”而“征凶”者。父母國人之賤，“无攸利”也。不由其道，柔之乘剛而位不當者也。孟子之言與歸妹之義實相發矣。

象曰：澤上有雷，歸妹。君子以永終知敝。

《詩》：“東宫之妹。”震出東方而兑在内，故歸妹之象取諸此。《詩》：“漢有遊女，不可求思。漢之廣矣，不可泳思。江之永矣，不可方思。”澤上有雷，則陰氣感而先動，故爲歸妹之戒。《禮記》：“言必慮其所終，而行必稽其所敝。”此“永終知敝”之義也。《詩》：“總角之宴，言笑宴宴。信誓旦旦，不思其反。反是不思，亦已焉哉。”人窮則反本。棄婦之悔，未嘗思其終而知其敝矣。《詩》：“敝笱在梁，其魚魴鰥。齊子歸止，其從如雲。”永終之敝，此詩之義尤深切著明也。

初九：歸妹以娣，跛能履，征吉。

《詩》：“韓侯迎止，于蹶之里。諸娣從之，祁祁如雲。”此“歸妹以娣”之謂也。娣不備禮，故卦辭“歸妹”曰“征凶”而爻辭“以娣”曰“征吉”。《詩》：“有扁斯石，履之卑兮。”履卑言妾之賤也。《禮記》：“立毋跛。”跛者，偏立之象。娣取其義，能履則吉。《詩》：“嘒彼小星，三五在東。肅肅宵征，夙夜在公，寔命不同。”義命自安，所謂“征吉”者也。

象曰：“歸妹以娣”，以恒也。“跛能履，吉”，相承也。

《左傳》：“凡諸侯嫁女，同姓媵。”《公羊傳》：“諸侯娶一國，則二國媵之以姪娣從。姪者何？兄之子也。娣者何？弟也。”從嫡而歸，乃其常道，“以恒”之義也。《恒》六五言“婦人吉”，巽爲長女，夫婦之道有恒；兑爲少女，嫡庶之道亦有恒也。《左傳》：“衛莊公娶於陳，曰厲嬀。生孝伯，蚤死。其娣戴嬀生桓公，莊姜以爲己子。”所處雖偏，而能佐嫡者，“相承”之義也。

九二：眇能視，利幽人之貞。

《詩》：“汎彼柏舟，亦汎其流。耿耿不寐，如有隱憂。賢女而配不良，是“眇能視”之義也。我心匪石，不可轉也。我心匪席，不可卷也。”所謂“利幽人之貞”也。《柏舟》之義，此爻足以當之。

象曰：“利幽人之貞”，未變常也。

《詩》：“窈窕淑女。”幽閒貞静之意。幽貞，女德之常也。《詩》：“終温且惠，淑慎其身。”雖遇人不淑，而未變其常也。《詩》：“静女其姝，俟我于城隅。”幽人而猶曰利貞，“未變常”之義，爲守身者戒也。

六三：歸妹以須，反歸以娣。

《詩》：“江有汜，之子歸，不我以。不我以，其後也悔。”此“歸妹以須”之義也。《穀梁傳》：“婦人謂嫁曰歸，反曰來歸。”“反歸以娣”者，即所謂待年於國也。須亦爲女之賤者。《禮記》：“旦婺女中。”婺女即須之謂。《周禮·天官》：女漿、女籩、女醢、女醯、女幂、女饎。所謂奚三百者，皆須之類也。須本爲待之義。女之賤者，備一説。

象曰：“歸妹以須”，未當也。

《春秋》：“二年，伯姬歸于紀”。“七年，叔姬歸于紀。”未當其年，則亦未當其位，是其義也。《左傳》：“女德無極，婦怨無終。”女之無行，皆“未當”之義也。

九四：歸妹愆期，遲歸有時。

《周禮·媒氏》：“掌萬民之判。中春之月，令會男女。”此歸妹之期也。《詩》：“雝雝鳴雁，旭日始旦。士如歸妻，迨冰未泮。”亦即其義。《詩》：“匪我愆期，子無良媒。將子無怒，秋以爲期。”此愆期而待時者也。《禮記》：“女子十有五年而笄，二十而嫁，有故二十三年而嫁。”此“遲歸有時”之義也。

象曰：愆期之志，有待而行也。

《詩·摽有梅》：“其實七兮，求我庶士，迨其吉兮。”不苟從者，“愆期之志”也。《詩》：“出宿于泲，飲餞于禰。女子有行，遠父母兄弟。”此行之有待也。《孟子》：“取非其招，不往也。如不待其招而往，何哉？”此可明“有待而行”之義也。《論語》：“陽貨曰：‘好從事而亟失時，可謂知乎？’孔子曰：‘吾將仕矣。’”“子貢曰：‘有美玉於斯，求善賈而沽諸？’子曰：‘沽之哉，沽之哉，我待賈者也。’”待不待之間，聖賢出處之大義，於此可觀矣。

六五：帝乙歸妹，其君之袂不如其娣之袂良。月幾望，吉。

“帝乙歸妹”與《泰》之六五同。女不待夫家之求而自歸，非正也。惟天子則爲降尊屈貴。《書》：“釐降二女于嬀汭。”《詩》：“平王之孫，齊侯之子。”皆“帝乙歸妹”之義也。《論語》：“邦君之妻，邦人稱之曰君夫人，稱諸異邦曰寡小君。”與君敵體，亦曰“其君”。《周禮·内司服》：“掌王后之六服：褘衣、揄狄、闕狄、鞠衣、展衣、緣衣、素沙。”《禮記》：“王后褘衣，夫人揄狄，君命屈狄。”皆言其君之服也。《周禮》：“辨外内命婦之服：鞠衣、展衣、緣衣、素沙。"《禮記》："唯世婦命於奠繭。"皆言其娣之服也。《儀禮・少牢饋食禮》："主婦被錫衣侈袂。"侈袂所以爲飾袂，蓋衣之著見者，故特舉以爲言也。《禮記》："黑黄蒼赤，莫不質良。"良者，服色之善也。《詩》："如山如河，象服是宜。子之不淑，云如之何。"言服之盛而德不稱。君袂不如娣袂之良，在德而不在服也。《詩》："南有樛木，葛藟纍之。"不如娣袂，亦逮下而無嫉妒之心也。《禮記》："日生於東，月生於西。"女君之德比於月。震東兑西。月之幾望，不亢於日，故曰"吉"也。

象曰：帝乙歸妹，不如其娣之袂良也。其位在中，以貴行也。

《書》："世禄之家，鮮克由禮。服美于人，驕淫矜侉。"袂之不良，能由禮也。《詩》："爲絺爲綌，服之無斁。薄污我私，薄澣我衣。"象不曰其君之袂而但曰"不如其娣之袂良"者，明歸妹之富而能勤，貴而能儉也。《詩》："曷不肅雝，王姬之車。"在中而以貴行，不挾貴之義也。

上六：女承筐，无實；士刲羊，无血。无攸利。

《詩》："于以盛之，維筐及筥。誰其尸之，有齊季女。"是女之承筐以奉祀也。《詩》："承筐是將。"是筐之有實爲敬也。《禮記》："炮取豚，若將刲之。"刲羊，去五藏也。《禮記》："大夫無故不殺羊，士無故不殺犬豕。"是士以刲羊爲盛禮也。《禮記》："祭祀之禮，主人親割牲取血以祭。"《周禮・雍人》："舉羊升屋，自中，中屋南面，刲羊流血于前，乃降。"是刲羊以有血爲誠也。"无實""无血"，故"无攸利"。《詩》："女曰鷄鳴，士曰昧旦。子興視夜，明星有爛。將翱將翔，弋鳧與雁。"士女夫婦之稱。夫婦宜共承宗廟者，不能奉祀，是女歸無終也。

象曰：上六无實，承虚筐也。

《孟子》："恭敬者，幣之未將者也。恭敬而無實，君子不可虚拘。"是虚筐无實之義也。《左傳》："晋獻公筮嫁伯姬於秦，遇《歸妹》之《睽》。史蘇占之，曰：'不吉。其繇曰：士刲羊，亦無衁也。女承筐，亦無貺也。西鄰責言，不可償也。《歸妹》之《睽》，猶无相也。震之離，亦離之震，爲雷爲火。爲嬴敗姬，車説其輹，火焚其旗，不利行師，敗于宗丘。歸妹睽孤，寇張之弧，姪其從姑，六年其逋，逃歸其國，而棄其家。

明年，其死於高梁之虚。’”上爻爲婚約不終之占，故其義不吉也。

【校記】

〔1〕水火：通行本前有“革”字。

〔2〕改，通行本《尚書·召誥》作“遐終”。

周易引經通釋卷六

黄岡李鈞簡輯註　男澍滋校字

周易下經

䷶離下震上

豐：亨。王假之，勿憂，宜日中。

《爾雅》："苞，蕪，茂，豐也。"草木之盛。《詩》："在彼豐草。"《禮記》"韭曰豐本"是也。《左傳》："潔粢豐盛。"《書》："典祀無豐于昵。"豐者，多大之義。《儀禮·鄉射禮》："司射適堂西，命弟子設豐。"豐爲祭器。案文，從豆從山從丰。豆中之物盛滿，如山之草木高盛，所以取豐之義。《説文》"豆之豐滿者"是也。其象蓋與鼎同。震爲主器，所以曰"王假之"。離爲長養，所以曰"宜日中"。其義即本於此。《中庸》："德爲聖人，尊爲天子，富有四海之内，宗廟饗之，子孫保之。"是言豐亨之道，非有王者之德不能致之，"王假之"之義也。《詩》："鬷假無言。"假與格通。《家人》曰"王假有家"，《萃》曰"王假有廟"。"假之"兼在宫[1]、在廟言也。《書》："天乃錫王勇知，表正萬邦。"勇者，雷之震。知者，火之明。王所以假之之本也。《論語》："'既庶矣，又何加焉？'曰：'富之。''既富矣，又何加焉？'曰：'教之。'"是豐之可憂也。《孟子》："聖人之憂民如此。"勿憂是聖人之所以處豐也。《詩》："日之方中。"言極盛之時也。《左傳》："日之數十，故有十時，亦當十位。自王已下，其二爲公，其三爲卿。"《注》："日中當王。"是日中王者之位也，故曰"宜日中"。《詩》："罄無不宜。"宜者，"永言保之"之義也。

彖曰：豐，大也。明以動，故豐。

《公羊傳》："大有年何？大豐年也。"是豐爲大之義也。《書》："明作有功，惇大成裕。"此其"明以動"者也。《書·堯典》："欽明文思。黎民於變時雍。"《舜典》："濬哲文明，四方風動。""明以動，故豐"，此其義也。

"王假之"，尚大也。"勿憂，宜日中"，宜照天下也。

《禮記》："祝嘏莫敢易其常古，是謂大假。"假所以爲大之義。《左傳》："保大定功，安民和衆，豐財者也。"大者，王之所尚，其義如此。《大學》："物格而后知至，此謂知本，此謂知之至也。"理無不明，誠無不格，"尚大"之義。《孟子》："樂民之樂者，民亦樂其樂。憂民之憂者，民亦憂其憂。樂以天下，憂以天下。"此所以"勿憂"者也。《書》："帝光天之下，至于海隅蒼生，萬邦黎獻，共惟帝臣。""宜照天下"之義也。

日中則昃，月盈則食，天地盈虛，與時消息，而況於人乎！況於鬼神乎！

《國語》："日困而還，月盈而匡。"日月之因於昃食，此其義也。《書》："自朝至于日中昃。"《周書》："日之中也昃。"《春秋》："日下昃。"是日之中必至於昃也。《詩》："彼月而食，則維其常。"是月之盈必至於食也。皆所以爲豐之戒也。《禮記》："三五而盈，三五而闕。"《書》："哉生魄。既生魄。旁死魄。"月亦有中，曰"日中則昃"，與月之盈闕生死同其義也。《春秋》："日有食之。"《穀梁傳》："吐者外壤，食者内壤。闕然不見其壤，有食之者也。"日亦有食，曰"月盈則食"，與日之吐闕同其義也。《詩》："爗爗震電，不寧不令。百川沸騰，山冢崒崩。高岸爲谷，深谷爲陵。"是所謂"天地盈虛，與時消息"也。《國語》："天所崇之子孫，或在畎畝；畎畝之人，或在社稷。"盛衰升降，人之"盈虛與時消息"也。《中庸》："鬼神之爲德，其盛矣乎！視之而不見，聽之而不聞，體物而不可遺。"屈伸往來，鬼神之"盈虛與時消息"也。人與鬼神皆不外於天地，故曰"況於人，況於鬼神"也。《謙》之彖曰"天道虧盈而益謙，地道變盈而流謙，鬼神害盈而福謙，人道惡盈而好謙"，此可知"宜日中"之義。《乾》之文言曰"夫大人者，與天地合其德，與日月合其明，與四時合其序，與鬼神合其吉凶"，此可知"王假之"之義。

象曰：雷電皆至，豐。君子以折獄致刑。

《大戴禮》："陰陽之氣俱則雷，交則電。"此"雷電皆至"之象也。《左傳》："爲刑罰威獄，使民畏忌，以類其震曜殺戮。"震謂雷，曜謂電，如天之威嚴，所以有"折獄致刑"之義也。《周禮·秋官·大司寇》："鄉士、遂士、縣士辨其獄訟，司寇聽之，斷其獄，弊其訟于朝。"此"折獄"之義也。《周禮·地官·大司徒》："以鄉八刑糾萬民：一曰不孝之刑，二曰不睦之刑，一曰不婣之刑，四曰不弟之刑，五曰不任之刑，六曰不恤之刑，七曰造言之刑，八曰亂民之刑。"此"致刑"之義也。《書》："非佞折獄，惟良折獄。"此言折獄之道明而後決也。《書》："士制百姓于刑之中。"此言致刑之道決由於明也。《書》："天明畏自我民明威。"電雷之《噬嗑》，明在上也，故"明罰勑法"象取於先王。《書》："皐陶方祇厥叙，方施象刑，惟明。"雷電之豐，明在下也，故"折獄致刑"象取於君子。《左傳》："夏有亂政而作禹刑，商有亂政而作湯刑，周有亂政而作九刑。三辟之興，皆叔世也。"言刑書不起於始盛之世，此"折獄致刑"必謹於豐之時也。

初九：遇其配主，雖旬无咎，往有尚。

《孟子》："配義與道。"配者，合而有助之意。初之遇四，明動相資，故謂之配。《孟子》："孔子於衛主顔讎由，於宋主司城貞子。吾聞觀近臣以其所爲主，觀遠臣以其所主。""配主"指四，即近臣之謂。"夷主"指初，即遠臣之謂。是可知配主、夷主之義也。《左傳》："天有十日，人有十等。"人之等各當其日之位，相配之義，所以曰旬。《詩》："菀彼桑柔，其下侯旬。"旬爲均之義也。《孟子》："地醜德齊，莫能相尚。"配則其勢相敵，故貴乎有尚也。《書》："予往暨汝奭其濟。""往有尚"之謂也。

象曰："雖旬无咎"，過旬災也。

《禮記》："旬之外曰遠某日，旬之内曰近某日。"十日爲旬，當數之盈。"過旬災"者，亦猶日中之昃，爲處豐者戒，言其相資則有益，相踰則有害也。《書》："太康尸位，以逸豫滅厥德，畋于有洛之表，十旬弗反。"過旬之災，皆盛滿之所致，此動之不可以不明也。

六二：豐其蔀，日中見斗，往得疑疾。有孚發若，吉。

蔀之字從草，草盛覆蔽之象。《爾雅》："蓐謂之兹。"席也。蔀爲小席，可以蔽物者。《書》："帝臣不蔽。""豐其蔀"者，是賢臣而有蔽之謂也。《禮記》："孟春之月，日在營室，昏參中，旦尾中。仲春之月，日在奎，昏弧中，旦建星中。"星之中以昏旦，晝則不見。日之中見乎離，言嚮明之治也。日中之見斗、見沬，則皆晝晦之象，明而有蔽之義。《公羊傳》："有星孛于東方。其言于東方何？見于旦也。"孛見于旦，與日中之象同。《春秋》："有星孛于北斗。"《穀梁傳》："孛之爲言，猶茀也。其曰入北斗，斗有環域也。"此可以知"見斗"之義矣。《春秋》魯莊公七年："夏四月辛卯，夜，恒星不見。"《左傳》："夜明也。"《公羊傳》："何以書？記異也。"日見於晝，星見於夜，天之常理。夜中無星，夜如晝。日中見星，晝如夜。其失常之義一也。《書》："管、蔡流言于國曰：'公將不利于孺子。'""往得疑疾"之謂也。《書》："今天動威以彰周公之德。""有孚發若"之謂也。周公之時，正所謂"日中見斗"者。

象曰："有孚發若"，信以發志也。

《書》："亂爲四方新辟，作周恭先。曰其自時中乂，惟王有成績。予旦以多子，越御事，篤前人成烈，答其師，作周孚先。"周公之志終見信於君，"信以發志"之謂也。《論語》："君子信而後諫，未信則以爲謗己也。"以己之信釋君之疑，則可以爲純臣矣。

九三：豐其沛，日中見沬，折其右肱，无咎。

"沛"，一作"旆"。《詩》："悠悠旆旌。"旆爲幡幔之屬，障蔽尤甚，此舊説也。《孟子》："沛澤多而禽獸至。"《公羊傳注》："草棘曰沛。"《風俗通》："沛者，草木之蔽茂。"亦爲掩蔽之義。作本字解，其説亦通。《詩》："嘒彼小星，三五在東。"沬者，斗旁小星。"見沬"，亦隱昧之甚也。《詩》："麾之以肱，畢來既升。"肱所以指麾用事者。《論語》："短右袂。"所以便作事，右肱之用尤利也。《左傳》："君之卿佐，是謂股肱。股肱或虧，何痛如之！"是"折其右肱"之義也。"折其右肱"，不能有爲也，尚有以自守，故"无咎"。

象曰："豐其沛"，不可大事也。"折其右肱"，終不可用也。

《周禮》："大事則從其長。"事之大者，國所重也。《孟子》："自棄者不可與有爲也。"以其昏暗之甚也。應九五者，猶可發志。應上六者，不可大事。《書》："元首叢脞哉。股肱惰哉。萬事墮哉。"折肱，故曰"終不可用也"。

九四：豐其蔀，日中見斗，遇其夷主，吉。

辭與二同，而蔀之與斗，其蔽尤近。《孟子》："賢者以其昭昭，使人昭昭。今以其昏昏，使人昭昭。"是其義也。又曰"遇其夷主"者，《詩》："北風其涼，雨雪其雱。惠而好我，攜手同行。"時雖昏暗，尚有同志之士也。《禮記》："在醜夷不争。"夷者，等夷之謂。"夷主"，謂初九也。《書》："德無常師，主善爲師。善無常主，協于克一。"初以四爲配主，四以初爲夷主。"遇其配主"者，震之有爲。"過其夷主"者，離之見幾。是明動相資而迭爲主也。

象曰："豐其蔀"，位不當也。"日中見斗"，幽不明也。"遇其夷主"，吉行也。

《孟子》："不祥之實蔽，賢者當之。"位不當者，正蔽賢之謂也。《書》："宅南交曰明都。日永，星火。宅朔方曰幽都。日短，星昴。"明而當闇，"幽不明"之義也。《書》："惟暨乃僚，罔不同心，以匡乃辟。"下就於初，以求同德之助，故曰"遇其夷主，吉行也"。《左傳》："日入慝作。"日入則有昏暗之象，明夷之義是也。日中則宜無故矣。然極盛之時，每有相蒙之蔽。見斗、見沬，不必實有其事，而不可以不明其義者，聖人之立象精矣。

六五：來章，有慶譽，吉。

二曰"往得疑疾"，《詩》："薄言往愬，逢彼之怒。"以臣之不遇而言。五曰"來章有慶譽"，《孟子》："夫苟好善，則四海之内皆將輕千里而來告之以善。"以君之得臣而言。義各有所當也。《詩》："既見君子，我心寫兮。燕笑語兮，是以有譽處兮。"此"有慶譽"之義也。六五質雖柔闇，能致天下之明。《中庸》："果能此道矣，雖愚必明，雖柔必强。"聖人之所以勉哀公者，即其義也。

象曰：六五之吉，有慶也。

《詩》："我覯之子，維其有章矣。維其有章矣，是以有慶矣。"此來章之慶，所以爲六五之吉也。

上六：豐其屋，蔀其家，闚其户，闃其無人，三歲不覿，凶。

《左傳》："高其閈閎，厚其墻垣。"此所謂"豐其屋"也。《左傳》："其門上生莠。"此所謂"蔀其家"也。《國語》："魯文公欲弛孟文子之宅，對曰：'署位之表也，宅章之次也。臣立先臣之署爲利，而易其次，是辱君命也。’”《左傳》：“初，齊景公欲更晏子之宅。辭曰：‘臣之先臣容焉，臣不足以嗣之，於臣侈矣。’”此皆“豐其屋”所以“蔀其家”之義也。《孟子》：“堂高數仞，榱題數尺，我得志弗爲也。”此“豐其屋”之不足恃也。《書》：“峻宇雕墻，未或不亡。”此“蔀其家”之可危也。《左傳》：“今民各有心，而鬼神乏主，君雖獨豐，其何福之有？”豐而在上，所以爲戒。《國語》：“智襄子室美，士茁夕曰：‘土木勝，臣懼其不安人也。’”此“闚户，無人，三歲不覿”之戒也。《詩》：“果臝之實，亦施于宇。伊威在室，蠨蛸在户。町畽鹿場，熠燿宵行。此“闚其户，闃其無人”之象也。鸛鳴于垤，婦歎于室。自我不見，于今三年。”此“三歲不覿”之象也。離散之時，乃有此象。怙侈之凶，義亦如此。《左傳》：“鄭公子曼滿與王子伯廖語，欲爲卿。伯廖告人曰：‘無德而貪，其在周易豐之離，弗過之矣。’”即此爻之義也。

象曰：“豐其屋，天際翔也。”“闚其户，闃其無人”，自藏也。

《詩》：“如跂斯翼，如翬斯飛。”“天際翔”者，言“豐其屋”之象，亦以況其人之自高，所以自蔽之甚也。《周禮》：“有相翔者誅之。”翔有猖狂之義。《左傳》：“掩賊爲藏。”藏有消沮之義，皆豐之多故也。《書》：“富潤物，德潤身，故君子必誠其意。”慎獨之義，其鑒於豐屋之戒也與？

䷷艮下離上

旅，小亨，旅貞吉。

《爾雅》：“途，旅，路也。”在路謂之旅。案文，從方從三人。《論語》：“使於四方。”又：“遊必有方。”方者，所适之處也。《國語》：“人三爲衆。”衆者，所借之侣也。山象人之所止，火象人之所麗，是以爲旅。《書》：“蔡蒙旅平。”祭山曰旅。神之所寓，亦曰旅也。《周禮》：“五百人爲旅。”行師之衆，同火者也，亦足明火山曰旅之義。《國語》：“陽處父如衛，反，過寧，舍於逆旅寧嬴氏。”所舍皆謂之旅也。《孟子》：“關市譏而不征，則天下之旅皆悦而願出於其路矣。”旅之所以亨者也。《左傳》：“跋履山川，踰越險阻。”故雖亨而小也。《詩》：“百爾君子，不知德行。不忮不求，何用不臧？”行役者其德如是，所謂旅之貞吉也。

彖曰：旅，小亨，柔得中乎外，而順乎剛，止而麗乎明，是以“小

亨，旅貞吉”也。

《詩》：“駪駪征夫，每懷靡及。”是“柔得中乎外”之義也。陰居五位，在外卦，故云。《詩》：“王事靡盬，不遑啓處。”是“順乎剛”之義也。柔麗乎上下之剛，故云。皆以離之德言之。《詩》：“載馳載驅，周爰咨諏。”是“止而麗乎明”之義也。合全卦之德言之。《孟子》：“孔子於衛主顔讎由，於陳主司城貞子。主癰疽與侍人瘠環，何以爲孔子？”此旅貞之所以吉也。

旅之時義大矣哉！

《禮記》：“子生，射人以桑弧蓬矢六[2]，射天地四方。天地四方，男子之所有事也。”旅之時義，於此可見。《中庸》：“素富貴行乎富貴，素貧賤行乎貧賤，素夷狄行乎夷狄，素患難行乎患難。故君子無入而不自得焉。”天地之間，無在非旅，故曰“旅之時義大”。《禮記》：“孔子曰：‘丘，東西南北之人也。’”孔子蓋終身於旅者。《孟子》：“可以仕則仕，可以止則止，可以久則久，可以速則速，孔子也。”旅之爲義，惟孔子聖之時者得之。

象曰：山上有火，旅。君子以明慎用刑，而不留獄。

《左傳》：“焚咸邱。”此“山上有火”之象也。《左傳》：“行火所焮。”火之勢不久留，於象爲旅。《書》：“惟明克允，欽哉欽哉，惟刑之恤哉！”“明慎用刑”之義也。《禮記》：“乃趣獄刑，毋留有罪。”“不留獄”之義也。《論語》：“子曰：‘片言可以折獄者，其由也與？’子路無宿諾。”忠信明決在於平時，此“明慎用刑”所以能“不留獄”也。《禮記》：“斷薄刑，決小罪，出輕繫。”獄之不留，所以象旅之不處也。

初六：旅瑣瑣，斯其所取災。

《爾雅》：“瑣瑣，小也。”是細小卑賤之貌也。《詩》：“瑣兮尾兮，流離之子。”“旅瑣瑣”之謂也。《禮記》：“將適舍，求毋固。”此即“瑣瑣”之戒。《左傳》：“其細已甚，民弗堪也。”“瑣瑣”之所以取災義如是也。王《注》以斯爲卑賤之役。《公羊傳》：“廝役扈養。”此類是也。男之賤而從人者曰斯，故象取於《旅》。女之賤而從人者曰須，故象取於《歸妹》。此亦足備一說。《左傳》：“人火曰火，天火曰災。”火在山上，取義於災。

象曰：“旅瑣瑣”，志窮災也。

《左傳》："君子務其遠者大者，小人務其小者近者。""志窮"之"災"，務於近小，自取窮困也。《左傳》："姜氏曰：'子有四方之志，其聞之者，吾殺之矣。'公子曰：'無之。'姜曰：'行也。懷與安，實敗名。'""志窮災"者，此即其義。

六二：旅即次，懷其資，得童僕貞。

《周禮·地官·遺人》："凡國野之道，十里有廬，廬有飲食；三十里有宿，宿有路室，路室有委；五十里有市，市有候館，候館有積。"在途之次。《儀禮·聘禮》："卿館於大夫，大夫館於士，士館於工商。"在國之次。此皆"旅即次"之義也。《儀禮》："既受行，出遂見宰，問幾月之資。"《左傳》："行李之往來，共其困乏。"此"懷其資"之義也。《公羊傳》："夫負羈縶執鈇鑕從君東西南北，則是臣僕庶孽之事也。"是"童僕"之謂也。《左傳》："晋公子重耳之及於難也，奔狄，取季隗。及齊，齊桓公妻之，有馬二十乘。及宋，宋襄公贈之以馬二十乘。及楚，楚子饗之。乃送諸秦。""秦伯送衛於晋三千人，實紀綱之僕。""即次，懷資，得童僕貞"，晋文公之事可見矣。《左傳》："晋公子有三士，足以上人而從之。"賢能相輔者，貞也。《左傳》："荀息曰：'臣竭其股肱之力，加之以忠貞。'"患難相保者亦貞也。

象曰："得童僕貞"，終无尤也。

《詩》："屢顧爾僕，不輸爾載。終踰絶險，曾是不意。"此"得童僕"而"无尤"之義也。《左傳》："舅犯曰：'臣負羈絏從君，巡於天下，臣之罪甚多矣。臣猶知之，而況君乎！'"曰"終无尤"，君臣相保之義亦可見矣。

九三：旅焚其次，喪其童僕，貞厲。

《左傳》："車説其輹，火焚其旗，不利行師，敗于宗丘。惠公在秦，曰：'先君若從史蘇之占，吾不及此夫。'慶鄭曰：'愎諫違卜，固敗是求，又何逃焉？'"焚次、喪僕，晋惠公之事可見矣。《左傳》："臣妾多逃，器用多喪。"故厲也。《書》："離心離德。"過剛不中，危之道也。

象曰："旅焚其次"，亦以傷矣。以旅與下，其義喪也。

《左傳》："師陳焚次。"其勢必危。凡無所棲止，皆"焚次"之傷也。《詩》：

“僕夫況瘁。”又：“我僕痡矣，云何吁矣。”在旅者必念其僕。若剛暴而不恤下，則有“喪其童僕”之義。《禮記》：“夫祭有畀煇胞翟閽者，惠下之道也。明足以見之，仁足以與之。畀之爲言與也，能以其餘畀其下者也。”不知惠下之義，故曰“其義喪也”。況在旅者，可不戒諸？

九四：旅于處，得其資斧，我心不快。

《詩》：“于時廬旅，于時處處。”“旅于處”之義也。《左傳》：“叔孫婼所館者，雖一日，必葺墻屋，去之如始至。”此嚴整之中亦有戒備之意。蓋“于處”不及“即次”之安也。《左傳》：“晋公子處狄十二年而行。”旅以不處爲義。旅之于處，非所安也。《詩》：“何其處也，必有與也。何其久也，必有以也。”觀此則“旅于處”者，其何以爲情哉？《詩》：“乃裹餱糧，于橐于囊。弓矢斯張，干戈戚揚，爰方啓行。”餱糧以養身，干戚以衛身，此“資斧”之義也。《左傳》：“凡獲器用曰得。”是以謂之得也。《孟子》：“當在宋也，予將有遠行，行者必以贐；辭曰：‘餽贐。’予何爲不受？當在薛也，予有戒心；辭曰：‘聞戒，故爲兵餽之。’予何爲不受？若於齊，則未有處也。無處而餽之，是貨之也。焉有君子而可以貨取乎？”餽贐、兵餽，是所謂“旅于處，得其資斧”者。無處而餽，是又所謂“我心不快”者。君子志在行道，其義固如此也。

象曰：“旅于處”，未得位也。“得其資斧”，心未快也。

《孟子》：“有官守者不得其職則去，有言責者不得其言則去。我無官守，我無言責也，則吾進退豈不綽綽然有餘裕哉？”是“未得位”之義也。四近五，爲臣位，而旅不取其義，故云。《孟子》：“千里而見王，是予所欲也。不遇故去，豈予所欲哉？予不得已也。”又：“於崇，吾得見王。退而有去志，繼而有師命，不可以請。久於齊，非吾志也。”此皆“心未快”之義。

六五：射雉，一矢亡，終以譽命。

《儀禮》：“士相見之禮，贄用雉。”取其文明耿介之象也。《左傳》：“賈大夫御妻以如臯，射雉，獲之，妻乃笑而言。”射雉爲士君子之所有事也。《詩》：“雄雉于飛，下上其音。展矣君子，實勞我心。”羈旅之人必取則於文明。《詩》以雄雉比君子之于役，亦可知射雉之義也。《左傳》：“惟是一矢，以相加遺。”一矢之亡，所失無多也。《周禮·司弓矢》：“凡亡矢者，弗用則更。”

得其用則不償其亡，是一矢言其亡，正以明其得。射雉而得，進身有階之義也。《孟子》："令聞廣譽施於身。""譽命"之謂也。《詩》："振鷺于飛，于彼西雝。我客戾止，亦有斯容。在彼無惡，在此無射。庶幾夙夜，以永終譽。"此在旅者"終以譽命"之義也。

象曰："終以譽命"，上逮也。

《中庸》："旅酬下爲上，所以逮賤也。""譽命"者，上之榮及於己，故曰"上逮"。五爲君位，旅則不取，君位以獲上爲義也。《左傳》："陳敬仲奔齊，齊侯使爲卿，辭曰：'羈旅之臣，及於寬政，而免於罪戾，弛於負擔，君之惠也。敢辱高位，以速官謗？'使爲工正。懿氏卜妻敬仲，曰：'是謂鳳凰于飛，和鳴鏘鏘。五世其昌，並于正卿。八世之後，莫之與京。'"此可知"終以譽命"之義。

上九：鳥焚其巢，旅人先笑後號咷，喪牛于易，凶。

《禮記》："仲春之月，毋焚山林。"《周禮·哲蔟氏》："掌覆妖鳥之巢。"鳥之焚巢，旅而無依之象也。《詩》："維鵲有巢，維鳩居之。"亦寄寓之意。安則爲居之象，危則爲焚之象也。《春秋》："鸜鵒來巢。"《左傳》："童謡曰：'鸜之鵒之，公出辱之。鸜鵒之羽，公在外野。往饋之馬，鸜鵒跦跦。公在乾侯，徵褰與襦。鸜鵒之巢，遠哉遥遥。稠父喪勞，宋父以驕。鸜鵒鸜鵒，往歌來哭。'童謡有是，今鸜鵒來巢，其將及乎？""鸜鵒之巢"即"鳥焚其巢"之義。"往歌來哭"即"先笑後號"之義。魯昭公終於旅人，其事足以驗之。《左傳》："公在乾侯，季孫從知伯如乾侯。子家子曰：'君與之歸，一慙之不忍，而終身慙乎？'公曰：'諾。'衆從者脅公，不得歸。"不聽忠言，此即"喪牛于易"之義。羊爲狠物，故喪羊者无悔，謂其自克也。牛爲順物，故喪牛者凶，謂其自用也。《離》曰"畜牝牛吉"是也。

象曰：以旅在上，其義焚也。喪牛之凶，終莫之聞也。

《孟子》："下者爲巢。"巢本在上之象。以旅與下，不恤人也；以旅在上，自處高也。故對舉以明之。《左傳》："夫兵猶火也。弗戢，將自焚也。"剛而在上，自焚之義，故曰"其義焚"。《左傳》："象有齒以焚其身，賄也。"其義之焚，亦言自取其害之意。《詩》："誨爾諄諄，聽我藐藐。""終莫之聞"之義也。《孟子》："出疆必載質。"六五有文明之德，故取義於射雉，而曰"終以譽命"，旅之有遇者也。《禮記》："入竟而問禁，入國而問俗。"上九失柔順之貞，故取義於喪牛，而曰"終莫之聞"，旅之自用者也。

☴巽上巽下

巽，小亨。利有攸往，利見大人。

《論語》："巽與之言，能無説乎？"遜順之義，所以取於巽也。案，巽之爲文，《説文》作"巺"，具也，古文作"㢲"。徐鉉曰："庶物皆具丌以薦之。"案：兩巳相背爲𩏑，於衣取之，弼違之義也。兩巳相順爲巽，於器取之，敬奉之義也。於卦義尤合。曰"小亨"者，以其孫也。《禮記》："入學鼓篋，孫其業也。"此巽之"利有攸往"者也。《詩》："公孫碩膚，德音不瑕。"此巽之"利見大人"者也。《禮記》："入虛如有人。"又："入竟而問禁。"此利往之以巽也。《論語》："出則事公卿，入則事父兄。"此利見之以巽也。

象曰：重巽，以申命。

《孟子》："仁言不如仁聲之入人深也。"入之深者，象風之無微不至，即"重巽"之義。上巽以入，下巽以從，内巽命之始，外巽命之終，皆爲"重巽，以申命"也。《詩》："保佑命之，自天申之。"《書》："天其申命用休。"天之申命於君，君之申命於臣民，其義一也。

剛巽乎中正而志行。柔皆順乎剛，是以"小亨，利有攸往，利見大人"。

《書》："帝曰：'咨，四岳！汝能庸命，巽朕位。'"帝位之巽，即"剛巽乎中正而志行"之義也。《書》："惟學遜志，務時敏，厥修乃來。"巽志非選懦之謂，故曰"志行"。《書》："帝曰：'契，百姓不親，五品不遜，汝作司徒，敬敷五教，在寬。'""柔皆順乎剛"之義也。上以巽示下，下以巽從上，所謂重巽申命而利有攸往、利見大人者，皆在於是矣。

象曰：隨風，巽。君子以申命行事。

《詩》："習習谷風，以陰以雨。"風之和者，相習而至，此即"隨風"之象。《詩》："蘀兮蘀兮，風其吹女。叔兮伯兮，倡予和女。"此人之隨者，象乎風之隨也。《書》："樹之風聲。"風所以隨之義也。《論語》："君子之德風，小人之德草。草上之風必偃。"此"隨風，巽"之義也。《爾雅》："申，重也。"重巽故曰申。《穀梁傳》："繼天者，君也。君之所存者，命也。"君之命故象乎天之風。《禮記》："季秋之月，申嚴號令，命百官貴賤無不務内，以會天地之藏，無有宣出。"申命之謹嚴，象乎風之肅厲也。《書》："分命羲仲，平秩東作。申命羲叔，平秩南訛。分命和仲，平秩西成。申命和叔，平在朔易。"此申命所以行事之義也。

初六：進退，利武人之貞。

《論語》："慎而無禮則葸。"巽之在下者，逡巡畏縮，是進退之義也。《詩》："赳赳武夫，公侯干城。赳赳武夫，公侯好仇。赳赳武夫，公侯腹心。"知進退之宜者，故曰"利武人之貞"。《禮記》："賞軍帥武人於朝。"曰"武人之貞"，則非尚力而正之以義者也。《孟子》："於不可已而已者，無所不已也。其進鋭者，其退速。"此所以利於貞也。

象曰："進退"，志疑也。"利武人之貞"，志治也。

《左傳》："宫之奇懦而不能强諫。"此巽乎人而志疑者也。《論語》："冉有曰：'非不説子之道，力不足也。'"此巽乎己而志疑者也。《論語》："子路問：'聞斯行諸？'子曰：'有父兄在，如之何其聞斯行之？'冉有問：'聞斯行諸？'子曰：'聞斯行之。'公西華曰：'赤也惑。敢問。'子曰：'求也退，故進之。由也兼人，故退之。'"進退必得其宜，此志治之謂也。《周書》："微而能發，察而能深，果敢而能屈，曰志治者也。""志治"之義，有以濟其所不及也。既曰"志疑"，又曰"志治"，《孟子》："故聞伯夷之風者，懦夫有立志。"志在於自立也。

九二：巽在牀下，用史巫紛若，吉，无咎。

《詩》："入我牀下。"象卑巽之地。《左傳》："一命而僂，再命而傴，三命而俯，三命滋益恭。"是"巽在牀下"之義也。《詩》："乃生男子，載寢之牀。乃生女子，載寢之地。"巽爲女，故有"牀下"之義。然二則得中，所以爲用史巫之吉；上則上窮，所以爲喪資斧之凶。《周禮》："大祝掌六祝之辭，以祀鬼。神，示掌六祈，以同鬼神。示作六辭，以通上下親疏遠近，辨六號，辨九祭，辨九𢷕。小祝掌小祭祀，將事侯禳禱祠之祝號。"此史之紛若者也。《周禮》："司巫掌羣巫之政令。男巫掌望祀望衍授號。女巫掌歲時祓除釁浴。"此巫之紛若者也。《禮記》："祝嘏辭説藏於宗祝巫史。"史巫皆煩悉其辭，以達於神明，是不厭其巽者，故曰“用史巫紛若，吉”也。《論語》：“非其鬼而祭之，諂也。”巽得其道，故吉而无咎。

象曰：“紛若”之“吉”，得中也。

《論語》：“恭近於禮，遠恥辱也。”“紛若”之所以“得中”也。《禮記》：“有美有文而誠若。有所竭情盡慎，致其敬而誠若。”紛若非煩多之謂，言其盡誠之義也。《禮記》：“王前巫而後史，卜筮瞽侑皆在左右，王中心無爲也，以守至正。”二之巽五，即彖之“剛巽乎中正而志行”者，所以二曰“得中”，五曰“位正”。

九三：頻巽，吝。

《論語》：“季文子三思而後行。子聞之，曰：‘再斯可矣。’”多思而少斷，是即所謂“頻巽”者也。《論語》：“出內之吝，謂之有司。”吝之爲義，可爲“頻巽”者戒矣。

象曰：“頻巽”之“吝”，志窮也。

《孟子》：“既不能令，又不受命，是絶物也。”九三以陽居剛，勉而爲巽，以至於頻，此“志窮”之義也。《論語》：“事君數，斯辱矣。朋友數，斯疏矣。”事至於頻數，未有不窮者。巽之頻，故亦曰“志窮也”。《書》：“黷于祭祀，時謂弗欽。禮煩則亂，事神則難。”此“頻巽”而“志窮”者，與“紛若”之“得中”異矣。

六四：悔亡，田獲三品。

《書》：“柔而立。”六四柔順乎剛，所以“悔亡”者也。《左傳》：“得用焉曰獲。”“獲”者，令行之效也。《禮記》：“一爲乾豆，二爲賓客，三爲充君之庖。”此“田獲三品”之謂也。祀神禮賓，皆取巽順之義。《爾雅》：“蒐苗獮狩，出爲治兵，尚威武也；入爲振旅，反尊卑也。”以柔順剛，又得巽道，於田事言之，與“利武人之貞”同義。《左傳》：“春蒐夏苗，秋獮冬狩，皆於農隙以講武事也。”四與初皆以陰爲巽主。初言武人，四言武事，則柔弱畏懦豈足以當巽之義哉？

象曰：“田獲三品”，有功也。

《左傳》：“凡物不足以講大事，其材不足以備器用，則君不舉焉。”

獲品之所以爲有功也。《詩》："奉時辰牡，辰牡孔碩。公曰左之，舍拔則獲。"田之有獲，以喻行命而有功也。《詩》："載纘武功，言私其豵，獻豜于公。""有功"者，武功之謂也。

九五：貞吉，悔亡，无不利，无初有終，先庚三日，後庚三日，吉。

五居尊位，又居巽體，所謂"剛巽乎中正而志行"者。《書》："有言逆于汝心，必求諸道。有言遜于汝志，必求諸非道。"此"貞吉"之義也。《書》："能自得師者王，謂人莫己若者亡。好問則裕，自用則小。"此"悔亡"之義也，故曰"无不利"。《書》："大甲曰：'既往背師保之訓，弗克于厥初，尚賴匡救之德，圖維厥終。'""无初有終"之義也。所以"无初有終"者，《中庸》"果能此道矣，雖柔必强"是也。《禮記》："孟秋、仲秋、季秋之月，其日庚辛。"更革之義也。先庚三日爲丁。《詩》："匪手攜之，言示之事。匪面命之，言提其耳。"丁寧於先之義也。後庚三日爲癸。《孟子》："先聖後聖，其揆一也。"揆度於後之義也。即象之"申命行事"也。與《蠱》之先甲後甲同義。舊説如是。《禮記》："外事用剛日。"甲、庚皆剛日也。《春秋》："甲午治兵。"《詩》："吉日庚午，既差我馬。"此皆用剛日之義也。案：此則甲庚之義。即取本日爲正解。其先後三日，謹始終之意也。《詩》："東有啓明，西有長庚。"《注》："日既入，明星爲長庚續也。"是啓明即先庚之義，長庚即後庚之義矣。甲者，十干之首，事之勵始者也。《大學》："湯之盤銘曰：苟日新，日日新，又日新。"是"振民育德"之本也，故曰"終則有始"，於蠱明之。庚者，十干之中，事之當更者。《孟子》："王速出令，則猶可及止也，王庶幾改之，予日望之。"是"申命行事"之宜也，故曰"无初有終"，於巽明之。

象曰：九五之吉，位正中也。

《中庸》："齊莊中正，足以有敬也。"五爲君位，故曰"九五之吉，位正中也。"《書》："王言惟作命，不言臣下罔攸稟令。"位之正中，所以申命行事之本也。

上九：巽在牀下，喪其資斧，貞凶。

"巽在牀下"與九二同辭。九二剛中而過於巽，《禮記》："大讓如慢，小讓如僞。"是其義也。巽之得中，故吉。上九以剛居巽之極，《論語》："恭而無禮則勞。”是其義也。巽之太過，故凶。《爾雅》：“將，資也。”行者所資。《左傳》：“惟是脯資，餼牽竭矣。”資所以利用也。《詩》：“析薪如之何？匪斧不克。”斧所以決斷也。“資斧”與《旅》九四同辭。《旅》之“資斧”，得之自外者也；《巽》之“資斧”，失之自内者也。《書》：“惟克果斷，乃罔後艱。”貞而亦凶者，以其不斷也。

象曰：“巽在牀下”，上窮也。“喪其資斧”，正乎凶也。

《左傳》：“畏首畏尾，身其餘幾。”“上窮”之義也。《論語》：“鄙夫可與事君也與哉？其未得之也，患得之。既得之，患失之。苟患失之，無所不至矣。”居位既高，無往不巽，思以保其爵禄權勢，故上九亦曰“巽在牀下”。《孟子》：“生斯世也，爲斯世也，善斯可矣。閹然媚於世也者，是鄉原也。”閱世既深，亦無往不巽其極，必至於此，所以謂之“上窮”也。《孟子》：“公孫衍、張儀是焉得爲大丈夫乎？以順爲正者，妾婦之道也。”“喪其資斧”，是丈夫而爲妾婦之行者，言巽之非正而凶也。與《恒》之“婦人吉，夫子凶”同義。

☱兑下兑上

兑，亨，利貞。

《詩》：“柞棫斯拔，松柏斯兑。”又：“柞棫拔矣，行道兑矣。”兑所以爲亨之義也。案：兑之爲文，從八從口從儿。兑爲口象，人之口氣上出也。口舌以道言語，説之義取諸是。上缺即兑畫卦之象。人口上開，有言則通，相通則説。《論語》：“公則説。”兑之所以亨者也。《禮記》：“禮不妄説，人不辭費。”兑之所以利於貞也。兑以無言爲説，亦即此義。

象曰：兑，説也。

《論語》：“近者説。”被其澤則説，兑之義，故取乎説也。

剛中而柔外，説以利貞，是以順乎天而應乎人。説以先民，民忘其勞。説以犯難，民忘其死。説之大，民勸矣哉！

《書》：“罔違道以干百姓之譽，罔咈百姓以從己之欲。”違道失之柔，從己失之剛，皆非正也，是“剛中而柔外，説以利貞”之義也。《論語》：“色厲而内荏，譬諸小人，其猶穿窬之盗也與？”此則與“剛中柔外”者異矣。《孟子》：“歸市者不止，耕者不變，誅其君而弔其民，若時雨降，民大悦。”此“順乎天而應乎人”之義也。《孟子》：“齊人伐燕，勝之。宣王問曰：‘以萬乘之國伐萬乘之國，五旬而舉之，人力不至於此。不取，必有天殃。取之，何如?’孟子曰：‘取之而燕民悦，則取之。古之人有行之者，武王是也。取之而燕民不悦，則勿取。古之人有行之者，文王是也。’”必曰“説以利貞，是以順乎天而應乎人”，此其義也。《論語》：“子路問政。子曰：‘先之勞之。’”故貴乎“説以先民”也。《孟子》：“文王以民力爲臺爲沼，而民歡樂之，謂其臺曰靈臺，謂其沼曰靈沼。”此“民忘其勞”之效也。《穀梁傳》：“民者，君之本也。使民以其死，非其正也。”故又貴乎“説以犯難”也。《孟子》：“君行仁政，斯民親其上，死其長矣。”此“民忘其死”之效也。《孟子》：“殺之而不怨，利之而不庸，民日遷善而不知爲之者。”忘勞忘死，必至於是而後爲，説之至也。《孟子》：“霸者之民，驩虞如也。王者之民，皡皡如也。”驩虞，説之小。皡皡，説之大也。《孝經》：“敬其父則子悦，敬其兄則弟悦，敬其君則臣悦，敬一人則千萬人悦。”是説之以情勸者。《孟子》：“天下之士皆悦而願立於其朝矣，天下之商皆悦而願藏於其市矣，天下之旅皆悦而願出於其路矣，天下之農皆悦而願耕於其野矣。”是説之以政勸者。皆説之大，民勸之義也。《孟子》：“天下之士悦之。”又：“天下大悦而將歸己。”悦之大也。《中庸》：“不賞而民勸。”勸之真也。

象曰：麗澤，兑。君子以朋友講習。

《周禮》：“荆州：其澤藪曰雲夢。”楚之二澤。《書》：“雲土夢作乂。”江南爲夢，江北爲雲。此“麗澤”之象也。離者，麗也。水流濕，火就燥，故皆以麗爲義。《禮記》：“獨學而無友，則孤陋而寡聞。”兩澤相麗，“朋友”之象也。《禮記》：“鷹乃學習。”學之不厭，“講習”之義也。故習之字從羽。《論語》：“學而時習之，不亦説乎？有朋自遠方來，不亦樂乎?”“朋友講習”之取諸兑者，此其義也。《論語》：“子曰：‘學之不講，是吾憂也。’”又：“曾子曰：‘吾日三省吾身。傳不習乎?’”知其所以憂、所以省者，則知其所以説。

初九：和兑，吉。

《論語》：“君子易事而難説也。説之不以道，不説也。小人難事而易説也。説之雖不以道，説也。”和兑之吉，君子之説也。來兑之凶，小人之説也。《中庸》：“發而皆中節謂之和。”喜樂之中節，“和兑”之謂也。

象曰："和兑"之"吉"，行未疑也。

《詩》："亦既見止，亦既覯止，我心則説。"説之以正，不疑於心矣。《論語》："君子和而不同。"《中庸》："和而不流，强哉矯。"初九爻位皆剛而無私係於陰柔之累，是以曰"行未疑也"。《論語》："色取仁而行違，居之不疑，在邦必聞，在家必聞。"曰行未疑，與作僞者異矣。

九二：孚兑，吉，悔亡。

《孟子》："召大師曰：'爲我作君臣相説之樂。'"志同道合，所謂"孚兑"之"吉"。相信之深，所謂"悔亡"者也。《左傳》："齊侯至自田，晏子侍於遄臺，子猶馳而造焉。公曰：'唯據與我和夫?'晏子對曰：'據亦同也，焉得爲和?'"二近於三而不與之比，此孚兑之正矣，是以"悔亡"。

象曰："孚兑"之"吉"，信志也。

《孟子》："以德服人者，中心悦而誠服也，如七十子之服孔子也。""信志"之義如此。志之信，行之未疑，皆所以絶非道之説也。

六三：來兑，凶。

《孟子》："彼以愛兄之道來，故誠信而喜之，奚僞焉?"此所謂"來兑"者，聖人之親愛其弟則可，非是則受其僞矣。《論語》："巧言令色，鮮矣仁。"《孟子》："脅肩諂笑，病于夏畦。"致飾於外，務以悦人者，"來兑"之所以"凶"也。《孟子》："長君之惡，其罪小；逢君之惡，其罪大。故曰今之大夫，今之諸侯之罪人也。"是以曰"來兑，凶"。

象曰："來兑"之"凶"，位不當也。

《孟子》："有事君人者，事是君則爲容悦者也；有安社稷臣者，以安社稷爲悦者也。"容悦非事君之道。位之不當，失其正也。

九四：商兑未寧，介疾有喜。

《禮記》："槀魚曰商祭。"《注》："商猶量也。"此"商"字之義。《孟子》："權然後知輕重，度然後知長短。物皆然，心爲甚。王請度之。"比三爲邪，承五爲正，去取交戰於中，宜度其所從，"商兑"之所以"未寧"也。《左傳》："介居二大國之間。""介疾"者，近乎疾也。所謂"憂悔吝者存乎介"是也。《左傳》："季孫之愛我，美疢也。孟孫之惡我，藥石也。美疢不如藥石。""商兑"之義正如是。知其諛佞而惡其柔媚，此“介疾有喜”之謂也。《詩》：“既見君子，云胡不喜？”此“有喜”之謂也。去其疾而審所説，故曰“介疾有喜”。

象曰：九四之喜，有慶也。

《詩》：“我心則喜。”喜言其在己也。《書》：“室家相慶。”慶言其在人也。《中庸》：“行而民莫不説。”喜非獨一身，而有及物之慶，故曰“九四之喜，有慶也”。《孟子》：“爲人臣者，懷利以事其君，是三軍之士樂罷而悦於利也。爲人臣者，懷仁義以事其君，是三軍之士樂罷而悦於仁義也。”義利之介如是。喜慶之義，其可不審於商兑之初哉？

九五：孚于剥，有厲。

《大學》：“長國家而務財用者，必自小人矣。彼爲善之，小人之使爲國家，菑害並至。”善務財用之小人，“孚于剥”之謂也。菑害之至，“有厲”之謂也。《孟子》：“與讒諂面諛之人居國，欲治，可得乎？”孚於巧言而説之也。《禮記》：“作奇技淫巧以説婦人。”孚於美色而説之也。小人女子之説皆足以爲剥者，而其承奉之殷、固結之巧，則孚之者所不覺也，故以“有厲”戒之。《中庸》：“去讒遠色，賤貨而貴德。”能如是，則所孚者正矣。《隨》之五曰“孚于嘉”，《兑》之五曰“孚于剥”，其義明也。

象曰：“孚于剥”，位正當也。

處君位者，不可親容説之小人，故曰“位正當”者，戒辭也。《論語》：“人之言曰：予無樂乎爲君，惟其言而莫予違也。如不善而莫之違也，不幾乎一言而喪邦乎？”此“孚于剥”之戒也。《書》：“能哲而惠，何畏乎巧言令色孔壬？”此“位正當”之義也。《詩》：“媚兹一人，媚于天子。”得説之正者必如是而後當也。

上六：引兑。

《孟子》：“引而置之莊嶽之間數年。”欲王之善，此言引之，近於正者也。《孟子》：“耳目之官不思而蔽於物，物交物則引之而已矣。”爲物所蔽，此言引之，近於邪者也。兑之成卦，在三與上。“來兑”者，物感我而來。《禮記》“感於物而動”是也。“引兑”者，物引我而去。《禮記》“物至而人化物”是也。始於“來”，終於“引”，皆爲不正之説。然“來兑”言凶而“引兑”不言，則亦在君之所從矣。

象曰：上六引兑，未光也。

《孟子》："務引其君以當道，志於仁而已矣。"當道之引，其道光明。"未光"所以爲"引兑"之戒也。

☴坎下巽上

涣：亨。王假有廟，利涉大川，利貞。

《禮記》："美哉輪，美哉奂。"案文從水從奂，文之義也。《論語》："焕乎其有文章。"火之從奂爲文，水之從奂亦爲文。《詩》："溱與洧，方涣涣兮。"風行水上，則有離散之象，涣之所以取義也。涣亦有解釋之義，是以爲亨。《詩》："訪予落止，率時昭考。於乎悠哉，朕未有艾。將予就之，繼猶判涣。維予小子，未堪家多難。紹庭上下，陟降厥家。休矣皇考，以保明其身。"成王繼聖父之業，懼不能遵其道，至於判涣，祀于廟中，與群臣謀始即政之事。此"王假有廟"之義所以取於涣也。卦辭與《萃》相同。萃之義爲聚，則假言其終；涣之義爲散，則假言其始也。《孟子》："當堯之時，水逆行，氾濫於中國，使禹治之。禹掘地而注之海，水由地中行。"此涣而"利涉大川"之義也。《書》："今予小子，旦若游大川。予往暨汝奭其濟。"涣而求聚於神，則曰"假廟"。涣而求聚於人，則曰"涉川"。《禮記》："諭其志意，以其恍惚，以與神明交，庶或饗之，孝子之志也。"致其專壹之誠。此"假廟"之"利貞"也。《詩》："無然畔援，無然歆羡，誕先登于岸。"不溺於人欲之流，此"涉川"之"利貞"也。

象曰：涣，亨。剛來而不窮，柔得位乎外而上同。

坎之剛德在中。《孟子》："原泉混混，不舍晝夜。"此"剛來而不窮"之義也。《詩》："伴奂爾游矣，優游爾休矣。俾爾彌爾，性似先公酋矣。"召公之勗成王，此即"柔得位乎外而上同"之義，涣之所以亨也。

"王假有廟"，王乃在中也。

《詩》："雝雝在宫，肅肅在廟。"在之爲義，非僅至其地而已也。《禮記》："廟中者，竟内之象也。"此王乃在中之義。《禮記》："王中心無爲也。"渾然在中，所謂不薦之孚，是假廟之本矣。

"利涉大川"，乘木有功也。

《書》："予乘四載，隨山刊木。予決九川，距四海，濬畎澮，距川。""四載"者，水乘舟，陸乘車，泥乘輴，山乘樏。舟者，乘木之功也。《繫傳》："刳木爲舟，剡木爲楫。舟楫之利，以濟不通，蓋取諸《涣》。”即明利涉有功之義。

象曰：風行水上，涣。先王以享于帝立廟。

《詩》：“河水清且漣漪。”《傳》曰：“風行水上，成文曰漣。”此其象也。《爾雅》：“河水清且瀾漪。大波爲瀾，小波爲淪，直波爲徑。”《註》言“涣，瀾也”。此皆涣之義也。《禮記》：“惟聖人爲能饗帝，孝子爲能饗親。”先王之所以享帝立廟也。《禮記》：“天子乃以元日祈穀於上帝。”又：“大雩帝，用盛樂。”皆享帝之制也。《禮記》：“天子七廟，三昭三穆，與太祖之廟而七。”又：“王立七廟，一壇一墠，曰考廟，曰王考廟，曰皇考廟，曰顯考廟，曰祖考廟。”皆立廟之制也。《中庸》：“郊社之禮，所以事上帝也。宗廟之禮，所以事乎其先也。明乎郊社之禮，禘嘗之義，治國其如示諸掌乎!”皆所以合其散之義，先王之所以象諸涣也。《穀梁傳》：“天子至於士皆有廟。天子七廟，諸侯五，大夫三，士二。故德厚者流光，德薄者流卑，是以貴始德之本也。”於涣觀之，先王之德厚矣。

初六：用拯馬壯，吉。

《左傳》：“且爲後人之迷敗傾覆而溺入於難，則拯救之。”拯之爲言救也。《孟子》：“民以爲將拯己於水火之中也。”“用拯”之義也。《詩》：“思無邪，思馬斯徂。思無斁，思馬斯作。”馬壯之義也。明夷之拯言馬壯，在傷之時。涣之拯言馬壯，在散之初，故曰“吉”。《孟子》：“彼奪其民時，使不得耕耨以養其父母。父母凍餓，兄弟妻子離散。彼陷溺其民，王往而征之，夫誰與王敵?”此涣之時“用拯馬壯，吉”之義也。

象曰：初六之吉，順也。

初猶易爲力，故曰“順”。《孟子》：“天下溺，援之以道。”順乎陽者，即順乎道也。《孟子》：“寡助之至，親戚畔之。多助之至，天下順之。以天下之所順，攻親戚之所畔，故君子有不戰，戰必勝矣。”順時而往，所以爲吉。

九二：涣奔其机，悔亡。

《孟子》：“君之民散而之四方者，幾千人矣。”涣所以有奔之象也。《左傳》：“机設而不倚。”承物者曰机，所以爲憑依之具。《論語》：“孟之反不伐，奔而殿。”奔而有所恃以爲安，即“涣奔其机”之義。《詩》：“我行其野，言采其蓫。婚姻之故，言就爾宿。爾不我畜，言歸思復。”不得所安則有悔，得其所安則悔亡也。《大戴禮》：“機之銘曰：皇皇惟敬，口生𠯗，口戕口。”机者，君所憑以出令者。五曰“涣汗其大號，涣王居”，與此正相應也。

象曰：“涣奔其机”，得願也。

《詩》：“逝將去女，適彼樂土。樂土樂土，爰得我所。”此奔之所以得願也。《孟子》：“廛無夫里之布，則天下之民皆悦而願爲之氓矣。”民之得願，則亦忘其離居之苦矣。

六三：涣其躬，无悔。

《孟子》：“子思居於衛。有齊寇。或曰：‘寇至，曷去諸？’子思曰：‘如伋去，君誰與守？’”不去以爲民望，此“涣其躬”之義也。《詩》：“我躬不閲，遑恤我後。”無所顧慮，故曰“无悔”。《蹇》曰“匪躬”者，舍身以從王事，處蹇之道也。此曰“涣其躬”者，出身以繫衆心，處涣之道也。

象曰：“涣其躬”，志在外也。

《孟子》：“天下有道，以道殉身。天下無道，以身殉道。”外以天下言。“志在外”者，忘其一身之私，以濟天下之變，是所謂殉道也。“止諸躬”者，潔其身。“涣其躬”者，忘在外。可以對觀矣。

六四：涣其群，元吉。涣有丘，匪夷所思。

六四得位而上同，是當濟涣之任者。《論語》：“羣而不黨。”散所當散，所謂“涣其群”也。《書》：“簡賢附勢，實繁有徒。”此羣之當涣者也。《詩》：“瑣瑣姻亞，則無膴仕。”涣小人之私羣，成天下之公道，大臣之宜。與《萃》四大吉同。《爾雅》：“隅中有丘，都丘。”“涣有丘”之象也。《爾雅》：“非人爲之，丘。”自然而得，如成聚、成都，得民之義也。《詩》：“鴻雁于飛，集于中澤。之子于垣，百堵皆作。雖則劬勞，其究安宅。”此即散而復聚，民情之歸者也。“涣其群”者，去人情朋黨之私。“涣有丘”者，得大道歸附之正。散之實所以聚之，故曰“匪夷所思”。《詩》：“彼岨矣岐，有夷之行。”夷者，平地。丘者，高阜。丘非夷之所有，言非尋常思慮所及也。《左傳》：“晋悼公曰：‘孤之始願不及此。雖及此，豈非天乎？’”此即“匪夷所思”之謂。

象曰：“涣其群，元吉”，光大也。

《禮記》：“是察阿黨，則罪無有掩蔽。”無暗昧之私則光。《書》：“致罔及私，昵惟其能。”無狹小之嫌則大。正大光明，是以元吉。

九五：渙汗其大號，渙王居，无咎。

《書》：“發號施令，罔有不臧。”“大號”之謂也。《孟子》：“其顙有泚，非爲人泚，中心達於面目。”泚然汗出，是自然而散者。人君之號令，由中心而發，亦如人身之汗出乎中而浹乎四體也，故曰“渙汗其大號”。《書》：“令出惟行，弗惟反。”《劉向傳》曰：“出令如出汗，汗出而不反者也。”其義蓋本乎此。雨以潤之者，膏也。而雷未動乎下。《孟子》：“君之倉廩實，府庫充，有司莫以告，是上慢而殘下也。”故《屯》五曰“屯其膏”。風以散之者，號也，而水即流於下。《詩》：“芃芃黍苗，陰雨膏之。四國有王，郇伯勞之。”故《渙》五曰“渙汗其大號”。《公羊傳》：“天子之居，必以衆大之辭言之。”當渙之時，惟以王居定之，則能出號令而布德澤，故“无咎”。

象曰：“王居，无咎”，正位也。

《詩》：“王在在鎬，有那其居。”王居所以爲正位也。《論語》：“爲政以德，譬如北辰居其所而衆星共之。”王居正位之義，此言其常也。《書》：“奉答天命，和恒四方民，居師。”此正位之本也。《春秋》：“天王居于狄泉。尹氏立王子朝。”《穀梁傳》：“始王也。其曰天王，因其居而王之也。立者，不宜立也。”王居正位之義。此言其變也。明王居之正位，則子朝不得立。正位即正名之義也。於渙之義尤切。位既正，則散者聚矣。

上九：渙其血，去逖出，无咎。

汗、血皆水之行於身者，故渙之義取之。《左傳》：“鞭之見血。”汗自然而出，血則因傷而見也。《孟子》：“昔沈猶有負芻之禍，從先生者七十人，未有與焉。”上九不在其位，可以遠去，此血去逖出之義也。《書》：“逖矣西土之人。”逖之爲言遠也，故象曰“遠害”。

象曰：“渙其血”，遠害也。

《左傳》：“蘧伯玉聞難，從近關出。”“遠害”之謂也。《論語》：“士見危致命。”三曰“渙其躬”之義也。《詩》：“既明且哲，以保其身。”上曰“渙其血”之義也。

䷻兑下坎上

節，亨。苦節，不可貞。

《詩》："瞻彼淇澳，菉竹猗猗。"案：節之文從竹從即。竹幹如骨之節也，故象諸水澤。《書》："以義制事，以禮制心。"節如竹之限，有制之謂。《書》："節性惟日其邁。"制心之節也。《禮記》："品節斯斯之謂禮。"制事之節也。《周禮·地官·掌節》："掌守邦節而辨其用，以輔王命。"《秋官·行人》："掌達天下之六節。山國用虎節，土國用人節，澤國用龍節，皆以金爲之；道路用旌節，門關用符節，都鄙用管節，皆以竹爲之。"節之義有所限制，而其用可以達於天下。節之所以亨者，其亦象乎此也。《左傳》："前志有之，曰：'聖達節，次守節，下失節。'"過於守而不能達，此之謂苦節。《禮記》："孟夏、仲夏、季夏之月，其味苦。"味之過正與形之過勞、心之過思，皆謂之苦，不可以爲常也，是以"不可貞"。

彖曰："節，亨"，剛柔分而剛得中。

《孟子》："禮之實，節文斯二者是也。"有節有文，此爲"剛柔分"之義。《賁》之"剛上文柔""柔來文剛"合觀，可以明其義矣。《禮記》："禮不踰節。"此爲"剛得中"之義，節之所以亨也。

"苦節，不可貞"，其道窮也。

《孟子》："匡章曰：'陳仲子豈不誠廉士哉？居於陵，三日不食，耳無聞，目無見也。'孟子曰：'仲子惡能廉？充仲子之操，則蚓而後可者也。'節之過苦而不能堪也。以母則不食，以妻則食之；以兄之室則弗居，以於陵則居之。是尚爲能充其類也乎？"辟兄離母，所謂"其道窮也"。

説以行險，當位以節，中正以通。

《論語》："知和而和，不以禮節之，亦不可行也。""説以行險"，則知所節。《中庸》："小人行險以徼幸。"行險而説，所謂素患難行乎患難，無人不自得者，與小人之行異矣。《周禮》："上公九命，禮儀皆以九爲節。侯伯七命，禮儀皆以七爲節。子男五命，禮儀皆以五爲節。"節之當位，此可明其義也。《中庸》："喜怒哀樂之未發謂之中，發而皆中節謂之和。中也者，天下之大本也。和也者，天下之達道也。"此謂"當位以節，中正以通"。

天地節而四時成，節以制度，不傷財，不害民。

《禮記》："大禮與天地同節。"節之本乎天地者，此其義也。《左傳》："凡分至啓閉，必書雲物，爲備故也。”春秋曰分，冬夏曰至。立春立夏曰啓，立秋立冬曰閉。此八節之日。《左傳》：“少皡氏以鳥紀官。鳳鳥氏，歷正也。玄鳥氏，司分者也。伯趙氏，司至者也。青鳥氏，司啓者也。丹鳥氏，司閉者也。”是“天地節而四時成”之義也。四時之革，以其變而言。《書》：“東作南訛，西成朔易。”變之義也。四時之節，以其限而言。《禮記》：“孟春行夏令，國時有恐。孟秋行冬令，戎兵乃來。”此類皆節之義也。《左傳》：“會以訓上下之宜，制財用之節。”是“節以制度”之謂也。制者，《孟子》“取於民有制”是也。度者，《左傳》“儉而有度”、《周禮》“以度教節”是也。《禮記》：“天子有田，以處其子孫。諸侯有國，以處其子孫。大夫有采，以處其子孫。是謂制度。”制有所裁，度有所限，此可以明其義。《禮記》：“以三十年之通制國用，量入以爲出。”不傷財之節也。《禮記》：“用民之力，歲不過三日。”《周禮》：“凡起徒役，毋過家一人。”不害民之節也。《左傳》：“國無滯積，亦無困人。公無禁利，亦無貪民。祈以幣更，賓以特牲。器用不作，車服從給。行之期年，國乃有節。”此亦所謂“節以制度”者也。《穀梁傳》：“財盡則怨，力盡則懟，君子危之。”此傷財害民之戒也。《論語》：“節用而愛人，使民以時。”此節而不傷財害民也。

象曰：澤上有水，節。君子以制數度，議德行。

《周禮》：“以瀦蓄水，以防止水。”水塞其下，此澤上有水之象。《孝經》：“制節謹度，滿而不溢。”節之象乎水澤，此其義也。《左傳》：“衮、冕、黻、珽，帶、裳、幅、舄，衡、紞、紘、綖，昭其度也。藻、率、鞞、鞛，鞶、厲、游、纓，昭其數也。”數度者，行禮之節也。昭之者，所以定制於上。《周禮》：“大司徒以鄉三物教萬民而賓興之。一曰六德：知、仁、聖、義、忠、和；二曰六行：孝、友、睦、婣、任、恤。”德行者，興賢之節也。教之者，所謂議道自已。

初九：不出户庭，无咎。

《孟子》：“段干木踰垣而辟之，泄柳閉門而不内。”此“不出户庭”之義也。《孟子》：“古者不爲臣不見。”不失其節，故“无咎”。

象曰：“不出户庭”，知通塞也。

《左傳》："凡啓塞從時。"謂門之啓塞有時。此曰"知通塞"，下曰"失時極"，人之出處，於此可觀矣。《禮記》："上通而不困。"困即塞也。《孟子》："窮則獨善其身，達則兼善天下。""知通塞"之義也。《孟子》："今有同室之人鬬者，雖被髮纓冠而救之可也。鄉鄰有鬬者，被髮纓冠而往救之則惑也，雖閉户可也。""不出户庭"之義，非忘世也。蓋知塞而後知通矣。《中庸》："國無道，不變塞焉，强哉矯。"故曰"知通塞也"。

九二：不出門庭，凶。

《周禮》："閽人掌掃門庭。"門外之庭也。《論語》："長幼之節，不可廢也。君臣之義，如之何其廢之？"知塞而不知通，此"不出門庭"之所以"凶"也。《孟子》："禹、稷當平世，三過其門而不入。顏子當亂世，居陋巷不改其樂。禹、稷、顏子同道，易地則皆然。""不出户庭"，顏子之道也。"不出門庭"，則不知禹、稷之道矣。

象曰："不出門庭，凶"，失時極也。

《論語》："好從事而亟失時，可謂知乎？子曰：'不可。'"此"失時"之義也。《禮記》："孟春、仲春、季春之月，其祀户。孟秋、仲秋、季秋之月，其祀門。"户奇而在内，以出陽氣，故初爻以户爲象。門耦而在外，以出陰氣，故二爻以門爲象。户奇而陽初，於卦義又爲澤底，宜於不出。《詩》："塞向墐户。"此"不出户庭"者知通塞之時也。門耦而陰二，於卦義又爲澤中，時則可出。《詩》："衡門之下，可以棲遲。"此"不出門庭"者又當知失時之極也。

六三：不節若，則嗟若，无咎。

《禮記》："夫物之感人無窮而人之好惡無節，滅天理而窮人欲者也，於是有悖逆詐僞之心，有淫泆作亂之事。"是不節則嗟之義也。《孟子》："飲食若流。流連荒亡，爲諸侯憂。"飲食不可以不節。《左傳》："天有六氣，分爲四時，序爲五節，過則爲災。女陽物而晦時，淫則生内熱，惑蠱之疾。今君不節不時，能無及此乎？"男女不可以不節。《書》："欲敗度，縱敗禮。"《孟子》："大甲悔過，自怨自艾。"不節則嗟，欲人之改過也。《論語》："過而不改，是謂過矣。"其義正如此，故又以"无咎"明之。

象曰："不節"之"嗟"，又誰咎也？

无咎之義，與他爻辭不同。《孟子》："般樂怠敖，是自求禍也。禍福無不自己求之者。"言咎由自取，而勉人補過之意正在言外。《詩》："誰秉國成，不自爲政。誰生厲階，至今爲梗。""誰咎"之義明矣。

六四：安節，亨。

《中庸》："安而行之，從容中道。"此"安節"之"亨"也。《論語》："恭而無禮則勞。"又："恭而安。"此安之與勞異者，以其自然也。《禮記》："其有不安節。"身之所以安節，與道之所以安節，其義亦可通也。

象曰："安節"之"亨"，承上道也。

《禮記》："凡君召以三節，二節以走，一節以趨。"敬以事君，此"承上道"之義也。《詩》："夙夜匪解，以事一人。"事君之節，得其所安，非勉强也。上承九五之中正，故其義如此。

九五：甘節，吉，往有尚。

《禮記》："甘受和。"和者，節味之偏而適其中，故節以甘爲吉。《書》："土爰稼穡，稼穡作甘。"甘者，味之正。節之得其宜者也。《論語》："禮之用，和爲貴。先王之道，斯爲美，小大由之。""往有尚"之義也。《禮記》："夏尚黑，殷尚白，周尚赤。"所尚皆因時之節，其義吉也。《論語》："禹卑宫室而盡力乎溝洫，惡衣服而致美乎黻冕。"《書》："文王卑[3]服即康功田功。"此甘節之所以得中也。

象曰："甘節"之"吉"，居位中也。

《禮記》："天子以《騶虞》爲節，諸侯以《貍首》爲節。《騶虞》者，樂官備也。《貍首》者，樂會時也。是故天子以備官爲節，諸侯以時會天子爲節。"此居位得中之義也。即象所謂"當位以節，中正以通"者。五爻主之。《禮記》："中央土，其味甘。"甘之味居乎中也，"位中"之義如是。

上六：苦節，貞凶，悔亡。

苦節與卦辭同。卦曰"不可貞"，爻曰"貞凶"，又曰"悔亡"者，《論語》："可以託六尺之孤，可以寄百里之命，臨大節而不可奪也。"當此者，以上爻處時勢之窮，成敗利鈍非可逆覩，故雖貞而不免於凶，然其心則得矣。《論語》："伯夷、叔齊餓於首陽之下，求仁而得仁，又何怨？"是"苦節，悔亡"之義也。

《書》："炎上作苦。"火之炎上而焦爲苦。水之流窮而竭，亦爲苦也。

象曰："苦節，貞凶"，其道窮也。

《左傳》："臣竭股肱之力，加之以忠貞，不濟則以死繼之。"此明乎"道窮"之義也。《爾雅》："甘雨時降，萬物以嘉，謂之醴泉。"泉之得中者爲甘，故曰"居位中"。《書》："潤下作鹹。"《爾雅》："鹹，苦也。"鹹之極者爲苦，故曰"其道窮"。

䷼兑下巽上

中孚，豚魚吉。利涉大川，利貞。

《爾雅》："孚，信也。"《左傳》："信不由中，質無益也。"信由乎中，是謂中孚。《國語》："考中度衷以涖之，制義庶孚以行之。"存誠於中，孚應於外，政化所及，亦中孚之義也。《大戴禮》："魚鳥皆生於陰而屬於陽，故魚鳥皆卵。"案《説文》："卵，孚也。"鳥之抱卵，皆如其期，不失信也。鳥裦恒以爪反覆其卵。孚字從爪從子。卦體上下四陽，中包二陰，如鳥抱子之象。卦言豚魚，爻言鶴與翰音，是其義也。《大戴禮》："鷄桴粥。"巽爲鷄，又爲伏。兑少陰，是其象也。《詩》："恩斯勤斯，鬻子之閔斯。"蓋中心之誠不徒外見之信也。《大學》："《康誥》曰：'如保赤子，心誠求之。'雖不中，不遠矣。未有學養子而後嫁者也。"誠無有切於此者，可以明《中孚》之義。《詩》："有豕白蹢，烝涉波矣。"豚躁而喜雨，涉波者其性。《禮記》："東風解涷，魚上冰。"魚冥而在淵。出水者其機。風將降，澤豚知之。風將解，澤魚知之。皆有孚者，故曰"豚魚吉"。豚魚難格者。《姤》亦以豕與魚並言也。《孟子》："親親而仁民，仁民而愛物。"《書》："帝命益曰：'疇若予上下草木鳥獸。'"又："古有夏先后，山川鬼神，亦莫不寧，暨鳥獸魚鼈咸若。"是豚魚之吉皆本於《中孚》也。《家語》："孔子自衛反魯，息駕於河梁而觀焉。有懸水三十仞，圜流九十里。有一丈夫方將厲之。遂渡而出。孔子問之。丈夫對曰：'始吾之入也，先以忠信。及吾之出也，又從以忠信。忠信措吾軀於波流，而吾不敢以用私，所以能入而復出也。'"此《中孚》所以"利涉大川"之義也。《論語》："信近於義，言可復也。"男女相私，盜賊相約，非不孚也，而失其正，故以"利貞"爲戒。《論語》："君子貞而不諒。"貞則孚之正者矣。

彖曰：中孚，柔在内，而剛得中，説而巽，孚。乃化邦也。

卦之全體有中虚之象。《禮記》：“執虚如執盈，入虚如有人。”此中虚之孚，柔在内之義也。卦之二體有中實之象。《孟子》：“仁之實，事親是也。義之實，從兄是也。”此中實之孚，“剛得中”之義也。“説而巽”者，以卦德言。《儀禮》：“辭無常孫而説。”是其義也。《詩》：“儀刑文王，萬邦作孚。”孚之化邦者也。《禮記》：“恭以涖之，則民有孫心。”此化邦之本也。《論語》：“善人爲邦百年，亦可以勝殘去殺矣。”又：“如有王者，必世而後仁。”“孚乃化邦”，其百年必世之謂與？

“豚魚吉”，信及豚魚也。“利涉大川”，乘木舟虚也。

《詩》：“敦彼行葦，牛羊勿踐履。”豚之類也。《詩》：“王在靈沼，於牣魚躍。”又：“魚在在藻，依于其蒲。”魚之屬也，物之感格，此“信及豚魚”之義也。《詩》：“壹發五豝”“壹發五豵。”《禮記》：“獺祭魚，然後漁人入澤梁。”取之有時，用之有節，先王待物之誠，亦所謂“信及豚魚”也。《禮記》：“聖人人情以爲田，四靈以爲畜。龍以爲畜，故魚鮪不淰。麟以爲畜，故獸不狘。”豈非中孚之至哉？《禮記》：“命舟牧覆舟，五覆五反，乃告舟備具於天子焉。”虚中以備傾漏，乃可乘載。虚中之義即中孚之義也。《詩》：“淠彼涇舟，烝徒楫之。周王于邁，六師及之。”乘舟之利涉，即由於孚乃化邦矣。

中孚以利貞，乃應乎天也。

《孟子》：“誠者，天之道也。至誠而不動者，未之有也。”此中孚應乎天之義也。

象曰：澤上有風，中孚。君子以議獄緩死。

《禮記》：“孟春之月，東風解凍。”風感而澤應之，是“澤上有風”之象。風在水上，行水也，故曰涣。風在澤上，止水也，故曰中孚。《周禮》：“鄉士、遂士、縣士、方士聽其獄訟，司寇聽之，各麗其灋，以議獄訟。”是“議獄”之義也。《周禮·小司寇》：“以八辟麗邦灋，附刑罰：一曰議親之辟，二曰議故之辟，三曰議賢之辟，四曰議能之辟，五曰議功之辟，六曰議貴之辟，七曰議勤之辟，八曰議賓之辟。”此八議者，即“緩死”之獄也。《周禮·秋官·司圜》：“掌收教罷民。能改者，上罪三年而舍，中罪二年而舍，下罪一年而舍。其不能改而出圜土者，殺。”教之不改而後誅之，是“緩死”之義也。《書》：“好生之德治于民心，兹用不犯于有司。”此《中孚》所以爲“議獄緩死”之本。《書》：“獄成而孚，輸而孚。”求其生而不得，“議獄緩死”皆至誠惻怛之意，所以取義於《中孚》也。

初九：虞吉，有他不燕。

《詩》：“有虞殷自天。”虞者，度也。《書》：“出入自爾師虞，庶言同則繹。”虞之吉者以孚也。《孝經》：“不愛其親而愛他人者，謂之悖德。不敬其親而敬他人者，謂之悖禮。”愛敬者本心之誠。悖則所謂“有他”者也。《詩》：“謂他人父，亦莫我顧。謂他人昆，亦莫我聞。”此“有他”之所以“不燕”也。《詩》：“或燕燕居息。”“不燕”者，不安之謂也。

象曰：初九“虞吉”，志未變也。

《左傳》：“我無爾詐，爾無我虞。”念之誠者，動乎初也。《詩》：“他人有心，予忖度之。”“有他”所以“不燕”，其志變也。

九二：鶴鳴在陰，其子和之。我有好爵，吾與爾靡之。

《詩》：“鶴鳴于九皋，聲聞于野。”言誠之不可揜，即“鳴鶴在陰”之義也。《詩》：“鳲鳩在桑，其子七兮。淑人君子，其儀一兮。其儀一兮，心如結兮。”在棘、在梅，其儀足法。即“其子和之”之義也。初曰“有他不燕”，二曰“吾與爾靡初”，初象曰“志未變”，二象曰“中心願”，“其子”指初言可見。《孟子》：“有天爵者，有人爵者。仁義忠信，樂善不倦，此天爵也。公卿大夫，此人爵也。古之人修其天爵而人爵從之。”“好爵”而曰“我有”，此即天爵之貴，人人有貴於己者也。《詩》：“民之秉彝，好是懿德。”此天爵之“吾與爾靡”也。《書》：“旁招俊乂，列于庶位。”此人爵之“吾與爾靡”也。《論語》：“子謂顔淵曰：‘用之則行，舍之則藏，惟我與爾有是夫。’”“吾與爾靡”，二人同心之謂也。用之行其道則人爵可尊，舍之藏於身則天爵可貴。鶴鳴子和，此其義與？《左傳》：“六鷁退飛，過宋都，風也。”鷁本水鳥，逆風而進，是不知時者。鶴亦水鳥，而安於在陰則善。鷄本風屬，而亟於登天則凶。此可以明其故矣。

象曰：“其子和之”，中心願也。

《詩》：“心乎愛矣，遐不謂矣。中心藏之，何日忘之。”“中心願”之義也。《詩》："螟蛉有子，蜾蠃負之。教誨爾子，式穀似之。"異類且然，況同類乎！願出於中，其孚至矣。

六三：得敵，或鼓或罷，或泣或歌。

《爾雅》："敵，匹也。"三與上應曰敵。《左傳》："不當王，非敵也。"敵有當之義也。六三之"得敵"，有私係之心者也。《左傳》："一鼓作氣，再而衰，三而竭。""或鼓或罷"之義也。《左傳》："哀有哭泣，樂有歌舞。""或泣或歌"之義也。《詩》："擊鼓其鏜，踴躍用兵。"鼓則不可以罷。《論語》："子於是日哭則不歌。"泣則不可以歌，孚不得其正者，故作輟。憂喜皆無常也。《左傳》："哀樂失時，殃咎必至。"中之不誠，是其義也。

象曰："或鼓或罷"，位不當也。[4]

六四：月幾望，馬匹亡，无咎。

《書》："卿士惟月。"四爲大臣之位，有月之義也。《書》："惟二月既望。"日月相望謂之望。四承五位，如陰受陽光，"幾望"之義也。《論語》："不幾乎一言而興邦乎？不幾乎一言而喪邦乎？"幾有幸辭，亦有戒辭。《小畜》之"月幾望"在上，戒辭也，故曰"貞凶"。《中孚》之"月幾望"在四，幸辭也，故曰"无咎"。《左傳》："楚公子棄疾過鄭，以其乘馬八匹私面。見子皮，以馬六匹；見子産，以馬四匹；見子太叔，以馬二匹。"馬之有匹，從其類也。《爾雅》："匹，合也。"《詩》："率由群匹。"馬亡其匹，喻人臣之絶其私係也。《左傳》："薳子馮爲令尹，有寵於薳子者八人，皆無禄而多馬。申叔豫曰：'昔觀起有寵於子南，子南得罪，觀起車裂。何故不懼？'薳子辭八人者，而後王安之。"此正"馬匹亡"之義，言能不牽於私也。

象曰："馬匹亡"，絶類上也。

《公羊傳》："自外至者，無主不立。自内出者，無匹不行。"《豐》曰"遇主"，以類應也。《中孚》曰"匹亡"，絶其類也。絶其相應之類，而上從乎五，義正如此。《坤》"利牝馬之貞"，不貴乎得朋而類行，乃貴乎喪朋而得主。此爻之義足以當之。

九五：有孚攣如，无咎。

《詩》："成王之孚，下土之式。"五爲孚之主，誠信固結於天下，此有孚之義也。《禮記》："信以結之。"所謂"有孚攣如"者也，故"无咎"。

象曰："有孚攣如"，位正當也。

"位正當"者，王者之位。《書》"克寬克仁，彰信兆民"是也。《論語》："上好信則民莫敢不用情。"《大學》："與國人交，止於信。"此皆在上位而正當，即彖之所謂"孚乃化邦"者，"有孚"之所以"攣如"也。

上九：翰音登于天，貞凶。

《禮記》："鷄曰翰音。"羽翮扇動，鼓翼而鳴也。《詩》："燕燕于飛，差池其羽。燕燕于飛，下上其音。"凡鳥皆有翰有音，惟鷄則以伏爲義。《詩》："鷄棲于塒"、"鷄棲於桀。"登天則失其常矣，故曰"貞凶"。《左傳》："雄鷄自斷其尾，憚其爲犧也。"鷄之自闕其文彩者，亦知貞凶之義矣。鷄知將旦，鶴知夜半，皆禽鳥之知時而有信者，故中孚之義有取焉。然鶴鳴子和者，《大學》："此謂誠於中，形於外。"孚之自然者也。"翰音登天"者，《孟子》："其涸也可立而待也，故聲聞過情，君子恥之。"孚之無實者也，君子其知所自處矣。

象曰："翰音登于天"，何可長也。

《詩》："相彼鳥矣，猶求友聲。"登於天而忘其實，則不孚矣。《禮記》："詩曰：'相彼盍旦，尚猶患之。'"求旦之鳥惡其反晝夜而混晦明，此翰音之所以不可長也。《論語》："夫聞也者，色取仁而行違，居之不疑，在邦必聞，在家必聞。"此所謂"翰音登于天"者。《孟子》："久假而不歸，惡知其非有也？""何可長"之義，可不戒哉？

䷽艮下震上

小過，亨，利貞。可小事，不可大事。飛鳥遺之音，不宜上，宜下，大吉。

《孟子》："《小弁》，親之過大者也。《凱風》，親之過小者也。"案文，過從辵從咼，行之近於禍者。《大過》以四陽在中言，《小過》以四陰在外言，説亦見《大過》。《論語》："赦小過。"事之小有所過者，謂之小過。《孟子》："人恒過，然後能改。"《小過》之亨所以利貞也。《論語》："小人不可大受而可小知也。"此"可小事，不可大事"之義也。《詩》："鴥彼飛隼，載飛載鳴。"飛而鳴，故曰"遺之音"。《詩》："燕燕于飛，頡之頏之。燕燕于飛，下上其音。"飛而上曰頡，飛而下曰頏。"不宜上宜下"者，舍高亢而就卑約，是以"大吉"也。《詩》："鳳凰鳴矣，于彼高岡。"飛之宜上者也。《詩》："弁彼鸒斯，歸飛提提。"飛之宜下者也。《孟子》："辭尊居卑，辭富居貧，惡乎宜乎，抱關擊柝。"知其宜而處之者則吉矣。

彖曰：小過，小者過而亨也。

《論語》："人之過也，各於其黨，觀過斯知仁矣。"小者，陰之類，故曰"小者過而亨"。亨即過之失於厚者，如象所言是已。

過以利貞，與時行也。柔得中，是以小事吉也。

《禮記》："過之者俯而就之。"此"過以利貞，與時行"之義也。《書》："克勤小物。"又："不矜細行，終累大德。"小事之吉，"柔得中"之義也。

剛失位而不中，是以"不可大事"也。

《禮記》："凡作大事，必順天時。"剛失位而不中，不可大事之時也。《左傳》："晉魏舒、韓不信如京師尋盟，魏子南面。魏[5]彪傒曰：'魏子必有大咎。干位以令大事，非其任也。'"此所謂"失位不中，不可大事"者。

有飛鳥之象焉，"飛鳥遺之音，不宜上，宜下，大吉"，上逆而下順也。

《爾雅》："二足而羽謂之禽。"《中孚》四陽在外，象鳥之身；二陰在内，象鳥之足。是伏鳥之象。《小過》二陽在内，象鳥之身；四陰在外，象鳥之羽。故曰"有飛鳥之象也"。《左傳》："六鷁退飛，過宋都，風也。"阻風而反，此"上逆"之義也。《書》："陽鳥攸居。"隨陽有序，此"下順"之義也。《左傳》："賤妨貴，少陵長，遠間親，新間舊，小加大，淫破義，所謂六逆也。君義臣行，父慈子孝，兄愛弟敬，所謂六順也。去順效逆，所以速禍也。"明乎上下之分，則順逆之謂明矣，是以"大吉"。

象曰：山上有雷，小過。君子以行過乎恭，喪過乎哀，用過乎儉。

《詩》："殷其靁，在南山之陽。"此"山上有雷"之象也。雷出地則聲方發，至山則聲漸遠，故取義於《小過》。《周禮》："凡建國，禁其淫聲過聲。"哀樂失節，謂之過聲。雷聲之過，正猶是也。《左傳》："一命而僂，再命而傴，三命而俯，三命滋益恭。"此"行過乎恭"也。《禮記》："高子羔之執親之喪也，泣血三年，未嘗見齒。”此“喪過乎哀”也。《禮記》：“晏平仲祀其先人，豚肩不掩豆，澣衣濯冠以朝，君子以爲隘矣。”此“用過乎儉”也。《論語》：“恭近乎禮，遠恥辱也”；“禮，與其奢也，寧儉。喪，與其易也，寧戚。”時當小過，亦宜小有所過以矯正一時者，即彖傳所謂“過以利貞，與時行”之義也。《論語》：“巧言令色足恭，左丘明恥之，丘亦恥之。”此則恭之失矣。《禮記》：“弁人有其母死而孺子泣者，孔子曰：‘哀則哀矣，而難爲繼矣。’”此則哀之甚矣。《詩》：“彼其之子，美無度。美無度，殊異乎公路。”又：“維是褊心，是以爲刺。”此則儉之不中禮矣，是亦君子有所不爲也。《禮記》：“喪禮，哀戚之至也，節哀順變也，君子念始之者也。”是喪主哀而不可過也。《禮記》：“子曰：‘恭近禮，儉近仁，信近情，敬讓以行，此雖有過，其不甚矣。夫恭寡過，情可信，儉易容也。以此失之者，不亦鮮乎？’”是行貴恭、用貴儉而不可過也。

初六：飛鳥以凶。

《大學》：“《詩》云：‘綿蠻黄鳥，止於丘隅。’子曰：‘於止知其所止，可以人而不如鳥乎？’”在初之位，宜止而飛，凶之義也。《爾雅》：“鵲鵙醜，其飛也翪。鳶烏醜，其飛也翔。鷹隼醜，其飛也翬。”鷹隼爲飛鳥之疾者，不當過而過，是以凶也。

象曰：“飛鳥以凶”，不可如何也。

《書》：“自作孽，不可逭。”故曰“不可如何”。《論語》：“不曰如之何、如之何者，吾末如之何也已。”不能審慎以行，至於取敗，此“不可如何”之義也。《詩》：“雄雉于飛，泄泄其羽。我之懷矣，自詒伊阻。”君子之慎所處者，知飛鳥之凶矣。

六二：過其祖，遇其妣。不及其君，遇其臣。无咎。

《爾雅》：“父爲考，母爲妣。父之考爲王父，父之妣爲王母。王父之考爲曾祖王父，王父之妣爲曾祖王母。曾祖王父之考爲高祖王父，曾祖王父之妣爲高祖王母。”此祖妣之義也。《詩》：“似續妣祖。”妣先於祖者，周以姜嫄爲生民之始也。《周禮》：“大司樂奏《夷》則歌《小吕》，舞《大濩》，以享先妣；奏《無射》，歌《夾鍾》，舞《大武》，以享先祖。”先妣謂姜嫄，先祖謂先王先公。此即“過其祖，遇其妣”之義。妣皆配乎祖者，常也。“過其祖，遇其妣”者，非常也。如周之妣祖，事之可過者也。《論語》：“子曰：‘麻冕，禮也。今也純，儉，吾從衆。拜下，禮也。今拜乎上，泰也。雖違衆，吾從下。’”此“不及其君，遇其臣”之義，事之不可過者也。過而不過，守正得中，故皆“无咎”。過、不及皆取義於《小過》者，《論語》“過猶不及”是也。

象曰：“不及其君”，臣不可過也。

《左傳》：“大事於大廟，躋僖公，逆祀也。君子以爲失禮。子雖齊聖，不先父食久矣。故禹不先鯀，湯不先契，文、武不先不窋。宋祖帝乙，鄭祖厲王，猶上祖也。”祖之常禮，亦不可過。第曰“臣不可過”，所以統明其義之正也。《左傳》：“衛孫文子來聘，公登亦登。叔孫穆子相趨進曰：‘諸侯之會寡君，未嘗後衛君。吾子其少安，孫子無悛容。’穆叔曰：‘孫子必亡。爲臣而君，過而不悛，亡之本也。’”步趨之節尚不可過，而況夙夜在公者乎！鄰國之君尚不可過，而況策名委質者乎！此可以明“臣不可過”之義。《左傳》：“王命齊侯曰：‘以伯舅耋老，加勞賜一級，無下拜。’齊侯曰：‘天威不違顔咫尺，恐隕越於下，以遺天子羞，敢不下拜？’”大象曰“行過乎恭”，此曰“臣不可過”，可以互明其義也。

九三：弗過防之，從或戕之，凶。

《國語》：“當之者戕焉。”此所以宜防。《左傳》：“晋陽處父過甯。甯嬴曰：‘華而不實，怨之所聚也。犯而聚怨，不可以定身。’晋殺陽處父。”又：“伯宗每朝，其妻必戒之曰：‘子好直言，必及於難。’晋三郤害伯宗，譖而殺之。”皆自恃其剛而弗過爲之備者，故曰“從或戕之，凶”。

象曰：“從或戕之”，凶如何也。

《左傳》：“邾人戕鄫子于鄫。自虐其君曰弑，自外曰戕。”自外即“從或戕”之義。《公羊傳》：“戕鄫子于鄫者，殘賊而殺之也。”《穀梁傳》：“戕猶殘也，捝殺也。”戕者，卒暴之名。猝不及防，故曰“凶如何也”。

九四：无咎，弗過遇之，往厲必戒，勿用永貞。

過遇與過防，文勢相同，猶言加意待之。《論語》：“陽貨欲見孔子，孔子不見，歸孔子豚。孔子時其亡也而往拜之，遇諸塗。”此“弗過遇之，往厲必戒”之義也。始曰“无咎”而終曰“勿用永貞”者，《孟子》：“當是時，陽貨先，豈得不見？”不可固執而不變，亦隨時之義也。三以剛處剛，故曰“過防”；四以剛處柔，故曰“過遇”。

象曰：“弗過遇之”，位不當也。“往厲必戒”，終不可長也。

《中庸》：“在下位，不援上。”以剛處柔，曰“位不當”。“不援”即“過遇”之義也。《論語》：“公山弗擾以費畔，召子，欲往。佛肸以中牟畔，召，子欲往。”不磷不緇，東周可爲。子雖不必以往厲爲戒，而終不往者，即“終不可長”之義，所謂“小人不可與爲緣”也。

六五：密雲不雨，自我西郊。公弋取彼在穴。

《詩》：“倬彼雲漢，昭回于天。旱既大甚，有嘒其星。”挾勢自亢，而澤不下究，“密雲不雨，自我西郊”之義也。《小畜》之“密雲不雨”，陰之畜者，力微也；《小過》之“密雲不雨”，陰之過者，勢高也。《春秋》：“有鸜鵒來巢。”《公羊傳》：“何以書？記異也。宜穴而巢也。”《穀梁傳》：“鸜鵒穴者而曰巢，或曰攄之也。”《注》：“陰居陽位。”是鳥之在穴即密雲不雨之爲蔽者，此所以有“公弋取彼”之義，與“公用射隼”同意。《詩》：“如彼飛蟲，時亦弋獲。既之陰女，反予來赫。”《箋》謂鳥飛自恣，爲弋射者所得。往陰覆女而反赫我，此即“公弋取彼在穴”之義也。《解》之“公用射隼”，在上之奸必誅也；《小過》之“公弋在穴”，在下之奸必防也。《周禮》：“矰矢、茀矢，用諸弋射。”弋所以取飛鳥而曰“取彼在穴”者，《周禮》：“穴氏掌攻猛獸。翨氏掌攻猛鳥。”“弋取”亦通其義言之也。

象曰：“密雲不雨”，已上也。

《左傳》：“君子不欲多上人。”“已上”之義，戒其過也。《小畜》曰“尚往”，陽之往而陰不能畜，文王之事當之，囚於羑里之時也。《小過》曰“已上”，陰之上而不能合陽，周公之事當之，“我徂東山”之時也。《詩》：“迨天之未陰雨，徹彼桑土，綢繆牖户。”“密雲不雨”之意也。《詩》：“鴟鴞鴟鴞，既取我子，無毁我室。”“取彼在穴”之意也。《孟子》：“公明儀曰：‘文王我師也，周公豈欺我哉？’”周公作爻，文王作彖，周公無非師文王者。觀此爻之義，直用其辭，則尤深切著明矣。

上六：弗遇過之，飛鳥離之，凶，是謂災眚。

《詩》："有鳥高飛，亦傅于天。彼人之心，于何其臻。俾予靖之，居以凶矜。"言鳥飛無所不至，人心更無所不至，此"弗遇過之"之象，所以"離之，凶"也。《詩》："鴻則離之。"此"飛鳥離之"之義也。《書》："眚災肆赦，怙終賊刑。"災眚自外至者，所以曰"弗遇過之"也。《左傳》："楚子伐隨。季梁請下之。少師曰：'必速戰。'季梁曰：'楚人上左，君必左，無與王遇。且攻其右，右無良焉。'少師曰：'不當王，非敵也。'戰於速杞，隨師敗績。"此即"弗遇過之"而有"災眚"者，可以知"已亢"之義。初曰"飛鳥以凶"，上曰"飛鳥離之，凶"，彖曰"飛鳥不宜上宜下，大吉"，宜知戒矣。

象曰："弗遇過之"，已亢也。

《穀梁傳》："及晋處父盟，不言公處父，伉也。"亢之爲義，則又過於"已上"也。《禮記·燕禮》："使宰夫爲獻主，臣莫敢與君亢禮也。"弗遇而過，與不及其君者異矣，故曰"已亢"。《爾雅》："亢，鳥嚨。"飛鳥之極，亢即其象也。龍之亢而有悔，鳥之亢而有災，陰陽雖殊，其義一也。

䷾離下坎上

既濟：亨小，利貞。初吉終亂。

《爾雅》："濟，渡也。濟，成也。濟，益也。"三者皆濟之義也。《穀梁傳》："既者，盡也，有繼之辭也。"曰既，則初必慮其終矣。案：濟之文從水從齊。《禮記》："凡食齊視春時，羹齊視夏時，醬齊視秋時，飲齊視冬時。"《周禮》："亨人掌共鼎鑊，以給水火之齊。"《左傳》："水火醯醢鹽梅，以烹魚肉，燀之以薪，宰夫和之，齊之以味，濟其不及，以洩其過。君子食之，以平其心。"調味者以水濟火而謂之齊。《周禮》："金有六齊：六分其金而錫居一，謂之鐘鼎之齊；五分其金而錫居一，謂之斧斤之齊；四分其金而錫居一，謂之戈戟之齊；參分其金而錫居一，謂之大刃之齊；五分其金而錫居二，謂之削殺矢之齊；金錫半，謂之鑒燧之齊。"爍金者亦以水濟火而謂之齊。是以水在火上曰《既濟》，火在水上曰《未濟》。《書·武成》："予小子既獲仁人，敢祗承上帝，以遏亂略。華夏蠻貊，罔不率俾。惟爾有神，尚克相予，以濟兆民。"此《既濟》之義，已安已治之時也。《左傳》："作事，威克厥愛，雖小必濟。"亨之所謂小也。《禮記》："王道四達而不悖。"

小者亨則無不享矣。《書》："惟有道曾孫周王發，將有大正于商。"此"利貞"之義也。《詩》："靡不有初，鮮克有終。"是"初吉終亂"之謂也。

彖曰："既濟，亨"，小者亨也。

《書》："一夫不獲則曰時予之辜。"小者不遺，乃爲既濟。曰"小者亨"，正以見皆濟之義也。

"利貞"，剛柔正而位當也。

《禮記》："以正君臣，以篤父子，以和上下。"三剛三柔皆當位而正，是其義也。《左傳》："清濁、小大、短長、疾徐、哀樂、剛柔、遲速、高下、出入、周疏，以相濟也。"《注》言樂聲相反。猶羹之水火相反。此剛柔當位所以爲濟之義也。

"初吉"，柔得中也。

《詩》："小心翼翼。"二以柔順得中，此所以成既濟者也。

終止則亂，其道窮也。

《書》："儆戒無虞，罔失法度，罔遊于逸，罔淫于樂，無怠無荒。"人處無事則止心生，明乎止爲終亂之故，則道不窮矣。《論語》："譬如爲山，未成一簣，止，吾止也。"爲學者終止則廢，爲治者終止則亂。《左傳》："吾聞爲善者不改其度，故能有濟也。"不改則有終矣。《書》："慎厥初，惟厥終，終以不困。不惟厥終，終以困窮。"是"道窮"之謂也。

象曰：水在火上，既濟。君子以思患而豫防之。

《左傳》："水懦民狎而翫之，火烈民望而畏之，寬以濟猛，猛以濟寬，政是以和。"此水在火上，取《既濟》之義也。《國語》："水無沈氣，火無災燀。"亦所以相濟之義。《論語》："人無遠慮，必有近憂。"此"思患"之義也。《中庸》："凡事豫則立，不豫則廢。言前定則不跲，事前定則不困，行前定則不疚，道前定則不窮。"此"豫"之義也。《禮記》："君子禮以坊德，刑以坊淫，命以坊欲。"此"防"之義也。《周禮》："以防止水。"故既濟之義取諸"防"。《禮記》："夫禮，禁亂之所由生，猶坊止水之所自來也。故以舊坊爲無所用而壞之者，必有水敗；以舊禮爲無所用而去之者，必有亂患。""思患豫防"之義，此尤明切。《左傳》："《書》曰：'居安思危，思則有備，有備無患。'”是“思患豫防”之義也。《穀梁傳》：“且夫玩好在耳目之前而患在一國之後，此中知以上乃能慮之。”是以“思患豫防”非君子不能也。

初九：曳其輪，濡其尾，无咎。

《禮記》：“行不舉足，車輪曳踵。”曳輪則車之不前者也。《詩》：“狼跋其胡，載疐其尾。”濡尾則狐之不進者也。既濟之初，其象如此。謹之於始，是以“无咎”。

象曰：“曳其輪”，義无咎也。

《詩》：“濟盈不濡軌。”盈必濡軌。知其險而不進，曳輪无咎之義也。《孟子》：“子産聽鄭國之政，以其乘輿濟人於溱洧。孟子曰：‘惠而不知爲政。君子平其政，行辟人可也。焉得人人而濟之？'”義所不必濟者，即不必濟，況於不當濟之時乎！是以曳輪曰“義无咎”。

六二：婦喪其茀，勿逐，七日得。

《禮記》：“婦人不立乘。”婦之乘車，亦“女子有行”之義。《爾雅》：“輿革前謂之報，後謂之茀。”婦人之車前後設蔽茀者，後蔽也。《詩》“簟茀朱鞹”“翟茀以朝”是也。《禮記》：“女子出門，必擁蔽其面。夜行以燭，無燭則止。”婦人自守之正，與人臣自守之正一也。“喪其茀”則不可行矣。《孟子》：“窮不失義，故士得已焉。達不離道，故民不失望焉。”以道自守，故曰“勿逐，七日得”也。《孟子》：“求則得之，舍則失之，是求有益於得也，求在我者也。求之有道，得之有命，是求無益於得也，求在外者也。”“喪茀，勿逐”，在外之不必求者也。七日之得，在我之不可失者也。喪馬勿逐，喪貝勿逐，猶有委心任運之思；喪茀勿逐，實有居中守正之道。

象曰：“七日得”，以中道也。

《論語》：“如有用我者，朞月而已可也，三年有成。”《孟子》：“由周而來，七百有餘歲，以其數則過矣，以其時考之則可矣。”時之可期皆道之可信者，故曰“七日得，以中道也”。《孟子》：“古之人未嘗不欲仕也，又惡不由其道。”“以中道”者，守道之正，時至必行也。《孟子》：“夫義，路也；禮，門也。惟君子能由是路出入是門也。”輪者，車之所以行路。茀者，車之所以蔽門。初未可以行，故曰“義无咎”。二不苟於行，故曰“以中道”。

九三：高宗伐鬼方，三年克之，小人勿用。

《詩》："撻彼殷武，奮伐荆楚。罙入其阻，裒荆之旅。有截其所，湯孫之緒。""高宗之克鬼方"，此《詩》之謂也。《詩》："内奰于中國，覃及鬼方。"言其遠也。《左傳》："凡師得雋曰克。"大勝之謂也。《左傳》："晋趙鞅卜救鄭，遇水適火，占諸史趙、史墨、史龜。史龜曰：'是謂沈陽，可以興兵。利以伐姜，不利子商。伐齊則可，敵宋不吉。'史墨曰：'盈，水名也。子，水位也。名位敵，不可干也。炎帝爲火師，姜姓其後也。水勝火，伐姜則可。'史趙曰：'如川之滿，不可游也。鄭方有罪，不可救也。救鄭則不吉。'"此水勝火爲伐國而克之義。鬼方在南。高宗伐鬼方，亦以水克火之象也。《書》："惟治亂在庶官，官不及私昵，惟其能；爵罔及惡德，惟其賢。""小人勿用"之義也。垂戒之意與《師》之上九同，以其既濟也。

象曰："三年克之"，憊也。

《國語》："無勤民於遠。"故"三年克之"曰"憊"，師勞力竭也。《公羊傳》："楚莊王圍宋，軍有七日之糧爾！不勝，將去而歸爾。使司馬子反乘堙而闚宋城。宋華元亦乘堙而出見之。司馬子反曰：'子之國何如？'華元曰：'憊矣！易子而食之，析骸而炊之。'司馬子反曰：'嘻！甚矣，憊！'"用兵之憊，其象如此。克者亦當自戒也。《公羊傳》："秋，師還，善辭也何？善爾病之也。"勞其病者，憊之謂矣。《書》："惟甲胄起戎，惟衣裳在笥，惟干戈省厥躬，王惟戒兹。"觀傅説之所以告高宗者，則甲胄、干戈之用不可不慎，而衣裳之賞亦不可不審，其警戒之意亦在"三年克之"之後與？

六四：繻有衣袽，終日戒。

《周禮》："羅氏掌羅烏，烏蜡則作羅襦。"襦與繻通，細密之羅。《論語》："衣敝緼袍。"衣之敝者，謂之袽也。皆可以塞舟之罅漏者。《左傳》："彌縫其闕而匡救其災。"此義是也。曰"繻"，又曰"衣袽"者，《左傳》："雖有絲麻，無棄菅蒯。"禦患之具，不可不兼備也。繻或作濡，不如作本字解。《書》："慄慄危懼，若將隕于深淵。""終日戒"之義也。

象曰："終日戒"，有所疑也。

《詩》："天難忱斯，不易維王。"曰天之難信者，疑所以爲戒之本也。

九五：東鄰殺牛，不如西鄰之禴祭，實受其福。

《禮記》："天子無故不殺牛。"此所以爲盛祭也。《禮記》："天子四時之祭，春曰禴。"春物未成，祭品鮮薄，此所以爲薄祭也。《禮記》："淫祀無福。""東鄰"之謂也。《禮記》："祭則受福。""西鄰"之謂也。《禮記》："賢者之祭也，必受其福，非世所謂福也。福者，備也，言内盡於己而外順於道也，致其誠信，與其忠敬。"此受福之實，所謂東鄰不如西鄰者也。《書》："黍稷非馨，明德惟馨。"又："鬼神無常享，享于克誠。"既濟之時，恐驕奢之易萌，而誠敬之不足。東鄰、西鄰，所以爲戒者，一彼一此之義也。《禮記》："敬則用祭器。故君子不以菲廢禮，不以美没禮。故食禮：主人親饋，則客祭；主人不親饋，則客不祭。故君子苟無禮，雖美不食焉。《易》曰：'東鄰殺牛，不如西鄰之禴祭，實受其福。'"言美不如菲，此其義也。

象曰："東鄰殺牛"，不如西鄰之時也。"實受其福"，吉大來也。

《禮記》："禮時爲大。"《詩》："威儀孔時。"皆時之義也。《穀梁傳》："祭者，薦其時也，薦其敬也，薦其美也，非享味也。"故曰"不如西鄰之時也"。《詩》："公尸燕飲，福禄來崇。""吉大來"之義也。

上六：濡其首，厲。

《禮記》："狐死正丘首，仁也。"狐之自愛其首者，正也。濡則至於危矣。《詩》："匏有苦葉，濟有深涉，深則厲，淺則揭。"濟之深者，戒其危險，所以曰"厲"。"濡其首"者，不知戒也。《左傳》："畏首畏尾，身其餘幾。"首尾皆以狐取象。

象曰："濡其首，厲"，何可久也。

《詩》："其何能淑，載胥及溺。"《既濟》之極反於《未濟》，此"何可久"之義也。《孟子》："亦終必亡而已矣。"曰"何可久"者，即"終亂"之義也。

䷿坎下離上

未濟，亨。小狐汔濟，濡其尾，无攸利。

《書》："我文考文王克成厥勳，誕膺天命，惟九年，大統未集。"此《未濟》之義也。《詩》："有芃者狐，率彼幽草。"《注》："小狐也。"《爾雅》："貍、狐、貒、貈醜，其足蹯，其跡厹。貍子，隸。貈子，貆。"皆小狐之謂也。《詩》："汔可小康。"此"汔濟"之義也。小狐多疑，汔濟而濡其尾，猶未濟也，故"无攸利"。《左傳》："晋師救鄭，及河，聞鄭既及楚平。桓子欲還，彘子曰：'成師以出，聞敵彊而退，非夫也。'以中軍佐濟。"又："秦軍掩晋上軍，趙穿追之。軍吏曰：'將有待也。'穿曰：'我不知謀，將獨出。'遂以其屬出。"少年喜事，小狐之汔濟濡尾也。一往而無以善其後，何利之有哉？

彖曰：未濟亨，柔得中也。

《書》："予惟往求朕攸濟。"未濟而求濟，所以有亨之道。《左傳》："仁以接事，信以守之，忠以成之，敏以行之，事雖大必濟。""柔得中"之義也。

"小狐汔濟"，未出中也。"濡其尾，无攸利"，不續終也。雖不當位，剛柔應也。

《詩》："有狐綏綏，在彼淇厲。""未出中"之義也。《詩》："以似以續，續古之人。""不續終"者，怠於其後也。《孟子》："共進鋭者，其退速。"汔濟而濡尾之義也。"雖不當位"而"剛柔應"者，《左傳》："文王所以造周。《詩》曰：'陳錫載周。'能施也。率是道也，其何不濟？"相應則協力以濟，雖未濟，而天下無不可濟之事也。

象曰：火在水上，未濟。君子以慎辨物居方。

《孟子》："仁之勝不仁也，猶水勝火。今之爲仁者，猶以一杯水救一車薪之火也。不熄，則謂之水不勝火。"濟之義皆主水。火在水上，則水不勝火，是未濟之象也。《左傳》："火所未至，具綆缶，備水器，蓄水潦，積土塗。"所以備火之物也。《禮記》："修利隄防，開通道路。"所以備水之物也。君子觀《未濟》之象而辨物必慎者，此也。《孟子》："流水之爲物也，不盈科不行。"此亦"辨物"之義。《周禮》："大司徒之職，以天下土地之圖，周知九州之地域廣輪之數，辨其山林、川澤、丘陵、墳衍、原隰之名物。""辨物"者，即"物以羣分"之義也。《禮記》："孟夏之月，天子居明堂左个。是月立夏，盛德在火，以迎夏於南郊。孟冬之月，天子居玄堂左个。是月立冬，盛德在水，以迎冬於北郊。"君子觀《未濟》之象而居方必慎者，此也。《禮記》："仲夏之月，毋用火南方。"此亦"居方"之義。《周禮》："職方氏掌天下之圖，以掌天下之地，辨其邦國都鄙，四夷、八蠻、七閩、九貉、五戎、六狄之人民。土方氏掌土圭之法，以致日景，以土地相宅而建國都鄙，以辨土宜土化之法而授任地者。懷方氏掌來遠方之民。合方氏掌達天下之道路。訓方氏掌道四方之政事。形方氏掌制邦國之地域而正其封疆。”“居方”者，即“方以類聚”之義也。

初六：濡其尾，吝。

爻辭與《既濟》之初同。以陽居《既濟》之初，險在前而不進，故曰“无咎”。此以陰居《未濟》之初，身在險而欲動，故曰“吝”。《左傳》：“尾大不掉。”急於濟而不能濟，其象爲“濡其尾”也。

象曰：“濡其尾”，亦不知極也。

《左傳》：“聚斂積實，不知紀極，謂之饕餮。”妄進而不知極，是其義也。《論語》：“莫己知也，斯己而已矣。深則厲，淺則揭。”既濟之上，不知進退之正；未濟之初，不知淺深之宜。“濡其首”曰“何可久”，“濡其尾”曰“亦不知極”，蓋相承而言也。

九二：曳其輪，貞吉。

爻辭亦與《既濟》之初同。《家語》：“孔子將入晋，至河，聞趙簡子殺竇犨鳴犢及舜華，乃臨河而嘆曰：‘美哉水，洋洋乎！吾之不濟，此命也夫。’”此即“曳輪，貞吉”之義也，以未濟之時言也。

象曰：九二“貞吉”，中以行正也。

《中庸》：“君子而時中。”中則得正也。

六三：未濟，征凶，利涉大川。

《書》：“罔水行舟。”時不可濟而强行者，此“未濟，征凶”之義。又曰“利涉大川”者，《詩》：“譬彼舟流，不知所届。”蓋涉大川不可以輕濟也。《詩》：“就其深矣，方之舟之。就其淺矣，泳之游之。”深淺各有其宜，知征之凶，則知涉之利，其義相貫。如此利涉，正所以明未濟之意。

象曰：“未濟，征凶”，位不當也。

《書》：“若乘舟，汝弗濟，臭厥載。”此所謂“位不當”者。六爻皆不當位，獨於此言之者，才弱而居坎體之極，不足以濟險也。

九四：貞吉，悔亡。震用伐鬼方，三年有賞于大國。

《論語》："天下有道，則禮樂征伐自天子出。"四之上承乎五，是奉天子之令以征伐，濟難以正而得行其志者，"貞吉，悔亡"之義也。《左傳》："武震以懾威之。"所謂震之用也。《左傳》："畏君之震，師徒撓敗。"所以利用征伐者也。《詩》："徐方繹騷，震驚徐方。如雷如霆，徐方震驚。王奮厥武，如震如怒。"此"震用伐鬼方"之義也。《既濟》故以"克"言，《未濟》故以"伐"言。《詩》："不僭不濫，不敢怠遑。命于下國，封建厥福。"此"三年有賞于大國"之義也。《書》："用命賞于祖。"又："功多有厚賞。"此言諸侯之受賞者，故不言高宗也。《左傳》："晋侯賞桓子狄臣千室，亦賞士伯以瓜衍之縣，曰：'吾獲狄土，子之功也。'"諸侯之賞如是。天子之賞，故曰"大國"。

象曰："貞吉，悔亡"，志行也。

《既濟》克而曰"憊"，《未濟》伐而曰"志行"者，憊以見用兵之勞，《左傳》："勞師以襲遠，非所聞也。"故以憊戒之。至若天下之弊，有盤結之久而難去者。《書》："既歷三紀，世變風移。"周之頑民歷世既久，乃能去之，此可以明"志行"之義也。

六五：貞吉，无悔。君子之光，有孚，吉。

"貞吉，无悔"與"貞吉，悔亡"同，在四臣道之正，在五君道之正也。《詩》："至于文王，其德靡悔。"是已。《國語》："光明之曜也。"暉即光之著者。《詩》："樂只君子，邦家之光。"離爲文明之主，所以爲"君子之光"也。《詩》："爲龍爲光，其德不爽。"離爲虛中之主，所以曰"有孚，吉"也。未濟之世而有光者，《書》："我武惟揚，侵于之疆。取彼凶殘，我伐用張，于湯有光。"征伐之後，變未濟爲既濟，是"君子之光"矣。

象曰："君子之光"，其暉吉也。

《禮記》："内和而外順，則民瞻其顔色而弗與争也。望其容貌，而民不生慢易焉。故德煇動於内而民莫不承聽。"此"其暉吉"之義也。《禮記》："揖私朝，煇如也，登車則有光矣。"此光暉相爲表裏之義也。

上九：有孚于飲酒，无咎。濡其首，有孚失是。

《詩》："人之齊聖，飲酒温克。"此有孚于飲酒者也。《詩》："或湛樂飲酒，或慘慘畏咎。"飲酒、畏咎，其義相反。"有孚于飲酒"，是能樂天順命，以俟可濟之時者，不困于酒食而需于酒食者也，故“无咎”。《詩》：“側弁之俄，屢舞傞傞。”“濡其首”，謂飲酒之過者亦如狐之濡其首也，則爲“有孚”而“失是”矣。《論語》：“小人反是。”“失是”之謂也。

象曰：飲酒濡首，亦不知節也。

《禮記》：“君子之飲酒也，受一爵而色洒如也，二爵而言言斯禮已，三爵而油油以退。”所謂飲酒之節也。《論語》：“惟酒無量，不及亂。”《左傳》：“酒以成禮，不繼以淫。臣卜其晝，未卜其夜。”此“知節”之謂也。《左傳》：“子皮之族，飲酒無度。”此“不知節”之謂也。《論語》：“知和而和，不以禮節之，亦不可行也。”“亦”字之義如是。《孟子》：“禹惡旨酒。”《書》：“訓有之，甘酒嗜音，未或不亡。”此夏先王之以酒爲戒也。《書》：“制官刑，儆于有位，曰：敢有恒舞于宫，酣歌于室，時謂巫風。”此商先王之以酒爲戒也。《書》：“乃穆考文王，厥誥毖庶邦庶士，越少正、御事，曰：越小大邦用喪，亦罔非酒惟辜。”此周先王之以酒爲戒也。《詩》：“醉而不出，是謂伐德。”此賢侯之所以自戒也。《孟子》：“樂酒無厭謂之亡。”此賢臣之所以戒其君也。飲酒之不知節，即此一端而千古爲從欲之戒者，莫大乎是。《詩》：“是曰既醉，不知其秩。是曰既醉，不知其郵。”《未濟》之初曰“不知極”，自始而戒其終也。《未濟》之終曰“不知節”，自終而戒其始也。懼以終始，其要无咎。《易》之大義於終篇著之者與？

【校記】

〔1〕按：據上文，“宫”疑當作“家”。

〔2〕六，據《禮記・内則》補。

〔3〕卑，《續四庫》本作空格。

〔4〕按：底本原缺六三之象，亦無解讀文字。今據通行本《周易》補入。

〔5〕魏，《左傳・昭公三十二年》作“衛”。

周易引經通釋卷七

黄岡李鈞簡輯註　男澍滋校字

繫辭上傳

天尊地卑，乾坤定矣。卑高以陳，貴賤位矣。動静有常，剛柔斷矣。方以類聚，物以群分，吉凶生矣。在天成象，在地成形，變化見矣。

天地有以高下言者，《禮記》“天高地下，萬物散殊”是也。有以左右言者，《周書》“天道尚右，日月西移。地道尚左，水道東流”是也。高下言其體，左右言其用。惟尊卑則以其義言之也。《周禮》：“司尊彝掌六彝六尊之位。”尊本酒器，有升奉之義。《周禮》：“輪人爲蓋，上欲尊而宇欲卑。”車有盛載之義。尊卑之義皆本乎天地。易之乾坤，象乎天地，故曰“乾坤定矣”。《禮記》：“我欲觀夏道，是故之杞而不足徵也，吾得夏時焉。我欲觀殷道，是故之宋而不足徵也，吾得坤乾焉。”夏時建寅，與《連山》首艮同義，寅艮同方也。坤乾首坤，與商正建丑同義，取地闢於丑也。夏商之易皆不以乾爲首，此曰“乾坤定位”者，以明“天尊地卑”爲萬古不易之常經，君尊臣卑、父尊子卑、夫尊妻卑，皆本於此。《周易》之大義較夏商爲正者，夫子繫《易》所以首揭之也。《詩》：“謂天蓋高。”天之高也。《詩》：“履之卑兮。”地之卑也。《孟子》：“爲高必因丘陵，爲下必因川澤。”山高而澤卑也。曰“卑高以陳”者，《中庸》：“君子之道，辟如登高必自卑。”高以下爲基。六爻之位，自下而上，取諸此也。《左傳》：“貴有常尊，賤有等威。”《中庸》：“序爵所以辨貴賤也。”曰“位”者，有等而序之之義。《禮記》：“以入朝廷，則貴賤有位。”《周禮》：“正朝儀之位，辨貴賤之等。”貴賤自有其位也。《周禮》：“陳其殷，置其輔。”易之貴賤象乎卑高，故曰“貴賤位矣。”

蓋由天地定位而六子之位與六爻之位皆於是乎出也。《大戴禮》："朝事義，古者聖王明義以别貴賤，以序尊卑，以體上下，然後民知尊君敬上，而忠順之行備矣。"此尊卑貴賤之義，易之示人者也。《禮記》："著不息者，天也。著不動者，地也。"不息不動，天地之動静有常也。《論語》："知者樂水，仁者樂山。知者動，仁者静。"山水之動静有常，亦本於天地也。《詩》："旅力方剛，經營四方。"剛而動之義也。《詩》："琴瑟在御，莫不静好。"柔而静之義也。剛柔之斷皆於此判也。方者，東西南北之方。物者，飛潛動植之物。《書》："仲春，宅嵎夷，厥民析，鳥獸孳尾。仲夏，宅南交，厥民因，鳥獸希革。仲秋，宅西，厥民夷，鳥獸毛毨。仲冬，宅朔方，厥民隩，鳥獸氄毛。"《禮記》："迎春東郊，其蟲鱗；迎夏南郊，其蟲羽。中央土，其蟲倮；迎秋西郊，其蟲毛；迎冬北郊，其蟲介。"此皆類聚群分之義也。有方有類，有聚有分，則有同異得失而吉凶生。如"西南得朋，東北喪朋""南征之吉""西郊之不雨""東鄰殺牛，西鄰禴祭"之類，皆"方以類聚"之吉凶也。如"潛龍勿用""牝馬利貞""喪牛之凶""喪羊之无悔"，皆"物以羣分"之吉凶也。《書》："惟吉凶不僭在人，惟天降災祥在德。"是吉凶之所由生也。《論語》："子欲居九夷。或曰陋。子曰：'君子居之，何陋之有？'"方之吉凶，由乎人也。《左傳》："妖由人興。人無釁焉，妖不自作。"物之吉凶由乎人也。《論語》："有教無類。"又："《詩》可以羣。"《坤·彖傳》曰："乃與類行。"《否》爻象曰："不亂群也。"在所擇也，趨吉避凶之道亦於此可知矣。《中庸》："今夫天，日月星辰繫焉。是"在天成象"之屬也。今夫地，載華嶽而不重，振河海而不洩。今夫山，草木生之，禽獸居之。今夫水，黿鼉、蛟龍、魚鼈生焉，貨財殖焉。"是"在地成形"之屬也。時行物生，陰陽變化之義見於此也。《禮記》："雷乃發聲，始雨水，桃始華。"《詩》："凱風自南，吹彼棘心。"是風雷在天成象，草木在地成形也。震巽之謂也。《周禮·秋官》："司烜氏掌以夫遂取明火於日，以鑒取明水於月。"是日月在天成象，水火在地成形也。坎離之謂也。《左傳》："隕石於宋，五星也。"是星在天成象，石在地成形也。《爾雅》："析木謂之津。箕斗之間，漢津也。"《左傳》："星孛於漢水，祥也。"《詩》："倬彼雲漢，爲章于天。"是漢在天成象，澤在地成形也。艮兑之謂也。變化之可見者，於此爲著也。《中庸》：

“其爲物不貳，則其生物不測。”是“變化”之義也。萬物皆本於天地、高卑、動静。方物形象皆陰陽之實體，自然之易也。八卦皆統於乾坤，尊卑、貴賤、剛柔、吉凶、變化皆卦爻之法象。聖人之作《易》，所以因乎天地者也。

是故剛柔相摩，八卦相盪。

《周禮》：“磬氏爲磬，已上則摩其旁，已下則摩其耑。”剛柔之質亦如厚薄之形也，故曰“摩”。《禮記》：“相觀而善之謂摩。”相切摩者，陰陽之交感，故剛柔之義取諸摩。《論語》：“奡盪舟。”相推盪者，運化之推移，故八卦之義取諸盪。相摩所以成八卦之體，相盪所以成六十四卦之體。《詩》：“左手執籥，右手秉翟。”摩之文從手。左右相對爲摩。八卦皆對待者，故剛柔象之。《禮記》：“器之溉者不寫，其餘皆寫。”盪之文從皿。器之相寫爲盪。六十四卦皆流行者，即八卦之因而重也，故八卦象之。

鼓之以雷霆，潤之以風雨。日月運行，一寒一暑。

《穀梁傳》：“大雨震電。震者何？雷也。電者何？霆也。”雷謂震卦，霆謂離卦。《周禮》：“雷鼓雷鼗。”象雷聲以爲鼓，故曰“鼓之”。霆亦曰“鼓之”者，《詩》：“嘽嘽焞焞，如霆如雷。”陰陽相薄，感而爲雷，激而爲霆，是雷霆皆可曰鼓也。《詩》：“靈雨既零。”雨謂坎卦。《國語》：“有協風至。”風謂巽卦。風亦曰“潤之”者，《詩》：“習習谷風，以陰以雨。”風和而後雨，是風雨皆可曰潤也。《禮記》：“司天日月星辰之行，宿離不忒。”日月之行，言離坎也。《書》：“日月之行，則有冬有夏。”日之行極南至于牽牛則爲冬至，極北至于東井則爲夏至。月之行，立冬、冬至從黑道，立夏、夏至從赤道。此“日月運行，一寒一暑”之義也。《左傳》：“梓慎曰：‘二至二分，日有食之，不爲災。日月之行也，分同道也，至相過也。’”運行之義於分至見之，寒暑之節也。《周禮・大司徒》：“以土圭之灋測土深，正日景，以求地中。日南則景短多暑，日北則景長多寒。”《馮相氏》：“冬夏致日，春秋致月，以辨四時之叙。”是皆以日月運行測度寒暑也。《周禮》：“中春晝擊土鼓，歈豳詩以逆暑。中秋夜迎寒亦如之。”“一寒一暑”，明其自然之運也。《禮記》：“相近於坎壇，祭寒暑也。”坎象東南，多澤爲暑。壇象西北，多山爲寒。言艮兑也。

乾道成男，坤道成女。

《大戴禮》：“男者任也，女者如也。”任即乾之健也，如即坤之順也。《詩》：“維熊維羆，男子之祥。維虺維蛇，女子之祥。”熊羆，陽物，强力壯毅，“此乾道成男”之義也。虺蛇，陰物，柔弱隱伏，此“坤道成女”之義也。《禮記》：“子生，男子設弧於門左，女子設帨於門右。”弧者，用武之事，乾道之剛也。帨者，事人之配，坤道之柔也。《大戴禮》：“丘陵爲牡，谿谷爲牝。”山男而澤女也。《左傳》：“水火牡也，火水妃也。”坎男而離女也。《禮記》：“外言不入於梱，内言不出於梱。”出爲震，入爲巽，震男而巽女也。《爾雅》：“鳥有雌雄，獸有牝牡。”又：“牡，蔵。母，麻。”是成男成女之義。至于草木鳥獸，無所不統，而特以男女言之者，《書》：“惟人萬物之靈。”《孝經》：“天地之性，人爲貴。”故專以人道言之也。

乾知大始，坤作成物。

《禮記》：“萬物本乎天。郊之祭也，大報本反始也。”大則能始，即所謂“大哉乾元，萬物資始”也，故曰“乾知大始”。《書》：“平秩東作，平秩西成。”作而後成，即所謂“坤厚載物，无成代終”也，故曰“坤作成物”。《中庸》：“至誠之道，可以前知。”知之於始，乾之義也。元者，氣之始在無形之初，故曰知。《禮記》：“作者之謂聖。”成之於終，坤之義也。物者，質之成在有形之後，故曰作。《書》：“知之曰明哲。明哲實作則。”君德之所以合於乾坤也。

乾以易知，坤以簡能。

《禮記》：“大樂必易，大禮必簡。”“易簡”之義也。“知大始”曰“易知”。《孟子》：“人之所不慮而知者，其良知也。”人之良知即由於乾之易知也。“作成物”曰“簡能”。《孟子》：“人之所不學而能者，其良能也。”人之良能即由於坤之簡能也。《孟子》：“孩提之童，無不知愛其親也。及其長也，無不知敬其兄也。”此“乾以易知”之義也。《孟子》：“人能充無欲害人之心，而仁不可勝用也。人能充無穿窬之心，而義不可勝用也。”此“坤以簡能”之義也。

易則易知，簡則易從。易知則有親，易從則有功。有親則可久，有功則可大。可久則賢人之德，可大則賢人之業。

《中庸》：“或生而知之，或學而知之，或困而知之。及其知之，一也。”知不外乎一誠，則“易知”之義也。《論語》：“吾道一以貫之。曾子曰：

‘夫子之道，忠恕而已矣。’”是“易則易知”者也。《中庸》：“或安而行之，或利而行之，或勉强而行之。及其成功，一也。”行不外乎一誠，則“易從”之義也。《孟子》：“夫徐行者，豈人所不能哉？堯、舜之道，孝弟而已矣。”是“簡則易從”者也。《禮記》：“吾觀於鄉而知王道之易易也。”王道即乾坤之簡易者，所謂“易知易從”也。《孟子》：“天之生斯民也，使先知覺後知，使先覺覺後覺。予，天民之先覺者。予將以斯道覺斯民也。”“易知則有親”之義也。《大學》：“堯、舜帥天下以仁而民從之，其所令反其所好而民不從。”“易從則有功”之義也。《禮記》：“爲上易事也，爲下易知也。”易事故曰“有親”，易知故曰“有功”。《孟子》：“奮乎百世之上、百世之下，聞者莫不興起也，非聖人而能若是乎？而況於親炙之者乎！”易知所以有親，於斯見矣。《書》：“匹夫匹婦，不獲自盡，民主罔與成厥功。”易從所以有功，於斯見矣。《大學》：“君子賢其賢而親其親，小人樂其樂而利其利，此以没世不忘也。”“有親則可久”者也。《孟子》：“君子創業垂統，爲可繼也。”“有功則可大”者也。《中庸》：“仲尼祖述堯、舜，憲章文、武，上律天時，下襲水土。”“可久則賢人之德”也。《孟子》：“昔者禹抑洪水而天下平，周公兼夷狄、驅猛獸而百姓寧，孔子成《春秋》而亂臣賊子懼。”“可大則賢人之業”也。此皆聖人法乾坤之道者，而曰“賢人之德”“賢人之業”。《孟子》：“天與賢則與賢。”舜、禹之聖也。《孟子》：“賢於堯、舜遠矣。”孔子之聖也，賢實極乎聖之量而言也。

易簡而天下之理得矣。天下之理得，而成位乎其中矣。

《中庸》：“君子素其位而行，是故君子居易以俟命。”順理而無險阻，易之謂也。《論語》：“子曰：‘雍也可使南面。’仲弓曰：‘居敬而行，簡以臨其民，不亦可乎？’”順理而不煩擾，簡之謂也。《論語》：“無爲而治者，其舜也與夫。何爲哉恭己正南面而已矣。”無爲者，乾之易也。《孟子》：“禹之行水，行其所無事也。如智者亦行其所無事，則智亦大矣。”無事者，坤之簡也。此所謂“易簡而天下之理得”也。《中庸》：“至誠盡人物之性，贊天地之化育，則可以與天地參矣。”此“天下之理得，而成位乎其中”也。《樂記》之言與此章大同小異。禮樂居天下之大端，易即其精微之理也，其言相爲表裏。《禮記》：“天尊地卑，君臣定矣。乾爲君道，坤爲臣道。卑高以陳，貴賤位矣。動静有常，小大殊矣。乾剛爲大，坤柔爲小。方以類聚，物以群分，則性命不同矣。方各有性，物各有命，皆吉凶之所由生也。在天成象，在地成形。如此，則禮者，天地之别也。形象之别皆變化之所由見也。地氣上齊，天氣下降，陰陽相摩，陰陽分剛柔也。天地相蕩。天地統八卦也。鼓之以雷霆，奮之以風雨，雷出地奮，自樂言之也。動之以四時，煖之以日月，而百化興焉。如此則樂者，天地之和也。日月寒暑，通乎四時也。化不時則不生，男女無辨則亂升，天地之情也。此即“乾道成男，坤道成女”之義。及夫禮樂之極乎天而蟠乎地，行乎陰陽而通乎鬼神，窮高極遠而測深厚，樂著大始而禮居成物。著不息者，天也；著不動者，地也。一動一静者，天地之間也，故聖人曰禮樂云。”“天尊地卑”一節，言陰陽之相對也，故曰“别”。“地氣上齊”一節，言陰陽之相交也，故曰“和”。“男女”二節，即乾坤之道也。易之爲義，即禮樂之原也。

右第一章。

聖人設卦觀象，繫辭焉而明吉凶，

《周禮》：“大卜掌三易之灋：一曰連山，二曰歸藏，三曰周易。其經卦皆八，其别卦皆六十有四。”卦之爲言掛也，掛萬象於上，此所謂“聖人設卦”者也。《書》：“予欲觀古人之象，日、月、星、辰、山、龍、華蟲、作會，宗彝、藻、火、粉米、黼、黻、絺繡。”如《易》之日、月、水、火、山、澤、龍、馬、雞、雉之類，皆觀象之義也。《書》：“辭尚體要。”如《易》之剛柔有體，因體立辭，此繫辭之義也。《禮記》：“屬辭比事，《春秋》教也。”《春秋》記事，以事繫日，以日繫月，以月繫時，以時繫年。《易》之繫辭於爻，繫爻於卦，是以謂之繫辭也。《周禮·天官·大宰》：“正月之吉，縣治象之灋於象魏。”設卦觀象以示人，亦如縣象觀法以示人，使之改過而遷善。此“明吉凶”之義也。《儀禮》：“筮日，主人冠端玄，即位于門外，西面。筮人取筮于西塾，執之東面，受命于主人。宰自主人之左贊命，命曰：‘孝孫某，筮來日某，諏此某事。’筮者許諾，還即席，西面坐。卦者在左。卒筮，寫卦。筮者執以示主人。主人受視，反之。筮者還東面。掌占卒，告主人：占曰吉。若不吉，則筮遠日。”此筮者設卦觀象之義也。

剛柔相推而生變化。

《左傳》：“遇《大有》之《乾》。”五之柔變爲剛也。遇《屯》之《比》。初之剛變爲柔也。《左傳》：“或推之，或輓之。”《禮記》：“上弗援，下弗推。”凡言推者，自後而前，自下而上。日月寒暑相推即此義。卦爻亦陰陽之相推，是以生變化也。

是故吉凶者，失得之象也；悔吝者，憂虞之象也；

《書》：“惠迪吉，從逆凶，惟影響。”吉者順理而得，凶者逆理而失。《大學》：“忠信以得之，驕泰以失之。”如喪貝、喪茀之“勿逐，七日得”是也。君子之所必警也。《孟子》：“大甲悔過，自怨自艾。”悔者必有憂也。《書》：“改過不吝。”吝者必有虞也。《論語》：“内省不疚，夫何憂何懼？”知憂則亦無悔，如“既憂之，无咎”是也。《左傳》：“慎守其一而備其不虞。”知虞則亦不吝，如“虞吉，有他不燕”是也。君子之所必慎也。吉凶悔吝象人事之失得憂虞，而天地之道備乎吾身矣。

變化者，進退之象也；剛柔者，晝夜之象也。六爻之動，三極之道也。

柔變而剛爲進，剛變而柔爲退。《孟子》：“治則進，亂則退。”因乎時也。《孟子》：“進以禮，退以義。”守其身也。隨變化以屈伸，故曰“進退之象”。剛則爲晝，柔則爲夜。《左傳》：“晝以訪問，夜以安身。”象陰陽而動静，故曰“晝夜之象”。變化剛柔象天道之進退，晝夜而人事亦以之取義也。漸之爲進，遯之爲退，“晝日三接”，“莫夜有戎”，見於卦象者皆是矣。《孝經》：“天之經也，地之義也，民之行也。”天地人者，所謂三極之道也。《禮記》：“上取象於天，下取法於地，中取則於人，所以群居和壹之理盡矣。”動即剛柔之變化者。六爻之動有象，法之義也。《大學》：“湯之盤銘曰：‘苟日新，日日新，又日新。’《康誥》曰：‘作新民。’《詩》曰：‘周雖舊邦，其命維新。’是故君子無所不用其極。”此即三極之道也。《爾雅》：“北極謂之北辰。”天之極也。《周禮》：“惟王建國，辨方正位，體國經野，以爲民極。”地之極也。《書》：“建用皇極，會其有極，歸其有極。”人之極也。《周書》：“三極：一維天九星，二維地九州，三維人四虞。”即三才之義。《乾・文言》曰：“上不在天，中不在人，下不在田。”而六十四卦之爻位皆以此推之矣。

是故君子所居而安者，易之序也；所樂而玩者，爻之辭也。

《禮記》：“禮者，天地之序也。”天地之象皆著於序。易之次序，如潛、見、飛、躍，一卦之序；乾、兑、離、震，八卦之序；《序卦》一篇，六十四卦之序；皆易之序也。曰“所居而安”者，《孟子》：“君子深造之以道，欲其自得之也。自得之則居之安，居之安則資之深，資之深則取之左右逢其原。”言其理之在於心者，無往而不得其安也。《大學》：“知止而後有定，定而後能静，静而後能安，安而後能慮，慮而後能得。”安之爲義如是。《論語》：“辭達而已矣。”天地之象皆著於辭。辭以達爻之旨，是三百八十四爻之辭皆爻之辭也。曰“所樂而玩”者，《論語》：“好之者不如樂之者。”言其理之著於爻者，有以熟復於心也。《書》：“玩人喪德，玩物喪志。”習理之玩則異於從欲之玩也。《論語》：“南容三復白圭。”玩之爲義如是。《禮記》：“處其所存，禮之序也。玩其所樂，民之治也。”其義即本於此。《論語》：“子之燕居，申申如也，夭[1]夭如也。”是“所居而安”也。《中庸》：“君子素其位而行不願乎其外。”如富貴貧賤，無入而不自得，所居者皆易之序也。《論語》：“學而不厭，誨人不倦。”是“所樂而玩”也。《論語》：“述而不作，信而好古。”如删訂贊修，不知老之將至，所樂者皆爻之辭也。加年學《易》，韋編三絶，此一節即夫子之自道也。

是故君子居則觀其象而玩其辭，動則觀其變而玩其占。是以“自天祐之，吉无不利”。

《禮記》：“絜静精微，《易》教也。《易》之失賊，絜静精微而不賊，則深於《易》者也。”深於《易》者觀其象，絜静精微者玩其辭，以平時言學《易》之道也。《書・洪範》：“七、稽疑：擇建立卜筮人，乃命卜筮，曰貞，曰悔。立時人作卜筮，三人占，則從二人之言。”“稽疑”者觀其變，“從二人”者玩其占，以臨事言用《易》之道也。《左傳》：“蔡墨曰：‘在《姤》之《乾》’”，“知莊子曰：‘在《師》之《臨》。’”曰“在”者，以其居言本卦之辭，是即觀象玩辭也。《左傳》：“陳侯遇《觀》之《否》”，“晋侯遇《大有》之《睽》。”曰“遇”者，以其動言變卦之義，是即觀變玩占也。《左傳》：“韓宣子觀《易象》與《魯春秋》，曰：‘周禮盡在魯矣。’”此觀象之謂也。《論語》：“子曰：‘加我數年，五十以學《易》，可以無大過矣。’”此辭之不可不玩也。《周禮》：“占人掌占龜，以八簭占八頌，以八卦占簭之八故，以眡吉凶。”此觀變之謂也。《論語》：“‘不恒其德，或承之羞’，不占而已矣。”此占之不可不玩也。《禮記》：“問卜筮。曰：‘義與？志與？義則可問，志則否。’”以義問者，“自天佑之，吉无不利”也。《左傳》：“易不可以占險，猶有闕也。筮雖吉，未也。”是可以知“吉无不利”之旨矣。《左傳》：“《大有》之《乾》曰：‘同復於父，敬如君所。’”此二語，《大有》上爻之辭。《乾》居經之首，統乎象變之義。復乎《乾》則統乎天，“先天而天弗違，後天而奉天時”，所以“佑之，吉无不利”，是引此二語之義。

右第二章。

彖者，言乎象者也；爻者，言乎變者也。

彖者，卦辭文王所作象即卦之象。《左傳》：“以類命爲象。”易之取象皆類乎畫卦之全體。仰觀俯察，皆是也，故曰言乎象爻者。爻辭，周公所作，變即爻之變。《中庸》：“動則變，變則化。”易爻之用皆取乎變動之義，用九用六統之也，故曰言乎變承觀象觀變而□。吉凶乎其失得也，悔吝者，言乎其小疵也，无咎者，善補過也。

“言乎其失得”者，《大學》：“道善則得之，不善則失之。”是吉凶之占也，所謂修之吉、悖之凶也。《書》：“五過之疵。”《左傳》：“予取予求，不女疵瑕也。”疵爲過之小者，悔則能改，吝則憚改。悔吝之占，使人和所勉也。《左傳》：“人誰無過？過而能改，善莫大焉。《詩》曰：‘靡不有初，鮮克有終。’夫如是，則能補過者鮮矣。”又曰：“衮職有闕，唯仲山甫補之，能補過也。君能補過，衮不廢矣。”善謂之得，不善謂之失，小不善謂之疵。補過者，改不善以遷於善，所以无咎。《左傳》：“仲尼曰：‘能補過者，君子也。’”“善補過”者，聖人勉人之至教。《論語》：“君子之過也，如日月之食，人皆見之。及其更也，人皆仰之。”澤風爲《大過》，雷山爲《小過》，觀象莫善於補過，所以學《易》曰無大過也。

是故列貴賤者存乎位，齊小大者存乎卦，辨吉凶者存乎辭，

《左傳》：“明貴賤，辨等列。”所謂“列貴賤者存乎位”也。位者，六爻之位，陽貴而陰賤，上貴而下賤也。《孟子》：“夫物之不齊，物之情也。巨屨小屨同賈，人豈爲之哉?”是小大本有不齊，而曰“齊小大存乎卦”者，全卦之體，陰爲小，陽爲大。如《泰》曰“小往大來”，《否》曰“大往大來”，陰陽各有所主。《書》：“惟齊非齊，有倫有要。”陰陽各隨其時，以爲卦主，不齊之齊，故曰“齊小大也”。《周禮》：“簭人掌三易，以辨九簭之名：一曰巫更，一曰巫咸，三曰巫式，四曰巫目，五曰巫易，六曰巫比，七曰巫祠，八曰巫參，九曰巫環，以辨吉凶。”巫皆作筮，吉凶視其所筮，故曰“辨吉凶者存乎辭”也。《禮記》：“孟冬，命大史釁龜筴占兆審吉凶。”辭即卦爻之辭也。

憂悔吝者存乎介，震无咎者存乎悔。

《左傳》：“介居二大國之間。”介言居其間也。《孟子》：“欲知舜與蹠之分，利與善之間也。”悔吝之介至微，憂之則不至於悔吝矣。《孟子》：“人之所以異於禽獸者幾希。庶民去之，君子存之。”幾希之辨，所謂介也，故曰“憂悔吝者存乎介”。《書·大甲》三篇。大甲之悔，以桐宮之放也。《詩·賓筵》一篇。衛武公之悔，以飲酒之失也。《書·秦誓》一篇。秦穆公之悔，以二陵之敗也。皆所謂“震无咎者”。《孟子》：“困於心，衡於慮，而後作。徵於色，發於聲，而後喻。”必震動而後悔，故曰“震无咎者存乎悔”。《震》之象曰“君子以恐懼修省”，是其義也。

是故卦有小大，辭有險易。辭也者，各指其所之。

《中庸》：“語大天下，莫能載焉。語小天下，莫能破焉。”卦之爲義，無所不備，是“卦有小大”也。《中庸》：“君子居易以俟命，小人行險以徼幸。”辭之爲義，有安有危，是“辭有險易”也。《大學》：“之其所親愛而辟焉，之其所賤惡而辟焉，之其所畏敬而辟焉，之其所哀矜而辟焉，之其所敖惰而辟焉。”喜怒哀樂，意有所之，則辭有所指也。《左傳》：“其在《周易》，《豐》之《離》”，“《周易》有之，在《復》之《頤》。”辭以變者爲占，亦“各指其所之”之義也。《孟子》：“請無問其詳，願聞其指。”指者，辭意之所在也。《禮記》："夫言豈一端而已夫，各有所當也。"辭之各指，非一端也。《孟子》："言近而指遠者，善言也。"各指所之，故在占者之善言矣。

右第三章。

易與天地準，故能彌綸天地之道。

《周禮》："權之然後準之，準之然後量之。"易與天地同體，故曰準也。《禮記》："夫孝，置之而塞乎天地，溥之而横乎四海，施諸後世而無朝夕，推而放諸東海而準，推而放諸西海而準，推而放諸南海而準，推而放諸北海而準。"易道無所不該，"與天地準"，義即如是。所以能"彌綸天地"。《爾雅》："彌，終也。"終竟之義。《周禮》："彌祀社稷。"周徧之義。《論語》："仰之彌高，鑽之彌堅。"又有無窮盡之義。《詩》："言綸之繩。"經緯之義。《書》："若綱在綱，有條而不紊。"條理之義。《禮記》："王言如絲，其出如綸。"又有相引伸之義。天地之物，無非天地之道，彌之則無不包羅，綸之則各有條理。《易》之爲書，所以與天地準也。

仰以觀於天文，俯以察於地理，是故知幽明之故。原始反終，故知死生之説。精氣爲物，游魂爲變，是故知鬼神之情狀。

《周禮·馮相氏》："掌十有二歲、十有二月、十有二辰、十日、二十有八星之位，辨其序事，以會天位。"《保章氏》："掌天星以志星辰日月之變動，以觀天下之遷，辨其吉凶。"此即"觀於天文"也。《周禮》："大司徒以土會之灋辨五地之物生，以土宜之灋辨十有二土之名物、十有二壤之物，以土均之灋辨五物九等，以土圭之灋測土深。"此"俯察於地理"也。《孝經》："明王事父孝，故事天明；事母孝，故事地察。"天地之道，聖人以之。《易》之日月雷風山澤，皆所以仰觀俯察也。《大戴禮》："天道曰圓，地道曰方。方曰幽而圓曰明。明者，吐氣者也，是故外景。幽者，含氣者也，是故内景。"此天地之分幽明也。《禮記》："王宫祭日也，夜明祭月也，幽宗祭星也。"在天者，幽明之分也。《書》："宅南交曰明都，宅朔方曰幽都。"在地者，幽明之分也。仰觀俯察，"是故知幽明之故"。《家語》："化於陰陽象形而發謂之生，化窮數盡謂之死。故命者，性之始也；死者，生之終也。有始則必有終矣。"此原始反終而知死生之説也。《論語》："人之生也直，罔之生也幸而免。”原始而知所以生也。《論語》：“朝聞道，夕死可矣。”反終而知所以死也。《禮記》：“父母全而生之，子全而歸之，可謂孝矣。”全生者其始，全歸者其終。《論語》：“未知生，焉知死？”死生一理。此爲“知死生之説”也。《論語》：“水火，吾見蹈而死者矣，未見蹈仁而死者也。”知死生之説者，一仁之始終而已。《左傳》：“人生始化曰魄，既生魄陽曰魂。用物精多則魂魄强。心之精爽，是謂魂魄。”此“精氣爲物”之義也。《禮記》：“衆生必死，死必歸土，骨肉斃於下。陰爲野土，其氣發揚於上，爲昭明、焄蒿、悽愴，此百物之精也。”此“游魂爲變”之義也。《大戴禮》：“陽之精氣曰神，陰之精氣曰靈。”氣之聚者精，故曰“爲物”。氣之散者游，故曰“爲變”。《禮記》：“宰我曰：‘吾聞鬼神之名，不知其所謂。’子曰：‘氣也者，神之盛也。魄也者，鬼之盛也。合鬼與神，教之至也。’”精氣遊魂，即鬼神之義也。《爾雅》：“鬼之爲言歸也。”《禮記》：“人死曰鬼。山林川谷丘陵能出雲爲風雨、見怪物，皆曰神。”此鬼神之所由名也。《中庸》：“鬼神之爲德也，其盛矣乎！視之而弗見，聽之而弗聞，體物而不可遺，使天下之人齊明盛服以承祭祀，洋洋乎如在其上，如在其左右。”此所謂鬼神之情也。《周禮》：“凡以神仕者，掌三辰之法，以猶鬼神示之居，辨其名物。”猶者，圖其象。此所謂鬼神之狀也。《論語》：“未能事人，焉能事鬼？”事人即所以事鬼，此爲“知鬼神之情狀”也。《周禮》：“方相氏掌蒙熊皮，黄金四目，玄衣朱裳，執戈揚盾，帥百隸而時儺，以索室毆疫。”此即古聖王知鬼神之情狀者。《中庸》：“《詩》曰：‘神之格思，不可度思。矧可射思，夫微之顯。’誠之不可揜如此夫。”“知鬼神之情狀”者，一誠之始終而已。《論語》：“非其鬼而祭之，諂也。見義不爲，無勇也。”幽明、死生、鬼神，道之彌綸天地者也，而知之者，惟作《易》之聖人。此所謂窮理之事也。

與天地相似，故不違。知周乎萬物，而道濟天下，故不過。旁行而不流，樂天知命，故不憂。安土敦乎仁，故能愛。

《詩》：“惟其有之，是以似之。”“相似”者，即“與天地合德”也。《孟子》：“惟聖人然後可以踐形。”是“與天地相似”之義也。《詩》：“教誨爾子，式穀似之。”《孟子》：“惡似而非者。”似之爲義至微，故以“不違”爲正也。

《論語》："孟懿子問孝。子曰：'無違。'"不背於理，"不違"之義也。《孟子》："知者無不知也，當務之爲急。"此"知周乎萬物"也。《中庸》："成己，仁也。成物，知也。合外内之道也，故時措之宜也。"是"知周而道濟天下"也。"不過"者，《孟子》："遵先王之法而過者，未之有也。""知周"者，義之精，而道濟不過則合於仁矣。《爾雅》："二達謂之岐旁。""旁行"之謂。《孟子》："執中無權，猶執一也。""旁行"者，可與權之謂也。《中庸》："和而不流。""不流"之謂也。"旁行"者，仁之熟，而不流則合於義矣。《孟子》："莫之爲而爲者，天也。莫之致而至者，命也。"此"天命"之謂也。《論語》："飯疏食，飲水，曲肱而枕之，樂亦在其中矣。""樂天"之謂也。《論語》："五十而知天命。""知命"之謂也。《論語》："内省不疚，夫何憂何懼?""不憂"之謂也。《論語》："仁者安仁。"《孟子》："仁人之安宅也。""安土"之義也。《論語》："仁者愛人。"又："己欲立而立人，己欲達而達人。""敦仁"之所以"能愛"也。《禮記》："古之爲政者，愛人爲大。不能愛人，不能有其身。不能有其身，不能安土。不能安土，不能樂天。不能樂天，不能成其身。"此樂天、安土、愛人一以貫之之義也。《論語》："知者不惑，仁者不憂。"知仁之德，此所謂盡性之事也。

範圍天地之化而不過，曲成萬物而不遺，通乎晝夜之道而知，故神无方而易无體。

《爾雅》："範，常也。範，法也。"是物有常法者謂之範。《孟子》："範我馳驅。"言合乎度也。《書》："天乃錫禹洪範九疇。"一五行以至九五福六極，即所以範乎天地也。《詩》："帝命式于九圍。"言所至之匡郭也。《大學》："此之謂絜矩之道。"上下、左右、前後，即所以圍乎天地也。《禮記》："范金合土。"範者，鑄金之模也。《周禮》："輈人爲輈。凡任木：任正者，十分其輈之長，以其一爲之圍。衡任者，五分其長，以其一爲之圍。"圍者，畫木之界也。範圍皆制器尚象之義，故曰"曲成萬物"。竊謂範即出於洛書，圍即出於河圖，是"河出圖，洛出書，聖人則之"者，正"範圍"之義也，是以"易與天地準"。《書》："欽若昊天，敬授人時。"《周禮》："辨方正位，體國經野。"所謂"範圍天地之化而不過"也。《中庸》："其次致曲，曲能有誠。"盡己盡人，所以"曲成"之義也。

《禮記》:“人官有能也，物曲有利也。”所謂“曲成萬物而不遺”也。曰“不過”者，損過以就中，《中庸》“執其兩端，用其中於民”是也。曰“不遺”者，一理渾然而泛應曲當，《論語》“吾道一以貫之”是也。《論語》:“子在川上曰：‘逝者如斯夫，不舍晝夜。’”往過來續，即幽明、死生、鬼神之所以然者，皆是道也，故曰“通乎晝夜之道而知”。《中庸》:“知天地之化育。”此之謂也。《論語》:“瞻之在前，忽焉在後。”道之無方，是神之无方也。《中庸》:“視之而弗見，聽之而弗聞，體物而不可遺。”道之無體，是易之无體也。《孟子》:“夫君子所過者化，所存者神，上下與天地同流，豈曰小補之哉?”此即範圍、曲成之無方體者，所謂至命之事也。

右第四章。

一陰一陽之謂道。

《大戴禮》:“一陰一陽，然後成道。”此“易以道陰陽”者也。《家語》:“一陽一陰，奇耦相配，然後道合化成，性命之端，形於此也。”故曰“一陰一陽之謂道”。《禮記》:“天位乎上，地位乎下，日生於東，月生於西。”此一陰一陽相對之道。“乾道成男，坤道成女”，即此義也。《中庸》:“辟如四時之錯行，如日月之代明。”此一陰一陽相遞之道。“日月運行，一寒一暑”，即此義也。

繼之者善也，成之者性也。

《中庸》:“孝者，善繼人之志，善述人之事者也。”人之繼天，猶子之繼父也，故曰“繼之者善”。《中庸》:“誠者自成也，而道自道也。”自成之道即天之道也，故曰“成之者性”。《書》:“惟皇上帝降衷于下民，若有恒性。”“降衷”者，陰陽之始。“恒”者，成性之本也。《家語》:“分於道謂之命，形於一謂之性。”《易》之爲書，所以爲性命之原也。《論語》:“夫子之言性與天道，不可得而聞也。”《繫傳》此語，聖人之精微見矣。《孟子》:“孟子道性善，言必稱堯舜。”性善之義，實本於此。先儒謂孟子不言《易》而深於《易》，此可以知其本矣。

仁者見之謂之仁，知者見之謂之知。百姓日用而不知，故君子之道鮮矣!

《論語》:“知者樂水，仁者樂山。”上言繼善成性，此言謂之仁、謂之知者，學焉而得其性之所近也。《孟子》："惻隱之心，仁之端也。是非之心，智之端也。"善之具於性者，一理渾然，有所發而後見，故曰"仁者見之""知者見之"也。《論語》："樊遲問仁。子曰：'愛人。'問知，子曰：'知人。'樊遲未達。"仁知同一原，見之有所未通者，狃於一偏，此類是也。《孟子》："行之而不著焉，習矣而不察焉，終身由之而不知其道者，衆也。"此"百姓日用而不知"也。《中庸》："道之不明也，賢者過之，不肖者不及也。道之不行也，知者過之，愚者不及也。人莫不飲食也，鮮能知味也。"賢知即知仁之偏也，飲食即日用不知之謂也，故曰"君子之道鮮"。《論語》："民可使由之，不可使知之。"不知者，謂其所以然也。《論語》："巧言令色，鮮矣仁。"仁之道鮮也。《論語》："知德者鮮矣。"知之道鮮也。《論語》："中庸之爲德也，其至矣乎！民鮮久矣。"所謂君子之道鮮也。《詩》："德輶如毛，民鮮克舉之，惟仲山甫舉之。"所以勉君子也。

顯諸仁，藏諸用，鼓萬物而不與聖人同憂。盛德大業至矣哉！

《中庸》："君子之道費而隱。"此即顯而藏之義也。《書》："天有顯道，厥類惟彰。"仁之顯也。《詩》："不識不知，順帝之則。"用之藏也。《爾雅》："春爲發生，夏爲長嬴，秋爲收成，冬爲安寧。"仁者，生物之元，至夏而顯。用者，收物之利，至冬而藏。《禮記》："春作夏長，仁也。秋斂冬藏，義也。"故曰"顯諸仁，藏諸用"。《孟子》："聖人之憂民如此。"洪水禽獸，天地之難，皆聖人之憂也。《中庸》："天地之大也，人猶有所憾。"此天地之"鼓萬物而不與聖人同憂"也。《中庸》："及其至也，雖聖人亦有所不知焉。及其至也，雖聖人亦有所不能焉。"盛德大業之至，即可久賢人之德、可大賢人之業。《中庸》："《詩》云：'予懷明德，不大聲以色。'子曰：'聲色之於以化民，末也。'《詩》曰：'德輶如毛，毛猶有倫。上天之載，無聲無臭。'至矣！"盛德、大業，至矣者，天地無心而成化，聖人有心而無爲也。

富有之謂大業，日新之謂盛德。

天地以生物爲德，成物爲業。《中庸》："辟如天地之無不持載，無不覆幬。"大而無外，"富有之謂大業"也。《中庸》："悠久無疆。"久而無窮，"日新之謂盛德"也。《禮記》："多文以爲富。""富有"之義也。《書》："功崇惟志，業廣惟勤。”所謂“大業”也。《書》：“德日新，萬邦惟懷。”“日新”之義也。《大學》：“道盛德至，善民之不能忘也。”所謂“盛德”也。《乾·文言》曰：“君子進德修業，欲及時也。”此可見君子之德業皆本於天地者，易之理也。

生生之謂易。

《大戴禮》：“毛蟲毛而後生，羽蟲羽而後生，陽氣之生也。介蟲介而後生，鱗蟲鱗而後生，陰氣之生也。唯人爲倮匈而生也，陰陽之精也。”生皆本於陰陽，易皆言陰陽者。《家語》：“易之生人及萬物鳥獸昆蟲，各有奇耦，氣分不同。而凡人莫知其情，惟達道德者能原其本焉。”陰陽之生，其變無窮，是“生生之謂易”也。乾曰大生，坤曰廣生，故曰“生生”。至大極、兩儀、四象、八卦之相生不窮，皆自此而推之也。

成象之謂乾，效法之謂坤。

《禮記》：“萬物本乎天。”一晝開天，成象之始，故曰“成象之謂乾”。《禮記》：“夫禮必本於天，殽於地。”殽者，效也。奇分爲耦，上承乎乾，故曰“效法之謂坤”。即“在天成象，在地成形”之義。此則言乾健坤順之本體也。《中庸》：“上律天時，下襲水土。”觀聖人之體天地者而成象，“效法”之義可知矣。

極數知來之謂占，通變之謂事。

《論語》：“回也聞一以知十，賜也聞一以知二。”十者，數之終，即生成之數。二者，數之對，即奇耦之數。此“極數”之謂也。《論語》：“告諸往而知來者。”此“知來”之義也。有理即有數，推極之可以知來，易之占如是也。《爾雅》：“隱，占也。”占事之隱，必極數而後知之也。《周禮》：“凡卜簭既事，則繫幣以比其命，歲終則計其占之中否。”《大戴禮》：“以其見，占其隱。”占之所以貴乎知來也。《孟子》：“天不言，以行與事示之而已矣。”通數之變，可以極事之理也。《禮記》：“外事用剛日，內事用柔日。”此所謂卜筮通變之事也。曰變通者，變則通，自然之易也。曰通變者，通其變，聖人之用《易》，亦順乎自然也。陰陽者天道，通變者人事，《易》以人事明天道也。

陰陽不測之謂神。

《中庸》：“至誠之道，可以前知。國家將興，必有禎祥。國家將亡，必有妖孽。見乎蓍龜，動乎四體。禍福將至，善必先知之，不善必先知之，故至誠如神。”“至誠之道”，即一陰一陽之道。“蓍龜”“四體”之先知禍福，即極數知來之占。“禎祥”“妖孽”，即通變之事。至誠如神，實陰陽不測之神，其言與此章之義相合。“一陰一陽之謂道”。所以不測者，《中庸》：“天地之道可一言而盡也。其爲物不貳，則其生物不測。”兩在故不測，謂陰陽之生生無窮者也，是之謂神。

右第五章。

夫[2]易廣矣大矣，以言乎遠則不禦，以言乎邇則静而正，以言乎天地之間則備矣。

《左傳》：“如天之無不幬也，如地之無不載也。”“廣矣大矣”者，易之義如天地之廣大也。《禮記》：“推而放諸東海而準，推而放諸西海而準。”凡易之取象於天下者，“言乎遠則不禦”之義也。《禮記》：“頭容直，目容端，口容止，手容恭，足容重。”凡易之取象乎身者，“言乎邇則静而正”之義也。《孟子》：“舜之居深山之中，其所以異於深山之野人者幾希。及其聞一善言、見一善行，若決江河，沛然莫之能禦也。”是遠之所以不禦者，由於邇之存者静而正也。《書》：“皋陶曰：‘慎厥身，修思永。惇叙九族，庶明勵翼，邇可遠，在茲。’”《孟子》：“武王不泄邇，不忘遠。”是邇之静而正者，可以推之遠而不禦也。《孟子》：“其爲氣也，至大至剛，以直養而無害，則塞於天地之間。”天地之間，氣之所塞，皆道之所充。人處覆載之内者也，故曰“以言乎天地之間則備”。《禮記·禮器》：“是故大備。大備，盛德也。措則正，施則行。”“備矣”則兼遠邇言之。《孟子》：“萬物皆備於我矣，反身而誠，樂莫大焉。强恕而行，求仁莫近焉。”君子所以體易之道，於此可知矣。

夫乾，其静也專，其動也直，是以大生焉。夫坤，其静也翕，其動也闢，是以廣生焉。

《左傳》：“琴瑟之專壹。”專之爲言壹也。《孟子》：“不直則道不見。”直之爲言實也。乾一而實，故静專而動直也。《書》：“翕受敷施。”翕之爲言合也。《詩》：“日闢國百里。”闢之爲言開也。坤二而虚，故静翕而動闢也。《左傳》：“稟命則不威，專命則不孝。”專者，君父之道，可以知乾之“静也專”。《論語》：“人之生也正。”直者，生人之性，可以知乾之動也直。《詩》：“允猶翕河。”河順其性曰翕，可以知坤之静也翕。《孟子》：“土地辟，田野治。”土開其利曰闢，可以知坤之動也闢。《坤》二爻曰“直方大”，乾之動直亦以其交坤而言也。闔户謂之乾，坤之動闢亦以其交乾而言也。《中庸》："今夫天及其無窮也，萬物覆焉。今夫地及其廣厚，萬物載焉。"大哉乾元，無所不包，是以曰"大生"。至哉坤元，無所不及，是以曰"廣生"。上節言易之理，廣大以歸夫動静。此節言乾坤之體，動静以及夫廣大，故下文遂以其相配者言之也。

廣大配天地，變通配四時，陰陽之義配日月，易簡之善配至德。

《中庸》："博厚配地，高明配天。"配者，其理之相合也。《禮記》："清明象天，廣大象地，終始象四時。"此即"廣大配天地，變通配四時"之義也。《禮記》："大明生於東，月生於西，陰陽之義也。"故曰"陰陽之義配日月"。《禮記》："天道至教，聖人至德。"配天之德，所以爲至。《孝經》："子曰：'先王有至德要道，以順天下。'"皆所謂"易簡之善配至德"也。《大學》："在明明德，在親民，在止於至善。"又："好人之所惡，惡人之所好，是謂拂人之性。"至善之止，即人之所同乎性者。此章蓋申言"繼之者善"之義。

右第六章。

子曰："易其至矣乎！夫易，聖人所以崇德而廣業也。知崇禮卑，崇效天，卑法地，

《論語》："子曰：'中庸之爲德也，其至矣乎！'"《易》之爲書，義亦如是，承上章"易簡之善配至德"而言也。下以聖人之用易言。《論語》："主忠信，徙義，崇德也。""可久則賢人之德，日新之謂盛德"，所以崇之者蓋如是。《書》："業廣惟勤。"《爾雅》："業，緒也。""可大則賢人之業，富有之謂大業"，所以廣之者蓋如是。《論語》："君子博學於文，約之以禮。"知崇者，學之博，日進於高明也。禮卑者，守之約，操之爲有要也。崇者天象，卑者地象。《大戴禮》："尊其所聞則高明矣，行其所知則光大矣。"知識貴乎高明，此知崇之所以效天也。《禮記》："脩身踐言，謂之善行。行脩言道，禮之質也。"踐履貴乎篤實，此禮卑之所以法地也。《中庸》："大哉，聖人之道！洋洋乎！發育萬物，峻極于天。優優大哉！禮儀三百，威儀三千。"又："温故而知新，敦厚以崇禮。"發育峻極，即乾之"知大始"者，温故知新，所以崇德。三千三百，即坤之"作成物"者，敦厚崇禮，所以廣業。觀《大畜》之"日新其德"，可見效天之義。觀《謙》之"卑不可踰"，可見法地之義。

天地設位，而易行乎其中矣。成性存存，道義之門。"

《禮記》："天高地下，萬物散殊，而禮制行矣。流而不息，合同而化，而樂興焉。"天地設位而易行乎其中，是此義也。《詩》："肆筵設席。"《孟子》："設爲庠序學校以教之。"凡言設者，有所施措。天地定位而謂之設者，以明聖人效法之本，非有所造作而然也。《爾雅》："存，存在也。"存而又存，與生生之義同，一不已之意。《詩》："不聞亦式，不諫亦人。"又："不顯亦臨，無射亦保。"此所謂"存存"也。《中庸》："成己，仁也。成物，知也。性之德也，合外内之道也，故時措之宜也。"成性，即成之者性也。《孟子》："庶民去之，君子存之。"舜、禹、湯、文、武、周公皆所謂"成性存存"者也。《孟子》："君子以仁存心，以禮存心。"仁禮皆性之所成者。《論語》："誰能出不由户？何莫由斯道也？"所謂道之門也。《孟子》："義，路也。禮，門也。惟君子能由是路出入是門也。"所謂義之門也。知崇於内，則萬禮由此生，是道之門。禮卑於外，則萬行由此成，是義之門，故曰道義之門。《中庸》："天命之謂性，率性之謂道，脩道之謂教。"又："誠之者，擇善而固執之者也。"率性之道，即有善而無不善者。此章蓋申言"成之者性"之義。自"夫子之言性道，不可得聞"，"性相近"一語即明性善之義。至《繫傳》"繼之者善，成之者性"，坦然共著矣。《大學》"明德""新民""止於至善"，即言性之皆善也。《中庸》"天命謂性，率性謂道"，即言性之本善也。孟子之言性善，實本於此。是性善之説，孔、曾、思、孟四聖同之，謹識其相承之旨云。

右第七章。

聖人有以見天下之賾，而擬諸其形容，象其物宜，是故謂之象。

"賾"，古本作"嘖"。《左傳》："嘖有繁言。"雜亂之義也。《書》："乃審厥象，俾以形旁求於天下。説築傅巖之野，惟肖。"肖其象而爲之，所謂形也。《周禮》："函人爲甲，必先爲容。"度其長短大小而爲之，所謂容也。《左傳》："先王疆理天下，物土之宜，而[3] 布其利。"物各有宜，與卦之象各有稱，所謂物宜也。擬之象之者，肖其形，比其物，而兼盡其理，如聖人之取諸各卦者。伏羲畫卦之初，其象已寓於中也。

聖人有以見天下之動，而觀其會通，以行其典禮，繫辭焉以斷其吉凶，是故謂之爻。

《書》："會其有極。"會者，自彼而來之義。《書》："遂通道于九夷八蠻。"通者，自此而達之義。《禮記》："禮也者，理之不可易者也。"大中至正之理，人之所共由者，故曰"見天下之動，而觀其會通，以行其典禮"也。《書》："天叙有典，勑我五典五惇哉！天秩有禮，自我五禮有庸哉！"此典禮之謂也。《禮記》："凡禮之大體，體天地，法四時，則陰陽，順人情，故謂之禮。"此所謂"觀其會通"也。《左傳》："是陰陽之事，非吉凶所生也。吉凶由人。""繫辭以斷吉凶"，正以陰陽之義戒人也。周公繫爻之義如此。《左傳》："韓宣子觀《易象》與《魯春秋》，曰：'周禮盡在魯矣。'"是古者易亦謂之禮也。《論語》："周監於二代，郁郁乎文哉！"《孟子》："周公思兼三王，以施四事，其有不合者，仰而思之。"此周公觀會通以行典禮之實也。《周禮・天官》："大宰之職，掌建邦之六典，以佐王治邦國。一曰治典，一曰教典，三曰禮典，四曰政典，五曰刑典，六曰事典。"《春官》："大宗伯之職，以吉禮事邦國之鬼神示，以凶禮哀邦國之憂，以賓禮親邦國，以軍禮同邦國，以嘉禮親萬民。"《周官》一書無非"觀會通以行其典禮"者，是《周官》《周禮》之法度，周公皆本易以行之者也。爻以明其理，禮以著其事，此所以爲聖人之書也與？

言天下之至賾而不可惡也，言天下之至動而不可亂也。

"天下之至賾"者，卦之象也。而言象至於可惡者，《孟子》："天下之言性也，則故而已矣。故者以利爲本。所惡于智者，爲其鑿也。如智者若禹之行水也，則无惡於智矣。天之高也，星辰之遠也，苟求其故，千歲之日至，可坐而致也。"言象而至於穿鑿附會，則智亦可惡矣。言性者，人也；行水者，地也；日至者，天也。天地人之故，孟子此章可以爲言易者。鑿矣，王弼不言象，爲後人口實，豈知言象必本於理之自然，則至賾而有至一者存乎？"天下之至動"者，爻之變也。而言變至於可亂者，《禮記》："執左道以亂衆，殺。假於鬼神時日卜筮以疑衆，殺。"言變而託之神怪術數，則道亦可亂矣。《爾雅》："夢夢，訰訰，亂也。"言之惑人者爲亂。《論語》："子不語怪力亂神。"後世如京房、郭璞之言術數，皆至於殺身，豈知言數必本於理之不易，則至動而有至常者存乎？居則觀其象而玩其辭，所以"言天下之至賾而不可惡"；動則觀其變而玩其占，所以"言天下之至動而不可亂"。聖人爲萬世之言，易者戒所以曰"不可惡""不可亂"，其義至深遠矣。

擬之而後言，議之而後動，擬議以成其變化。

《禮記》："儗人必於其倫。"擬蓋比其象也。《論語》："時然後言，人不厭其言。"所謂"擬之而後言"也。《禮記》："大功言而不議。"議蓋詳其事也。《書》："慮善以動，動惟厥時。"所謂"議之而後動"也。《中庸》："動則變，變則化，惟天下至誠爲能化。"易之發化無窮，體易者亦擬議以成其變化也。《論語》："多聞闕疑，慎言其餘。"擬者有所疑而言之也，此擬議之所以成變化也。《禮記》："君子過言則民作辭，過動則民作則。君子言不過辭，動不過則。"易之擬之議之者，皆言動之則也。《中庸》："言而世爲天下則，動而世爲天下道。"豈非擬議以成變化之至者與？

"鳴鶴在陰，其子和之。我有好爵，吾與爾靡之。"子曰："君子居其室，出其言善，則千里之外應之，況其邇者乎！居其室，出其言不善，則千里之外違之，況其邇者乎！言出乎身，加乎民；行發乎邇，見乎遠。言行，君子之樞機，樞機之發，榮辱之主也。言行，君子之所以動天地也，可不慎乎？"

《詩》："相在爾室，尚不愧于屋漏。""居其室"之義也。居其室，即鶴之在陰也。《詩》："相彼鳥矣，猶求友聲。矧伊人矣，不求友生。""出其言"之義也。出其言，即鶴之鳴也。《論語》："如其善而莫之違也，不亦善乎？如不善而莫之違也，不幾乎一言而喪邦乎？"善則應，不善則違，此應、違之義也。《孟子》："夫苟好善，則四海之内皆將輕千里而來告之以善。夫苟不好善，則人將曰：'訑訑，予既已知之矣。'訑訑之聲音顔色，距人於千里之外。士止於千里之外，則讒諂面諛之人至矣。"此言之善不善，而千里應、違之效，即鶴鳴子和之義也。《大學》："言悖而出者，亦悖而入。"《孟子》："戒之戒之！出乎爾者，反乎爾者也。"出身加民之戒如此。《大戴禮》："言不遠身，言之主也。行不遠身，行之本也。"發邇見遠之義如此。《國語》："夫耳目者，心之樞機也。"言行皆心之所發，故曰"君子之樞機。"《爾雅》："樞謂之椳。"户樞制動者，開闔由之。《書》："若虞機張。"矢機主發者，操舍由之。君子之言行是以象之也。《大學》："一家仁，一國興仁；一家讓，一國興讓；一人貪戾，一國作亂。其機如此，此謂一言僨事，一人定國。"故曰"樞機之發，榮辱之主也"。榮辱者，《孟子》"仁則榮，不仁則辱"是也。《孟子》："禍福無不自己求之者。"榮辱皆以我爲主也。《書》："惟德動天，無遠弗屆；至誠感神，矧茲有苗。"又："周公代武王之説。今天動威以彰周公之德。"是言行之所以動天地也。《論語》："慎言其餘，則寡尤；慎行其餘，則寡悔。言寡尤，行寡悔，禄在其中矣。"此好爵爾靡者必於言行慎之也。

"同人，先號咷而後笑。"子曰："君子之道，或出或處，或默或語。二人同心，其利斷金，同心之言，其臭如蘭。"

《孟子》："禹、稷當平世，三過其門而不入；顏子當亂世，居於陋巷，一簞食，一瓢飲。禹、稷、顏回同道。"此"君子之道，或出或處"也。《中庸》："國有道，其言足以興。國無道，其默足以容。"此"君子之道，或默或語"也。《孟子》："聖人之行不同也，或遠或近，或去或不去，歸潔其身而已矣。"此出處語默不同而同之義也。先異後同，所以爲先號後笑也。《書》："同心同德。"心同則德同也。《詩》："終鮮兄弟，惟予二人。無信人之言，人實不信。""二人同心"之謂也。《周禮》："攻金之工，築氏執下齊，冶氏執上齊，鳧氏爲聲，㮚氏爲量，段氏爲鎛器，陶[4]氏爲刃。"此皆斷金之利也。同心斷金者，言爲之而必有成也。《書》："若金用汝作礪。"此可明固心斷金之意。《左傳》："譬於草木，寡君在君，君之臭味也。"又："譬諸草木，吾臭味也，而何敢差池？"同臭所以同心也。《大戴禮》："與君子游，苾乎如入芝蘭蘘之室，久而不聞其香，則與之化矣。"此所謂"同心之言，其臭如蘭"也。"其臭如蘭"者，言之而必有合也。《左傳》："蘭有國香，人服媚之如是。"蘭爲臭之善者。《詩》："士與女，方秉蕑兮。"蕑即蘭也，亦言同心之意。《左傳》："晉獻公卜以驪姬爲夫人。其繇曰：'專之渝，攘公之羭。一薰一蕕，十年尚猶有臭。'"晉侯、驪姬不得爲同心者，以同德爲貴也。

"初六，藉用白茅，无咎。"子曰："苟錯諸地而可矣，藉之用茅，何咎之有？慎之至也。夫茅之爲物薄，而用可重也。慎斯術也以往，其無所失矣。"

《書》："包匭菁茅。"菁茅有脊，而三刺所以供祭祀縮酒之用。《禮記》："周人尚臭，灌用鬯臭，鬱合鬯；臭，陰達於淵泉。蕭合黍稷；臭，陽達於牆屋。凡祭，慎諸此。"灌地之用，是錯諸地而藉用茅之義，故曰"慎之至也"。

《周禮》："甸師祭祀，共蕭茅。鄉師大祭祀，共茅菹。司巫祭祀，共菹館。"是皆言茅供祭之用也。《詩》："白茅純束。"嘉禮用茅也。《周書》："封諸侯，燾以黄土，苴以白茅。"賓禮用茅也。《禮記》："御匰以茅。"《周禮》："旁招以茅。"凶禮用茅也。《左傳》："前茅慮無。"軍禮用茅也。是茅之爲物薄而用可重者，於此可見。祭爲吉禮，其尤重也。《孟子》："是乃仁術也。"又："教亦多術矣。"術皆本乎道也。慎斯術以往者，《孟子》："故術不可不慎也。"是其義矣。其無所失者，《論語》："以約失之者，鮮矣。"敬慎之義也。《禮記》："故禮之教化也微，其止邪也於未形，使人日徙善遠罪而不自知也，是以先王隆之也。《易》曰：'君子慎始。差若毫釐，繆以千里。'"今經無此文。《大戴禮》："正其本，萬事理。失之毫釐，差之千里。"亦引作《易》文。慎始而無失，其此爻之謂乎？

"勞謙，君子有終，吉。"子曰："勞而不伐，有功而不德，厚之至也。語以其功下人者也。德言盛，禮言恭，謙也者，致恭以存其位者也。"

《周禮》："國功曰功，事功曰勞。"勞於王事是也。《論語》："顔淵曰：'願無伐善，無施勞。'"又："孟之反不伐。"是所謂"勞而不伐"者也。《左傳》："大上有立德，其次有立功。"功者，德之所著。《論語》："以德報德。""不德"者，不欲見德，是所謂"有功而不德"者也。《左傳》："陳氏厚施於民。"此有意於施厚者，不伐不德，故曰"厚之至也"。坤曰厚載，艮曰厚終，地山之性有固然矣。《論語》："慮以下人。"謙之謂也。《左傳》："其君能下人，必能信用其民矣。"是能下人者也。《左傳》："欒書曰：'二三子之力也，書何力之有焉？'"是以"其功下人者也"。《穀梁傳》："德厚者流光。"故德欲其盛。《孟子》："恭敬之心，禮也。"故禮欲其恭。《詩》："兕觥其觩，旨酒思柔。彼交匪敖，萬福來求。"此謙者之能致恭也。《詩》："受爵不讓，至於已斯亡。"此不謙者之不能保位也，故曰"謙也者，致恭以存其位者也"。《孟子》："經德不回，非以干禄也。動容周旋中禮者，盛德之至也。"德盛禮恭，以存其位，非有所爲而然也。

"亢龍有悔。"子曰："貴而无位，高而无民，賢人在下位而无輔，是

以動而有悔也。"

《孝經》："高而不危，所以長守貴也。滿而不溢，所以長守富也。"此不恃其高與貴之義也。《孟子》："自暴者不可與有言也，自棄者不可與有爲也。"此賢人之所以无輔也。《左傳》："夫寵而不驕，驕而能降，降而不憾，憾而能眕者，鮮矣。"不驕則能謙，能謙則无悔。特著此章，以明亢之與謙相反，非重出也。

"不出户庭，无咎。"子曰："亂之所生也，則言語以爲階。君不密則失臣，臣不密則失身，幾事不密則害成。是以君子慎密而不出也。"

《詩》："誰生厲階，至今爲梗。"亂之所生，必有由也。《詩》："婦有長舌，維厲之階。"是言語爲亂階也。《左傳》："言語漏洩，職女之由。"是"不密"之義也。《公羊傳》："晋殺其大夫陽處父，晋狐射姑出奔狄。稱國以殺何？君漏言也。其漏言奈何？君將使射姑將。陽處父諫曰：'射姑民衆不説，不可使將。'於是廢將。陽處父出，射姑入。君謂射姑曰：'陽處父言曰：射姑民衆不説，不可使將。'射姑怒，出刺陽處父於朝而走。"《穀梁傳》："君漏言也。上泄則下闇，下闇則上聾。且闇且聾，無以相通。"陽處父之見殺，是"君不密則失臣，臣不密則失身"之義也。《左傳》："齊寺人貂始漏師於多魚。"是"幾事不密則害成"之義也。《家語》："孔子觀於周廟，有金人焉，三緘其口，而銘其背，曰：'古之慎言人也，戒之哉！無多言。多言多敗。'"知此義者，是以君子慎密而不出也。《論語》："古者言之不出，耻躬之不逮也。""不出户庭"，行之節；"慎密"，不出言之節。守口守身，其義一也。

子曰："作《易》者，其知盗乎？《易》曰：'負且乘，致寇至。'負也者，小人之事也；乘也者，君子之器也。小人而乘君子之器，盗思奪之矣；上慢下暴，盗思伐之矣。慢藏誨盗，冶容誨淫。《易》曰：'負且乘，致寇至。'盗之招也。"

《左傳》："竊賄爲盗，盗器爲姦。"盗之所由名也。《穀梁傳》："春秋有三盗：微殺大夫謂之盗，非其所取而取之謂之盗，辟中國之正道以襲利謂之盗。""知盗"者，知其所以爲盗也。《孟子》："《詩》云：'今此下民，或敢侮予。'孔子曰：'爲此詩者，其知道乎？'""知盗"即"知道"之義矣。

《禮記》：“雖負販者必有尊也。”《孟子》：“負耒耜而自宋之滕。”負者賤役。《孟子》：“有小人之事。”小人勞力。負爲小人之事，以其勞力也。《禮記》：“君于耆老不徒行。”乘爲君子之器，以明其制也。小人而乘君子之器者，《左傳》：“衛師敗績。新築人仲叔于奚救孫桓子，桓子是以免。衛人賞之以邑，辭，請曲縣、繁纓以朝，許之。仲尼聞之曰：‘惜也，不如多與之邑。唯器與名，不可以假人。’”是其義也。《左傳》：“陳敬仲曰：‘弛於負擔，免於罪戾，敢辱高位以速官謗？’”知負且乘之不可也。《左傳》：“衛懿公好鶴，鶴有乘軒者。國人皆曰：‘鶴實有禄位。’”鶴之乘軒與小人乘君子之器同矣。《大學》：“外本内末，争民施奪。”“盗思奪之”者，即施以刼奪之謂也。《春秋》：“盗殺鄭公子騑、公子發、公孫輒。”《左傳》：“初，子駟與尉止有争，將禦諸侯之師，而黜其車。子駟爲田洫，司氏、堵氏、侯氏、子師氏皆喪田焉。故五族聚群不逞之人，因公子之徒以作亂。”争車、喪田，是以啓釁，此亦“盗思奪之”之義也。《孟子》：“凶年饑歲，君之民老弱轉乎溝壑，壯者散而之四方者幾千人矣。而君之倉廩實，府庫充，有司莫以告，是上慢而殘下也。曾子曰：‘戒之戒之！出乎爾者，反乎爾者也。’夫民今而後得反之也。”小人在位，民所不堪，是“上慢下暴，盗思伐之”之義也。《春秋》：“盗竊寶玉大弓。”《左傳》：“陽虎説甲如公宫，取寶玉大弓以出。”府藏之物，守者懈弛，故曰“慢藏誨盗”。《禮記》：“農有不收藏積聚者，馬牛畜獸有放佚者，取之不詰。”此正“慢藏誨盗”之義也。《左傳》：“貪色爲淫。”淫之義也。《詩》：“出其東門，有女如雲。出其闉闍，有女如荼。”道路之目，極其華飾，故曰“冶容誨淫”。《左傳》：“挈缾之知，守不假器。”不慢藏也。《禮記》：“季春禁婦女毋觀。”又：“女子出門，必擁蔽其面。”不冶容也。《詩》：“無教猱升木。”盗本□藏，而慢以致之。淫本好色，而冶以致之。誨之猶言教之也。《論語》：“龜玉毁於櫝中，是誰之過與？”慢藏不慎，其守誨盗，正所以爲藏之戒也。《左傳》：“多藏厚亡。”知此則得其正矣。《詩》：“豈無膏沐，誰適爲容？”冶容非飾之宜，誨淫正所以爲容之戒也。《詩》：“豈不夙夜，謂行多露？”知此則守其正矣。《孟子》：“夫人必自侮，然後人侮之；家必自毁，而後人毁之；國必自伐，而後人伐之。”盗之思伐，自招之也。《論語》：

“季康子患盜。子曰：‘苟子之不欲，雖賞之不竊。’”清乎盜之源，乃能止乎其流也。《孟子》：“夫謂非其有而取之者，盜也。充類至義之盡也。”辨乎盜之微，乃能推之於盡也。作《易》者不歸罪於盜，而歸罪於招盜之人，此之謂知盜。以上七節皆偶舉之以明所得之義。《左傳》：“賦詩斷章。”此亦其意，言各有取，不必與爻義斤斤求合也。

右第八章。

天一地二，天三地四，天五地六，天七地八，天九地十。

《書》：“一曰水，二曰火，三曰木，四曰金，五曰土。”《洪範》所言，天地之生數也。《禮記》：“孟春之月，盛德在木，其數八。孟夏之月，盛德在火，其數七。中央土，其數五。孟秋之月，盛德在金，其數九。孟冬之月，盛德在水，其數六。”《月令》所言，天地之成數也。惟五亦以生數言者，土寄王於四時，其實則合之，皆十數之成也。其位一六居北，水也；二七居南，火也；三八居左，木也；四九居西，金也；五十居中，土也。河圖自然之數也。其位九四居上，金也；一六居下，水也；三八居左，木也；二七居右，火也；五居中，土也。洛書自然之數也。《左傳》：“使以十月入，曰：‘良月也，就盈數也。’”數盈於十之義也。《論語》：“回也聞一以知十，賜也聞一以知二。”以一分二爲奇耦，此即對待之數也。自一至十爲始終，此即循環之數也。河圖之數，以一至十者也。《論語》：“舉一隅不以三隅反，則不復也。”亦有對待循環之義。洛書之數，以四正統正隅者也。聖賢之學貫乎天地者，可知數不外乎理也。

天數五，地數五，五位相得而各有合。天數二十有五，地數三十。凡天地之數五十有五。此所以成變化而行鬼神也。

一三五七九，天數五也。二四六八十，地數五也。易爻凡言奇數者，皆以陽爲義，是取天數也；凡言耦數者，皆以陰爲義，是取地數也。《左傳》：“火，水妃也。妃以五成。”又：“星孛及漢，水祥也。水，火之牡也。其以丙子若壬午作乎？水火所以合也？”五行各相配合，得五而成，此五位相得而各有合之義也。《左傳》：“晋公子謂季隗曰：‘待我二十五年，不來而後嫁。’”二十五者，陽數之終，本天數也。《禮記》：“冢宰以三十年之通制國用。”三十者，陰數之成，本地數也。《禮記》：“五行四時十二月，還相爲本也。五聲六律十二管，還相爲宫也。五味六和十二食，還相爲質也。五色六章十二衣，還相爲質也。”相得者，陰陽之迭運，此數之所以成變化也。《國語》：“命南正重司天，以屬神；命北正黎司地，以屬民。重黎氏世叙天地而别其分主。”有令者，陰陽之互根，此數之所以行鬼神也。《孟子》：“或相倍蓰，或相什伯，或相千萬。”五之倍爲十，五之蓰爲二十五。蓰之十爲五十，推之至於乾坤之策三百、六十二篇之策萬有一千五百二十，皆自天地之數五十有五四營十有八變而成者。成變化而行鬼神，莫不本此。故下文遂言大衍之數，以明生蓍設卦之義也。

大衍之數五十，其用四十有九。分而爲二以象兩，掛一以象三，揲之以四以象四時，歸奇於扐以象閏，五歲再閏，故再仂而後掛。

《左傳》：“龜，象也。筮，數也。物生而後有象，象而後有滋，滋而後有數。”大衍，筮法也，故主乎數。本由象以生天地之數，此又由數以推天地之象。有滋，即所以用衍者也。《書》：“凡七：卜五，占用二，衍忒。”推衍差忒，卜筮皆然。總其義而言之，故曰大衍也。“大衍之數五十”者，即天地之數。中宫爲本，舉成數也。《論語》：“子曰：‘加我數年，五十以學《易》，可以無大過矣。’”五十即謂大衍之數也。盈虚消息之理、進退存亡之道，皆具於象數之中，此足以包全易之義，故夫子學之而不厭者，此也。此章朱子未有定説。何晏《註》謂五十知天命，亦偏。皇侃《疏》言五十應大衍之數，即此謂也。以《論語》本文觀之，“五十”連“學《易》”解，“以”字皆有實用，不必連“加年”解，自覺分晰。“其用四十有九”者，乾用九，坤用六，皆出於此也。一者，大用之原也。《禮記》：“夫禮必本於大一。”《論語》：“吾道一以貫之。”《中庸》：“天下之達道五，天下之達德三，所以行之者一。天下國家有九經，所以行之者一。”動貞夫一，此即太極之謂也。《禮記》：“筴其執之，皆尚左手。”分而爲二，左上右下。天上地下，故曰“以象兩”。此兩儀之謂也。《儀禮》：“挂於季指。”故指間曰挂。《中庸》：“贊天地之化育則可以與天地參矣。”“挂一”者，懸其一於左小指之間。左天右地，挂一象人，故曰“以象三”。此三才之謂也。《爾雅》：“春爲青陽，夏爲朱明，秋爲白藏，冬爲玄英。”“揲之以四”者，閒四揲之，故曰“以象四時”。此四象之謂也。《禮記》：“歲用數之防。”防與扐通。亦其餘之義。“歸奇”者，四揲之餘也。“閏”者，氣盈朔虚之餘，故曰“以象閏”。《周禮》：“閏月詔王，居門終月。”言三歲一閏。《大戴禮》：“日月成歲，歷再閏以順天道。”言五歲再閏也。一挂之後，左右二揲，左右二扐，故再扐而後挂也。挂扐合而象閏，言挂而扐在其中矣。《穀梁傳》："閏月者，附月之餘日也，積分而成於月者也。"積衆月之餘日，分之以成月，此歸奇象閏之義也。《公羊傳》："閏月矣，何以謂之天？無是月，非常月也。"易之取象於閏，亦所以通其變也。《左傳》："於是閏三月，非禮也。先王之正時也，履端於始，序則不愆；舉正於中，民則不惑；歸餘於終，事則不悖。"大衍之用，即"履端於始"也。分二挂一揲四，即"舉正於中"也。歸奇於扐，即"歸餘於終"也。此所以授時成歲之義通也。《左傳》："閏以正時，時以作事，事以厚生。生民之道，於是乎在矣。"用筮所以行事，故取諸再閏而成卦。《禮記》："鄉飲酒之禮，立賓以象天，立主以象地，設介僎以象日月，立三賓以象三光。"古者行禮皆取象於天地陰陽，是大衍之象。兩儀、三才、四時，亦其義也。

乾之策，二百一十有六；坤之策，百四十有四。凡三百有六十，當期之日。

《禮記》："筴爲筮。"策者，蓍之莖數也。太陽之策九，四九三十六，六爻則爲二百一十有六。太陰之策六，四六二十四，六爻則爲百四十有四。此以乾坤之策老陽老陰現存之數言也。又，乾坤之爻皆得於少陽少陰，三揲挂扐，通二十一策，而現存二十八策爲少陽；三揲掛扐，通十七策，而現存三十二策爲少陰。乾之策六，其二十八而爲百六十八；坤之策六，其三十二而爲百九十二。合之亦三百六十。其數皆自然而合也。《書》："朞三百有六旬有六日，以閏月定四時成歲。"衍策之道，本於授時，乾坤之義也。

二篇之策，萬有一千五百二十，當萬物之數也。

《孟子》："吾於《武成》，取二三策而已矣。"此所謂策，即篇之義。《左傳》："萬，盈數也。"盈天地者萬物。《論語》："四時行焉，百物生焉，天何言哉？"大衍即天不言之言也。

是故四營而成易，十有八變而成卦，

《詩》："經之營之。"又："經營四方。"蓍策之定數，如宫室之正位、方隅之定向，故謂之"四營"也。分掛揲扐爲四營成爻，曰"成易"者，謂三變而成爻也。《儀禮》："筮人執筴，抽上韇，兼執之，進，受命於主人。宰自右少退贊命。筮人許諾，右還，即席坐，西面。卦者在左。卒筮，書卦，執以示主人。主人受眂反之。筮人還，東面，旅占，卒，進告吉。"此筮儀即"十有八變而成卦”之謂也。

八卦而小成。

八卦者，乾、坤、震、巽、坎、離、艮、兑。初成内卦爲小成也。《周禮》：“大卜掌三易之灋。”于令升注“天地定位，山澤通氣，雷風相薄，水火不相射”：“此小成之易也。”小成者，伏羲之易也，而文王因之。伏羲之易小成，爲先天；神農之易中成，爲中天；黄帝之易大成，爲後天。此可以明八卦小成之義。《禮記·學記》：“七年小成，九年大成。”《樂記》：“樂有再成、三成、四成、五成、六成。”成之爲義如是。八卦之曰小成，一卦之成也。至重之爲六十四卦之成，則大成矣。

引而伸之，觸類而長之，天下之能事畢矣。

《爾雅》：“引，長也，陳也。”引而伸也。《孟子》：“引而不發，躍如也。”引其端，有伸之機。《禮記》：“知類通達，教學相長。”觸類而長也。《公羊傳》：“泰山之雲觸石而出，不崇朝而雨徧天下。”觸其類，有長之象。《左傳》：“民受天地之中以生，有動作威儀之則，能者養之以福，不能者敗以取禍。”爻象具備，有以趨吉而避凶，故曰“能事”。

顯道神德行，是故可與酬酢，可與祐神矣。

《詩》：“敬之敬之，天惟顯思，命不易哉！”道在天而有以示人者，其辭顯也。《孟子》：“冉牛、閔子、顔淵善言德行。”德行在人而知我其天者，其數神也。《爾雅》：“酬、酢、侑，報也。”案禮，主人酌賓爲獻，賓酌主人爲酢，主人飲之又酌賓爲酬。人事之往來無不宜，故曰“可與酬酢”。《中庸》：“《詩》曰：‘嘉樂君子，憲憲令德。宜民宜人，受禄于天。保佑命之，自天申之。’故大德者必受命。”天道之神，化無不通，故曰“可與祐神”也。

子曰：“知變化之道者，其知神之所爲乎？”

《孟子》：“莫之爲而爲者，天也。莫之致而至者，命也。”神之所爲言，非人所能也。蓍卦之變化如是。成變化而行鬼神者，天地之數也。知變化而知其神，大衍之占也。《中庸》：“夫婦之愚，可以與知焉。及其至也，雖聖人亦有所不知焉。夫婦之不肖，可以能行焉。及其至也，雖聖人亦有所不能焉。”極之聖人所不能，而後天下之能事畢。極之聖人所不知，而後知神之所爲，究歸於乾坤之易知簡能而已。其馳思而泛騖者，甯足以與於此哉？

右第九章。

易有聖人之道四焉：以言者尚其辭，以動者尚其變，以制器者尚其象，以卜筮者尚其占。

《詩》："爾卜爾筮，體無咎言。"又："卜筮偕止，會言近止。"卜筮之言，易之辭也。《左傳》："《大有》之《乾》""《歸妹》之《睽》。"卦爻之動，易之變也。《禮記》："量鼎得其象。"制作之器，易之象也。《詩》："象服是宜。"《周禮》："再獻用兩象尊。"此所謂制器尚象也。《周禮》："軫之方也，以象地也。蓋之圜也，以象天也。輪輻三十，以象日月也。蓋弓二十有八，以象星也。"凡制器之取象於天地陰陽者，皆易之象也。《禮記》："春其器疏以達，夏其器高以粗，中央其器圜以閎，秋其器廉以深，冬其器閎以奄。"凡制器之取則於四時者，亦易之象也，而易之凡言器者可知矣。《周禮》："占人掌占龜，以八簭占八頌，以八卦占簭之八故，以眡吉凶。"《禮記》："龜爲卜，筴爲筮。卜筮者，先聖王之所以使人信時日、敬鬼神、畏法令、決嫌疑、定猶與也。故曰疑而筮之則弗非也，日而行事則必踐之。"卜筮之法，易之占也。《書》："擇建立卜筮人，乃命卜筮，三人占則從二人之言。""尚其占"之謂也。筮而並言卜者，《左傳》："卜徒父筮之。"筮亦掌於卜人也。四者皆聖人之道。曰尚之者，《禮記》："夏尚黑，商尚白，周尚赤。"尊奉而從之之義也。尚辭、尚變、尚象、尚占，此四者即"觀其象而玩其辭，觀其變而玩其占"之謂也。

是以君子將有爲也，將有行也，問焉而以言，其受命也如嚮。无有遠近幽深，遂知來物。非天下之至精，其孰能與於此？

《禮記》："外事用剛日，内事用柔日。""有爲"謂作内事，"有行"謂作外事。《禮記》："假爾泰龜有常，假爾泰筮有常。"此"問焉而以言"之義也。《儀禮·冠禮》："筮日，宰自右贊命。""受命"之義也。《書》："惠迪吉，從逆凶，惟影響。"凶吉之驗，如響之應聲也。《禮記》："祝以孝告，嘏以慈告。""以言受命"亦如是，若答問之義也。《左傳》："天道遠，人道邇。"是天之道遠而人之道近也。《左傳》："薛徵於人，宋徵於鬼。"是鬼之事幽而人之事深也。《論語》："無衆寡，無小大，無敢慢。""无有遠近幽深"，言其無所不括也。《左傳》："鑄鼎象物，使民知神姦。""知來物"之義如此，蓋辭之所著者皆有以前知也。《中庸》："致廣大而盡精微。"析理之明謂之精，是天下之至精也。此節言"以言者尚其辭"之義也。

參伍以變，錯綜其數，通其變，遂成天地之文；極其數，遂定天下之象。非天下之至變，其孰能與於此？

參者，三也。伍者，五也。《周禮》："設其參而傅其伍。"命官之數。《周禮》："凡行奠水，磬折以參伍。"《國語》："聖王之治天下，參其國而伍其鄙。"治地之數。《左傳》："先偏後伍。"又："爲五陳以相離，兩於前，伍於後，專爲右角，參爲左角，偏爲前距。"治軍之數，此皆"參伍以變"之義也。《詩》："獻疇交錯。"彼此相交曰錯。《左傳》："猶治絲而棼之也。"綜者，治絲之名。始終不亂曰綜。《周禮》："以參互考曰成。"即參伍錯綜之義也。"通其變"者，即參伍之變。《左傳》："經緯天地謂之文。"如"柔來文剛""剛上文柔"，是"通其變，遂成天地之文"，以卦體而言也。"極其數"者，即錯綜之數。《左傳》："物生而後有象，象而後有滋，滋而後有數。"如陽爻百九十二，陰爻百九十二，推之極於無窮，是"極其數，遂定天下之象"，以爻象而言也。《周禮·大司樂》："凡六樂者，一變而致羽物及川澤之示，再變而致贏物及山林之示，三變而致鱗物及丘陵之示，四變而致毛物及墳衍之示，五變而致介物及土示，六變而致象物及天神。"天地四方無不致者，即樂之變可以通易之變，是天下之至變也。此節言"以動者尚其變，以制器者尚其象"之義也。

易无思也，无爲也，寂然不動，感而遂通天下之故。非天下之至神，其孰能與於此？

《中庸》："不思而得，不勉而中。"易之无思无爲，亦一誠也。《禮記》："人生而静，感於物而動。"感通之故，天與人一。人尚有欲，天則純乎理也。《孟子》："天下之言性也，則故而已矣。故者，以利爲本。天之高也，星辰之遠也，苟求其故，千歲之日至可坐而致也。"千變萬化之跡，無非一定不易之理，是"感而遂通天下之故"也。《中庸》："見乎蓍龜，故至誠如神。"可以前知，是天下之至神也。此節言"以卜筮者尚其占"之義也。《中庸》："惟天下至誠，爲能經綸天下之大經，立天下之大本，知天地之化育。夫焉有所倚？肫肫其仁！淵淵其淵！浩浩其天！苟不固聰明聖知達天德者，其孰能知之?”此即所謂天下之至精、至變、至神也。能與于此者，其惟聖人乎？故下文遂以聖人體易言之。

夫易，聖人之所以極深而研幾也。

《禮記》：“絜静精微，《易》教也。”“絜静”者，所以“極深”也。“精微”者，所以“研幾”也。此聖人之教也。深者，藴而不測之謂。極之則窮其至。《禮記》：“窮高極遠而測深厚。”是“極深”也。幾者，微而未形之謂。研之則入乎細。《中庸》：“莫見乎隱，莫顯乎微。故君子必慎其獨也。”是“研幾”也。深即天下之至精，幾即天下之至變也。

唯深也，故能通天下之志；唯幾也，故能成天下之務；唯神也，故不疾而速，不行而至。

天下之志，藏於無形，所謂深也。《孟子》：“心之所同然者何也？謂理也，義也。聖人先得我心之所同然耳。”故曰“惟深能通天下之志”也。天下之務，其來無方，所謂變也。《書》：“兢兢業業，一日二日萬幾。”《孟子》：“堯、舜之知而不徧物，急先務也。”故曰“惟幾能成天下之務”也。《孟子》：“德之流行，速於置郵而傳命。”此所謂“不疾而速，不行而至”也。《孟子》：“夫君子所過者化，所存者神，上下與天地同流。”神之謂也。《孟子》：“舜之居深山之中，與木石居，與鹿豕遊，其所以異於深山之野人者幾希。及其聞一善言，見一善行，若决江河，沛然莫之能禦也。”是“寂然不動，感而遂通”者，故曰“惟神也，不疾而速，不行而至”。

子曰“易有聖人之道四焉”者，此之謂也。

《中庸》：“大哉，聖人之道！苟不至德，至道不凝焉。”《易》之爲書，所以體聖人之道者也。

右第十章。

子曰：“夫易，何爲者也？夫易，開物成務。冒天下之道，如斯而已者也。”是故聖人以通天下之志，以定天下之業，以斷天下之疑。

《禮記》：“耆欲將至，有開必先。”物謂萬物，易有以開之也。《左傳》：“君子務知遠者大者，小人務知小者近者。”務謂事務，易有以成之也。《詩》：“下土是冒。”《書》：“丕冒海隅出日。”冒者，覆冒之意。易於天下之道無所不包，是冒之也。《禮記》：“清明在躬，氣志如神。”通天下之志以開物而言也。《論語》：“君子務本，本立而道生。”定天下之業以成務而言也。《左傳》：“卜以決疑。不疑何卜?”天下之疑皆待卜以斷之。斷天下之疑以冒天下之道而言也。

是故蓍之德圓而神，卦之德方以知，六爻之義易以貢。聖人以此洗心，退藏於密，吉凶與民同患。神以知來，知以藏往，其孰能與於此哉?古之聰明睿知神武而不殺者夫。

《周禮》：“圜者中規，方者中矩。”七七四十九策，變化無常，“蓍之德圓而神”也。八八六十四卦，事有定理，“卦之德方以知”也。《孟子》：“離婁之明，公輸子之巧，不以規矩，不能成方員。規矩，方員之至也。聖人，人倫之至也。”天下萬事萬物之理，不外乎方圓；千變萬化之道，皆由乎神知。蓍卦即事物之規矩，神知即明巧之用也。轉變不測，圓所以神；決斷無疑，方所以知。《禮記》：“五官致貢曰享。”貢者進之義。《易》之陳辭，猶人之進物也。《書》：“爾無以釗冒貢于非幾。”趨吉避凶之道，《易》皆教人以正，故曰“六爻之義易以貢”。《書》：“啓乃心，沃朕心。”《左傳》：“在上位灑濯其心。”《國語》：“祓除其心精也。”此皆“洗心”之義也。《禮記·鄉飲酒》：“洗當東榮。”洗物之器曰洗，故洗心之義亦取之。《孟子》：“江漢以濯之。”“洗心”之謂也。《詩》：“夙夜基命宥密。”藏密之謂也。洗心、藏密，所謂“絜静精微”也。《孟子》：“樂民之樂者，民亦樂其樂。憂民之憂者，民亦憂其憂。樂以天下，憂以天下。”此“吉凶與民同患”也。《周禮·司救》：“凡歲時有天患民病。”謂菑害也，故曰“同患”。《孟子》：“好樂、好貨、好色，與百姓同之。天下有溺者，由己溺之。天下有飢者，由己飢之。”“吉凶同患”之義，皆可以易爻明之也。《中庸》：“至誠之道，可以前知。”“神以知來”之謂也。《禮記》：“今人與居，古人與稽。”“知以藏往”之謂也。其孰能與於此者，以其用歸之聖人也。《書》：“乃聖乃神，乃武乃文。”“神武”之謂也。《書》：“帝乃誕敷文德，舞于羽于兩階，七旬有苗格。”《詩》：“載戢干戈，載櫜弓矢。我求懿德，肆于時夏，允王保之。”此皆“神武不殺”之義。聖人體易之德，不言之教，猶之不殺之武，所以明神知之用也。《中庸》：“《詩》云：‘相在爾室，尚不愧于屋漏。’故君子不動而敬，不言而信。《詩》曰：‘奏假無言，時靡有争。’是故君子不賞而民勸，不怒而民威於鈇鉞。”此可以見洗心、藏密，古之聰明睿知、神武不殺之義矣。

是以明於天之道，而察於民之故，是興神物以前民用。聖人以此齊戒，以神明其德夫。

《中庸》：“誠者，天之道也。誠則明矣，明則誠矣。”盈虚消息，明於天之道也。《詩》：“民之質矣，日用飲食。”愛惡情僞，察於民之故也。《孟子》：“舜明於庶物，察於人倫。”所以明之察之者，聖人之德也。《中庸》：“見乎蓍龜。”是神物也。蓍之爲言耆也，龜之爲言舊也。《禮記》：“龜爲前列，先知也。”“興神物”者，即明於天之道。《書》：“謀及庶人，謀及卜筮。”“以前民用”，即察於民之故。《中庸》：“質諸鬼神而無疑，知天也。百世以俟聖人而不惑，知人也。”知天知人，故能“興神物以前民用”，聖人作《易》之義也。《禮記》：“齊之爲言齊也。君子之齊也，專致其精明之德也。定之之謂齊。齊者，精明之至也，然後可以交於神明也。”是所謂“齊戒以神明其德”也。《禮記》：“三日齊，七日戒。”齊以存誠，即“洗心”也。戒以閑邪，即防患也。祭祀之義通於卜筮也。《禮記》：“所以交於神明者，不可同於所安，褻之甚也。”德謂蓍卦之德，聖人齊戒以神明其德，則不施敬而民敬，所以前民用者大矣。此聖人用《易》之事也。

是故闔户謂之坤，闢户謂之乾，一闔一闢謂之變。往來不窮謂之通。見乃謂之象，形乃謂之器，制而用之謂之法。利用出入，民咸用之謂之神。

《論語》：“誰能出不由户？何莫由斯道也？”乾坤，道之所從出，所謂其易之門者，故取象於户也。《爾雅》：“闔謂之扉，所以止扉謂之閎。”闔户之義也。《詩》：“閟宫有侐。”《左傳》：“吾儕小人，皆有闔廬以辟燥濕寒暑。”皆言閉藏之義。《儀禮》：“主婦闔扉，立于其内。”婦人無外事，從陰之道，即“闔户謂坤”之義也。《爾雅》：“闢，開也。”《周禮·天官·閽人》：“凡外内命夫命婦出入，則爲之闢。”“闢户”之義也。《書》：“闢四門，明四目，達四聰。”天子在位，當陽之道，即“闢户謂乾”之義也。《禮記》：“天子玄端，聽朔於南門之外，閏月則闔門左扉，立于其中。”隨時開闔，各有其宜。一闔一闢，謂之變也。《左傳》："啓蟄而郊，閉蟄而烝。"此乾坤闔闢之大義也。《爾雅》："室中謂之時，堂上謂之行，堂下謂之步，門外謂之趨，中庭謂之走。"或闔或闢，往來不窮，謂之通也。《周禮》："經涂九軌，環涂七軌。"此乾坤之往來不窮者也。《大戴禮》："明堂凡九室，一室有四户八牖，三十六户，七十二牖。"户之制有象可見者，故曰"見乃謂之象"。《大戴禮》："武王户之，銘曰：夫名難得而易失，無懃弗志而曰我知之乎，無懃弗及而曰我杖之乎，擾阻以泥之，若風將至，必先搖搖，雖有聖人，不能爲謀也。"户之義有器可取者，故曰"形乃謂之器"。《禮記》："昔者先王未有宫室，後聖有作，然後修火之利，范金合土，以爲臺榭宫室牖户。"制而用之，謂之法也。《孟子》："繼之以規距準繩，以爲方圓平直，不可勝用也。"不可勝用者，法之可大可久也。《詩》："築室百堵，西南其户。""利用出入，民咸用之"者也。《論語》："禮之用，和爲貴。先王之道，斯爲美，小大由之。""謂之神"者，乾坤之大用也。《禮記・月令》："春其祀户，秋其祀門。"春祀户者，陽氣出也。秋祀門者，陰氣入也。此一歲之闔闢也。《左傳》："晨往寢門闢矣。"晨宜闢也。《禮記》："外户不閉。"夜宜闔也。此一日之闔闢也。古文卯作丣，酉作丣，從户之闔闢以爲義也。《禮記》："啓户始出。"闢之義也。《詩》："塞向墐户，入此室處。"闔之義也。《禮記》："外言不入於梱，内言不出於梱。"此和出入之用者也。闔闢者，天之道。出入者，民之故。此一節舉一户言之，而易之理備矣。闔闢之義，自静而動。先言坤者，即坤乾之所以取義也。

是故易有大極，是生兩儀，兩儀生四象，四象生八卦，

《書》："五皇極。皇建其有極。"極者，至極之義。君體之則爲皇極，在天之自然者則爲大極也。《爾雅》："北極謂之北辰。"居天之中，天之樞也。《周禮》："夜考之極星，以正朝夕。"定時之正，極之象也。《論語》："譬如北辰，居其所而衆星共之。"此可以觀"易有大極"之義也。本説詳見《釋圖》。《爾雅》："儀，匹也。"天地者，陰陽之本，故爲兩儀。《詩》："髧彼兩髦，實維我儀。髧彼兩髦，實維我特。"夫婦即陰陽之匹，特言其奇儀、言其耦義如是也。《左傳》："物生有兩，體有左右，各有妃耦。"此"兩儀"之謂也。《禮記・月令》："天子春居青陽，夏居明堂，秋居總章，冬居玄堂。"青陽，少陽之位。

明堂，盛陽之位。總章，少陰之位。玄堂，極陰之位。此即少陽、老陽、少陰、老陰，以四時而分四象也。《禮記》："夫禮必本於大一，分而爲天地，轉而爲陰陽，變而爲四時，列而爲鬼神。""大一"者，天地未分，混沌之元氣，即大極之謂也。天地陰陽即兩儀，四時即四象。鬼神即成變化而行鬼神者。兩儀、四象、八卦之所由生，大衍之數皆於此象之也。

八卦定吉凶，吉凶生大業。

《書》："德惟一動，罔不吉。德二三動，罔不凶。"八卦若《師》之吉、《訟》之凶，彖辭爻辭因其剛柔動静而分善不善，故曰"定吉凶"。《書》："吉人爲善，惟日不足。凶人爲不善，亦惟日不足。"因卦之吉凶而慎其所行，故曰"生大業"。《禮記》"命大史釁龜筴，占兆審卦吉凶"是也。

是故法象莫大乎天地，變通莫大乎四時，縣象著明莫大乎日月，崇高莫大乎富貴，備物致用，立成器以爲天下利，莫大乎聖人；探賾索隱，鉤深致遠，以定天下之吉凶，成天下之亹亹者，莫大乎蓍龜。

《中庸》："天地之道，博也，厚也，高也，明也，悠也，久也。"故曰"法象莫大乎天地"。《爾雅》："春爲發生，夏爲長嬴，秋爲收成，冬爲安寧，四時和爲通正。"故曰"變通莫大乎四時"。《中庸》："日月星辰繫焉。""縣象"之謂也。《國語》："天道皇皇，日月以爲常。""著明"之謂也。《孟子》："富有天下，貴爲天子。""崇高"之謂也。《中庸》："非天下不議禮，不制度，不考文。"將言聖人之利天下，知備物、致用、立成器之聖人，非富貴則不能，故曰"崇高莫大乎富貴"也。《周禮》："作車以行陸，作舟以行水。""備物致用"，此類是也。《孟子》："一人之身而百工之所爲備。"故曰"備物"。《周禮》："審曲面埶，以飭五材，以辨民器，謂之百工。有虞氏上陶，夏后氏上匠，殷人上梓，周人上輿。""立成器以爲天下利"，此類是也。《周禮》："知者創物，巧者述之守之，世謂之工。"故曰"立成器"。《周禮》："百工之事，皆聖人之作也。"故曰"莫大乎聖人"。備物、成器，易之義無所不統，如網罟耒耜，莫非取於卦者是也。《中庸》："德爲聖人，尊爲天子，富有四海之内。"故既曰"莫大乎富貴"，又曰"莫大乎聖人"。不可紀者，賾也。《爾雅》："探，取也。探，試也。"凡取諸物、取諸身者，皆是探賾，如以手取之也。不可見者，隱也。《禮記》：

“索祭于祊，曰：於彼乎？於此乎？”如求之於幽也。不可測者，深也。《詩》：“其釣維何？維絲伊緡。”鈎深之象，如曲而致之也。不可至者，遠也。《孟子》：“天之高也，星辰之遠也。苟求其故，千歲之日至可坐而致也。”致遠之象，如坐而致之也。此皆以蓍龜得之之義，故曰“定天下之吉凶”。《中庸》：“子曰：‘素隱行怪，後世有述焉。吾弗爲之矣。君子遵道而行，半塗而廢，吾弗能已矣。’”隱賾深遠非怪異詭僻之謂，故曰“成天下之亹亹者”。《詩》：“亹亹文王，令聞不已。”《爾雅》：“亹亹，勉也。”言理之所易通而人之所當勉也。《禮記》：“昔三代明王皆事天地之神明，無非卜筮之用，不敢以其私褻事上帝，是以不犯日月，不違卜筮。”卜筮之用皆在於蓍龜也。《禮記》：“故先王秉蓍龜，列祭祀，瘞繒，宣祝嘏辭説，設制度，故國有禮，官有御，事有職，禮有序。”此之謂“莫大乎蓍龜”。

是故天生神物，聖人則之。天地變化，聖人效之。天垂象，見吉凶，聖人象之。河出圖，洛出書，聖人則之。

《詩》：“冽彼下泉，浸彼苞蓍。”苞言蓍之叢生也。《史記·龜策傳》：“蓍生滿百莖者，其下必有神龜守之，其上常有青雲覆之。”是作筮之蓍也。《周禮》：“龜人掌六龜之屬：天龜曰靈屬，地龜曰繹屬，東龜曰果屬，西龜曰靁屬，南龜曰獵屬，北龜曰若屬。”是用卜之龜也。草木禽獸之壽者，久而能知吉凶，若天之篤生者，故曰“天生神物”。《周禮·大卜》：“掌三兆之灋，一曰玉兆，二曰瓦兆，三曰原兆。其經兆之體皆百有二十，其頌皆千有二百。以邦事作龜之八命：一曰征，二曰象，三曰與，四曰謀，五曰果，六曰至，七曰雨，八曰瘳。”《卜師》：“掌開龜之四兆：一曰方兆，二曰功兆，三曰義兆，四曰弓兆。”此聖人則神物以卜之事。《周禮·簭人》：“掌三易，以辨九簭之名，一曰巫更，二曰巫咸，三曰巫式，四曰巫目，五曰巫易，六曰巫比，七曰巫祠，八曰巫參，九曰巫環，以辨吉凶。”此聖人則神物以筮之事，所謂“尚其占”也。《書》：“乃命卜筮，曰雨，曰霽，曰蒙，曰驛，曰克，曰貞，曰悔。”雨、霽，時之變。蒙、驛，氣之變。神物之變化皆天地之變化也。《詩》：“君子是則是傚。”效之亦所以則之也。所謂“尚其變”也。《周禮·天官·眡祲》：“掌十煇之灋，以觀妖祥，辨吉凶。一曰祲，二曰象，三曰鑴，四曰监，五曰闇，六曰瞢，七曰彌，八曰叙，九曰隮，十曰想。”《保章氏》：“掌天星，以志星辰日月之變動，以觀天下之遷，辨其吉凶。以星土辨九州之地，所封封域，皆有分星，以觀妖祥。以十有二歲之相，觀天下之妖祥。以五雲之物，辨吉凶水旱降豐荒之祲象。以十有二風，察天地之和命，乖别之妖祥。”此天垂象之見吉凶而聖人象之者。易之雷風日月山澤皆天之垂象也。《禮記》：“祭之日，王被衮以象天，戴冕，璪十有二旒，則天數也。乘素車，貴其質也。旂十有二旒，龍章而設日月，以象天也。天垂象，聖人則之。郊所以明天道也。”即祭以推，可以知聖人象天之義矣。《左傳》：“則而象之。”象之亦則之也，所謂“尚其象”也。《論語》：“河不出圖。”《禮記》：“河出馬圖。”伏羲時，龍馬負圖，是所謂河出圖，伏羲本之以畫卦者也。《書》：“惟十有三祀，王訪于箕子。王乃言曰：‘惟天陰騭下民，相協厥居。’箕子曰：‘鯀陻洪水，汨陳其五行，帝乃震怒，不畀洪範九疇，彝倫攸斁。鯀則殛死，禹乃嗣興，天乃錫禹洪範九疇，彝倫攸叙。’”天與禹，神龜負文而出，列於背，有數至九，禹遂因而第之，以成九類，所謂洛出書，禹本之以演範者也。蓋治水功成，洛龜呈瑞，如簫韶奏而鳳儀，《春秋》作而麟至。四靈之應，其理同也。《大戴禮》：“明堂者，古有之也，凡九室。一室而有四户八牖。三十六户，七十二牖。二九四七五三六一八。”用九室，謂法龜文洛書之數也。《書》：“天球河圖在東序，赤刀大訓在西序。”《注》：“大訓謂三皇五帝之書。”《書》：“皇極之敷言，是彝是訓，于帝其訓。”案：明言帝訓、大訓，即是洛書所謂左圖右書是也。河圖自伏羲畫卦而文王演之，洛書自大禹衍疇而箕子陳之。《明夷》所謂“文王以之”“箕子以之”者，皆“聖人則之”之義，所謂“尚其辭”也。易本河圖而兼洛書之理，以明其理之一也。《爾雅》：“河出崑崙虚。”《書》：“導河積石。”河出西北者，乾之位，《春秋緯》所謂“河以通乾出天苞”是也。《書·洛誥》：“王來紹上帝，自服于土中。”又：“導洛自熊耳。”洛居地中者，坤之位，《春秋緯》所謂“洛以流坤吐地符”是也。乾爲馬，離爲龜，先後天南方之位，圖書文明之象，故於是啓之也。此一節言聖人之作《易》由於卜筮。《書》：“七、稽疑：擇建立卜筮人，乃命卜筮，凡七，卜五，占用二。”卜謂龜之卜，占謂蓍之占。是古者卜筮並用之義也。《詩》：“爾卜爾筮，體無咎言。”《左傳》：“筮短龜長，不如從長。”古者龜筮並用，而筮從略。後世筮傳而龜不傳，而其義未嘗亡也。

易有四象，所以示也。繫辭焉，所以告也。定之以吉凶，所以斷也。

上文神物、變化、吉凶、圖書四者之象，謂之四象。《孟子》："天不言，以行與事示之而已矣。""所以示"之義也。《詩》："我龜既厭，不我告猶。""所以告"之義也。《周禮·占人》："凡卜筮，君占體，大夫占色，史占墨，卜人占坼。""所以斷"之義也。《禮記》："祝以孝告，嘏以慈告。"象之示者猶虛告，則以辭實之也。《禮記》："決嫌疑，定猶豫。"辭之告者在先斷，則定吉凶於後也。《禮記》："昔者聖人建陰陽天地之情，立以爲易。易抱龜南面，天子卷冕北面，雖有明知之心，必進斷其志焉，示不敢專，以尊天也。"是"所以示""所以告""所以斷"者，聖人本之於《易》，皆本之於天，以結上數節之義也。

右第十一章。

《易》曰："自天祐之，吉无不利。"子曰："祐者，助也。天之所助者，順也。人之所助者，信也。履信思乎順，又以尚賢也。是以'自天祐之，吉无不利'也。"

《詩》："維天其右之。"《書》："皇天眷佑有商。""右""佑"，皆與"祐"通，故曰"祐者，助也"。《書》："惟爾有神，尚克相予。陳于商郊，俟天休命。"是"天之所助者，順也"。《書》："民之所欲，天必從之。"是"人之所助者，信也"。《孟子》："得道者多助，失道者寡助。寡助之至，親戚畔之。多助之至，天下順之。"天之所助，必於人驗之也。《禮記》："先王能修禮以達義，體信以達順。"六五之君，履信思順，是其義也。能用上九之賢，故曰"尚賢"。《孟子》："後舉而加諸上位，王公之尊賢也。""尚賢"之義如此。《孟子》："使之主祭而百神享之，是天受之。使之主事而事治，百姓安之，是民受之。天與之，人與之。《泰誓》曰：'天視自我民視，天聽自我民聽。'此之謂也。"天人交應，其堯、舜之事足以當之乎？第二章言觀象玩辭，觀變玩占，而終之以"自天佑之，吉无不利"。此章復首言"自天佑之，吉无不利"者，《書》："汝則有大疑，謀及乃心，謀及卿士，謀及庶人，謀及卜筮。汝則從、龜從、筮從、卿士從、庶民從，是之謂大同；身其康彊，子孫其逢吉。"蓋卜筮之道必合於天人，謀及卿士，即所謂"又以尚賢"。康彊、逢吉即所謂祐无不利。正以申明觀象玩辭、觀變玩占之意，非僅爲釋《大有》上九爻辭也。

子曰："書不盡言，言不盡意。然則聖人之意，其不可見乎？"子曰："聖人立象以盡意，設卦以盡情僞，繫辭焉以盡其言，變而通之以盡利，鼓之舞之以盡神。"

《左傳》："晋韓起適魯，觀書於大史氏，見《易象》與《魯春秋》。"故《易》總名曰書。《左傳》："言以足志，文以足言。""足志"，言之盡意者也。"足言"，書之盡言者也。《孟子》："故説《詩》者不以文害辭，不以辭害志。以意逆志，是爲得之。"文不害辭，即書之有不盡言。辭不害意，即言之有不盡意。以意逆志，即聖人之意可見也。明乎説《詩》，亦可與説《易》矣。《左傳》："三辰旗旂，昭其明也。火龍黼黻，昭其文也。"象有文明之義。伏羲畫卦之象，立之以盡意者如之也。《左傳》："民之情僞，盡知之矣。"人之所爲，有情有僞。文王説卦之辭，設之以盡情僞者如之也。《左傳》："言之無文，行而不遠。"辭者，言之文者也。文王之彖，周公之爻，皆"繫辭焉以盡其言"也。以上皆指作《易》者而言也。《中庸》："或利而行之。"隨其變通而行之，所謂利也。《周禮·鼓人》："教爲鼓而辨其聲用。以靁鼓鼓神祀，以靈鼓鼓社祭，以路鼓鼓鬼享，以鼖鼓鼓軍事，以鼛鼓鼓役事，以晋鼓鼓金奏。"此"鼓之"之義也。《禮記》："鼓鼙之聲，讙讙以立動。"鼓之以聲言，在易則觀其辭也。《周禮》："舞師掌教兵舞。帥而舞山川之祭祀，教帗舞；帥而舞社稷之祭祀，教羽舞；帥而舞四方之祭祀，教皇舞；帥而舞旱暵之事。"此"舞之"之義也。《禮記》："舞動其容也。"舞之以容，言在易則觀其象也。《孟子》："樂則生矣，生則惡可已也。惡可已，則不知足之蹈之，手之舞之。"是所謂"鼓舞盡神"也。以上皆指占易者而言也。《孟子》："盡信書則不如無書。"是知盡者之未可據也。《禮記》："遽數之不能終其物。"是知不盡者之未有已也。至於盡神，則意言之外可以無所不至矣，此易之所以神也。

乾坤其易之緼邪？乾坤成列，而易立乎其中矣。乾坤毁，則无以見易，易不可見，則乾坤或幾乎息矣。

《禮記》："緼爲袍。"緼者，衣之著。易包陰陽，故曰乾坤其易之緼也。《左傳》："王及公侯伯子男甸采衛大夫各居其列。"列者，位也。陰陽之各居其位，乾坤之成列也。《左傳》："大上有立德，其次有立功，其次有立言，此之謂不朽。"易之立乎其中者，卦德，德也；卦材，功也；卦辭，言也。不朽所以不息者也。《孟子》："王者之迹熄而《詩》亡。"陰陽變化者，乾坤之迹。"乾坤毁"者，猶言王迹之熄也。毁則无以見易，易不見而乾坤或息。反言以明乾坤之无是理。《中庸》："道也者，不可須臾離也，可離非道也。"即此之謂也。《中庸》："至誠無息，不息則久，久則徵，徵則悠遠，悠遠則博厚，博厚則高明。博厚所以載物也，高明所以覆物也，悠久所以感物也。"易之爲道，所以立於乾坤者，始終一不息也。《孟子》："人之所以異於禽獸者幾希，庶民去之，君子存之。"又："楊氏爲我，是無君也。墨氏兼愛，是無父也。無父無君，是禽獸也。"人皆禽獸，即"乾坤或幾乎息"之謂。"君子以自强不息"，其斯爲體易之道者與？

是故形而上者謂之道，形而下者謂之器。化而裁之謂之變，推而行之謂之通，舉而措之天下之民謂之事業。

《中庸》："天命之謂性，率性之謂道。"道原於天，故曰"形而上者"。《禮記》："鐘鼓管磬，羽籥干戚，樂之器也。簠簋俎豆，制度文章，禮之器也。"器以備物，故曰"形而下者"。《孟子》："仁也者，人也。合而言之，道也。"此合道與器而言之也。《論語》："君子不器。"《禮記》："大道不器。"此分道與器而言之也。《禮記·禮運》一篇。言"大道之行"是"形而上者謂之道"也。《禮記·禮器》一篇。言器之大備，是"形而下者謂之器"也。《論語》："下學而上達，知我者其天乎？"惟聖者能之。《孟子》："形色，天性也，惟聖人然後可以踐形。"踐形則形上形下一以貫之矣。《孟子》："有如時雨化之者。"草木之懷新者，隨時發育，謂之化。《論語》："斐然成章，不知所以裁之。"衣服之合度者，因時制宜，謂之裁。"化而裁之"，皆所以變之也。《孟子》："古之人所以大過人者，無他焉，善推其所爲而已矣。"東西南北推之而準也。《論語》："謹權量，審法度，四方之政行焉。"綱紀法度，行之而宜也。行而宜之，皆所以通之也。《禮記》："措則正，施則行。""舉而措之"也。《孟子》："天下之民舉安。"是措之安而安也。《中庸》："成己，仁也。成物，知也。故時措之宜也。"是措之宜而宜也，所以謂之事業。

是故夫象聖人有以見天下之賾，而擬諸其形容，象其物宜，是故謂之象。聖人有以見天下之動，而觀其會通，以行其典禮，繫辭焉以斷其吉凶，是故謂之爻。

重出以起下文。

極天下之賾者存乎卦，鼓天下之動者存乎辭，

《爾雅》："東至於泰遠，西至於邠國，南至於濮鉛，北至於祝栗，謂之四極。"卦之有象，徧乎遠邇，是"極天下之賾"也。《大學》："致知在格物，物格而後知至。"卦有其象而因其所知以窮之，故曰"極天下之賾者存乎卦"。《禮記》："大昕鼓徵，以警衆也。"爻之有辭，使人警動，是"鼓天下之動"也。《詩》："乃召司空，乃召司徒。百堵皆興，鼛鼓弗勝。"辭有其義而聞者莫不興起，故曰"鼓天下之動者存乎辭"。

化而裁之存乎變，推而行之存乎通，神而明之存乎其人，默而成之，不言而信，存乎德行。

謂之變、謂之通者，因化裁推行而生也。存乎變、存乎通者，又化裁推行之所自出也。《論語》："齊一變至於魯，魯一變至於道。"知其當變而化裁之，則觀爻之變者可以知善變之用矣。《論語》："賜也達，於從政乎何有？"理無不通而推行之，則觀象之通者可以知利用之宜矣。《孟子》："君子之言也，不下帶而道存焉。"道無往而不存，是以謂之存也。《中庸》："文武之政，布在方策，其人存則其政舉。"是"存乎其人"之謂也。《孟子》："梓匠輪輿，能與人規矩，不能使人巧。"又："此其大畧也。若夫潤澤之則，在君與子矣。"是皆"神而明之"之意也。《論語》："默而識之。"即"默而成之"也。《書》："恭默思道。"《詩》："綏我思成。"道即成乎其心也。《孟子》："不言而喻。"即"不言而信"也。《中庸》："奏假無言，時靡有争。"道即信之於衆也。《中庸》："從容中道，聖人也。"即"存乎德行"之謂。有得於易簡之理，此即聖人之易也。事業以所行者言。《禮記》："所習必有業。"學者之業。《書》："業廣惟勤。"仕者之業。上言變通而終曰"措之事業"，易之所以成物也，皆所謂"可大則賢人之業"也。德行以所存者言。《論語》："德行：顔淵、閔子騫、冉伯牛、仲弓。"成德之行也。此言變通而終曰"存乎德行"，易之所以成己也，皆所謂"可久則賢人之德"也。

右第十二章。

【校記】

〔1〕兲，《續四庫》本作“大”。

〔2〕夫，《續四庫》本誤作“天”。

〔3〕而，《續四庫》本誤作“面”。

〔4〕陶，《周禮·冬官·考工記》作“桃”。

周易引經通釋卷八

黄岡李鈞簡輯註　男澍滋校字

繫辭下傳

八卦成列，象在其中矣；因而重之，爻在其中矣；

《左傳》：“不鼓不成列。”軍陳曰列。八卦之有象，亦四方之成列也。後世以八卦爲陣圖，可以見成列之義。乾坤成列，在畫易以前，統言之也。八卦成列，在畫易以後，分言之也。《國語》：“爲班爵貴賤以列之。”列之者在人，是畫卦之象也。伏羲畫卦雖不言象而天地雷風水火山澤之象具矣。《周禮》：“大卜掌三易之法：一曰連山，二曰歸藏，三曰周易。其經卦皆八，其别皆六十有四。”六十四卦之别，所謂因而重之也。曰别者，以其異言。曰因者，以其同言。離曰重明，巽曰重巽，蓋八純之卦爲重而六十四卦因之皆曰重也。畫卦之時，雖不言爻，而初上、二五、三四之爻具矣。

剛柔相推，變在其中矣；繫辭焉而命之，動在其中矣。

《禮記》：“上弗援，下弗推。”是自下而推之也。《左傳》：“或輓之，或推之。”是自後而推之也。剛來柔上之類，皆所謂相推者。一陰一陽故曰變。《左傳》：“名以命之。”繫之以辭，如諄諄然而命之也。動即鼓天下之動者，有爲有行，故曰動。《論語》：“禄在其中矣。”言在其中者皆不待外求之義也。

吉凶悔吝者，生乎動者也。

《書》：“德惟一動，罔不吉。德二三動，罔不凶。”德之一者，動之吉。二三其德，即動之凶悔吝者也。如征吉、征凶、動有悔、往見吝之類，皆所謂“生乎動”也。《中庸》：“至誠之道，可以前知。見乎蓍龜，動乎四體。禍福將至，必先知之。”四體之動，即見乎六爻之動者，其理一也。

剛柔者，立本者也；變通者，趣時者也。

《中庸》：“寬裕温柔，足以有容也。發强剛毅，足以有執也。”一剛一柔，不易之體。此立本之義也。《中庸》：“中也者，天下之大本也。”又：“立天下之大本。”體不偏，所以立本。《中庸》：“君子之中庸也，君子而時中。”剛柔之變有以相通，此趣時之義也。《孟子》：“三子者不同道，其趨一也。”用不窮所以趣時。《中庸》：“溥博淵泉而時出之。”立本而後能趣時也。

吉凶者，貞勝者也；

《大戴禮》：“敬勝怠者吉，怠勝敬者滅，義勝欲者從，欲勝義者凶。”吉凶互相勝，而天理以正者爲常。《詩》：“既克有定，靡人弗勝。”天定勝人，人定亦勝天，即“貞勝”之義也。《公羊傳》：“戰不正勝。”不預期其效，亦即“貞勝”之義。《孟子》：“仁之勝不仁也，猶水勝火。今之爲仁者，猶以一杯水救一車薪之火也。不熄則謂之水不勝火，是又與於不仁之甚者也。”仁勝不仁，理之一定者，所以爲貞勝。《論語》：“富與貴，是人之所欲也。不以其道得之，不處也。貧與賤，是人之所惡也。不以其道得之，不去也。”《孟子》：“所欲有甚於生者，由是則生而有不用也。所惡有甚於死者，由是則可以辟患而有不爲也。”易有貞吉貞凶。知貞勝之義者，不以吉凶爲趨避也。

天地之道，貞觀者也；日月之道，貞明者也；天下之動，貞夫一者也。

《禮記》：“天不愛其道，地不愛其寶。”天地之所以觀者也。《左傳》：“公既視朔，遂登觀臺以望而書禮也。”道之顯者，無不觀也。《孟子》：“日月有明，容光必照焉。”明之至者，無不著也。《禮記》：“天無私覆，地無私載，日月無私照。”無私者，所以貞觀、貞明也。《論語》：“吾道一以貫之。”《孟子》：“夫道，一而已矣。”聖學之貞夫一也。《禮記》：“禮樂刑政，其極一也。”《孟子》：“先聖後聖，其揆一也。”王道之貞夫一也。《中庸》：“天下之達道五，所以行之者一也。”是天下之動貞夫一者也。

夫乾，確然示人易矣；夫坤，隤然示人簡矣。

《爾雅》：“硈，鞏也。”硈與確同。《注》引“確乎其不可拔，潛龍也”，是乾健之義也。《詩》："我馬虺隤。"隤者，馬退不能升之象。《禮記》："頽乎其順也。""先迷失道，後順得常"，利牝馬之貞者，是坤順之義也。《禮記》："天秉陽，垂日星。地秉陰，竅於山川。"天之垂象，皆易知也，故曰"確然"。地之成形，皆簡能也，故曰"隤然"。《詩》："人之好我，示我周行。"乾坤之大道亦如人之相示者，示人易簡，即天地之貞觀者也。《書》："天有顯道，厥類惟彰。"所以示人也。《周禮》："以祀天神，以祀地示。"神示即示字之借義。

爻也者，效此者也；象也者，像此者也。

《詩》："視民不恌，君子是則是傚。"爻以法乾坤所示之理，故曰"效此者也"。《孟子》："爲其象人而用之也。"象以明乾坤所示之象，故曰"像此者也"。《禮記》："禮者，履此者也。義者，宜此者也。"句法與此同。此指乾坤之示人者言。前言爻在其中，未有文也。曰效，則爻之有文者，欲人之玩其辭也。前言象在其中，未言人也。曰像，則象之從人者，欲人之體諸身也。

爻象動乎内，吉凶見乎外，功業見乎變，聖人之情見乎辭。

爻象之動有當否，則人事之見有吉凶。《大學》："誠於中，形於外。"《孟子》："有諸内必形諸外。"是其義也。是結言吉凶悔吝生乎動也。《論語》："殷因於夏禮，所損益可知也。周因於殷禮，所損益可知也。"《禮記》："張而不弛，文武弗能也。弛而不張，文武弗爲也。一張一弛，文武之道也。"損益張弛，是功業之見乎變者。是結言剛柔變通之意也。《大學》："無情者不得盡其辭。"辭必發乎情。情見乎辭者，亦曰一誠而已矣。《論語》："君子有三畏：畏天命、畏大人、畏聖人之言。"聖言即天之命。情見乎辭，即乾坤之所以示人者也。

天地之大德曰生，聖人之大寶曰位。何以守位？曰仁。何以聚人？曰財。理財正辭，禁民爲非，曰義。

《禮記》："天生時而地生財，人其父生而師教之，四者，君以正用之，故君者立於無過之地也。"此節之義如是。《書》："好生之德，洽于民心。"大德曰生，本於天地也。《書》："無墜天之降寶命。"大寶曰位，德爲聖人也。《詩》："稼穡維寶。"《書》："所寶惟賢。"《孟子》："諸侯之寶三：土地、人民、政事。"是皆位之所以爲寶者，故曰大也。《大學》："堯、舜帥天下以仁而民從之。”《禮記》：“禹立三年，百姓以仁遂焉。”《書》：“湯克寬克仁。”《孟子》：“文王發政施仁。”帝王之守位者皆以仁也。《孟子》：“天子不仁，不保四海。諸侯不仁，不保社稷。卿大夫不仁，不保宗廟。惟仁者宜在高位。”是凡有位者皆守位曰仁也。一本作“人”，朱子從之。《書》：“后非衆罔與守邦。”亦其義也。《大學》：“財聚則民散，財散則民聚。”故聚人曰財也。《周禮》：“以九賦斂財賄，曰邦中之賦、四郊之賦、邦甸之賦、家削之賦、邦縣之賦、邦都之賦、關市之賦、山澤之賦、幣餘之賦。以九式節財用，曰祭祀之式、賓客之式、喪荒之式、羞服之式、工事之式、幣帛之式、芻秣之式、匪頒之式、好用之式。”開源節流，皆所謂理財也。《大學》：“生財有大道。生之者衆，食之者寡。爲之者疾，用之者舒。則財恒足矣。”聖人之理財者也。《周禮》：“一曰誥，二曰誓。”發號施令，皆所謂正辭也。《周禮》：“以鄉三物，教萬民，而賓興之。一曰六德，二曰六行，三曰六藝。”聖人之正辭者也。《周禮》：“司寇以兩造禁民訟。以兩劑禁民獄。禁暴氏掌禁庶民之亂暴力正者，撟誣犯禁者，作言語而不信者，以告而誅之。士師之職，掌國之五禁之灋，以左右刑罰：一曰宫禁，二曰官禁，三曰國禁，四曰野禁，五曰軍禁。”詰姦誅暴，皆所謂禁民爲非也。《論語》：“道之以德，齊之以禮，有恥且格。”聖人之禁民爲非者也。《書》：“帝曰：‘棄！黎民阻飢。汝后稷，播時百穀。’帝曰：‘契，百姓不親，五品不遜。汝作司徒，敬敷五教，在寬。’帝曰：‘皋陶！蠻夷猾夏，寇賊姦宄。汝作士，惟明克允。’”此可以見古聖理財、正辭、禁民爲非之序。《孟子》：“未有仁而遺其親者也，未有義而後其君者也，亦有仁義而已矣。”仁育義正，聖人之所以參天地者。天地之道貞夫一，易之大用在是矣。下章即以理財、正辭、禁民爲非，聖人之通德類情者明之，如“結繩”以下十三卦是也。

右第一章。

古者包犧氏之王天下也，仰則觀象于天，俯則觀法于地，觀鳥獸之文與地之宜。近取諸身，遠取諸物，于是始作八卦，以通神明之德，以類萬物之情。

《禮記》：“孟春之月，其帝大皞。”大皞，伏羲之號也。《左傳》：“任、宿、須句、顓臾，風姓也。實司大皞與有濟之祀。”風姓之祖即包犧氏也。《周禮》：“庖人掌共六畜、六獸、六禽，辨其名物。”包與庖通。《禮記》：“天子以犧牛。”《詩》：“與我犧羊。”宗廟之牲，純色曰犧。包犧氏之名，飲食之所自起，即政教之所自始也。《禮記》：“司天日月星辰之行，毋失經紀，以初爲常。”“立天之道，曰陰與陽。”成象之謂乾，故曰“仰則觀象于天”也。《家語》：“地東西爲緯，南北爲經，山爲積德，川爲積刑，高者爲生，下者爲死，丘陵爲牡，谿谷爲牝。”“立地之道，曰柔與剛。”效法之謂坤，故曰“俯則觀法于地”也。《周禮》：“龍旂九斿，以象大火也。鳥旟七斿，以象鶉火也。熊旗六斿，以象伐也。龜蛇四斿，以象營室也。”東方之宿爲蒼龍，南方之宿爲朱鳥，西方之宿爲白虎，北方之宿爲龜蛇。鳥獸之文見於天者謂之象，此即仰而觀象者也。《周禮》：“以土會之灋辨五地之物生：一曰山林，其動物宜毛物，其植物宜皁物；二曰川澤，其動物宜鱗物，其植物宜膏物；三曰丘陵，其動物宜羽物，其植物宜覈物；四曰墳衍，其動物宜介物，其植物宜莢物；五曰原隰，其動物宜贏物，其植物宜叢物。”物之宜見於地者謂之法，此即俯而觀法者也。如龍圖龜書是天地示人之精者。天地之道貞觀，聖人於是乎觀之也。《書》：“五事：一曰貌，二曰言，三曰視，四曰聽，五曰思。”此“近取諸身”，乾爲首、坤爲腹之類是也。《禮記》：“其蟲鱗，其蟲羽，其蟲毛，其蟲介。”此“遠取諸物”，乾爲馬、坤爲牛之類是也。易之取諸物而全象取一物者，《乾》之龍、《漸》之鴻是也。龍爲陽物，鴻爲陽鳥，皆知時之義。推此而凡卦之取諸物者，皆欲人之與時偕行。《論語》：“山梁雌雉。子曰：‘時哉！時哉！’”此即聖人言《易》之旨也。《大學》：“《詩》云：‘緜蠻黄鳥，止于丘隅。’子曰：‘於止知其所止，可以人而不如鳥乎？’”此聖人遠取之義也。易之取諸身而全體取一身者，《艮》之自趾至輔，《咸》之自拇至輔頰舌是也。曰“思不出位”，曰“朋從爾思”，皆從心之義。推此而凡卦之取諸身者，皆欲人之先立其大。《大學》：“欲脩其身者，先正其心。”《論語》：“七十而從心所欲，不逾矩。”此即聖人學易之本矣。《論語》：“能近取譬，可謂仁之方也已。”此聖人近取之義也。剛健動止者，神明之德能通之者。《孟子》“聖而不可知之謂神”是也。觀上觀下者，萬物之情能類之者。《中庸》“大哉，聖人之道！洋洋乎發育萬物”是也。《禮記》：“禮樂偩天地之情，達神明之德。”此即易之義也。《禮記》：“作者之謂聖。”伏羲之作八卦，萬世文字之始也。《書》：“歷象日月星辰，敬授人時。分命羲仲，宅嵎夷，曰暘谷。以殷仲春，鳥獸孳尾。申命羲叔，宅南交，曰明都。以正仲夏，鳥獸希革。分命和仲，宅西，曰昧谷。以殷仲秋，鳥獸毛毨。申命和叔，宅朔方，曰幽都。以正仲冬，鳥獸氄毛。”孳尾、希革、毛毨、氄毛，鳥獸之文也。暘谷、明都、昧谷、幽都，地之宜也。即堯之所以授時、象天、法地、遠物、近身，皆本於此，亦可以見包羲畫卦之遺矣。《中庸》：“王天下有三重焉，其寡過矣乎？故君子本諸身，徵諸庶民，考諸三王而不繆，建諸天地而不悖，質諸鬼神而無疑，百世以俟聖人而不惑。”後王之所以王天下者，通德類情，皆不出包羲氏作卦之旨與？

作結繩而爲網罟，以佃以漁，蓋取諸離。

《詩》：“言綸之繩。”繩所以爲結網之具也。《爾雅》：“鳥罟謂之羅，兔罟謂之罝，麋罟謂之罞，彘罟謂之羉。繴謂之罿。罿，罬也。罬謂之罦。罦，覆车也。”此網罟之以佃者也。《爾雅》：“緵罟謂之九罭，鱼罔也。嫠婦之笱謂之罶。罺謂之汕。魚罟謂之罛。篧謂之罩。”此網罟之以漁者也。《周禮》：“中春以蒐田，中夏以苗田，中秋以獮田，中冬以狩田。”“田”與“佃”通。佃以取獸。《禮記》：“獺祭魚，然後漁人入澤梁。”漁以取魚，後世皆賴其用也。《周禮》：“獸人掌罟田獸，辨其名物。冬獻狼，夏獻麋，春秋獻獸物。凡田獸者，掌其政令。”此言網罟以佃之制。《國語》：“古者大寒降，土蟄發，水虞於是乎講罛罶，取名魚，登川禽，而嘗之寢廟，行諸國人，助宣氣也。”此言網罟以漁之制。“取諸離”者，中虛爲物所麗，亦取兩目相麗之象。《詩》：“魚麗于罶。”又：“魚網之設，鴻則離之。”又：“有兔爰爰，雉離於羅。”皆取諸麗之義也。

包犧氏没，神農氏作。斲木爲耜，揉木爲耒，耒耨之利，以教天下，蓋取諸益。

《禮記》：“孟夏之月，其帝炎帝。”神農氏也。《禮記》：“伊耆氏始爲蜡。蜡也者，索也。蜡之祭也，主先嗇而祭司嗇也。”嗇事始於神農，後世即以神農爲先嗇也。《詩》：“琴瑟擊鼓，以御田祖，以祈甘雨，以介我稷黍，以穀我士女。”是耒耨之教也。《詩》：“方斵是虔。”斵木之義也。《周禮·山虞》：“凡服耜，斬季材，以時入之。”耜須堅韌之木，故曰斵。《周禮·匠人》：“耜廣五寸，二耜爲耦。”是“斵木爲耜”也。《詩》：“畟畟良耜。”又：“有略其耜。”皆言耜之利也。《周禮》：“輪人輮輻。”“揉”與“輮”通，揉木之義也。《周禮》：“車人爲耒，庛長尺有一寸，中直者三尺有三寸，上句者二尺有二寸。”是“揉木爲耒”也。《周禮》：“堅地欲直庛，柔地欲句庛；直庛則利推，句庛則利發，倨句磬折謂之中地。”是言耒之利也。《爾雅》：“斪斸謂之定。”《詩》：“庤乃錢鎛。”定、鎛皆鋤之名，所以耨也。《孟子》：“深耕易耨。”故曰“耒耨之利”。《孟子》：“后稷教民稼穡，樹藝五穀。”后稷之教本於神農也。《山海經》：“后稷之孫叔均，是始作牛耕。”自耒耜之作而農制始備也。《禮記》：“孟春之月，乃擇元辰，天子親載耒耜，措之參保介之御間，帥三公、九卿、諸侯、大夫，躬耕帝耤。季冬之月，命農計耦耕事，修耒耜。”耒耨之利，以教天下。後世親耕之禮皆本之古帝之教也。“取諸益”者，《詩》：“以我覃耜，俶載南畝。”震巽皆木，以木入土之象。《國語》：“土膏其動。”又上入下動之義。《詩》：“乃求千斯倉，乃求萬斯箱。”此言益之義也。《書》：“禹曰：暨益奏庶鮮食。暨稷播，奏庶艱食鮮食。懋遷有無化居。烝民乃粒，萬邦作乂。”鮮食取之佃漁，艱食成於耒耜，懋遷本之交易，生民之具莫要於此。洪水之先，古帝實有以開之，堯、舜踵而行之也。

日中爲市，致天下之民，聚天下之貨，交易而退，各得其所，蓋取諸噬嗑。

《周禮》：“司市掌市之治教、政刑、量度、禁令。大市，日昃而市，百族爲主；朝市，朝時而市，商賈爲主；夕市，夕時而市，販夫販婦爲主。”市有三時。此言日中者，刱市之初制也。《周禮》：“以次叙分地而經市，凡萬民之期於市者各於其地之叙。是“致天下之民”也。以陳肆辨物而平市，以商賈阜貨而行布，以泉府同圈而斂賒。”是“聚天下之貨”也。《孟子》：“市廛而不征，法而不廛，則天下之商皆悦而願藏於其市矣。”致天下之民有其道，後之爲市者可法也。《孟子》：“古之爲市者，以其所有易其所無者，有司者治之耳。”所謂“交易而退”者也。《左傳》：“小人近市，朝夕得所求。”所謂“各得其所”者也。“取諸噬嗑”者，《周禮》：“質人掌成市之貨賄、人民、牛馬、兵器、珍異。凡賣儥者質劑焉，大市以質小市，以劑掌，稽市之書契，同其度量，壹其淳制，巡而攷之。”賣買者，物之自分而合。噬嗑者，物之有間而合。是其義也。日中者，離之象。交易者，動爲震之象也。《論語》：“沽酒市脯，不食。”噬嗑之取於市者，皆已成之物，亦因小民之便聖人養生之義，則各有取也。《書》：“八政：一曰食、二曰貨。”王政之先務也。佃漁、耒耜之後繼以爲市，神農氏實始之矣。《孟子》：“以粟易械器者，不爲厲陶冶；陶冶亦以其械器易粟者，豈爲厲農夫哉？”市之交易用粟，本於農也。《詩》：“握粟出卜。”食即古之貨也。後世始有金幣泉布之制。《孟子》：“有爲神農之言者許行，曰：‘賢者與民並耕而食，饔飧而治。’陳相與其弟辛負耒耜而自宋之滕，見許行而大悦，曰：‘從許子之道，則市賈不貳。’”異端之説託以惑世，亦可以見聖人食貨相因之遺也。

神農氏没，黄帝、堯、舜氏作，通其變，使民不倦，神而化之，使民宜之。易窮則變，變則通，通則久，是以自天祐之，吉无不利。黄帝、堯、舜垂衣裳而天下治，蓋取諸乾坤。

《禮記》：“其帝黄帝。”軒轅氏也。《家語》：“古之王者，易代改號，取法五行更王[1]，終始相生，是以太皞配木，炎帝配火，黄帝配土，少皞配金，顓頊配水。”《月令》亦以爲序，此即包犧氏没，神農氏作；神農氏没，黄帝、堯、舜氏作之序也。《書·堯典》：“曰若稽古帝堯。”《舜典》：“曰若稽古帝舜。”夫子删《書》，斷自唐虞。《繫辭》言包犧、神農、黄帝者，《周禮》：“三易：《連山》《歸藏》《周易》。”姚信曰：“連山氏得河圖，夏人因之，曰《連山》。歸藏氏得河圖，商人因之，曰《歸藏》。伏羲氏得河圖，周人因之，曰《周易》。是三皇之開先者也。”《左傳》：“是能讀三墳五典。”三墳謂伏羲、神農、黄帝之書。是三皇爲作《易》之祖，故《繫傳》引之，以明制器尚象之義，實明易書之所自始也。《禮記》：“黄帝正名百物，以明民共財。”垂衣裳者，所以明民。舟楫以下，所以共財。皆自黄帝始也。《書》：“協和萬邦，黎民於變時雍。”所謂“通其變”也。《孟子》：“放勳曰：‘勞之來之，匡之直之，輔之翼之，使自得之，又从而振德之。’”所以“使民不倦”也。《論語》：“子路問政。子曰：‘先之勞之。’

請益。曰：'無倦。'"下之不倦者，上之無倦有以使之也。《孟子》："王者之民，皞皞如也。"殺之而不怨，利之而不庸，民日遷善而不知爲之者。夫君子所過者化，所存者神，上下與天地同流，豈曰小補之哉？"所謂"神而化之，使民宜之"也。《詩》："天保定爾，俾爾戩穀。罄無不宜，受天百禄。"民之宜之者，上之咸宜有以使之也。《書》："下民其咨，有能俾乂。""窮則變"之謂也。《孟子》："險阻既遠，然後人得平土而居之。""變則通"之謂也。《書》："地平天成，六府三事允治，萬世永賴。""通則久"之謂也。《書》："肆類于上帝，禋于六宗，望于山川，徧于羣神。"是以"自天祐之，吉无不利"也。《書》："予欲觀古人之象，日、月、星、辰、山、龍、華蟲、作會，宗彝、藻、火、粉米、黼、黻、絺繡，以五采彰施于五色，作服，汝明。"日月星辰取其照臨，山取其鎮，龍取其變，華蟲取其文，宗彝。虎蜼，取其孝；藻取其潔，火取其明，粉米取其養，黼若斧形，取其斷；黻爲兩巳相背，取其辨。古人之象，皆易之象也。作繪，繪之于衣。絺繡，繡之于裳。上衣下裳之制始自黄帝而成于堯舜。仰觀俯察，遠取近取之義皆寓於衣裳，故曰"黄帝、堯、舜垂衣裳而天下治"也。《論語》："無爲而治者，其舜也與？夫何爲哉？恭己正南面而已矣。""垂衣裳而治"，其象如此。《左傳》："《詩》云：'彼其之子，不稱其服。'《書》曰：'地平天成。'稱也。"是衣裳之義取乾坤也。《左傳》："衣，身之章也。"又："裳，下之飾也。"此可以明上下之義。《禮記》："古者深衣，蓋有制度，以應規、矩、繩、權、衡。制十有二幅，以應十有二月，袂圜以應規，曲袷如矩以應方，負繩及踝以應直，下齊如權、衡以應平。故規者，行舉手以爲容，負繩、抱方者，以直其政，方其義也。故《易》曰：'六二之動，直以方也。'下齊如權、衡者，以安志而平心也。五法已施，故聖人服之。故規、矩取其無私，繩取其直，權、衡取其平，故先王貴之。"衣裳之制本諸乾坤，而治天下之道備矣。《大學》："《詩》云：'於戲！前王不忘。'君子賢其賢而親其親，小人樂其樂而利其利，此以没世不忘也。"曰包羲氏没、神農氏没者，開萬世教養之源，即没世不忘之義也。《書》："天佑下民，作之君，作之師，惟其克相上帝，寵綏四方。"曰神農氏作，黄帝、堯、舜氏作者，即《乾》九五之所謂"大人造也"。"聖人作而萬物覩"，可見"自天祐之"之義。

《家語》："黄帝民賴其利百年，没而畏其神百年，服其教百年，故曰黄帝三百年。"觀黄帝之没而民之利賴於伏羲、神農者可知也。《禮記》："昔者先王未有火化，食草木之實、鳥獸之肉，飲其血，茹其毛；未有麻絲，衣其羽皮。後聖有作，然後脩火之利，治其麻絲，以爲布帛，以養生送死，以事鬼神。"此飲食既開，繼以垂衣裳而治之義也。

刳木爲舟，剡木爲楫，舟楫之利以濟不通。致遠以利天下，蓋取諸涣。

《書》："刳剔孕婦。"刳之爲義，空其中也。《爾雅》："剡，棃利也。"剡之爲義，削殺其上也。《爾雅》："天子造舟，諸侯維舟，大夫方舟，士特舟。"此舟之制也。《詩》："淠彼涇舟，烝徒楫之。"此楫之用也。《詩》："淇水悠悠，檜楫松舟。"相需而行，此舟楫之利也。《詩》："造舟爲梁。"又："涉渭爲亂。"横流而渡，所以濟不通也。《左傳》："秦輸粟於晋，自雍及絳相繼，命之曰汎舟之役。"由此達彼，所以致遠也。《書》："冀州。夾右碣石入于河。兖州。浮于濟漯，達于河。青州。浮于汶，達于濟。徐州。浮于淮泗，達于河。揚州。沿于江海，達于淮泗。荆州。浮于江沱潛漢，逾于洛，至于南河。豫州。浮于洛，達于河。梁州。浮于潛，逾于沔，入于渭，亂于河。雍州。浮于積石，至于龍門西河，會于渭汭。"此九州貢賦之道，即舟楫之利通於天下以致遠者也。"蓋取諸涣"者，《詩》："汎彼柏舟，亦汎其流。"取木在水上之象，亦取風行水上之象也。《詩》："汎汎楊舟，紼纚維之。"又取涣散而維繫之義。

服牛乘馬，引重致遠，以利天下，蓋取諸隨。

《周禮》："大車平地既節軒輊之任，及其登阤，不伏其轅，必縊其牛。此無故，轅直且無橈也。"此言車之服牛者。《周禮》："輈欲弧而無折，經而無絶；進則與馬謀，退則與人謀；終日馳騁，左不楗；行數千里，馬不契需；終歲御，衣衽不敝。此唯輈之和也。"此言車之乘馬者。《左傳》："伯宗辟重。"引重之謂也。《書》："肇牽車牛遠服賈。""致遠"之謂也。《禮記》："馬散之華山之陽而弗復乘，牛散之桃林之野而弗復服。"軛加其首曰服，衡加其背曰乘。《中庸》："舟車所至。"以其無遠弗届，故皆曰"致遠以利天下”也。“蓋取諸隨”者，《禮記》：“牛則執紖，馬則執靮。”牛馬皆絡鼻籠首，而後隨之以行。兑爲口，震爲足，其象如是。動作行止皆隨於人也。《左傳》：“齊人王猛謂東郭書曰：‘吾從子如驂之靳。’”此亦隨之義也。《禮記》：“始駕馬者反之，車在馬前。”常駕車者，車隨乎馬以行。始駕馬者，馬隨乎車以習。隨之取義，無不在也。《周禮》：“作車以行陸，作舟以行水，此皆聖人之所作也。”故車與舟楫連言之。

重門擊柝，以待暴客，蓋取諸豫。

《禮記》：“命奄尹申宫令，審門閭，謹房室，必重閉。”此“重門”之義也。《左傳》：“勇夫重閉，而況國乎！”守禦之義，上下皆同之也。《周禮·夏官·挈壺氏》：“凡軍事，縣壺以序聚欜。”《秋官·野廬氏》：“若有賓客，則令守涂地之人聚欜之。有相翔者，誅之。”此“擊柝”之義也。《周禮·秋官·訝士》：“邦有賓客，居館則帥其屬而爲之蹕，誅戮暴客者。”防客之暴，是以待暴客之義也。《孟子》：“抱關擊柝者，皆有常職，以食於上。”是“重門擊柝”之職其事者也。“蓋取諸豫”者，《禮記》：“修闔扇。”坤爲闔户，象重門也。《左傳》：“魯擊柝聞於邾。”震木動而有聲，可以驚遠，象擊柝也。《書》：“惟事事乃其有備，有備無患。”早爲之防，是豫之義也。

斷木爲杵，掘地爲臼，臼杵之利，萬民以濟，蓋取諸小過。

《禮記》：“暢，臼以椈，杵以梧。”暢謂搗鬱鬯者，舂米之用。其制本如是也。《詩》：“或舂或揄，或簸或蹂。”是杵臼之利也。《周禮》：“舂人，掌共米物。祭祀，共其齍盛之米；賓客，共其牢禮之米；凡饗，共其食米。掌凡米事。”是其用無所不濟也。《書》：“烝民乃粒，萬邦作乂。”是“萬民以濟”之義也。“蓋取諸小過”者，震木上動，斷木之象。艮土下止，掘地之象。《論語》：“食不厭精。”食以養人，不嫌其過，小過之義也。《左傳》：“粢食不鑿，昭其儉也。”故杵臼之利曰小過。《書》：“五百里甸服。百里賦納總，二百里納銍，三百里納秸，四百里粟，五百里米。”禾本全曰總，半藁曰銍，半藁去皮曰秸。地有遠近，賦有精麤。耒耜之利在前，杵臼之利在後，亦相因而漸備者也。《穀梁傳》：“甸粟而納之王宫，米而藏之御廩。”《左傳》：“奉盛以告，謂其三時不害，而民和年豐也。”所以濟民之意深矣。

弦木爲弧，剡木爲矢，弧矢之利，以威天下，蓋取諸睽。

《周禮》："凡爲弓，冬析幹而春液角，夏治筋，秋合三材，寒奠體，冰析灂。春被弦。"是"弦木爲弧"也。《周禮》："弧旌枉矢，以象弧也。"《禮記》："仲春之月，日在奎，昏弧中。"蓋象於天星也。《周禮》："凡取幹之道，柘爲上，檍次之，檿桑次之，橘次之，木瓜次之，荆次之"；"司弓矢掌八矢之灋。一曰枉，二曰絜，三曰殺，四曰鍭，五曰矰，六曰茀，七曰恒，八曰痹。"是"剡木爲矢"也。《禮記》："男子生，桑弧蓬矢六，以射天地四方。"承家之義。《左傳》："桃弧棘矢，以供禦王事。"開國之義，皆弧矢之利也。《禮記》："諸侯賜弓矢然後征。"此弧矢之利以威天下也。"蓋取諸睽"者，《孟子》："越人關弓而射之。"弓之形曲，象澤之環也。《孟子》："矢人惟恐不傷人。"矢之形直，象火之鋭也。《周禮·大司馬》："以九伐之灋正邦國：馮弱犯寡，則眚之；賊賢害民，則伐之；暴内陵外，則壇之；野荒民散，則削之；負固不服，則侵之；賊殺其親，則正之；放弑其君，則殘之；犯令陵政，則杜之；内外亂，鳥獸行，則滅之。"皆所以治其乖違，取諸睽之義也。《孟子》："域民不以封疆之界，固國不以山川之險，威天下不以兵革之利。"内而重門，外而弧矢，防患之道備矣。知怡睽之道者，則先張後説之義又有進於是。與耒耜、舟車、杵臼、弧矢皆曰利者，《論語》："因民之所利而利之，斯不亦惠而不費乎？"先聖王之制莫非因乎民者也。《論語》："足食足兵，民信之矣。"王政莫大於此。

上古穴居而野處，後世聖人，易之以宫室，上棟下宇，以待風雨，蓋取諸大壯。

《詩》："陶復陶穴，未有家室。"《孟子》："下者爲巢，上者爲營窟。"此"穴居野處"之謂也。《爾雅》："宫謂之室，室謂之宫。"《詩》："定之方中，作于楚宫。揆之以日，作于楚室。"此"宫室"之義也。《禮記》："儒有一畝之宫、環堵之室。"宫室之名通於上下也。《爾雅》："棟謂之桴。"棟爲屋脊，故曰"上棟"。《詩》："八月在宇。"簷下爲宇，故曰"下宇"。《詩》："約之閣閣，椓之橐橐。風雨攸除，鳥鼠攸去。"此"上棟下宇，以待風雨"之謂也。"蓋取諸大壯"者，《詩》："風雨所漂摇。"上之動者，震象也。《詩》："百堵皆作，其究安宅。”下之健者，乾象也。《禮記》：“昔者先王未有宫室，冬則居營窟，夏則居橧巢。後聖有作，然後脩火之利，范金合土，以爲臺榭宫室牖户。”此所謂“聖人易之”者也。《詩》：“如跂斯翼，如矢斯棘。如鳥斯革，如翬斯飛。”其堅固嚴正，取大壯之義也。

古之葬者，厚衣之以薪，葬之中野，不封不樹，喪期無數，後世聖人，易之以棺槨，蓋取諸大過。

《孟子》：“蓋上世嘗有不葬其親者，其親死，則舉而委之于壑。他日過之，狐狸食之，蠅蚋姑嘬之。盖歸反虆梩而掩之。孝子仁人之掩其親，亦必有道矣。”此中野之葬，聖人所以易之之義也。《周禮·稻人》：“喪紀，共其葦事。”《澤虞》：“喪紀，共其葦蒲之事。”《掌荼》：“掌以時聚荼，以共喪事。”《儀禮》：“既夕，茵著用荼。”荼葦者，薪之屬，以爲闉壙禦濕之物。古未有棺槨之時，而厚衣以薪，無使土親膚之義。人心豈有間於今古乎？《禮記》：“葬也者，藏也。藏也者，欲人之弗得見也。是故衣足以飾身，棺周於衣，槨周於棺，土周於槨。”是古有葬之義，棺槨之所由興也。《孟子》：“古者棺槨無度，中古棺七寸，槨稱之。自天子達於庶人，非直爲觀美也，然後盡於人心。且比化者，無使土親膚，於人心獨無恔乎？”此“易以棺槨”之義也。《禮記》：“庶人縣封，不封不樹。”上世質樸，皆如是也。《禮記》：“夫子之言曰：‘吾見封之若坊者矣，見若覆夏屋者矣，見若斧者矣。從若斧者焉，馬鬣封之謂也。’”此封之義也。《詩》：“墓門有棘”“墓門有梅。”此樹之義也。《左傳》：“中壽，爾墓之木拱矣。”此可見墓皆有樹也。《禮記》：“有虞氏瓦棺，夏后氏堲周，殷人棺槨，周人牆置翣。”《周禮》：“冢人以爵等爲丘封之度與樹數。”此後王之漸文也。《禮記》：“再期之喪，三年也。期之喪，二年也。九月、七月之喪，三時也。三月之喪，一時也。”此喪期之數也，皆古者所無而後立之制也。“蓋取諸大過”者，木在澤中，有棺槨之象。《禮記》“骨肉歸復于土”是也。又，死者以土爲安，入而後説之。《詩》：“百歲之後，歸于其居。百歲之後，歸于其室。”猶生者之有宫室也。《論語》：“孟懿子問孝。子曰：‘生，事之以禮。死，葬之以禮，祭之以禮。’”《孟子》：“充虞路問曰：‘木若以美然。’孟子曰：‘吾聞之也，君子不以天下儉其親。'" 事親者，惟禮不可過，至於分之所得盡者，送終之禮尤當厚而不可薄也。大過之取其義，蓋在是與？《孟子》："養生者不足以當大事，惟送死可以當大事。" 杵臼，養生之需，故取諸小過。棺椁，送死之具，故取諸大過也。《周禮》："大司徒之職，以本俗六安萬民：一曰媺宫室，二曰族墳墓。" 此棺槨所以繼宫室之後也。《禮記》："有以大爲貴者，宫室之量、器皿之度、棺槨之厚、丘封之大，此以大爲貴也。" 故宫室取大壯、棺槨取大過。

上古結繩而治，後世聖人，易之以書契，百官以治，萬民以察，蓋取諸夬。

《春秋》："齊候、衛侯胥命于蒲。"《穀梁傳》："胥之爲言猶相也。相命而信諭，謹言而退，以是爲近古也。"《公羊傳》："古者不盟，結言而退。" 不言而信，上古結繩而治之意也。《周禮》："大事則從其長，小事則專達。" 上古未有文字，大事則大結，小事則小結也。《詩》："我心蘊結兮。" 心之所繫，以記其事。《論語》："子張書諸紳。" 即其義也。可以喻結繩之意。《周禮》："保氏養國子以道，教之六藝，五曰六書。" 象形、會意、轉注、處事、假借、諧聲，此文字之書也。畫卦自象形而起，所以爲文字之祖。《周禮》："小史掌邦國之志，奠繫世，辨昭穆。外史掌四方之志，掌三皇五帝之書，掌達書名於四方。" 此言邦國記載之書，所以治百官者也。《周禮・小行人》："萬民之利害爲一書，其禮俗、政事、教治、刑禁之逆順爲一書，其悖逆、暴亂、作慝、猶犯令者爲一書，其札喪、凶荒、戹貧爲一書，其康樂、和親、安平爲一書。" 此言民俗采録之書，所以察萬民者也。《周禮・天官》："以官府之八成經邦治：一曰聽政役以比居，二曰聽師田以簡稽，三曰聽閭里以版圖，四曰聽稱責以傅别，五曰聽禄位以禮命，六曰聽取予以書契，七曰聽賣買以質劑，八曰聽出入以要會。" 此八成者皆文書也。比居、簡稽、版圖、禮命、要會用之於公，傅别、質劑用之於私。書契，公私皆用之。官契治百官，市契察萬民也。三皇無文，倉頡造字，是上古結繩，聖人易以書契之義也。《周禮》："黨正屬民讀法而書其德行道藝。媒氏掌萬民之判，凡男女自成名以上，皆書年月日名焉。" 此皆書之用也。《周禮・天官・宰夫》："掌官契以治藏。"《地官・質人》："掌稽市之書契，同其度量，壹其淳制。凡賣儥者質劑焉，大市以質，小市以劑。”[2] 此皆契之用也，故曰“以治”“以察”。“蓋取諸夬”者，兑爲口，天爲言，文字之興，猶天之以言示人，書契之所以取象者也。《禮記》：“史載筆。”《爾雅》：“簡謂之畢，不律謂之筆。”古所謂筆，即刀筆之刻。簡者，《周禮》：“築氏爲削。”《注》：“今之書刀，所以削簡者。”書以刀筆畫字，契亦刻木爲畫，皆有決斷之義也。《禮記》：“所以決嫌疑，别同異，明是非。”是夬之義也。《論語》：“蓋有不知而作之者，我無是也。君子於其所不知，蓋闕如也。”蓋之爲義，聖人不質言之。此其道也。《禮記》：“上古衣毛冒皮。”蓋自垂衣裳而後，制度始無不備。《書》：“予乘四載。”舟車之利也。《禮記》：“外户不閉。”重門之備也。《詩》：“立我烝民。”杵臼之利也。《書》：“蠻夷猾夏，寇賊姦宄，五刑有服。”弧矢之威也。《論語》：“卑宫室而盡力乎溝洫。”是宫室之取諸壯者舊也。《書》：“百姓如喪考妣三年。”是喪期之數已定也。《書》：“書用識哉。”是書契之興久也。皆堯、舜之所以治天下也。《孟子》：“不違農時，穀不可勝食也；數罟不入洿池，魚鼈不可勝食也。斧斤以時入山林，材木不可勝用也。是使民養生喪死無憾，王道之始也。五畝之宅，樹之以桑，五十者可以衣帛矣！鷄豚狗彘之畜，無失其時，七十者可以食肉矣！百畝之田，勿奪其時，數口之家可以無飢矣！謹庠序之教，申之以孝悌之義，頒白者不負戴於道路矣。老[3] 者衣帛食肉，黎民不飢不寒，然而不王者，未之有也。”自“佃漁”以至“書契”十三節，皆所謂王道之始與王道之成。農穀由於耒耨，魚鼈出於佃漁，舟車、宫室、耒耜、弧矢、門柝、棺槨皆成於斧斤，材木、食貨、喪葬皆所以養生送死。蠶桑者，衣裳之本；庠序者，書契之原。由孟子之言觀之，帝王治世之要括其全矣，故曰孟子深於《易》者也。

右第一章。

是故易者，象也。象者，像也。

《左傳》：“天事恒象。”易之取諸象者，此其本也。易以日月成文取義，所謂縣象著明莫大乎日月也。《周禮·春官·大卜》：“以邦事作龜之八命，二曰象。”觀其變化。《左傳》：“名有五，以類命爲象。”取其形似。凡有象者，皆易之所取也。《左傳》：“晋韓宣子適魯，見《易象》與《魯春秋》，曰：‘周禮盡在魯矣。’”卦爻統名之曰象，故曰“易者，象也”。《爾雅》：“畫，形也。”

易之畫卦，皆所以爲象也。《周禮》："畫繪之事，土以黄，其象方天时变。火以圜，山以章，水以龙，鳥獸蛇。"象如龍馬山火之類，皆所謂像也。《書》："歷象日月星辰。"天之象也。《書》："象以典刑。"用法之象也。《周禮·天官·大宰》："正月之吉，縣治象之法于象魏。"行政之象也。《禮記》："南方曰象。"倣其言語以爲樂之象。《禮記》："成童舞象。"象其擊刺以爲舞之象。禮樂刑政無不本於象者，即易之義也。易之爲象，莫非人之取法者，故曰"象者，像也"。《爾雅》："南方之美者，有梁山之犀象焉。"象本獸名。若龍馬牛羊，遠取諸物之義。《左傳》："有儀而可象謂之儀。"人之形容亦謂之象。若口鼻耳目，近取諸身之義。以象專屬諸物，遂有謂易爲蜥蜴、彖爲茅犀者，其説誕矣。

彖者，材也。

《中庸》："故天之生物，必因其材而篤焉。故栽者培之，傾者覆之。"《孟子》："非天之降材爾殊也。"材者，卦之成能，猶人之所以幹事者也。《書》："若作室家，既勤垣墉，惟其塗塈茨；若作梓材，既勤樸斲，惟其塗丹雘。"材者，構屋之木，聚衆材而成室。彖亦聚卦之衆義似立辭，故曰"彖者，材也"。《左傳》："以大宫之椽歸爲盧門之椽。"椽頌一室之綱，彖總一卦之義。彖之爲文，彖與木合，可以知其説矣。《左傳》："亥有二首六身。"又案：彖字上從互，下從豕，亦有二首六身之義。互者，陰陽之交，卦之總義也。豕者，六爻之位，卦之分義也。統明六畫之義，是以曰彖。

爻也者，效天下之動者也。

《周書·王會篇》："外臺之四隅，張赤帟，爲諸侯欲息者皆息焉，命之曰爻閭。"相交之象曰爻。易之爻義取諸此。案《説文》，乂，古五字。天數五，地數五，爻本乎天地之數，與日月爲易同義。《中庸》："動乎四體。"動之近取諸身者，如"感其拇""艮其背"是也。《論語》："色斯舉矣，翔而後集。"《詩》："或寢或訛。"動之遠取諸物者，如龍之在天、馬之行地是也。皆所謂"天下之動"也。《左傳》："相時而動。"爻各有所當，動必因其時效，此者一定之義。效動則適時之變也。《禮記》："夫禮必本於天，殽於地。"肴之文從爻，取羅列之義，故曰"效天下之動"。

是故吉凶生而悔吝著也。

《書》："八、庶徵。曰休徵：曰肅，時雨若；曰乂，時暘若；曰哲，時燠若；曰謀，時寒若；曰聖，時風若。曰咎徵：曰狂，恒雨若；曰僭，恒暘若；曰豫，恒燠若；曰急，恒寒若；曰蒙，恒風若。”休咎各以類應。本諸身曰生，驗之事曰著也。《中庸》：“莫見乎隱，莫見乎微，故君子慎其獨也。”吉凶之生，悔吝之著，見且顯也。隱微之慎，即吉凶悔吝生乎動，所以戒占者也。

右第三章。

陽卦多陰，陰卦多陽。

《周禮》：“日南則景短多暑，日北則景長多寒。”冬至陽生則陰多，夏至陰生則陽多。卦義亦猶是也。乾純陽，坤純陰。陽卦、陰卦，六子也。《書》：“周公植璧秉珪，乃卜三龜，一習吉。”《周禮》：“季冬，陳玉以貞來歲之媺惡。”案：卦之文從圭從卜。古者用玉以卜，是即卦字之義。至掛之爲字，又因卦而取義也。

其故何也？陽卦奇，陰卦耦。

《禮記》：“一算爲奇。”奇者，單數。陽卦二陰，故主奇，以陽爻爲主，是奇也。《左傳》：“射者三耦。”《周禮》：“二耜爲耦。”耦者，雙數。陰卦二陽，故主耦，以陰爻爲主，是耦也。《禮記》：“鼎俎奇而籩豆耦，陰陽之義也。”凡物皆有陰陽，明其義則知其故矣。

其德行何也？陽一君而二民，君子之道也；陰二君而一民，小人之道也。

《禮記》：“君天下，曰天子。分職授政任功，曰予一人。”以陽爲主，此一君之義也。《孟子》：“天下惡乎定？曰定于一。”此君之所以貴一也。《左傳》：“天子曰兆民，諸侯曰萬民。”陰皆順陽，此二民之義也。《書》：“后非民罔使，民非后罔事。”此民之所以宜二也。《左傳》：“臣一主二。”以陰爲主，此二君之義也。《左傳》：“並后匹敵，兩政耦，亂之本也。”陽不勝陰，此君之不可以二也。《左傳》：“一國三公，吾誰適從？”陽無所主，此一民之莫有適也。《論語》：“天下有道，則禮樂征伐自天子出。天下無道，自諸侯出，自大夫出，陪臣執國命。”定於一尊者，一君二民，君子之道也。政出多門者，三君一民，小人之道也。《孟子》：“天下有道，小德役大德，小賢役大賢。天下無道，小役大，弱役强。”以德爲尚者，以陽勝陰，君子之道也。以力相服者，以陰勝陽，小人之道也。《禮記》：“天無二日，土無二王，家無二主，尊無二上，示民有君臣之别也。”此陰不可勝陽之義。故者，自其已然之迹言之。德行者，自其本然之理言之也。

右第四章。

《易》曰：“憧憧往來，朋從爾思。”子曰：“天下何思何慮？天下同歸而殊塗，一致而百慮，天下何思何慮？”

《論語》：“季文子三思而後行。子聞之，曰：‘再斯可矣。’”“三思”即所謂“憧憧往來”者。戒人之妄感而示以慎思，此其義也。《孟子》：“人之所不學而能者，其良能也；所不慮而知者，其良知也。”“天下何思何慮”者，天理之自然也。《書》：“無有作好，遵王之道。無有作惡，遵王之路。會其有極，歸其有極。”所謂“天下同歸而殊塗”也。《論語》：“吾道一以貫之。曾子曰：‘夫子之道，忠恕而已矣。’”是“一致而百慮”也。《孟子》：“心之所同然者，謂理也、義也。理義之悦我心，猶芻豢之悦我口。”故終曰“天下何思何慮”也。《禮記》：“人藏其心，不可測度也。欲一以窮之，舍禮何以哉？”此殊塗同歸、百慮一致之旨也。《中庸》：“不勉而中，不思而得，從容中道，聖人也。”何思何慮，其惟聖道之自然乎？

日往則月來，月往則日來，日月相推而明生焉。寒往則暑來，暑往則寒來，寒暑相推而歲成焉。往者屈也，來者信也，屈信相感而利生焉。

《禮記》：“日出於東，月生於西，陰陽長短，終始相巡，以致天下之和。”此日月往來之義也。《禮記》：“日月東西相從而不已也。”此日月相推之義也。《禮記》：“大明生於東，月生於西。”此“明生”之義也。《周禮・籥章》：“中春晝擊土鼓，龡豳詩以逆暑。中秋夜迎寒亦如之。”此寒暑往來之義也。《詩》：“二月初吉，載離寒暑。”此寒暑相推之義也。《爾雅》：“夏曰歲，殷曰祀，周曰年，虞曰載。”歲者，取歲星行一次也。《爾雅》：“大歲在甲曰閼逢，在乙曰旃蒙，在丙曰柔兆，在丁曰彊圉，在戊曰著雍，在己曰屠維，在庚曰上章，在辛曰重光，在壬曰玄黓，在癸曰昭陽；在寅曰攝提格，在卯曰單閼，在辰曰執徐，在巳曰大荒落，在午曰敦牂，在未曰協洽，在申曰涒灘，在酉曰作噩，在戌曰閹茂，在亥曰大淵獻，在子曰困敦，在丑曰赤奮若。”此成歲之義也。《孟子》：“今有無名之指，屈而不信，非疾痛害事也。如有能信之者，則不遠秦楚之路。”人身血氣之屈信，即天地陰陽往來之屈信，故曰“相感而利生”。日月寒暑之往來，皆自然之運，所謂“何思何慮”者也。憧憧則入於私矣，其必慎所感哉！

尺蠖之屈，以求信也；龍蛇之蟄，以存身也。精義入神，以致用也；利用安身，以崇德也。

《爾雅》：“蠖，蚇蠖。”《疏》引《説文》曰“屈伸蟲”，即尺蠖也。《周禮》：“郤行紆行，謂之小蟲之屬。”郤者，螾衍之屬。紆者，蛇屬。郤而後紆，即屈之求信者。《家語》：“布指知寸，布肘知尋。”象蠖之步，屈以求信之義也。《周禮》：“弓人爲弓，麋筋斥蠖灂。”斥蠖，即尺蠖，灂者，文也。弓文即象其屈以求信者。《孟子》：“枉尺而直尋者，以利言也。”屈信由於自然。以利言者，則有爲爲之而非正矣。《孟子》：“蛇龍居之。”龍陽而蛇陰也。《左傳》：“蟲莫知於龍。”故龍爲神物。《爾雅》：“螣，螣蛇。”《注》：“龍也，故龍蛇並稱。《左傳》：“深山大澤，實生龍蛇。”此龍蛇之所以存身也。《禮記》：“仲冬之月，蚯蚓結。結者，屈也。孟夏之月，蚯蚓出。”出者，信也。蚯蚓，陰物。陰而屈者，乘陽而信，此陰之動乎陽也。《大戴禮》：“介鱗夏食冬蟄。”《爾雅》：“蟄，静也。”龍蛇，陽物。陽而動者，隨陰而蟄，此陽之静乎陰也。精義、利用者，於此觀乎陰陽之通矣。《中庸》：“明乎郊社之禮、禘嘗之義，治國其如示諸掌乎？”天地陰陽之義。精之可以入神者，此也。《書》：“以義制事。”故曰“以致用”。致用即尺蠖之求信也。《論語》：“主忠信，徙義，崇德也。”徙義所以利用，主忠信所以安身，故曰“以崇德”。《孟子》：“養心莫善於寡欲。其爲人也寡欲，雖有不存焉者寡矣。”安身即龍蛇之存身也。

過此以往，未之或知也。窮神知化，德之盛也。

《孟子》：“樂之實，樂斯二者，樂則生矣。生則惡可已也。惡可已，則不知足之蹈之，手之舞之。”精義、利用，至於不能自已，所以“過此以往，未之或知也”。《論語》：“子曰：‘莫我知也夫。’子貢曰：‘何爲其莫知子也？’子曰：‘下學而上達。知我者，其天乎？’”精義、利用，盡其下學之功。過此以往，則至於上達矣。知我其天，是未之或知者乎？《孟子》：“大而化之之謂聖，聖而不可知之謂神。”聖人之化，由於知化。聖人之神，由於窮神。《孟子》：“所過者化，所存者神。”聖人知化窮神之用，其極至於如是，所以爲德之盛也。《中庸》：“故至誠如神，惟天下至誠爲能化。”誠者天道。誠者能窮神知化，與天爲一矣。此何思何慮之至也。

《易》曰：“困于石，據于蒺藜；入于其宫，不見其妻，凶。”子曰：“非所困而困焉，名必辱；非所據而據焉，身必危。既辱且危，死期將至，妻其可得而見邪？”

《左傳》：“懷與安，實敗名。”坐以取困，所謂“名必辱”者也。《孟子》：“仁則榮，不仁則辱。今惡辱而居不仁，是猶惡濕而居下也。”“困于石”者，知其困而安之，故曰“非所困而困”。《論語》：“恭近於禮，遠恥辱也。”蓋事之太過者，亦謂“非所困而困”也，故曰“名必辱”。《孟子》：“困於心，衡於慮，而後作。”知所困則不辱矣。《論語》：“一朝之忿，忘其身，以及其親。”妄以貽戚，所謂身必危者也。《孟子》：“知命者不立乎巖牆之下。”“據於蒺藜”者，知其危而據之，故曰“非所據而據”。《論語》：“啓予足，啓予手。戰戰兢兢，如臨深淵，如履薄冰。”蓋動之不慎者，亦謂“非所據而據”也，故曰“身必危”。《論語》：“志於道，據於德。”得所據則不危矣。《孟子》：“孟子曰：‘死矣，盆成括！小有才，未聞君子之大道也。’”是“死期將至”之謂也。妻其可得見者，《孟子》“身不行，道不行於妻子”是也。《左傳》：“晋殺伯宗。初，其妻曰：‘子好直言，必及於難。’”過於正者尚罹其害，況其邪辟者乎！《禮記》：“孝子不登高，不臨深，不服闇，不登危，懼辱親也。”知此義者可以免辱與危矣。

《易》曰：“公用射隼於高墉之上，獲之，无不利。”子曰：“隼者，禽也；弓矢者，器也；射之者，人也。君子藏器於身，待時而動，何不利之有？動而不括，是以出而有獲，語成器而動者也。”

《爾雅》：“二足而羽謂之禽。”故曰“隼者，禽也”。《周禮·司弓矢》：“夾弓庾弓，以授射豻侯鳥獸者。矰矢茀矢，用諸弋射。”故曰“弓矢者，器也”。《詩》：“女曰雞鳴，士曰昧旦。子興視夜，明星有爛。將翱將翔，弋鳧與雁。”故曰“射之者，人也”。《禮記》：“鸚鵡能言，不離飛鳥。猩猩能言，不離禽獸。今人而無禮，不亦禽獸之心乎？”曰禽也者，所以警人之非類也。《論語》：“子貢問曰：‘賜也何如？’子曰：‘女器也。’曰：‘何器也？’曰：‘瑚璉也。’”曰器也者，所以明材之有用也。《孟子》：“沈同問燕可伐與。孟子曰：‘爲天吏，則可以伐之。’”曰人也者，所以明德之當位也。聖人之意如此，非僅釋其字義而已。《論語》：“子貢問曰：‘有美玉於斯，韞匵而藏諸？求善賈而沽諸？’子曰：‘沽之哉！沽之哉！我待賈者也。’”此可觀君子藏器待時之義矣。《書》：“若虞機張，往省括于度則釋。”矢末曰括。不輕于釋，正所以明待時而動之義。《詩》：“左之左之，君子宜之。右之右之，君子有之。”是何不利之義也。《詩》：“公曰左之，舍拔則獲。”是“出而有獲”之義也。《詩》：“決拾既佽，弓失既調。射夫既同，助我舉柴。”此“成器而動”之義也。《禮記》：“玉不琢，不成器。人不學，不知道。”成器以喻知道，君子待時之本也。

子曰：“小人不恥不仁，不畏不義，不見利不勸，不威不懲。小懲而大誡，此小人之福也。《易》曰：‘屨校滅趾，无咎。’此之謂也。”

《孟子》：“爲機變之巧者，無所用恥矣。”“小人不恥不仁”也。《論語》：“小人不知天命而不畏也，狎大人，侮聖人之言。”小人“不畏不義”也。《論語》：“小人喻於利。”“不見利不勸”也。《詩》：“荆舒是懲。”“不威不懲”也。《禮記》：“儒有委之以貨財，淹之以樂好，見利不虧其義，劫之以衆，沮之以兵，見死不更其守。”此君子之行，小人之所不能也。《書》：“刑期于無刑。”此“小懲大誡”之義也。《書》：“戒之用休，董之用威，勸之以九歌。”聖人之勸威，有以防於懲戒之先矣。《論語》：“道之以德，齊之以禮，有恥且格。”“小懲”者，即不尚刑之義，所以作其恥也。《大學》：“無情者不得盡其辭，大畏民志。”“大誡”者，即不貴訟之義，所以作其畏也。《左傳》：“善人富謂之賞，淫人富謂之殃。”“小懲大誡”，所以爲小人之福。

善不積不足以成名，惡不積不足以滅身。小人以小善爲無益而弗爲也，以小惡爲無傷而弗去也，故惡積而不可掩，罪大而不可解。《易》曰：“何校滅耳，凶。”

《孟子》：“孳孳爲善者，舜之徒也。”此積善之謂也。《論語》：“君子去仁，惡乎成名？”此成名之謂也。《左傳》：“天之假助不善，非祚之也，厚其凶惡而降之罰也。”此積惡之謂也。《左傳》：“多行不義必自斃。”此滅身之謂也。《書》：“吉人爲善，惟日不足。凶人爲不善，亦惟日不足。”故曰“善不積不足以成名，惡不積不足以滅身”。《書》：“爾惟德罔小，萬邦惟慶。爾惟不德罔大，墜厥宗。”此善之小而有益、惡之小而有傷也。《大戴禮》：“楹之銘曰：‘毋曰胡殘，其禍將然。毋曰胡害，其禍將大。毋曰胡傷，其禍將長。’”言其將至於惡積而罪大，小之不可不戒也。《書》：“謂祭無益，謂暴無傷。”所以弗爲弗去者，愎之甚也。《書》：“元惡大憝。”罪大惡積者也。《大學》：“小人閒居爲不善，見君子而後厭然，揜其不善而著其善。人之視己，如見其肺肝然，則何益矣？”此所謂惡積而不可揜也。《書》：“暋不畏死，罔弗憝。”此所謂罪大而不可解也。《益》之象曰“遷善改過”。《書》：“不矜細行，終累大德。”此言小善之益，小人則以爲無益，知此而益之義亦明矣。《解》之象曰“赦過宥罪”。《書》：“眚災肆赦，怙終賊刑”，“宥過无大，刑故无小”。此言罪大之故，罪大則必不可解，知此而解之義亦明矣。

子曰：“危者，安其位者也；亡者，保其存者也；亂者，有其治者也。是故君子安而不忘危，存而不忘亡，治而不忘亂，是以身安而國家可保也。《易》曰：‘其亡其亡，繫于苞桑。’”

《書》：“無安厥位，惟危。”《禮記》：“故明於順，然後能守危也。”是“危者安其位”之義也。《穀梁傳》：“亡國之社，以爲廟屏戒也。”《孟子》：“畏天者保其國。”是“亡者保其存”之義也。《書》：“惟治亂在庶官。”《大學》：“其本亂而末治者，否矣。”是“亂者有其治”之義也。《孟子》：“今國家閒暇，及是時，般樂怠敖，是自求禍也。”以位爲樂則危矣，故安其位者危。《孟子》：“時日害喪，予及女偕亡。民欲與之偕亡，雖有臺池鳥獸，豈能獨樂哉？”謂可常保則亡矣，故保其存者亡。《孟子》：“聖人之道衰，邪説暴行又作，園囿、汙池、沛澤多而禽獸至。及紂之身，天下又大亂。”治久而壞則亂矣，故有其治者亂。《書》：“制治于未亂，保邦于未危。”不敢曰已治、已安，是不忘之義也。《孟子》：“天下之本在國，國之本在家，家之本在身。”故曰身安而國家可保，崇本之論也。《書》：“常厥德，保厥位。厥德靡常，九有以亡。”此其亡之戒也。《禮記》：“君以民存，亦以民亡。”“繫于苞桑”者，民爲邦本也。

子曰：“德薄而位尊，知小而謀大，力小而任重，鮮不及矣。《易》曰：‘鼎折足，覆公餗，其形渥，凶。’言不勝其任也。”

《左傳》：“虢多涼德，其何土之能得？”此德薄之不可以位尊也。《左傳》：“肉食者鄙，未能遠謀。”此知小之不可以謀大也。《孟子》：“有人於此，力不能勝一匹雛，則爲無力人矣。今曰舉百鈞，則爲有力人矣。然則舉烏獲之任，是亦爲烏獲而已矣。”此力小之不可以任重也。《左傳》：“不度德，不量力。”不自知其薄與小也。《論語》：“君子不可小知而可大受也，小人不可大受而可小知也。”以小任大，則不可也。《書》：“怙侈滅義，將由惡終。世禄之家，鮮克由禮。”鮮不及於敗也。《孟子》：“爲巨室，則必使工師求大木。工師得大木，則王喜，以爲能勝其任也。匠人斲而小之，則王怒，以爲不勝其任矣。”“不勝其任”，言材小而任大也。《漢書》明帝詔引《易》曰“鼎象三公”，即位尊任重之謂也。《書》：“大師、大傅、大保曰三公。官不必備，惟其人。”古之建官者，所以重其任與？

子曰：“知幾其神乎？君子上交不諂，下交不瀆，其知幾乎？幾者，動之微，吉之先見者也。君子見幾而作，不俟終日。《易》曰：‘介于石，不終日，貞吉。’介如石焉，寧用終日，斷可識矣。君子知微知彰，知柔知剛，萬夫之望。”

《爾雅》：“幾，危也。”蓋事理之未著者。《詩》：“天之降罔，惟其幾矣。”天之所示，故曰“知幾其神”。《論語》：“巧言、令色、足恭，左丘明恥之，丘亦恥之。”戒上交之諂也。《禮記》：“君子不盡人之歡，不竭人之忠，以全交也。”戒下交之瀆也。《論語》：“事君盡禮，人以爲諂也。”恭易近於諂，故曰“上交不諂”。《孟子》：“援而止之而止，是亦不屑去已。”《孟子》：“柳下惠不恭，君子不由也。”和易流於瀆，故曰“下交不瀆”。《孟子》：“君子之戹於陳、蔡之間，無上下之交也。”不諂不瀆，故“無上下之交”，是曰知幾。《中庸》：“莫見乎隱，莫顯乎微。”幾之動微，幾之見先，此其義也。《詩》：“如彼雨雪，先集維霰。”此即幾之先見者。朱子云：“《漢書》引《易》，‘吉’下有

‘凶’字。”《左傳》：“陳敬仲之占曰：‘有嬀之後，將育于姜。五世其昌，並于正卿。八世之後，莫之與京。’”是“吉之先見者也”。《左傳》：“辛有適伊川，見被髮而祭於野者，曰：‘不及百年，此其戎乎？’”是凶之先見者也。幾之所示本微，能知其凶則趨於吉，所謂天心之仁愛。凶亦吉之先見者也。《論語》：“作者七人矣。”是皆見幾之君子也。《孟子》：“孔子去齊，接淅而行；去魯，不税冕而行。”是“不俟終日”之義也。《論語》：“色斯舉矣，翔而後集。曰：‘山梁雌雉，時哉時哉！’子路共之，三嗅而作。”“見幾而作，不俟終日”，斷可識者。時之義也。《孟子》：“禮貌衰則去之。”微而彰之義也，故曰“知微知彰”。《孟子》：“孔子則欲以微罪行，不欲爲苟去。”柔而剛之義也，故曰“知柔知剛”。《詩》：“行歸于周，萬民所望。”是萬夫之望也。《孟子》：“窮不失義，故士得已焉。達不離道，故民不失望焉。”窮達不易其所守，所以爲萬夫之望也。

子曰：“顔氏之子，其殆庶幾乎？有不善，未嘗不知；知之，未嘗復行也。《易》曰：‘不遠復，无祇悔，元吉。’”

《論語》：“子曰：‘回也其庶乎？’”庶幾之義，言近於道也。《中庸》：“回之爲人也，擇乎中庸，得一善則拳拳服膺而弗失之矣。”擇善之精，所以“有不善未嘗不知”。《論語》：“有顔回者，好學，不遷怒，不貳過。”改過之速，所以知不善“未嘗復行也”。《大學》：“欲正其心者，先誠其意。欲誠其意者，先致其知。”此學之貴知者也。《書》：“非知之艱，行之惟艱。”此學之貴行者也。知行兼盡，顔子之所以幾於聖與？

天地絪緼，萬物化醇。男女構精，萬物化生。《易》曰：“三人行，則損一人；一人行，則得其友。”言致一也。

《禮記》：“天氣下降，地氣上齊。”天以陽氣下降於地，地以陰氣上齊於天。自其相通者言之則曰泰，自其相感者言之則曰咸。此與咸，亦山澤之通氣者，而就上下之各損其一者言之，亦謂二氣之相交也。曰“絪緼”者，纏綿交密之狀。《詩》：“綢繆束薪，三星在天。今夕何夕，見此良人？綢繆束芻[4]，三星在户。今夕何夕，見此粲者？”“綢繆”之意與“絪緼”同。天地、男女之義一也。《書》：“惟厥攸居，政事惟醇。”醇之爲言精也，厚也。萬物之化皆天地之氣凝厚者所爲也。《禮記》：“天地合而後萬物興焉。夫昏禮，萬世之始也，取於異姓，所以附遠厚别也。”天地以氣化，男女以形化。男女象諸天地，咸以其交感者言之，損以其各正者言之也。《家語》：“人生八月生齒，然後能食；三年顋[5]合，然後能言；十有六而精通，然後能化。陰窮反陽，故陰以陽變；陽窮反陰，故陽以陰化。是以男子八月生齒，八歲而齔，二八而化；女子七月生齒，七歲而齔，二七而化。一陽一陰，奇偶相配，然後道合化成，性命之端形於此也。”此“男女構精，萬物化生”之義。《孟子》：“不專心致志則不得也。其一人專心致志，惟弈秋之爲聽。”此“致一”之義。《詩》：“其儀一兮，心如結兮。”一即天地之貞夫一者。一致者，自其體言之。致一者，自其用言之。《中庸》：“天地之道，可一言而盡也。其爲物不貳，則其生物不測。”致一之義本乎天地，即一陰一陽之道所以各致者也。《詩》：“窈窕淑女，琴瑟友之。”得其友而以男女明之，此其義也。

子曰：“君子安其身而後動，易其心而後語，定其交而後求，君子修此三者，故全也。危以動，則民不與也。懼以語，則民不應也。无交而求，則民不與也。莫之與，則傷之者至矣。”《易》曰：“莫益之，或擊之，立心勿恒，凶。”

《書》：“安汝止，惟動丕應傒志。”《論語》：“動容貌，斯遠暴慢矣。”安其身而後動者也。《書》：“天棐忱辭，其考我民。”民信其心則信其辭。《詩》：“訏謨定命，遠猷辰告。”易其心而後語者也。《大學》：“與國人交，止於信。”《孟子》：“文王以民力爲臺爲沼，而民歡樂之。”定其交而後求者也。《禮記》：“毋不敬，儼若思，安定辭，安民哉！”皆立心有恒也。《孟子》：“殺一無罪，非仁也。非其有而取之，非義也。居仁由義，大人之事備矣。”尚志者如此，故曰“君子修此三者，故全也”。《禮記》：“人有禮則安，無禮則危。”曰“危以動”者，《論語》：“莊以涖之，動之不以禮，未善也。”是其義也。《孟子》：“孰能與之？曰：天下莫不與也。今夫天下之人牧，未有不嗜殺人者也。如有不嗜殺人者，則天下之民皆引領而望之矣。”故曰“危以動，則民不與”。此謂黨與之與也。《論語》：“勇者不懼。”曰“懼以語”者，《大學》：“心有所恐懼，則不得其正。”是其義也。《禮記》：“殷人作誓而民始畔，周人作會而民始疑。”《大學》：“其所令反其所好，而民不從。”故曰“懼以語，則民不應”。《周禮》：“土訓掌道地图，以詔地事，慝以辨地物，而原其生以詔地求。”曰“无交而求”者，《春秋》：“天王使家父來求金求車。”是其義也。《穀梁傳》：“武氏子來求賻，歸之者，正也；求之者，非正也。周雖不求，魯不可以不歸；魯雖不歸，周不可以求之。”故曰“无交而求，則民不與”。此謂取與之與也。《孟子》：“寡助之至，親戚畔之。”是“傷之者至”也。《孟子》：“曾子曰：‘出乎爾者，反乎爾者也。夫民今而後得反之也。’”莫益或擊，其弊必至於此。《書》：“順理則裕，從欲惟危。”此安與危之分也。《論語》：“君子坦蕩蕩，小人長戚戚。”此易與懼之分也。《禮記》：“君子淡以成，小人甘以壞。”此交與无交之分也。《孟子》：“無恒産而有恒心者，惟士爲能。”曰安、曰易、曰定，皆有學以處之，君子立心之恒也。

右第五章。

子曰：“乾坤，其易之門邪?”乾，陽物也；坤，陰物也。陰陽合德而剛柔有體，以體天地之撰，以通神明之德。

《論語》：“夫子之牆數仞，不得其門而入，不見宗廟之美、百官之富。”美富在門之内者。乾坤之道，無所不包。自内言之，曰易之緼；自外言之，曰易之門。求易之道，皆自陰陽爲入德之始，故曰“乾坤，其易之門”。闔户謂之坤，闢户謂之乾。乾坤所以爲易之門者，即闔闢之義也。《孟子》：“遊於聖人之門者難爲言。”易之門即聖人之門，聖人之言即易之言。仰觀俯察，所以體天地而通神明者在是矣。《中庸》：“博厚所以載物也，高明所以覆物也，悠久所以成物也。”乾坤生成萬物，而亦曰陽物、陰物者，陰陽亦物也。《中庸》：“其爲物不貳。”是陰陽各爲一物。《中庸》：“體物而不可遺。”是無物不有陰陽。此乾陽物、坤陰物之義也。《孟子》：“仁義禮智，人之有是四端也，猶其有是四體也。”諸卦剛柔之體，皆以乾坤之合德而成陰陽之體也。《詩》：“天作之合。”陰陽相配，故曰“合德”。《周禮》：“以陽禮教讓，以陰禮教親。”《禮記》：“天子聽男教，后聽女順。”陰陽之事皆天地之撰也。天子后妃體天地之撰，匹夫匹婦亦體天地之撰，觀於卦之剛柔而知之矣。謂之撰者，《禮記》：“撰杖屨。”撰有執持之義。《周禮》：“羣吏撰車徒。”撰有選擇之義。天地之所爲，亦如人之所爲，故曰撰也。《孝經》：“孝弟之至，通於神明。”陰陽之理皆神明之德也。觀其象，故曰“體天地之撰”；

明其義，故曰“通神明之德”。

其稱名也，雜而不越，於稽其類，其衰世之意邪？

《左傳》：“九月丁卯，子同生。公問名於申繻，對曰：‘名有五：有信，有義，有象，有類，有假。’”人之稱名，自初生始也。《儀禮·聘禮》：“不及百名書於方。”名謂文字。字之稱名，自象形始也。卦之稱名，生於陰陽，象於天地，其義亦如是也。《論語》：“名之必可言也，言之必可行也。”卦之稱名者，天文地理人事物象皆在其中，相錯雜而不相踰越，是其義也。《公羊傳》：“諸大夫皆雜然曰：‘仲氏也。’”雜者，紛煩之謂。八十四卦之義紛然各出也。《左傳》：“如農夫之有畔，無越思焉。”一卦有一卦之義，所謂“不越”也。《書》：“七、稽疑：曰卜筮。”稽類則推之以盡其餘也。《禮記》：“今人與居，古人與稽。”以今考古曰稽。《書》：“曰若稽古帝堯”，“曰若稽古帝舜”。稽古者，慕其盛。稽類者，慨其衰。《孟子》：“君子可欺以其方，難罔以非其道。”在稱名之始，理之所無，未必非事之所有。《書》：“民無或胥，譸張爲幻。”在稽類之變，今之所有則又皆古之所無。《孟子》：“世衰道微，邪說暴行有作。”故曰“衰世之意”。

夫易，彰往而察來，而微顯闡幽。開而當名辨物，正言斷辭，則備矣。

《書》：“天有顯道，厥類惟彰。”往者，天道之已然，而易有以彰之。《孟子》：“舜明於庶物，察於人倫。”來者，人事之未然，而易有以察之。《書》：“彰厥有常。”又：“嘉言孔彰。”曰彰者，所以昭其往之跡也。《中庸》：“鳶飛戾天，魚躍于淵，言其上下察也。”曰察者，所以著其來之迹也。皆事理之自然昭著者也。《禮記》：“明則有禮樂，幽則有鬼神。”顯者，人事之著也。幽者，天道之微也。《中庸》：“《詩》曰：‘不顯惟德，百辟其刑之。’《詩》云：‘予懷明德，不大聲以色。’子曰：‘聲色之於以化民，末也。’《詩》曰：‘德輶如毛，毛猶有倫。上天之載，無聲無臭。’至矣。”至顯之中寓至微之理，易有以微之也。《詩》：“潛雖伏矣，亦孔之昭。”至幽之中寓至著之象，亦易有以闡之也。《書》：“克開厥後。”開之義言萬事萬物之理自此而開。乾坤，其易之門，故以開言之也。《禮記》：“事與時並，名與功偕。”卦之名當乎陰陽，當名也。爻之事辨乎剛柔，辨物也。《論語》：“子曰：‘必也正名乎！名不正則言不順。'"《孟子》："王問臣，臣不敢不以正對。"言必以正，易之示人如是，當名所以言必正也。《周禮·地官·司徒》："凡萬民之不服教而有獄訟者，與有地治者聽而斷之。"辭之有斷，易之決疑如是，辨物所以辭必斷也。《禮記》："易抱龜南面，天子卷冕北面，雖有明知之心，必進斷其志焉，示不敢專，以尊天也。"斷辭必言其吉凶之正，此義是也。卦象爻象備乎易書之旨矣。

其稱名也小，其取類也大，其旨遠，其辭文，其言曲而中，其事肆而隱。因貳以濟民行，以明失得之報。

稱名即上文之稱名，取類即上文之稽類。《中庸》："小德川流，大德敦化。"卦爻之象，纖細無遺，分而稱之，故曰"稱名也小"。陰陽之理，觸類而通，合而取之，故曰"取類也大"。《書》："王曰：'旨哉説，乃言惟服。'"凡言之可味者曰旨。《孟子》："言近而指遠者，善言也。"深微者，其旨遠也。《孟子》："宰我、子貢，善爲説辭。"凡言之成章者曰辭。《左傳》："言者，身之文也。"昭著者其辭，文也。《左傳》："曲而有直體。"委折其辭，故曰"曲"。《論語》："夫人不言，言必有中。"是"曲而中"之義也。《詩》："肆筵設席。"《論語》："百工居肆，以成其事。"肆者，陳設之義，事理畢具，故曰"肆"。《中庸》："君子之道費而隱。"是"肆而隱"之義也。《爾雅》："貳，疑也。"易以決疑，故曰"因貳"。《詩》："上帝臨女，無貳爾心。"因事示之，故曰"以濟民行"。《禮記》："有國家者章善癉惡，以示民厚，則民不貳。"明得失以濟民行，所以使之不貳者也。《詩》："無言不讎，無德不報。"《禮記》："以德報德，以怨報怨。"此失得之報也。明乎報之不爽，則民心一矣。

右第六章。

《易》之興也，其于中古乎？作《易》者，其有憂患乎？

《左傳》："韓宣子觀《易象》，曰：'吾乃今知周公之德與周之所以王也。'"當文王、周公之時，《易》之興，是於中古也。《左傳》："紂囚文王七年。"《史記》謂"西伯拘而演《周易》"是也。《詩》："狼跋其胡，載疐其尾"，"既破我斧，又缺我斨"。是周公之有憂患也。《書》："周公居東二年。"管、蔡流言，皆憂患之實也。《孟子》："肆不殄厥愠，亦不隕厥問，文王也。憂心悄悄，愠于羣小，孔子也。"文王作《易》，有憂患；孔子作《易傳》，亦有憂患也。

《孟子》：“故天將降大任於是人也，必先苦其心志，勞其筋骨，餓其體膚，空乏其身，行拂亂其所爲，所以動心忍性，增益其所不能，然後知生於憂患而死於安樂也。”有憂患者，聖賢之所同。觀《易》之爲書，是憂患之所開者大也。《禮記》：“作者之謂聖，述者之謂明。”文王、周公繼伏羲而言作者，上古有象而無辭也。《論語》：“述而不作，信而好古。”孔子傳《易》，與作者同也。《中庸》：“素患難行乎患難。”聖人所以自盡，亦以著之於書者，吉凶與民同患也。《論語》：“德之不脩，學之不講，聞義不能徙，不善不能改，是吾憂也。”又：“不患無位，患所以立。不患莫己知，求爲可知也。”聖人不以外至者爲憂患，而以在己者爲憂患。如是，故下文舉九卦以言進德之事。

是故履，德之基也；謙，德之柄也；復，德之本也；恒，德之固也；損，德之修也；益，德之裕也；困，德之辨也；井，德之地也；巽，德之制也。

《論語》：“立於禮。”又：“不學禮，無以立。”禮者，履也。《書》：“弗棄基。”如堂構之有基也。《詩》：“温温恭人，維德之基。”《禮記》：“卑讓，德之基也。”皆以其踐履者言之。《左傳》：“禮，人之幹也。敬，身之基也。郤子無基。”此可明基之義。《詩》：“率履不越。”即象之所謂辨分而定志也，故履爲德之基。《論語》：“詩書執禮。”禮言執者，柄之義也。《禮記》：“四時以爲柄。”如器物之有柄也。《禮記》：“禮者，君之大柄也，所以別嫌明微，儐鬼神，考制度，別仁義，所以治政安君也。”皆以其措施者言之。《論語》：“能以禮讓爲國乎？何有？”即象之所謂稱物而平施也，故謙爲德之柄。《孟子》：“牛山之木嘗美矣，斧斤伐之，可以爲美乎？是其日夜之所息，雨露之所潤，非無萌蘖之生焉。”復其生機，如樹木之有本也。《孟子》：“君子必自反也。”又：“蓋亦反其本矣。”自反之義，即象之所謂閉關也，故復爲德之本。《論語》：“知及之，仁不能守之。雖得之，必失之。”德所以貴恒也。《左傳》：“信，德之固也。”信則有恒。《論語》：“君子不重則不威，學則不固。”行而有常，即象之所謂立不易方也，故恒爲德之固。《大學》：“如琢如磨者，自脩也。”去其粗以存其精，功在於損，即象之所謂懲忿窒慾也，故損爲德之修。《書》：“好問則裕。”取諸人以助諸己，效在於益，即象之所謂遷善改過也，故益爲德之裕。《論語》：

“君子固窮，小人窮斯濫矣。”操守至窮而見，即象之所謂致命遂志者也，故困爲德之辨。《孟子》：“一簞食，一豆羹，得之則生，弗得則死。嘑爾而與之，行道之人弗受；蹴爾而與之，乞人不屑也。萬鐘則不辨禮義而受之，萬鐘於我何加焉！鄉爲身死而不受，今爲宫室之美，妻妾之奉，所識窮乏者得我而爲之，此之謂失其本心。”本心，本能辨者，貧賤之時能辨，而富貴之時不能辨。困爲德之辨，此章之義深切而著明矣。《禮記》：“命有司祈祀淵澤井泉。”澤能及物，井之德也。《孟子》：“有爲者，辟若掘井。”耕田而食，鑿井而飲，地之養人，惟斯二者爲最。即象之所謂勞民勸相也，故井爲德之地。《中庸》：“溥博淵泉而時出之。”井爲德之地，此可以明其義。《書》：“以義制事，以禮制心。”皆順乎道而行之。《左傳》：“今京不度，非制也。”《孟子》：“取於民有制。”制亦所以裁正於下者，即象之所謂申命行事也，故巽爲德之制。

履和而至；謙尊而光。復小而辨於物，恒雜而不厭，損先難而後易，益長裕而不設，困窮而通，井居其所而遷，巽稱而隱。

《書》：“臯陶曰：‘亦行有九德，亦言其人有德。寬而栗，柔而立，愿而恭，亂而敬，擾而毅，直而温，簡而廉，剛而塞，彊而義。’”此章九卦言成德之事，皆所謂陰陽合德而剛柔有體者，亦如《書》之九德也。《中庸》：“喜怒哀樂發而皆中節謂之和。”和者，兑之説；至者，乾之健。此“和而至”之義也。《孟子》：“愛人者，人恒愛之。敬人者，人恒敬之。”謙者自卑而人尊之。《禮記》：“善則稱人，過則稱己，則民讓善。”讓德昭著，此“尊而光”之義也。《孟子》：“人之所以異於禽獸者幾希，庶民去之，君子存之。”存幾希者，一陽之復至微，所謂“小”也。别於禽獸者，不亂於羣陰，所謂“辨於物”也。《禮記》：“不學雜服，不能安禮。雜施而不孫，則壞亂而不脩。”日用酬酢，事端非一，必以恒者持之。《論語》：“爲之不厭。”《中庸》：“淡而不厭。”皆以其能恒也。《論語》：“克伐怨欲不行焉，可以爲難矣。”此損之難也。《論語》：“仁者先難而後獲。”克己之功，至於復禮，所以“先難而後易”也。《論語》：“日知其所亡，月無忘其所能。”此益之“長裕”者也。《孟子》：“必有事焉，而勿正，心勿忘，勿助長也。宋人有閔其苗之不長而揠之者，助苗長者也。助之長者，非徒無益，而又害之。”無所造作而自然有益，所以曰“長裕而不設”也。《孟子》：“遺佚而不怨，阨窮而不憫。”處困而亨也。《禮記》：“不隕穫於貧賤。”身窮而道通，此之謂“困而通”。《詩》：“挹彼注茲，可以濯溉。”凡水皆澤於物。天之雨露，自上而及於下。地之江河，自近而及於遠。惟井之體不動，而人皆資之。“居其所而遷”之義也。《孟子》：“權然後知輕重，物皆然，心爲甚。”稱物在心，是以爲隱。《爾雅》：“隱，占也。”隱度之意，非有形迹可見，是“稱而隱”之義也。

履以和行，謙以制禮，復以自知，恒以一德，損以遠害，益以興利，困以寡怨，井以辨義，巽以行權。

上節言九德之體，此節言九德之用。《論語》：“視其所以。”此“以”字之義也。《論語》：“禮之用，和爲貴。先王之道，斯爲美。小大由之。知和而和，不以禮節之，亦不可行也。”《禮記》：“夫肅肅，敬也；雍雍，和也。夫敬以和，何事不行？”故曰“履以和行”。《禮記》：“王者治定制禮。”《中庸》：“雖有其位，苟無其德，不敢作禮樂焉。雖有其德，苟無其位，亦不敢作禮樂焉。”故曰“謙以制禮”。《大學》：“所謂誠其意者，毋自欺也，如惡惡臭，如好好色，故君子必慎其獨也。”有未嘗不知，知未嘗復行，故曰“復以自知”。《詩》：“女也不爽，士貳其行。士也罔極，二三其德。”所謂“婦人吉，夫子凶”者，男不如女之一也。《書》：“終始惟一，時乃日新。”故曰“恒以一德”。《孟子》：“人能無以飢渴之害爲心害，則不及人，不爲憂矣。”遠己之害也。《周禮》：“能禦大災則祀之，能捍大患則祀之。”遠天下之害也，故曰“損以遠害”。《論語》：“知者利仁。”《中庸》：“或利而行之。”興己之利也。《論語》：“先之勞之。請益。曰：‘無倦。’”興天下之利也，故曰“益以興利”。《中庸》：“正己而不求於人則無怨。上不怨天，下不尤人。”故曰“困以寡怨”。《論語》：“貧而無怨難。”又：“躬自厚而薄責於人，則遠怨矣。”困而自反，亦有以處人也。《大學》：“安而後能慮。”“辨義”之謂也。《孟子》：“經界不正，井地不均，穀禄不平。”井者，所以分野以區畫爲義，故曰“井以辨義”。《孟子》：“執中無權，猶執一也。”故曰“巽以行權”。《公羊傳》：“古人之有權者，祭仲是也。權者何？權者反於經，然後有善者也。行權有道，自貶損以行權，不害人以行權。”祭仲非知權者，其言行權之道，則有合於巽之旨也。《左傳》："始基之矣。"履者，德之基，所以立其始。《論語》："君子義以爲質，禮以行之，孫以出之，信以成之。"巽者，德之制，所以成其終。《論語》："可與共學，未可與適道。可與適道，未可與立。可與立，未可與權。"自"履以和行"至"巽以行權"，舉九卦而聖學之始終具焉。全易之道皆可推矣。九德皆言文王處憂患之事。《詩》："雝雝在宫，肅肅在廟。"文王之"履以和行，謙以制禮"也。《詩》："不聞亦式，不諫亦入。"文王之"復以自知"也。《詩》："無然畔援，無然歆羨。"文王之"恒以一德"也。《詩》："追琢其章，金玉其相。"文王自修之德，所以損益者也。《孟子》："文王親民如傷。"《詩》："築城伊淢，作豐伊匹。匪棘其欲，遹追來孝。"文王愛民之德，使之遠害而興利也。《論語》："以服事殷。"文王之"困以寡怨"也。《詩》："虞芮質厥成。"文王之"井以辨義"也。《孟子》："文王事昆夷。"文王之"巽以行權"也。九"以"字即《明夷·彖傳》"内文明而外柔順，以蒙大難，文王以之"者，聖人特舉之以示學《易》者之要也。

右第七章。

《易》之爲書也不可遠，爲道也屢遷，變動不居，周流六虚，上下无常，剛柔相易，不可爲典要，唯變所適。

《中庸》："道不遠人。人之爲道而遠人，不可以爲道。""《易》之爲書不可遠"，亦以其道言之也。《禮記》："安安而能遷。"義理之無窮，如居處之無定也，故曰"屢遷"。《論語》："仰之彌高，鑽之彌堅。瞻之在前，忽焉在後。"故曰"變動不居"。《禮記》："周流無不徧也。"周言其不虧，流言其不滯。陰陽之義流行於六爻之位象如此也。易之變動在六位，六爻本實而曰虚者，爻無定位，虚以待用。《大學》："所惡於上，毋以使下；所惡於下，毋以事上；所惡於前，毋以先後；所惡於後，毋以從前；所惡於右，毋以交於左；所惡於左，毋以交於右。"上下左右前後無定位，而設言以明之，此六虚之義也。《禮記》："虚中以治之，慮事不可以不豫。"六位本無定體，占者亦無成見，虚以待變動之事也。《詩》："天命靡常。"卦體之上下不定，所以无常。《國語》："天所崇之，子孫或在畎畝。畎畝之人，或在社稷。"此人事之上下无常者，如卦之損下益上、損上益下者皆是。《孟子》："易地則皆然。"剛柔之互交，其位所以相易。

《詩》："柔亦不茹，剛亦不吐。不侮鰥寡，不畏彊禦。"此人事之剛柔相易者，如卦之柔來文剛、剛上文柔者皆是。《書》："有典有則。"如册之有典。《書》："辭尚體要。"如體之有要。无常則不可爲典，相易則不可爲要也。《論語》："無適也，無莫也，義之與比。"《孟子》："言不必信，行不必果，惟義所在。""惟變所適"之義也。

其出入以度，外内使知懼。

《禮記》："入境而問禁，入國而問俗，入門而問諱。"又："入虛如有人。"此皆入之度也。《論語》："出門如見大賓。"此亦出之度也。《禮記》："大夫士出入君門，由闑右，不踐閾。"又："内言不出於梱，外言不入於梱。"在上在下皆有出入之度，卦象本之人事也。《左傳》："進退有度。"出入之度也。《中庸》："戒慎乎其所不覩，恐懼乎其所不聞。"外内之知懼也。《書》："嚴恭寅畏，天命自度，治民祇懼。""以度"即知懼之本。《孟子》："入則無法家拂士，出則無敵國外患者，國恒亡。"此可見出入而外内知懼者。外内出入即爻象之往來。以之、使之者，易之爲道也。

又明於憂患與故，无有師保，如臨父母。

《孟子》："舜爲法于天下，可傳於後世，我猶未免爲鄉人也，則是可憂也。"是當憂者也。《論語》："不患人之不己知，患不知人也。"《左傳》："非無賄之患，而無令名之難。"是當患者也。《左傳》："自非聖人，外寧必有内憂。"《孟子》："言人之不善，當如後患何?"若此者皆所謂憂患之故也。知懼非徒懼也，故曰"又明于憂患與故"。憂患與故，易之爲書皆有以明之也。《禮記》："入則有保，出則有師。師也者，教之以事而喻諸德者也。保也者，慎其身以輔翼之而歸諸道也。"此師保之義也。《詩》："不顯亦臨，無射亦保。"此不待師保之義，所謂"无有師保"也。《禮記》："壹出言而不敢忘父母，壹舉足而不敢忘父母。"此無忘父母之義，所謂"如臨父母"也。《左傳》："民生於三事之如一。"無往而不知懼，此"无有師保，如臨父母"之義也。《孟子》："夫道若大路然，子歸而求之有餘師。"知懼者能自得師矣。《詩》："夙興夜寐，無忝爾所生。"知懼者全受全歸矣。

初率其辭而揆其方，既有典常。苟非其人，道不虛行。

《爾雅》：“率，循也。”《詩》：“率由舊章。”《書》：“率循大卞。”皆率循之義也。《孟子》：“上無道揆也。”又：“先聖後聖，其揆一也。”皆揆度之義也。《中庸》：“率性之謂道，修道之謂教。”“初率其辭”者，循乎道也。《論語》：“能近取譬，可謂仁之方也。”已而“揆其方”者，知所向也。《書》：“其爾典常作之師。”不易之理也。“苟非其人，道不虚行”者，《中庸》：“苟不至德，至道不凝焉，待其人而後行。”是其義也。曰“不可爲典要”者，變易也。曰“既有典常”者，不易也。皆所以明易書之義也。

右第八章。

《易》之爲書也，原始要終以爲質也。六爻相雜，唯其時物也。

《禮記》：“或源也，或委也，此之謂務本。”所謂“原始要終”也。《孟子》：“原泉混混，有本者如是。”原者，水泉之本，故曰“原始”。《周禮》：“月終則令正月要。”要者，總計其數也，故曰“要終”。《禮記》：“黑黄蒼赤，莫不質良。”質言其正體也。《禮記》：“五味六和十二食還相爲質也，五色六章十二衣還相爲質也。”“原始要終以爲質”者，言一卦之成體皆陰陽之還爲質也。《周禮》：“雜四時五色之位以章之。”爻之相錯，亦相雜之義也。《論語》：“四時行焉，百物生焉。”時物皆天之道。爻之各當其時，各主其事，義即取之，所謂“惟其時物也”。

其初難知，其上易知，本末也。初辭擬之，卒成之終。

《論語》：“子游曰：‘子夏之門人小子，當洒掃應對進退則可矣。抑末也。本之則無如之何。”子夏曰：‘君子之道，孰先傳焉？孰後倦焉？譬諸草木，區以别矣。有始有卒者，其惟聖人乎？’”爻之初爲本，爻之上爲末。本如木之根荄，故難知。末如木之枝葉，故易知。如乾之初，潛龍也；乾之上，亢龍也。有悔之義，即存於勿用之時矣。坤之初，履霜也；坤之上，龍戰也。戰野之義，即寓於堅冰之始矣。初擬卒成，非聖人而能之之乎？知進退存亡於《乾》之《文言》繫之者，六十四卦皆可以此類之矣。《大學》：“物有本末，事有終始。知所先後，則近道矣。”觀爲學者本末初終先後之序，亦可以見易爻上下之義。初與終對，《坤》用六象曰“以大終也”；上與下對，《乾》初九象曰“陽在下也”。蓋互明之。

若夫雜物撰德，辨是與非，則非其中爻不備。

《論語》：“異乎三子者之撰。”如兵農禮樂各有其具，即所謂撰德者也。《禮記·雜記》一篇。事非一類，以雜名篇。易象之無物不有，即所謂“雜物撰德”者也。自一身之義言之。《禮記》：“人生十年曰幼，學。六十曰老，而傳。七十曰耆，指使。八十九十曰耄。此初、上也。二十曰弱冠。三十曰壯，有室。四十曰强，而仕。五十曰艾，服官政。”此其中有爲之時也。自天下之義言之。《孟子》：“庶人不傳質爲臣。”又：“孟子致爲臣而歸。此初、上也。君一位，卿一位，大夫一位，上士一位，中士一位，下士一位。”此其中有爲之位也。《中庸》：“序爵所以辨貴賤也，序事所以辨賢也。”或當位，或不當位，亦以時物言之，所以辨是與非也。德位分而是非定，故非其中爻不備。

噫！亦要存亡吉凶，則居可知矣。知者觀其彖辭，則思過半矣。

《論語》：“久要不忘生平之言。”要者，約信之言。存亡吉凶盡於彖之大旨，故曰要。《孟子》：“千歲之日，至可坐而致也。”是即“居可知”之謂也。《孟子》：“故事半古之人，功必倍之。”彖辭統六爻之全。六爻雖各立其義，而彖實有以包之，故曰“思過半”也。《禮記》：“惟斆學半。”書之義得其半，占者之義得其半，所謂觀象而思過半者與？

二與四，同功而異位，其善不同。二多譽，四多懼，近也。柔之爲道，不利遠者，其要无咎，其用柔中也。

《詩》：“我雖異事，及爾同僚。”二四三五之同功皆陰陽之義同也。異位者，皆遠近之位異也。《詩》：“在彼無惡，在此無射。庶幾夙夜，以永終譽。”二五有相應之美，故曰“多譽”。《詩》：“温温恭人，如集于木。惴惴小心，如臨于谷。”四五有相逼之嫌，故曰“多懼”。懼與譽皆美德，故曰其善不同也。《禮記》：“敬老爲其近於親也，敬長爲其近於兄也。”四爲大臣之位，近於君者，此近之義也。《禮記》：“不敢以其戚戚君位也。”親則近君，君臣之義近，君則當爲君屈也。《左傳》：“親以寵逼，猶尚害之。”此懼之由於近也。《孟子》：“泄柳、申詳無人乎繆公之側，則不能安其身。”柔之爲道，不利遠者也。《禮記》：“管仲鏤簋朱紘，旅樹反坫，難爲上矣。”《左傳》：“齊桓公曰：‘天威不違顔咫尺，敢隕越於下，以貽天子羞？’下拜，登受。”知此則知柔中之无咎。

三與五，同功而異位，三多凶，五多功，貴賤之等也。其柔危，其剛勝邪？

《左傳》："作凶事爲凶人。不助天，其助凶人乎？"三處下卦之極，其剛太過，所以多凶也。《禮記》："堯、舜、禹、湯、文王、武王，此皆有功烈於民者也。"五處上卦之中，其剛得中，所以多功也。《孟子》："天子：公、侯、伯、子、男凡五等，君、卿、大夫、上士、中士、下士凡六等。"貴賤之等以異位而言也。三，臣位，以柔居剛則危。五，君位，以剛臨柔則勝。《孟子》："天下有道，小德役大德，小賢役大賢。天下無道，小役大，弱役强。斯二者，天也。順天者存，逆天者亡。"陽大而陰小，陽强而陰弱，此即柔危剛勝之義也。

右第九章。

《易》之爲書也，廣大悉備，有天道焉，有人道焉，有地道焉。兼三才而兩之，故六。六者，非他也，三才之道也。

廣生者地，大生者天，故曰"悉備"。《孟子》："萬物皆備於我矣。"天地之道皆備於人。《易》之爲書，所以兼三才之道也。《孟子》："禹惡旨酒，而好善言。湯執中，立賢無方。文王視民如傷，望道而未之見。武王不泄邇，不忘遠。周公思兼三王，以施四事。"又："宰我、子貢善爲説辭，冉牛、閔子、顔淵善言德行。孔子兼之。"備者，道之本然，合天地人之體也。兼者，道之當然，合天地人之用也。《孟子》："若夫爲不善，非才之罪也。"人以知覺運動爲才，天地以生成化育爲才，故天道、地道、人道爲三才也。人與天地並爲三者，《孝經》"天地之性，人爲貴"是也。《周書》："天道尚右，地道尚左，人道尚中。"《乾·文言》曰"上不在天，下不在地，中不在人"，此六爻之所以取象於三才也。《周禮·天官·大宰》："以九兩繫邦國之民。"《注》："兩猶耦也。"三才各有兩。"兼三才而兩之"者，即天之陰陽、地之柔剛、人之仁義也。

道有變動，故曰爻。爻有等，故曰物。物相雜，故曰文。文不當，故吉凶生焉。

《左傳》："天有六氣：陰、陽、風、雨、晦、明。"《禮記》："天有四時：春、夏、秋、冬。"天道之有變動也。《禮記》："寒煖燥濕，廣谷大川異制。"地道之有變動也。《禮記》："何謂人情？喜怒哀懼愛惡欲。"人道之有變動也。聖人設爻以效三者之變動，承天道、地道、人道而言也，故曰爻。《中庸》：

“親親之殺，尊賢之等。”《左傳》：“明貴賤，辨等列。”爻有等者，上下貴賤之等也。《周禮·天官·大宰》：“九曰物貢。”品之雜者。《周禮·地官·大司徒》：“以鄉三物教萬民而賓興之。”事之分者，聖人因爻以明萬物之等，皆三才之道也，故曰物。《國語》：“物一無文。”故相雜爲文。《周禮》：“畫繢之事，雜五色，青與白相次也，赤與黑相次也，玄與黄相次也。青與赤謂之文，赤與黑謂之章，白與黑謂之黼，黑與青謂之黻，五采備謂之繡。”“物相雜，故曰文”，此之謂也。《詩》：“知子之來之，雜佩以贈之。知子之順之，雜佩以問之。知子之好之，雜佩以報之。”皆物相雜而成文者也。爻之文，陰陽剛柔交錯之文也，故曰“物相雜”。《國語》：“夫宰非福，非德不當。”言德必當其位也。《左傳》：“‘元亨利貞’，穆姜筮之而死。‘黄裳元吉’，南蒯筮之而敗。”是所謂“文不當，而吉凶生”者。易凡曰位正當、位不當者，皆類是矣。

右第十章。

易之興也，其當殷之末世，周之盛德邪？當文王與紂之事邪？是故其辭危。危者使平，易者使傾，其道甚大，百物不廢，懼以終始。其要无咎，此之謂易之道也。

《論語》：“三分天下有其二，以服事殷。周之德，其可謂至德也已矣。”文王率商之叛國以事紂，易之興也當其時。“殷之末世，周之盛德”，此其義也。《書》：“西伯既戡黎，祖伊恐，奔告于王曰：‘天既訖我殷命。’”是當“殷之末世”也。《詩》：“文王曰咨，咨女殷商。匪上帝不時，殷不用舊。雖無老成人，尚有典刑。曾是莫聽，大命以傾。人亦有言：顛沛之揭，枝葉未有害，本實先撥。殷鑒不遠，在夏后之世。”文王與紂之事，此詩言之至詳且盡。言天命之靡常，正以見天道之可畏。不但夏當監，殷又當監也。其辭之危，於此可見矣。《詩》：“維此文王，小心翼翼，昭事上帝。”“其辭危”之義也。《中庸》：“栽者培之，傾者覆之。”即“危使平，易使傾”之義也。《泰》之三曰“无平不陂，无往不復”，“危使平”也。《明夷》之上曰“初登于天，後入于地”，“易使傾”也。《書》：“殖有禮，覆昏暴。欽崇天道，永保天命。”天道之自然，若或使之也。《孟子》：“國家閒暇，及是時，明其政刑。雖大國，必畏之矣。今國家閒暇，般樂怠敖，是自求禍也。禍福無不自己求之者。《詩》云：

'永言配命，自求多福。'"使平者即危使之，使傾者即易使之。其辭危之旨如是。《禮記》："有其舉之，莫敢廢也。""百物不廢"，以見其道之甚大也。《孟子》："所惡執一者，爲其賊道也，舉一而廢百也。"舉一而不執一，易道之大如是，所以曰"百物不廢"。《孟子》："孔子懼，作《春秋》。孔子成《春秋》而亂臣賊子懼。"《春秋》之書，以懼始，以懼終。懼之始，使人防微杜漸。懼之終，使人保泰持盈。所謂"其要无咎"也。《易》之爲道，其即《春秋》之旨乎？《孟子》："待文王而後興者，凡民也。若夫豪傑之士，雖無文王猶興。"《易》之爲書，聞天道而興也。師文王者，聞聖道而興也。學《易》者可以思其故矣。

右第十一章。

夫乾，天下之至健也，德行恒易以知險。夫坤，天下之至順也，德行恒簡以知阻。

"天下之至健""天下之至順"，猶《中庸》"惟天下至誠""惟天下至聖"，以聖人之體健順者言也。《爾雅》："阻，艱難也。"險者有所陷，阻者有所壅。《書》："下民昏墊，有能俾乂。"所謂"知險"也。《書》："黎民阻飢，汝后稷播時百穀。"所謂"知阻"也。《孟子》："當堯之時，洪水横流，使禹治之。險阻既遠，鳥獸之害人者消，然後人得平土而居之。"堯、舜有至健至順之德，是以能知險知阻而平成天地也。《論語》："大哉，堯之爲君也！蕩蕩乎，民無能名焉！"又："無爲而治者，其舜也與？恭己正南面而已矣。"此德之恒易、恒簡者也。人亦有體乎乾坤者，《禮記》："孝子不登高，不臨深。"乾之知險，自上而下也。《詩》："溯洄從之，道阻且躋。"坤之知阻，自下而上也。《中庸》："君子居易以俟命，小人行險以徼幸。""德行恒易以知險"，此之謂矣。《詩》："雄雉于飛，泄泄其羽。我之懷矣，自詒伊阻。百爾君子，不知德行。不忮不求，何用不臧？""德行恒簡以知阻"，此之謂矣。

能説諸心，能研諸侯之慮，定天下之吉凶，成天下之亹亹者。

《論語》："於吾言無所不説。""能悦諸心"者也。《大學》："安而後能慮，慮而後能得。""能研諸慮"者也。《論語》："巽與之言，能無説乎？繹之爲貴。"故説諸心者又必研諸慮也。《禮記》："相説以解。"説心則能定天下之吉凶矣。《書》："弗慮胡獲？弗爲胡成？"研慮則能成天下之亹亹矣。《周禮》：

“冬遇以協諸侯之慮。”言合其慮之異同。諸侯之慮可引之以備一説。《書》：“有言逆于汝心，必求諸道。有言遜于汝志，必求諸非道。”所以研諸慮者，以道爲衡，正恐其徒説于心也。下言百姓與能，則能説能研，言聖人之成能也，是以言諸侯之慮。

是故變化云爲，吉事有祥，象事知器，占事知來。

變化謂天道，云爲謂人事。《左傳》：“三云，叔向不應。”《孟子》：“有爲者亦若是。”云者，言也。爲者，行也。《左傳》：“天道遠而人道邇。”人事皆本於天道也。“吉事有祥”者，《書》：“枚卜功臣，惟吉之從。”又：“朕夢協朕卜，襲于休祥。”祥者，事之將然，有其兆者也。專言吉者，猶言吉之先見，聖人之教也。“象事知器”者，《書》：“在璿璣玉衡，以齊七政。”觀天之器。《周禮·地官·大司徒》：“以土圭之灋測土深，正日景以求地中。”測地之器。器者，事之已然，有其迹者也。“占事知來”者，《詩》：“卜筮偕止，會言近止，征夫邇止。”來者，事之未然，有其驗者也。

天地設位，聖人成能，人謀鬼謀，百姓與能。

《中庸》：“惟天下至誠，爲能盡其性。能盡其性，則能盡人之性。能盡人之性，則能盡物之性。能盡物之性，則可以贊天地之化育，可以與天地參矣。”是所謂“天地設位”而“聖人成能”也。《書》：“朕志先定，詢謀僉同。鬼神其依，龜筮協從。”是人謀、鬼謀之義也。《書》：“謀及乃心，謀及卿士，謀及卜筮，謀及庶人。”是所謂“人謀鬼謀”而“百姓與能”也。《中庸》：“夫婦之愚，可以與知焉。及其至也，雖聖人亦有所不知焉。夫婦之不肖，可以能行焉。及其至也，雖聖人亦有所不能焉。”至順至健，聖人之成能也。變化云爲，百姓之與能也。聖人作《易》，以成天地之能。百姓亦可即《易》以與聖人之能，皆造化之功用而已。

八卦以象告，爻彖以情言，剛柔雜居而吉凶可見矣。

《詩》：“我龜既厭，不我告猷。”卦以象示人，故曰“八卦以象告”也。《禮記》：“喜怒哀懼愛惡欲七者，謂之人情。”爻彖以言諭人，故曰“爻彖以情言”也。居如《書》“五宅三居”之居。剛柔相間曰雜居，故曰“吉凶可見”。上言“變動不居”，此言“剛柔雜居”者，雜居，剛柔參錯之體；不居，易爻變通之用也。

變動以利言，吉凶以情遷，是故愛惡相攻而吉凶生，遠近相取而悔吝

生，情僞相感而利害生。凡易之情，近而不相得則凶，或害之，悔且吝。

《周禮》："以爲利轉也。"爻之變動，取其善轉。此"以利言"之義也。《書》："惟民生厚，因物有遷。"爻之吉凶，隨其所適。此"以情遷"之義也。《大學》："好而知其惡、惡而知其美者，天下鮮矣。"愛惡之相反也。《論語》："愛之欲其生，惡之欲其死。"所謂"愛惡相攻"也。《書》："左不攻于左，右不攻于右。"攻者，擊伐之名。愛惡以情言之，故曰"相攻"。爻之情有同異，則吉凶生。《中庸》："《詩》云：'在彼無惡，在此無射。'遠之則有望，近之則不厭。"所謂"遠近相取"也。《詩》："如酌孔取。"《禮記》："力行以待取。"取者，求索之名。遠近以地言之，故曰"相取"。爻之位有遠近，則悔吝生。《禮記》："易之失賊。"相攻相取，即賊之爲義也。《周禮》："以五禮防萬民之僞而教之，中以六樂防萬民之情而教之和。"僞者，外有所爲，喪其天真。情者，中有所感，離其天性。是所謂"情僞相感"者也。《禮記》："感於物而動，性之欲也。"感者，觸發之意。情僞以私言之，故曰"相感"。爻之德有善否，則利害生。《禮記》："陰陽相得。"相合則相得，相敵則不相得，陰陽之情也。近而不相得者以此。曰凡易之情，總乎愛惡遠近情僞而言之也。《左傳》："親以寵逼，猶尚害之。""近不相得"之害也。

將叛者其辭慙，中心疑者其辭枝，吉人之辭寡，躁人之辭多，誣善之人其辭游，失其守者其辭屈。

《論語》："君子博學於文，約之以禮，亦可以弗畔矣夫。"叛者，背於道也。《論語》："季氏將伐顓臾。冉有曰：'固而近於費。今不取，後世必爲子孫憂。'子曰：'君子疾夫舍曰欲之而必爲之辭。'"《孟子》："燕人畔。齊宣王曰：'吾甚慚於孟子。'陳賈請見而解之。孟子曰：'今之君子，過則順之。豈徒順之，又從而爲之辭。'"此皆違道而飾非者，故曰"將叛者其辭慙"也。《禮記》："言有枝葉。"辭之支離者也。《孟子》："滕文公爲世子，見孟子。孟子道性善，言必稱堯舜。世子復見孟子。孟子曰：'世子疑吾言乎？夫道一而已矣。'"道一則無疑，枝則言之無本者也，故曰"中心疑者其辭枝"。《詩》："藹藹王多吉人。"吉人，爲善之人也。《論語》："夫人不言，言必有中。"《禮記》："不辭費。"是"吉人之辭寡"也。《論語》："言未及之而言，謂之躁。”是躁人也。《論語》：“司馬牛問仁。子曰：‘仁者，其言也訒。’”爲躁者言之也。《書》：“惟截截善諞。”言是“躁人之辭多”也。《禮記》：“大人不倡游言。”《書》：“汝曷弗告朕而胥動以浮言?”皆所謂“其辭游”也。《書》：“管叔及其羣弟乃流言于國，曰公將不利於孺子。”是誣善之人也。《詩》：“彼譖人者，亦已大甚。豈弟君子，無信讒言。”變亂無當，故曰“誣善之人其辭游”。《左傳》：“單子會韓宣子於戚，視下言徐。叔向曰：‘單子視不登帶，言不過步，無守氣矣。’”“失其守”之謂也。《孟子》：“告子曰：‘性，猶杞柳也。’孟子曰：‘子能順杞柳之性而以爲桮棬乎?’告子曰：‘性，猶湍水也。’孟子曰：‘水信無分於東西，無分於上下乎?’告子曰：‘生之謂性。’孟子曰：‘犬之性猶牛之性，牛之性猶人之性與?’”其辭之屈，中無定守也。《孟子》：“威武不能屈。”又：“說大人則藐之，勿視其巍巍然。”此則不失其守者也，故曰“失其守者其辭屈”。《孟子》：“何謂知言?曰：‘詖辭知其所蔽，淫辭知其所陷，邪辭知其所離，遁辭知其所窮。’”蔽近於枝，陷近於游，離則叛而有慙，遁則屈而失守。總皆躁之多，而非吉之寡也。孟子之知言，亦盡乎易之情狀矣。此即人之辭以情遷者，以明卦爻之辭以情遷，亦吉一而凶悔吝三之義也。

右第十二章。

【校記】

〔1〕取法五行更王，《孔子家語·五帝第二十四》作“取法五行，五行更王”。

〔2〕“凡賣價者”句，《周禮》作“凡賣價者質劑焉，大市以質，小市以劑。掌稽市之書契，同其度量，壹其淳制”。

〔3〕老，《孟子·梁惠王上》作“七十”。

〔4〕芻，疑當作“楚”。按：《詩經·唐風·綢繆》：“綢繆束薪，三星在天。今夕何夕，見此良人?子兮子兮，如此良人何?綢繆束芻，三星在隅。今夕何夕，見此邂逅?子兮子兮，如此邂逅何?綢繆束楚，三星在户。今夕何夕，見此粲者?”

〔5〕顙，《孔子家語·本命解第二十六》作“顋”。

周易引經通釋卷九

黄岡李鈞簡輯註　男澍滋校字

説卦傳

昔者聖人之作《易》也，幽贊於神明而生蓍，

《中庸》："贊天地之化育。"是聖人之贊於神明也。《禮記》："齊者，精明之至也，然後可以交於神明也。"聖人之精明與神明通，此"幽贊"之義也。《儀禮》："冠禮。筮于庿門。主人玄冠朝服緇帶素韠，即位于門東，西面。筮人執筴抽上韇，受命于主人。宰自右少退，贊命。"贊者，所以傳賓主之命。神明不與人接，聖人立蓍以傳命，是以謂之"幽贊"。《周禮·簭人》："凡國之大事，先簭而後卜。上春相簭，凡國事共簭。"《注》："相簭謂選擇其蓍，除舊布新。"此即"幽贊生蓍"之義也。《禮記》："其曰明器，神明之也。"器本常物而用之鬼神則明，蓍亦草類而用之占筮則神，是聖人有以贊之也。蓋言蓍之所以神者，故曰"生蓍"。《書》："龜從筮逆，作内吉，作外凶。"《左傳》："筮短龜長，不如從長。"是龜重而蓍輕也。《禮記》："國君有守龜。"又："家不寶龜。"是龜少而蓍多也，故大衍專以蓍言。《古歸藏·本蓍篇》："蓍末大於本爲上吉，五筮之神明皆聚焉。""贊神明而生蓍"，亦即其義。《論語》："子曰：'臧文仲居蔡，何如其知也？'"又曰："'不恒其德，或承之羞'，不占而已矣。"夫子之言龜爲虚器，占有實辭，其意可見。古者國重守龜，臣下多以筮占，後世傳蓍而不傳龜，其以此與？

參天兩地而倚數，

《大戴禮》："人有中曰參，無中曰兩。"參者，參其一陽而爲三。兩者，兩其一陰而爲二。是數之始也。天之生數，三一三五是也。參其三爲九，陽之數也。地之生數，二二四是也。兩其二爲六，陰之數也。推之以至於無窮。生生之謂易，皆數之所爲也。《周禮》："男子三十而娶，女子二十而嫁。"《注》：言象天地承覆之數。即"参天兩地"之義也。《周禮·疾醫》："兩之以九竅之變，參之以九藏之動。"兩參者，驗陰陽之脉侯。人身之與天地一也，故曰"参天兩地"。《中庸》："知天地之化育，夫焉有所倚?"天地無所倚於物數，則倚天地而生也。《左傳》："龜，象也。蓍，數也。"故"生蓍"而繼之曰"倚數"也。《周禮》："六藝：禮、樂、射、御、書、數。"數者，九數，方田、粟米、差分、少廣、商功、均輸、方程、贏不足、旁要是也。規矩、準繩、權量、度衡，天下萬事萬物無有不本於數者，實皆本於天地也。曰"参天兩地而倚數"，而易之義無不包矣。

觀變于陰陽而立卦，發揮于剛柔而生爻，和順于道德而理於義，窮理盡性以至于命。

凡卦皆自乾坤而變，《賁》之彖曰"觀乎天文以察時變"，而六十四卦之變視此矣，故曰"觀變于陰陽而立卦"。凡爻皆由剛柔而分，《乾》之彖曰"六爻發揮，旁通情也"，而三百八十四爻之情視此矣，故曰"發揮于剛柔而生爻"。下章"六畫成卦，六位成章"申明立卦生爻之義。《禮記》："樂極和，禮極順，内和而外順。""和順于道德"之謂也。《孟子》："始條理者，智之事也。終條理者，聖之事也。""理於義"之謂也。《乾》之彖曰："乾道變化，各正性命，保合大和。"《坤·文言》曰："君子黄中通理，美在其中，而暢于四支，發于事業。"所謂"和順于道德而理於義"，皆本乎乾元、坤元者也。《大學》："物格而后知至，知至而后意誠。"所以窮理者也。《中庸》："天命之謂性，率性之謂道，修道之謂教。"所以盡性者也。《孟子》："盡其心者，知其性也。知其性，則知天矣。存其心，養其性，所以事天也。殀壽不貳，修身以俟之，所以立命也。"此"窮理盡性以至于命"也。聖人作《易》之極功，皆聖人傳心之本旨。所謂五經之源者在是，故曰《易》非僅卜筮之書也。

右第一章。

昔者聖人之作《易》也，將以順性命之理。是以立天之道曰陰與陽，立地之道曰柔與剛，立人之道曰仁與義。兼三才而兩之，故易六畫而成卦，分陰分陽，迭用柔剛，故易六位而成章。

《詩》：“自古在昔，先民有作。”曰“昔者”，以明其所自始也。《家語》：“分於道謂之命，形於一謂之性。”此性命之理也。《左傳》：“民受天地之中以生，所謂命也。”此“順性命”之義也。《左傳》：“國於天地，有與立也。”是以天地人之道皆曰立。《左傳》：“天有六氣：陰、陽、風、雨、晦、明。”天道曰陰陽，以氣言之也。《禮記》：“廣谷大川異制，民生其間者異俗，剛柔輕重遲速異齊。”地道曰剛柔，以質言之也。《周禮》：“仲冬斬陽木，仲夏斬陰木。”木在地，而陰陽以冬夏言之，天道也。《禮記》：“外事用剛日，内事用柔日。”日在天，而剛柔以外内言之，地道也。《中庸》：“仁者，人也。親親爲大。義者，宜也。尊賢爲大。”人道曰仁義，以德言之也。《禮記》：“毋變天之道，毋絶地之理，毋亂人之紀。”即謂陰陽、剛柔、仁義也。《孝經》：“夫孝，天之經也，地之義也，民之行也。”此三才之義也。《禮記》：“先王本之情性，稽之度數，制之禮義，使之陽而不散，陰而不密，剛氣不怒，柔氣不懾，四暢交於中而發作於外，皆安其位而不相奪也。”此聖人所以“兼三才而兩之”也。《爾雅》：“畫，形也。”六畫之卦，三才之形也。《儀禮》：“大夫布侯，畫以虎豹。士布侯，畫以鹿豕。”畫者顯有其象，易之取諸物者皆是也。《左傳》：“芒芒禹跡，畫爲九州。”畫者各有其界，易之存乎位者皆是也，故曰“六畫而成卦”。《禮記》：“天子理陽道，后治陰德。”位之陰陽相爲對待而分也。《爾雅》：“律謂之分。”此可以見分陰分陽之義。《書》：“彊弗友剛克，燮友柔克。沈潛剛克，高明柔克。”爻之剛柔相爲更迭而用也。《詩》：“日居月諸，胡迭而微。”《孟子》：“舜尚見帝，帝館甥于貳室，亦饗舜，迭爲賓主。”此可以見“迭用柔剛”之義。《周禮》：“赤與白謂之章。”六位之相間，如五色之相交也，故曰“六位而成章”。

右第一章。

天地定位，山澤通氣，雷風相薄，水火不相射，八卦相錯。

此對待八卦方位，所謂體也。《中庸》：“致中和，天地位焉，萬物育焉。今夫天，萬物覆焉。今夫地，萬物載焉。”故曰“天地定位”。《國語》：“山，土之聚也。藪，物之歸也。川，氣之導也。澤，水之鍾也。夫天地成而聚於高，歸物於下，疏爲川谷以導其氣，陂塘污庳以鍾其美。是故聚而不阤，崩而物有所歸；氣不沈滯，而亦不散越。”此“山澤通氣”之義也。《禮記》：“天降時雨，山川出雲。”澤氣通於山也。《書》：“嶓冢導漾。岷山導江。”山氣通於澤也。《書》：“大雷電以風。”相薄皆有聲，以助其勢也。《左傳》：“薄而觀之。”相迫之義，故曰“雷風相薄”。《左傳》：“火，水妃也。水，火之牡也。”水火相反而有相合之情。《詩》：“在此無射。”不厭之義，故曰“水火不相射”。《中庸》：“如四時之錯行。”八卦交錯而成六十四卦曰相錯，天地交曰泰，天地不交曰否，男下女曰咸，下益上曰損，剛上柔下曰恒，天施地生曰益，水在火上曰既濟，火在水上曰未濟，即八卦相錯之義，而可以類推矣。《禮記》：“郊之祭也，兆於南郊，就陽位也。”案：圜丘祭天南郊，方澤祭地北郊，此乾南、坤北之義也。《禮記》：“祭日於東，祭月於西，以別外内，以端其位。”此離東、坎西之義也。《中庸》：“載華嶽而不重，振河海而不洩。”西北高而多山，舉華嶽以言之。東南下而多澤，舉河之歸海以言之。此艮西北、兑東南之義也。《爾雅》：“疾雷爲霆霓。”雷之奮起，自地而出，故依乎坤。《爾雅》：“焚輪謂之頹，扶摇謂之猋。”風之飄散，自天而行，故依乎乾。此震東北、巽西南之義也。此八卦之體也。

數往者順，知來者逆，是故易，逆數也。

《左傳》：“數典而忘其祖。”《禮記》：“遽數之不能終其物，悉數之乃留。”“數往”者，指已往之迹，有明驗者，故曰順。《論語》：“告諸往而知來者。”“知來”者，指未言之理，是在後者，故曰逆。《論語》：“子張問：‘十世可知也？’子曰：‘殷因於夏禮，所損益可知也；周因於殷禮，所損益可知也；其或繼周者，雖百世可知也。’”前之可知者，數往之順也；後之可知者，知來之逆也。前之可數者順，後之可知亦如前之可數，故曰“逆數也”。《孟子》：“以意逆志，是爲得之。”即逆數之謂。《孟子》：“天之高也，星辰之遠也，苟求其故，千歲之日，至可坐而致也。”以天文言之，日月星辰之次，春夏秋冬之序，知來者皆可數也。《周禮・大司徒》：“以天下土地之圖，周知九州之地域廣輪之數。”以地理言之，山陵川澤之宜，東西南北之嚮，知來者皆可數也。《孟子》：“見其禮而知其政，聞其樂而知其德，由百世之後等百世之王。”又：“由周而來，七百有餘歲，以其數則過矣，以其時考之則可矣。”以人事言之，禮樂刑政之端，君臣遇合之數，知來者皆可數也。易不外乎天地人三才之義，易之所以逆數者，具於是矣。

右第三章。

雷以動之，風以散之，雨以潤之，日以晅之，艮以止之，兑以説之，乾以君之，坤以藏之。

此亦對待卦位。上言對待之體，而此言其功用也。《國語》："震雷出滯。"陰之結而陽出之，"動之"之義也。《禮記》："雷乃發聲，蟄蟲咸動，啓户始出。"震動之德，所以能出。《禮記》："東風解凍。"陽之聚而陰解之，"散之"之義也。《家語》："南風之薰兮，可以解吾民之愠兮。"巽入之德，所以能散。《禮記》："土潤溽暑，大雨時行。"《詩》："益之以霡霂，既優既渥，既霑既足。""潤之"之義也。《孟子》："若時雨降。"降則能潤坎陷之德。《詩》："湛湛露斯，匪陽不晞。"日以普而照物，故曰"晅之"。《孟子》："秋陽以暴之。""晅之"之義也。《詩》："梧桐生矣，于彼朝陽。"臨則能晅離麗之德。《書》："五行：一曰水，二曰火。八庶徵：曰肅時雨若，曰乂時暘若。"上曰水火，此曰雨，日雨暘與水火同用也。《大學》："緜蠻黄鳥，止于丘隅。子曰於止，知其所止。"是山有止象也。《孟子》："王速出令，則猶可及止也。"山者，止象之定而不能盡止之義。曰"艮以止之"，則見其有制之之用矣。《孟子》："匹夫匹婦有不與被堯、舜之澤者，若己推而納之溝中。"是澤有説象也。《孟子》："子産以其乘輿濟人於溱洧。孟子曰：'惠而不知爲政。故爲政者，每人而悦之，日亦不足矣。'"澤者，説象之見而不能盡説之義。曰"兑以説之"，則見其無私之用矣。《爾雅》："林烝、天帝，君也。"皆天之所主也。《書》："天佑下民，作之君。"不言天者，明健之德，故曰"乾以君之"。《左傳》："山藪藏疾，川澤納汙。"皆地之所藏也。《國語》："惟地能包萬物以爲一。"不言地者，明順之德，故曰"坤以藏之"。上言八卦對待之體，以尊卑爲序，故以乾坤始。此言八卦對待之功用，以生成爲序，故以乾坤終。《左傳》："左史倚相，是能讀三墳、五典。"《周禮》："大史掌三皇五帝之書。"古三墳是三皇之書也。天皇，伏羲氏。連山易，曰山墳。人皇，神農氏。歸藏易，曰氣墳。地皇，軒轅氏。乾坤易，曰形墳。此言"坤以藏之"，即有歸藏之義。下言"成言乎艮"，即有《連山》之義。與《周易》之義互相發也。

右第四章。

帝出乎震，齊乎巽，相見乎離，致役乎坤，説言乎兑，戰乎乾，勞乎坎，成言乎艮。

此言流行八卦方位，所謂用也。《周禮》："大宗伯以禋祀祀昊天上帝。小宗伯兆五帝於四郊。"帝者，主宰之名。上帝，其總言之，而五帝分言之也。《家語》："天有五行：金、木、水、火、土，分時化育，以成萬物。其神謂之五帝。"氣之主宰，五帝各以五行分主者也。《禮記》："孟春、仲春、季春之月，盛德在木，其帝大皞。天氣廣大謂之皞，東方生養謂之大皞，故曰"出乎震"，又曰"齊乎巽"。震、巽皆木也。孟夏、仲夏、季夏之月，盛德在火，其帝炎帝。火性炎上，故曰"相見乎離"也。中央土，其帝黄帝。土德用事，物無不養，故曰"致役乎坤"也。孟秋、仲秋、季秋之月，盛德在金，其帝少皞。西方收斂，元氣微小，謂之少皞。又陰陽之交，故曰"説言乎兑，戰乎乾"。兑、乾皆金也。孟冬、仲冬、季冬之月，盛德在水，其帝顓頊。"顓言專也，頊言正也。冬氣升而其位正也。土爲四季之旺，而冬則終而復始，故曰"勞乎坎"，又曰"成言乎艮"也。此震東、巽東南、離南、坤西南、兑西、乾西北、坎北、艮東北之義也。觀《月令》五帝之義，而"帝出乎震"以下之義可明矣。《禮記》："孟春，天子居青陽左个。仲春，居青陽大廟。季春，居青陽右个。孟夏，居明堂左个。仲夏，居明堂大廟。季夏，居明堂右个。中央土，天子居大廟大室。孟秋，天子居總章左个。仲秋，居總章大廟。季秋，居總章右个。孟冬，天子居玄堂左个。仲冬，居玄堂大廟。季冬，居玄堂右个。"觀下節言聖人嚮明而治，則知天子即體乎出震見離之帝者也。《禮記》："天地嚴凝之氣，始於西南而盛於西北，此天地之尊嚴氣也，此天地之義氣也。天地温厚之氣，始於東北而盛於東南，此天地之盛德氣也，此天地之仁氣也。"坤西南而乾西北，以尊嚴爲義者也。艮東北而巽東南，以温厚爲義者也。此八卦之用也。

萬物"出乎震"，震東方也。"齊乎巽"，巽東南也，齊也者，言萬物之潔齊也。離也者，明也，萬物皆相見，南方之卦也。聖人南面而聽天下，嚮明而治，蓋取諸此也。坤也者，地也，萬物皆致養焉。故曰"致役乎坤"。兑，正秋也，萬物之所説也，故曰"説言乎兑"。戰乎乾，乾，西北之卦也，言陰陽相薄也。坎者，水也，正北方之卦也。勞卦也，萬

物之所歸也，故曰“勞乎坎”。艮，東北之卦也，萬物之所成終而所成始也，故曰“成言乎艮”。

上以帝言，此以萬物言者，《中庸》：“其爲物不貳，則其生物不測。”“不貳”，其主宰之原。“不測”，其散著之迹也。《家語》：“五行用事，先起於木。木，東方，萬物之初皆出焉。”物生於春，“出乎震”之義也。《詩》：“凱風自南，吹彼棘心。棘心夭夭，母氏劬勞。”巽居東南，代坤長養，“齊乎巽”之義也。《禮記》：“風霆流形，庶物露生。”盛夏物皆著見，“相見乎離”之義也。《禮記》：“聖人南面而聽天下：一曰治親，二曰報功，三曰舉賢，四曰使能，五曰存愛。聖人南面而治天下，必自人道始矣。”此南面之義，取諸“相見乎離”也。《禮記》：“君之南鄉，答陽之義也。”故曰“嚮明”。《書》：“土爰稼穡。”耕耘收穫，致役乎地，皆所以致養乎物也。地之承天則曰役。《孟子》：“小德役大德，小賢役大賢。”役者，臣之義。爲天效其用也。地之資生則曰養。《詩》：“母兮鞠我。”養者，母之義，物之所托命也。《詩》：“黍稷稻粱，農夫之慶。”百穀至秋成熟，“説言乎兑”之義也。《左傳》：“歲云秋矣，我落其實而取其材。”春亦向榮，秋則落實，故説於秋言之。《左傳》：“天道多在西北。”乾爲西北之卦。陰盛陽微，相薄而争，故曰戰。坤卦之陰凝于陽必戰，即“戰乎乾”之義也。《孟子》：“原泉混混，不舍晝夜。”水流不息，“勞乎坎”之義也。《書》：“江漢朝宗于海。”是萬物之所歸也。《家語》：“羣生閉藏乎陰，而爲化育之始。”所謂成終而成始，“成言乎艮”之義也。《禮記》：“東方者春，春之爲言蠢也。産萬物者，聖也。震所以居東方也。南方者夏，夏之爲言假也。養之，長之，假之，仁也。離所以居南方也。西方者秋，秋之爲言愁也。愁之以時，察守義者也。兑金揫斂之義，所以居西方也。北方者冬，冬之爲言中也。中者，藏也。”坎水歸藏之義，所以居北方也。兑獨不言西方者，《詩》：“云誰之思，西方美人。彼美人兮，西方之人兮。”文王爲西方之人，故卦辭中西郊、西鄰、西山皆以文王爲義。此言文王卦位，自其所居而指七卦之方，是以不必言也。西南亦不言者，“西南得朋”，《坤》卦之卦辭亦已明之也。《書》：“平秩東作；日中、星鳥，以殷仲春。平秩南訛；敬致。日永、星火，以正仲夏。平秩西成；宵中、星虚，以殷仲秋。平在朔易；日短、星昴，以正仲冬。”獨於兑言正秋者，《書》："若農服田力穡，乃亦有秋。"凡物至秋而成，説之義取諸此。出震可知爲春，嚮明可知爲夏，歸終可知爲冬，惟兑之於秋，難見其義，故顯言以明之。《禮記》："孟春之月，律中大蔟。仲春之月，律中夾鍾。"《國語》："大蔟所以贊陽出滯，夾鍾出四隙之細。"此即"出乎震"之謂也。《禮記》："孟春，蟄蟲始振。仲春，雷乃發聲，蟄蟲咸動，啓户始出。"故曰"萬物出乎震"。《禮記》："季春之月，律中姑洗。"《國語》："姑洗所以修潔百物。"此言"萬物潔齊"，即"齊乎巽"之謂也。《禮記》："季春，生氣方盛，陽氣發泄，句者畢出，萌者盡達。"春夏之交，無不長養，故曰"萬物齊乎巽"。《禮記》："孟夏之月，律中中吕。仲夏之月，律中蕤賓。季夏之月，律中林鍾。"《國語》："中吕宣中氣，蕤賓安靖神人。獻酬交酢，林鍾和展百事，俾莫不任肅純恪。"此即"相見乎離"之謂也。《禮記》："仲夏之月，門閭毋閉，關市毋索，可以居高明，可以遠眺望。"故曰"萬物相見乎離"。《禮記》："季夏之月，不可以興土功，毋舉大事，以摇養氣。"土主於養，即"萬物致養"之謂也。《禮記》："中央土，律中黄鍾之宫。"坤爲土，西南致養之地，在離火兑金之間，是以在季夏之末，即其義也。《禮記》："孟秋之月，律中夷則。仲秋之月，律中南吕。季秋之月，律中無射。"《國語》："夷則所以詠歌九則，平民無貳。南吕者，贊陽秀也。無射所以宣布哲人之令德，示民軌儀。"此即"説言乎兑"之謂也。《禮記》："孟秋，始收斂。仲秋，趣民收斂。季秋，農事備收。"故曰"萬物説言乎兑"。《禮記》："孟冬之月，律中應鍾。"《國語》："應鍾均利器，用俾應復。"陰當代陽用事，此即"戰乎乾"之謂也。《禮記》："仲冬日短，至陰陽争，諸生蕩。"陰方盛而陽欲起，故曰"萬物戰乎乾"。《禮記》："仲冬之月，律中黄鍾。"《國語》："黄鍾所以宣養六氣九德。"陽氣聚黄泉之下，此即"勞乎坎"之謂也。《禮記》："仲冬，命有司祈祀四海大川名源淵澤井泉。"水有功於人，故曰"萬物勞乎坎"。《禮記》："季冬之月，律中大吕。"《國語》："元間大吕，助宣物也。"陰律助陽而行，此即"成言乎艮"之謂也。《禮記》："季冬，日窮于次，月窮于紀，星回于天，數將幾終，歲且更始。"故曰"終萬物、始萬物者莫盛乎艮"。觀《月令》七十二候之義，而"萬物出乎震"以下之義可明矣。

右第五章。

神也者，妙萬物而爲言者也。動萬物者莫疾乎雷，橈萬物者莫疾乎風，燥萬物者莫熯乎火，説萬物者莫説乎澤，潤萬物者莫潤乎水，終萬物、始萬物者莫盛乎艮。故水火相逮，雷風不相悖，山澤通氣，然後能變化，既成萬物也。

此亦言流行之卦位也。《禮記》："春其神句芒，夏其神祝融，中央其神后土，秋其神蓐收，冬其神玄冥。"《月令》其帝之後即從以其神者，帝之所以分五行之職而爲用者，即神也，是氣之流行也。易以帝爲主，以神爲用，義正如此。木之初生，句屈而有芒角。火之明盛曰祝融。后土居中，而領四方。蓐收金神，萬物摧蓐而收斂。北方之水玄深而冥昧。觀帝與神之名義，可知其後乃配祀以人鬼耳。《中庸》："君子之道費而隱，語大天下莫能載焉，語小天下莫能破焉。"群經皆無"妙"字，惟見於《老子》"當無欲以觀其妙""衆妙之門"，皆微渺之義。故先儒作眇，曰小也、微也。其大無外，其小無内，所謂"妙萬物而爲言者"矣。《禮記》："蟄蟲咸動，草木萌動。"草木昆蟲皆雷之動萬物者也。《孟子》："不膚撓。"撓者，屈也。《詩》："凱風自南，吹彼棘薪。蘀兮蘀兮，風其吹女。"春發生而秋摧殘，皆風之橈萬物者也。《詩》："旻天疾威。"風雷皆天之威，至急者也，故曰"莫疾"。《孟子》："舜使益掌火，益烈山澤而焚之。"是火之熯萬物也。《詩》："中谷有蓷，暵其乾矣。暵其脩矣，暵其濕矣。"旱甚則草之生於濕者亦乾。水本流濕，火本就燥，故曰"燥萬物者莫熯乎火"。《孟子》："若時雨降，民大說。"是澤之説萬物也。《詩》："其耕澤澤。"澤有解釋之義，所以爲説。《公羊傳》："河海潤于千里。"是水之潤萬物也。《中庸》："誠者，物之終始。"艮位居東北而位在冬春之交，是即"終萬物、始萬物"之義也。《書》："一曰水，二曰火，三曰木，四曰金，五曰土。水曰潤下，火曰炎上，木曰曲直，金曰從革，土爰稼穡。"動萬物、橈萬物者，木之曲直也。雷之坼甲，直之也。風之偃草，曲之也。燥萬物者，火之炎上也。説萬物、潤萬物者，水之潤下也。終萬物、始萬物者，土之稼穡也。艮即坤之體也。《周禮》："辨五地之物生。山林，其民毛而方。川澤，其民黑而津。丘陵，其民專而長。墳衍，其民晳而瘠。原隰，其民豐肉而庳。"毛者木之象，方者曲直之義，即雷之動、風之橈也。黑者水之色，津者潤下之義，即水之潤也。專者火之形，長者炎上之義，即火之燥也。晳者白之色，瘠者從革之義，即澤之説也。豐肉者土之體，庳者卑下之義，即艮之成終成始也。五行五物無不與乾坤六子相表裏者，故曰“神也者，妙萬物而爲言者也”。乾坤以六子爲用，乾始坤終，乾變坤化，乾坤即寓於六子之中也。《周禮》：“以吉禮事邦國之鬼神示，以禋祀祀昊天上帝，以實柴祀日、月、星、辰，以槱燎祀司中、司命、飌師、雨師，以血祭祭社稷、五祀、五嶽，以貍沈祭山林川澤，以疈辜祭四方百物。”是風雷水火山澤皆能變化而成萬物者，所以祀之，故曰神也。上言“水火不相射”，東西之位自其衡者言之也。此言“相逮”，南北之位自其縱者言之也。上言“雷風相薄”，相對之位，自其相敵言之也。此言“不相悖”，相連之位，自其相從言之也。山則皆曰通氣，其位雖異，而其氣皆感也。《中庸》：“萬物並育而不相害，道並行而不相悖。”即此節之義。能變化，成萬物，故曰對待，言體；流行，言用也。

右第六章。

乾，健也。坤，順也。震，動也。巽，入也。坎，陷也。離，麗也。艮，止也。兑，説也。

《禮記》：“著不息者，天也。著不動者，地也。”乾象天之不息，故曰健，純陽之德也。坤象地之不動，故曰順，純陰之德也。《中庸》：“純亦不已。”凡體天之德者，皆貴乎健。《孟子》：“順天者存。”凡體地之德者，皆貴乎順。《書》：“皇建其有極。”乾道成男。卦爻言建侯者，凡健之義皆此類也。《孟子》：“以順爲正者，妾婦之道也。”坤道成女。卦爻言取女者，凡順之義皆此類也。《大戴禮》：“雉震呴，鼓其翼也。”震象雷之奮起，故曰動，一陽起於二陰之下也。《詩》：“薄言震之，莫不震疊。”威之象雷者，皆取乎動也。《詩》：“有卷者阿，飄風自南。”巽象風之盤旋，故曰入，一陰散於二陽之内也。《孟子》：“仁言不如仁聲之入人深也。”令之象風者，皆取乎入也。《論語》：“君子可逝也，不可陷也。”坎象水之就下，故曰陷，一陽沈於二陰之中也。《孟子》：“水無有不下。”下者，水之性，故陷亦水之德也。《書》：“不克開于民之麗。”離象火之著物，故曰麗，一陰附於二陽之間也。《論語》：“鑽燧改火。”火無質而以所麗者爲質，故麗亦離之德也。《爾雅》：“山三襲，陟。再成，英。一成，坯。”艮象山，山以地爲體，以其上之所止者爲限，故曰止，一陽隆於二陰之上也。《大學》：“知止而後有定。”止之德皆取諸艮也。《書》：“九澤既陂。”兑象澤。澤即坎之體，以其上之所瀦者爲澤，故曰説，一陰見於二陽之外也。《中庸》："言而民莫不説。"説之德皆取諸兑也。

右第七章。

乾爲馬，坤爲牛，震爲龍，巽爲鷄，坎爲豕，離爲雉，艮爲狗，兑爲羊。

《周禮》："馬八尺以上爲龍，七尺以上爲騋。"《爾雅》："馬絶有力，駥。"馬之力健，故"乾爲馬"。《爾雅》："天駟，房也。"馬之精著於天，亦乾爲馬之義也。《詩》："爾牛來思，其耳濕濕。"牛之性順，故"坤爲牛"。《禮記》："季冬出土牛以送寒氣。"牛以土爲之，亦"坤爲牛"之義也。《詩》："吉日庚午，既差我馬。"祭之日，以庚午。庚之德金，即乾德也。午之位南，即乾位也。《爾雅》："黑脣，犉。黑眥，牰。黑耳，犚。黑腹，牧。黑脚，犈。"牛多以黑名者，地之色黑也。卦爻多言黄牛，坤之土德在中也。《家語》："鱗蟲三百六十，而龍爲之長。"龍，陽類，物之動而莫測者，故震之動象之。《書》："烈風雷雨。"雲之從龍則爲雨，亦與雷相應者也。《爾雅》："鷄大者蜀。蜀子雜。"《大戴禮》："鷄桴粥。"鷄陰類，物之入而善伏者，故巽之入象之。《周禮·鷄人》："大祭祀夜嘑旦，以嘂百官。"《詩》："鷄既鳴矣，朝既盈矣"，"鷄棲于塒，日之夕矣。"知時之物，其義可推。《詩》："風雨如晦，鷄鳴不已。"鷄亦與風相應也。《爾雅》："豕生三，豵；二，師；一，特。"豕易孳生，蓋污濁之物也。坎陷，故爲豕。《詩》："有豕白蹢，烝涉波矣。"將雨之徵。豕亦與水相應也。《爾雅》："雉，伊洛而南，素質五彩皆備成章，曰翬；江淮而南，青質五彩皆備成章，曰鷂。"雉有文采，蓋文明之物也。離麗，故爲雉。《書》："華蟲，作會。"象其華采。雉亦與火相應也。《爾雅》："犬生三，猣；二，師；一，玂。未成毫，狗。尨，狗也。"犬有守禦之能。艮止，故爲狗。《詩》："無使尨也吠。"犬之守静而鎮也，亦象諸山。《爾雅》："羊：牡，羒；牝，牂。夏羊：牡，羭；牝，羖。"羊有羣聚之性。兑説，故爲羊。《詩》："爾羊來思，其角濈濈。"羊之聚合而和也，亦象諸澤。《書》："珍禽奇獸，不育于國。不貴異物、賤用物。"易象之遠取諸物者，取諸六畜，正以理之常者明八卦之爲用也。《爾雅》："馬，八尺爲駥。牛，七尺爲犉。羊，六尺爲羬。彘，五尺爲豟。

狗，四尺爲獒。鷄，三尺爲鶤。”釋六畜文。《禮記》：“宗廟之祭，牛曰一元大武，豕曰剛鬣，羊曰柔毛，豚曰腯肥，雉曰疏趾，鷄曰翰音，犬曰羹獻。”此亦明六畜之用。惟龍非常物，《左傳》：“蔡墨曰：‘古者畜龍，故國有豢龍氏，有御龍氏。夫物，物有其官，官脩其方，朝夕思之。一日失職，失官不食。官宿其業，其物乃至。若泯棄之，物乃坻伏，鬱湮不育。若不朝夕見，誰能物之？’”四靈爲畜，所以明聖王之瑞也。

右第八章。

乾爲首，坤爲腹，震爲足，巽爲股，坎爲耳，離爲目，艮爲手，兑爲口。

《禮記》：“頭容直。”乾之動直，故爲首。《爾雅》：“腹，厚也。”坤以厚載，故爲腹。《爾雅》：“初、哉、首、基，始也。”象首即乾之資始也。《詩》：“不屬于毛，不離于裏。天之生我，我辰安在？”象腹即坤之資生也。《書》：“元首明哉！股肱良哉！”《孟子》：“君之視臣如手足，則臣視君如腹心。”曰首、曰腹，此乾坤所以爲百體之主也。《禮記》：“足容重。”動於下爲足，故震象之。《書》：“股肱惟人。”伏於下爲股，故巽象之。《論語》：“六十而耳順。”坎水之通象之。《書》：“明四目。”離火之照象之。《詩》：“六轡在手。”以執物爲義，艮之止象之。《詩》：“好言自口。”以發言爲義，兑之説象之。《書》：“二、五事：一曰貌，二曰言，三曰視，四曰聽，五曰思。”易象之近取諸身，亦取諸五事，以明身之爲用也。乾三連爲純陽，《論語》：“疾君視之東首。”東首以受陽氣，故陽聚象首。坤六斷爲純陰，《左傳》：“皤其腹。”大腹足以有容，故中虚象腹。耳聽主收，《論語》：“洋洋乎盈耳哉！”坎中滿象之。目視主散，《書》：“予若觀火。”離中虚象之。震陽在下曰仰盂。《禮記》：“弁行剡剡起屨。”足之上起象之。艮陽在上曰覆碗，《禮記》：“頤霤垂拱。”手之下垂象之。兑爲上缺，《詩》：“出納王命，王之喉舌。”喉舌在内，口之上竅象之。巽爲下斷，《詩》：“赤芾在股，邪幅在下。”芾以蔽體，股之卜竅象之。皆以卦畫之體取象也。

右第九章。

乾，天也，故稱乎父。坤，地也，故稱乎母。震，一索而得男，故謂之長男。巽，一索而得女，故謂之長女。坎，再索而得男，故謂之中

男。離，再索而得女，故謂之中女。艮，三索而得男，故謂之少男。兑，三索而得女，故謂之少女。

《書》："惟天地萬物父母，惟人萬物之靈。亶聰明，作元后，元后作民父母。"人以天地爲父母，人君父天母地，而又父母乎斯人，此乾稱父、坤稱母之義也。《禮記》："索祭於祊。"索之爲言求也，言陰陽之相求也。《詩》："乃生男子，載寢之牀，載衣之裳，載弄之璋。乃生女子，載寢之地，載衣之裼，載弄之瓦。"男女貴賤之分，陰陽剛柔之義也。《左傳》："是能讀三墳、五典、八索、九丘。"《註》："八卦之書謂之八索。"《國語》："平八索以成人。"《註》謂八體，以應八卦也。三索皆本乎乾坤。八卦之稱八索，此其義也。《爾雅》："男子先生爲兄，後生爲弟。男子謂女子先生爲姊，後生爲妹。"此一索、再索、三索之義也。《左傳》："邑姜方震""后緡方震。"皆以有身爲震。《詩》："載震載夙，載生載育。誕彌厥月，先生如達。"故一索之義取諸震。懷妊皆以震言者，剛柔始交，在母而身動；再索、三索，明其序，皆以此統之也。《禮記》："凡接子擇日，冢子則大牢，庶人特豚，士特豕，大夫少牢，國君世子大牢。其非冢子則皆降一等。"此可以明長幼之序。男女各有長者，《禮記》："男女異長。"《詩》："纘女維莘，長子維行。"是其義也。《書》："肆類于上帝，禋于六宗。"孔光、劉歆皆以爲乾坤六子，此亦可備一說。《孝經》："王者事父孝，故事天明；事母孝，故事地察。"人皆父天母地，王者參天地，贊化育，其分爲尤切也。《孟子》："人人親其親，長其長，而天下平。"此父母各一乾坤，亦乾坤同一父母之義也。張子《西銘》即本於此章之義。

右第十章。

乾爲天，爲圜，爲君，爲父，爲玉，爲金，爲寒，爲冰，爲大赤，爲良馬，爲老馬，爲瘠馬，爲駁馬，爲木果。

《爾雅》："穹蒼，蒼天也。春爲蒼天，夏爲昊天，秋爲旻天，冬爲上天。"天以乾之體言之。穹者，其高而在上也。萬物始生則稱蒼天。天氣廣大則稱昊天。仁覆閔下則稱旻天。自上降鑒則稱上天。天之異名而理一，皆"乾爲天"之義也。《大戴禮》："天道曰圓，大圜在上。"言天之體，其象圓也。《周禮·春官》："地上之圜丘。"《注》："圜者象天。"圜所以象天之體也。《周禮·冬官·輿人》：

“爲車圜者中規。蓋之圜也，以象天也。”《禮記》：“袂圜以應規。”物之圜者皆象之。此乾爲圜之義也。《爾雅》：“林、烝、天、帝、皇、王、后、辟、公、侯，君也。”俱居尊極，此乾爲天、爲君之義也。《書》：“天佑下民，作之君。”《左傳》：“天生民而立之君。”君之尊所以配天也。《詩》：“父兮生我。”天爲大生，故乾爲父。《爾雅》：“父爲考，父之考爲王父，王父之考爲曾祖王父，曾祖王父之考爲高祖王父。”推所自生，皆乾爲父之義也。《書》：“元后作民父母。”《國語》：“民生於三事之如一。”此爲父之義，所以並於爲君也。《禮記》：“君子比德於玉焉。温潤而澤，仁也；縝密以栗，知也；廉而不劌，義也；垂之如隊，禮也；叩之，其聲清越以長，其終詘然，樂也；瑕不揜瑜，瑜不掩瑕，忠也；孚尹旁達，信也；氣如白虹，天也；精神見於山川，地也；圭璋特達，德也；天下莫不貴者，道也。”堅剛而潤，四德皆備，同乎乾之德也。《國語》：“玉足以庇嘉穀，使無水旱之災，則寶之。”《爾雅》：“四時和謂之玉燭。”中和之氣應乎四時，乾之用也。《周禮·玉府》：“王齊則共食玉。”《註》：“玉爲陽精之純者。”此乾爲玉之義也。《禮記》：“石聲磬磬以立辨。”乾音爲石，以爲玉言之也。《爾雅》：“黄金謂之璗，其美者謂之鏐。白金謂之銀，其美者謂之鐐。”金性堅而質精，乾之剛也。此乾爲金之義。《周禮·秋官·職金》：“旅于土帝，則共其金版。”乾於五行屬金，此亦應天之義也。《乾·彖傳》曰：“剛健中正，純粹精也。”所以爲玉、爲金。《左傳》：“黑牡秬黍，以享司寒。”水神居北，司寒。乾位西北。此乾爲寒之義也。《左傳》：“金寒玦離。”金之從乎寒者，性相類也。《左傳》：“日在北陸，而藏冰固陰，沍寒於是乎取之。”寒之凝者爲冰。此乾爲冰之義也。《周禮·天官》：“凌人掌冰，夏頒冰，秋刷。”乾爲冰，故屬之天官。《詩》：“誕寘之寒冰。”冰之從乎寒者，時相因也。《禮記》：“周人尚赤。”盛陽之色。此乾爲大赤之義也。《詩》：“我朱孔陽，爲公子裳。”貴陽之義也。《禮記》：“周之大赤。”《周禮》：“建大赤以朝，異姓以封。”旗名，象乎乾之色也。寒冰居子位，以陽之始言也。大赤居午位，以陽之終言也。《詩》：“良馬四之。”良者，德之純行，健之善者也。《詩》：“老馬反爲駒。”老者，齒之長行，健之久者也。《詩》：“我馬瘏矣。”瘠[1]者，疲而瘦行，健之甚者也。《詩》：“皇駁其馬。”騂白曰駁，亦馬之壯者。

《爾雅》："駮如馬倨，牙食虎豹。"《山海經》："有獸如馬，白身黑尾，一角虎牙，爪音如鼓，名駮。"駮者，猛而異行，健之出類者也。乾爲馬，此又廣其義而言之。《禮記》："棗曰新之，栗曰撰之，桃曰膽之，柤梨曰攢之。"皆木之果也。《詩》："投我以木桃""投我以木瓜""投我以木李"。是以謂之木果也。《詩》："其桐其椅，其實離離。"果離於木，如星麗於天，此乾爲木果之象也。《爾雅》："桃李醜核。"《注》："子中有核。"人生生不已。果者，木之始。乾者，物之始。此乾爲木果之義也。

爲龍，爲直，爲衣，爲言。見《荀九家》。《本義》附之。下倣此。《易逸經》："天用莫如龍。"以乾道之變化言也。《論語》："人之生也直。"人本乎天，故乾爲直。《禮記》："衣，正色。裳，閒色。"衣上而裳下也。《周禮·司服》："齊服玄端。"象天之色而取其正，故乾爲衣。所謂"垂衣裳而天下治，蓋取諸乾坤"是也。《論語》："天何言哉？四時行焉，百物生焉。"《孟子》："天不言，以行與事示之而已矣。"天之著見者無非言也，故曰乾爲言。《書》："五行，四曰金。五事，二曰言。"乾爲金，又爲言。言之配金，即此義也。

坤爲地，爲母，爲布，爲釜，爲吝嗇，爲均，爲子母牛，爲大輿，爲文，爲衆，爲柄，其於地也爲黑。

《周禮·大司徒》："以天下土地之圖，周知九州之地域廣輪之數。五地：一曰山林，二曰川澤，三曰丘陵，四曰墳衍，五曰原隰。"地之異名而質一，皆坤爲地之義也。《禮記》："土鼓伊耆氏之樂也。"《詩》："伯氏吹壎，坎其擊缶。"坤音爲土，以地而言之也。《書》："五行，五曰土。五事，五曰思。"坤爲腹、爲地，思之配土，即此義也。《詩》："母兮鞠我。"資生於地，萬物致養，母之義也。《爾雅》："母爲妣，父之妣爲王母，王父之妣爲曾祖王母，曾祖王父之妣爲高祖王母。"推所自出，皆坤爲母之義也。《孟子》："女有餘布。"《禮記》："疏布之尚，反女功之始也。"坤道成女，此坤爲布之義也。《大戴禮》："南北爲經，東西爲緯。"地之縱横，亦布象也。《周禮》："外府掌邦布之入出，以共百物，而待邦之用。"《注》："藏曰泉，行曰布。"亦象水之在地也。《左傳》："豆區釜鍾，四升爲豆，各自其四以登於釜。"釜者，量名，取其容物。此坤爲釜之義也。《孟子》："以釜甑爨。"《詩》："于以湘之，維錡及釜。”化生成熟，象地之成物也。《論語》：“出内之吝，謂之有司。”吝有愛惜之義。《周書》：“嗇於賜予曰愛。”嗇有收斂之義。《禮記》：“積而能散，安安而能遷。”吝嗇者，不散不遷之謂。坤之體如是也。《禮記》：“天不愛其道，地不愛其寶。”以吝嗇言者，天主施、地主藏故也。《禮記》：“主先嗇而祭司嗇。”種曰稼，歛曰穡，此即其義。《書》：“地平天成。”地之體平，故坤爲均。《周禮》：“土均平土地之政，以均地守，以均地事，以均地貢。均人掌均地政，均地守，均地職，均人民、牛馬、車輦之力政。”均平之義，皆象坤之德也。《左傳》：“介葛盧聞牛鳴，曰：‘是生三犧皆用之矣。’”此所謂子母牛也。坤爲牛，而又言子母者，《左傳》：“爲其畜之碩大蕃滋也。”象地之廣生也。離得坤之中爻，曰牝牛，即可知子母之義。《禮記》：“鸞車，有虞氏之路也。鉤車，夏后氏之路也。大路，殷路也。乘路，周路也。”所謂大輿也。《中庸》：“博厚所以載物也。”輿象坤之載物。《周禮》：“軫之方也，以象地也。”是坤爲輿之義也。《禮記》：“五色成文而不亂。”五方之色閒而成文，坤之所以爲文也。《國語》：“天事武，地事文。”乾剛坤柔，亦其義也。《國語》：“人三爲衆。”坤之三畫皆耦，衆之義也。《禮記》：“四時以爲柄。”春耕夏耘，秋穫冬斂，地爲生物之本，坤之所以爲柄也。《中庸》：“辟如天地之無不持載。”凡柄皆在下而能承物者，此即持載之義。謙曰德之柄，亦以地言之。《禮記》：“夏后氏尚黑。”乾之赤從乎離之南，坤之黑從乎坎之北也。《書》：“冀州，厥土白壤。兖州，厥土黑墳。青州，厥土白墳。徐州，厥土赤埴墳。梁州，厥土青黎。雍州，厥土黄壤。”地有五色，不專於黑。以配天之正位言之，曰天玄地黄。以純陰之質言之，故曰“其於地也爲黑”。《爾雅·釋官》：“地謂之黝。”從其色之義也。

爲牝，爲迷，爲方，爲囊，爲裳，爲黄，爲帛，爲漿。

《爾雅》：“獸曰牝牡。”坤道成女，故曰牝。“牝馬之貞”是也。《書》：“納于大麓，烈風雷雨弗迷。”陰暗則迷，故坤爲迷。《大戴禮》：“地道曰方。”坤象方也。《周書》：“大矩在下。”方之義也。《周禮·春官》：“澤中之方丘。”《注》：“象地方也。”《周禮》：“職方氏掌天下之圖。土方氏掌土圭之灋。懷方氏掌來遠方之民。合方氏掌達天下之道路。訓方氏掌道四方之政事。形方氏掌制邦國之地域。”皆坤爲方之義也。《詩》：“于槖于囊。”囊以盛物。

有底曰囊。虛而有容，故坤象之。《左傳》："裳，下之飾也。"坤在下曰裳。《禮記》："中央土，其色黃。"坤之位在中也。以上皆見本卦。《周禮》："通帛爲旜。"質柔而形廣，坤象之，亦從乎布之類也。《左傳》："庭實旅百，奉之以玉帛，天地之美具焉。"《注》："乾爲玉，坤爲帛。"是其義也。《周禮》："漿人掌共王之六飲：水、漿、醴、涼、醫、酏，入于酒府。"坤土味甘，是以曰漿，亦從乎酒之類也。

震爲雷，爲龍，爲玄黃，爲旉，爲大塗，爲長子，爲決躁，爲蒼筤竹，爲萑葦；其於馬也爲善鳴，爲馵足，爲作足，爲的顙；其於稼也，爲反生；其究爲健，爲蕃鮮。

《禮記》："仲春之月，雷乃發聲。"一陽在下，初出於地，震爲雷之義也。《禮記》："駕蒼龍。"《爾雅》："馬八尺以上爲龍。"龍馬同氣。震即秉乎乾之氣者。震本爲龍，而下又曰"其於馬"者，是其義也。《左傳》："龍，水物也。"動則雷雨隨之，所謂"雲從龍"者是也。《左傳》："龍尾伏辰。"東方蒼龍七宿，亦震之義也。《書》："篚厥玄黃。"雜色之幣。天玄地黃，震爲乾坤之始交，故兼曰玄黃也。《坤》上六曰："龍戰于野，其血玄黃。"此即所以明其義也。《書》："篠蕩既敷。"草木敷布而生，震爲旉之義也。《爾雅》："木謂之華，草謂之榮。"震木至春而旉。《禮記》："仲春，桃始華。季春，桐始華。"所謂旉也。《周禮》："經涂九軌，環涂七軌，野涂五軌。"是爲大塗。《爾雅》："一達謂之道路，二達謂之歧旁，三達謂之劇旁，四達謂之衢，五達謂之康，六達謂之莊，七達謂之劇驂，八達謂之崇期，九達謂之逵。"萬物出震。《爾雅》："室中謂之時，堂上謂之行，堂下謂之步，門外謂之趨，中庭謂之走，大路謂之奔。"足動而行，皆震爲大塗之義也。《左傳》："立嫡以長。"一索得男，故爲長子。《禮記》："一有元良，萬國以貞，世子之謂也。"震爲主器，長子之義也。《孟子》："及其聞一善言，見一善行，若決江河。"動而決之義。《禮記》："君子齊戒，處必掩身毋躁。"動則躁之義。震之剛欲其決震之動，戒其躁也。《爾雅》："筍，竹萌。"竹初生曰蒼筤。《禮記》："如竹箭之有筠也。"蒼言其色之青，筤言其質之弱。《書》："揚州厥貢篠簜。荆州惟箘簵楛。"《周禮》："東南曰揚州，其利竹箭。"《爾雅》："東南之美者，有會稽之竹箭焉。"

震亦象其方也。《禮記》："竹聲濫濫以立會。"震音爲竹，以蒼筤而言也。《大戴禮》："七月雚葦。"言其秀也。《詩》："八月萑葦。"言其材也。《爾雅》："葦，醜芀。葭，華。蒹，薕。葭，蘆。菼，薍。其萌蘿。"萑、葦皆竹之類也。《詩》："蕭蕭馬鳴。"鳴之遠聞爲善，象雷之聲也。《爾雅》："馬，前右足白，啓；左白，踦；後右足白，驤；左白，馵。"震動於左，所以爲馵足。《爾雅》："既差我馬，田獵齊足。"震動而疾，所以爲作足。《詩》："思馬斯作。"震爲足。馬之作尤於足見之也。《爾雅》："駒顙，白顛。"《詩》："有馬白顛。"即的顙也。的顙馬之白額而中有旋毛如的者。馵足作足動而見於下者，的顙動而見於前者。震坎得乾之體，故皆曰"其於馬"。震動則健，坎陷則勞。艮亦乾體，以止爲義，於馬無取也。《詩》："大田多稼，既種既戒。"稼以春生之時言也。《詩》："種之黄茂。實方實苞，實種實褎。實發實秀。"種在地而上生，故曰反生。草木有自生者，惟稼待種而生，故曰"其於稼也，爲反生"。《孟子》："是其日夜之所息，雨露之所潤，非無萌櫱之生焉。"生氣之復，亦爲反生。《書》："禾盡偃，天乃雨，反風，禾則盡起。"生生之理不絶，此亦稼爲反生之義也。《左傳》："同復於父。"《孟子》："惟聖人然後可以踐形。"乾之性健，震之究亦曰健，子之復於父，人之肖於天，皆其究爲健之義也。《書》："庶草蕃廡。"《詩》："椒聊之實，蕃衍盈升。"草木之盛曰蕃。《書》："奏庶鮮食。"《左傳》："獸人無乃不給於鮮。"禽獸之美曰鮮。《周禮》："以蕃鳥獸。"禽獸亦可曰蕃。《禮記》："季夏行春令，則穀食鮮落。"草木亦可曰鮮。震當春生之時，故爲蕃鮮也。

爲玉，爲鵠，爲鼓。

《周禮·大宗伯》："以玉作六器，以禮天地四方，以蒼璧禮天，以黄琮禮地，以青圭禮東方，以赤璋禮南方，以白琥禮西方，以玄璜禮北方。"震爲主器，乾爲玉，震亦爲玉，此主器之義。乾言其體，震言其用也。《中庸》："射有似乎君子，失諸正鵠，反求諸其身。"鵠爲射的。《禮記》："爲人父者，以爲父鵠；爲人子者，以爲子鵠；爲人君者，以爲君鵠；爲人臣者，以爲臣鵠。故射者各射己之鵠。"震之爲鵠，所謂男子之有事，亦主器之義也。《周禮》："鼓人掌教六鼓之音聲，以節聲樂。雷鼓、靈鼓、路鼓、鼖鼓、鼛鼓、晋鼓。"震象其聲。《周禮》："凡冒鼓必以啓蟄之日。"所謂"鼓之以雷霆”者是也。

巽爲木，爲風，爲長女，爲繩直，爲工，爲白，爲長，爲高，爲進退，爲不果，爲臭。其於人也爲寡髮，爲廣顙，爲多白眼，爲近利市三倍；其究爲躁卦。

《詩》：“修之平之，其灌其栵。啓之辟之，其檉其椐。”木之在地，無所不入，巽爲木之義也。《書》：“合止柷敔。”巽音爲木，是其義也。《爾雅》：“南風謂之凱風，東風謂之谷風，北風謂之涼風，西風謂之泰風。”風之被物，無所不入，巽爲風之義也。《左傳》：“元女大姬。”《詩》：“纘女維莘，長子維行。”長女之義也。《書》：“木曰曲直。”木本有直之體也。《書》：“木從繩則正。”順以相從，巽爲繩直之義也。《詩》：“其繩則直。”《禮記》：“繩墨誠陳，不可欺以曲直。”繩直皆工之用，故繼之曰爲工也。《左傳》：“山有木，工則度之。”爲工之義，亦因木而言之也。《周禮》：“審曲面，埶以飭五材，以辨民器，謂之百工。知者創物，巧者述之守之，世謂之工。凡攻木之工七，攻金之工六，攻皮之工五，設色之工五，摶埴之工二。”巽者德之制，凡工皆取巽之用也。《孟子》：“江漢以濯之，秋陽以暴之，皜皜乎不可尚已。”風亦能潔物者，以用言之，故曰巽爲白。《周禮》：“東方謂之青，南方謂之赤，西方謂之白，北方謂之黑，天謂之玄，地謂之黄。”乾曰大赤，先天乾南從乎後天離南也。坤於地爲黑，先天坤北從乎後天坎北也。震曰蒼筤，先天震位東北，東方青也。巽亦曰白者，先天巽位西南，西方白也。至坎亦爲赤，又得乎乾陽之體也。離亦爲黄，文得乎坤土之體也。《爾雅》：“永、羕、引、延、融、駿，長也。喬、嵩、崇，高也。”二陽在上，此爲長、爲高之義。《書》：“厥木惟條，遠揚者木之長也。厥木惟喬。”上竦者木之高也。《爾雅》：“焚輪謂之穨，自上下者，無遠不至，風之長也。”扶摇謂之猋。自下上者，以漸而升，風之高也。木與風皆有爲長爲高之象，不必如舊説分屬之也。《爾雅》：“迴風爲飄。”風性前卻，此進退之義也。《左傳》：“殺敵爲果，致果爲毅。”巽故爲不果也。《國語》：“志行不果。”亦進退之意也。《孟子》：“鼻之於臭也。”氣自鼻入，故巽爲臭。《禮記》：“臭陰達於淵泉，臭陽達於牆屋。”《月令》：“春其臭羶，夏其臭焦，中央其臭香，秋其臭腥，冬其臭朽。”陰陽五行之氣皆有臭，惟風能入之，亦能宣之，故其義取諸巽也。《左傳》:“余髮如此種種。”寡髮之謂也。寡髮者,血之衰也。古本亦作“宣髮”。《孟子[2]》“頒白者”是也。義與“寡髮”同。《孟子》:“可使過顙。”顙與髮際。廣顙者,髮之稀也。《孟子》:“胷中正則眸子瞭焉,胷中不正則眸子眊焉。”巽,體虚者爲黑,實者爲白。多白眼者,目之昏也。《詩》:“彼君子女,卷髮如蠆。”又:“鬒髮如雲,不屑髢也。”髮以多者爲美。女之少者則多髮。巽爲長女,故曰寡髮。《詩》:“揚且之晳也”“揚且之顔也。”眉上之廣則揚其彩,顙之廣則形其衰。《詩》:“巧笑倩兮,美目盼兮。”黑白分則爲盼,多白則不分。廣顙、多白眼亦皆以長女而言也。《書》:“五行,三曰木。五事,一曰貌。”巽爲木,又於人爲寡髮、廣顙、多白眼,貌之配木,即此義也。《左傳》:“小人近市,朝夕得所求焉,小人之利也。”市木近利,近市者又以爲利。《孟子》:“以左右望而罔市利。”《左傳》:“爾有利市寶賄,我勿與知。”日中爲市,交易各得利市,非市之正。巽以一陰在内,陰爲利欲之象也。《詩》:“如賈三倍。”三倍,利之多者,象木之蕃盛也。《禮記》:“國君過市,刑人赦。夫人過市,罰一幕。世子過市,罰一帟。”市不可近,巽入之性戒之也。《詩》:“終風且暴。”風急爲暴躁之義也。《論語》:“迅雷風烈。”巽之究爲震,因之而躁也。震之究爲健,復而爲乾也。巽之究爲躁,反而爲震也。震、巽獨以究言者,剛柔之始也。巽究於震,震究於乾,皆主乎陽之義也。

爲楊,爲鸛。

《爾雅》:“楊,蒲柳。”本生之木,柔木也,故巽象之。《詩》:“鸛鳴于垤。”水居之鳥,鶴類也。《中孚》“鳴鶴在陰”,亦巽象也。

坎爲水,爲溝瀆,爲隱伏,爲矯輮,爲弓輪。其於人也,爲加憂,爲心病,爲耳痛,爲血卦,爲赤。其於馬也,爲美脊,爲亟心,爲下首,爲薄蹄,爲曳。其於輿也,爲多眚,爲通,爲月,爲盜。其於木也,爲堅多心。

《爾雅》:“水自河出爲灉。濟爲濋,汶爲瀾,洛爲波,漢爲潛,淮爲滸,江爲沱,過爲洵,潁爲沙,汝爲濆。江、河、淮、濟爲四瀆。四瀆者,發源注海者也。”一陽在二陰之間,水行地中象之,此坎爲水之義也。《爾雅》:“水注川曰谿,注谿曰谷,注谷曰溝,注溝曰澮,注澮曰瀆。”水之轉相注者，坎爲溝瀆之義也。《周禮》：“雍氏掌溝瀆澮池之禁，凡害於國稼者。春令爲阱，獲溝瀆之利於民者。”除水害而興水利，皆在於溝瀆也。《書》：“導沇水東流爲濟。”水之伏流者，即坎爲隱伏之義也。《詩》：“潛雖伏矣。”《乾》爻初曰“潛龍”，《文言》曰“隱而未見”，水本隱伏於地中，而物又隱伏於水中，坎所以爲隱伏也。《詩》：“矯矯虎臣。”矯者，强直之象。《周禮·輈人》：“凡揉輈欲其孫。”輮者，委曲之象。矯之使直，輮之使曲。《爾雅》：“河千里一曲一直。”其象皆取於水也。《禮記》：“鼓聲讙讙以立動，動以進衆。”坎音爲革，以矯輮而言也。《周禮》：“弓人爲弓：幹者以爲遠也，角者以爲疾也。撟幹欲孰於火而無贏，撟角欲孰於火而無燂。輪人爲輪：轂也者，以爲利轉也。輻也者，以爲直指也。揉輻必齊，平沈必均。”弓輪皆矯揉之所成。弓之激射，輪之運行，皆如水也。《詩》：“耿耿不寐，如有隱憂。憂心悄悄。寤辟有摽。心之憂矣，如匪澣衣。”憂之不已，加憂之義也。《左傳》：“明淫心疾。”象陽在中。《爾雅》：“癙、癵、瘇、痒，病也。”憂之在内，心病之義也，所以爲加憂，又爲心病。《孟子》“獨孤臣孽子，其操心也危，其慮患也深，故達。”《坎》卦辭曰“心亨”，此曰“心病”，心本有亨之義，此所謂生於憂患也。《左傳》：“貫三人耳。”耳痛之象也。《左傳》：“耳不聽五音之和爲聾。”耳痛之義也。心以虚受，耳以虚聽。坎之中實，亦有心病，耳痛之義也。《書》：“五行，一曰水。五事，四曰聽。”坎爲水，又爲耳，聽之配水，即此義也。《左傳》：“鞭之見血。”坎爲天地之脈，人身之血象之。水之在地，隨地之掘而見；血之在身，隨身之傷而見也。《論語》：“少之時，血氣未定，戒之在色。及其壯也，血氣方剛，戒之在鬬。及其老也，血氣既衰，戒之在得。”血卦之義，繼之加憂、心病、耳痛之後者，五官、百骸、疾痛、疴癢皆關於血氣者也。《詩》：“癙憂以痒，鼠思泣血。”是皆可以明其義矣。《詩》：“顔如渥丹，赫如渥赭。”汗發於血，血見於面，坎爲赤之義也。乾爲大赤，統而言之，故曰大。坎爲赤，則自人身言之也。《爾雅》：“騂馬黄脊，騝。驪馬黄脊，騽。”美脊者，象其文之在外也。《左傳》：“亂氣狡憤，陰血周作，張脈僨興，外彊中乾。”亟心者，象其堅之内動也。《爾雅》：“小領，盜驪。”下首者，其領俯也。《爾雅》：“騉蹄，趼，善陞甗。”薄蹄者，其蹄輕也。美脊，陰在外；亟心，陽在中；下首，水善下；薄蹄，水迫地；故皆象乎坎也。《詩》："兩服齊首。"下首則力弱，乾爲首，坎上畫陰，與良馬之行健者異矣。《爾雅》："田獵齊足。"薄蹄則力微，震爲足，坎下畫柔，與犇足、作足之善動者異矣。《禮記》："車輪曳踵。"曳之爲義，象水之循地而行也。《周禮》："雖有重任，轂不折。輪雖敝，不甐於鑿。"輿之多眚，行險之義也。《書》："達于河。達于濟。達于淮泗。"通之義也。《孟子》："流水之爲物也，不盈科不行。君子之志於道也，不成章不達。"君子觀象於坎，其義可見。《周禮》："以鑒取明水於月。"月者，水之精也。《禮記》："祭月於坎。"亦取其象也。《左傳》："盜賊伏隱。"盜之竊物，欲人不見隱伏之狀。《爾雅》："潛行爲泳。"盜之潛行，亦如水之潛行也。《禮記》："如松柏之有心也。"是木之堅多心者。《爾雅》："樕樸，心。"《注》："有心能濕，可以作柱。"象乎坎之中實也。

爲宫，爲律，爲可，爲棟，爲叢棘，爲狐，爲蒺藜，爲桎梏。

《爾雅》："宫謂之室，室謂之宫。"坎陽中實，宫之象也。《爾雅》："律，銓也。"又："律謂之分。"律以分氣，陽曰律，陰曰吕，截然均平。水之性平，故坎爲律。《詩》："挹彼注茲，可以濯溉。挹彼注茲，可以濯罍。"坎之用無所不通，故曰可。《爾雅》："桴謂之棟。"一陽在二陰之中，有棟象也。《大過》之棟，二陽在中，即重坎之象，亦取堅木之義。《爾雅》："終牛，棘。"有刺而叢生者。《爾雅》："木族生爲灌。灌木，叢木。"坎於木爲堅多心，故象叢棘。《詩》："有狐綏綏，在彼淇側。"狐，穴獸，多涉水，故坎爲狐。《爾雅》："茨，蒺藜。"蔓生即叢棘之類。《詩》："楚楚者茨，言抽其棘。"是其連類而生者，皆以坎木象之也。《周禮·掌囚》："中罪桎梏。"在手曰梏，在足曰桎。坎畫上貫，艮手下貫，震足陷於罪者，取其象也。

離爲火，爲日，爲電，爲中女，爲甲胄，爲戈兵。其於人也，爲大腹，爲乾卦，爲鱉，爲蟹，爲蠃，爲蚌，爲龜。其於木也，爲科上槁。

《周禮》："司爟掌行火之政令。四時變國火以救時疾。"《注》："春取榆柳之火，夏取棗杏之火，秋取柞楢之火，冬取槐檀之火。"有所麗而爲明，離爲火之義也。《周禮》："凡祭祀則祭爟。"《注》："報其爲明之功。"是離之德也。《書》："五行，二曰火。五事，三曰視。"離爲火，又爲目。視之配火，即此義也。《禮記》："絲聲哀哀以立廉，廉以立志。"離音爲絲。《爾雅》："大瑟謂之離。"即以其義言之也。《周禮》："司烜氏掌以夫遂，取明火於日。"日者，火之精也，其常明者。《詩》："爗爗震電。"電者，火之光也，其暫明者。《詩》："摯仲氏任，自彼殷商。來嫁于周，曰嬪于京。"是中女也。《周禮》："函人爲甲，犀甲七屬，兕甲六屬，合甲五屬。"甲在身者。《詩》："貝胄朱綅。"胄在首者。《禮記》："進戈者，前其鐏，後其刃。"平頭戟也。《周禮》："凡兵，句兵欲無彈，刺兵欲無蜎。是故句兵椑，刺兵摶。"兵者，矛戟之屬。甲胄戈兵皆用武之器。《周禮》："司戈盾掌戈盾之物而頒之。司兵掌五兵五盾，各辨其物與其等，以待軍事。"總言之曰兵，分言之曰戈兵也。甲胄以爲衛象，其剛之在外。戈兵主擊刺，象其鋭上之性也。《周禮》："鍛革爲甲，爍金爲刃。"皆火之用，故取諸離，亦以其光之外著也。《詩》："出入腹我。"有容則大。坤爲腹而離爲大腹者，《詩》："不屬于毛，不離于裹。天之生我，我辰安在?"以娠身言之。長女年過少女，初嫁是以取諸中女也。《詩》："中谷有蓷，暵其乾矣。"日之乾也。《詩》："樵彼桑薪，卬烘于煁。"火之乾也，故離爲乾卦在人，與坎之血卦對，流濕就燥之義也。《周禮》："外骨龜，内骨鼈。"皆剛在外，故象諸離。《爾雅》："蜎蠌，小者蟧。"蟹之屬。《爾雅》："蚹蠃，螔蝓。小者蝸。"蠃之屬。《爾雅》："蜌，螷，蚌，含漿。"即蚌之屬。《家語》："甲蟲三百有六十，而龜爲之長。"龜，鼈、蟹、蠃、蚌之長也。《周禮》："掌蜃掌斂互物，鼈人掌取互物，以時簎魚鼈龜蜃。凡貍物，春獻鼈蜃，秋獻龜魚，祭祀共蠯蠃蚳以授醢人。"上下有甲爲互物。離之畫卦☲，即互之象形也。《家語》："蜯蛤龜珠與日月而盛虚。"《大戴禮》："蟹二螯八足，而用心躁。"取離明之義也。《禮記》："介胄則有不可犯之色。"介胄之剛在外。《禮記》："其蟲介。"介蟲之與甲胄、戈兵相類也。《禮記》："雉入大水爲蜃。"雉本火屬。蜃者蠃蚌之類，爲水屬。離爲雉，又爲龜、鼈、蟹、蠃、蚌，其變化之義亦於此可見。《詩》："譬彼壞木，疾用無枝。"木有内傷之疾則無枝，科上槁之義也。謂之科者，《孟子》："盈科而後進。"土之空者爲科，木之空者亦爲科也。《孟子》："七八月之間旱則苗槁矣。"離爲日爲乾卦，槁之義取諸是也。科者，中虚之象。上槁者，炎上之象也。

爲牝牛。

《左傳》："純離爲牛。"牝牛以離得坤之中爻而言。

艮爲山，爲徑路，爲小石，爲門闕，爲果蓏，爲閽寺，爲指，爲狗，爲鼠，爲黔喙之屬。其於木也，爲堅多節。

《國詩》："山，土之聚也。"艮與坤土同體。《爾雅》："河南華，河西嶽，河東岱，河北恒，江南衡。"山爲四方之鎮，故艮象之。《詩》："崧高維嶽，駿極于天。"一陽隆起於上，此艮爲山之義也。《論語》："行不由徑。"徑非大路，即有所止之義也。《爾雅》："山絶陘。"《孟子》："山徑之蹊間，介然用之而成路。"徑路即山之阻也。《爾雅》："山多小石，磝；多大石，礐。"山以石爲體，艮陽之少者，故以小石言也。《中庸》："今夫山，一卷石之多，及其廣大，草木生之，禽獸居之，寶藏興焉。"舉小石所以明山之全體也。下文果蓏、黔喙、剛鹵，即以草木、禽獸、寶藏言之。《爾雅》："閍謂之門，觀謂之闕。"門闕所以限内外，故取諸艮。《詩》："迺立皋門，皋門有伉。迺立應門，應門將將。"門之謂也。《周禮》："大宰正月之吉始和，垂治象之灋于象魏。"闕之謂也。《左傳》："鄭伯享王於闕西辟。"是其地也。《周禮》："甸師共野果蓏之薦。場人掌國之場圃，而樹之果蓏珍異之物。"木實曰果，草實曰蓏。乾之木果取其象之圓，艮之果蓏取其象之止。《論語》："吾豈匏瓜也哉？焉能繫而不食？"是其義也。震之蕃鮮，草木之始。艮之果蓏，草木之終。果蓏結實於先，藏種於後，能終而又能始，象艮之成終成始也。《禮記》："天子樹瓜華，不斂藏之種也。"是其義也。《禮記》："匏竹在下。"艮音爲匏，以果蓏而言也。《周禮·閽人》："王宫每門四人，囿游亦如之。"掌王宫中門之禁止，其不當入者。《周禮》："寺人王之正内五人。"掌王之内人及女官之禁令，止其不當出者。《禮記》："深宫固門，閽寺守之，男不入，女不出。"此閽寺所以繼門闕之後也。《孟子》："於齊國之事，吾必以仲子爲巨擘焉。"《儀禮·大射禮》："右巨指鉤弦。"皆言大指也。《左傳》："子公之食指動。"言次指也。《左傳》："闔廬傷將指。"《注》："足大指也。"足以大指爲將，手以中指爲將。言三指也。《孟子》："今有無名之指屈而不信。"言四指也。《儀禮·少牢饋食禮》："挂于季指。"言小指也。艮陽一而陰二，手之下垂似之，指之象也。此止於一身者。《大學》："十手所指。"足亦有指於手言之者，明其作事之用也。《禮記》："登城不指。"指則必有所止之地也。《禮記》："敝蓋不棄，爲埋狗也。"狗所以守，陽止於外之義也。《左傳》："鼠晝伏夜動，不穴於寢廟，畏人故也。"鼠所以伏，陰止於内之義也。《詩》："盧重環，盧重鋂。"此狗之騰於山者，故艮象之。《爾雅》："鼢鼠、鼸鼠、鼷鼠、鼶鼠、鼬鼠、鼩鼠、鼭鼠、鼣鼠、鼫鼠、鼤鼠、鼨鼠、豹文、鼮鼠、鼳鼠。"此皆鼠屬，多藏於山者，故艮亦象之。《詩》："莫黑匪烏。"黔之屬也。《爾雅》："狗長喙獫，短喙猲獢。"喙之屬也。《周禮》："鋭喙決吻，數目顧脰，小體騫腹。若是者，謂之羽屬。"以屬言之，禽獸皆在其中矣。《禮記》："善問者如攻堅木，先其易者，後其節目。"此堅多節之義也。坎之堅多心，剛在内也；艮之堅多節，剛在外也。水以波爲文，中之多心象之；山以石爲骨，外之多節象之。

爲鼻，爲虎，爲狐。

《禮記》："尊壺者面其鼻。"鼻當面中。鼻者，面之山，故艮爲鼻。《爾雅》："熊虎醜，其子狗。"虎亦狗之類也。又山獸，故艮爲虎。《禮記》："狐死正丘首。"狐亦山獸，艮象之。

兑爲澤，爲少女，爲巫，爲口舌，爲毁折，爲附決。其於地也，爲剛鹵，爲妾，爲羊。

《國語》："澤，水之鍾也。"水塞其下爲澤。《周禮》："揚州，其澤藪曰具區。荆州，其澤藪曰雲瞢。豫州，其澤藪曰圃田。青州，其澤藪曰望諸。兖州，其澤藪曰大野。雍州，其澤藪曰弦蒲。幽州，其澤藪曰貕養。冀州，其澤藪曰楊紆。并州，其澤藪曰昭餘祁。"《爾雅》："魯有大野，晋有大陸，秦有陽陓，宋有孟諸，楚有雲夢，吴越之間有具區，齊有海隅，燕有昭余祁，鄭有圃田，周有焦護。"十藪大澤，此兑爲澤之義也。《詩》："有齊季女。"《左傳》："季蘭尸之，敬也。"少女之謂也。《左傳》："女有家。"坎艮不言中男少男者，統於長故也。女則各有所適矣，故分言之。《周禮》："男巫掌望祀望衍，授號，旁招以茅。冬堂贈，無方無算。春招弭，以除疾病。女巫掌歲時祓除釁浴。旱暵，則舞雩。凡邦之大烖，歌哭而請。"巫皆以口舌爲職者，男曰覡，女曰巫，故巫取諸少女也。《書》："敢有恒舞于宫，酣歌于室，時謂巫風。"女之淫泆者，亦其義也。《書》："其發有逸口。"

《詩》：“莫捫朕舌。”上開爲口，中疊爲舌，言語之官也。《禮記》：“鐘聲鏗鏗以立號，號以立横，横以立武。”兑音爲金，取口舌之義而言也。《禮記》：“季秋之月，草木黄落，乃伐薪爲炭。”《孟子》：“斧斤以時入山林。”毁而後折，因乎兑秋之時也。《孟子》：“毁傷其薪木。”《詩》：“無折我樹杞。”凡毁折之義皆從之。《書》：“予決九川，距四海。”《爾雅》：“水決之澤爲汧，決復入爲汜。”決而後附，因乎兑澤之義也。《詩》：“予曰有疏附。”《孟子》：“不達於天子，附於諸侯，曰附庸。”凡附決之義皆從之。《書》：“海濱廣斥。”《左傳》：“表淳鹵。”《注》：“東方謂之斥，西方謂之鹵。”兑金，故爲剛鹵也。《周禮》：“鹽人掌鹽之政令，祭祀共其苦鹽散鹽，賓客共其形鹽，王之膳羞共飴鹽。”海池井皆澤之所産也。《左傳》：“郇瑕氏之地，沃饒而近鹽。”兑在西，故别以其地言之。《公羊傳》：“諸侯娶一國女，二國媵之，以姪娣從。”姪娣皆少女也，故爲妾。《禮記》：“聘則爲妻，奔則爲妾。”不備禮者。震爲長子，陽之長者，尊之也。兑少女爲妾，陰之少者，卑之也。《禮記》：“羊曰柔毛。”内剛外柔。兑爲羊之義也。

爲常，爲輔頬。

《周禮》：“司常掌九旗之物，名日月爲常。”兑西方，日月往來之門，故以爲象。《左傳》：“輔車相依，脣亡齒寒。”輔在口旁，象車之輔。《爾雅》：“山夾水，澗。陵夾水，澞。九河：馬頬。”兩輔夾口，頬亦象乎澤之義也。

右第十一章。

此章八卦取象，昔人第謂推廣象類，而皆未申其旨。愚謂此夫子明八卦之德也。乾曰爲天，健行也；爲圜，健運也。君父至尊，健之體也。金玉至精，健之質也。寒斂冰凝，健之性也。大赤，色之盛，陽健之顯著者也。良馬、老馬、瘠馬、駁馬，物之健行者也。木果，物之結實，健之成終者也。皆以健取義。坤爲地，順乎天也；爲母，順乎父也；爲布，順其縷而成之者也；爲釜，順受而有容者也。吝嗇不轉，移均不偏頗，皆順之性也。子母牛，子又順乎母也。大輿者，載物之順也。文者，成章之順也。衆從乎一則順，柄持其本則順。黑者，色之純；陰，順之藏；其用也皆以順取義。震爲雷，動而出地也。爲龍，動而在天也。爲玄黄，天地之交動象也。爲旉、爲蒼筤竹、爲萑葦，反生蕃鮮，皆草木之萌動也。大塗，足之動而行也。決躁，性之動而起也。長子，一索動於初者也。善鳴、馵足、作足、的顙，馬之動而後見者也。皆取義於動。其究爲健。

言震之動本於乾，特以乾之德明之，此又可證八卦皆以德言之義矣。巽爲木，其形在地，無不入；爲風，其氣在物，無不入。長女，入而在内者也。繩直從繩，取其能入也。爲白與爲臭，風之入而後見其色，聞其氣也。爲長、爲高，風之氣入物，木之根入地，而後無不達也。進退不果，欲出不前，即入之象也。寡髮、廣顙、白眼，血氣之衰，陰之入也。利市三倍，私其入也。究之爲躁，巽入本震出之反也。皆取義於入。坎爲水，陷於下也。溝瀆，水之深者，亦取其陷也。隱伏，陽陷於陰也。矯輮弓輪，必摧其材而成之，陷之義也。加憂、心病、耳痛、血卦、爲赤，人身之歷險而有陷者也。美脊、亟心、下首、薄蹄、曳輿、多眚，車馬之行險而有陷者也。通者，出雲降雨，距川達海，皆陷之德，爲之故無不通也。爲月者，日盈月缺，言其形之有陷也。爲盗，小人之行，險而陷於邪也。堅多心，木之窒其中，亦陷之義也。皆取義於陷。離爲火，麗乎木也。爲日、爲電，麗乎天也。中女，婦之麗乎夫也。甲被乎體，冑冠乎首，戈兵持乎手，皆麗乎人以爲用者也。大腹，麗乎中虚者也。鼈、蟹、蠃、蚌、龜，以物取象，皆肉之麗乎骨者也。科之上槁，有麗乎中以虚之者也。皆取義於麗。艮爲山，山形止於地也。徑路，路之不通者，止之義也。小石，止於山者也。門闕止人之行，閽寺又司門闕之止也。果蓏止於樹者，狗鼠止於室者。黔喙之屬止於巢穴者。木之多節亦有止之義也。皆取義於止。兑爲澤，萬物之所説也。少女，容之説也。巫與口舌，言之説也。毁折、附決，落實取材，以至百穀用成，九澤既陂，以至四海會同，皆説言乎兑者也。剛鹵，味之説也。羊者，羣之説也。皆取義於説。七卦曰其於地、其於馬、其於稼、其於輿、其於木，皆遠取諸物而推之；曰其於人，皆近取諸身而推之。惟乾不言者，統天之義也。章内震爲龍、艮爲狗、兑爲羊，昔人以爲重出，於是龍有作駹，狗有作拘，羊有作羔、作陽，其説皆不足從。龍之重稱者，以乾卦爻辭稱龍，此特明其本象。狗、鼠因連下黔喙之屬。爲羊者，舊注言羊好剛鹵，亦相因而及之也。《説卦》此章專明八卦之義，所以即卦德言之。至於六十四卦爻辟象類甚多，《説卦》有及有不及，未嘗泥也。《荀九家本傳》自古經故附注之，昔人以意增之，無論天下之象本不可窮，亦不知《説卦》之義矣。

序卦傳

有天地然後萬物生焉，盈天地之間者唯萬物，故受之以屯。屯者，盈也。

《孟子》："自有生民以來，未有孔子也。"萬物之生必原乎天地之始，易所以首乾坤也。《穀梁傳》："不求知所不可知者，知也。"自有天地始言其所可知者也。"有物混成，先天地生"，老子之言，聖人存而不論者也。《禮記》："天地訢合，陰陽相得，煦嫗覆育萬物，然後草木茂，區萌達，羽翼奮，角觡生，蟄蟲昭蘇，羽者嫗伏，毛者孕鬻，胎生者不殰，而卵生者不殈。"所謂"有天地然後萬物生"也。《中庸》："洋洋乎發育萬物，峻極於天。"道之周乎萬物者，物之盈乎天地也。《中庸》："今夫天，萬物覆焉。今夫地，萬物載焉。"故曰"盈天地之間者惟萬物"。《左傳》："萬，盈數也。"萬物之屯，故曰盈也。

屯者，物之始生也；物生必蒙，故受之以蒙。蒙者，蒙也，物之穉也；物穉不可不養也，故受之以需。需者，飲食之道也；飲食必有訟，故受之以訟。

《禮記》："天地和同，草木萌動。"屯象草之出地，故曰"物之始生"。《爾雅》："太歲在甲曰閼逢，在乙曰旃蒙。"此即屯蒙之義也。《家語》："人始生而有不具者五焉：目無見，不能食，不能行，不能言，不能化。"所謂"物生必蒙"也。《詩》："衆穉且狂。"又："彼有不獲穉。"人之少、禾之幼，皆曰穉也。《爾雅》："冥，幼也。幼，鞠穉也。"幼稚者冥昧，故曰蒙者物之穉也。《禮記》："安萌芽，養幼少。毋殺孩蟲、胎、夭、飛鳥。毋麛，毋卵。"物之幼稚，當養之時，體天地生物之心也。《孟子》："拱把之桐梓，人苟欲生之，皆知所以養之者。"穉者必遂其生。《詩》："去其螟螣，及其蟊賊，無害我田穉。"穉者必防其害，故曰"物穉不可不養也"。《孟子》："助之長者，揠苗者也。非徒無益，而又害之。"故養必"受之以需"。《禮記》："飲養陽氣，食養陰氣。"物之所需以養者雨露，人之所需以養者飲食。《禮記》："鄉飲酒之義，主人迎賓，三揖而後至階，三讓而後升，所以致尊讓也；盥洗揚觶，所以致絜也；拜至、拜洗、拜受、拜送、拜既，所以致敬也。君子尊讓則不争，絜敬則不慢，故聖人制之以道。"飲食之道，貴於需也。《詩》："民之失德，乾餱以愆。"《禮記》："豢豕爲酒，非以爲禍也，而獄訟益繁，則酒之流生禍也。"此飲食爲訟之原也。《大戴禮》："刑罰之源，生於嗜欲。"故曰"飲食必有訟"。

訟必有衆起，故受之以師。師者，衆也。衆必有所比，故受之以比。

比者，比也。

《左傳》："凡有血氣者，皆有争心。"故曰"訟必有衆起"。《孟子》："争地以戰，殺人盈野。争城以戰，殺人盈城。"争地争城，訟之大者，所以受之師也。《孟子》："天下朝覲訟獄者，不之堯之子而之舜。""衆必有所比"之謂也。《孟子》："'天下惡乎定？'曰：'定於一。''孰能一之？'曰：'不嗜殺人者能一之。'"衆之所比者也。《周禮·夏官·大司馬》："制軍，萬有二千五百人爲軍。王六軍，大國三軍，次國二軍，小國一軍。軍將皆命卿。二千有五百人爲師，師帥皆中大夫。五百人爲旅，旅帥皆下大夫。百人爲卒，卒長皆上士。二十五人爲兩，兩司馬皆中士。五人爲伍，伍皆有長。"師者，衆也，衆正之義。《周禮·地官·大司徒》："令五家爲比，使之相保；五比爲閭，使之相受；四閭爲族，使之相葬；五族爲黨，使之相救；五黨爲州，使之相賙；五州爲鄉，使之相賓。""比者，比也"，相親之義。

比必有所畜，故受之以小畜。物畜然後有禮，故受之以履。履而泰然後安，故受之以泰。

《左傳》："天生民而立之君，使司牧之。"《孟子》："今有受人之牛羊而爲之牧之者，則必爲之求牧與芻矣。"君之牧民，如人之牧牛羊。比必有畜，言其待養於上也。《孟子》："制其田里，教之樹畜。"此畜之義也。養其生，故曰小畜。《周禮》："委人掌斂野之賦斂薪芻，凡疏材木材，凡畜聚之物。以稍聚待賓客，以甸聚待羈旅。凡其餘聚，以待頒賜。"此"物畜然後有禮"之義也。《周禮》："凡庶民不畜者，祭無牲。"《孟子》："鷄豚狗彘之畜無失其時，七十者可以食肉矣。"養生送死之禮皆有取於畜也。《禮記》："修身踐言，謂之善行。行修言道，禮之質也。"禮之所以爲履，言人之所履也。《禮記》："人有禮則安，無禮則危。"禮者，德之基。履而泰，然後安之義也。《禮記》："安上治民，莫善於禮。"上天下澤，分定則安也。

泰者，通也。物不可以終通，故受之以否。物不可以終否，故受之以同人。與人同者，物必歸焉，故受之以大有。有大者，不可以盈，故受之以謙。有大而能謙必豫，故受之以豫。

《禮記》："禮樂刑政四達而不悖，則王道備矣。"所謂"泰者，通也"。《禮記》："大道之行也，天下爲公，不獨親其親，不獨子其子。此之謂大同。今大道既隱，天下爲家，各親其親，各子其子，故謀用是作而兵由此起。"天道有循環，人事有更變，故曰"物不可終通而受之否"也。《孟子》："天下之生久矣，一治一亂。"泰否之相爲循環也。《孟子》："如其道，則舜受堯之天下不以爲泰。"不可終通，亦防其泰之甚者也。《孟子》："大舜有大焉，善與人同，樂取於人以爲善。"此"與人同"之義也。《詩》："人之云亡，邦國殄瘁。"所以爲否。《書》："予有亂臣十人，同心同德。予有臣三千，惟一心。"所以爲同人。《論語》："鳥獸不可與同羣，吾非斯人之徒與而誰與？天下有道，丘不與易也。"故曰"物不可終否而受之同人"也。同人次否之義也。《孟子》："天下大悦而將歸已。"此"物必歸"之義也。《孟子》："伯夷、大公辟紂，聞文王作，曰：'盍歸乎來？吾聞西伯善養老者，是天下之父歸之也。天下之父歸之，其子焉往？'"此物必歸者之所以爲大有也。《論語》："興滅國，繼絶世，舉逸民，天下之民歸心焉。"大有次同人之義也。《論語》："管仲之器小哉！管氏有三歸，焉得儉。邦君樹塞門，管氏亦樹塞門；邦君爲兩君之好有反坫，管氏亦有反坫。管氏而知禮，孰不知禮？"器小易盈，不能以有大也。《書》："志自滿，九族乃離。"故曰"有大者，不可以盈"也。《孝經》："滿而不溢，所以長守富也。"故曰"有大而能謙必豫"也。

豫必有隨，故受之以隨。以喜隨人者必有事，故受之以蠱。蠱者，事也。有事而後可大，故受之以臨。臨者，大也。

《孟子》："吾王不遊，吾何以休？吾王不豫，吾何以助？""豫必有隨"之義也。《孟子》："《詩》曰：'天之方蹶，無然泄泄。'泄泄猶沓沓也。"怠緩悦從，以喜隨人，必有事，此其所以蠱者也。《孟子》："國家閒暇，及是時，明其政刑，雖大國必畏之矣。今國家閒暇，及是時，般樂怠敖，是自求禍也。"般樂怠敖之謂蠱，明其政刑之謂事。凡國家之敗壞，皆事之所當振救者。故曰"蠱者，事也"。《書》："有能奮庸，熙帝之載。使宅百揆，亮采惠疇。"此臨之有事也。《孟子》："君子創業垂統，爲可繼也。"《中庸》："夫孝者，善繼人之志，善述人之事者也。"此"有事而後可大"之義也。《禮記》："臨諸侯曰有天王某甫。”以上臨下，以大臨小。凡言臨，皆大者之事，故曰“臨者，大也”。

物大然後可觀，故受之以觀。可觀而後有所合，故受之以噬嗑。嗑者，合也。物不可以苟合而已，故受之以賁。賁者，飾也。致飾然後亨，則盡矣，故受之以剥。剥者，剥也。

《左傳》：“凡物不足以講大事，其材不足以備器用，則君不舉焉。君舉必書。書而不法，後嗣何觀？”“物大然後可觀”之義也。《説文》引《易》：“地可觀者，莫可觀於木。”蓋以地中生木言之。今《易》無此文，亦即可觀之義。《書》：“七世之廟，可以觀德。萬夫之長，可以觀政。”“可觀而後有所合”之義也。《禮記》：“禮者殊事，合敬者也。樂者異文，合愛者也。”合者，心理之同也。《孟子》：“口之於味也有同耆焉，至於心獨無所同然乎？心之所同然者何也？謂理也、義也。理義之悦我心，猶芻豢之悦我口。”故曰“嗑者，合也”。《禮記》：“有直情而徑行者。”此苟合之謂也，故不可。《論語》：“道之以政，齊之以刑，民免而無恥。道之以德，齊之以禮，有恥且格。”噬嗑曰用獄，齊刑之民免者苟合也。賁曰化成，齊禮之格者大同也。此“物不可苟合而受以賁”之義也。《禮記》：“凡摯，天子鬯，諸侯圭，卿羔，大夫雁，士雉，庶人之摯匹。童子委摯而退。野外軍中無摯，以纓、拾、矢，可也。”上下之合必以賁也。《禮記》：“七介以相見也，不然則已慤；三辭三讓而至，不然則已蹙。”賓主之合必以賁。《禮記》：“男女非受幣，不交不親。”男女之合必以賁。此皆不可苟合之義也。《禮記》：“飾羔雁者以繢。”故曰“賁者，飾也”。《禮記》：“夫樂者，先王之所以飾喜也。軍旅鈇鉞者，先王之所以飾怒也。”致飾之義如此。《書》：“享多儀，儀不及物，惟曰不享。”《孟子》：“恭敬者，幣之未將者也。”文太過而無實，致飾之亨則盡也。《禮記》：“管仲鏤簋而朱紘，難爲上也。”《論語》：“季氏八佾舞於庭，孰不可忍也？”致飾之極必有冒上無等之嫌，所以剥也。

物不可以終盡，剥窮上反下，故受之以復。復則不妄矣，故受之以无妄。有无妄然後可畜，故受之以大畜。

《孟子》：“牛山之木嘗美矣，斧斤而伐之，可以爲美乎？是其日夜之所息，雨露之所潤，非無萌櫱之生焉。”是物不可以終盡也。斧斤之伐，窮上也。萌櫱之生，反下也。故曰“受之以復”。《禮記》：“窮本知變，樂之情也。著誠去僞，禮之經也。”窮上反下，所以爲復。《孟子》：“反身而誠，樂莫大焉。”“復則不妄”之義也。《大學》：“所謂誠其意者，毋自欺也，如惡惡臭，如好好色，此之謂自謙。富潤屋，德潤身，心廣體胖，故君子必誠其意。”“无妄然後可畜”之義也。養其德，故曰大畜。

物畜然後可養，故受之以頤。頤者，養也；不養則不可動，故受之以大過。物不可以終過，故受之以坎。坎者，陷也；陷必有所麗，故受之以離。離者，麗也。

《書》：“德惟善政，政在養民。水火金木土穀惟修，正德利用厚生惟和。”此“物畜然後可養”之義也。兼養身養德言之。《禮記》：“養其身以有爲也。”《孟子》：“人有不爲也，而後可以有爲。”故曰“不養則不可動”。《孟子》：“其爲氣也，至大至剛。以直養而無害，則塞于天地之間。”自養之大過人者也。《孟子》：“以善養人，然後能服天下。”所養之大過人者也。《孟子》：“古之人所以大過人者，無他焉，善推其所爲而已矣。”此所以受之大過也。《論語》：“師也過，商也不及。子曰：‘過猶不及。’”故曰“物不可以終過”。《孟子》：“凶歲，子弟多暴，其所以陷溺其心者然也。”過中則陷，故受之以坎。《詩》：“汎汎楊舟，紼纚維之。”必有所麗，乃不至於陷也。

右上篇。乾南坤北，離東坎西，四正方位，對待之體也。上經之始终以之。

有天地，然後有萬物，有萬物然後有男女，有男女然後有夫婦，有夫婦然後有父子，有父子然後有君臣，有君臣然後有上下，有上下然後禮義有所錯。夫婦之道不可以不久也，故受之以恒。恒者，久也。

《中庸》：“君子之道造端乎夫婦，及其至也，察乎天地。”此可知男女之所自始也。《中庸》：“君臣也，父子也，夫婦也，昆弟也，朋友之交也，五者天下之達道也。”是其定位者也。《孟子》：“父子有親，君臣有義，夫婦有别，長幼有序，朋友有信。”是其相感者也。對君則以君臣爲先，立教則以父子爲先。易道陰陽原始，則以夫婦爲先也。《論語》：“上好禮則民莫敢不敬，上好義則民莫敢不服。”上下之相感也。自夫婦以推之，聖人之感天下皆明咸卦之義也。《左傳》：“禮之可以爲國也久矣，與天地並。君令而不違，臣共而不貳；父慈而教，子孝而箴；兄愛而友，弟敬而順；夫和而義，妻柔而正；姑慈而從，婦聽而婉。禮之善物也。”《禮記》：“凡人之所以爲人者，禮義也。禮義之始，在於正容體、齊顔色、順辭令。容體正，顔色齊，辭令順，而後禮義備。以正君臣、親父子、和長幼。君臣正，父子親，長幼和，而後禮義立。”此謂君臣、父子、男女、夫婦之禮義有所錯也。謂之錯者，《禮記》：“措則正，施則行。”是其義也。男女、夫婦，咸卦之正義。先言天地萬物本於乾坤，明其所由也；後言父子、君臣、上下，明其所致也。《穀梁傳》：“獨陽不生，獨陰不生。”夫婦之所自始也。《大學》：“家齊而後國治，國治而後天下平。”夫婦之所推暨也。《禮記》：“昏禮者，將合二姓之好，上以事宗廟，而下以繼後世也。”故曰“夫婦之道不可以不久”。《詩》：“君子偕老。”夫婦之久也。

物不可以久居其所，故受之以遯。遯者，退也。物不可以終遯，故受之以大壯。物不可以終壯，故受之以晋。晋者，進也。進必有所傷，故受之以明夷。夷者，傷也。傷於外者必反其家，故受之以家人。

《孟子》：“可以久則久，可以速則速。”行止隨時，故曰“物不可以久居其所”也。夫婦之道不可以不久者，《詩》：“女也不爽，士貳其行。士也罔極，二三其德。”情欲之感則懼其不終，對咸而言之也。又曰“不可久居”者，《書》：“臣罔以寵利居成功。”功成身退者，泛言物理之消息盈虚，對遯而言之也。《序卦》之義，無窮盡，無方體，於此可以推矣。《論語》：“鳥獸不可與同羣，吾非斯人之徒與而誰與？君臣之義如之何其廢之？”隱者一偏之行，故曰“物不可以終遯”。《左傳》：“師直爲壯。”壯則有進之義也。《左傳》：“勇則害上，不登於明堂。”進必有道，故曰“不可終壯”。《書》：“若跣弗視地，厥足用傷。”妄動則有傷，故曰“進必有所傷”也。《孟子》：“父子相夷則惡矣。”夷爲傷之義也。《禮記》：“心以體全，亦以體傷。”是妄動之戒也。《詩》：“死喪之威，兄弟孔懷。”《國語》：“《詩》云：‘兄弟鬩于牆，外禦其侮。’若是則鬩乃内侮，而雖鬩不敗親也。”以天屬者迫窮，禍患相收也，故曰“傷于外者必反其家”。《孝經》：“身體髮膚，受之父母，不敢毁傷。”反其家者，人窮反本之義。《孟子》："行有不得者，皆反求諸己。"亦可以明自反之義。《詩》："終遠兄弟，謂他人父。謂他人父，亦莫我顧。謂他人母，亦莫我有。謂他人昆，亦莫我聞。"受之以家人，親親之義也。

家道窮必乖，故受之以睽。睽者，乖也。乖必有難，故受之以蹇。蹇者，難也。物不可以終難，故受之以解。解者，緩也。

《左傳》："賤妨貴，少陵長，遠間親，新間舊，小加大，淫破義，所謂六逆也。""家道窮必乖"，逆之謂也。《孟子》："父子之間不責善，責善則離，離則不祥莫大焉。"乖必有難之義也。家道離必起於婦人，睽次家人之義也。《詩》："婦有長舌，維厲之階。"《書》："牝鷄司晨，惟家之索。""乖必有難"之義也。《左傳》："齊仲孫湫來省難，曰：'不去慶父，魯難未已。'"故曰"物不可以終難"。《左傳》："晋人以難，故欲立長。君曰置善，則固事長則順，立愛則孝，結舊則安。有此四德，難必抒矣。"《注》："緩也。"難緩則除也。

緩必有所失，故受之以損。損而不已必益，故受之以益。益而不已必決，故受之以夬。夬者，決也。決必有所遇，故受之以姤。姤者，遇也。

《孟子》："民事不可緩也。《詩》云：'亟其乘屋，其始播百穀。'"故曰"緩必有所失"。《論語》："學如不及，猶恐失之。"急猶恐失，而況緩乎！此其所以損也。《大學》："'如切如磋'者，道學也。'如琢如磨'者，自修也。"此"損而不已必益"之義。《國語》："防民之口，甚於防川。川壅而潰，傷人必多。"此"益而不已必決"之義。《詩》："高岸爲谷，深谷爲陵。"損益循環之理也。《家語》："孔子讀《易》，至於《損》《益》，喟然而歎。曰：'夫自損者，必有益之；自益者，必有決之。道彌益而身彌損。夫學者損其自多，以虛受人，故能成其滿博也。天道成而必變，凡持滿而能久者，未嘗有也。'"此即二卦相承之義。《爾雅》："水決之澤爲汧，決復入爲汜。"故曰"決必有所遇"也。《詩》："逝將去女，適彼樂土。"決於此者過於彼，此姤之所以次夬也。

物相遇而後聚，故受之以萃。萃者，聚也。聚而上者謂之升，故受

之以升。升而不已必困，故受之以困。困乎上者必反下，故受之以井。

《左傳》："不期而會曰遇。"故曰"物相遇而後聚"也。《孟子》："出於其類，拔乎其萃。"聚必以類，故曰"萃者，聚也"。《禮記》："拾級聚足，連步以上。"聚而上者，此其象也。《論語》："公叔文子之臣大夫僎與文子同升諸公。"聚而升之義也。《禮記》："孝子不登高，懼辱親也。"此知"升而不已必困"之義。《左傳》："大叔命西鄙、北鄙貳於己，又收貳以爲己邑。子封曰：'厚將得衆。'公曰：'厚將崩。'"所謂"升而不已必困"者也。《禮記》："進人若將加諸膝，退人若將墜諸淵。""困乎上者必反下"之義也。《中庸》："人皆曰：'予知驅而納諸罟擭陷阱之中而莫之知辟也。'"受之以井，爲困者戒，正爲升者戒也。

井道不可不革，故受之以革。

《周禮》："爲其井匽，除其不蠲，去其惡臭。"井有污濁，故不可不革。《書》："舊染污俗，咸與惟新。"革之道所以取諸升也。

革物者莫若鼎，故受之以鼎。主器者莫若長子，故受之以震。震者，動也；物不可以終動，止之，故受之以艮。艮者，止也；物不可以終止，故受之以漸。漸者，進也；進必有所歸，故受之以歸妹。得其所歸者必大，故受之以豐。豐者，大也。

《禮記》："上古茹毛飲血，後聖有作，脩火之利，以炮以燔，以亨以炙。"此革物以鼎之義也。《左傳》："楚子問鼎之大小輕重焉。王孫滿曰：'成王定鼎于郟鄏，卜世三十，卜年七百，天所命也。周德雖衰，鼎之輕重，未可問也。'"鼎爲受命之符，故曰主器。《書》："惟爾元孫某，是有丕子之責于天。"長子主器之義也。《禮記》："人生而静，天之性也。感於物而動，性之欲也。"震之動必得其正也。《書》："慮善以動，動惟厥時。"故曰"物不可以終動"。《孟子》："今又倍地而不行仁政，是動天下之兵也。王速出令，則猶可及止也。"不可動者，必止之事也。《中庸》："君子遵道而行，半塗而廢，吾弗能已矣。"事之不可止者，故又曰"物不可以終止，故受之以漸"。《孟子》："其進鋭者，其退速。"漸者，進之道也。《孟子》："國君進賢，如不得已。"可以明漸進之義。《孟子》："原泉混混，不舍晝夜，盈科而後進，放乎四海。”此“進必有所歸”之義。《詩》：“維鵲有巢，維鳩居之。之子于歸，百兩御之。”進必有歸者，女之適人、臣之事主皆是也。故受之以歸妹。《左傳》：“陳敬仲奔齊。初，懿氏卜妻敬仲，曰：‘有嬀之後，將育于姜。八世之後，莫之與京。’”得其所歸必大，豐次歸妹之義也。《詩》：“豐年多黍多稌。”故曰“豐者，大也”。《左傳》：“赫赫楚國，而君臨之。”臨之大，以莅衆言之。豐之大，以物盛言之。

窮大者必失其居，故受之以旅。旅而無所容，故受之以巽。巽者，入也。

《國語》：“任重享大者必速及。”“窮大必失其居”之義也。《左傳》：“齊慶封奔吴。吴子之朱方富於其舊。穆子曰：‘天其殃之也。’”淫人富，謂之殃[3]。又：“秦伯之弟鍼出奔，其車千乘。司馬侯曰：‘子之車盡於此而已乎？’對曰：‘此之謂多矣！若少此，吾何以得見？’”窮大之所以失居也，故皆及於旅。《左傳》：“太子申生曰：‘被此名也以出，其誰納我？’”“旅而无所容”之謂也。《左傳》：“晋公子乞食於野人，野人與之塊，公子怒。子犯曰：‘天賜也。’拜而受。”旅無所容而受以巽之義也。《論語》：“言忠信，行篤敬，雖蠻貊之邦行矣。”處旅之道，貴於巽順，則无不可入。《禮記》：“入竟而問禁，入國而問俗。”旅之道如是，故曰“巽者，入也”。

入而後説之，故受之以兑。兑者，説也。説而後散之，故受之以涣。涣者，離也。

《論語》：“巽與之言，能無説乎？”兑之所以次巽。《孟子》：“仁言不如仁聲之入人深也，善政不如善教之得民也。”人情相拒則怒，相入則説，故曰“入而後説之”也。《詩》：“駕言出遊，以寫我憂。”涣之所以次兑。《孟子》：“東面而征西夷怨，南面而征北狄怨。民之望之，若大旱之望雨也。如時雨降，民大説。”人情憂則鬱結，説則舒散，故曰“説而後散之”也。《孟子》：“壯者散而之四方者幾千人矣。”故曰“涣者，離也”。

物不可以終離，故受之以節。節而信之，故受之以中孚。有其信者必行之，故受之以小過。

《詩》：“有女仳離，嘅其嘆矣。”離則終於叛散，“不可終離”之義也。《禮記》："先王之制禮樂，人爲之節。衰麻哭泣，所以節喪紀也。鐘鼓干戚，所以和安樂也。昏姻冠笄，所以别男女也。射鄉食饗，所以正交接也。"受之以節，人情之所以不相離也。《孟子》："行乎中國，若合符節。""節而信之"之義也。《孟子》："上無道揆也，下無法守也。朝不信道，工不信度。"節制於外，信孚於中。受之以中孚者，《論語》："民無信不立。"是其義也。《書》："有其善，喪厥善。"有其信，則自恃其信。《論語》："由也好勇過我，無所取材。"豈非信之過者哉？《論語》："言必信，行必果，硜硜然小人哉！"有其信者必行之，所以爲小過也。

有過物者必濟，故受之以既濟。物不可窮也，故受之以未濟終焉。

《書》："必有忍，其乃有濟。"過恭過儉，亦足以矯世，故曰"有過物者必濟。"《論語》："奢則不孫，儉則固。與其不孫也寧固。"是過猶期於有濟也。時事至於既濟。曰"物不可窮"者，《書》："既生魄。"盈則將闕。天時之既濟，不可窮之理也。《詩》："既生既育，比予于毒。"安則忘舊。人事之既濟，不可窮之理也。《孟子》："學不厭智也，教不倦仁也。仁且智，夫子既聖矣。夫聖，孔子不居。"聖人之學，不敢曰既仁且智，是義理之無窮也。《書・堯典》："帝曰：'朕在位七十載，汝能庸命，巽朕位。'"《舜典》[4]："帝曰：'格汝禹！朕宅帝位，三十有三載，耄期倦于勤，汝惟不怠，總朕師。'"帝王之道，不敢曰已。治已安，是政化之無窮也。《論語》："蘧伯玉欲寡其過而未能也。"又："子謂顏淵曰：'吾見其進也，未見其止也。'"《孟子》："文王望道而未之見。"《中庸》："子曰：'所求乎子以事父未能也，所求乎臣以事君未能也，所求乎弟以事兄未能也，所求乎朋友先施之未能也。'"受之以未濟，皆物不可窮之義也。篇中自終通，終否終盡，終過終遯，終壯終難，終動終止，皆曰不可。至物不可窮，而曰以未濟終焉。蓋人必常存未濟之心，則身心家國莫不有無窮之事，而一息不容稍懈者，終則有始，天行也。未濟之終正所以復於健行不息之始。乾之統天，於是乎在六十四卦之義，於兹一以貫之矣。卦之相次，皆曰受之者，《左傳》："傳序相受。"《序卦》之文，實有其相承之義也。

右下篇。震東兑西，離南坎北，四正方位流行之用也。《咸》兑居上，《恒》震居上，《既濟》坎居上，《未濟》離居上，下篇之始終以之。

《序卦》二篇，自然之序也。《繫傳》云："其初難知，其上易知。初辭擬之，卒成之終。雜物撰德，非其中爻不備。”蓋中爻之辭，其義猶有錯出，而初、上則相貫之義曉然。不但一卦之初終相貫，而六十四卦之初終皆相貫。篇内言“故受之”者，多初爻之義；言“物不可以終”者，多上爻之義。此《序卦》之文，皆明本經卦爻相承之義。蓋嘗繹經文而得之也。《乾》，陽之健也。初潛龍爲微陽。二見，三陽，四躍，五飛，皆言陽之健。至上“亢龍有悔”，陽極矣。則必反於純陰，故《坤》次之。《坤》，陰之順也。初履霜爲微陰。二直方，三含章，四括囊，五黄裳，皆言陰之順。至上“龍戰于野”，陰又極矣。則必陰陽相和，故《屯》次之。“屯者，盈也”，即“雷雨之動滿盈”也。“物之始生”，即“剛柔始交而難生”也。初盤桓，屯之難也。三无虞，二四班馬，五屯膏，皆言屯之難。至上“泣血漣如”，與坤戰血之傷同。陰陽之氣猶未舒。所謂“物生必蒙”也，故《蒙》次之。“蒙者，物之稺”，即“童蒙求我”者也。初發蒙曰“用説桎梏”，承“泣血”言，所以啓其屯也。二包蒙、三勿取、四困蒙、五童蒙，皆言養蒙之義。至上擊蒙，則過矣。“不利爲寇”，所謂“物稺不可不養”也，故《需》次之。需者，須也。初需郊，遠於險者，承禦寇言。二需沙，三需泥，四需血，漸近於險。致寇之戒於三明之。五需于酒食，得養之正者，飲食之道也。至上不速之客，則非飲食之客矣。所謂“飲食必有訟”也，故《訟》次之。訟者，争也。初“不永所事，有言終吉”，即承“敬之終吉”言。二四不克訟，三食舊德，五元吉，皆明不争之義。至上鞶帶三褫，訟之終凶。所謂“訟必有衆起”也，故《師》次之。師者，衆也。初“師出以律”，承鞶帶言。二之三錫與訟之三褫異者，以衆正，非以私争也。三輿尸、四左次、五帥師，皆明衆正之義。至上“開國承家”，則列爵分土之時矣。所謂“衆必有所比”也，故《比》次之。比者，比也。初有孚，二比自内，四外比之，五顯比，即大君之有命者。三比匪人，即小人之勿用者。至上“比之无首”，則無所比矣。所謂“比必有所畜”也，故《小畜》次之。畜者，養也，止也。初復自道，二牽復，承无首言，能反正者也。三説輻，四血去，五有孚，皆言畜之漸通。至上“既雨既處”，則畜極而通矣。所謂“物畜然後有禮”也，故《履》次之。履者，禮也。初素履，承“君子征凶”言，欲其安於履也。二履坦，三四履虎，五夬履，皆以履剛爲戒。至上“視履考祥”，所謂“履而泰，然後安”也，故《泰》次之。泰，通也，即“天地交而萬物通”也。初拔茅征吉，君子道長，承視履之吉言。二中行、三艱貞，皆君子之彙。四翩翩小人，猶不能害正。五元吉，泰交之主也。至上“城復于隍”，所謂“物不可終通”也，故《否》次之。否，閉塞也。天地不交而萬物不通也。初拔茅貞吉，小人道長，承復隍之亂言。二包承、三包羞，皆小人之彙。四離祉，君子又將濟時。五休否，撥亂之主也。至上“先否後喜”，所謂“物不可終否”也，故《同人》次之。同人，“上下交而其志同”也。初于門，二于宗，欲上同者。五相遇，欲下同者。三伏戎、四乘墉，皆阻其同者。先號後笑，正承《否》上之先否後喜言。至上

"同人于郊"，則隱逸者皆同，如伯夷、大公之歸，所謂"與人同者，物必歸"也，故《大有》次之。大有者，所有之大也。初无交害與于郊无悔同，言有之在下與同之在遠者一也。二以載，三用亨，四匪彭，有之漸。六五厥孚，至上天祐，所謂有大而能謙必豫，即"天道禍盈而福謙"者。故《謙》次之。有大者不可以盈。謙者，有而不居也。初謙謙君子，曰終吉，承自天祐之吉言。二鳴謙，三勞謙，四撝謙。五不言謙，即"柔得尊位尊而光"者也。至上之鳴謙，和之極爲豫也，故《豫》次之。豫者，和樂也。初鳴豫，承鳴謙言。鳴謙者，福謙。鳴豫者，禍盈也。二介石，三雖盱豫，尚可有悔。四由豫，五雖貞疾，尚可不死。至上冥豫，則不能自持矣。所謂"以喜隨人者必有事"，故《隨》次之。隨者，從也。初官有渝，承成有渝言。豫必有隨，冥欲其變，隨之者亦欲其變也。二係小子，三係丈夫，四隨有獲，皆欲其隨於正。五孚于嘉，隨之主也。至上拘係從維，隨道之極至矣，故《蠱》次之。蠱者，壞極而有事也。初曰幹蠱，義無可辭，正承拘係從維而言也。二、三、五曰幹，四曰裕，皆以有事爲義。至不事王侯，與拘係從王之義異矣。所謂"有事而後可大"也，故《臨》次之。臨者，臨下也。剛浸而長者，大也。初、二咸臨，皆有臨下之事，與高尚者又異矣。三甘臨，不當位。四至臨，當位。五知臨，則臨之主也。至上敦臨，則臨之大者極矣。所謂"物大而後可觀"也，故《觀》次之。觀者，在上而爲人所仰也。上之臨者大，則下之觀者遠。初童觀、二闚觀，皆承敦臨而言也。三觀生、四觀國，皆下之觀上。五觀我生，至上觀其生，皆上之觀下也。所謂"可觀而後有所合"也，故《噬嗑》次之。噬嗑者，物有間者合之也，故以用獄爲義。初之屨校滅趾，即觀生之志未平者。二噬膚、四噬腊、四噬胏、五噬肉，皆言用獄之事。至上荷校滅耳，則終不能合矣。所謂"物不可以苟合"也，故《賁》次之。賁者，飾也。夫罪大惡極，滅耳之禍由於滅趾，齊之以刑不如齊之以禮。初之賁趾，以文治治之也。二賁須、三賁濡、四賁皤、五賁丘園，文治之盛矣。至白賁，則又歸於質。所謂"致飾然後亨則盡"者，故《剥》次之。剥者，落也。初、二、四皆曰剥牀，三曰剥之，皆飾之太過而有犯上之患者，承白賁而言也。貫魚則無剥之患矣。至上碩果不食，所謂"物不可以終盡"者，故《復》次之。復者，陽復生也。剥而即復。初不遠復，承碩果而言。二休復、三頻復、四獨復、五敦復，則漸復於陽矣。至上迷復，不能見天地之心矣。往吉，所謂"復則无妄"也，故《无妄》次之。无妄，誠也。《復》之上曰"不克征"，《无妄》之初曰"往吉"。二曰利往、三有災、四可貞、五无妄之疾，皆以誠處之也。至上行有眚，又匪正矣。所謂"必无妄然後可畜"也，故《大畜》次之。大畜，畜之大者。初有厲利己即爲有眚者畜之也。二説輹、三輿衛、四牿牛、五豶豕，皆言畜之道。至上何天之衢，畜極而大通。不家食者，所謂"物畜然後可養"也，故《頤》次之。頤者，養也。初舍靈龜，承何天衢而言，不知不家食之義也。二顛頤、三拂頤，皆失養者。四顛頤、五拂經，皆得養者。至上由頤，則養道之成矣。所謂“不養則不可動”也，故《大過》次之。大過，大者過也。初藉用白茅，承上由頤厲吉，居高任重，必由謹小慎微也。二五枯楊，三棟撓凶，四棟隆吝，皆言其過。至上過涉滅頂，與《頤》之利涉大川者異矣。所謂“物不可以終過”也，故《坎》次之。坎者，陷也。初、三入坎，即過涉之凶也。二小得，四納約，五不盈，不至於陷矣。至上係用徽纆，則陷于罪矣。所謂“陷必有麗”也，故《離》次之。離者，麗也。初履錯之敬，三日昃之嗟，四突如之焚，即叢棘之戒也。二、五之吉，麗之正也。至上王用出征，是所以化成天下者。下篇《咸》之始，曰“禮義有所錯”，則亦相承而言之也。

下篇“有天地然後有男女”，仍首乾坤之義。咸者，感也，本乎天地之交。初咸拇，感之淺者。二咸腓、三咸股、四憧憧，皆非感之正。五咸脢，感之善者。至上咸其輔頰舌，婦言是用，咸之道廢矣。所謂“夫婦之道不可以不久”也，故《恒》次之。恒者，久也。初浚恒，欲速不達，即咸其輔頰舌以言感而求深者。二悔亡、三承羞、四无禽、五婦吉，皆爲无恒者戒。至上振恒之凶，則人之不能守常者。所謂“物不可以久居其所”也，故《遯》次之。遯者，退也。初遯尾，退之後者，與振恒動之速者正相反。二執之、三係遯、四好遯、五嘉遯，皆明遯之爲義。至上肥遯，則惟以遯爲事矣。所謂“物不可終遯”也，故《大壯》次之。大壯，陽之壯也。初曰壯趾，遯之肥必至進之壯，相循環之理也。二、四貞吉，三用罔，五喪羊，皆以壯爲戒者。至上觸藩，則壯極而反，不能進矣，故《晋》次之。晋者，進也。初晋如摧如，即觸藩之不能退遂者。二愁如，正而不能進。四鼫鼠，進而不能正。三、五悔亡，退而得正。至上晋其角，則進而不知止矣。所謂“進必有所傷”也，故《明夷》次之。夷者，傷也。初垂其翼，即晋其角之傷也。二左股、三南狩、四入腹、五利貞，皆言處夷之道。至上登天入地，此正言明之夷者。國之本在家，所謂“傷於外者必反其家”也，故《家人》次之。家人，一家之人。初閑有家，言國之失守則由於家之失防也。二中饋、三嗃嗃、四富家、五假家，皆言正家之義。至上有孚威如，則言家之本在身，不可忽矣。所謂“家道窮必乖”也，故《睽》次之。睽者，乖也。初悔亡，見惡无咎，正承威如而言。勿逐自復，即反身之義也。二遇巷、三曳輿、四交孚、五噬膚，皆言始睽終合之義。至上負塗載鬼，所謂乖必有難也，故《蹇》次之。蹇者，難也。初往蹇來譽，往蹇即先張之弧，來譽即後説之弧也。二蹇蹇、三來反、四來連、五朋來，皆言濟蹇之義。至上往蹇來碩，蹇之成功，所謂“物不可終難”也，故《解》次之。解者，難之散也。初之无咎，即來碩之吉。二獲狐、三致寇、四解拇、五有解，皆言解難之義。至上射隼，則解悖之宜急者，所謂“緩必有所失”也，故《損》次之。損者，減損也。初遄往，承射隼而言。興利除害，皆宜速也。二利貞、三得友、四損疾、五或益，皆言以損致益之義。至上弗損益之，所謂“損而不已必益”也，故《益》次之。益者，增益也。初大作，即得臣无家者。二享帝、三告公、四中行、五有孚，皆言益之爲義。至上莫益或擊，所謂“益而不已必決”也，故《夬》次之。夬，決也。初壯前趾，即立心勿恒者也。二惕號、三遇雨、四次且、五莧陸，皆言夬之宜決。至上无號有凶，小人之決必矣。所謂“決必有所遇”也，故《姤》次之。姤者，遇也。小人既決，宜遇君子，而遇又不可不慎也。初繫金柅，羸豕之凶，仍當以无號者爲戒。二、四有魚无魚，三无膚，四包瓜，遇與不遇，皆以不正爲戒。至上姤其角，而遇之道又窮矣。所謂“遇必有所聚”也，故《萃》次之。萃者，聚也。初有孚不終，即姤其角之窮者。二引吉、三嗟如、四大吉、五萃有位，皆言萃之爲義。至上齎咨涕洟，則求萃之誠矣。所以“聚而上者謂之升”也，故《升》次之。升者，進而上也。初之允升，即齎咨涕洟之以誠通者。二利禴、三升虚、四用享、五升階，皆言升之爲義。至上冥升而不知止，所謂“升而不已必困”也，故《困》次之。困者，窮也。初困株木，入幽谷，即冥升者。二困酒食、三困蒺藜、四困金車、五困朱紱，困雖不同，皆言處困之義。至上困于葛藟，則困之極者。所謂“困上必反下”也，故《井》次之。井者，穴地出水也。初井泥，即《困》之臲卼者。二井谷、三井渫、四井甃、五井洌，皆明井之爲用。至上井收，而井道大成矣。然自井泥不食，必井甃而後可食，所謂“井道不可不革”也，故《革》次之。革者，變革也。初鞏用，與《井》之勿幕同義，言革之不可遽革也。二已日、三革言、四改命、五虎變，皆言變革之義。至上豹變，而革之道成矣。所謂“革物莫若鼎”也，故《鼎》次之。鼎者，烹飪之器也。初之出否，小人之革面也。二鼎實有疾、三鼎革、四鼎折，皆爲鼎之阻者。至五、上金鉉玉鉉，則鼎之用得矣。所謂“主器莫若長子”也，故《震》次之。震者，動也。震初之虩虩、啞啞，即玉鉉之主器者。二喪貝、三无眚、四遂泥、五无喪，皆言震動之義。至上索索矍矍，則動而不安矣。所謂“物不可終動”也，故《艮》次之。艮者，止也。艮其趾，承征凶而言也。二艮腓、三艮限、四艮身、五艮輔，皆言止之爲義。至敦艮，而止之義極矣。所謂“物不可終止”也，故《漸》次之。漸者，進也。初漸干，承敦艮言，終必慎其始也。二漸磐、三漸陸、四漸木、五漸陵，皆進而上之義。至上漸陸，則進以序矣。所謂“進必有所歸”也，故《歸妹》次之。歸妹，女之嫁也。初以娣承羽儀，言有序之謂也。二幽人、三以須、四愆期、五袂良，皆言歸妹之必以正。至上无實无血，則不得所歸矣。所謂“得其所歸者必大”也，故《豐》次之。豐者，大也。初遇配主，承上士女而言，配則有所歸也。二、四豐蔀，三豐沛，皆豐之蔽。五來章不蔽，所以有慶。至上豐屋，則蔽之極矣。闃户无人，所謂“窮大者必失其居”也，故《旅》次之。旅者，羈旅也。初旅瑣瑣，即闃其无人，三歲不覿者。二即次、三焚次、四旅處、五譽命，言旅之由困而亨者。至上焚巢，所謂“旅而无所容”也，故《巽》次之。巽者，入也。初之進退，焚巢之象也。二牀下，三頻巽，四、五悔亡，皆言巽之爲義。至上喪其資斧，仍承旅之義言，則無所入矣。所謂“入而後説之”也，故《兑》次之。兑者，説也。初和兑，承巽在牀下而言，和乃巽之正也。二孚兑、三來兑、四商兑、五孚剥，皆言説必以道。至上引兑，則説之不以道也。所謂“説而後散之”也，故《涣》次之。涣者，散也。初用拯馬壯，援之以道，正與引兑者反。二奔机、三涣躬、四涣羣、五涣號，皆言聚涣之義。至上血去逖出，害雖遠而人心散矣。所謂“物不可終離”也，故《節》次之。節者，有限而止也。初不出户庭，即遠害之義。二不出門庭、三不節則嗟、四安節、五甘節，皆明節之爲義。至上苦節，而守節之道極矣。所謂“節而信之”也，故《中孚》次之。孚者，信也。初有他不燕，即苦節之義。二鶴鳴、三得敵、四月幾望、五有孚攣如，皆言孚之爲義。至上翰音登天，則又信之極而不知變矣。所謂“有其信者必行之”也，故《小過》次之。小過，陰之過也。初飛鳥以凶，即翰音登于天者也。二過祖、三過防、四過遇、五密雲，皆過而不過者。至上弗遇過之，則陰過之極矣。所謂“有過物者必濟”也，故《既濟》次之。既濟，事之既成也。初曳輪濡尾，承飛鳥離之言，未敢即云濟也。二喪茀、三伐國、四衣袽、五禴祭，皆得濟之道者。至上濡其首厲，則又濟之極矣。所謂“既濟，物不可窮”也，故《未濟》次之。初濡其尾，承濡其首言。濡其首者不知極，濡其尾者亦不知極，皆以明濟之道也。二曳輪，三征凶，四、五貞吉，皆言未濟之義。至上有孚飲酒，而濡首之戒與既濟同，蓋未濟終焉之意皆不可以既濟自足也。

雜卦傳

乾剛坤柔，比樂師憂。臨觀之義，或與或求。

《左傳》：“屯固比入，坤安震殺。”以一字斷卦義，古筮書多有之。《雜卦》是其義也。《左傳》：“天爲剛德。”所謂剛健中正也，故曰“乾剛”。《詩》：“柔嘉維則。”所謂柔順利貞也，故曰“坤柔”。《繫傳》曰：“乾，陽物也。坤，陰物也。陰陽合德而剛柔有體。”又曰：“剛柔者，立本者也。”乾坤，剛柔之本，諸卦之剛柔皆本於乾坤，故始曰“乾剛坤柔”，於《夬》終之曰“剛決柔”，此一篇之大旨也。《詩》：“洽比其鄰，昏姻孔云。”比則相親樂之義也。《論語》：“必也臨事而懼。”師則有險憂之義也。《孟子》：“樂天者保天下。”建國親侯，比之所以樂也。《孟子》：“勞之來之，匡之直之，輔之翼之，聖人之憂民如此。”容民畜衆，師之所以憂也。《孟子》："樂以天下，憂以天下。"師、比通乎天下，憂樂之大者也。《孟子》："文王發政施仁。"惠之所被臨下者，所以有與之義。《論語》："譬如北辰，居其所而衆星共之。"衆之所仰觀上者，所以有求之義。《孟子》："天與之，人與之。"知臨而民歸之，下亦有與之義也。《詩》："遹求厥寧，遹觀厥成。"觀民而上先之，上亦有求之義也。《詩》："皇矣上帝，臨下有赫。鑒觀四方，求民之莫。乃眷西顧，此維與宅。"臨觀之義，或與或求，可即天道而知之矣。

屯見而不失其居，蒙雜而著。

《孟子》："窮不失義，故士得己焉；達不離道，故民不失望焉。"窮即居之謂，達即見之謂。濟屯者建侯，必居以磐桓，故曰"見而不失其居"也。《論語》："互鄉童子見，子曰：'人潔己以進，與其潔也，不保其往也；與其進也，不與其退也。'"蒙之進者，雜也；蒙之潔者，著也。發蒙者，刑人必説其桎梏，故曰"蒙雜而著"也。

震，起也。艮，止也。損益，盛衰之始也。大畜，時也。无妄，災也。

《孟子》："鷄鳴而起。"起者，動之初，故震曰起。《禮記》[5]："高山仰止。"止者，静之終，故艮曰止。《禮記》："若有迅雷，雖夜，必興衣服冠而坐。"恐懼修省，即象震之起也。《大學》："'綿蠻黄鳥，止于丘隅。'子曰：'於止知其所止，可以人而不如鳥乎？'"思不出其位，即象艮之止也。《禮記》："生氣方盛。"益之始。《禮記》："五十始衰。"損之始。《書》："滿招損，謙受益。""得臣无家"，損又爲益之始。"莫益，或擊"，益又爲損之始。故曰"損益，盛衰之始也"。《孟子》："彼一時也，此一時也。五百年必有王者興，其間必有名世者。以其時考之，則可矣。""何天之衢"，畜極而通之時也。《論語》："陽貨曰：'懷其寶而迷其邦，可謂仁乎？好從事而亟失時，可謂知乎？日月逝矣，歲不我與！'孔子曰：'諾！吾將仕矣。'"畜其德而待時者，人也。畜其德而時不可知者，天也。故曰"大畜，時也"。《左傳》："人火曰火，天火曰災。"无妄之災，非自作之孽也。《中庸》："愚而好自用，賤而好自專。生乎今之世，反古之道，如此者烖及其身者也。"妄而取災者，人也。无妄而災者，天也。故曰“无妄，災也”。《左傳》：“天反時爲災。”故災與時對言。

萃聚而升不來也，謙輕而豫怠也。噬嗑，食也。賁，无色也。

《詩》：“妻子好合，如鼓瑟琴。兄弟既翕，和樂且耽。”觀於家而可見萃則聚之情。《禮記》：“歌於斯，哭於斯，聚國族於斯。”知聚之義，則知萃之不可亂也。《詩》：“麾之以肱，畢來既升。”又：“日之夕矣，羊牛下來。”觀於物而可見升則不來之象。《爾雅》：“不俟，不來也。”《註》：“不可待，是不復來。”此即其義。《左傳》：“貴而知懼，懼而思降，乃得其階。”知不來之義，則知升之不可冥也。《孟子》：“何哉君所爲輕身以先於匹夫者？”見賢爲謙。不知謙之義者，反以爲輕，謙近於輕也。謙尊而光，則謙之正矣。《爾雅》：“豫、射，厭也。”即有怠義。《書》：“無時豫怠。”樂志爲豫。不知豫之義者，必至於怠，豫流於怠也。“由豫，大有得”，則豫之正矣。《左傳》：“以小人之腹爲君子之心，屬厭而已。”求飽非食之正，故曰“噬嗑，食也”。《中庸》：“《詩》云：‘衣錦尚絅。’惡其文之著也。”見美非色之正，故曰“賁，无色也”。《禮記》：“甘受和，白受采。”此食色之正也。《孟子》：“告子曰：‘食色，性也。’孟子曰：‘口之於味也，目之於色也，性也。有命焉，君子不謂性也。’”此可以明食與无色之義。《孟子》：“既飽以德，言飽乎仁義也，所以不願人之膏粱之味也。令聞廣譽施於身，所以不願人之文繡也。”頤中有物，所謂食者，豈徒口腹乎？白賁无咎，所謂无色者，不更文明乎？

兑見而巽伏也。

《孟子》：“睟然見於面。”陰見於外。兑之爲口，即見之義，所謂和兑之吉。然容悦則必當戒矣。《禮記》：“寢毋伏。”又：“羽者嫗伏。”陰伏於下。巽之爲股，爲鷄，皆伏之義。所謂“巽在牀下”。然過巽則又當戒矣。

隨，无故也。蠱，則飭也。

《書》：“俾予從欲以治，四方風動，惟乃之休。”“庶事康哉”，孚于嘉之時也，故曰“隨，无故”。《周禮》：“百工飭化八材。”“萬事墮哉”，幹蠱之時也，故曰“蠱，則飭”。《禮記》：“再始以著往，復亂以飭歸。”飭者，有謹飭之義，有整飭之義。曰“則飭”者，不可宴安，不可因循，正承“隨，无故”而言也。

剥，爛也。復，反也。晋，晝也。明夷，誅也。

《公羊傳》："梁亡，自亡也，魚爛而亡。"注："梁峻法，百姓俱去，若魚爛然。"故曰"剥者，爛也"。《孟子》："梁惠王以土地之故，糜爛其民。"五陰之潰，所以有剥之象也。《書》："卒乃復。"終而必復，反之義也。《孟子》："大甲賢，又反之。"一陽之復，所以有反之象也。《詩》："日之方中。"明出地者，晝之象也。謂之晝者，《左傳》："天子當陽，諸侯用命。""晝接"之義也。《春秋》："日有食之。"明入地者，明夷之象也。謂之誅者，《禮記》："陽事不得，適見於天，日爲之食。"所謂初登天而後入地，誅適之義也。《書》："既月乃日，覲回岳羣牧，頒瑞于羣后。"晋晝是揖讓之時也。《孟子》："誅其君而弔其民，民大悦。"明夷是征誅之時也。

井通而困相遇也。

《左傳》："塞井夷竈。"井用則通，不用則塞。曰通即坎爲通之義，與《泰》之通義有大小也。《孟子》："方里而井。井九百畝，八家皆私百畝，同養公田。"井之濟人，無所不通，井養不窮之義也。《詩》："嘅其歎矣，遇人之艱難矣。"遇之艱者曰困，相遇之義，與《姤》之遇順逆不同也。《孟子》："吾之不遇魯侯，天也。臧氏之子焉能使予不遇哉?"君子之困，以天自信。朱紱金車，君子之遇亦以天自必也。

咸，速也。恒，久也。

《論語》："草上之風必偃。"感之速也。《中庸》："至誠無息，不息則久。"恒之久也。《孟子》："德之流行，速於置郵而傳命。"速之義也。《孟子》："舜相堯二十有八載，施澤於民久。"久之義也。《禮記》："聖人築爲宫室，設爲宗祧，以别親疏遠邇，教民反古復始，不忘其所由生也。衆之服自此故聽且速也。"此咸之所以速也。《孟子》："由湯至於武丁，賢聖之君六七作，天下歸殷久矣，久則難變也。其故家遺俗、流風善政，猶有存者。"此恒之所以久也。《論語》："夫子之得邦家者，所謂立之斯立，道之斯行，綏之斯來，動之斯和。"感人心而天下和平。咸速者，此其徵矣。《論語》："善人爲邦百年，亦可以勝殘去殺矣。"又："如有王者，必世而後仁。"久於其道而天下化成。恒久者，此其徵矣。

涣，離也。節，止也。解，緩也。蹇，難也。睽，外也。家人，内

也。否、泰，反其類也。大牡則止。遯則退也。

《詩》："河水清且漣猗。"渙象風之散木，故曰離。《左傳》："商兆民離，周十人同。"得位上同，同則不離也。《書》："彭蠡既豬。"節象澤之瀦水，故曰止。《禮記》："以三十年之通制國用，量入以爲出。"止則有節也。《禮記》："以敌止樂。"此節止之義，言止之用與艮止之體不同也。《禮記》："其樂心感者，其聲嘽以緩。"解有舒緩之義。赦過宥罪，緩刑也。《左傳》："食其禄，不辟其難。"蹇有患難之義。反身修德，行乎患難也。《禮記》："取妻不取同姓。"又："百世而婚姻不通者，周道然也。"以同而異，即"睽，外也"之義。《禮記·内則》："子事父母，婦事舅姑。"以言有物而行有恒，即"家人，内也"之義。《國語》："昔摯、疇之國也由大任，杞、繒由大姒，齊、許、申、吕由大姜，陳由大姬，是皆内利親親者也。昔鄢之亡也由仲任，密須由伯姞，鄶由叔妘，聃由鄭姬，息由陳嬀，鄧由楚曼，是皆外利離親者也。"《睽》之二女不相得，即離視而外利者。家人之正位乎内，即親親而内利者。《孟子》："越人關弓而射之，則己談笑而道之；無他，疏之也。其兄關弓而射之，則己垂涕泣而道之；無他，戚之也。"此亦睽外、家人内之義。《論語》："君子成人之美，不成人之惡。小人反是。"《中庸》："君子中庸，小人反中庸。"泰内君子，外小人。否内小人，外君子。君子小人必相反，是反其類之義也。《左傳》："天反時爲災，地反物爲妖，民反德爲亂。"天地上下之不交，陰陽剛柔之外内。凡反其類者，皆由乎"否之匪人"也。《泰》"拔茅以其彙"，《否》"拔茅以其彙"，彙者，類也。此曰反其類，可以證泰、否拔茅之不同類矣。《禮記》："武壯而不可樂也。"故曰止。陽盛則君子之勢足以勝小人。而曰"大壯則止"者，《論語》："以道事君，不可則止。"難進之義，壯趾之戒也。《論語》："陳力就列，不能者止。"故曰退。陰盛則君子之勢不足以勝小人。而曰遯則退者，《孟子》："孟子致爲臣而歸。"易退之義，遯尾之戒也。

大有，衆也。同人，親也。革，去故也。鼎，取新也。小過，過也。中孚，信也。豐，多故。親寡，旅也。

《公羊傳》："天子之居，必以衆大之辭言之。"故曰"大有，衆也"。《左傳》："以此衆戰，誰能禦之？"師之衆，以軍旅言之。《書》："受天明命，以有九有之師。”大有之衆，則以天下言之也。《書》：“雖有周親，不如仁人。”故曰“同人，親也。”《書》：“分寶玉於伯叔之國，時庸展親。”比之親以分誼言之。《中庸》：“凡有血氣者莫不尊親。”同人之親，則以其德言之也。《論語》：“汎愛衆而親仁。”則知親之與衆，又有分矣。《周禮》：“凡察革之道，眡其裏，欲其易也；眡其朕，欲其直也。”革取諸變，是爲去故。虎變、豹變，皆去故之義也。《書》：“人惟求舊，器非求舊，惟新。”鼎爲重器，是以取新。金鉉、玉鉉，皆取新之義也。《書》：“宥過無大刑，故無小非。”出於故者，祇謂之過也。《論語》：“君子之過也，如日月之食焉。過也，人皆見之。更也，人皆仰之。”過恭過儉，皆君子之過，無所文飾而然也。《左傳》：“信不由衷，質無益也。”有孚在中者，乃謂之信也。《大學》：“與國人交，止於信。”孚乃化邦，是君子之信以至誠相與者也。《禮記》：“不豐也，不殺也。”豐殺有宜。豐而不殺，則盈滿之患生，是以多故。《左傳》：“驕奢淫泆，所自邪也。四者之來，寵禄過也。”又：“國家之敗，由官邪也。官之失德，寵賂章也。”家國之豐，所以多故者，此其義也。《左傳》：“不有行者，誰捍牧圉？”行而無與，則羈旅之勢孤，故曰親寡。《大學》：“亡人無以爲寶，仁親以爲寶。”旅人之念尤切於親也。《孟子》：“寡助之至，親戚畔之。”親寡則必至於旅。《左傳》：“惠懷無親，外内棄之。”若此者，又由親寡而至於旅，非僅□文也。

離上而坎下也。

《書》：“木曰潤下，火曰炎上。”此離上坎下之義也。《孟子》：“人無有不善，水無有不下。”習坎者，防坎之凶，所以戒之於初。《書》：“無若火始燄燄，厥攸灼。”履錯者，防突如之患，所以戒之於始。

小畜，寡也。履，不處也。

《孟子》：“一薛居州，獨如宋王何？”以一陰畜五陽，其勢不敵，故曰寡。《孟子》：“一日暴之，十日寒之，吾見亦罕矣，吾退而寒之者至矣。”明乎風天之義者，自度某力。寡，所以明畜之小也。《詩》：“不遑啓處。”以一陰履五陽，共象不寧，故曰不處。《論語》：“富與貴，是人之所欲也。不以其道得之，不處也。”明乎天澤之義者，自安其分。不處，所以明履之爲禮也。

需，不進也。訟，不親也。大過，顛也。姤，遇也，柔遇剛也。漸，

女歸待男行也。頤，養正也。既濟，定也。歸妹，女之終也。未濟，男之窮也。夬，決也，剛決柔也；君子道長，小人道憂也。

《論語》："君子可逝也，不可陷也。"見險不陷，所以爲"需，不進"之義也。《詩》："雖速我獄，室家不足。雖速我訟，亦不女從。"有孚而窒，所以爲"訟，不親"之義也。《詩》："顛沛之揭，枝葉未有害，本實先撥。"《左傳》："國將亡，本必先顛，而後枝葉從之。"大過，本末之弱，顛之象也。棟橈、枯楊皆以滅木取義也。《周禮》："中春，令會男女，奔者不禁。"會男女者，姤之遇。奔者，柔遇剛之不正也。勿用取女，此之謂矣。《詩》："俟我於著乎而，俟我於庭乎而，俟我於堂乎而。"待男行者，女歸之吉也，故義取於漸。《孟子》："飲食之人，無有失也，則口腹豈適爲尺寸之膚哉!"觀其所養，頤之貴於養正也。《禮記》："百年曰期頤。"蒙之養正在始基，頤之養正在終身也。《書》："震澤底定。"治定功成，如水之定，故曰"既濟，定也"。《孟子》："天下惡乎定？曰：定于一。"又："瞽瞍底豫而天下之爲父子者定。"君臣父子皆本於乾坤定位，定之爲義，所謂剛柔正而位當也。《孟子》："良人者，所仰望而終身也。"故曰"歸妹者，女之終也"。《禮記》："壹與之齊，終身不改。"漸之女歸正其始，歸妹之終正其終也。《左傳》："其濟，則君之靈也。不濟，則以死繼之。"故曰"未濟，男之窮也"。《論語》："道不行，乘桴浮於海。"夫子即未濟，男之窮者，而終以濟時爲念，所謂"雖不當位，剛柔應也"。《孟子》："老而無妻曰鰥，老而無夫曰寡，老而無子曰獨，幼而無父曰孤。天下之窮民而無告者，文王發政施仁，必先斯四者。"女之終，男之窮，天地陰陽之缺陷，聖人必有以補之也。《禮記》："分争辨訟，非禮不決。"剛決柔者，皆以道正之也。《書》："任賢勿貳，去邪勿疑。"決斷之至。孚號者，君子之道長。无號者，小人之道憂。堯、舜之治，不外乎是也。本傳以乾剛坤柔始，而以《夬》之剛決柔終者，《未濟》剛柔失位，決之而復於乾，則剛柔皆得其道。《雜卦》之義，猶《序卦》之義也。《序卦》之復於乾，復乎乾之用也。《雜卦》之復於乾，復乎乾之體也。

【校記】

〔1〕瘠，疑當作"瘏"。

〔2〕孟子，《續四庫》本作空格。

〔3〕“淫人富，謂之殃”句，非《左傳》文，底本及《續四庫》本均誤與前文同字號。

〔4〕《舜典》，應爲《大禹謨》。

〔5〕《禮記》，應爲《詩經》。“高山仰止”語出《小雅·車舝》。

周易引經通釋卷十

黄岡李鈞簡輯註　男澍滋校字

釋　圖

《繫辭傳》曰："河出圖，洛出書，聖人則之。"此言聖人本圖、書以作《易》之旨也。漢孔安國云："伏羲氏則河圖以畫八卦，禹因洛書第之以成九類，演易陳疇，後世多分屬之。"案：《洪範》一篇皆言易之理。《明夷》之彖曰："文王以之，箕子以之。"其義坦然明白，故圖、書皆作《易》之原也。《傳》又曰："易有大極，是生兩儀，兩儀生四象，四象生八卦。"此即所謂建天地陰陽之情以爲易者，明畫卦之本也。曰河圖，曰洛書，曰大極，曰兩儀，曰四象，曰八卦，八卦有流行方位，有對待方位，凡七圖。其餘方圓錯綜，古今諸儒各以其意圖之，可以推類，至於無窮，而實亦不出於其外經之所未言者，存而不論可也。作《釋圖》。

河圖

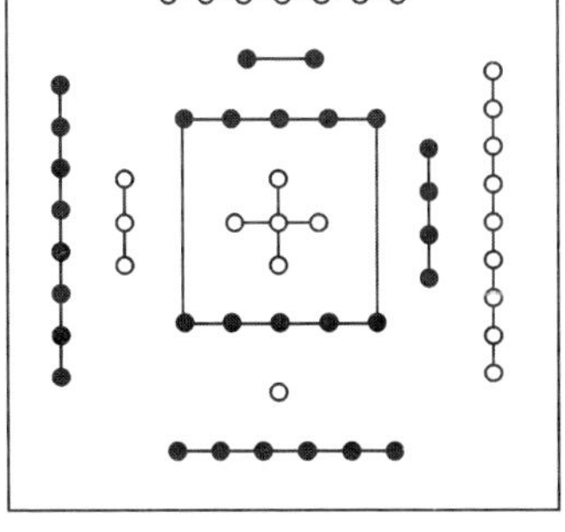

河圖圖

《禮記》:“天降甘露,地出醴泉,山出器車,河出馬圖。”《論語》:“河不出圖。”此可以知河圖爲自然之形也。河圖本乎乾。《書》:“導河積石,至於龍門。”河自西北而來,乾之位也。河圖圓者,言流行之用,龍馬負之,其象動,合乎流行八卦方位即此。邵子曰“用在天地先”是也。謂之圖者,如《周禮》土地之圖,名物象數之所自出也。

釋河圖説

《説卦傳》[1] 曰:“天一地二,天三地四,天五地六,天七地八,天九地十。天數五,地數五,五位相得而各有合。天數二十有五,地數三十。凡天地之數五十有五。此所以成變化而行鬼神也。”一六在下,天一生水,地六成之也;二七在上,地二生火,天七成之也;三八在左,天三生木,地八成之也;四九在右,地四生金,天九成之也;五十居中,天五生土,地十成之也。此河圖之數也。一三五七九,奇也,陽也,天數五也;二四六八十,耦也,陰也,地數五也。一與六,二與七,三與八,四與九,五與十,五位之相得而各有合也。一三,七九,二四,六八,四方相次,是爲相得。一六,二七,三八,四九,四方相交,是爲有合。總一三五七九之數,天數二十有五也;總二四六八十之數,地數三十也。是凡天地之數五十有五也。五行之生成,所以成變化也。二氣之互根,所以行鬼神也。《傳》又曰:“大衍之數五十,其用四十有九。分而爲二,以象兩。揲之以四,以象四時。歸奇于扐,以象閏。五歲再閏,故再扐而後掛。”河圖中宮,天五地十,以天乘地,大衍之數也。一三五者,天數;二四者,地數。所謂“參天兩地而倚數”,以生數舉成數也。其用四十有九,其一不用,渾然之中不見其用,即易之大極也。分二者,兩儀也。三才者,人居其中。《禮記》:“人者,天地之德,陰陽之交，鬼神之會，五行之秀氣也。”是體乎兩儀者也。揲四爲四時者，四象也。再閏者，歲時之餘。《禮記》：“播五行於四時，和而後月生也。是故三五而盈，三五而闕。”氣盈朔虛，皆以月推之而後置閏，和乎四時者也。《説卦傳》曰：“帝出乎震，齊乎巽，相見乎離，致役乎坤，説言乎兑，戰乎乾，勞乎坎，成言乎艮。”出之一字，言流行之用，動之義也。此河圖之位也。木數在東，震巽以之。火數在南，離以之。土數在中，貫乎四季。夏之生無不成，坤在西南以之。冬之終則有始，艮在東北以之。金數在西，兑以之。乾在西北，亦以之。水數在北，坎以之。有圖而後畫卦，有卦而後成易，此易之本於圖也。

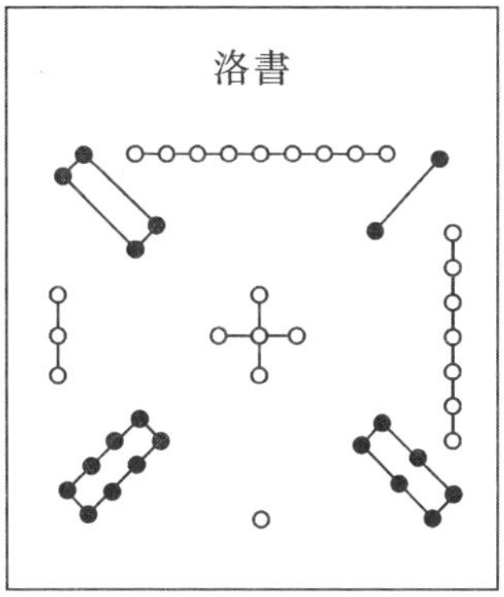

洛書圖

《書》：“惟十有三祀，王訪於箕子。箕子曰：‘天錫禹洪範九疇，彝倫攸叙。’”此可以知洛書爲自然之數也。洛書本乎坤。《書》：“我乃卜澗水東、瀍水西，惟洛食；我又卜瀍水東，亦惟洛食。”洛在土中，坤之位也。洛書方者，言對待之體，靈龜負之，其象静，合乎對待八卦方位即此。邵子曰“體在天地後”是也。謂之書者，如《周書》六書之文，點畫形聲之所自始也。

釋洛書説

《周禮・龜人》："掌六龜之屬，天龜曰靈屬，地龜曰繹屬，東龜曰果屬，西龜曰雷屬，南龜曰獵屬，北龜曰若屬，各以其方之色與其體辨之。"《注》："俯者靈，仰者繹，前弇果，後弇獵，左倪雷，右倪若。"洛書，神龜所負，其象蓋兼天地東西南北而言。戴九履一者，即俯仰之象也，戴天而履地也。左三者，左倪之雷。右七者，右倪之若。左右相向之象也。前弇果者，東龜之前，二四爲肩之象也。後弇獵者，南龜之郤，六八爲足之象也。九一三七爲四正，二四六八爲四隅，五居其中，十環於外，是天數五，地數五，與河圖無異也。一三五七九天數，亦二十有五也。九一、三七、二四、六八合之皆十。居中之五，奇耦之會，陰陽之合，亦爲十。地數亦有三十也，與河圖無異也。一與六相連在北，二與七相連在西，三與八相連在東，四與九相連在南，五居中央，四正四隅皆十數，亦五位相得而各有合也。四正四隅皆十，以五乘十，亦大衍之數五十也。《説卦傳》曰："天地定位，山澤通氣，雷風相薄，水火不相射，八卦相錯。""定"之一字，言對待之體，静之義也。此洛書之位也。《洪範》：一、五行，地之質也。九、五福，六極，天之命也。三、八政，明則有禮樂也。七、稽疑，幽則有鬼神也。二、五事，人之五官也。八、庶徵，天之六氣也，上下相應者也。四、五紀，天時之運也。六、三德，人性之秉也，亦上下相應者也。五、皇極，執中之用也。易之乾兑金、離火、震巽木、坎水、艮坤土，遠取諸物者，象五行也；乾首、坤腹、震足、艮手、坎耳、離目、巽股、兑口，近取諸身者，象五事也。自《離》至《夬》十三卦之義，象八政也。觀文察變、治歷明時、日見斗、月幾望、三歲、十年、七日、八月之數，象五紀也。曰剛曰柔，象三德也。曰卜曰筮，象稽疑也。雷風山澤水火，仰觀俯察者，象庶徵也。吉凶悔吝，象福極也。易之大極，天地陰陽之本，在君爲皇極之象也。易道莫備於此，此易之本於洛書也。謹案：用在天地先，體在天地後，體用循環，先後爲一，圖書在上古，一時並出，所謂“河出圖，洛出書，聖人則之”者，即伏羲之仰觀俯察也。禹與文王皆因而演之者，截然分之，未見其據。《書》：“鯀湮洪水，汨陳其五行；帝乃震怒，不畀洪範九疇。禹乃嗣興，天乃錫禹洪範九疇。”鯀曰“汨陳五行”，禹曰“水火金木土穀惟脩”。汨與修，必非前無所因者，是洪範九疇自堯以前已有之。曰“不畀”，猶言天奪之。曰“乃錫”，猶言天啓之。對文甚明，非至禹時而洛書始出，此實其明證也。且河圖爲流行方位，未有無體而能運者；洛書爲對待方位，未有無用而能立者。竊以爲其理同具，其象同出，體用一致之義如此，經傳之文可以無疑矣。

釋河圖洛書通説

漢劉歆云：“河圖洛書，相爲經緯。八卦九章，相爲表裏。”關子明云：“河圖之文，七前六後，八左九右。洛書之文，九前一後，三左七右，四前左，二前右，八後左，六後右。”朱子《啓蒙》引之。至於河圖、洛書，其數相合，古人言之者，不一其説。竊取諸經及本經之文釋之。乾南，坤北，離東，坎西，震東北，兑東南，巽西南，艮西北，此八卦之位原於洛書者，静之體也。離南，坎北，震東，兑西，巽東南，坤西南，艮[2]東北，乾西北，此八卦之位原於河圖者，動之用也。河圖合八卦方位者，用之爲流行也。洛書合八卦方位者，體之爲對待也。洛書曰“戴九履一”，戴天履地者，是乾南坤北也。乾爲金在上，坎爲水在下，天包乎地，地浮乎水之義也。“左三右七”，是離東坎西也。三爲木之生數，而離位之者。《山海經》：“湯谷上有扶桑，十日所浴，九日居下枝，一日居上枝。”日出扶桑。東字之文，即象日生於木者，日之體也。七爲火成數，而坎位之者，日月代明。《書》：“寅賓出日，平秩東作。寅餞納日，平秩西成。”日之功至西而成，月之功於是乎代。月借日之光，月之體也。“二四爲肩”者，巽西南，兑東南也。四爲金生數，兑位之者，從乾金在上。《詩·雲漢》爲章，澤之見於天者也，金之體也。二爲火生數，巽位之者，凡風皆出於火。《爾雅》："風與火爲庉。"《家人·象》亦曰"風自火出"，火即風之體也。"六八爲足"者，震東北，艮西北也。三爲木生數，震位之者，雷出地奮。《禮記》："春乃發聲。"木亦雷之體也。六爲水成數，艮位之者，水必輔山而行。《書》："導水必自山。"水即山之體也。《説卦傳》"天地定位"一節，可以明洛書畫卦之義。"定"之一字，言對待之體，所以爲静也。上乾下坤，"定位"也。西北艮，東南兑，"山澤通氣"也。東南多澤，西北多山也。東北震，西南巽，"雷風相薄"也。雷出於地，風行於天也。坎西離東，"水火不相射"也。水流濕，火就燥也。八卦錯居五行之位，故又曰"八卦相錯"也。傳又曰"鼓之以雷霆"，震東北，離正東，相連也，陽爲發生之氣也；"潤之以風雨"，巽西南，坎正西，相連也，陰爲滋息之氣也；"日月運行"，離東坎西，日月往來相推也；"一寒一暑"，艮西北，兑東南，山氣多寒，澤氣多暑，寒暑往來相推也；"乾道成男，坤道成女"，乾南坤北，乾父坤母，天地所以定位也。此一節又可以明洛書之義。此皆八卦之方位合於洛書者也。河圖曰："天一生水，地六成之；地二生火，天七成之"，是離南坎北也；"天三生木，地八成之；地四生金，天九成之"，是震東巽東南，兑西乾西北也；"天五生土，地十成之"，是艮東北坤西南也。《説卦傳》"帝出乎巽"一節，可以明河圖畫卦之義。"出"之一字，言流行之用，所以爲動也。"出震""齊巽"，東與東南也；"相見乎離"，南也；"致役乎坤"，西南也；"説言乎兑"，西也；"戰乎乾"，西北也；"勞乎坎"，北也；"成言乎艮"，東北也。傳又曰："雷以動之，風以散之"，震正東，巽東南，相連發生之機，動而育物之義也；"雨以潤之，日以晅之"，坎北離南相對，陰陽大用亦錯行代明之義也；"艮以止之，兑以説之"，艮西北，兑正西，相連收成之象，静而成物之義也；"乾以君之，坤以藏之"，乾西北坤西南相對，天地大，用亦大，始成物之義也。此一節又可以明河圖之義。此皆八卦之方位合於河圖者也。河圖以五生數統五成數。《左傳》"天生五材"，是言天之生也。《書》"百穀用成"，是言地之成也。《書》"平秩東作""平秩南訛""平秩西成""平在朔易”，是天時之生成也。《禮記》“萍始生，半夏生，農乃登麥，農乃登黍”，是地利之生成也。此可以明河圖生成之義。《繫傳》曰天曰大生，地曰廣生，故天地皆曰生也。“在天成象，在地成形”，故天地皆曰成也。洛書以四正數統四隅数。《書》“以殷仲春”“以正仲夏”“以殷仲秋”“以正仲冬”，天之四正也。《周禮》“正南曰荆州，正西曰雍州，正北曰并州，正東曰青州”，地之四正也。《詩》“綢繆束芻，三星在隅”，言天之隅也。《書》“至於海隅日出”，言地之隅也。此可以明洛書正隅之義。至於河圖洛書所以相合之故，尤有顯然而易明者。竊皆本諸經義以釋之。《禮記》：“五行之動，迭相竭也。五行四時十二月，還相爲本也。五聲六律十二管，還相爲宫也。五味六和十二食，還相爲質也。五色六章十二衣，還相爲質也。”凡本與宫與質者，五皆在中，皆自其中言之也者，天下之大本也。還之爲言旋也，河圖順旋，洛書逆旋。《家語》：“古之王者，易代改號，取法五行更王，終始相生。是以太皞配木，炎帝配火，黄帝配土，少皞配金，顓頊配水。”此五行之生序也。河圖洛書同之。圖自中五之土而生西方之金，金生北方之水，水生東方之木，木生南方之火，火又生中央之土，此順旋而生也。火在上，水在下，逆剋也。木在左，金在右，逆剋也。土在中，水在下，似乎順剋，而土無不在水之下者，亦逆剋也。是圖之順生而逆剋也。書自中五之土而剋北方之水，水剋西方之火，火剋南方之金，金剋東方之木，木又剋中央之土，此逆旋而剋也。金在水上，順生也。木在左，火在右，順生也。土在中，金在上，亦順生也。是書之逆剋而順生也。河圖順生而逆剋，洛書逆剋而順生，旋之爲義，見於經者甚明。後儒以圖書金火易位之處，遂欲更易其方，不知古今斷無改易經傳之説以就己見者，此愚見之所以遵經而不敢附會諸儒之旨也。《周禮・卝人》：“掌金玉錫石之地，而爲之厲禁以守之，若以時取之，則物其地圖而授之。”金出於土，此土之生金也。《山海經・西山經》：“石脆之山，其陰多銅，灌水出焉。英山，其陰多鐵，其陽多赤金，禺水出焉。”西本金方，金鐵之精，其液爲水，此金之生水也。《漢書》引《左傳》：“顓頊以水王，陳其族也。今兹歲在星紀，後五年在大梁。大梁，昴也。金爲水宗，得其宗而昌。”金之生水，是其義矣。《左傳》“百穀之仰膏雨也”，《孟子》“雨露之潤，非無萌櫱之生焉”，此水之生木也。《論語》“鑽燧改火”，此木之生火也。《周禮·掌炭》：“掌灰物、炭物之徵令，以時入之。”灰、炭皆山澤之所供，此火之生土也。是生之義，以土始，以土終也。《書》“九澤既陂”，《周禮》“以防止水”，《山海經》“鯀竊帝之息壤以治水”，此土之剋水也。《孟子》“仁之勝不仁也，猶水勝火”，此水之剋火也。《周禮》“爍金以爲刃”，《左傳》“火勝金”，此火之剋金也。《爾雅》“木謂之刻”，《孟子》“斧斤以時入山林”，此金之剋木也。《詩》“以我覃耜，俶載南畝”，此木之剋土也。是剋之義，以土始，以土終也。所以曰土始土終者，《易傳》終萬物、始萬物者，莫盛乎艮，故終始皆自於土也。生之序至火則剋金，而坤居西南以閒之，則土生金矣。剋之序至水則生木，而艮居東北以閒之，則土剋水矣。是生剋之循環而不已，皆土爲之也。《連山》首艮，《歸藏》首坤，即生剋皆始乎土之義，而《周易》實有以貫之也。河圖之自木而火，自火而土，自土而金，自金而水，以生爲次，此春夏秋冬之序。《禮記》“天有四時，春夏秋冬”是也，在天之用也。洛書之自木而金，自金而火，自火而水，以剋爲次，此仁義禮知之序。《孟子》“君子所性，仁義禮知根於心”是也，在人之體也。故曰河圖洛書之位合也。《洪範》五行，一曰水，二曰火，三曰木，四曰金，五曰土，是天一地二之義也。《書·大禹謨》“水火金木土穀惟脩”，是五行逆剋之序也，皆以水爲首。《禮記·月令》：“春盛德在木，夏盛德在火，中央盛德在土，秋盛德在金，冬盛德在水。”《爾雅》：“太歲在甲曰閼逢，在乙曰旃蒙，在丙曰柔兆，在丁曰彊圉，在戊曰著雍，在己曰屠維，在庚曰上章，在辛曰重光，在壬曰玄黓，在癸曰昭陽；在寅曰攝提格，在卯曰單閼，在辰曰執徐，在巳曰大荒落，在午曰敦牂，在未曰協洽，在申曰涒灘，在酉曰作噩，在戌曰閹茂，在亥曰大淵獻，在子曰困敦，在丑曰赤奮若。”是五行順生之序也，皆以木爲首。余言生剋始於土、終於土者，《禹謨》《洪範》言治水之義，則以水爲始。《書·禹貢》：“冀州，北方水也；青州、徐州、兗州，東方木也；揚州、荆州，南方火也；豫州，中央土也；梁州、雍州，西方金也。”自水始者，所以言治水之序也。《月令》《爾雅》言授時之義，則以木爲始。《禮記》：“春作，夏長，秋斂，冬藏。”自木始者，所以爲授時之序也。至若始終之大義，則必以土爲本也。《禹貢》首曰“禹敷土，隨山刊木，奠高山大川”，後曰“九山刊旅，九川滌源，九澤既陂，四海會同”，是剋之以土始終也。“冀州，厥土惟白壤，厥田惟中中”至“雍州，厥土惟黄壤，厥田惟上上”，是生之以土始終也。更足明其義矣。《書》“嶓冢導漾”，“岷山導江”，“導洛自熊耳”，“導渭自鳥鼠同穴”，此言水之生也。皆入於海，此言水之成也。《禮記》：“先王之祭川也，先河而後海，或原也，或委也。”原委者，水之生成也。《書》：“毋若火始燄燄厥攸灼。”此言火之生也；“若火之燎於原，不可嚮邇，其猶可撲滅”，此言火之成也。《周禮·司爟》：“掌行火之政令。四時變國火以救時疾。季春出火，民咸從之。季秋内火，民亦如之。”此火之生於地也。《司烜氏》：“掌以夫遂取明火於日，以共祭祀之明燭。”此火之生於天也。出内者，火之生成也。《禮記》：“句者畢出，萌者盡達。”此言木之生也。《詩》：“徂徠之松，新甫之柏。”此言木之成也。《詩》：“枝葉未有害，本實先撥。”本末者，木之生成也。《周禮·卝人》：“掌金玉錫石之地。”此言金之生也。《周禮》：“金有六齊：鐘鼎之齊、斧斤之齊、戈戟之齊、大刃之齊、削殺矢之齊、鑒燧之齊。”此言金之成也。《詩》：“取砺取鍛。”形器者，金之生成也。《論語》：“譬如爲山，未成一簣。譬如平地，雖覆一簣。”此言土之生也。《爾雅》：“丘：一成爲敦丘，再成爲陶丘，再成鋭上爲融丘，三成爲崑崙丘。”此言土之成也。《大戴禮》：“積土成山。”卑高者，土之生成也。五行生成之義如此，深切著明，圖書一以貫之矣。《禮記》：“麟凰龜龍，謂之四靈。”人爲萬物之靈，四者皆物也，而謂之靈者，以其通於人道也，故聖人有取焉。河出圖，龍馬負之。洛出書，龜負之。《左傳》：“少皡氏以鳥名官。鳳鳥氏，司曆也。”《論語》：夫子以“鳳鳥不至”“河不出圖”並言。《書》：“簫韶九成，鳳凰來儀。”《左傳·哀公十有四年》：“西狩獲麟。孔子見之，曰：‘麟也。’”所謂《韶》樂作而鳳儀，《春秋》作而麟至也。然則聖人之所以則圖書者，實有其感通發明之至理，豈虚誕之説所可託哉！

釋河圖數十洛書數九説

邵子曰：“圓者，星也。曆紀之數，其肇於此乎？方者，土也。畫州井地之法，其倣於此乎？”康節此説皆本於經而得之，因爲推衍其義。《書》：“同律度量衡。”數與曆通，故《洪範》五曰曆數。數者，一十百千萬也。度者，分寸尺丈引也。量者，龠合升斗斛也。權者，銖兩斤石鈞也。衡所以任權而均物也。度長短者不失豪氂，量多少者不失圭撮，權輕重者不失絫黍。十分爲寸，十寸爲尺。十合爲升，十升爲斗。十黍爲絫，十絫爲銖。紀於一，協於十，長於百，大於千，衍於萬，皆十數之積也。《左傳》：“天有十日，人有十等。”皆以十數爲紀者。又曰：“履端於始，舉正於中，歸餘於終。”河圖之數，十而十之，爲用無窮。原始要終之義具於此矣。《孟子》：“井九百畝，其中爲公田，八家皆私百畝。”田之在野外者以九起數。《爾雅》：“一達謂之道路，二達謂之歧旁，三達謂之劇旁，四達謂之衢，五達謂之康，六達謂之莊，七達謂之劇驂，八達謂之崇期，九達謂之逵。”《周禮》：“九經九緯，經除九軌。”路之在國中者以九起數。《書》：“九山刊旅，九川滌源，九澤既陂，九州攸同。”皆九數之積也。《詩》：“帝命式于九圍。”《書》：“以有九有之師。”皆以九數爲紀者。《周禮》：“以土圭之法測土深，正日景，以求地中。日至之景尺有五寸，謂之地中，天地之所合也，四時之所交也，風雨之所會也，陰陽之所和也，乃建王國焉。”洛書之數，九而九之，爲用無窮，居中馭外之義具於此矣。蓋河洛者，三代以上帝王之所都也。《書・禹貢》：“冀州，帝都之地，三面距河。”《周禮》：“兩河間曰冀州。”八州貢賦之道皆達於河。河爲天下之本，隆上都而觀萬國者在是。《召誥》：“大保朝至于洛，相宅。周公朝至于洛，達觀于新邑營。曰：‘王來紹上帝，自服于土中。’”洛爲天下之中，總八方而爲之極者在是。竊謂禹一治河，而東漸西被，朔南暨，以至地平天成，萬世永賴。周公一營洛，而明光上下，勤施四方，以能億萬年敬天之休。上古圖書之出，所以啓帝王之運、作《易》之本，其即治世之原也乎？

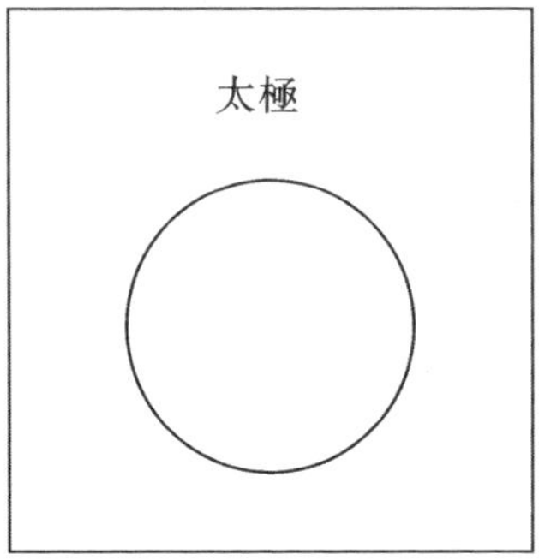

太極圖

《易繫傳》曰："易有太極。"朱子曰："太極者，象數未形，而其理已具之稱。形器已具，而其理無朕之目。"在河圖洛書，皆虛中之象也。是其象具於易書之中，所以曰"易有太極"。

釋太極圖説

天無所不統，《乾》之彖曰："大哉乾元。"大者，太之義也。地無所不承，《坤》之彖曰："至哉坤元。"至者，極之義也。太極即乾元、坤元，萬物所以資始、資生者。乾坤未分之初，渾然一理而已，是謂太極，是謂易有太極。《爾雅》："穹蒼，蒼天也。春爲蒼天，夏爲昊天，秋爲旻天，冬爲上天。"太之爲義，至高無上。《禮記》："太上貴德。"《左傳》："太上有立德。"言莫有前乎此者，所以爲太。《爾雅》："東至於泰遠，西至於邠國，南至於濮鈆，北至於祝栗，謂之四極。"《山海經》："帝使豎亥步自東極，至於西極。"極之爲義，至極無加。《大學》："君子無所不用其極。"言無復加乎此者，所以爲極。《老子》云："一生二。"又曰：

“有物混成，先天地生。”《莊子》云：“道在太極之先。”形容非不盡致，而談空説寂者遂託之以惑世。至以緯書説《易》者，如卦氣、納甲之類，尤不過術數之一端，於聖人通德類情之旨無與也，不若本諸經者之實而有據矣。

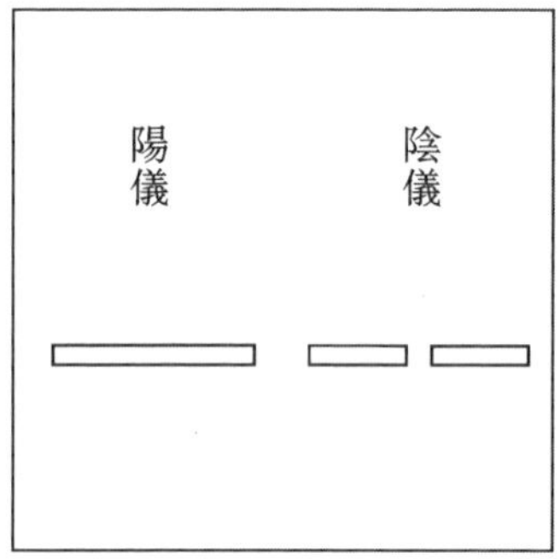

兩儀圖

《易繫傳》曰：“是生兩儀。”朱子曰：“太極之判，始生一奇一耦而爲一畫者二，是爲兩儀。其數則陽一而陰二，在河圖洛書則奇耦是也。”

釋兩儀説

《爾雅》：“儀，匹也。”陰陽相匹，故曰兩儀。《傳》曰：“一陰一陽之謂道。”又曰：“立天之道，曰陰與陽。”又曰：“分陰分陽。”又曰：“乾道成男，坤道成女。”又曰：“陽卦奇，陰卦耦。”自對待而言之，由人之男女以至於禽獸之雌雄牝牡皆是也。自流行而言之，由奇耦之相生以至於闔闢往來屈伸之相代皆是也。《左傳》曰：“有儀而可象謂之儀。”《中庸》：“優優大哉，禮儀三百，威儀三千。”盈天地者莫非儀也，而總不外於陰陽奇耦，是曰兩儀。

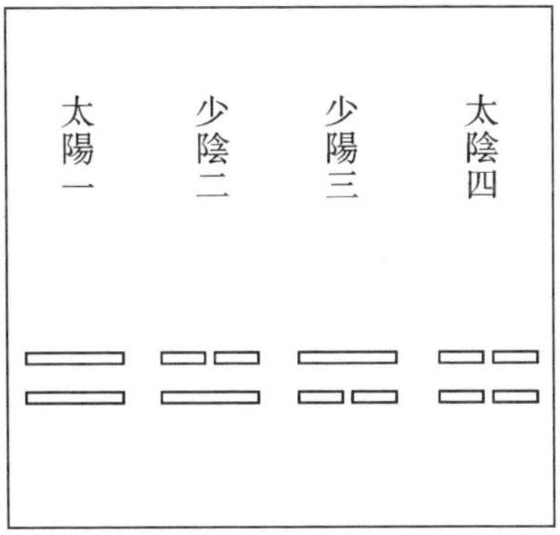

四象圖

《易繫傳》曰：“兩儀生四象。”朱子曰：“兩儀之上，各生一奇一耦而爲二畫者四，是謂四象。其位則太陽一，少陰二，少陽三，太陰四。其數則太陽九，少陰八，少陽七，太陰六。以圖言之，則六者一得五也，七者二得五也，八者三得五也，九者四得五也。以書言之，則九者十分一之餘也，八當十分二之餘也，七者十分三之餘也，六者十分四之餘也。”

釋四象圖説

四象者，太陽、少陰、少陽、太陰也，即九、八、七、六之謂。以天地日月爲四象者，對待之義也。《易・繫傳》曰“法象莫大乎天地，懸象著明莫大乎日月”是也。太陽太陰，即天地之體，九六之謂也。少陽少陰，即天地之用，七八之謂也。天地之用，莫大於日月水火也。以春夏秋冬爲四象者，流行之義也。《易・繫傳》曰“揲之以四，以象四時，變通莫大乎四時”是也。陽始於子而極於巳，春少陽而夏太陽；陰始於午而極於亥，秋少陰而冬太陰。其循環之用，又無窮也。

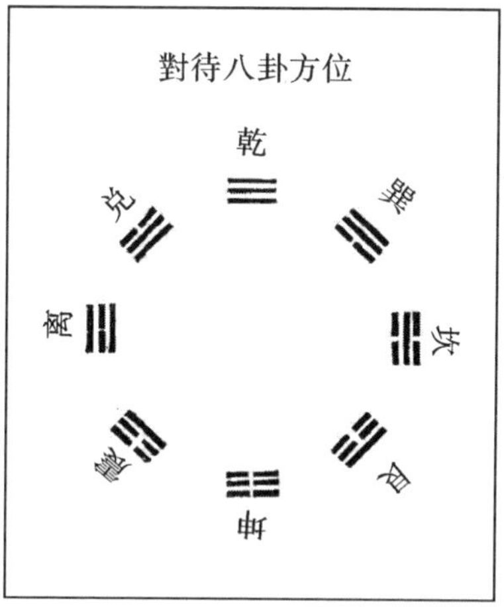

對待八卦圖

《易·繫傳》曰："四象生八卦。"朱子曰："四象之上，各生一奇一耦，而畫爲三畫者八，於是三才略具而有八卦之名。其位則乾一、兑二、離三、震四、巽五、坎六、艮七、坤八。在洛書則乾、坤、離、坎分居四方，兑、震、巽、艮分居四隅也。"

釋對待八卦方位圖説

此言天地之體。"天地定位，山澤通氣，雷風相薄，水火不相射"，此其義也。乾南坤北，上下之定位也。艮西北，兑東南，山澤之形有高下，其氣則相通也。震東北，巽西南，雷風之勢有起止，其聲則相薄也。離東坎西，水火不相射也。所謂對待之義也。"鼓之以雷霆"，震東北，離正東，相連也，陽爲發生之氣也。"潤之以風雨"，巽西南，坎正西，相連也，陰爲滋息之象也。"日月運行"，離東坎西，日月之往來相推也。"一寒一暑"，兑東南爲暑，艮西北爲寒，寒暑往來之相推也。"乾道成男，坤道成女”，天地之定位也。乾稱父，坤稱母，亦天地之定位也。壹索長男，再索中男，三索少男，坤交於乾，是以震東北，艮西北，皆依乎坤也。壹索長女，再索中女，三索少女，乾交於坤，是以巽西南，兑東南，皆依乎乾也。中男中女，坎離所以在中也。又案：天地生氣始於木，長男長女，故震巽皆木。兑從乾，故亦爲金。艮從坤，故亦爲土。離坤陰在中爲火，坎乾陽在中爲水。此亦可明封待之義。

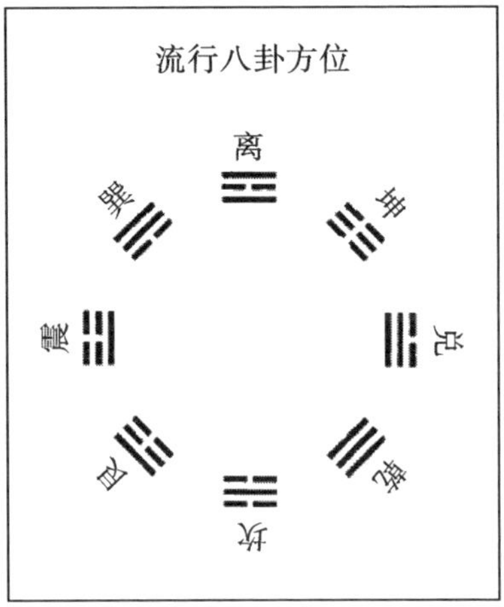

流行八卦圖

其位則離南、坎北、震東、兑西、乾西北、坤西南、巽東南、艮東北。在河圖則坎離震兑分居四實、乾坤艮巽分居四虚也。

釋流行八卦方位圖説

此言天地之用。“帝出乎震，齋乎巽，相見乎離，致役乎坤，設言乎兑，戰乎乾，勞乎坎，成言乎艮。”此其義也。“出乎震”，東方也。“齊乎巽”，東南也。故雷風曰“不相悖”。離，南方也。坎，北方也。故水火曰“相逮”。兑，西方也。艮，東北也。故山澤亦曰“通氣”。坤，西南也。乾，西北也。乾坤其易之門也，所謂流行之義也。八卦之配五行，乾兑爲金，坤艮爲土，震巽爲木，坎水離火。昔人謂水火以精用者一，木金土以形用者二。愚案：澤火《革》彖曰："水火相息。"是兑亦爲水也。山火《賁》彖皆曰文，是艮亦爲火也。《禮記·内則》："佩金燧、木燧。"火之出於石者，即金燧之遺。艮爲石，實火之體也。五行於八卦皆有二屬，附識於此。

釋八卦配五行説

八卦之配五行，自古相傳，既有成説，而其義之見於經者，亦可得而徵之。《説卦傳》乾爲金，坤爲地，巽爲木，坎離爲水火，其義固曉然矣。震之爲木，曰蒼筤竹，曰萑葦，其象可見。《禮記》："句者畢出，萌者盡達。"《書》："木曰曲直。"《解》之彖曰："雷雨作而百果草木皆甲坼。"是觀於曲直之義而知震之爲木矣。《書》："金曰從革。"澤火之象曰革，火勝金也。《爾雅》："金謂之鏤，木謂之刻。"澤風《大過》之象曰"棟橈"，金剋木也。是觀於從革之義，而知兑之爲金矣。《爾雅》："絶澤謂之銑。"金之光采與澤同也。《大戴禮》："積土成山。"山皆以土爲體。《書》："土爰稼穡。"稼言其生，穡言其斂者，坤之用。艮爲果蓏，斂藏之種，發生之機，所以成終成始者，實同乎坤。此艮爲土之義也。以先天方位言之，兑東南，與乾同位，屬金；艮西北，與坤同位，屬土。以後天方位言之，《月令》"盛德在木"，震東方春；"盛德在金"，兑西方秋，亦無不合也。

釋八卦方位通説

《乾·文言》曰："先天而天弗違，後天而奉天時。"此先天、後天之説所本。邵子謂"用在天地先，體在天地後"，而先後天八卦方位之説因之。蓋有用而後有體，凡物之自無而有皆是也；有體而後有用，凡物之自静而動皆是也。輕清者上爲天，重濁者下爲地，是用在體先。天之能覆，地之能載，是體又在用先。先天後天，循環無端。其實體用爲一，有對待八卦方位，有流行八卦方位。乾南坤北，離東坎西，震東北，巽西南，艮西北，兑東南，爲對待方位，八卦之體也。離南坎北，震東兑西，艮東北，巽東南，乾西北，坤西南，爲流行方位，八卦之用也。八卦之位不同，而其體用合一之義即著於此，皆得以本經及諸經之説徵之。《禮記》："郊之祭也，兆於南。"郊就陽位也。南郊祀天，北郊祀地。《周禮》："圜丘方澤。"象陰陽之位而祀之。《繫傳》曰："天尊地卑。"又曰："天地定位。"是乾南坤北，言其體也。《左傳》："天道多在西北。"以天之運行言。《坤·彖》："西南得朋。"以地之類行言。《禮記》"中央土"，在《月令》夏秋之交，爲坤位。《爾雅》"十月爲陽"，在《月令》秋冬之交，爲乾位。《繫傳》所謂"致役乎坤，戰乎乾"者，義取諸此。是乾西北、坤西南言其用也。《禮記》："日生於東，月生於西。"又曰："大明生於東，月生於西。"又曰："天子朝日於東門之外，秋分夕月於西郊。"《説卦傳》："水火不相射。"日者，火之精。月者，水之精。是離東坎西言其體也。《周禮》："以土圭正日景，日南則景短多暑。"《爾雅》："齊州以南，戴日爲丹穴。"《晋》曰："晝日三接。"《豐》曰："宜日中。"《繫傳》曰："南面而聽天下，嚮明而治。"《書》曰："哉生魄。哉生明。"《小畜》《中孚》爻辭皆曰："月幾望。"日月運行，日月相推而明生。日之明當晝而盛，月之明當夜而盛。《禮記》："祭日於壇，祭月於坎，以别幽明，以制上下。"是離南坎北言其用也。《禮記》："仲秋之月，雷始收聲。"《隨》之象曰："澤中有雷。"《復》之象曰："雷在地中。"雷之伏藏爲静象。《禮記》："孟秋之月，涼風至。"《爾雅》："西風謂之泰風。"風之懔栗爲本性。《繫傳》："鼓之以雷霆，潤之以風雨。"雷之氣陽，風之氣陰，陽舒陰慘，是以雷風相薄。是震東北、巽東南言其體也。《禮記》："仲春之月，雷乃發聲，蟄蟲咸動。孟春之月，東風解凍，蟄蟲始振。"《詩》："凱風自南，吹彼棘心。"動之散之，萬物賴以長養，所謂"出乎震，齊乎巽"者。是震東、巽東南言其用也。《書》："導河積石""岷山導江”“嶓冢導漾。”山爲水之源，皆自西北。《書》：“江漢朝宗于海”“九河入于海。”《孟子》：“觀於海者難爲水。”海爲澤之歸，皆在東南。《爾雅》：“山東爲朝陽，山西爲夕陽。”山南曰陽，故山皆奠乎北。《爾雅》：“江淮河濟爲四瀆，發源注海者也。”水滙曰澤，故澤皆趨乎東。天地之大勢如此。《繫傳》曰：“山澤通氣。”是艮西北、兑東南言其體也。《爾雅》：“石戴土謂之崔嵬，土戴石爲砠。”山之發生，皆在於土。《禮記》：“季夏之月，水潦盛昌。孟秋之月，完隄防，謹壅塞，以備水潦。”水之泛漲，皆在於秋。《國語》：“山，土之聚也。澤，水之鍾也。”土有生物之性，澤有及物之功。所謂“説言乎兑，成言乎艮”者。是兑西、艮東北言其用也。用爲先天，體爲後天。至於對待之體，所以又爲先天，謂之伏羲八卦方位。流行之用，所以又爲後天，謂之文王八卦方位。後學習傳其説，而未得其解，甚且有以爲無稽之言者，不知其義皆在本經之之中。孔子之言，竊讀《繫傳》之辭而昭然若發矇焉。《繫傳》曰：“乾坤，其易之緼邪？乾坤成列，而易立乎其中矣。八卦成列，象在其中矣。因而重之，爻在其中矣。”即繼之曰：“古者包犧氏之王天下也，仰則觀象于天，俯則觀法于地。於是始作八卦，以通神明之德，以類萬物之情。”曰“易之緼”，是言其體。曰“乾坤成列”，即“天地定位”。曰“仰觀俯察，始作八卦”，則乾南坤北爲先天方位，初畫其象，作於伏羲者明矣。《繫傳》又曰：“乾坤，其易之門邪？乾，陽物也。坤，陰物也。陰陽合德，而剛柔有體，以體天地之撰，以通神明之德。”即繼之曰：“易之興也，其于中古乎？作易者，其有憂患乎？”曰“易之門”，是言其用。曰“陰陽合德”，即天地交泰。蓋天氣下降則乾位自南而北，地氣上騰則坤位自北而南。天道右，地道左。合德皆在於西，則乾西北、坤西南爲後天方位，繼繫其辭，作於文王者明矣。曰上古始作，曰中古作易，此正先天、後天之旨。曰“天地之撰”，撰者，用之具也。體用之義，尤爲曉然。在伏羲則曰“以通神明之德，以類萬物之情”，體先而用後，所謂“先天而天弗違”也。在文王則曰“以體天地之撰，以通神明之德”，用先而體後，所謂“後天而奉天時”也。“天弗違”者，尊卑上下正乎八卦之位，東西南北所以爲對待之方也。“奉天時”者，春夏秋冬運乎八卦之位，東西南北所以爲流行之方也。“天地合其德，日月合其明”，而先天之體具矣。“四時合其序，鬼神合其吉凶”，而後天之用行矣。朱子曰：“所謂先天之學、後天之學，猶言明體達用之學云爾，豈嘗指先天、後天爲何物事哉!”古今論八卦方位者紛如其說，而未有直舉本經之文以明之者。謹著此說，以申己見之所及。知之爲知之，如是而已。

釋　象

《左傳》：“韓宣子適魯，觀《易象》與《魯春秋》，曰：‘周禮盡在魯矣。’”《易》曰《易象》，是易以象爲主也。一曰變象。《左傳》：“其在《周易·乾》之《姤》曰‘潛龍勿用’，在《同人》曰‘見龍在田’，《大有》曰‘飛龍在天’，《夬》曰‘亢龍有悔’，《坤》曰‘見羣龍无首’，《坤》之《剥》曰‘龍戰于野’。”又，《大有》之《乾》，《大有》之《睽》。是皆取乎變象也。一曰互象。《左傳》：“風爲天於土上，山也。”中互艮象。《泰》卦九三：“无往不復。”上互坤。《震》六五：“帝乙歸妹。”中互震、兑。是取互象者，本卦亦有之也。一曰錯象，即伏象之謂。《同人》九五曰：“大師克相遇。”其錯爲地水《師》。《蒙》六四：“困蒙，吝。”上卦錯澤爲澤水《困》。是皆取乎錯象也。一曰綜象，即倒象之謂。《履》九五曰“夬履”。澤天即天澤之綜。《鼎》九三：“鼎耳革。”澤火即火風之綜。又，《夬》《姤》三四同辭，《損》《益》二五同辭，《既濟》《未濟》三四同辭。是亦綜卦之象也。又有重卦象，《大壯》爲重兑，有羊象；大卦象，《頤》爲大離，有龜象。古雖無此説，亦見於本經也。《左傳》：“龜，象也。筮，數也。物生而後有象，象而後有滋，滋而後有數。”《周禮·太卜》曰：“一曰玉兆，二曰原兆，三曰瓦兆。”玉之文，土之脈皆有理者。卜之用龜，以其有文，所以爲象也。木之枝幹亦有理者。筮之用蓍，以其有莖，所以爲數也。是數亦統於象，象數皆本於理也。言理即言象數，未有無理而可言象數者。知此義者，六十四卦三百八十四爻之象皆可取本經而釋之。間有以他經相證者，亦皆以理釋之，作《釋象》。

乾 ䷀

卦象自强，法乾之體。不息，法乾之用。曰自强，所以成己也。**爻象**陽爻爲九者，一三五參天之數也。《説卦》："震爲龍。"以陽之動者言乾，則六爻純陽，故曰龍，以象乾道之變化也。三四於三才爲人位，故不言龍也。天一生水。《左傳》："龍，水物也。"《詩》："潛有多魚。"水之深也。初爻故以水言之。《雜卦傳》："兑見而巽伏也。"乾下爻變爲巽，有伏之義，《詩》"潛雖伏矣"是也。故曰"潛龍"。乾上爻變爲兑，有見之義，《左傳》"龍見而雩"是也。於二爻施其澤，故曰"見龍"。《詩》："興雨祁祁，雨我公田。"曰"在田"者，地之上也。《詩》："五月斯螽動股，六月莎鷄振羽。"躍者，動股之謂。上乾之初變爲巽，巽爲股，故曰"躍"。"飛"者，振羽之謂。上乾之中變爲離，有飛鳥之象，故曰"飛"。"淵"以所潛者言。《詩》："魚躍于淵。"地之下也。乾本爲天，"在天"則以形質之天言也。《爾雅》："素升龍於縿，所以爲天子之旗。"即"飛龍"之象也。二、五皆曰"利見大人"者，中爻之變皆爲離，離爲目，又"相見乎離"也。下卦變離爲《同人》，上卦變離爲《大有》，所謂大同之世也，故皆曰"大人"。離爲日，日周於天，故下乾之三取日象。終日則夕，亦象下乾之終也。二乾相際曰"乾乾"，即不息之行也。《爾雅》："以衣涉水曰厲。"三多凶，有"厲"之象。一陽在下爲震，欲動未動，有"潛"之象。一陽在上爲艮，宜止不止，有"亢"之象。外卦曰"悔"，以其動也。故於《乾》卦明之。乾爲首，坤爲衆。《乾》六爻變爲《坤》，故曰"見羣龍无首"也。古本"惕若"下有"夤"字，見《説文》。以《艮》三爻"列其夤，厲薰心"類之，其義正同。艮至此而有隔之者，取象於身之夤，以其止也，玆"厲"而"薰心"；乾至此而亦若有隔之者，故曰“若夤”。以其不息也，故“厲”而“无咎”。舊注以夤訓敬，不知“夤”非“敬”字之義。“愓若”者所以敬也。附識於此。

坤 ䷁

卦象厚德，法坤之體。載物，法坤之用。曰載物，所以成物也。《説卦》：“乾爲馬。”坤道成女。“利牝馬之貞”，乾之配也。失道爲迷。坤爲地，先則有迷之象。乾以君之。君爲臣主，夫爲妻主，後則有得主之象。流行八卦，西南坤方，陰也。《爾雅》：“室西南隅謂之奥。”隱奥亦陰之象。陰見陰，故“得朋”。“東北隅謂之宧。”頤養亦陽之象。陰見陽，故“喪朋”。**爻象**陰之初見，有霜之象。載天履地，坤初爲履之象。初變震，爲足，亦履之象。乾居西北，爲寒，爲冰。坤曰冰者，象層陰之積也。柔盛而剛，其象爲堅矣。乾爲圜，故坤爲方。乾動直，故坤亦直。乾大哉，故坤亦大，皆配天以爲象也。二爻變坎，坎險曰習，坤順故曰“不習”也。坤爲文有章之象。坤以藏之，有含之象。從王即得主之義，有終即後之義，亦下卦之終也。乾爲君王之象也，坤致役從事之象也。内卦曰貞，以其静也，故於《坤》三明之。乾坤皆言“或”，乾上變巽，爲進退，相時而動，故在四；坤下變艮，爲止，不敢自專，故在三也。坤爲腹，故囊象之。曰“含”、曰“括”，皆闔户之象也。二多譽，四多懼。四近五而得位，故曰“无咎无譽”。六爻變則與乾敵，乾爲龍，“戰乎乾”，“龍戰”之象仍屬之乾也。乾爲衣，坤爲裳。乾爲玄，坤爲黄。“黄裳，元吉”，所謂垂衣裳而天下治也。反是爲龍戰之玄黄矣。坤之上，地之盡也，故有“野”象。水在地中，爲坎，坎爲血卦，故有“血”象。坤陰極而變陽，乾坤始交爲震，震爲龍，爲玄黄。曰“龍”，曰“玄黄”，皆坤與乾敵之象也。三曰“可貞”，故用六曰“利永貞”。三曰“有終”，故象曰“以大終”。皆明坤之正義也。

屯 ䷂

卦象《説卦》："陽一君而二民。"又："震爲長子。"建侯之象也。雲之分也，綸象之；雷之合也，經象之。《詩》："我姑酌彼金罍。"古者罍畫雲雷之象，取其施之不窮也。"屯其膏"者，不知經綸之義矣。**爻象**震爲足，故曰"盤桓"。《左傳》"足居之"是也。建侯之象，與卦辭同。凡三言"乘馬班如"，震坎皆有馬象也。二四上皆耦爻，故曰"乘馬"。二爻陰暗，在震中，象馵足之馬，動而尚止也。四爻在坎下，象薄蹄之馬，利於往者也。上爻在坎上，象下首之馬，無所進而窮也。陰陽相應爲婚媾。爲初所制，故"邅如"。曰"寇"者，以應坎爲盜象也。互坤，有女子之象，坤道成女也。坤數十，故曰"十年"。坎在前，爲走險。互艮，又爲山，故有"即鹿"之象。震爲決躁，中互坤，又先迷失道，故有"无虞"之象。幾者，動之微。震動，故察其幾。互艮之止，"不如舍"也。震爲蒼筤竹，爲萑葦，有林之象。震初爲出，在三則爲入也。四與初應，故亦曰"婚媾"也。坎爲雨，爲水，有膏之象。坎體在上，是以爲屯膏。坎爲加憂，又爲血卦，故有"泣血"之象。"漣如"亦象水之文也。

蒙 ䷃

卦象艮爲少男，是蒙之象。以坎爲正蒙之主，故曰"童蒙求我"。初筮，即初爻之發蒙。三四即再三之瀆。坎爲溝瀆，初出則清，再三亦象其質之濁也。水之剛中，決其流也，"果行"似之；山之静止，養其源也，"育德"似之。**爻象**坎爲水，爲通。初當其始，是泉之始達也，故曰"發蒙"。坎曰纍，用徽纆寘于叢棘，故有刑人桎梏之象。上卦艮手，中互震足，桎梏相連。初在外，故曰"説"也。九二陽之包陰，故曰"包蒙"。"納婦"亦以包陰而言。互坤，又爲妻道也。坎爲中男，子象也。

納婦在内，故曰“克家”。三正互坤，故又象“取女”。“納婦”之“吉”，陽包陰也。“勿用取女”，陰求陽也。九二之陽爲金夫，三有正應而比於二，此“不有躬”之謂，故納婦者勿取之。三爻在中者，躬之象。水山《蹇》二曰“匪躬”，臣道之正也；山水《蒙》三曰“不有躬”，妻道之不正也。澤水爲《困》，艮之反爲兑，故有困蒙之象。童蒙與卦象同。艮爲手，其象擊。坎爲盜，其象寇。艮以止之，故曰“不利爲寇，利禦寇也”。

需 ䷄

卦象坎心亨，爲有孚象。中實，又爲窒象。坎爲溝瀆。《周禮·匠人》：“爲溝洫，專達於川。”故有大川之象。乾知險，故利涉。飲食者，酒食之養，坎象也。宴樂者，天君之泰，乾象也。坎在上，皆爲雲，在雷上則雨將作，故乘時以經綸；在天上則雨未成，故待時而宴樂。**爻象**野外謂之郊，地之遠者，故天象之。《需》于初言郊，以其遠於險也。《同人》于上言郊，以其遠於世也。雷風爲《恒》，恒之初不需，故曰“浚恒，凶”。水天爲《需》，需之初用恒，故曰“利用恒”。其義蓋相發也。坎爲水，近水則有沙象。中互兑，爲口舌，“小有言”之象。三則逼於水矣，故有泥象。“致寇至”，象坎之盜在前也。坎爲血卦，曰血；爲坎窞，曰穴。坎體，曰“需于血”。上爲穴，則四在穴之外。上曰入，故四曰出也。互離爲火。水火相濟。《左傳》：“水火醯醢鹽梅，以烹魚肉。”是酒食之象也。《孟子》：“上者爲營窟。”水上則以穴爲安，故不曰需而曰入，坎爲隱伏，有入穴之象也。乾之三陽爲三人。咸速恒久。需之初用恒，需之終則爲不速之來也。

訟 ䷅

卦象坎中實，有孚象，亦有窒象。惕中者，加憂之象也。“利見大人”，上卦乾之九五也。坎爲大川，需坎在上，則利涉；訟坎在下，則不利涉。皆以乾之知險言也。坎行有尚，作事之象也。乾知大始，謀始之象也。**爻象**坎水之流，有永之象，初故戒其不永。初變兑，亦爲口舌。《需》之言在二，自外至者；《訟》之言在初，自内出者。二、四陽爻陰位，皆有不克訟之象。二在下，以勢言；四相近，以理言。坎爲隱伏，有逋之象。變坤爲地。水之在地，容民畜衆，有邑人之象。《比》五亦曰邑人也。坤數十，十成於百，陽爻則爲三百戶也。闔戶謂之坤，故有歸而自守之象。坎多眚。變坤則无眚也。《需》二有言，五曰酒食；《訟》初有言，三亦曰食。言語飲食皆以口象之也。乾爲父，坎爲中男，保家之主，故曰“食舊德”。乾又爲君，故曰“或從王事”。“无成”辭與《坤》三正同，是由中爻之變坤而言也。四變巽，有命之象。命者，天之理，故曰復。地雷曰《復》。復者，悔過之義。渝而安貞、悔而能復者也，九五位尊，爲聽訟之主。元者，善之長。祥刑之義，無訟之本也。乾爲衣，爲圜，帶之象。《乾》三曰“終日”，《乾》上故曰“終朝”。下坎爲盜，三褫蓋所謂盜思奪之者，終朝三褫即謂訟之終凶也。

師 ䷆

卦象坎爲中男，互震爲長子，丈人之謂也。容民者，地象。畜衆者，水象。**爻象**坎爲律，故曰“以律”。互震，有出象。在師之初，故曰“出”。否爲閉塞之義。初變爲兑，《左傳》“川壅爲澤”是也，故曰“否臧凶”。王指五，二應之故有“錫命”之象。坎爻之中曰師中，坎爲勞卦，師中亦著其勞也。三錫，亦陽爻之數也。坤爲輿，爲衆，坎於輿爲多眚，三、五皆有輿尸之凶，是其象也。坤柔在下，有次象。《周書》：“地道尚左。”坤故象左也。坤爲地，有田象焉。坎爲豕，有禽象焉。坤爲文，有奉辭之象。坤爲柄，有主兵之象，所以曰“利執言”。長子即坎之中男，弟子即其衆也。坤爲地，爲方，開國之象。坎互震，男承家之象，與《蒙》之克家一也。大君亦指五言。互震，亦有命令之象。在二爲在師之命，在上則爲成功之命也。小人，即弟子之輿尸者。勿用，亦象變艮之止也。

比 ䷇

卦象《禮記》："卜筮不過三。"《公羊傳》："求吉之道三。"故有初筮，有原筮。《蒙》主爻在二，下卦曰初筮；《比》主爻在五，上卦曰原筮也。《坤》曰"至哉坤元"，用六"利永貞"。《比》以乾五居坤體，故曰"元永貞"也。坤爲方，坎爲險，又爲通，"不寧方來"之象也。坎爲隱伏，"後夫"之象也。水比於地，所以建萬國。地比於水，所以親諸侯。**爻象**初遠於五，而比之最初，其誠至也，故曰"有孚"，坎之中實也。坤爲土，爲腹，故缶象之。《左傳》："具綆缶，備水器。"以土盛水，坎之中滿，曰"盈缶"也。《詩》："之死矢靡他。"無他者，盈缶之誠而有他吉者，則又至誠之感也。二正應於五，在内卦曰"自内"也。"同人于野""于宗""于門""于郊"，雖有公私之别，而皆曰人。《比》之"匪人"與《否》之"匪人"同，小人道長，比於四陰，則不以人言也。四與五比在外，故曰"外比之"也。陽明陰暗。九陽爻，故曰"顯比"。三驅不誠，所謂顯諸仁也。五爲君位，曰王。坎有馬象，曰驅。三驅亦陽數也。三驅以威言，威亦君之恩。三錫以恩言，恩亦君之威也。《師》五曰"田有禽"，坎在下，故曰"失禽"。上爲後，初爲前。初爻變震，驚而走者，前禽之象。前禽失之，後夫誅之，仁之至，義之盡也。坤爲衆邑人之象。不誡象坤之静也。乾爲首，上之不比乎陽，爲无首也。《乾》之无首，不自以爲首，君德之謙也，故吉；《比》之无首，陰不承陽，臣道之悖也，故凶。

小畜 ䷈

卦象陰升於上爲雲。《需》曰"雲上于天"，爲雨之象也，《小畜》上卦爲風不雨之象也。雲之來也，風聚之，故有密雲之象。雲之去也，風散之，故又爲不雨之象。西郊者，乾方也。懿者，元善之象，乾也。文德者，風行之象，巽也。**爻象**陽之方來爲復，陽之不進亦爲復。畜亦有復象者，此也。自道者，即《乾》之"反復道也"。陽之正，故曰"自道"。二陽相連，故有牽象。《禮記》："效馬效羊者，右牽之。效犬者，左牽之。"畜之言牽，亦以止之爲義也。坤爲輿，又妻道也。卦以四之一陰不能畜陽而言，故曰"輿説輻，夫妻反目"也。互兑，爲毁折，有説輻之象。互離，爲目。巽體爲多白眼，有反目之象。輻者象乾之圜，夫者象乾之陽。四爻以陰在前，故曰説曰反。巽上爻變爲坎。坎爲血卦、加憂。血去惕出，以陰畜陽之正，與《需》之需血出穴同義，所謂"畜君何尤"也。巽爲繩直。《書》："本從繩則正，后從諫則聖。""有孚攣如"之象也。巽爲利市三倍，有富象。《家人》之四曰富家，夫之富以妻。《小畜》之五曰富鄰，君之富以臣，亦因四而言也。《書》："臣哉鄰哉。"五以四爲鄰，君臣相親之義也。互兑爲《中孚》，故三、四皆曰"有孚"也。上爻變則爲坎，故不雨，有既雨之象；變亦爲《需》，故尚往，有既處之象。巽以柔畜，尚德之謂。巽義在下，亦象坤德而爲載也。巽長女，有婦之象。貞而曰厲，畜不可過也。變坎爲月，互離爲日，日月相望，故有幾望之象。巽爲進退征凶之戒，既處又慎其行也。

履 ䷉

卦象《文言》："雲從龍，風從虎。"是乾有虎之象也。乾卦在前，履其後者曰尾。兑爲口，有咥之象以柔履之，故曰不咥。上者天象，下者澤象。民志者，在下之安其分。辨而定之者，在上之明其分也。**爻象**《論語》："繪事後素。"素皆在初，故初曰素履。《詩》："行道兑矣。"兑者，通也，有坦坦之象。二變震，爲大塗，是坦道也。二在澤中，《詩》所謂"考槃在澗，碩人之寬"者，是幽人也。互離爲目，偏則象眇。變震爲足，偏則象跛。六三不中不正，又兑爲毁折故也。離目未虧，故能視。震陽在下，故能履。乾之爲虎，上卦近之。兑之爲口，本爻當之。故有咥人之象。互卦爲巽。《巽》初“利武人之貞”，故曰“武人”。乾爲君，故有爲于大君之象。説履乎乾，在三四之交，故二爻皆言履虎尾也。乾初震體，有恐懼之象，故曰“愬愬”，即《震》之“虩虩”者也。《夬》之與《履》，上下相易之象。五言夬履，即履帝位而不疚之義也。三爻視履不正，上則反乎正矣，故曰“視履考祥”。乾爲天，爲圜，有旋之象。天道右旋，一日一周。人之周旋亦如之。乾之不息，非禮勿視，非禮勿動，是“其旋元吉”矣。

泰 ䷊

卦象小大以陰陽言。天地者，乾坤也。財成、輔相、左右皆天地之交也，所以爲泰。**爻象**震爲萑葦，茅之類也。乾初震體，是茅之善者。在初曰茹，根之象也。《乾》初文言：“確乎其不可拔。”守潛之志則不可拔。當泰之時，則以拔爲用也。三陽相連曰彙，所謂從其類也。二居陽中，以陽包陰，故有包荒之象。一陽在中，爲坎體，有河象。馮河之用，乾之健也。乾之爲象，無遠弗届。曰“不遐遺，朋亡”者，三陽同類而無私，與《坤》之喪朋情殊而理一也。二在中位，與五之中爲正應，故曰“得尚于中行”。自夷而險曰平陂，自外而内曰往復，皆指坤言。三當上下之際，有此象。《乾》之三爻“乾乾”“惕若”，有艱貞无咎之義。“樂天知命故不憂”，是謂“勿恤其孚”。互兑口，爲説，“于食有福”之象。《小過》有飛鳥之象，以陰象鳥翼。坤爲衆，群飛而下，故曰“翩翩”。“西南得朋，乃與類行”，即“不富以其鄰”之象也。中四爻互《歸妹》。又，六，陰爻；五，貴位。陰之貴者莫如帝妹也。“以祉元吉”即《坤》之“黄裳元吉”也。坤爲土。城者，在上之土。隍者，在下之土。上四爻互《復》。“城復”，所謂“无往不復”，正相應也。地水爲《師》，不能畜衆，故曰“勿用邑”，亦坤之象也。“告命”亦取中爻。互兑爲口之象。

否 ䷋

卦象小人道長，故曰“否之匪人”。君子道消，故“不利君子”。坤爲吝嗇，故曰“儉德辟難”。乾爲天，爲君，錫福之主，故曰“不可榮以禄”。**爻象**初六之茅，陰類也。《坤》初巽體，象草木之柔者，所謂則茅塞之，是以爲否之象也。茅有陰陽二類。泰之世爲君子，否之世爲小人。在否之時，亦以爲君子而進之也。惡莠恐其亂苗，所貴辨之者矣。三陰相連曰彙，亦從其類，所謂否泰反其類也。《坤》初履霜，防其積惡。《否》初拔茅，則望其遷善，故曰“貞吉”。“坤以藏之”，故二亦有包之象。坤以順承爲義，故曰“包承”。“小人吉，大人否”者，即“内小人而外君子”者也。六三陰之不正，其象互姤，故曰“包羞”。九四變巽，近五，承天之命，故曰“有命”。三陽之類曰疇。離者，麗也。依乎五，爲離祉之象。《泰》五以祉，此曰離祉，轉泰之義也。九五在《乾》爲“利見大人”，安天下之民者，故曰“休否”。下四爻互《剥》之象，所以有“其亡”之戒。本爻有互巽木之象，故曰“繫于苞桑”。《繫傳》曰：“危者使平，易者使傾。”《泰》之三曰“无平不陂”，泰之終必否也。《否》之上曰“傾否”，否之極必泰也。循環之義如是。下卦三爻變艮，爲止，故曰“先否”。上卦三爻變兑，爲説，故曰“後喜”。

同人 ䷌

卦象《乾》五文言曰：“同聲相應，同氣相求。”九二變離，爲火，火與天同，同人之象。天無私覆，“于野”亦乾之象也。乾知險，又健行不息，涉川之象。萬物本乎天，人本乎祖，類族之象，取諸乾也。致知在格物，物格而后知至，辨物之象，取諸離也。**爻象**初變艮，爲門闕，有門之象。乾爲父，同人親也。二變乾，亦所謂同復于父者，是以爲同姓之宗也。離爲戈兵，互巽爲伏，巽又爲陰木，是“伏戎于莽”之象。

巽又爲高，是高陵之象。互巽亦有升象，以地風而言也。自五而言謂之伏，自二而言謂之升。三歲者，陽爻之數也。三變艮，爲陵象，亦象止而不興也。離中虚而外圍，墉之象也。四在其上，曰乘。三爻離體，變震爲興，而不能炎上，故曰“不興”。四爻乾體，變巽爲入，而不能用剛，故曰“弗克攻也”。離有出涕沱若之義。“先號咷”者，以變離而象也。“後笑”者，二五相應，即《乾》之“同聲相應”也。《旅》之寡親，先笑後號，象離在上；《同人》之親，先號後笑，象離在下。五變爲重離，戈兵相接，所以曰“大師”。天火與地水相錯，亦曰師也。三伏莽，四乘戎，必克之而後同。互《姤》，所以有相遇之象也。野外爲郊，地之盡者。《需》乾在初，曰郊；《同人》乾在上，曰郊。皆以其遠言之也。

大有 ䷍

卦象火天爲《大有》，雷天爲《大壯》。《大有》曰“元亨”，《大壯》曰“利貞”，皆乾之德而分言之者。離喜其麗，震戒其動也。命德討罪，皆天之休命。辨惡與善者，離之明；能遏與揚者，乾之健也。**爻象**離爲火，爲戈，兵害之象也。初遠於離，曰“无交害”。坤爲大輿，爲載。乾曰“大車以載”者，乾爲圜而健於行，以“利有攸往”之象言也。三爲公位之象。天子指五而言也。初變巽爲《鼎》，互兑爲口，大烹養賢，故有“公享于天子”之象。“小人弗克”，即折足覆餗者也。離火之象在四，則炎上之初。《書》：“毋若火始燄燄，厥攸灼。”故有“匪其彭”之象，因以戒也。五與二應，有孚之象。此爻坤體，即地天之所以爲泰者。“上下交而志同”，“厥孚交如”之謂也。火烈而畏，“威如”之象也。火曰炎上。火又在天上，故上爻曰“自天祐之”。曰“自天”者，以乾在下卦而言也。

謙 ䷎

卦象《繫傳》：“終萬物、始萬物者，莫盛乎艮。”“君子有終”，兼坤道之有終，以全卦之體言。三爻專以艮言，亦以變言，即坤之體也。艮爲山。“高山仰止”，其象高。“裒多益寡”，象山之高而能下也。坤爲地，爲均。“地平天成”，其象平。“稱物平施”，象地之順事恕施也。**爻象**六柔體，初卑位，以柔德而居卑位，謙而又謙，故曰“謙謙”。中四爻互震互坎，木在水上，故有涉大川之象。陰虛則鳴，二在互震之下，上在互震之上，震善鳴，故皆曰“鳴謙”。互坎，爲勞卦，一陽在中，有勞謙象。“有終”，與《坤》三之有終同義。艮爲手，爲指。撝以手舉。四之撝謙，即下卦一陽之用也。五居陰爻，曰“不富”。四、上皆陰，曰“以其鄰”。《泰》之四“不富以其鄰”，處臣位則防泰之過；《謙》之五“不富以其鄰”，處君位則得謙之中。辭同而義異者以此。五爻在坤中，爲離體，有戈兵象，故“利用侵伐”。又曰“无不利”者，《坤》之“不習无不利”也。坤爲衆，又互地水，有師象，故曰“利用行師”。言邑國者，坤土之象。

豫 ䷏

卦象震爲長子，故曰“建侯”。坤爲衆，長子帥師，亦有行師之象。“作樂崇德”，象雷之發聲也。“薦帝配考”，象地之配天也。**爻象**初六之鳴，應乎震也。中互爲艮，二爻有石之象。互艮，亦爲止。乾之行終日，艮之止不終日也。中體離，有目象。張目上視爲盱。上爻變離，則爲目，故有其象。三在下卦之上，其位不正，所謂上交之諂，非豫之正也。上卦爲震，“震无咎者存乎悔”，故曰悔。雷動貴速，故又曰“遲有悔”也。九四一陽爲成卦之主，故曰“由豫”。五陽一陰，陰在五君位，曰大有。五陰一陽，陽在四臣位，亦曰大有。得皆當其位也。陽之得衆，所以致豫，與陰疑于陽者異矣，故曰“勿疑”。三陰爲朋下卦，坤之象也。乾闢而坤闔，一陽貫於三陰之上，有盍簪之象也。五與三互爲坎，坎爲心病，有疾之象。豫由於四，則不由於五。古者有疾，謂之不豫，此其義也。震爲反生，不死之象。日月之道貞恒，曰貞曰恒，君臣之義，以天地之常道言也。上以陰柔居豫之極，冥豫之象。在爻之終曰成，在動之體又曰有渝。變則爲離，明出地上，冥者不冥矣，故无咎。

隨 ䷐

卦象隨風爲巽。澤雷之中亦互有巽象，故曰"隨"。震在東，日出之時也。兑在西，日入之時也。故曰"嚮晦"。震爲春雷發聲之時也，兑爲秋雷收聲之時也，故曰"入宴息"。**爻象**震有主器之義。官者，主也。渝者，動之象。震在上曰"成有渝"，震在初曰"官有渝"。中爻互艮，爲門。"出門"者，出乎震之象也。震爲剛柔之始交，故曰交。五爲隨之主。五多功，故曰"交有功"也。小子指初。"《復》小而辨於物"，陽之始爲小也。丈夫指五。二與五應，猶《師》之言丈人，《大過》之言老夫也。三之小子亦謂初，丈夫則謂四者。四、五陽爻，皆乾體也。兑爲附決。附則爲係，決則爲失，以應乎兑而象之也。三、四與五互巽，爲近利市三倍，"有得""有獲"之象也。震爲足，足居之，"利居貞"之義也。三之有得，得乎上者。四之有獲，獲乎下者。澤在上而悦，三承上則吉；震在下而動，四近君則凶也。四、五皆陽，同德，故有孚。震爲大塗，在道之象。下四爻有離體，故曰"以明"。《乾·文言》曰："亨者，嘉之會。""孚于嘉"者，君臣相悦之象也。兑爲説，説以先民。拘係、從維皆民情固結之象。兑正西，下互艮爲山，故曰"西山"。王謂五之君位也。

蠱 ䷑

卦象中爻互震互兑，木在澤上，"利涉大川"之象。震爲甲木。先甲、後甲，亦取互震在中之象。上下卦三爻先後三日之義也。上四爻亦有離體，故言日。振民者，風橈萬物之象也。育德者，山畜萬物之象也。**爻象**《乾·文言》："貞固足以幹事。"初、五皆陽位，二、三皆陽爻，故皆曰幹也。乾爲父，坤爲母。陰來乾下爲巽，乾體之壞。陽往坤上爲艮，坤體之虧。故父母皆曰蠱。乾坤父母之事，皆人分内之事，故曰幹蠱。初爻即乾之變，故曰“幹父之蠱”。陽而變陰，故曰父，又曰考也。上有艮男，故曰“有子，考无咎”。厲之終吉，以初言，所謂“終則有始，天行也”。二爲陰位，故曰“幹母之蠱”。巽以行權，不可貞者適得幹事之正也。九三重剛互震，故當幹蠱之任，而小有悔。下互《大過》，故又曰“无大咎也”。六四陰柔，坤體，故爲裕坤，亦爲吝也。五居上卦之中，正當幹蠱之任者。二多譽，五之用譽，與二應也。以卦體五爲君位言，五即指王侯，下四爻皆爲任事之臣，上一爻爲不事之臣，不事者象。艮之止，高尚之象也。

臨 ䷒

卦象自《復》至《遯》，《臨》之錯卦也，故曰“至于八月”。陰漸長，爲“有凶”。“教思无窮”者，象兑之流澤深也。“容保民无疆”者，象坤之載物厚也。**爻象**山澤通氣，故澤山爲咸，地澤之象。初、二陽爻謂之咸臨，亦以陰陽之氣相感也。四、五陰陽正應，故皆吉。坤爲土，其味甘。兑口柔説，故有甘臨之象。變乾則有惕若之象，故曰“憂之，无咎”。《坤·彖》曰“至哉坤元”，至象地之德，地無所不至。至臨則以其相近之象而言也。知崇禮卑，坤亦爲知者，以五居君位言。變坎爲通，亦有知象。好問好察，舜之大知。所處者高而所臨者下，故曰“大君之宜”。《坤·象》曰“厚德載物”，“敦臨”亦所以象地德也。

觀 ䷓

卦象巽有潔齊之義。盥以致潔，是其象也。薦者，進也。不薦，亦巽之義。風澤《中孚》，以説相應。風在地上，則有静象，故曰“有孚顒若”。顒若，亦以坤之敬言也。坤爲地，有四方之象。坤爲衆，有萬民之象。故曰“省方觀民”。巽爲風，有申命之象，故曰“設教”。**爻象**初遠乎五，觀有重艮之體，艮爲少男，故初曰“童觀”。坤爲闔户。重艮互艮，亦爲門闕，有闕觀之象。“利女貞”者，坤道也。巽爲進退。六三上下之交，故象之。三之觀我者，臣道有量而後入之義。五之觀我生者，君道有本身徵民之義。我皆各指本爻也。坤爲國，四在上，故有觀光之象。五爲王，故四有用賓之象。陽爲主而陰爲賓也。風之行也在地，三、五所以有觀我生之象。風之行也自天，上所以有觀其生之象。五、上皆曰君子无咎，與初之小人无咎，君民之分也。

噬嗑 ䷔

卦象全卦本頤體。一陽爻象頤中之物，曰噬嗑也。離爲火，震爲決躁，亦有決物之象。“利用獄”者，象火之明而雷之威也。電之光，離之明也，故曰“明罰”。雷之威，震之動也，故曰“勑法”。**爻象**震爲足，曰趾。又爲木，“屨校”之象。二在下卦之中，爲鼻。互艮，亦有鼻之象也。爻位俱柔曰膚，爻柔而位剛曰腊肉，爻剛而位柔曰乾胏，爻柔而位剛曰乾肉。腊者，受日之暵，又近離象也。離爲乾卦。四五離體，故曰乾胏、乾肉。遇毒者，互坎爲險之象也。乾爲金，九四陽爻，故稱金。剡木爲矢，取諸離也。黄離元吉，中爲黄色，變乾亦爲金也。上爻何校，爲在首之象。互坎爲耳，在中，曰“滅耳”。《詩》：“燎之方揚，寧或滅之。”三言滅者，皆以人在上而取象也。

賁 ䷕

卦象火性炎上，故曰“往”。艮止在上，故曰“小利，有攸往”。“明庶政”者，離火之象。“无敢折獄”者，艮止之象。**爻象**在初爲趾，離之體，曰“賁其趾”。中爻互震與坎，震亦有趾象，坎有輿眚象。震爲大塗，初在下，故有舍車而徒之象。柔來文剛，剛上文柔，故有須象。舊説須附頤以爲文者，上卦互頤，在頤之下曰須，是亦相須之義。互坎爲水，三當其中，故曰“濡如”。四爻在離明之外，爲艮止之始，質素之象，故曰“皤如”。互震爲馬。的顙馵足皆白，馬之象，故曰“翰如”。互坎，爲盜，有寇象。少男中女，四與初應，有昏媾象。艮爲山，在五有丘象。又爲果蓏，有園象。丘園指上九。“賁于丘園”者，人君之聘賢也。六五坤之中畫，爲布，爲帛，爲文，爲吝嗇，有“束帛”之象。艮爲小石，硜硜之義。《旅》艮在下，曰“瑣瑣”。《賁》艮在上，曰“戔戔”。故皆爲淺小之象也。文之反爲質，艮之錯爲兑，兑西方，色白，故終於“白賁，无咎”。

剥 ䷖

卦象山止地上，故曰“不利有攸往”。厚下者象地之德，安宅者象山之形。**爻象**坤德載物，有牀之象。初變震，爲木，爲足。“剥牀以足”，陰之消陽，自下起也。二居下卦之中，上下分别之處，辨之象也。《履》之象曰：“君子以辨上下。”《坤》初文言曰：“由辨之不早辨也。”“剥牀以辨”，貴賤尊卑、是非邪正之界，是關世道之最切者，其取象爲至精矣。三變艮，爲止。處羣陰之中，與上相應而無剥害之意，故曰“剥之无咎”。艮爲躬膚，所以有切身之象。凡巽卦象皆取魚，《姤》《井》《中孚》是也。《剥》下四陰爲貫魚之象。艮爲門闕，爲閽寺，有宫人之象。下四爲牀。宫人亦以牀取義。宴安逸樂，易爲女子小人之所乘，剥之自近，尤不可不慎也。一陽在上，乾爲木果，故曰“碩果”。坤爲輿，在下，故曰“君子得輿”。艮爲門闕，一陽覆五陰之上曰廬，五陰潰一陽之下曰剥，故曰“小人剥廬”。厚下所以安宅，窮上所以剥廬。

復 ䷗

卦象剥盡則爲純坤。陽生於下，有復之象。震爲出錯，巽爲入動而能順，故曰“出入无疾”。“西南得朋”，坤象也。陽之方長，是以“朋來无咎”。純《坤》六爻之變《復》，自初始，有七日之象。震一陽之動，故曰“利有攸往”。自陽之循環曰來復，自陽之初生曰日至。閉關，象坤之藏，即闔戶之義也。震爲大塗，坤爲方，曰“商旅不行，后不省方”。火山曰《旅》，復則旅之歸矣，故曰“不行”。風雷皆動象，風在地上，故《觀》曰“省方”；雷在地下，故《復》曰“不省方”。一陽方動，皆當静以養陽也。**爻象**“不遠”者，在初之象。“震无咎者存乎悔”，故曰“无悔，元吉”也。二變兑説，有休之象。《否》五之休亦言其將變也。三居兩卦之間，即《乾》之“反復道也”，故曰“類復”。厲者，震之危也。四爻處五陰之中，變震爲足，與震初應，是中行之象也。上下皆坤，此爻乃喪朋者，故象獨復。坤德爲厚，故五曰敦復，所謂“安土敦乎仁”也。“先迷失道”，《坤》之上爻，故曰“迷復”。坤爲衆，有師之象。震一陽之進，有行師之象。初、上於二亦爲地水《師》也，否臧之凶，故曰“終有大敗”。震爲諸侯、國君之象。《坤》上：“龍戰于野。”“以其國君凶”者，陵上擅命之象。“十年”者，地十之數。“不克征”者，變艮，止也。

无妄 ䷘

卦象震爲長子，所以備乾之德。震行无眚。曰“其匪正有眚”，爲妄動者戒也。時行物生皆天也。自雷之動而其象始見。先王曰“茂對時”，即“時乘六龍以御天”也。曰“育萬物”，即“乾道變化，各正性命”也。**爻象**震，動也，爲大塗，爲足，初之往象之。《禮記》：“盛德在木，迎春東郊。”省耕之時也。東作有耕之象，以震言之，穫則耕之效也。二爻於乾爲在田，有菑之象，畬則菑之成也。互風雷《益》，爲耒耜。震於稼爲反生，故有耕穫菑畬之象。初爻變爲坤，三爻變爲離，皆有牛象，亦因耕穫而及之。中不在田，是以曰“或繫之牛”。震足在大塗，象行人之得。下爻變坤，象邑人。三爻變離，亦象災也。言繫者，互巽爲繩也。

“貞固足以幹事”，乾之德也，故曰“可貞”。天有六氣，淫則生疾。五居乾位之中，非由人者，无妄之疾也。震爲木，有藥象。爻變離，則卦變《噬嗑》。“勿藥有喜”，節飲食之常也。震有驚懼之象。六三震體，有災上應之，亦有眚。初動則“往吉”，上窮則“行有眚”也。

大畜 ䷙

卦象“終萬物、始萬物者莫盛乎艮。”天在山中，特取其象以明之。時行物生，無不備於其中，所以爲大畜。對小畜言，以巽順爲畜道之小，以艮止爲畜道之大也。以象則山大於風，陽大於陰也。中互兑口，上互《頤》卦。“不家食”者，養賢之象也。上互震木，下互兑澤，有涉大川之象。《書》：“稽古帝堯”“稽古帝舜”，是前言往行也。乾知大始，莫有先於天者，其象也。山爲静體，知止能得，故曰“多識以畜其德”。**爻象**艮在上爲止，初應之，其象利己也。輿之取象，與《小畜》同，以乾之圜而健行言之。《小畜》説輻，輪之敗，風之散也，車不可用也。《大畜》説輹，車之不進，艮之止也，自止不行也。良馬者，乾之象也。互震，亦爲馬，有逐之象。艮止在前，利艱貞也。輿在馬後，衛在馬前。互震，亦有車象。艮止，有衛象。日象天之一周，乾乾終日，閑邪之謂也。又曰“利有攸往”者，終於健行也。四爻變離爲牛，在艮體爲少，曰童牛。艮以止之。互震木，有梏象也。艮爲黔喙之屬，有豕象。豮亦豕之少者。互頤，在中，有牙象。下卦乾爲天，上互震爲大塗。在天上，天衢之象也。不曰行天之衢而曰“何天之衢”，所謂任天下之重即行天下之大道也。

頤 ䷚

卦象上下二陽，中含四陰，上止下動，外實中虚，頤之象也。噬嗑取頤中有物，所以爲養。中互坤，亦致養之義。“觀其生”，即“觀其所養”之義。“觀我生”，即“觀其自養”之義。初爻上則有觀象，故曰“觀頤”。“自求口實”，雷之有聲者，言語之象；雷之動者，飲食之象。一出乎頤，一入乎頤者也。慎之節之，皆有止象，取諸艮也。頤何以有節象?《雜卦傳》曰：“節，止也。”與艮同義。**爻象**震以驚蟄雷動而伏氣在下者，其象爲龜。大離亦有龜之象。山有羣獸在山而爲長者，其象爲虎。艮亦有虎之象。故兩體相應也。一陽伏四陰之下，足以自養之，靈龜也。震爲動體，故有舍而觀頤之象。朵如垂朵，震木反生之象。《左傳》：“自下射之，顛。”故求養於下有顛象。震爲大塗，道之所經。“拂經”者，求養於上下皆不以道，道失其正也。艮爲山，有丘象。求養於上，故曰“于丘頤”。“征凶”者，震動之不宜也。六三不中不正，兩卦一動一止，皆有拂象。曰“貞凶”者，猶《屯》之貞凶。“十年勿用”與《屯》之“十年乃字”異矣。互坤，地十之數也。四之顛頤曰吉，正應也。“眈眈”“逐逐”，專一之象，艮止之體也。五之拂經，以止爲吉，居之象也；不可涉，亦止之象也。陽居上位，養人者也，故曰“由頤”。五不可涉而上利涉，五賴上九以養人，猶之《大有》之上九，健之用也。

大過 ䷛

卦象澤下之木，取象曰棟。棟以斧斤成材，兑金之象。橈者，風之象也。“利有攸往”，取陽盛之象。巽爲木，植物也，有獨立之象。滅木，又有遯世之象。兑爲説，用之則有不懼之象，“我四十不動心”也。舍之則有无悶之象，“吾何爲不豫”也。皆君子之大過人也。《乾》初文言曰“遯世无悶”，此亦曰“遯世无悶”，中爻互純《乾》也。**爻象**茅者，澤中之木。巽體有白象。藉用，以其在下也。楊本木之生於澤者，枯則無澤，滅木之象。以其猶有澤，故又曰“生稊”“生華”。互純《乾》，二、五皆有夫象。近本爲宿根，曰“老夫”。近末爲新枝，曰“士夫”。兑在上，爲少女，女妻也。巽在下，爲長女，老婦也。三、四皆爲棟。巽之本弱，在下應上之兑，爲毀折，故橈。兑之未弱，在上應下之巽，爲長爲高，故隆。風澤《中孚》，初曰“有他不燕”；澤風《大過》，四曰“有他吝”；皆在兑初。兑爲附決，有他之象，所以戒也。互乾爲首，而澤過之，“滅頂”之象也。

坎 ䷜

卦象八純之卦，惟坎加習者，險非吉德，以明其用也。中實爲孚，一陽在中心之象。坎爲通，心亨之象。通者，水之性，故曰“行有尚”。“常德行”者，水之不舍晝夜也，下坎象之。自成之義，以其在内。“習教事”者，水之盈科後進也，上坎象之。成物之義，以其在外。**爻象**初在重坎之下，實當習坎之位，故與卦同辭。初之坎窞，下卦之下也。三之坎窞，坎與坎相連也。皆曰入者，初與三皆陰也。坎者，險也。有險者，卦義故於二之主爻明之。陽大陰小，“求小得”者，初與三之二陰也，故象以“未出中”明之。《坤》之“得朋”，陰與陰得爲非正。《隨》之“有求得”，則以陰而隨陽爲順。《豫》之“大有得”，一陽在五陰之中而陰從之，故曰“大有得”。坎一陽在二陰之中，故曰“求小得”。二互震，則爲《屯》，亦有“動乎險中”之象。三爻内外皆坎，曰“坎坎”。“來之”者，猶《乾》之所謂反復也。坎爲堅木，在下卦之上，有枕之象。互艮爲《蹇》，亦有見險而止之象，故曰“勿用”。坎爲水酒之象。震爲木，爲竹，樽簋之象。坎爲通牖之象。約即坎之不失其信者也。缶爲土器，象坤體而中實也。坎之中滿，故其象取不盈。變坤，爲均，有平之象。上變巽，爲繩，有“係用徽纆”之象。坎爲堅多心之木，在上卦之上，有叢棘之象。坎爲盗，以險極之人處險極之地故也。“三歲”者，陽卦之數三也。

離 ䷝

卦象離以麗爲正，故先言利貞而後言亨。坤爲牛，離得其體，亦曰牛；坤曰牝馬，故離亦曰牝牛。《乾》二、五變皆爲《離》，故《離》之象曰“大人”，即《乾》之“利見大人”之也。離爲明，重爲繼，四方言重明之無不照也。**爻象**《坤》“履霜”，謹於陰之初；《離》“履錯”，謹於陽之初。有警畏之義，故皆象於虎尾之履也。錯然者在離之下，萬物相見之初，故必敬而无咎。黄者中色，離之元吉體乎坤之黄裳者也。離爲日。初，日出。二，日中。三則爲日昃也。離本坤體，爲大腹，亦有缶象。坎之缶中實，象其盛物，酒器也。離之缶中虚，象其叩聲，樂器也。下互巽之風曰鼓，上互兑之口曰歌。人之年將盡，如天之日將昃，故有大耋之象。曰歌曰嗟，無常者，象火之性也。《同人》《旅》號咷笑皆以此取義。火之性驟，以火接火，有突如之象。坎潤下，故下卦曰來。離炎上，故上卦曰來。焚、死、棄者，在火之中，災之極也。離爲目，有涕象。互兑，爲口，有嗟象。離之錯坎，如雨之沱加憂而戚也。上九之王指五而言。離爲甲冑戈兵，有出征之象。在上，有首象。離爲上槁，有折首之象。坎之上爻以刑終，離之上爻以兵終，王政之大也。坎之象曰“常德行”，象水之行地不息也。離之象曰“繼明照”，象日之行天不息也。皆本乎天之健行不息也。聖人之道，於水火觀其備矣，故下經亦以《既濟》《未濟》終之。

咸 ䷞

卦象少男少女象夫婦之初，故曰“取女吉”。《咸》互乾於上，《恒》互乾於下，是下經亦以乾爲首而水火終也。虚受者，象上體之澤。以虚受者，象下體之山。**爻象**艮爲指。在下，象足之指，曰拇。腓居足中，股在足上。二至四互巽，爲股。腓依股而動者也。澤雷爲《隨》。艮綜震，有隨象。互巽，爲風，亦有隨象。艮爲手，故曰“執其隨”。内卦曰貞，外卦曰悔。内之止則欲其貞吉，外之説則欲其悔亡。《恒》之二曰“悔亡”，五曰“貞凶”，内外交互之義也。心之官則思。九四居中，有心之象。三陽相連曰朋，《泰》之三陽曰“朋亡”是也。朋亡則無私，朋從則有私也。四與初應，上下皆應，往來之象也。憧之文從童從心，即所謂童心者。少男少女，故曰“憧憧”也。胸爲背肉，艮在下卦，“咸其脢”即“艮其背”之義也。兑爲口舌。輔頰在口外，舌在口内，合而言之也。

恒 ䷟

卦象男動女順，人理之常，故亨而无咎。不易之恒曰“利貞”，不已之恒曰“利有攸往”。震爲足，有立之象。巽爲風，有四方之象。不易者，恒之德也。**爻象**巽，入也，故以浚爲象。又有進退之象，故“貞凶”曰“无攸利”。“震无咎者存乎悔。”二之悔亡，得中之應也。巽爲不果，故有“不恒其德”之象。《否》之包承、包羞，陰柔失正也。九三以剛居剛，非婦德之宜，故亦曰“或承之羞”。震爲車，爲馬，爲勤，爲大塗，有于田之象。陰虚在下爲應，无禽之象。《井》之巽在下，亦曰“无禽”也。五與二應，有“恒其德”之象。應在下，巽長女，婦人之吉也。五從二者，震長男，夫子之凶也。振即震動之象。震爲决躁。巽之究爲躁卦，故上爻曰振。

遯 ䷠

卦象陰長曰小利貞。全體有重巽象，亦遯之義也。山之逼近於天，“小人道長”之象。艮爲少男，曰小人。嚴者，天之威也。遠者，天之形也。不惡者，天之量也。**爻象**初有尾象。《比》以陰從陽，故有无首之凶。《遯》以陽避陰，故有遯尾之厲。“勿用有攸往”者，艮止象也。六二坤體在中，黄牛之象。艮爲手，執之之象。堅固如革之莫説，亦艮止之象也。鳥獸希革，澤火之革象其變，天山之革象其不變也。三互巽，爲繩，有係象。下二陰，爲有疾，厲象。艮爲閽寺。畜臣妾者亦以下二陰言也。山天曰畜，天山亦曰畜，皆以陽下陰，綜象也。“元者，善之長。”乾爲陽德，故曰好。“君子吉，小人否”者，與《否》之“小人吉，大人否亨”可以互證。四以陽在陰外，其象正大。君子之遠小人，不惡而嚴，此爻實當之矣。“亨者，嘉之會。”亦乾德也。曰“嘉遯”者，其迹雖遯，而道則通矣。乾有瘠馬之象，以其健行而勞也。遯則止而逸矣，是以有肥之象。遯之以肥爲義者，愈遠於陰則愈覺其善也。“肥遯”，古本作“飛”。《論語》“色斯舉矣，翔而後集”，是飛遯之謂。在上曰飛，與初之遯尾亦相應也。《乾》初文言曰：“遯世无悶。”在下之遯爲潛，在上之遯爲飛。《詩》：“匪鶉匪鳶，翰飛戾天。匪鱣匪鮪，潛逃于淵”是也。此説可通。因附釋之。

大壯 ䷡

卦象《无妄》四德皆備，雷在下也。雷在上則戒其動，故衹曰“利貞”。天秩有禮。禮者，天之理也，乾象之，君子所履。履者，足之動也，震象之。**爻象**震爲足，初在下，“壯于趾”之象。“貞者，事之幹也。”二居乾德之中，故曰“貞吉”。“用六：利永貞”者，坤之道。小人不知此義，是以用壯。“用九：見羣龍无首，吉”者，乾之道。君子知此義，是以用罔。得其義者貞吉，不得其義者貞厲也。互兑爲羊，在乾爲牡，曰羝觸。而勞曰羸，猶馬之瘠也。三曰藩，四故曰決。震爲決躁。互夬，亦爲決也。震爲車。變坤，亦爲大輿。輹之壯者，四陽之象也。以剛居柔曰貞吉，以柔濟剛曰悔亡。下互乾，爲重乾。乾以易知，故曰“易知”。得知喪，故曰“喪羊于易”。全卦有重兑之象，故上六亦曰“羝羊觸藩”。震錯巽，爲進退，爲不果，有不退、不遂之象。艱則吉者，“大壯則止”之義也。

晉 ䷢

卦象初變震，爲侯。下曰康侯。中互坎，爲馬。上曰錫馬，坤爲衆，蕃庶之象也。離爲日，在上爲晝。互艮，爲手，曰接。坤之三陰在下曰三接，日在地上，照臨其國也。明德者，離之體。自昭者，出乎坤之象也。**爻象**初在下，上互艮以止之，有摧之象。四應，宜有孚矣。二、三間之，故“罔孚”。裕者，坤有含宏之德也。互坎，爲加憂，有愁之象。離爲日，王之象。爲中女，母之象。二應五而受其福也。坤以順承，故曰受。坤爲衆土主，信衆允之象也。互艮，爲石，爲鼠，有鼫鼠之象。鼠夜動晝伏，而居離體，正竊位而蔽賢者，初、二之所以“摧如愁如”也。三之悔亡，上進者，臣象；五之悔亡，自明者，君象也。“失得勿恤”者，明之極也。上爻爲首。角者，在首之象。離爲戈兵，坤爲邑，伐邑之象。變震爲《豫》，故全卦有建侯之象，上爻有行師之象也。

明夷 ䷣

卦象《泰》之三曰“艱貞”，《明夷》亦曰“利艱貞”，平陂往復之理不能先見於未然，亦必自凜於已然也。坤爲衆，莅衆之象，坤取之。用晦而明之象，離取之。卦言“明夷，利艱貞”，即用晦之義也。**爻象**離爲雉，有飛鳥之象。鳥之文在翼。飛而垂翼，文明之傷也。君子之行，象其見幾而作也。離爲日，三爻之義取三日也。火以烹飪，明夷則不火食。離爲大腹，中虚，亦不食之象也。離爲火，言之象也。火有旅象，故曰“主人有言”。上應四，互震，曰“攸往”，曰“主人”，皆於此象之也。互震，爲足。震在左二，《隨》之曰“左股”。變乾，爲馬，陰之所傷，必以陽拯之，故曰“馬壯，吉”。《大壯》取陽壯，故馬壯取其義也。離居南方，曰南狩。火田亦曰狩也。變乾，爲首。三在下卦之上，《離》上曰折首，是其象也。坤爲腹，上爲右，則四爲左。互坎爲心病，是以獲明夷之心。互震，爲出。坤雖闔戶，有出門庭之象也。箕子貴戚之卿，上爻爲君，故以六五近上之位當之。坤爲地，乾爲天，日月麗乎天，明則初登于天，晦則後入于地也。

家人 ䷤

卦象巽爲長女，離爲中女，女以男爲家，家人之象也。二、四得正，曰“利女貞”。火爲言，又明能辨物，故“言有物”者，離之象也。雷風爲《恒》。巽在内，爲能久中，故“行有恒”者，巽之象也。**爻象**下卦變艮，爲門，又爲止。在初，故曰閑也。妻道无成，曰“无攸遂”。鼎有亨飪之象。卦綜爲《鼎》，故曰饋。二居内卦之中，曰在中。卦互重離。離之三曰歌曰嗟，火性之無常也。離在上曰“嗃嗃”，火之嚴嗟之類也。離在下曰“嘻嘻”，火之和歌之類也。變震爲“虩虩”“啞啞”，與此正相反。先憂後樂則吉，上嚴下玩則吝也。巽爲利市三倍，有富之象。中饋者，孝養之正，故象諸中女。富家者，福履之宜，故象諸長女。《二南》爲王風首，風化所被，自近及遠。“王假有家”，取諸風之象也。初曰“閑有家”，正家之始也。五曰“假有家”，家道之成也。互坎，有憂象。出坎之外，故“勿恤”。變坎，有孚之象。威即嚴君之謂也。

睽 ䷥

卦象離爲中女，兑爲少女，無長女則無統屬之者，有睽之象也。畜臣妾者不可大事，而況睽乎，故曰“小事吉”。離、兑皆女，其類同也。兑澤離火，其性異也，故曰“以同而異”。**爻象**變乾，爲馬，初故有喪馬之象。《頤》之四應於初曰逐，初不應四則曰勿逐。《大畜》之三乾健行曰良馬。逐兑爲悦體，則亦曰勿逐，可以互明其義也。陽之來爲復，故曰“自復”。三與五互坎，爲盗，有惡人之象。卦離目在上，曰“見惡人”。三見輿曳，上見豕負塗，皆以此象也。二與五應，曰“遇主”。離中虚，有巷之象。坎於輿爲多眚，爲曳，互有坎象，曰“見輿曳”。離爲牛，上下互重離，故曰“其牛掣”。上卦離目不見其首，下卦兑口不見其鼻，故有“天且劓”之象。離爲戈兵，故有刑人之象。九四无應，有孤之象。初爲震體，元夫之象。遇主、遇元夫在睽之時，皆不期之象也。五變乾，有同人于宗之象，故曰“厥宗”。二爻之變，有噬嗑之象，故曰“噬膚”。上九處睽極之地，亦有孤象。互坎，爲豕，爲水。在下，故曰“見豕負塗”。又爲隱伏，有鬼象。震爲大塗，爲車，皆上九之變象也。一車，陽數也。弧之象取諸睽。先張，上卦剛在上。後説，下卦柔在上也。互坎，爲寇。變震，象歸妹，又爲昏媾。互坎，亦爲雨澤。氣之上亦爲雨也。

蹇 ䷦

卦象《坤》卦“西南得朋，東北喪朋”，《蹇》之“利”“不利”即本乎此，而其義則有異。坤在西南，坎加之爲水地《比》，“往得中”之謂也。艮在東北，艮加之則仍爲艮止，“其道窮”之謂也。大人以九五言。“反身”者，自求多福之意，艮爲躬之象也。“修德”者，遇災而懼之意，坎有險之象也。**爻象**上卦爲往，下卦爲來。艮之錯爲震足，而艮止，又中互《未濟》，蹇之所以象不行也。二多譽。初與二比，故曰“來譽”。上互重坎，爲蹇蹇之象。王者，五也。臣者，二也。蹇蹇之義，君臣共之。艮爲身，與五相應，能致其身者也，故曰“匪躬”。三艮其背，所以有反之象。四互離，爲麗，所以有連之象。坎中，故曰大。蹇五在君位，故不曰往。二爻正應之臣，故衹曰來。上下皆濟蹇而來者，故曰朋，實與二爲助也。碩亦大義，即《剥》之所謂碩果者，指三之陽上來應之與共濟也。

解 ䷧

卦象西南坤方，震加之爲雷地《豫》，故曰利。既曰解矣，无不利也。地加於雷則爲《復》，故曰“其來復”。“无所往，其來復吉”，即上卦“往蹇來反”之義。“有攸往，夙吉”，即上卦“大蹇朋來”之義。中互《既濟》，亦爲解，蓋解即因蹇而名之也。雷者，天之威。雨者，天之澤。“赦過宥罪”，於威之中寓澤之象也。**爻象**初六直曰无咎，象解之初也。坎爲隱伏。狐者，穴居之獸，故有其象。二在下，爲田象。互離，戈兵、田獵之象。三者，陽爻之數。變坤，爲黄中之色。動而直，有矢之象。射雉曰矢亡，獲狐而又曰得黄矢，除邪而不貶其中正之道也。坎爲輿，有乘之象。六三陰柔，在上卦之下，則宜負。在下卦之上，則又曰負且乘也。坎爲盜，有致寇之象。震爲足，拇居其下，故曰“解而拇”。與足相連，當指三。初與四應，是剛柔之際者，故曰朋至。孚者，象坎之中實也。六五柔中之主，羣陰所繫而能解之，曰“維有解”。“有孚”亦以互坎爲中實也。拇之解在中爻，近取諸身；狐之獲在下爻，隼之獲在上爻，遠取諸物。皆言所解之邪也，故曰“有孚于小人”。震爲建侯之長，有公之象。變離，在上，鳥之戾天者，象隼也。《同人》之四曰乘墉，此爻變離，則爲高墉之象。坎爲弓，居下卦，自下而射之象。

損 ䷨

卦象山澤通氣，故曰“有孚，元吉”。互坤，永貞，故又曰“无咎，可貞”。互震動，故又曰“利有攸往”。震互中爻爲主器者，又爲竹，有簋象。二取陰爻之象，艮手在上，奉上者爲享。《論語》：“忿思難，見得思義。”説則不怒，象乎兑以懲忿。義則知止，象乎艮以窒慾。**爻象**初有已事之象，應乎艮之止也。損之綜爲咸。咸者，速也，有遄往之象。九二變震，不宜動者，故曰“利貞，征凶”。三人者，乾之三陽。下卦乾體，而損一以益上。一人即三陽之一陽。“得其友”，陽交陰之象也。《需》之三人曰客，不期而至者。《損》之三人曰友，有感而通者。二之“弗損益之”，益其上也，上之所以得臣也；上之“弗損益之”，益其下也，三之所以得友也。互《復》，出入无疾，故曰“損其疾”。“遄有喜”與“遄往”相應。喜者，兑説之象也。《爾雅》：“山龜。澤龜。”是山澤皆有龜象。朋者，互坤，相比象。十亦坤數也。下與二應，故曰“弗違”。互坤，亦爲臣道，“无成有終，得臣无家”之象也。

益 ䷩

卦象益以興利，故卦辭皆曰利。震足之動，曰“利有攸往”。巽、震皆木，舟楫之象，曰“利涉大川”。善者行之，《巽》之“申命行事”也，故曰“見善則遷”。過者改之，《震》之“恐懼脩省”也，故曰“有過則改”。**爻象**初九，震動之始，曰“大作”。二曰“十朋之龜”，與《損》之五爻同辭，綜象也。此則受上之益。《損》五“元吉”者，乾元之用九；此曰“永貞吉”者，《坤》六之利永貞也。王謂九五。用二以享于帝，帝出乎震也。震爲祭主，曰“用享”。三多凶，故曰“益用凶事”。“无咎，有孚”，即象之“有過則改”，震之悔也。三、四在中，故皆有中行之象。王之下爲公，四故爲公。三告之而四從也。震亦爲玉圭以申信，是其象也。“利用遷國”，即象之“見善則遷”。從者，巽之順也。九五中實，所以有孚。上卦互爲《頤》，養民之惠也。五居中位，故曰惠。心與二應，曰孚。艮爲手，有擊之象。雷風《恒》，三曰“不恒其德”。風雷《益》，上亦曰“立心勿恒”。綜卦之象，皆戒辭也。

夬 ䷪

卦象兑爲附決。夬者，決也，故澤天之象爲夬。一陰在上，四陽皆輔乎五，有敵王所愾之象，故曰“揚于王庭”。兑爲口，孚號告邑，皆出令之象。澤在天上，以德服人，故“不利即戎”。互純乾，乾爲健行，故又曰“利有攸往”。“施禄及下”者，所謂“雲行雨施”也，乾象之。“居德則忌”者，所謂“川壅而潰”也，兑象之。居德則將屯其膏，所以澤上于天，與雲上于天異也。**爻象**雷天《大壯》，《夬》則更長一陽，故初、三皆有壯之象。趾在卦下，往不勝者，以其去上太遠也。惕號與孚號同義，在乾之中，有惕之象也。九二變離，戈兵之象，則有戎。乾爲夕惕，防於莫夜之先，則勿恤也。乾爲首，頄則剛之見於面者。夬夬與乾乾同義。三獨與上應，正剛之決柔者，故有獨行之象。乾之健爲行，澤之降爲雨，濡承雨言，愠承濡言。《剥》之无咎，小人之不剥君子，僅无咎也。《夬》之无咎，君子之必決小人，終无咎也。三在下卦之上曰頄，四在上卦之下曰臀。且即《姤》之綜卦，故"无膚""次且"同辭。兑爲羊，牽羊者有駕馭小人之象。四之次且，不能也。坎爲耳，四爻變則有其象。否則充耳矣，故曰"聞言不信"。莧陸感陰而生，經陽不萎。一陰在五陽之上，有其象。五與上近，尤宜加之意者，故與三同曰"夬夬"也。五居君位，爲夬之主，是"中行"也。兑爲口舌，至上而窮，故曰无號之凶。

姤 ䷫

卦象四陽之長曰大壯，一陰之長即曰女壯者，聖人防其微之象也。巽爲長女，亦有女壯之象。"勿用取女"，即《乾》初"潛龍勿用"之旨，所以扶陽抑陰也。巽爲命。施命者，乾也，象陽之施也。乾統四方。誥四方者，巽也，象風之播也。**爻象**乾爲金，巽爲木，上互乾，故曰"金柅"。巽爲繩，繫之象也。巽錯爲震。"貞吉"者，本爻之静。"有攸往"者，動之凶也。三爻變坎，有豕象。在巽之柔曰羸豕，其究爲躁卦，蹢躅之象也。魚指初陰在下之象。在《剥》五陰承一陽曰貫，在《姤》五陽制一陰曰包。《中孚》亦曰豚魚，信則感以正，遇則防其邪也。賓與主對，陽以陰爲賓也。巽爲股，上爻有臀之象。進退不果，故有"无膚""次且"之象。不進，故"无大咎"。《姤》與《夬》綜，故三、四之象相同也。四在上卦之初，又爲震體，曰"起凶"。二與初近，曰"有魚"。四與初遠，曰"无魚"。乾爲木果，曰"杞包瓜"，皆其象也。變離，爲《坤》之"含章"。"有隕自天"，亦象乎巽之風也。天之降命亦如是，即所謂施命者也。乾爲首，在上，故有角之象。

萃 ䷬

卦象兑爲巫，爲口舌。廟者，禱祝求神之地也，故有假廟之象。九五中正，利見之大人即王也。兑爲羊，坤爲牛，有大牲之象。聚則利有攸往，象坤之衆也。兑爲毁折，“除戎器”蓋“破斧缺斨”之宜修者，故象諸兑。坤爲地，爲衆。《左傳》：“君處北海，寡人處南海，惟是風馬牛不相及也。不虞君之涉吾地也，何故？”戒不虞者，以其地之遠也，故象諸坤。**爻象**初與四應爲孚，比於羣陰則亂。曰號曰笑，皆象乎兑。互艮爲手，有握之象。互巽，不果，所以爲“有孚不終，乃亂”。而又曰“勿恤，往无咎”者，《坤》之“先迷，後得主”也。二至四互艮，有引之象。二、五相應，亦曰孚。坤爲吝嗇，薄祭之象。曰禴，三與上無正應，不能萃者。兑爲口，有“嗟如”之象。上説下順，往亦无咎，但在坤體則小吝耳。水地《比》以九五一陽爲主。《萃》則四爻，亦以陽當外。《比》之位必大吉而无咎者，進思盡忠，退思補過也。五爲君位，特言有位，以明有德爲萃主也。爻辭“元永貞”與《比》之卦辭同，即“原筮”之義。兑爲口，有咨之象。自鼻出曰涕，自目出曰洟，皆在口上，又爲澤之象。

升 ䷭

卦象大人指九二。用見之者，象升而言之也。卦位坤西南，巽東南，夾離正南，故以南征爲吉也。順德者，坤之象。《坤·文言》曰：“積善之家，必有餘慶。”所以曰積。巽爲高，以高大之象也。**爻象**三陰在上，坤土爲信，曰“允升”。《升》二“利用禴”與《萃》同象。《升》卦綜《萃》，二五上下之感應一也。坤土，爲邑之象。陽實陰虚，升而無阻者也。坤爲地，自地而升，所謂因名山升中于天，有享岐山之象。王謂五。岐山即指文王之事。天子之階九重，地在上位，有階之象。層累而上曰升。互震，爲足，有升階之象。坤於地爲黑，有冥升之象。錯爲乾，則有不息之象。不息之貞，所以承天，即所謂“先迷，後得主”之義也。

困 ䷮

卦象坎爲水，川壅爲澤，有困象。二、五剛中，大人之象。兑爲口，坎爲耳痛，“有言不信”之象。致命以坎險之象言，遂志以兑説之象言。**爻象**坎爲溝瀆，於人有臀之象。木爲堅多心，故曰“困于株木”。坎爲坎窞，有幽谷之象。隱伏曰幽，亦“不覿”之象。三歲，象三爻之數也。坎有酒食之象。五在天上則需，二在澤下則困也。坎北離南。朱紱指五，二之錯象應之。享祀承酒食、朱紱言。享祀、祭祀皆以誠通，剛中之象也。“征凶，无咎”，即致命之意。下卦坎險在中，初曰幽谷，三曰石；初曰株木，三曰蒺藜，其義一也。中互《家人》，上互《革》，下互《涣》，故有“入宫不見其妻”之象。“不見”亦與“不覿”之象同也。坎於輿爲多眚，故“困于金車”。金者，兑象也。澤山爲《咸》，其感則速。澤水爲《困》，其來則徐徐也。五之徐亦同此義。兑爲口，上不見鼻，有劓之象。互巽爲股，下不見足，有刖之象。兑爲毁折，有刑支體之象。赤紱以二之坎位言，亦相應也。説者，兑之象。中互巽木，在上爲葛藟之象。《詩》：“葛之覃兮，施于中谷。”澤水皆下地，故初有株木、幽谷之象，而上有葛藟之象，亦相應也。在上不安，有臲卼之象，即所謂“升而不已必困”也。曰“動悔”“有悔”，亦兑口之爲言也。

井 ䷯

卦象坎象泉水。巽乎水而上，水井之象也。四井爲邑，邑以井成也。坎爲水，爲通。巽爲利市。古者市皆近井，故曰“往來井井”。下卦變坎，則亦井也。巽爲繩直，有繘象。坎有缶象，曰瓶。互兑爲口，爲毁折，象瓶之羸也。坎爲勞卦，勉其勞也，故有勞民之象，所謂“勞之來之”也。巽爲不果，恐其逸也，故有勸相之象，所謂“舉善而教不能，則勸”也。**爻象**泥在水之下，井初之象。互兑在外，不食之象。彖曰“井井”，二井之象。四之井甃爲新井，則初之爲舊井可見也。中互離，有鳥象，有龜鼈蠃蚌之象，皆禽也。井廢不治，則无禽。巽初爲魚，鮒之象。入而在下，井之谷也。甕即所謂“羸其瓶”者。井舊則甕亦敝也。巽之下拆，漏之象也。巽爲潔齊，故曰“井渫”。互兑爲口，在上，亦不食之象。心惻者，象坎之心病。三在下井之上，坎爲可，故曰“可用汲”。五爲王。互離，有明之象。上互既濟，故曰“並受其福”。初陰在下，有漏象，以旁出也。四陰在上，補之爲甃也。坎體得乾一陽在中，泉之正也。洌者色正，乾之純。寒者味正，乾爲寒也。此爻成井養之功者，是以曰食。汲者至上而收，故曰收。陰爻在上，開而无覆，故曰“无幕”。“有孚”者，坎之中實也。

革 ䷰

卦象兑金離火，從革之象。革之變者，取於獸之皮。卦内牛與虎豹，亦因革之名卦而象之也。“乾道乃革”，變化之道從乎乾，其德亦曰“元亨利貞”。離爲日，在下卦，故曰“巳日乃孚”。兑爲巫，保章、馮相之職主之，治曆之象也。離爲日，天地四時之運主之，明時之象也。**爻象**離爲牛，有牛象。黄離元吉，故曰黄牛。變艮爲止，有堅守之象，曰“鞏”。二曰“巳日革之”，在本爻則日中之象。離爲火，有言象。三就者，三爻之數。就者，離有麗之義也。二柔中，曰“征吉”。三重剛，曰“征凶”。四下互巽，上互乾，有申命之象。卦辭“巳日乃孚”，三、四適當其時，所謂應天順人者也。離火爲文。虎豹爲文明之獸，與離相應也。五互乾，在君位，虎之象。下互巽，有風從虎之象，故曰“虎變”。“動則觀其變而玩其占。”虎變者，乘時而出，即乾道之變化，故曰“未占有孚”。豹亦虎之類，從君者也。兑口在上曰革面。變乾爲首，亦革面之象也。

鼎 ䷱

卦象制其器者尚其象，此卦最爲顯明。曰趾，曰足，曰耳，曰鉉，舉鼎之全象而明之。易者，象也。《彖傳》於此曰“鼎者，象也”，示人觀象玩辭者深矣。巽體陰分，在下象鼎之足，正位之謂也。離體陰虚，在中象鼎之能容，凝命之位也。位又取於離，嚮明而治也。命又取於風，申命行事也。**爻象**鼎初爲趾象。取新，故以顛趾爲利。出否者，巽之入反爲出也，即所謂傾否也。風火之綜爲家人，中互兑，爲妾，有得妾之象。互乾，成男，爲有子也。陽爻在中爲有實，而顛之則有虚象。怨耦曰仇。“我仇有疾”，不能容也。互兑，爲睽，有“不我能即”之象。初之出否，無實而顛則利，鼎之方用者也。四之覆餗，有實而折則凶，鼎之既陳者也。離有雉象。互兑之澤，有膏象。不食，亦以兑象之，與井之不食同慨也。鼎之綜體爲革，以顛言之，倒體之象也。三變爲坎，方雨之象。《小畜》巽在上，曰“既雨”。《鼎》巽在三，曰“方雨”也。“雉膏不食”者，我仇之疾。“方雨虧悔”，有即之之意矣，故曰“終吉”。兑爲毁折。互兑，曰“折足”。耳以爻之二陰而言。黄者，離之色也。鉉貫鼎者，皆以上之一陽爲象。爲金爲玉，以中爻之變乾而言也。

震 ䷲

卦象震有恐懼之象。重震，故曰“虩虩”。上互解，下互頤，笑言之象。公侯皆方百里，震爲建侯，故有百里之象。震爲主。器曰匕鬯。互坎，亦有酒食之象也。恐懼在心，象震之初，内卦之主也。修省在身，象震之四，外卦之主也。**爻象**初九，卦之主爻，其象同之。二變則中爻爲離，爲蠃爲蚌貝之象也。震爲龍，失其所有，是以有喪貝之象。震爲足，躋之象也。互艮，爲山陵之象也。震陽在上，下乘剛，曰“九陵”。互艮，爲止，“勿逐”之象。“七日得”，以“七日來復”之義言也。上互解。解者，緩也，故有“蘇蘇”之象。互坎，於輿爲多眚。行則無眚。互坎在中，陷之象也，故曰泥。上下皆震，往來以初與四言之，五之所以厲也。二、五在中，有億度之象。德本財末，貝可喪，事不可喪也。乾坤始交，震爲一索。重震，故曰“索索”。互屯互蹇，皆有難象。上爻變離，有視象。火亦爲言也。互艮，爲躬。在震體，曰“不于其躬”；在上，與震遠，曰“于其鄰”。凡言婚媾者，皆以陰陽相應而言。震以陽下陰，故有婚媾之象，而皆不相應，則有言矣。

艮 ䷳

卦象山北曰陰。象爲其背，以人身言之。目向乎内，則亦背之象也。背在身後，故不獲。艮爲門闕。兩門之間有庭之象。互震，爲行。人在庭内，故不見。《禮記》：“山立時行。”立之位取諸山也。震爲出，艮止則不出也。山有兼體，思無兼用，君子之取象也。**爻象**艮止在下爲趾。腓在趾上，二象之，與《咸》相同。《咸》之三曰“執其隨”，《艮》之二曰“不拯其隨”，皆以艮爲手象之也。互坎，爲心病，爲加憂，故曰“其心不快”。艮爲門闕，在中，有限之象。人身之限亦象之。上爲身，下爲腓，上下之際爲要，以其界言之曰限，以其相連言之曰夤。屈伸之間，不當止者也，故曰“厲熏心”，亦心病之謂也。下艮之下曰趾，上艮之下曰身，皆象山體之静也。艮錯爲兑。《咸》則爲滕口，此則爲艮輔，心止則口亦止也，言有序之義也。坤以厚德載物。山者，坤之體，故曰“敦艮，吉”也。

漸 ䷴

卦象巽爲長女，有女歸之象。利貞，象艮之止也。“居賢德”者，修身之義，止於至善，艮象也。“善俗”者，齊家治國之義，風化所及，巽象也。**爻象**中互離，有飛鳥之象。互坎，有水象。水上之鳥爲鴻也。昏禮用雁鴻之類也，取不再耦，於女歸之義爲尤切。近水曰干。艮爲少男，小子之象。有言，亦互離之象。艮爲石，有磬之象。互坎，飲食之象。艮上一爻爲山體，有陸之象。陽爻爲夫。來爲復，指三言之。陰爻爲婦。互離，大腹，爲孕，指四言之。上卦互《家人》，有夫婦之象。下卦互《旅》，故曰“夫征不復”。互坎，爲血卦，故曰“婦孕不育”。寇亦象互坎也。巽爲木，有桷象。艮爲山，其上爲陵。婦指二、四互坎。孕雖不育，以中實也。三、五互離，爲不孕，以中虛也。三歲者，陽爻之數。上亦曰陸，此即復之象也。巽爲進退，知進而又知退，處上之善者也。

歸妹 ䷵

卦象震長子，兑少女，兄妹之象，曰歸妹。震足爲動，曰征。《漸》曰“女歸”，自彼歸我，所謂“之子于歸”也，故曰“吉”。《歸妹》自我歸彼，所謂“往之女家”也，有自歸之意，故曰“无攸利”。震，起也。欲其有終，曰“永終”。兑爲毀折，欲其不敝，曰“知敝”。**爻象**兑爲妾，有娣之象。毀折，有跛之象。在下爲履，與震足應，偏則爲跛。二互離，爲目，偏亦爲眇。《履》卦亦曰：“眇能視，跛能履”，皆兑在下也。幽人亦與《履》同象，時之不遇，夫之不良，其義一也。三爻不中不正，爲説之主，柔媚以取容者，故有“以須”“以娣”之象。四近五位，娣之賢者。互有《睽》象，故曰“愆期”。又互《既濟》，故曰“遲歸有時”。六五爲歸妹之主，故取象于帝，“帝出乎震”也。五位尊而柔中，不尚文飾，三以説體見美，故曰“不如其娣之袂良”也。互坎爲月，互離爲日，有幾望之象，女德之盛也。上震爲竹，有筐之象。承之者，女在下也。震爲玄黄，筐實也。陰虛則无實。兑爲羊，刲之者，士在上也。互離，戈兵，有刲之象。互坎，血卦，有血之象。陰虛則无血。

豐 ䷶

卦象王以主器之震象之。震雷恐懼，故曰勿憂日中，以離象之。折其獄者，火之明，斷獄之始也。致於刑者，雷之威，斷獄之終也。**爻象**震爲動之主，離爲明之主，有交相遇之象。故初曰配主，四曰夷主。十日爲旬，亦以離象之也。往者，從乎震之動也。蔀者，象草木之蔽。震爲蕃之義。日中在二，當其位也。三、四之位，則以卦中言之。互巽，爲不果，故“得疑疾”。發者，象震之動。離之虚中，足以有孚。沛者，水草之象，以兑之互澤也。見斗、見沬，星之蔽日，皆以陰之蔽陽言。互巽，爲股，在三有肱象。右肱者，動之先也。互兑，有折象。四爻變爲明夷。二、三日中之蔽，皆其象。夷主之義又如此。章者，離之明，自二之蔽明曰豐蔀，自五之用明曰來章，各有義也。雷電合而章，故曰來章。豐之在上，有屋之象。蔽之在中，有家之象。風火爲家人。震者，巽之反，故曰“蔀其家”。離蔽其明，視而不見，故又曰“闚其户，闃其無人”。覿亦象乎目。三歲者，應三爻之數也。

旅 ䷷

卦象《詩》：“武人東征，不遑朝矣。”又：“君子于役。曷至哉？日之夕矣。”離爲日，艮爲山，爲徑路。日出而行，日入而息，火山所以象在路之旅。明者，離火之象。慎者，艮止之象。“不留獄”者，旅之義也。**爻象**艮爲小石。瑣瑣者，細碎之象也。火在上，亦爲災象。艮爲門，爲止。二居卦中，即次之象。互巽，爲利市三倍，有懷資之象。艮爲少男，童僕之象。三近火，有“焚其次”之象。三曰喪，二曰得，剛柔之義也。離爲戈兵，有斧象。互兑爲説，錯坎爲加憂，有不快之象。離爲雉，有射雉之象。互睽，有弧矢之象。互兑口，爲譽。互巽，亦爲命也。離於木爲科上槁，有焚巢之象。離爲飛鳥之象。中爻互兑説，“先笑”之象。上爻變震驚，“後號咷”之象。離爲牛，在旅上，故曰“喪牛于易”。

巽 ䷸

卦象卦屬陰而有卑巽之德，故曰“小亨”。“橈萬物者莫疾乎風”，所以“利有攸往”也。“帝出乎震，齊乎巽”，所以“利見大人”也。“申命”者，樹之風聲，以風之聲言也。“行事”者，風行草偃，以風之勢言也。**爻象**巽爲進退，初在下則尤甚。變乾則爲剛健，與《履》之九三同。其究爲躁卦，有武人之象。巽爲木，其象爲牀。巽，入也，有“在牀下”之象。互兑爲巫，又爲口舌。史巫皆祝禱之煩者，故曰“紛若”。下巽與上巽相接，即頻巽之象。田亦武事，應武人而言。互卦爲《鼎》。三品即鼎實之象。三指下三爻，言其數也。互兑爲金，曰庚。互離爲日。先三後三，上下各三爻之數也。上在他卦爲極高，而在重卦則爲巽極，故亦有牀下之象。資斧，取象與《旅》同。《旅》之得，以其明。《巽》之喪，以其弱也。

兑 ䷹

卦象卦體本乾而闕其上，故不言元。卦德本説，貴於和而不流，故曰亨利貞。同氣相求，如水之流濕，朋友之象也。兑爲口舌，曰講習。坎曰習坎，澤亦有習之義也。**爻象**“説萬物者莫説乎澤。”和者，説之正也，故於初爻象之。風澤爲中孚。兑之二有孚象，剛中之德也。下兑之來，自上而來；上兑之引，自下而引。皆所以成卦者。於四則曰商也，兑爲口，四當心位，心口相度，其象爲商。《豫》之“介石”、“貞疾”，皆所以爲豫之戎。兑説近乎豫，介疾之義亦猶是也。曰“有喜”，則説之正矣。剥者，以陰消陽之象，所謂“説之不以道”者。上六一陰，説之近者。《兑》之九五，正當《剥》之六五，故戒其孚也。

渙 ䷺

卦象互艮在中，爲門闕，有廟之象。王指五言。木在水上，“利涉大川”之象。風行於水，亦涉川之利也。巽爲高，而在上，天也，祖也。坎爲通。能感通乎天人幽明者，先王之亨帝立廟也。**爻象**坎於馬爲美脊，壯之象。上互艮，爲手，有拯象。風以散之，因馬而言，有奔之象。互震，亦爲馬之作足也。坎爲堅木，有机象。中互艮，故曰“渙其躬”。四下無應，故曰“渙其羣”。互艮，有丘象。巽以申命，“大號”之象。水之行於一身者，周於體爲血，發於外爲汗。上曰血，五曰汗，皆於坎象之也。《豐》之四以初爲夷主，德相應也；《渙》之初不相應，故曰“匪夷思”者，四在心之位也。互震，爲足，居之象也。九五之位，故曰“王居”。上爻居巽之終，去險之遠，故曰“逖出”。巽下爲入，巽上爲出也。

節 ䷻

卦象水澤爲《節》，澤水爲《困》，綜卦也，故曰“苦節，不可貞”。坎爲矯輮，爲弓輪，有制度數之象。兑爲説，朋友講習，有議德行之象。**爻象**上互艮，爲門闕。初、二有户庭門庭之象。初之不出，坎之變體，宜塞者也，故“无咎”。二之不出，震之互體，宜動者也，故“凶”。兑爲口，在三爻則澤之所由洩者，故欲其節。坎爲加憂，故有不節則嗟之象。四承五下，水之安流者，故曰“安節”。中爻變坤。土之性甘，泉之甘者，中正之原，亦坎之德也。甘臨求説乎人，故“无攸利”。甘節人説乎我，故“往有尚”，即《坎》之“行有尚”也。自三至五互艮。三曰不節則嗟，四曰安節，五曰甘節，皆止之義也。上居卦極，與卦同辭。《爾雅》：“滷、鹹，苦也。”坎爲水，作鹹。兑爲剛鹵，水澤之窮，是以有苦之象。

中孚 ䷼

卦象卦體二陰在内，四陽在外，有覆乳之象。互艮爲山。山獸爲豕，澤禽爲魚，蕃孳之象，即豚魚之所以爲信也。木在澤上而風乘之，亦利涉大川之象也。大卦象離，中爻互震，有用獄之象。兑爲口，故曰“議獄”。巽爲不果，故曰“緩死”。**爻象**虞者，樂也，安也。燕者，喜也，安也。兑體之初，喜樂之象。六四正應，故戒其有他也。鶴爲水鳥，澤中象之，在下爲陰。巽錯爲兑，兑爲口，上下相對，和之象也。中虚，有好爵之象，以比懿德也。吾與爾亦相和之義。巽爲繩，有縻之象。三與上應，曰敵。互震之鳴爲鼓，互艮之止爲罷。巽口俯而泣，兑口仰而歌。《離》之三曰“不鼓缶而歌，則大耋之嗟”，五曰“出涕沱若，戚嗟若”，卦有大離之象，故曰“或鼓或罷，或泣或歌”也。三、四二陰在卦之中，“月幾望”之象。互震，爲馬匹，指初言，不戀乎下，故曰亡。二曰“縻之”，五曰“攣如”，皆固結不解之意。互艮爲手，曰攣，所謂中孚者也。巽爲鷄，翰音之象。巽爲高，登天之象。

小過 ䷽

卦象四陰二陽，陰多於陽，陰小陽大，故曰“可小事，不可大事”也。二陽象鳥身，四陰象鳥翼，有飛鳥之象。互兑爲口，曰“遺之音”。上動下止，“不宜上，宜下”也。《大過》上下二陰、中四陽爲棟象，欲其任重也。《小過》上下四陰、中二陽爲鳥象，戒其輕舉也。《詩》：“如跂斯翼，如翬斯飛。”棟亦取象於鳥，可以見飛鳥之義矣。行之周旋，喪之哭泣，用之取資，皆動也，震象之。過恭則自卑，過哀則自毀，過儉則自斂，皆止也，艮象之。**爻象**卦有飛鳥之象，故初爻即以飛鳥言之。體宜止，飛則凶也。以陰陽爻位言之，二越四而與五同類，“過其祖，遇其妣”也。“不及其君”，謂五。“遇其臣”，自謂也。三失之剛，故曰

“防之”。從以應上而言。二失之柔，故曰“遇之”。往以應下而言。九三重剛，故戒其戕。九四居柔，故戒其厲。互兑爲澤，又正西，下互巽風，故有“密雲不雨，自我西郊”之象。卦有重坎象，坎爲弓，故曰“弋”。弋以飛鳥爲義，即取初之“飛鳥以凶”者。下互巽，在穴之象。上亦曰飛鳥者，以卦體言，與初皆翼在外之象也。

既濟 ䷾

卦象坎爲通，《既濟》《未濟》皆有亨之象也。日中則昃，月盈則食，《既濟》之亨所以利貞。初吉，即初爻之无咎。終亂，即上爻之厲也。坎爲加憂，爲心病，故曰“思患”。坎水之險，故宜防豫。則離有先見之明，若觀火也。**爻象**坎爲輿，有輪象。又爲曳，故曰“曳其輪”。在初，尾象。水之下曰濡。離女應坎男爲婦。輪象車下，茀象車中。坎爲盜，故曰喪。坎爲馬，故亦有勿逐之象。陰陽皆極於六七，則變矣。七日之得，與《睽》《震》之義同也。離爲戈兵，伐國之象。鬼方居幽，坎之象也。三年，陽爻之數。互重離，王用出征，有嘉折首，故曰“克之”。“小人勿用”，即《師》之戒也。坎爲水，有禦險之象。“繻有衣袽”，防患之義也。象取諸離爲日，互重離爲終日。離東坎西。東鄰，下卦。西鄰，上卦也。離爲戈兵，爲牛，有殺牛象。坎爲酒食，有禴祭象。中虛不如中實。初濡其尾，上故曰“濡其首”也。

未濟 ䷿

卦象坎爲狐，隱伏象。穴中之獸曰小者，以其在下也。坎水，故濡其尾。待時而濟，則未濟之亨也。亟時而濟，則汔濟之无攸利也。辨物者，物以羣分，火之明也。居方者，方以類聚，水之通也。**爻象**初之濡尾，與《既濟》同。《既濟》則相時而濟，故曰“无咎”。《未濟》則不量力而濟，故曰“吝”。坎爲輪，爲曳。“曳其輪”，亦與《既濟》同。在離體之初，則爲見險之義。在坎體之二，本體則爲自守之正也，故吉。六三居險之上，直言“未濟，征凶”以警之。上互重坎，正利涉大川之本也。九四一陽，象震之體。《既濟》鬼方象上卦，曰“克之”，言其難。《未濟》鬼方象下卦，曰“有賞”，言其易也。《未濟》九四即《既濟》九三，綜之而各有其義。賞以春夏，離當夏令，賞之時也。刑以秋冬，坎當冬令，克之時也。六五離火當陽，文明之主，故曰“君子之光”。“有孚”者，中虛之象。坎爲酒，故上曰“有孚于飲酒”。在上爲首，初曰“濡其尾”，上曰“濡其首”。飲酒沈湎之狀，亦以狐取象也。濡首之辭，亦與《既濟》同。《既濟》之上爲終亂，《未濟》之上爲不續終，在物在身，其義一也。

【校記】

〔1〕《説卦傳》，應爲《繫辭上》。

〔2〕艮，底本誤作“民”。

周易引經通釋跋

長翁費氏之《易》，以彖象《文言》等十篇解上下經，則以經釋經之權輿也。其註四卷，久失傳矣。康成、輔嗣咸用費本。《隋志》載康成《周易註》九卷，宋時已佚，王伯厚輯其逸註。其註《乾》之"亢龍有悔"，則釋以"堯時四凶在朝，是以有悔"。註《觀》之"盥而不薦"，則釋以《禮經》"盥而獻賓，賓盥而酢，主人設薦，俎則弟子"。它之類此者亦夥。則鄭氏雖參天象，重互體，未始不以經釋經也。輔嗣而後，説《易》者無慮數百家，最著者亦七十有奇，惟拘于象、于數、于理、于占，各專其説。黄岡李夫子小松先生詩廷試受知，獲出門下。初，先生中乾隆己亥副榜，先大夫鄉試同年也。由名翰林官少宰，登六卿之堂，而手不釋卷，文章經濟爲海内宗仰，居恒尤以著書爲樂。詩進謁，輒勉以問學，訓以經義。一日，出所著《周易引經通釋》十卷示詩，詩受讀之，而知先生之釋《易》，獨探費、鄭二家之奥也。費、鄭之註久亡，先生約六經之旨，旁通觸類，纂言鈎玄，一一證諸經而出以心得，則合象數理占之學，而爲自古講《易》家之所無。以康成之逸註釋之，必與當日費、鄭之註後先同揆也已。詩手編盥誦，既卒業，迺識數語于卷末。

嘉慶甲戌既生魄，受業蔣詩敬跋。

自來言《易》者，漢主象數，晋宋主義理。至元胡震本史事爲發明，始舍《易》言《易》。而明陳大士著《群經輔易説》，謂《大學》《中庸》諸書皆所以明《易》。我朝方葯房先生因之，乃悉取四書成語作證，是爲以經詁《易》之濫觴。蓋《易》爲經之一，而其理實散見於羣經，此小松先生《周易引經通釋》所爲作也。書成於嘉慶辛未，版藏邑館中，歲久殘缺。適王孝鳳少卿持節奉天歸，慨然出資修補，親加校正，俾還舊觀。嘻！少卿之於先賢手澤，其護惜之勤且篤如是。後之司事者，其念之哉！蓋少卿其先，吾邑人，亦著有《周易漢宋學通》云。

光緒七年，歲在辛巳秋九月，同里後學洪良品謹跋

附　　録

生”一章，次引《書》“一人元良，萬邦以貞”。以天命不已證乾之健，近之。雜引“報天主日”、“六氣”、“五官”、“四時”、“致貢”、“納烹”之等，欲以何明？如謂贡享納亨足以證亨、享、烹爲一字，則直據《説文》《蒼雅》可矣。繁稱飾说，無所發明，不亦迂闊而不切於事情乎！《乾》初九引《洪範》九疇初一曰五行證六爻之首稱初，九二引《書》“未見聖”、“既見聖”證“利見”，九三引《國語》“言敬必及天”證乾惕，九四引《論語》“费畔，子欲往”證“或躍”，九五引《論語》“天不可階而升”證“飛龍”，上九引《爾雅》“亢鳥嚨”證“亢龍”，用九引《周禮》“交龍爲旂”證“羣龍无首”，皆荒遠不可理解。凡若此類，全書多有之。又引《尚書》不辨梅氏僞古文，引《中庸》不言出《禮記》，皆與俗學爲近。釋“乾”字，先據《説文》，次云“左旁从日。从丄从丅，古上下字也。右旁乞，古氣字也”，則又近於荆公《字説》矣。然其《自序》稱“積思數十年，廣覽注家，博参經解”云云，用力之久，輯録之勤，自可概見。治《易》者涉獵及之，資爲旁證，亦未始無補云耳。

讀易提要節録①

李鈞簡《周易引經通釋》提要

《周易引經通釋》十卷，清李鈞簡著。鈞簡字小松，黄崗人。中乾隆四十四年己亥副榜。是書成於嘉慶十六年辛未（1811），距中榜之時已三十二年。自序曰：“自束髮受學，經書成誦後，……積思數十年，廣覽諸家，博参經解，取各經之語，合於《易》之彖象爻傳者，爲之字釋其詁，句釋其義，節釋其旨，以疏通而證明之，遂得薈爲成書。”蓋深得費氏以經解經之旨。數十年之功，使十三經皆會歸於《易》，殊有益於易道者也。

如乾初引《爾雅》“初，始也”，又“潛，深也；潛，深測也”，引

① 潘雨廷：《讀易提要》，上海古籍出版社 2006 年版，第 415—416 頁。